읽기 교육의 고원들 ❹

공존적 읽기 교육론

읽기 교육의 고원들 ❹

공존적 읽기 교육론

김도남

역락

머리말

이 책은 들뢰즈와 과타리의 『천 개의 고원』(김재인 역, 2003)에 기초해 읽기와 읽기 교육을 논의한 책 중에서 네 번째 권으로 마지막 책이다. 이들 네 권의 책을 아우르는 제목은 '읽기 교육의 고원들'이다. 책의 내용이 『천 개의 고원』에서 비롯되었음을 밝혀두기 위해 붙인 이름이다. 이들 책은 『천 개의 고원』에 내재한 여러 관점 중에서 '생성론적 관점'을 취하여 논의를 전개하였다. 첫 번째 책은 『천 개의 고원』 12장(1227년－유목론 또는 전쟁기계)에 기초해 생성적 읽기의 거시적 관점을 탐구한 내용을 담은 『유목적 읽기 교육론』(2023)이다. 두 번째 책은 10장(1730년－강렬하게-되기, 동물-되기, 지각 불가능하게-되기)에 기초해 생성적 읽기의 미시적 관점을 탐구한 내용을 담은 『생성적 읽기 교육론』(2024)이다. 세 번째 책은 1-4장(서론: 리좀, 1914년－늑대는 한 마리인가 여러 마리인가, 기원전 1만년－도덕의 지질학, 1923년11월 20일－언어학의 기본 전제들)에 기초해 생성적 읽기의 토대(본질)적 관점을 탐구한 내용을 담은 『리좀적 읽기 교육론』(2025)이다. 이 책은 10장과 12장을 뺀 5장부터 15장까지의 논의에 기초해 생성적 읽기의 실제적 관점과 지향적 관점을 탐구한 내용이다. 책의 제목은 『공존적 읽기 교육론』이다.

'공존'의 국어사전적 정의는 '두 가지 이상의 사물이나 현상이 함께 존재함' 또는 '서로 도와서 함께 존재함'이다. 이들 정의의 공통점은 '함께 존재함'이다. 생성적 읽기의 지향은 독자가 텍스트는 물론 다른 독자와 함께 존재하기 위함이다. 읽기에서 독자의 자기 생성은 본질적 목적이지만, 이 자기 생성은 공존을 지향해야 한다. 다른 공간, 다른 시간, 다른 생각, 다른 관점, 다른 사람들과 함께 존재하기 위하여 독자는 텍스트를 읽는다. 『천 개의 고원』에서 '공존'과 관련된 용어는 '공생' 또는 '공현존' 등이다. 공생은 삶 전체와 관련돼 의미가 넓고, 공현존은 개별자로 한정돼 의미가 좁다. 공존은 이들 용어가 가진 의미를 포괄하는 점이 있다. 그래서 독자가 텍스트를 읽고, 자기를 생성하여 텍스트나 다른 독자와 함께함을 나타내는 용어로 '공존'을 선택했다. 이는 앞서 논의한 세 권의 읽기 교육론 책의 지향과도 관련이 있다. 읽기와 읽기 교육의 지향은 독자의 고유한 자기 생성을 통하여 다른 세계, 다른 사람, 다른 존재와의 공존이다. 그래서 이 책의 제목을 『공존적 읽기 교육론』으로 하였다.

읽기와 읽기 교육이 공존을 지향해야 한다는 아이디어는 하이데거의 논의에서 비롯되었다. 박찬국(2014)의 『하이데거의 「존재와 시간」 강독』과 엄태동(2016)의 『하이데거와 교육』을 읽으면서 하이데거의 실존론과 실존론적 교육의 방향을 이해할 수 있었다. 특히 『하이데거와 교육』에서 강조한 교육의 과제 중에, 연리지(連理枝)의 개념을 활용한 교육적 이행(異行)에 관한 논의가 있었다. 교육의 지향이 스승과 제자가 연리지와 같이, 동행을 하기도 하지만 각자의 길로 이행해야 한다는 것이다. 이를 호각(互角)에도 비유하여, 스승과 제자가 이행을 통하여 대등하면서도 경쟁적인 관계를 정립해야 한다는 것이었다. 이행은 교육적 지향으로서 타당성이 있다고 생각했다. '그렇다면 이행의 결과는 무엇이어야 하는가?' 하는 생각을 했다. 스승과 제자가 각자의 학문적 역량을 길러 발전을 이룩하는 것은 당연하지만, 그 결과는 무엇이어야 할지에 대한 나름의 대답이 필요했다. 이 생각이 『천 개의 고원』에 기초한 논의를 전개하면서, 읽기와 읽기 교육의 지향이 '공존'이어야 한다는 결론을 얻게 했다.

유목적 읽기를 하든, 생성적 읽기를 하든 또는 리좀적 읽기를 하든, 이들 읽기는 공존을 지향한다. 이들 읽기의 본질적 과제는 독자의 '자기 생성'이다. 독자는 텍스트를 읽고 새로운 자기 생성을 해야 한다. 텍스트를 이해한 독자는 새로운 독자여야 한다. 읽기의 근원적 본질이 독자의 자기 생성인 것이다. 이 독자의 자기 생성은 개별적이고 개체적이다. 이 자기 생성은 텍스트를 이해할 때마다 차이를 반복한다. 이로 독자는 무한히 다른 자기 생성을 이룰 수 있다. 이 독자의 무한한 자기 생성은 방향성과 가치성이 있어야 한다. 이 독자의 자기 생성이 의미가 있으려면, 이를 조율할 제한 조건이 필요하다. 이 제한 조건은 독자 내부에 있지 않다. 독자 외부에서 자기 생성의 방향과 가치를 조율해 주어야 한다. 그 외부가 텍스트이고, 다른 독자이다. 독자가 텍스트와 다른 독자와 함께 존재할 때, 자기 생성은 방향성과 가치성을 갖는다. 독자의 자기 생성에는 공존이 필요하다.

이 책의 각 장은 다음과 같은 내용으로 구성했다. 『천 개의 고원』 5장(기원전 587년 및 서기 70년 – 몇 가지 기호 체제에 대하여)은 네 가지 기표체제에 관한 내용이다. 이를 토대로 기표체제와 텍스트(1장)와 탈기표체제와 독자(2장)를 논의하였다. 6장(1947년 11월 28일 – 기관 없는 몸체는 어떻게 이루어지는가?)에서는 기관 없는 몸체를 내용으로 다루고 있다. 기관 없는 몸체의 개념과 생성 및 작용 특성을 논의한다. 이 논의를 토대로 독자의 기관 없는 몸체의 생성(3장)에 대하여 살폈다. 7장(0년 – 얼굴성)은 대상을 대표하는 특성인 얼굴성에 대한 탐구이다. 얼굴성의 종류와 그 작용 방식의 차이를 밝힌다. 이 내용을 토대로 읽기에서 독자와 마주하는 텍스트의 얼굴성(4장)을 논의하였다. 8장(1874년 – 세 개의 단편소설 또는 '무슨 일이 일어났는가?')은 세 편의 단편소설을 분석하면서 사건에 대한 탐구를 실행한다. 사건의 개념, 사건의 인식(규정) 방식, 사건의 내적 작용 방식 등을 살핀다. 이 내용을 토대로 독자의 읽기 활동을 사건적 관점에서 규정하고, 읽기의 실행 방식(5장)을 검토하였다. 9장(1933년 – 미시정치와 절편성)은 절편화와 정치에 대하여 논한다. 우리 자신을 포함해 모든 것이 절편으로 절편화되는데, 이에는 미시정치의 특성이 내재한다고 본다. 이 내용을 토대로 텍스트 읽기에 의한 독자 절편화의 실행 방식(6장)을 밝혔다. 11장(1837년 – 리토르넬로에 대해)은 음악 용어인 리토르넬로를 탐구한다. 리토르넬로에 내재된 반복의 본질을 밝히고, 우리의 삶에 작용하는 리토르넬로의 특성을 분석한다. 이 내용을 토대로 독자의 텍스트 읽기와 이해에 내재하는 리토르넬로의 속성을 검토(7장)했다. 13장(기원전 7000년－포획장치)은 포획장치에 대하여 규명한다. 우리의 의식의 흐름에 관여하는 사회적 제도를 분석하여 의식의 흐름을 포획하는 원리를 논의한다. 이 내용을 토대로 읽기에서 독자의 의식의 흐름을 포획하는 장치(8장)와 읽기 교육에서 독자를 다수자와 소수자로 구분하여 교육하는 원리(9장)를 살폈다. 14장(1440년－매끈한 것과 홈이 패인 것)은 공간의 구성 방식에 대하여 논의한다. 우리 의식의 공간을 매끈한 공간과 홈패인 공간으로 구분하고, 6가지 공간 모델로 분석한다. 이 내용을 토대로 기술 모델, 음악 모델, 바다 모델에 근거한 읽기 규정(10장)과 수학 모델, 물리 모델, 예술 모델에 근거한 읽기 규정(11장)을 고찰했다. 15장(결론: 구체적인 규칙들과 추상적인 기계들)은 『천 개의 고원』 각 장에서 논의한 주요 개념을 정리한다. 이를 참고해, 소통 양식의 관점에서 읽기에서의 소통 특성(12장)을 분석하고, 이 책의 전체적 지향과 관련된 공존적 읽기와 공존적 읽기 교육(13장)에 대하여 점검했다.

『천 개의 고원』을 토대로 읽기와 읽기 교육을 논의하는 일은 어려움과 영광이 함께했다. 어려움은 여러 가지가 있었지만, 가장 어려운 점은 『천 개의 고원』을 읽을 수 있는 독자-되기였다. 읽기 교육 전공자가 현대 철학책을 이해하기 위해서는 새로운 독자-되기를 실행해야 했다. 현대 철학책인 『천 개의 고원』은 반복해 읽고 깊이 있게 탐독한다고 이해할 수 있는 것이 아니다. 이 책을 읽기 위해서는 이 책 내용의 토대를 이루고 있는 관련 텍스트들에 대한 이해가 필요했다. 다른 책도 그럴 수 있지만, 『천 개의 고원』을 읽을 수 있는 독자-되기를 위해서는 특별한 노력이 필요했다. 필자는 처음 『천 개의 고원』을 접하고 200여 쪽을 읽었다. 그런데 도무지 내용 파악이 되지 않았다. 읽기 교육 전공자가 읽고 이해할 수 없는 내용이었다. 그래서 직장(한국교육과정평가원) 선배님에게 우연히 『천 개의 고원』에 대한 읽기 경험을 이야기했다. 그러자 선배님이 『천 개의 고원』을 공부하는 지인들에게 읽는 방법을 알아다 주겠다고 했다. 얼마 후 그 선배님에게 독자-되기를 실행할 수 있는 기본 정보를 얻었다. 선배님이 처음 준 정보는 불교 사상을 공부해야 한다는 것이었다. 그 말을 믿고 불교 사상을 공부하기 시작했다. 그런데 불교 사상을 공부하는 데도 새로운 독자-되기가 필요했다. 불교 사상도 『천 개의 고원』처럼 그 토대가 되는 공부가 있어야 했다. 그래서 다시 선배님에게 자문해, 불교 사상의 탐구에 노자(老子) 사상의 이해가 도움이 된다는 것을 알았다. 이에 더하여 현대 서양 철학 사상을 이해해야 한다는 것도 알게 되었다. 그중에서도 하이데거의 실존 사상을 반드시 이해해야 한다는 것이었다. 이들을 공부하는 데 거의 20여 년이 걸렸다. 물론 틈틈이 『천 개의 고원』을 읽었다.

큰 산을 오를 때 작은 산 넘기는 힘듦이 느껴지지 않는다. 작은 산들은 당연히 오르고 지나가야 할 것이기 때문이다. 작은 산 오르기에 마음이 쓰이거나 갈등이 일어나지 않는다. 그렇기에 힘들거나 지치는 일이 없다. 그렇지만 작은 산 오르기가 목표일 때는 작은 산의 정상에도 오르기 전에 지치고 힘들다. 이는 일에 대한 마음의 문제, 각오의 문제, 목표의 문제이다. 『천 개의 고원』을 읽기 위해 노자의 『도덕경(道德經)』과 유학(儒學)의 경전(經典)을 3년 이상 읽었다. 그 후 불교 사상 관련 책들을 8년 이상 읽었다. 『도덕경』을 읽고 불교 사상을 공부할 때, 이를 경험했다. 이들 노자 사상, 유학 사상, 불교 사상을 공부할 때에 감산대사(憨山德清, 1546~1622, 명나라)의 책들과 남회근(南懷瑾, 1918~2012, 중국, 대만)의 여러 책에 도움을 받았다. 특히 불교 사상을 처음 공부할 때, 이기영의 책이 많은 도움이 되었다. 동양 사상에 관련된 텍스트는 다양했고, 훌륭한 책들이 많았다. 서양 현대 철학사상은 여러 학자의 논의를 살폈다. 처음 서양 철학 사상을 탐구한 분야는 정신분석학이었다. 주로 프로이트와 라캉과 관련된 책을 읽었다. 이어서 종교와 관련된 엘리아데의 책들을 탐독했다. 이때 키에르케고르와 니체의 사상에 관련된 책도 함께 읽었다. 그 후 가다머, 데리다, 리쾨르, 레비나스 등의 사상과 관련된 책을 읽었다. 이들 책을 모두 깊이 있게 이해한 것은 아니다. 이들 사상가 중 하이데거와 라캉의 사상을 이해하는 데 많은 관심을 가졌었다. 이들 책 이해는 실제로 『천 개의 고원』을 읽고 이해하는 데 실질적인 도움이 되었다. 사실 동양 사상은 노자 사상이나 불교 사상이 많은 도움이 되었다. 서양 사상은 하이데거 사상의 이해가 필수적으로 필요했고, 라캉과 프로이트의 이해도 직접적인 도움이 되었다. 이들 동서양의 사상들을 공부하고 쓴 논문을 모아 엮은 책이 『읽기 교육의 파레르곤』(2024)이다. 그동안 『천 개의 고원』을 읽기 위한 노력은 많은 것을 잊게 했다. 다른 일을 생각할 시간을 내지 못했다. 또한 체력 소모가 큰 일이었다. 그래서 매일 운동을 하였다. 특히 치악산을 주말마다 오르는 일이 많은 도움이 되었다.

『천 개의 고원』에 대한 읽기를 대강 끝마친 현재에서 보면, 영광이 함께한다. 『천 개의 고원』 읽기는 누구나 쉽게 할 수 있는 일이 아니다. 『천 개의 고원』을 읽기 위해 보낸 오랜 시간을 되돌아볼 때, 분명 어려운 일이었다. 그런데 그 일을 해냈다는 점에서 뿌듯함을 느낀다. 이 뿌듯함은 현재 나의 하루와 늘 함께한다. 책 원고 마무리 작업을 하기 때문이라고 생각할 수도 있지만 꼭 그렇지는 않다. 높은 산을 넘은 자가 갖는 자존감에서 비롯된 즐거움과 만족감이 함께한다. 세상에서 가장 높은 산을 올랐던 사람이 갖는 자만적 만족감이 함께한다. 남이 하지 못한 일을 하고 받은 선물이다. 사실, 최고의 즐거움이면서 영광은 현대 철학 거장의 생각과 함께함이었다. 문제 설정의 독특함, 인식 방식의 고유함, 사유 방식의 특별함, 다양한 개념들의 신선함, 탐구 분야의 무한함, 논의 형식의 특이함, 내용 전개의 치밀함 등은 인식할 때마다 큰 기쁨이었다. 주변의 훌륭한 책들은 단일의 주제를 깊이 있게 탐구하는 경향이 있다. 그런데 『천 개의 고원』이 이들 훌륭한 책들과 다른 점은 다양한 주제를 깊이 있게 탐구할 수 있게 한 점이다. 이는 독자-되기의 즐거움, 강렬하게-되기의 즐거움, 지각 불가능하게-되기의 즐거움을 맛볼 수 있게 했다. 이 『천 개의 고원』을 읽은 영광은 이들 되기에 내재해 있었다.

필자는 『천 개의 고원』을 읽으면서 주요 개념과 이를 나타내는 용어에 대립성이 존재함을 느꼈다. 대립성은 특정 대상의 양극단을 취함으로써 생긴다. 그렇기에 대립적 개념 사이에는 다질적인 넓은 스펙트럼이 내재한다. 이는 책 내용의 전개 방식과 관련되어 있기도 하다. 개념의 대립성을 나타내는 대표적인 용어가 '국가장치-전쟁기계'이다. 국가장치는 정형적·형식적 의식의 흐름을 가리키고, 전쟁기계는 비정형적·탈형식적 의식의 흐름을 가리킨다. 그 외 몰-분자, 다수자(파)-소수자(파), 언어 상수-언어 변수, 홈패임-매끈함, 포획적-탈주적, 탈영토-재영토, 초코드-탈코드, 정착민-유목민, 결정체-다양체, 점-선, 진화-역행(되기) 등이 있다. 이들 개념의 대립성을 나타내는 용어는 우리의 의식 작용과 관련되어 있다. 우리의 의식 작용에는 전체성-부분성, 공통성-개체성, 표준성-예외성, 보편성-독특성, 동질성-다질성, 정형성-이형성, 불변성-가변성, 획일성-다양성 등의 대립성이 관여한다. 이들 의식 작용은 그 토대에 근대성-현대성, 이성론-존재론, 지식론-되기론, 자기 소멸론-자기 생성론 등이 자리한다. 이들 대립적 의식 작용의 근본적 토대를 표현하는 용어가 'n+1'과 'n-1'이다. 여기서 'n'은 의식의 수적 다양성이고, 1은 일자(一者)로 절대자이다. n+1은 다양한 의식 활동이 일자로 수렴됨을 의미하고, n-1은 수렴될 일자를 없앰으로 의식 활동이 다양해 짐을 의미한다. 이처럼 『천 개의 고원』은 개념적 대립성이 내재한 용어를 통해 특정 대상의 양극단을 보여주면서, 인식의 넓은 스펙트럼을 제공한다.

『천 개의 고원』을 읽기 현상의 해명과 읽기 교육의 새로운 관점 정립을 위해 읽었다. 『천 개의 고원』을 통해 본 읽기와 읽기 교육은 새로운 것이었다. 이는 필자가 알던 읽기와는 다른 읽기였다. 이는 조금 다른 것이 아니라 전혀 다른 것이었다. 기존에 읽기에 대한 인식은 '저자를 위한 읽기(사상 이해)', '텍스트를 위한 읽기(주제 찾기)', '읽기를 위한 읽기(의미 구성)'가 모든 것이었다. 그런데 『천 개의 고원』은 '독자를 위한 읽기'를 새롭게 알려주었다. 독자를 위한 읽기는 독자가 텍스트와 결연(alliance)하여 되기(devenir)를 실행하는 일임을 알게 했다. 이는 독자의 되기의 실행이 자기 생성이고, 이 자기 생성이 읽기를 하는 근원적인 이유이고 목적이라는 것을 깨닫게 해주었다. 독자는 자기 생성으로 새로운 자기를 갖는 변화를 이루기 위해 텍스트를 읽는 것이다. 저자의 사상을 알고, 글의 주제를 찾고, 스키마로 의미를 구성하는 것을 넘어, 읽기는 독자의 자기 변화를 위한 일인 것임을 알게 해주었다. 이를 규정하는 용어가 '되기'이고, 되기의 실체가 '자기 생성'이다. 이 관점에서 보면, 독자가 텍스트를 읽는 근원적 본질은 자기 생성이다.

『천 개의 고원』을 읽고 깨달은 또 하나의 사실은, '읽기를 단일하게 규정할 수 없다'는 것이다. 읽기의 근원적 본질 중 하나가 자기 생성이라 할 수 있지만, 독자의 자기 생성을 위한 읽기 실행은 단일하지 않다. 독자는 자기 생성을 위해 다양한 방식으로 읽기를 실행한다. 특정한 읽기 이론이나 관점은 이들 읽기의 한 부분을 설명할 뿐이다. 읽기의 실행은 독자에 따라, 텍스트에 따라, 읽는 상황에 따라 무한이 달라지고 변화한다. 그렇지만 독자의 읽기의 실행은 읽기의 규정을 따른다. 그렇기에 읽기를 단일하게 규정할 것이 아니라, 읽기에 관여하는 변인에 따라 다양하게 규정할 필요가 있다. 읽기를 다양하게 규정할수록 독자의 읽기는 더 본질적이면서 다양한 양태를 이룬다. 『천 개의 고원』은 읽기 현상을 설명할 관점이 무한함을 알게 했다. 리좀, 정신분석, 지질학, 언어학, 기호론, 몸체론, 사건론, 절편론, 되기론, 음악론, 유목론,

포획론, 공간론 등등이 읽기 현상을 설명하는 논리가 된다. 읽기를 다양하게 규정할수록 독자들은 다양한 방식으로 텍스트 읽기를 실행하고, 자기 생성의 다양성을 실현할 수 있다.

이 책의 내용은 일차적으로 읽기 교육 전공자들을 위한 것이다. 독자의 범위를 좀 넓혀 국어교육 전공자들, 좀 더 넓혀 교육학 전공자들을 독자로 한다. 물론 다른 관점에서 보면, 다양한 독자들이 여러 목적으로 읽을 수 있는 책이다. 『천 개의 고원』을 이해하기 위해서 읽을 수도 있고, 『천 개의 고원』 읽기로 특개성을 포착하고 지각 불가능하게-되기의 실천 사례를 확인하기 위해 읽을 수도 있다. 어떤 독자에게든 이 책의 내용은 특정한 지식을 전달하기 위한 것이 아니다. 독자가 현대적 인식을 생성하여 갖는 것, 즉 자기 생성을 위한 것이다. 필자는 이를 '실체적 읽기'라고 명명한다. 실체적 읽기는 개념과 정보를 얻거나 그 내적 특성을 밝혀 인식하는 읽기가 아니라, 특정 현상의 실체를 포착하는 읽기이다. 읽기 문제로 한정하면, 읽기 현상의 실체를 포착함은 읽기의 실제적인 양태를 체득하는 것이다. 즉 이 책의 독자가 장별로 또는 개념별로 되기를 실행하여 내용의 본질을 실현한 자기를 생성하는 것이다. 이 책의 독자가 텍스트의 대상역과 공명하는 텍스트-되기를 넘어, 자기의 과업을 이루기 위한 지각 불가능하게-되기를 실행하여 자기-되기를 실현하는 것이다.

이 책의 내용은 필자의 좁은 식견과 편견에 기초했다. 『천 개의 고원』을 연구하는 전문가들의 폭넓은 논의와 발전된 생각들을 반영하지 못했다. 변명일 수 있지만, 필자는 『천 개의 고원』을 읽고 내용을 파악하는 일과 이 파악한 내용을 읽기 현상과 연결하는 일만으로도 힘에 벅찼다. 그러다 보니 다양한 전문가들의 견해를 논의 속에 반영하지 못했다. 이로 논의가 편협하거나 오독 또는 오해석에 의한 내용이 있을 수 있다. 이 책 내용의 편협, 오독,

오해석에 대한 부분을 밝히고 바로 잡는 일은 후속 연구자들에게 부탁드린다. 필자로서는 한 편의 논의를 진행할 때마다 최선을 다하려고 했지만, 능력의 문제나 시간의 문제는 극복할 수 없었다. 이로 인해, 개념 전달의 문제, 용어 사용의 문제, 논리의 체계성 문제, 표현의 정교화 문제, 독자 배려의 문제 등에서 한계를 지니고 있다. 독자님들의 이해와 함께 질정을 당부드린다.

한 편의 논문이든, 한 권의 책이든 혼자서 완성할 수 없다. 이 책을 이루고 있는 내용은 많은 분들의 도움으로 이루어졌다. 멀게는, 필자가 읽은 텍스트의 저자들이 있다. 저자들은 필자가 읽은 각 텍스트가 다루는 문제에 인식적 눈을 뜰 수 있게 했다. 가깝게는, 함께 공부하는 분들이다. 필자를 지도해 주신 스승님들, 동료 연구자 및 교수님들은 물론, 필자의 강의에 참여하여 논의에 동참한 석사 및 박사 과정 선생님들이다. 이분들은 논의에 필요한 단서를 찾아, 생각을 전개하여 논문의 내용을 마련하는 과정에 많은 도움을 주었다. 강의실에서, 연구실에서, 학술대회장에서, 기타 학술적 대화가 이루어진 다양한 장소에서 질문과 토론은 진정한 도움이 되었다. 그리고 필자가 공부하는 동안 묵묵히 지켜보며, 마음속으로 응원하며 함께한 가족도 많은 도움이 되었다. 또한 이 책들의 출판에 관한 의사를 흔쾌히 받아주어 열심히 원고를 쓰고 다듬을 수 있게 해준 역락출판사 임직원분들의 도움이 있었다. 그동안의 논의를 묶어 책으로 편찬할 기획을 할 수 있게 도움을 준 이는 출판사 마케팅 담당자였다. 출판사에서 필자의 책 출판 계획을 받아주었을 때, 더 열심히 논문과 원고를 쓸 수 있는 힘을 얻었다. 또한 책의 내용이 가지런하고, 짜임새 있게 되는 것은 편집자의 도움이다. 이 책의 내용을 마련하고, 완결된 모습의 책으로 나올 수 있도록 도움을 주신 모든 분께 감사를 전한다.

2025년 12월 김도남

차례

제1장 — 기표체제와 텍스트

1. 체계와 체제

들뢰즈와 과타리는 『천 개의 고원』(김재인 역, 2003) 5장에서 '기호는 체제(régime de signs)를 이루고 있다'[1]고 말한다. 우리의 의사소통 도구인 기호가 체제의 속성을 지니고 있다는 것이다. 체제(régime)는 조직이나 제도를 지시하면서 정부, 정권, 권력, 통치 양식 등의 의미를 함의한다. 체제[2]는 여러

---

1 『천 개의 고원』 5장의 제목은 '기원전 587년 및 서기 70년: 몇 가지 기호체제에 대하여'이다. 5장의 제목은 도입면 그림과 그림 제목(이스라엘 사람들의 궤의 서열, 새로운 체제)에서 '궤'는 모세의 십계명을 보관하는 언약궤이다. 이 언약궤는 두 번 파괴된다. 첫 번째는 기원전 587년 유대인의 예루살렘(시드기야 왕)이 이민족(바벨론, 느부갓네살 왕)에게 정복당한 해이고, 두 번째는 서기 70년 로마군에게(티투스 황제) 예루살렘이 함락된 해이다.(이진경, 2003a: 370-371) 두 시점은 유대 민족이 외부의 영향으로 큰 변화를 한 때이기도 하다. 이는 기호체제의 변화(탈주)를 상징적으로 표현한 것이다.

2 '체제(體制)'를 표준국어대사전에서는 다음과 같이 정의하고 있다.
① 생기거나 이루어진 틀. 또는 그런 됨됨이.=체재.
② 사회를 하나의 유기체로 볼 때에, 그 조직이나 양식, 또는 그 상태를 이르는 말. 냉전 체제. 체제 개편. 중앙 집권 체제.
③ 일정한 정치 원리에 바탕을 둔 국가 질서의 전체적 경향.
④ 『생명』 생물체 구조의 기본 형식. 몸체 각 부분의 분화 상태 및 상호 관계를 이른다.
⑤ 『사회 일반』 각 부분이 목적에 맞도록 유기적으로 통일된 전체.

개체가 조건에 맞추어 하나의 덩어리를 이루고, 내재적 목적을 지향한다. 체제는 조직체로 작동하기에 소속성과 배척성을 지닌다. 소속성과 배척성에는 권력적 속성이 작용하며, 소속성에는 구심력이, 배척성에는 원심력이 작용한다. 구심력은 중심이 되는 것을 드러나게 하는 데 기여함으로써 개체의 존재 가치를 가지게 하고, 원심력은 중심이 되는 것에서 벗어나 다름을 지향함으로써 개체의 존재 가치를 가지게 한다. 기호는 이런 특성을 바탕으로 체제를 이룬다.

기호체제[3]는 기호의 집합적 조직 체계이다. 개별 기호[4]는 집합적 조직 체계 내에서만 그 개체적 존재 가치를 갖는다. 기호의 조직 체계가 개별 기호의 존재 가치를 가질 수 있게 하기 때문이다. 개별 기호는 조직 체계 속으로 들어가면서 그 존재적 의미를 가진다.[5] 조직 체계가 개별 기호에 존재 가치를 부여하는 것이다. 집합은 개별 요소의 단순한 모음이 아니라 요소 간의 어우러짐이다. 어우러짐은 개별 요소들이 유기적으로 연결되어 단일 속성을 드러냄을 지시한다. 체제를 이루는 기호들은 유기적인 조직을 이루고, 단일 속성을 드러낸다.

텍스트의 기호들은 기호체제를 이루고 있다. 기호들이 집합을 이루고 있고, 기호 간에는 일정한 질서가 있다. 텍스트의 기호들은 다른 기호들과의

---

3 이 논의에서 '기호체제'와 '기표체제'라는 용어는 혼용되는 측면이 있다. '기호체제'라는 말은 '기표체제'를 포함하는 상위어의 특성을 갖는다. 그러면서 기호가 기표와 기의의 결합으로 존재하는 것과 같이, 기호체제는 기표와 기의의 결합으로 의미가 내재되어 있거나 드러난 경우를 지시하고, 기표체제는 기표가 기의와 분리되어 있는 의미를 생성 중이거나 지향하고 있는 경우를 지시한다.

4 '기호'는 소쉬르의 용어로 '기표'와 '기의'의 결합체이다.(최승언 역, 1997) 이 논의에서 사용되는 '기호'는 소쉬르의 기호 개념을 토대로 하지만, '기표'를 지시할 때도 있다. '기표'는 '기의'와 분리된 기호를 가리킨다.

5 소쉬르는 이를 '가치'라는 용어로 표현했다.(최승언 역, 1997: 134-145)

관계에서 그 존재 가치를 드러내고, 기호 작용[6]을 한다. 이 텍스트의 기호체제는 잠재성을 띤다. 잠재성은 텍스트의 기호체제가 스스로 작동하지 않음을 의미한다. 텍스트의 저자는 텍스트가 하나의 기호체제를 갖도록 구성했다. 그렇게 구성된 기호체제는 그 자체로 봉인되어 있다. 텍스트의 기호들은 독자와 조우(遭遇)함[7]으로써 현재화(顯在化)된다.

독자는 텍스트의 기호체제를 현재화(顯在化)한다. 독자는 텍스트의 잠재적 기호체제를 현재적 기호체제로 생성한다. 독자는 텍스트 기호들의 집합을 새롭게 구성한다. 텍스트의 기호들을 선택하고 연결하여 독자만의 기호체제를 생성한다. 물론 독자가 생성하는 기호체제는 텍스트에 한정되기도 하지만 텍스트의 영역을 벗어나 다른 텍스트의 기호를 포섭하기도 한다. 그래서 독자의 텍스트 이해에 작용하는 기호체제는 텍스트에 제한되지도 않고 독립적이지도 않다. 독자는 텍스트의 기호체제에서 새로운 기호체제를 생성한다.

독자의 텍스트 이해는 기호체제의 생성에서 비롯된다. 기호체제의 생성은 텍스트에 대한 독자의 의미생성[8]과 관련된다. 독자의 텍스트에 대한 기호체제는 그 자체로 의미를 생성하는 것이 아니다. 기표의 체제와 기의의 체제 간의 연결로 이루어진다. 기호의 기표들이 관계를 형성해 질서 있는 집합을 이루고, 이 집합을 바탕으로 기의와 관계함으로써 의미의 포획이 이루어진

6 기호작용은 개별 기호가 다른 기호들과 관계를 맺는 것으로, 기호체제 속에서 위치를 할당받고, 기호체제에 기여할 수 있는 역할을 위하여 기의와 결합되는 현상이다.

7 조우(遭遇)라는 말은 '①신하가 뜻에 맞는 임금을 만남, ②우연히 서로 만남'의 뜻을 가지고 있다. 이 '조우'는 주로 ②의 뜻으로 사용되지만, 기표체제와의 관계에서는 논문의 후반부에서 언급되는 '특권적(전제군주) 기표'와 관련하여 ①의 뜻도 간접적으로 포함한다.

8 '생성'이라는 말은 '구성'이라는 말과 대비된다. '구성'은 부분이나 요소를 모아서 일정한 전체를 이룬다는 뜻이지만 '생성'은 새롭게 생겨나서 이루어지게 되거나 있게 됨을 뜻한다. 읽기를 사건으로 보면(김도남, 2020) 독자가 텍스트를 읽고 이해하는 의미는 사건에 따라 생성된다.

다. 독자가 텍스트에서 의미를 포획하는 활동은 기표체제를 생성하여 기의 세계[9]를 구획짓는 일이다.

이 장에서는 독자가 텍스트를 읽어 의미를 생성하는 활동에 작용하는 기표적 기호체제 즉 의미작용적 기호체제에 대하여 살펴본다. 기표적 기호체제가 의미작용적 기호체제가 되는 논리를 살펴봄으로써 독자의 텍스트 이해 현상을 이해할 수 있다. 이는 독자의 텍스트에 대한 제한적 의미 이해와 이를 가능하게 하는 읽기 교육의 논리를 인식할 수 있게 한다. 독자의 기호체제의 생성을 통한 텍스트 이해의 특성을 살펴본다.

2. 기표체제와 읽기

기호체제는 다양하다. 텍스트는 하나의 기호체제이다. 그렇다면 텍스트마다 기호체제가 있다. 여러 개의 텍스트가 하나의 기호체제일 수 있다. 하나의 텍스트에 여러 개의 기호체제가 있을 수도 있다. 이들 기호체제가 안정적으로 의미를 드러내는 경우도 있고, 그렇지 않은 경우도 있다. 기호체제가 완결되지 못하여 기표들이 임시로 체제를 이루고 있을 때는 기표체제라 할 수 있다. 이 기표체제가 드러내는 의미는 완결적인 것이 아니라 임의적인 것이다. 독자의 텍스트 읽기는 기표체제를 생성하는 활동이다. 독자의 기표체제 생성에 대하여 살펴본다.

---

9 기의 세계는 의미를 지시하는 말이다. 의미는 기표와 같이 분절되어 구분되지 않는다. 의미는 하나의 연속적인 덩어리를 이루고 있다. 들뢰즈와 과타리는 이 의미를 '무정형의 대기(大氣) 연속체'(김재인 역, 2003: 218)라고 표현한다.

가. 기호체제

기호체제는 기호들의 질서 있는 집합을 가리킨다. 일정한 수의 기호들이 집합을 이룬다는 것은 특정 의미를 나타내도록 조직됨을 뜻한다. 기호들의 집합에 질서가 없는 경우에는 의미를 나타내지 못한다. 기호체제를 이루지 못하는 것이다. 체제는 다수의 구성 요소가 내적인 질서를 이루고, 지향하는 목표에 맞게 작동하는 조직을 가리킨다. 기호체제는 다수의 기호가 긴밀한 관계를 형성하여 의미를 드러내기 위하여 작동하는 조직이다. 기호체제는 의미 작용을 목표로 하는 기호들의 조직이다.

우리가 사용하는 기호체제는 여러 종류가 있다. 지역에 따라, 직업에 따라, 환경에 따라, 필요에 따라 언어뿐만 아니라 상징, 신호, 부호 등의 다양한 기호체제가 존재한다. 우리가 일상에서 만나는 교통신호도 기호체제이다. 도로표지판도, 도로에 그려진 선도, 도로의 연석도 기호체제를 이루고 있다. 이들 기호체제는 한데 섞여 각기 필요한 의미를 전달한다. 우리는 이들 기호체제에 의식을 집중하여 하나씩 구분하여 의미를 인식하기도 하지만 복합적으로 인식하기도 한다.

기호체제는 혼용적이다. 기호는 각기 다른 기호체제로 독립적으로 작용하기도 하지만 혼용된다. 핸드폰으로 문자 대화를 할 때, 우리는 문자와 함께 다양한 이모티콘을 사용한다. 문자와 이모티콘은 서로 다른 기호이다. 그런데 문자 대화를 할 때에는 이들을 혼용하여 사용한다. 기호의 혼용은 다양한 텍스트의 양식을 만들어 내기도 한다. 기호가 혼용된 기호체제로 된 텍스트의 한 종류가 복합양식 텍스트이다. 기호의 혼용은 여러 기호체제를 복합적으로 연결함으로써 의미를 효과적으로 전달하기도 하지만 이를 처음 접하는 경우에는 낯설 수도 있다. 우리는 이들 기호체제를 다양한 측면에서 탐구할 수 있다. 이 논의에서는 텍스트 이해의 측면에서 기호체제에 대하여 관심을 갖는다.

기호체제는 언어적 표현 형식이다. 들뢰즈와 과타리는 기호체제에 대하여 다음과 같이 말한다. '기호체제라 불리는 것은 특수한(특정한) 표현의 전(全: 모든 종류) 형식화를 가리킨다. 적어도 그 표현이 언어적 표현인 경우라면 말이다. 기호체제는 기호계를 이룬다.'[10](김재인 역, 2003: 217) 기호체제는 기호계를 이루면서, 언어적 표현의 형식일 경우를 가리킨다. 여기서의 기호계는 기호 이론을 의미하기보다는 기호들의 집합체를 뜻한다.[11] 언어적 표현 형식은 한정된 수의 기호들이 구조화된 체계를 이루고 있으면서, 외적 형식을 인식할 수 있는 기표에 관심을 두는 것을 뜻한다. 이진경(2003a: 336)은 이를 라캉의 '상징계'와 관련지어 설명한다. 상징계는 기표가 소리나 글자로 드러나는 외적 형식성과 구조화된 질서 속에서 역할을 부여받는 특성을 지시한다.[12] 기호체제를 이루는 기호들은 구조적 관계 속에서 형식적 실체로 존재 속성을 가지며 기의를 갖게 된다. 언어적 표현 형식은 기호의 의미의 다양성과 형식의 혼합성을 포함한다.

---

10 "우리는 특정한 표현의 모든 [종류의] 형식화(formalisation)를, 최소한의 그 표현이 언어적인(linguistique) 한에서 기호체제(régime de signes)라 부른다. 하나의 기호체제는 하나의 기호계(une sémiotique)를 이룬다." 표현형식이 언어적 형식을 취할 때 그것을 기호체제라고 정의하다는 겁니다. 뒤에 덧붙인 것은 기호체제와 기호계가 동일한 외연을 갖는다는 말입니다.(이진경, 2003a: 335)

11 '기호계'라고 번역한 sémiotique는 아마도 퍼스의 기호이론 semiotics에 해당되는 프랑스어일 겁니다. 하지만 하나의 기호체제가 하나의 기호이론을 이룬다고 하는 건 말이 되지 않습니다. 더구나 부정관사 une을 덧붙여 놓았지요. 이것은 직접적으로는 '기호들의 집합'을 의미하는 데, 이런 종류의 집합이란 대개 특정한 '질서'를 이루게 마련이지요. une sémiotique는 이런 의미에서 특정한 질서를 이루는 기호들의 집합을 의미하는 것이라 할 수 있습니다. 그래서 이를 '기호계'라 번역했습니다. 하나의 기호체제가 하나의 기호계를 이룬다는 것은 바로 이런 의미에서겠지요.(이진경, 2003a: 336)

12 라캉은 욕망의 작용으로 주체가 생성되는 과정을 상상계, 상징계, 실재계로 설명한다. 이에 대한 설명은 홍준기(2002)의 논의를 참조할 수 있다.

기호체제는 하나의 집합체를 이룬다. 하나의 집합체를 이룬다는 말은 기호들이 질서 있는 조직화로 의미를 드러내게 됨을 뜻한다. 이는 기호체제가 기표와 기의의 결합으로 하나의 구분되는 영역을 이루게 됨을 의미한다. 이 기호체제는 권력의 속성을 내포한다. 권력의 속성은 지배하고, 복종시키는 강제력이다. 기호체제는 그 내적 질서 체계로 의미 작용을 통제하여 의미를 종속시키고, 제한하는 규범성을 띤다. 이는 기표의 질서 있는 조직체가 관련된 기의를 마름질하여 포착하는 특성을 뜻한다.

들뢰즈와 과타리는 『천개의 고원』(김재인 역, 2003) 5장에서 이 기호체제를 네 가지 범주로 구분한다. 기표적 내지 의미적(signifiante) 기호체제, 전기표적 내지 전-의미적(pré-signifiante) 기호체제, 반(反)기표적 내지 반의미적(contre-signifiante) 기호체제, 탈기표적 내지 탈의미적(post-signifiante) 기호체제가 그것이다. 기표적 내지 의미적 기호체제는 일반적으로 설명되는 기표와 기의 관계를 중심으로 이루어진 기호체제이다. 이 논의에서 관심 대상으로 하는 기호체제이다. 전기표적 내지 전-의미적 기호체제는 상징적 기호 이전의 기호체계이다. 예를 들면 두 손바닥 맞대어 가슴 앞으로 가져가면 '기도'를 의미하는 것과 같은 것이다. 반(反)기표적 내지 반의미적 기호체제는 기표적 기호체제의 기표와는 다른 기의를 가지는 기호체제이다. 대표적인 예가 암호이다. 탈기표적 내지 탈의미적 기호체제는 기표적 기호체제의 기의를 벗어난 새로운 기의를 생성하는 기호체제이다.[13] 이 기호체제는 다른 논문에서 독자의 텍스트 이해와 관련지어 논의할 것이다.

이 논의에서는 기표적 내지 의미적(signifiante) 기호체제를 텍스트 읽기와 관련지어 논의하다. 먼저 기표적 내지 의미적 기호체제라는 명칭을 '기표체

13 이와 관련된 논의는 다른 논문을 통하여 실행한다. 이 논의는 다음 논문을 위한 예비적 논의이고, 현재 이루어지고 있는 텍스트 이해에 대한 인식을 비판하기 위한 것이다.

제'로 약칭한다. 이 기표체제는 기표와 기의를 모두 다루기는 하지만 외현적이고 물질적인 기표에 초점을 둔다. 이 기표체제를 통하여 독자가 텍스트를 통하여 생성하는 기호체제의 특성을 알아본다. 독자가 텍스트를 통하여 기표체제를 어떻게 생성하고, 그 기표체제가 어떤 의미를 드러내는지, 그 의미의 특성이 어떠한지를 살펴본다. 이를 통하여 독자의 텍스트 이해에 대한 본질을 알아본다.

나. 기표체제와 의미

기호의 기표는 개별적으로 기의를 드러내지 못한다. '가', '각', '강' 등의 기표들은 독립적으로 있을 때는 기의를 알 수 없다. '수-우-미-양-가'에서 '가'나 '이리 와, 저리 가'에서 '가'는 기의를 갖는다. '각'을 국어사전에서 찾으면 '낱낱의', '면과 면이 만나 이루어지는 모서리', '(동물)소, 염소, 사슴 따위의 머리에 솟은 단단하고 뾰족한 구조(뿔)' 등으로 설명되어 있다. '강'은 '물, 냇물, 계곡, 흐름, 호수, 바다'와 관계를 지을 때와 '힘, 세다, 약하다, 굳다, 딱딱하다'와 관계를 지을 때 드러나는 기의가 다르다. 기호에서 기표와 기의는 분리되어 있고, 기표는 다른 기표와의 관계 속에서 기의를 지시할 수 있게 된다. 그래서 기표는 기의의 외현체일 때 기호가 된다. 결국 기호의 의미는 다른 기호와의 관계에서 인식된다. 기호가 다른 기호와의 관계에서 의미를 획득하는 것을 의미 작용(signification) 또는 의미화(signifiance)라 한다.(이진경, 2003a: 340) 이 의미 작용에 관여하는 기표들의 질서 있는 집합이 기표체제[14]이다.

14 기표적 기호체제(기표체제)를 김재인은 기표작용적 체제(기표작용적 기호)라고 번역한다. (김재인 역, 2003: 218)

기표체제에서 보면, 기표들은 다른 기표들을 지시한다. 기표들이 개별적으로 기의를 가지지 못하기 때문에 서로를 지시함으로써 기의를 가진다. '즉 기호는 다른 기호를 지시하고, 또한 다른 기호만을 지시하며, 이런 식으로 무한히 나아간다.'(김재인 역, 2003: 218) 기표는 상호 지시적인 조직체를 필요로 한다. 그래서 기표체제에서 '세계는 기표가 무엇을 뜻하는지도 모르는 채 기표에 의해 시작되었고, 기의는 알려지지 않은 채 주어져 있다'[15](이진경, 2003a: 340)고 한다. 우리가 인식하는 세계는, 먼저 기의를 갖지 않고 존재하는 기표들을 인식하고, 이들 기표들의 상호관계를 바탕으로 기의를 알게 됨으로써 존재함을 뜻한다. 기표체제가 세계를 인식할 수 있게 하는 것이다.

기표체제에서 기표는 다른 기표들에 의하여 존재 가치를 갖는다. '가'는 '수-우-미-양-가'와의 관계에서 '성적이나 등급을 다섯 단계로 나눌 때 가장 낮은 단계'의 의미를 갖는다. 그러면서 '성적 등급, 다섯 단계, 가장 낮음'들의 기표들도 서로의 관계 속에서 각기 의미를 갖는다. '저리 가, 먼저 가, 잘 가'에서의 '가'는 '한곳에서 다른 곳으로 장소를 이동하다'의 의미를 갖는다. 이 또한 '한곳, 다른, 장소, 이동'들도 서로의 관계 속에서 의미를 갖는다. 이것은 기호들이 상호관계에 의하여 의미를 드러내는 또 다른 설명이다. 기호들은 결국 서로 무한 소급되면서 의미를 드러낸다. '기호들은 단지 무한한 그물망만을 만드는 게 아니라, 기호들의 그물망은 무한히 순환적이다.'(김재인 역, 2003: 220) 기표체제는 기의가 없는 기표들의 그물망이 '의미 작용'을 일으키는 방식이다. 다시 말하면, 기표체제는 기표들의 의미 작용을 설명하는 하나의 양식이다.

---

15 세계가 의미하는 바가 무엇인지 사람들이 알기도 전에 세계는 기표작용하기 시작했고, 기의는 알려지지 않은 채로 주어져 있다.(김재인 역, 2003: 219)

(가) 二十樹下三十客(이십수하삼십객) 시무나무 아래 서러운 나그네가
四十家中五十食(사십가중오십식) 망할 놈의 집에서(얻은) 쉰밥을 먹네.
人間豈有七十事(인간개유칠십사) 인간 세상에 어찌 이런 일이 있으랴.
不如歸家三十食(불여귀가삼십식) 차라리 집으로 돌아가 선 밥을 먹으리라.[16]

—김삿갓, <二十樹下(시무나무 아래)> 전문

글 (가)는 김삿갓(김병연(金炳淵), 1807~1863)이 함경도 한 마을의 부잣집에서 쉰밥을 얻어먹으며 느낀 설움을 표현하고 있다.(장안영, 2019: 105) 이 시를 보면, 숫자를 나타내는 기호들이 고유의 질서를 벗어나 있다. 二十(20, 스물: 시무), 三十(30, 서른: 서러운, 설익은), 四十(40, 마흔: 망할), 五十(50, 쉰: 쉰), 七十(70, 일흔: 이런) 숫자들은 일반적 의미와는 다르게 쓰이고 있다. 저자도 그렇게 썼고, 독자도 그렇게 읽는다. 이들 숫자는 이 시 안에서는 일정한 질서 속에서 집합을 이루고 있다. 숫자를 기호의 기표로 볼 때, 기표는 기존의 기의와는 다른 기의를 드러내고 있다. 이를 볼 때, 기호의 기표와 기의는 서로 독립적으로 존재하면서 특정 조건에서만 결합됨을 알 수 있다.

기호는 기표와 기의로 이루어지지만 기표와 기의는 분리된다.[17] 이는 기호체제가 기표체제와 기의체제가 따로 존재할 수 있음을 함의한다. 다른 말로 하면, 기표와 기의는 다른 체제를 이루고 있는 것이다.[18] 기호체제의 측면에

16 二十樹 : 스무나무는 느릅나무과에 속하는 나무 이름(시무나무)
三十客 : 三十은 '서른'이니 '서러운'의 뜻. 서러운 나그네.
四十家 : 四十은 '마흔'이니 '망할'의 뜻. 망할 놈의 집.
五十食 : 五十은 '쉰'이니 '쉰(상한)'의 뜻. 쉰밥.
七十事 : 七十은 '일흔'이니 '이런'의 뜻. 이런 일.
三十食 : 三十은 '서른'이니 '선(未熟)'의 뜻. 설익은 밥.

17 기표와 기의의 분리에 대한 구체적인 논의는 김형효(2014)의 4장을 참조할 수 있다.

서 볼 때, 기표체제가 물질성을 갖기 때문에 구체성을 갖고 드러난다. 즉 사람들에게 먼저 인식되는 것이 기표체제이다. 이 기표체제는 기표들이 질서 있는 집합을 이루고 있다. 글 (가)의 숫자들은 특정하게 인식되는 기표들로 숫자 나름의 체제를 이루고 있다.

이 기표체제는 '기표적 체제' 또는 '기표적 기호체제'라고도 부른다. 여기서 '기표적'이라는 말은 '기표의 속성을 가지고 있음'을 뜻한다. 기표가 문자로 된 것도 있지만 아닌 것도 있다. 우리가 흔히 보는 '♪', '♡'는 기표이지만 문자는 아니다. 우리가 그 기의를 인식할 수 있으므로 기표인 것이 분명하다. '기표적'이라는 말은 문자와 문자가 아닌 기표를 모두 포함한다. 이와 관련된 말이 '기표적 기호체제'이다. 이 논의에서 '기표체제'라는 것은 문자로 이루어진 기호체제로 제한한다. 기표체제는 기표적 기호체제의 한 부분으로 문자로 된 기호체제로 한정한다.

기표체제와 대응되는 것을 기의체제라고 할 수 있다. 그런데 기의체제라는 말은 성립되기 어렵다. 기의는 물질적 속성을 갖지 않는다. 물질적 속성을 갖지 않는다는 말은 구분되거나 특정한 모양으로 나눌 수 없음을 뜻한다. 들뢰즈와 과타리는 이 기의를 '무정형의 대기(大氣) 연속체'(김재인 역, 2003: 218)라고 한다. 기의는 체제를 이루기보다는 기표체제와 연결되면서 무정형의 연속체의 일부분을 분할하여 주게 된다.[19] 그러면서 기표체제와 결합되어

---

18 중요한 것은 무정형의 대기(大氣) 연속체 자신의 그림자를 투영하는 시작도 끝도 없는 그물망을 형성하기 위해서 기호가 어떤 다른 기호를 참조하는지, 어떤 다른 기호들이 덧붙여지는지를 아는 일이다. 바로 이 무정형의 연속체가 일단의 '기의' 역할을 한다. 그러나 이 무정형의 연속체는 기표 아래에서 끊임없이 미끄러지며, 기표의 매체 또는 벽 노릇을 할 뿐이다.(김재인 역, 2003:218)

19 이제 기의는 새로운 모습을 하게 된다. 기의는 기호들의 그물망이 자신의 실을 던져오는, 인식되지 않고 주어지는 무정형의 연속체이기를 그친다. 우리는 하나의 기호나 기호군에 기의의 일부를 대응시킨다. 그 기의가 적합하며 따라서 인식 가능하다고 결정하고서 말이

의미로 구현된다. 체제를 이루는 것은 기표뿐이다. 사람들은 이 기표체제를 이용하여 무정형의 연속체의 부분을 재단하여 기의를 인식하게 되는 것이다.

기표체제는 기의(의미)의 대기(大氣)에 구역을 정하고 경계를 만든다. 기표체제는 연속체인 기의의 대기 위에 가설된다. 가설은 이미 있는 것에 무언가를 임시로 덧붙여 만드는 것이다. 그렇다고 사람들이 기의의 대기를 미리 알고 기표체제를 가설하는 것은 아니다. 무엇인지 분명하게 확인되지 않은 기의 대기에 기표체제를 설치한다. 기표체제가 완성되면서 의미(기의)가 드러나게 된다. 그러면서 기표체제는 의미의 대기 위에 자리를 잡는다. 의미의 대기 위에 자리를 잡은 기표체제는 의미의 대기를 구획 짓고, 그 구획의 의미를 드러내게 된다. 이로써 기표체제의 의미 작용이 일어난다.

다. 기표체제와 텍스트 읽기

기표체제는 의미 작용을 위한 체제이다. 기표들의 의미 작용은 집합적 연쇄를 이루어 체제를 이룰 때 일어난다. 개별 기표로 존재하거나 의미 작용이 없는 기표의 집합적 연쇄는 기표체제가 아니다. 기표체제가 기표를 인식하는 개별 주체나 집단에 의하여 이루어진다는 점에서 주체나 집단이 인식하지 못하는 기표 연쇄도 기표체제가 될 수 없다. 기표체제의 의미 작용은 개별 주체나 집단적 주체들에 의하여 이루어진다. 기표들의 존재나 의미의 생성은 주체의 인식 활동에 의하여 일어난다.

기표체제는 의미 작용과 관련될 때 독립적인 구조를 형성한다. 기표들은 무한 소급되면서 연쇄를 이룰 수 있지만 의미 작용을 위해서는 그 경계가

다. 이리하여 통합축에 계열축이 덧붙여진다. 통합축에서는 기호들이 서로를 참조하고, 계열축에서는 이렇게 형식화된 기호가 적합한 기의를 재단해 낸다.(김재인 역, 2003: 222)

있어야 한다. 물론 그 경계가 분명하게 절단되어 구분되는 경계는 아니다. 호수의 수면 위에 떨어진 물체에 의하여 생겨나는 동심원처럼 중심이 있으면서 여러 겹의 경계를 갖는다고 할 수 있다. 동심원이 시작될 때의 경계는 분명하게 드러나지만 점점 커지면서 주변으로 퍼져나가는 원의 경계는 분명하지 않다. 기표체제의 의미 작용도 경계를 가지지만 그 경계의 구분이 수면 위의 동심원과 같은 형태를 취한다. 이는 의미의 대기가 기표체제처럼 분할적인 경계를 갖지 않음을 뜻한다.

[그림 1] 수면의 동심원

이 동심원으로 비유되는 기표체제의 의미 작용은 세 가지 특성을 갖는다. 첫째, 의미 작용은 의미의 대기 특정 부분에 한정되어 이루어진다. 의미의 대기는 그 넓이와 깊이를 알 수 없다. 의미의 대기는 체제로써 한정하여 규정하기 어렵다. 둘째, 의미 작용은 눈에 보이는 동심원 표층과 관련이 있다. 기표체제가 드러내는 표면적 의미가 있다. 기표체제 자체가 드러내는 의미가 있음을 뜻한다. 데리다는 표현된 기표들에 의하여 드러나는 의미를 'Bedeutung'이라고 하였다. 셋째, 의미 작용은 눈에 보이지 않는 심층 의미와 관련된다. 기표체제가 무엇인가 말하고자 하는 내적인 의미를 데리다는 'voiloir-dire'라고 하였다.(이진경, 2003a: 342) 'Bedeutung'이 '표현된 말'의 의미라면 'voiloir-dire'은 '말하고자 함'의 의미이다. 이는 기표체제로 드러내는 의미가 여러 층위일 수 있음을 뜻한다. 이들 세 의미 층위 중, 첫째는 의미를 인식할 수 있게 하는 토대가 되는 의미이고, 둘째는 기표체제를 통하여 곧바로 인식할 수 있는 의미이고, 셋째는 기표체제를 해석하여 인식할 수 있는 의미이다.

(나) 그 누구에게도 보이고 싶지 않은/어느 햇살에게도 보이고 싶지 않은/그런 사람이 있습니다.// 내 안에서만 머물게 하고 싶은/ 사람이 있습니다.// 바람

같은 자유와/ 동심 같은 호기심을 빼앗고 싶은/ 사람이 있습니다.// 내게만 그리움을 주고/ 내게만 꿈을 키우고/ 내 눈 속에만 담고픈/ 어느 누구에게도 보이고 싶지 않은/ 그런 사람이 있습니다.// 내 눈을 슬프게 하는/ 사람이 있습니다.// 내 마음을 작게 만드는/ 사람이 있습니다.// 그 사람만을 담기에도 벅찬/ 욕심 많은 내가 있습니다.

—한용운, <숨기고 싶은 그리움> 전문

글 (나)는 한용운의 시다. 이 시를 읽으면, 일차적으로 삶과 삶의 지향적 기대의 단면이 드러나면서 사랑하는 임에 대한 보편적 의식의 토대를 느낀다. 그러면서 기표체제가 표면적으로 제시하고 있는 사랑하는 임에 대한 마음과 의식을 인식할 수 있다. 그런데 이 시를 단지 연모하는 임에 대한 마음으로 읽는 독자는 많지 않다. 이 시를 이루고 있는 기표체제가 '말하고자 함'이 있음을 의식한다. 특히 시인이 어떤 사람인지 아는 순간 기표체제의 외현적 표현이 지시하는 의미 외에 다른 의미가 있음을 직감한다. 시적 화자는 소심한 개인으로 느껴지는 데 실제 저자는 의지 강한 남성인 것이다. 저자가 주권을 잃어버린 나라의 주권을 되찾기 위해 애쓴 독립투사라고 의식할 때, 불도(佛道)를 깨치기 위해 정진하는 스님이라고 의식할 때, '말하고자 함'이 있음을 직감한다. 그러면서 저자가 마음을 두고 있는 '사람'의 의미가 '말하고자 함'의 구심점이 됨을 알 수 있다.

3. 독자의 기표체제 생성과 텍스트 이해

독자는 텍스트를 읽고 기표체제를 생성한다. 이 기표체제의 생성은 독자가 특권적 기표에 주목함으로써 이루어진다. 이 기표체제의 생성으로 의미 작용이 일어나고, 독자는 텍스트 의미를 이해할 수 있게 된다. 독자의 기표체제의 생성과 텍스트 이해에 대하여 살펴본다.

가. 독자의 기표체제 생성

텍스트는 그 자체로 완결된 기호체제이다. 텍스트의 기표들은 유기적으로 질서를 이루어 결합되어 있다. 그러면서 특정한 의미를 담고 있다. 독자의 입장에서 텍스트는 특정한 기표체제로 인식해야 할 하나의 대상이다. 텍스트는 하나의 완결된 기표체제이지만 독자가 생성한 기표체제는 아니다. 텍스트가 일상적 대상과 다른 점은 독자와 공유할 수 있는 기표로 구성되어 있다는 점이다. 이런 기표로 구성되어 있는 텍스트가 인식의 대상인 이유는 독자는 텍스트를 읽고 자기만의 기표체제를 생성해야 하기 때문이다. 텍스트의 기표체제는 독자의 기표체제로 변화될 수 있는 잠재적 속성만 갖는다. 이는 텍스트의 기표체제가 곧바로 독자의 기표체제로 전환되지 않음을 뜻한다. 텍스트의 기표체제는 그 자체로 존재하고, 독자의 기표체제와는 구분된다.

독자는 텍스트를 읽고, 독자만의 기표체제를 생성한다. 독자의 기표체제 생성은 텍스트의 의미를 이해하게 됨을 뜻한다. 독자가 생성한 기표체제가 텍스트의 의미를 구획 짓고 포획하여 드러내게 됐음을 지시한다. 텍스트를 읽고 생성한 기표체제는 텍스트의 기표체제와는 다른 것이다. 텍스트의 기표체제와 독자가 생성한 기표체제는 관련성이 있지만 같지는 않다. 이는 본질적으로 이질적인 기표체제가 존재함을 함의한다. 이질적이라는 말에는 동질적인 기표체제도 존재함을 내포한다. 동질은 똑같음이 아니라 내용적으로 또는 의미적으로 닮을 수 있음을 뜻한다. 요컨대, 텍스트를 읽고 독자가 생성하는 기표체제는 텍스트와는 이질적인 것이다.

독자의 기표체제 생성은 기표들을 질서 있게 모으는 데서 비롯된다. 기표체제의 생성은 개별 기표들이 정연한 집합체를 이루도록 하는 것이다. 이 기표 집합체의 생성은 특정한 기표를 중심으로 이루어진다. 특정한 기표라는 것은 기표 집합체가 발생하는 지점이면서 기표들의 의미화가 발생하는 지점이기도 하다. 예를 들어 가족의 호칭을 나타내는 기호들은 내적 질서(가족관계)에 기초하여 집합체를 이룬다. 레비-스트로스의 연구에 따르면 가족의 호칭 체제는 근친상간 금기와 관련이 있고, 이 금기가 호칭 체계의 발생 지점이면서 의미화가 발생하는 지점이라는 것이다.(이진경, 2003a: 344)

기표체제의 질서는 특정한 기표에서 비롯된다. 이 기표는 특권을 갖고 있다. 그 특권은 기표체제의 중심에 위치하는 것이고, 그 역할의 핵심은 기표들의 소속과 배척의 결정이다. 개별 기표들의 자리를 할당하고, 의미를 배당한다. 그래서 질서가 작용하는 범위를 정하고 그 경계를 만든다. 이 특권 기표는 기표체제에서 '전제군주'처럼 모든 것을 결정하는 역할을 한다.(김재인 역, 2003: 222, 이진경, 2003a: 346) 그렇게 체제 내의 기표들이 이 기표 주위에 질서 있게 모이게 됨으로써 의미 작용이 일어난다. 이 중심이 되는 전제군주 기표를 둘러싸는 여러 기표는 원환(圓環)을 형성한다. 이 원환 속의 기표들은 일정한 위치와 특정한 기의를 할당받는다. 위치와 기의를 할당받은 기표는 체제 내에 정박(停泊: 미끄러지거나 떠도는 것을 멈춤)한다. 이때의 기표체제 내의 기표에 할당된 기의는 일시적이고 잠정적인 것에 불과하다. 즉 기표와 기의 간에 일시적 봉합이 이루어진다.

특권을 가진 기표를 둘러싸는 기표의 집합은 순수하거나 단일하지 않다. 기표들은 수면 위에 생긴 동심원처럼 기표들의 집합으로 이루어진 여러 겹의 동심원이 존재한다. 물론 텍스트를 읽고 독자가 만드는 기표의 원환은 나선형(螺旋形)으로 연속적 연쇄의 원환(圓環)이 될 수도 있다. 이들 기표 연쇄의 동심원 또는 나선환은 특권(전제군주) 기표를 둘러싸고 공전한다. 공전하는 기표의 동심원은 여러 개이고, 나선환은 여러 겹이다. 즉 기표 연쇄의 동심원이나 나선환은 다중성을 갖는다. 하나의 원환이나 나선환을 이루는 기표들은 한 원환을 이루고 있는 기표들끼리 기의를 소급한다. 그러면서 각 기표는 다른 원환으로 건너뛰는 것도 가능하다.[20]

글 (나)를 보면, 특권 기표는 '사람'이다. 이 특권 기표의 일차적 의미는 사랑하는 '임'이다. 이 특권적 기표가 '임'과 연결되면 '보이고 싶지 않은, 들키고 싶지 않은. 내 안에만 머무는, 자유와 동심을 빼앗고 싶은, 내게만 그리움을 주고 꿈을 키우는' 등의 기표들은 사랑하는 임을 그리는 기표의 원환을 이룬다. 그런데 이 특권 기표인 '사람'을 애국지사로서 주권을 잃은 조국의 광복을 그리는 저자의 마음과 관련지으면 연결되는 기표는 달라진다. 조국, 애국심, 빼앗김, 주권, 자유, 내 눈, 슬픔 등이 연결된다. 그 결과 '조국의 독립'이 기의로 드러난다. 이 기의에 연결되는 기표들을 또 다른 원환을 이룬다. 그러면서 일차적 원환과는 다른 원환을 이루어 일차적 원환을 그 중심에 둔다. 한 걸음 더 나아가 저자의 종교와 관련하여 '사람'은 다른 기표들과 연결된다. 구도, 수행, 부처, 깨침, 해탈 등이 원환을 만든다. 그 결과 '사람'은 불교적 구도의 대상인 '진리'가 될 수 있다. 그러면 이를 둘러싸는 기표들은 다른 기의를 선택하게 된다. 그러면서 기표들의 이차 원환은 기표들의 일차 원환을 그 안에 품는다. 기표들의 원환은 여러 개 존재할 수 있다. 또한 각 원환은 동일한 기표를 사용하기도 하면서 원환 사이에 기의는 관련성을 갖는다. 예를 들어 '보이고 싶지 않음'의 기의는 일차 원환에서는 '나만 사랑하는'의 기의이지만 이차 원환에서는 '우리 민족이 사랑하는'이 되고, 삼차 원환에서는 '인류 전체가 사랑하는'의 기의가 된다.

---

20 중요한 것은 기호들의 순환성보다는 원들이나 사슬들의 다양체이다. 기호는 같은 원 위의 다른 기호만 지시하는 것이 아니라 다른 원, 다른 나선 위의 기호들도 지시한다.(김재인 역, 2003: 220)

독자의 기표체제의 생성은 학습 경험과 지식에 의존한다. 독자는 텍스트와 관련하여 자신이 아는 바를 활용하여 원환을 생성한다. 독자가 텍스트와 관련하여 얼마나 알고 있는가가 원환의 수와 크기를 결정한다. 독자가 원환의 수가 많고, 큰 기표체제를 생성할수록 텍스트를 잘 이해하는 것으로 여긴다. 그래서 독자는 텍스트에 대한 또는 텍스트를 이해하기 위한 정보의 학습과 지식의 습득이 필요하다. 이 습득된 정보와 지식은 독자의 배경지식을 이룬다. 이 배경지식은 독자가 텍스트에 대한 기표체제를 확장하고 공고히 하는 토대가 된다.

나. 독자 기표체제의 의미 작용

독자가 생성하는 기표체제는 의미 작용과 관련되어 있다. 의미 작용은 기표체제가 의미의 대기(大氣)와 연결됨으로써 일어난다. 이 연결은 기표체제가 의미의 대기에 덧붙여지는 형태로 일어난다. 덧붙여짐은 외부에 부가되는 형태로 임시로 부착됨을 뜻한다. 외부에 임시로 부착될 때 맞닿는 부분이 있어 고정된다. 독자의 기표체제는 의미의 대기 외부에 고정되면 맞닿는 부분을 재단하여 차지할 수 있게 된다. 독자의 기표체제는 의미의 대기를 재단하여 분할하고 차지함으로써 의미를 드러낼 수 있게 된다. 이 의미 작용으로 독자의 기표체제는 안정된 형태를 갖게 된다.

기표체제가 의미의 대기에 덧붙여지고 고정될 수 있는 것은 전제군주(특권) 기표 때문이다. 이 전제군주 기표는 기의와 연결될 수 있는 속성을 가지고 있다.[21] 기표체제 생성의 시작은 이 전제군주 기표에서 비롯된다. 전제군주

21 기표들이 다른 기표로만 무한히 소급될 뿐이라면, 그래서 기표들이 기의 위로 미끄러질 뿐이라면, 기표들이 기의(의미)를 갖는 것은 어떻게 가능할까 하는 의문이 제기 됩니다.

기표의 기의와의 연결도 절대적인 것은 아니고 임의적인 것이다. 독자는 임의적임을 의식하면서도 연결한다. 그렇기에 전제군주 기표와 기의의 연결로 이루어지는 기표체제의 의미 작용을 '속임수'[22]라고 한다. 기표체제의 의미 작용이 속임수의 특성을 갖기 때문에 복수의 기표 집합체의 원환이 발생하고, 원환들을 넘나드는 기표들이 존재하다.[23] 이들 기표는 원환에 따라 다른 기의와 연결된다.

기표체제에 속한 모든 기표는 전제군주 기표로의 환원 가능성을 갖는다. 다시 말하면, 기표체제에 속하는 기표들은 전제군주 기표의 기의에 수렴되는 기의를 할당받게 되는 것이다. 이로 인하여 기표체제의 기표들은 서로 일정한 연관을 가지고 협응한다. 그렇게 됨으로써 기표체제의 기표들은 실제적으로 전제군주 기표에 귀착된다. 이와 같은 기표체제의 특성을 '편집증적인 체제'라고 부른다.(이진경, 2003a: 346) 편집증은 체계적이고 조직화된 이유를 가진 망상으로 계속하여 특정한 생각을 계속하여 고집하게 하는 병적인 의식 증상이다. 기표체제의 의미 작용 특성이 이를 닮아있다는 것이다.

기표체제의 전제군주적 의미 작용의 속성으로 여러 기표의 원환들이 존재

정신분석은 그런 기표를 어머니 혹은 남근에서 찾습니다.(이진경, 2003a: 344) 라캉은 최초의 기의, 아니 사실은 항상 밑바닥에 자리 잡고 있는 근본적인 기의를 어머니나 남근과 결부시킵니다.(중략) 여기서 주목할 점은 남근이라는 기표가 다른 기표들이 잠정적이나마 기의를 갖고 고정되게 만드는 특권적인 기표, 특권적인 중심의 역할을 한다는 것입니다. 저자들이 기표적인 기호체계에 대하여 말하면서 그 중심에 전제군주 기표, 전제군주처럼 모든 기표의 자리를 할당하고 그것의 의미를 여탈(與奪)할 수 있는 그런 기표가 자리 잡고 있다고 하는 것은 바로 이런 의미에서예요.(이진경, 2003a: 345-346)

22 기표체제의 기의와의 연결을 이진경(2003a)은 '속임수'라는 표현을 쓰고, 김재인 역(2003)에서는 '기만'이라는 표현을 쓴다.

23 체제 안에는 근본적인 기만이 있다. 한 원에서 다른 원으로 도약하고, 항상 장면을 바꾸어 버리고, 다른 곳에서 그 장면을 상연하기, 이것은 주체라는 사기꾼의 히스테리적 조작이며, 주체는 의미생성의 중심에 있는 전제군주의 편집증적 조작에 응답한다.(김재인 역, 2003: 221-222)

할 수 있게 하고, 기표들이 원환을 넘나들 수 있게 한다. 특정한 기표가 다른 원환에서 반복될 수 있고, 다른 기의와의 연결을 가능하게 한다. 글 (나)에서 볼 때, 중심 기표인 '사람'은 첫 기표 원환에서는 시적 화자의 '연인(님)'이라는 기의와 연결되지만, 두 번째 원환의 독립운동가로서의 저자와 관련해서는 '조국 독립'이라는 기의와 연결되고, 세 번째 원환의 종교적 저자와 관련해서는 '진리'라는 기의와 연결된다. '사람'을 중심으로 기표들이 원환을 넘나들지만 본질적으로는 전제군주 기표의 편집증에 기댄 장면의 전환을 시도하는 '속임수'에 해당한다.

기표체제의 의미 작용을 <바위나리와 아기별> 읽기를 예로 들어본다. 이 작품은 마해송 작품으로 우리나라 최초의 창작 동화이다. 초등학교 국어 교과서에 늘 실리는 작품이기 때문에 누구나 그 내용을 알고 있다. 내용을 요약하면 다음과 같다.

[그림 2] 바위나리와 아기별

바위나리가 바닷가에 홀로 피어 외로워한다. 이를 알게 된 하늘나라의 아기별은 바위나리와 친구가 되어 밤마다 함께 논다. 그러다 찬바람이 불자 바위나리는 병이 들어 아파하지만 아침이 되면 아기별은 하늘나라로 돌아가야 했다. 하늘나라 임금님은 아기별에게 남쪽 하늘에서 빛을 내는 일을 게을리하지 말라고 명을 내리지만 바위나리 걱정에 빛을 잘 내지 못한다. 그사이 병든 바위나리는 찬바람에 날려 바닷속으로 쓸려 들어간다. 그때 하늘나라 임금님은 빛을 잘 못내는 아기별을 하늘 밖으로 내쫓는다. 내쫓긴 아기별이 떨어진 곳은 바위나리가 쓸려 들어간 바다였다.

이 이야기를 읽는 독자는 기표체제를 생성한다. 독자는 먼저 이야기를 읽으며 만나는 중심이 되는 기표를 선정한다. 독자가 선택하는 중심 기표는 '바위나리'나 '아기별'이 된다. 이 두 기표가 중심에 놓이게 되면 '만남, 놀이, 병듦, 걱정, 바람, 쫓겨남, 바닷속, 다시 만남' 등으로 기표체제의 원환이 이루어진다. 이 기표체제는 바위나리와 아기별의 순수한 사랑을 의미로 갖게 된다. 독자의 기표체제 생성은 이것으로 끝날 수도 있지만 그렇지 않을 수도 있다.

독자는 저자가 이 이야기를 쓴 의도[24]를 알게 되는 경우가 있다. 그러면 이야기 속의 '바위나리'는 저자가 현실에서 좋아했던 여성이 되고, '아기별'은 저자 자신이 된다. 그리고 '하늘나라 임금님' 기표가 새롭게 부각되어 등장한다. 이와 함께 '늦게 다님, 꾸짖음, 가둠, 빛을 잃음, 제 일을 못 함, 내쫓음' 등의 기표들이 연결된다. 그렇게 되면 이 이야기를 읽는 독자는 새로운 기표들의 원환을 만들게 된다. 저자의 연애를 억압하는 기표들이 연결되어 원환을 이룬다. 이 원환에서 드러나는 의미는 '아버지의 권위에 항거함'이 된다. 기표체제는 두 개의 원환을 가지며, 두 번째 원환이 첫 번째 원환 밖에 위치한다. 그러면서 '바위나리'와 '아기별' 기표와 연결되는 기의들이 달라진다. 그렇다고 '바위나라'나 '아기별'과 연결되는 처음 기표체제의 기표들이 사라지는 것은 아니다. 외부 원환에서도 반복적으로 사용된다. 그러나 할당되는 기의는 처음과는 다르다. 이는 기표가 원환을 옮겨 다니면서 기의가 대치되는 특성이 있음을 뜻한다.

독자는 저자의 다른 글을 읽는 경우도 있다. 그러면서 그 작품들에 내재된 의미들을 인식하는 경우가 있다. 저자의 <떡배 단배>, <꽃씨와 눈사람>, <성

24 일본에서 돌아온 후 한 동안 밖에도 나가지 못하게 한 일이 있었다. 연애 사건으로 해서 호된 꾸지람을 들은 것이다. 그러나 나로서는 속이 어른 만큼이나 멀쩡한데 꾸지람이나 연금 상태가 당치않은 일이라는 불만이 있었다. 그 불만을 동화로 엮은 것이 <바위나리와 아기별>이라는 것이었다.(마해송, 1986: 51-52)

난 수염>등에서 강자(일본)의 지배를 대항하는 '저항 정신'이 들어 있다는 것을 인식한다. 그렇게 되면 <바위나리와 아기별>과 관련된 또 다른 기표들의 원환이 생긴다. '지배자, 권력, 침탈, 부당함, 대항, 폭압, 투쟁, 독립, 자유' 등의 기표들이 연결된 기표의 원환을 독자는 다시 생성한다. 그렇게 되면 이들 기표는 새로운 기의들과 연결된다. 이때에도 앞에서 생성한 두 가지 기표의 원환을 포함하는 새로운 기표 원환이 된다. 그러면서 <바위나리와 아기별>의 의미도 '저항 정신'이 될 수 있음을 생각하게 된다.

독자가 텍스트를 통하여 생성하는 기표체제의 원환은 다양할 수 있다. 이들 원환은 중심 기표나 기호체제 속 기표들이 새로운 기의를 가지면서 생겨난다. 이 원환을 이루는 기표들은 반복되기도 한다. 그렇지만 다른 원환을 이루는 기표는 다른 기의와 연결되어, 그 원환에 충실한 기의를 갖게 된다. 기표가 절대적 기의를 가지지 못함으로써 속임수가 성립하고, 다른 원환의 생성을 가능하게 한다. 이러한 원환을 만드는 기표를 위한 기의를 제공하는 일을 주석(interprétance)[25]이나 해석(interprétation)이라 한다.(이진경, 2003a: 348)

기표체제의 의미 작용에 관여하는 해석은 아무나 하는 것이 아니다. 전제군주 기표의 기의 범위를 벗어나지 않게 하는 '신중함'과 '책임감'을 갖춘 사람만이 해야 한다. <바위나리와 아기별>의 의미를 '순수한 사랑', '권위에 항거', '저항 정신' 등으로 해석하는 이는 전문가이다. 이들 해석 전문가를 들뢰즈와 과타리는 '전제군주-신의 관료', '사제' 또는 '점쟁이'[26]라고 말한다.[27](김재인 역, 2003: 222) 이들로 인해 기표체제는 의미를 포획하게 된다.[28]

---

25 김재인은 'interprétance'를 '해석망상'이라 번역한다.(2003: 222)

26 이진경(2003a: 348)은 이들을 '사제, 예언자'로 번역한다. 기표 해석의 전문가를 이런 용어로 표현하는 이유는 이들이 전제군주적 의미(전제군주의 얼굴)를 생성한다는 부정적 의식 때문으로 여겨진다.

기표체제의 의미 작용은 이렇게 일어난다.

다. 독자의 텍스트 이해

독자가 텍스트를 이해하는 것은 기표체제에서 전제군주 기표나 이 기표에 대응되는 기의를 인식할 때이다. 전제군주 기표에 대응되는 기의는 그 기표와 직접적(표면적)으로 관계된 기의이기보다는 전제군주 기표를 중심으로 연결된 기표들의 연쇄를 통해 해석되는 기의라고 할 수 있다. 이 기의는 '잉여적 기의'라고도 할 수 있고, '종국적인 것'이라고도 할 수 있다.[29](이정우, 2003: 349) 잉여적, 종국적이라는 말은 여분의 것(잉여)이면서 마지막으로 꼭 그것(종국)이어야 된다고 여기는 기의이다. 이 기의도 '잉여적인' 기표를 갖는다. '순수한 사랑', '권위에 반항', '저항 정신' 등은 잉여적이며 종국적이다. 그리고 기표체제에서 생성된 '잉여적인' 기표이다.

들뢰즈와 과타리는 이러한 기표체제의 의미 인식을 얼굴성(안면성)과 연결한다.[30] 독자가 생성한 기표체제는 얼굴성을 갖는다. 얼굴성을 가진 독자의

---

27 해석하는 사제, 점쟁이는 전제군주-신의 관료이다. 기만의 새로운 양상인 사제의 기만이 등장한다. 해석은 무한히 진행되며, 그 자체로 해석이 아닌 그 어떤 해석의 대상도 만나지 못한다. 그래서 기의는 끊임없이 기표를 다시 부여하거나 다시 장전하거나 생산한다. 형식은 항상 기표로부터 온다.(김재인 역, 2003: 222)

28 체제는 원들 또는 나선이 끊임없이 확장되도록 해주어야 하며, 체제에 고유한 엔트로피를 이겨낼 수 있도록, 그리고 새로운 원들이 생겨나거나 옛 원들이 재활할 수 있도록 중심에 기표를 다시 제공해야 한다. 따라서 의미생성에 기여하기 위한 이차적 메커니즘이 필요하다. 그것이 해석망상(interprétance) 또는 해석이다. 이제 기의는 새로운 모습을 하게 된다. 기의는 기호들의 그물망이 자신의 실을 던져오는, 인식되지 않고 주어지는 무정형의 연속체이기를 그친다. 우리는 하나의 기호나 기호군에 기의의 일부를 대응시킨다. 그 기의가 적합하며 따라서 인식가능하다고 결정하고 말이다.(김재인 역, 2003: 222)

29 김재인은 관련 내용을 다음과 같이 번역하고 있다. '궁극의 기의는 잉여는 '초과' 상태에 있는 기표 자신이다.'(김재인 역, 2003: 222)

기표체제는 텍스트의 기표체제에서 탈영토화된다. 그렇기에 생성된 기표체제의 각 기표는 텍스트 기표의 기의와는 거리가 있다. 이런 면에서 독자가 생성한 기표체제의 기표는 그 자체로 아무런 기의도 갖지 않는다. 그런데 들뢰즈와 과타리는 탈영토화된 기호인 언어나 기표는 얼굴로 재영토화된다고 말한다.(김재인 역, 2003: 223-224) 이는 독자가 생성한 기표체제가 텍스트와는 다른 의미를 가짐을 뜻한다. 여기서 얼굴은 독자가 생성한 기표체제의 중심이 되는 전제군주 기표의 얼굴이다. 기표체제를 이루고 있는 기표들에 의하여 생성되는 잉여적인 의미, 즉 종국적 의미가 얼굴이다. 이 얼굴로 인하여 기표체제는 의미를 포획하게 되고, 독자는 텍스트의 의미를 생성하게 된다.

> 언어는 항상 얼굴성의 특질들을 동반한다. 또 얼굴은 잉여들의 집합의 결정화이며, 기표작용적 기호들을 방출하고 수신하고, 풀어주고 재포획한다. 얼굴은 그 자체로 하나의 전체 몸체이다. 얼굴은 모든 탈영토화된 기호들이 달라붙는 의미생성의 중심 몸체로써, 그 기호들의 탈영토화의 한계를 표시해 준다. 목소리는 바로 얼굴로부터 나온다.(김재인 역, 2003: 223)

독자가 기표체제를 생성하는 것은 전제군주 기표와 연쇄된 기표들이 드러내는 얼굴성 때문이다. 독자는 텍스트를 읽고 전제군주 기표를 중심으로 연쇄된 기표체제를 생성해 전제군주의 얼굴을 드러내고 그 얼굴을 인식한다. 이 전제군주의 얼굴이 텍스트의 모든 것이라고 여기게 한다. 전제군주의 얼굴은 텍스트 전체 몸체로 인식된다. 독자는 이로써 텍스트 이해가 이루어

30 정확히 말해서 기표의 이런 순수 형식적 잉여는 특별한 표현의 실체 없이는 생각될 수조차 없다. 우리는 이 표현의 실체에 '얼굴성'이라는 이름을 붙였다.(김재인 역, 2003: 233)

졌다고 스스로 믿는다. 전제군주의 얼굴을 따르는 한 텍스트에 대한 이해가 충실하게 이루어졌다고 생각한다.

> 얼굴은 기표작용적 체제의 고유한 <도상>이며, 체제 내부에서 일어나는 재영토화이다. 기표는 얼굴 위에서 재영토화 된다. 기표에 실체를 부여하는 것은 바로 얼굴이다. 해석할 거리를 제공하는 것은 바로 얼굴이다. 해석이 해석의 실체에 또 다른 기표를 부여할 때, 바뀌는 것, 특징들(=표정)을 바꾸는 것을 바로 얼굴이다. 봐라. 그의 얼굴(=안색)이 바뀌었다. 기표는 항상 얼굴화된다. 얼굴성은 의미생성들과 해석들의 집합 위에 물질적으로 군림한다.(김재인 역, 2003: 224)

독자가 텍스트를 읽고 자신의 기표체제를 생성하면서 전제군주의 얼굴을 인식한다. 생성된 기표체제의 얼굴을 인식한 독자는 그 얼굴로 텍스트의 실체를 인식한다. <바위나리와 아기별>은 '순수한 사랑', '권위에 항거', '저항 정신'으로 실체화된다.[31] 독자는 <바위나리와 아기별>을 이들 얼굴성을 바탕으로 인식하고 해석한다. 얼굴성은 제한이고 속박이다. 기표체제의 생성이 얼굴성을 만들고, 얼굴성이 기표체제를 공고히 한다. 독자의 텍스트 이해는 기표체제의 생성과 이에서 비롯되는 얼굴성에 제한받는다.

전제군주 기표에서 비롯된 기표체제는 독자의 텍스트 이해에 강제성을

31 전제군주-신의 자신의 얼굴을 결코 감추지 않는다. 반대로 그는 하나 또는 여러 개 얼굴을 한다. 탈은 얼굴을 감추지 않는다. 탈은 얼굴이다. 사제는 신의 얼굴을 관리한다. 전제군주에게 모든 것은 공적(公的)이며, 공적인 모든 것이 공적인 것은 얼굴 때문이다. 거짓말, 기만은 근본적으로 기표작용적 체제의 일부이지만 비밀은 그렇지 않다. 역으로 얼굴이 지워질 때, 얼굴성의 특질들이 사라질 때 우리는 어떤 다른 체제에 들어와 버렸다고 확신한다.(김재인 역, 2003: 224)

부여한다. 전제군주 기표를 중심으로 재영토화 한 기표체제는 다른 얼굴을 용인하지 않는다. 전제군주 기표를 부정하거나 기표체제에서 드러나는 얼굴성을 인정하지 않으면 추방이나 죽임을 당하게 된다. '전제군주나 신이 휘두르는 얼굴은 태양이고, 그의 완전한 몸체이며 기표라는 몸체이다.'(김재인 역, 2003: 224) 독자의 텍스트 이해는 기표체제의 얼굴성에서 비롯된다. 독자는 전제군주 기표로 기호체제를 생성하고, 전제군주의 얼굴이 드러나게 한다. 이로써 텍스트를 이해했다고 생각한다. 사실, 독자가 텍스트를 읽고, 전제군주의 얼굴을 드러내는 기표체제를 생성하는 것은 본성적이고 자발적인 것이 아니다. 학교 학습의 결과이다. 독자가 읽기를 배우는 곳이 학교이기 때문이다. 그렇기에 독자가 전제군주의 얼굴로 행하는 텍스트 이해에서 벗어나기는 쉬운 일이 아니다.

독자가 텍스트의 얼굴을 외면하는 경우도 있다. 이는 다른 얼굴을 만들어 내거나 스스로 다른 얼굴을 가지는 일이다. 이는 전체군주 기표에 포획되지 않는 방식으로 기표의 기의를 연결하는 일이다. 이는 전제군주 기표를 강조하는 이들로부터 비난을 받거나, 기의 획득에 실패할 수도 있다. 이는 전제군주 기표에서 탈주의 선을 타는 것이다.[32] '탈주선은 새로운 여행의 선, 새로운 창조의 선을 그리며 시작된다.'(이진경, 2003a: 252) 이 탈주의 선은 자신의 텍스트 이해 활동을 메타적으로 살피고 따져서 전제군주의 기표체제에 갇히지 않게 살피는 데서 시작된다.

32 독자의 텍스트 이해의 선분성과 탈주선에 대해서는 김도남(2020)의 논의를 참조할 수 있다.

4. 기표체제 생성의 과제

독자 중심 읽기는 표면적으로 독자가 텍스트를 읽고 구성한 의미의 개별성을 강조한다. 독자는 읽기 기능을 이용하여 텍스트를 읽고, 배경지식을 활용하여 개별적 의미를 구성한다고 보기 때문이다. 독자가 구성한 개별적 의미는 독자만이 만족하는 의미이다. 독자 간에 공유되거나 소통되지 않는다. 그러나 이면적으로 보면, 독자들은 단일한 배경지식으로 공통된 동일 의미를 구성한다. 독자들이 사용하는 읽기 기능과 배경지식은 교육을 통해 학습된 동일한 것으로 전제군주-신의 관료들이 제공한 것이다. 독자의 배경지식이 삶 전체에서 마련된 것이라고 하지만 텍스트 이해에 활용되는 것은 학습된 지식으로 제한된다.[33] 독자들이 구성하는 의미는 교육에 의하여 조절되고, 일률적일 수밖에 없다. 요컨대, 이면적으로는 동일한 의미를 구성하게 하면서 표면적으로는 개별적 의미 구성을 강조하는 표리 모순성을 띤다. 독자 중심 관점의 읽기는 독자의 의미생성 자율권을 억압하고 있다. 사실, 독자는 억압받고 있다는 것조차 알지 못한다. 교육자들도 독자를 억압하는 교육을 하고 있다고 여기지 않는다. 독자 간 동일한 읽기 기능은 물론 동일한 배경지식을 가지고 텍스트를 읽고 의미를 구성하는 것을 절대 선이라고 여긴다. 교육이 전제군주-신의 관료들의 텍스트 해석에 기초하기 때문이다.

들뢰즈와 과타리의 기호체제에 대한 논의는 이런 읽기를 비판적으로 볼 수 있는 토대를 제공한다. 그러면서 독자가 의미를 구성하는 읽기에서 탈주하여, 차이 그 자체를 지닌 의미를 생성할 자율권을 획득하는 읽기로 나갈

---

33 대문자로 쓰는 책(Livre: 사제의 해석(저자))은 탈영토화된 기표들을 자신의 주위에 재영토화하며, 그렇기에 해석의 '다양성'을 배제하지 않습니다. 이는 이 체제가 속임수의 체제이고, 그 다양성과 해석이 속임수의 기술이기 때문입니다.(이진경, 2003a: 378)

수 있는 단서를 제공한다. 독자는 텍스트를 읽고 배경지식에 갇힌 의미를 구성해야 하는 것이 아니라 텍스트와 만나는 조건에 따라 의미를 생성해야 한다. 독자는 텍스트에서 의미를 생성하는 자이다. 텍스트 내용과 자신의 배경지식 경계 속에 갇힌 존재가 아니라 새로운 의미 세계를 탐험하는 존재이다.

이 장의 논의는 의미 구성을 강조하는 읽기를 비판할 의도를 가지고 있다. 다음 탈주하는 읽기를 논의하기 위한 토대를 마련하기 위해서이다. 이 논의에서 다룬 내용은 들뢰즈와 과타리의 기호체제에 대한 아래 제시된 [그림 3](김재인 역, 2003: 261)으로 요약할 수 있다. [그림 3]에서 1-5번까지의 모습이 이 논의에서 관심을 가진, 기표체제에 대한 내용과 관련이 있다. 6번은 탈기표적-탈의미적(post-signifiante) 기호체제는 이 논의에서 다루지 않았다. 이 논의에서는 5번까지에 대한 기표체제의 속성을 텍스트 읽기와 관련하여 살펴보았다.

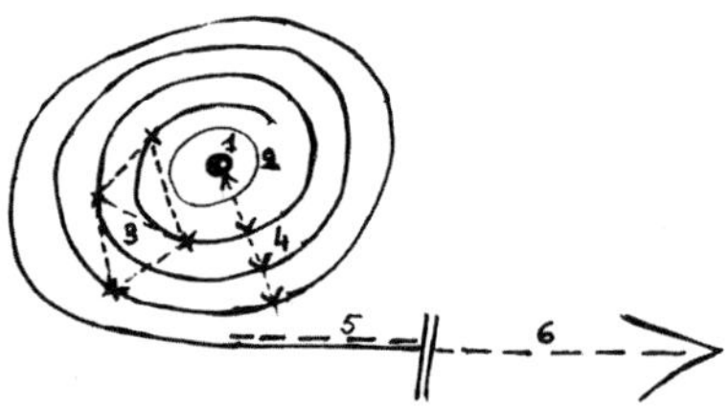

1. <중심> 또는 기표 신, 독재자의 얼굴성
2. 사제들과 관료들이 있는 <신전> 또는 <궁전>
3. 원 형태의 조직화. 같은 원 위에서 또는 한 원 위에서 다른 원으로 다른 기호를 지시하는 기호
4. 기표를 다시 부여하기 위한 기표에서 기의로의 해석적 전개
5. 희생양, 도주선의 봉쇄
6. 속죄양, 도주선의 부정적 기호

[그림 3] 들뢰즈와 과타리의 기표체제(김재인 역, 2003: 261)

이 장에서 검토한 독자가 생성하는 기표체제는 전제군주의 기표체제이다. 현재 독자의 텍스트 이해는 이 기표체제에서 살핀 바와 같이 이루어지는 면이 있다. 전제군주 기표를 중심으로 기표체제를 생성하고, 전제군주 기표를 중심으로 이루어지는 사제(전문가)들의 의미 해석을 추종하는 측면이 있다. 독자는 그 전제군주 기표에 대한 사제의 해석을 절대시하거나 존중하면서 따른다. 그러면서 자신의 텍스트에 대한 해석을 경시하는 경향이 있다. 탈주하는 해석 방법을 사용하지 못해 자신의 텍스트 해석에 대한 확신과 자신감이 없는 것이다. 그러다 보니 독자 자신이 구성한 의미는 일시적이고, 자신의 신념과는 관련이 없으며 높은 가치를 부여할 수 없는 것이다. 학교 수업 시간에 이루어지는 읽기 지도가 이를 조장한다. 학생이 구성한 의미에 대해 교사가 묻지만 학생이 구성한 의미를 절대시하거나 존중할 의사는 누구에게도 없다. 물론 학생 자신에게도 없다.

이 장에서는 독자가 텍스트를 읽고 생성하는 기표체제에 대하여 살폈다. 이 기표체제의 생성으로 이루어지는 텍스트 이해는 전제군주 기표의 의미 해석을 중심으로 이루어진다고 보았다. 독자의 텍스트 이해 방식은 다양할 수 있다. 각 방식은 옳고 그름으로 구분되는 것은 아니고, 다른 특성으로 구분된다. 전제군주의 기표체제가 아닌 다른 방식의 기표체제를 생성하는 읽기도 있다. 물론 실제 전제군주의 기표체제를 벗어난 방식으로 텍스트를 이해하는 독자도 있다. 이에 대한 논의는 전제군주의 기표체제에서 탈주하는 방식으로 텍스트 이해를 하는 방식이다. 이에 대한 논의는 다음 장에서 한다.

제2장 — 탈기표체제와 독자

1. 기호계

들뢰즈와 과타리는 『천 개의 고원』에서 기호의 작용을 체제[1]의 관점에서 바라본다. '기호체제라 불리는 것은 특수한 표현의 전(全) 형식화를 가리킨다. 적어도 그 표현이 언어적인 경우라면 말이다. 기호체제는 기호계를 구성한다.'(김재인 역, 2003: 217) 언어적 표현의 전(全, 모든 종류) 형식화가 기호체제이고, 기호체제는 기호계 즉, 기호들의 집합체이다. 들뢰즈와 과타리는 『천 개의 고원』 5장에서 기호체제(régime de signs)를 '기표적 또는 의미적 기호체제', '전기표적 또는 전의미적 기호체제', '반기표적 또는 반의미적 기호체제', '탈기표적 또는 탈의미적 기호체제'로 구분하여 논의한다. 독자의 텍스트 읽기도 언어적인 표현의 전(全) 형식화의 한 부분이고, 기호계의 기호체제 생성과 관련된다. 이 논의에서는 읽기를 탈기표적 또는 탈의미적 기호체제의 생성 관점에서 살펴본다.[2]

---

1 체제(régime)라는 말은 정치권력을 뜻하는 말이다. 여기서도 정치적으로 구성원을 통치하는 제도적 의미를 가지고 있다. 전제군주라는 표현도 이와 관련되어 있다.

2 '기표적 또는 의미적 기호체제'(기표체제)와 독자의 텍스트 이해에 대해서는 앞 장에서 논의하였다.

(가) 모세가 성장한 후에 한번은 자기 형제들에게 나가서 그 고역함을 보더니 어떤 애굽 사람이 어떤 히브리 사람 곧 자기 형제를 치는 것을 본지라, 좌우를 살펴 사람이 없음을 보고 그 애굽 사람을 쳐죽여 모래에 감추니라. 이튿날 다시 나가니 두 히브리 사람이 서로 싸우는지라 그 그른 자에게 이르되, 네가 어찌하여 동포를 치느냐 하매, 그가 가로되, 누가 너로 우리 주재와 법관을 삼았느냐 네가 애굽 사람을 죽임같이 나도 죽이려느냐, 모세가 두려워하여 가로되 일이 탄로되었도다. 바로가 이 일을 듣고, 모세를 죽이고자 하여 찾는지라 모세가 바로의 낯을 피하여 미디안 땅에 머물며 하루는 우물 곁에 앉았더라.(출애굽기 2장 11-15)

글 (가)는 『성경』 출애굽기의 일부이다. 히브리인들이 애굽(이집트)의 바로(파라호 왕)의 지배를 받고 있던 때의 이야기다. 모세가 히브리인을 괴롭히는 이집트 사람을 죽여 모래에 묻는다. 다음날 모세가 사람을 죽인 일이 사람들에게 알려지고, 바로는 모세를 죽이려고 찾는다. 이때 모세는 바로의 얼굴을 피해 애굽에서 탈주하여 미디안 땅으로 들어간다. 이후 모세는 하나님의 부름을 받아 선지자가 되어 애굽에 돌아와 히브리인들을 구하여 예루살렘으로 탈주한다. 이 이야기의 내용 구조는 독자가 텍스트를 읽고 텍스트의 의미를 생성하는 구조와 닮아있다.

이 이야기는 '탈기표적 또는 탈의미적(post-signifiante) 기호체제'(이하 탈기표적 기호체제)를 설명하기 위한 예시다. 『성경』의 내용을 보면, 애굽의 바로 왕은 정치적 제도에서 부여된 권력으로 히브리인들을 노예로 부리고 있다. 히브리인들은 애굽의 전제군주인 바로 왕에게 예속된 생활을 하고 있다. 이는 특정한 하나의 전제군주 기표를 중심으로 다른 기표들이 질서 있는 조직체를 이루고 있는 '기표적 또는 의미적(signifiante) 기호체제'(이하 기표적 기호체제)와 닮아있다. 바로 왕에게 예속된 히브리인들은 모세를 만나 바로에게 얼굴을 돌리고 이집트를 벗어나게 된다. 이집트에서 벗어나는 히브리인들과 같이 특정한 기호체제에서 벗어나는 의미 작용을 하는 기호체제가 탈기표적 기호체제이다. 탈기표적 기호체제는 기표적 기호체제에서 벗어나는 의미 작용을 한다. 히브리인들은 애굽의 바로 왕(전제군주 기표)을 벗어나 선지자 모세(주체화 기표)를 따라 새로운 땅을 찾아가게 된다. 즉 애굽에서 탈주하여 탈영토화를 하게 되고, 예루살렘에 이르러 (재)영토화를 이루게 된다.

들뢰즈와 과타리의 기호체제로 보면, 히브리인들의 애굽에서의 삶은 '기표적 기호체제'를 닮아있다. 이 기호체제는 특권(전제군주) 기표를 중심으로 이루어지는 기호체제이다. 전제군주 기표는 바로 왕이다. 그 당시 애굽의 모든 일들은 바로 왕을 중심으로 이루어졌다. 즉 모든 사회 구성원들은 바로 왕을 중심으로 질서 잡힌 조직체를 이루었다. 바로 왕의 명을 수행하고, 바로 왕의 얼굴을 드러내기 위하여 기능했다. 이를 기호체제에 유비하면, 기표적 기호체제와 같다. 즉 전제군주 기표의 얼굴을 드러내기 위하여 기표들이 질서 있는 조직체를 이룬다는 것이다. 이 전제군주 기표를 중심으로 생성되는 기표들의 집합체를 기표체제라 할 수 있다. 독자의 텍스트 읽기도 마찬가지로 전제군주 기표를 중심으로 기표체제를 생성한다.

들뢰즈와 과타리의 '탈기표적 기호체제'는 이 '기표적 기호체제'(이하 기표체제)에서 벗어나 탈주하는 기호체제이다. 탈기표적 기호체제(이하 탈기표체제)는 기표체제를 벗어난 독립적인 기호체제이다. 애굽에서 탈주한 모세와 히브리인들은 자신들만의 새로운 국가체제를 확립해 간다. 애굽의 바로 왕의 국가체제와는 다른, 모세를 비롯한 선지자들을 중심으로 하나님을 숭배하는 국가체제이다. 이로써 히브리인들은 애굽에서와는 다른 얼굴을 지향하는 삶을 살기 시작한다. 애굽에서의 탈주를 통하여 탈영토화를 거쳐 재영토화를 이룬 것이다. 그렇다고 현재의 히브리인의 국가체제가 완성된 것은 아니다. 이 히브리인의 예에서 볼 수 있듯이, 탈기표체제의 생성이 완성이나 완결을 의미하지는 않는다. 『성경』에서 보면, 히브리인들이 애굽에서 예루살렘으로

가는 과정에서도 여러 탈주의 일들이 있었고, 예루살렘에 정착해서도 탈주의 일들이 있다.[3] 오늘날도 마찬가지로 탈주의 과정을 거치고 있다. 독자가 생성하는 탈기표체제도 마찬가지이다. 기표체제에서 벗어나 새로운 의미 작용을 위한 탈기표체제가 생성되지만 이 탈기표체제도 완성이나 완결을 함의하지는 않는다. 탈기표체제가 탈영토화를 거쳐 영토화를 이루면 기표체제의 속성을 지니게 되고, 이는 탈주를 부르게 된다. 결과적으로 이러한 탈기표체제와 기표체제는 끊임없이 순환한다. 이 순환의 과정에서 새로운 변화가 일어난다.

이 논의에서 관심을 가지는 것은 탈기표체제이다. 탈기표체제는 기표체제와 대비된다. 기표체제는 독자가 텍스트를 읽고 특권(전제군주) 기표를 중심으로 생성한 체제이다.[4] 예로, 들뢰즈와 과타리의 『천 개의 고원』을 읽는 독자는, 이 책이 철학책이라는 것을 알고 있다. 그래서 이 책에서 다루는 철학 내용을 이해하기 위한 기표체제를 생성한다. 독자는 교육을 통하여 『천 개의 고원』에 대한 기표체제 생성할 수 있는 능력을 갖는다. 즉 전제군주 기표의 얼굴성에 기여하는 기표체제를 생성하도록 교육받은 것이다. 그래서 철학적 내용이라는 제한된 얼굴성을 드러내는 의미로만 이해를 하게 된다. 마찬가지로 특정 텍스트를 읽는 독자는 그 텍스트 내용이 드러내는 주제적 의미나 저자의 의도적 의미, 독자의 구성적 의미를 드러내기 위한 기표체제를 생성한다. 이러한 독자의 기표체제는 전제군주 기표의 얼굴성에 기여하는 의미를 중심으로 생성된다. 전제군주 기표의 얼굴로 대표되는 의미는 전제군주-신의 관료인 사제나 점쟁이[5]의 해석을 통하여 생겨난다.(김재인 역, 2003:

---

3 이는 『천 개의 고원』(김재인 역, 2003) 5장의 제목(기원전 587년 및 서기 70년-몇 가지 기호 체제에 대하여)과 표지 그림(이스라엘 사람들의 궤의 서열) 및 문구(새로운 체제)에서도 짐작할 수 있다.

4 독자의 기표체제의 생성에 대한 논의는 앞 1장 또는 김도남(2021a)을 참조할 수 있다.

5 전제군주-신의 관료인 사제나 점쟁이는 텍스트의 의미를 해석하는 전문가(비평가, 연구자)

222) 독자는 이들의 해석에 기초하여 텍스트 의미를 이해하기 위한 기표체제를 생성한다. 독자는 이 기표체제에 포획된 의미 이해에서 벗어난 새로운 의미, 탈의미적 의미의 기표체제 생성이 필요하다. 독자가 새로운 의미, 주체적 의미로 텍스트를 이해하기 위해 생성하는 기표의 체제가 탈기표체제이다.

독자는 기표체제의 생성으로 전제군주 기표 중심의 얼굴성을 띤 텍스트 의미를 이해한다. 독자가 주체화된 의미를 생성하기 위해서는 기표체제에서 벗어난 탈기표체제를 생성해야 한다. 탈기표체제의 생성은 기표체제의 전제군주 기표의 얼굴성에서 얼굴 돌리기를 한 의미를 생성하는 활동이다. 독자는 전제군주 기표체제에 갇히지 않고 탈주하는 탈기표체제를 생성할 때 주체화된 의미를 생성할 수 있게 된다. 탈기표체제는 텍스트 의미의 탈영토화를 하는 곳까지이고, 탈기표체제가 영토화되면 또 다른 전제군주의 기표체제가 된다. 그렇기에 탈기표체제는 기표체제에서 탈주하여 탈영토화를 하는 과정에 초점이 있다. 이 논의는 독자가 텍스트를 읽고 탈기표체제의 생성과 그 의미 특성을 밝히는 데 중점을 둔다. 탈기표체제의 생성은 독자의 주체적 텍스트 의미 이해와 관련된다. 독자가 텍스트에 대한 기표체제의 생성으로 예속된 이해를 하는 것에서 벗어나 주체적 텍스트 이해를 하는 내적 논리를 살펴본다. 이로 주체화에 의한 독자의 의미생성 읽기관을 탐구한다.

2. 기표체제와 탈기표체제

독자는 텍스트를 읽고 일정 수의 기표들을 선택해 질서 있는 기표체제를 생성한다. 이 기표체제의 생성으로 독자는 텍스트의 의미를 이해한다. 독자

를 가리킨다.

의 텍스트 이해는 생성한 기표의 체제가 의미를 포획해 드러내 줌으로써 이루어진다. 독자가 생성하는 기표의 체제는 두 가지 형태로 구분할 수 있다. 독자가 특권 기표를 중심으로 생성한 기표체제와 이 기표체제에서 탈주하여 생성한 탈기표체제이다. 기표체제와 탈기표체제의 특성을 살피고, 이들 기표체제의 생성에 따른 독자의 텍스트 의미 이해 방법을 검토한다.

가. 편집증 체제와 정염적 체제

언어적 표현의 기표는 기표체제를 이루어 의미를 드러낸다. 여러 기표가 하나의 집합을 이루고, 내적 질서를 갖추어 조직체를 형성함으로써 기표체제가 된다. 기표들이 기표체제를 이루는 것은 의미(기의)를 포획[6]하기 위해서이다. 기표들은 기표체제를 이룸으로써 의미를 포획하여 드러낸다. 들뢰즈와 과타리는 이를 기표작용적 체제(기표작용적 기호)라고 말한다.(김재인 역, 2003: 218) '기표작용'이라는 말을 쓰는 이유는 기의(의미)의 포획이나 생성과 관련된다. 기표와 기의는 분리되어 있기에, 기표들은 조직체를 이루어 임의적이고 임시적으로 의미(기의)를 포획한다. 기표작용은 기표들이 기표체제를 이루어 의미를 포획하는 활동을 지시한다.

텍스트는 기호체제를 이루고 있어 의미를 내포한다. 독자는 이 텍스트를 읽고 독자의 기표체제를 생성하게 된다. 독자가 텍스트를 읽고 생성하는 기표체제는 텍스트의 기호체제와는 다른 체제이다. 독자는 텍스트의 기호체

6 포획이라는 말은 적병(敵兵)이나 짐승을 사로잡는다는 뜻이다. 포획은 목숨과 같은 중요한 것을 모두 빼앗는 것이 아니라 신체를 임시적으로 포획자의 영역에 가두어 두는 것이다. 기표체제가 의미를 획득하고 지시하는 작용이 이와 닮았음을 나타내기 위하여 『천 개의 고원』(김재인 역, 2003: 223)에서는 '포획'이라는 용어를 사용하고 있다. 뒤쪽의 '각주 18'을 참조할 수 있다.

제와 똑같은 기표체제를 생성하기 어렵다. 독자는 텍스트를 읽는 상황에 따라 선택하는 기표가 다르고, 텍스트와 접속시키는 기표도 다르다. 그렇기에 독자가 생성하는 기표체제는 텍스트와는 상이하다. 그렇지만 독자는 일정한 조건에서 특정한 기표체제를 반복하여 생성할 수 있다. 특권 기표를 중심으로 기표체제를 생성할 때이다. 독자가 특정 특권 기표에 익숙하면 기표체제의 생성이 반복되고, 텍스트 의미는 고정성을 갖는다.

기표체제라는 말이 함의하는 바를 분석해 보면, 체제라는 말은 구성 요소들의 연결된 조직체가 정치적 속성을 띠고 작용하는 것과 관련된다. 정치는 '국가의 권력을 획득하고 유지하며 행사하는 활동으로, 국민들이 인간다운 삶을 영위하게 하고 상호 간의 이해를 조정하며, 사회 질서를 바로잡는 따위의 역할'[표준국어대사전]하는 것이다. 기표체제는 일정 수의 기표들이 의미를 포획하기 위해 질서 있게 조직된 집합체이다. 이때 기표체제의 기표들은 각기 할당된 역할을 수행한다. 이는 기표체제의 속성인 권력적 또는 정치적 기능이 작동한 결과이다. 기표체제 내에서 기표들은 일정한 역할을 부여받아야 기의를 지시할 수 있다. 개별적 기표는 아무런 기의도 지시할 수 없다. '봄'이라는 기표는 개별적인 경우, 지시하는 기의가 불분명하다. 하지만 '봄-여름-가을-겨울'과의 관계 속에서 '4계절 중 첫 번째'라는 기의를 지시한다.

기표체제의 정치적 속성은 강력하다. 이 정치적 속성은 의미 작용과 관련되어 있다. '봄'은 '계절'이라는 기표를 중심에 두고 있다. '계절'이 없으면 '봄-여름-가을-겨울'은 질서를 이루는 조직체가 되지 못한다. 기표체제의 정치적 속성은 '계절'과 같은 특권 기표를 중심에 두고 기표들이 질서 있게 조직체를 이루는 것이다. 기표체제의 중심에 놓이는 특권 기표는 글 (가)의 바로 왕과 같은 전제군주 기표이다. 전제군주는 정치 조직체의 중심에서 모든 것을 결정한다. 기표체제는 특권 기표, 즉 전제군주 기표를 중심으로 의미 작용을 하는 질서 체제 이룬다. 하나의 텍스트를 이루는 기표체제도 전제군주 기표를 중심으로 체제를 이룬다.[7] 독자가 일차적으로 생성하는 기표체제도 당연히 전제군주 기표를 중심으로 체제를 이루게 된다.

이런 기표체제는 편집증적 특성을 갖는다.(김재인 역, 2003: 219) 편집증은 '체계가 서고 조직화된 이유를 가진 망상을 계속 고집하는 정신병'[표준국어대사전]이다. 이 편집증은 기표체제가 전제군주 기표를 중심으로 의미 작용을 하는 특성을 알게 한다. 이 기표체제는 편집증적으로 전제군주 기표의 의미를 드러내는 기표들이 모여 조직체를 이룬다. 이 기표 조직체는 하나만 있는 게 아니라 여러 개가 생성된다. 그래서 기표들의 조직체가 전제군주 기표를 중심으로 여러 개의 동심원이나 나선환(螺旋環)(김재인 역, 2003: 220)을 이룬다. 이들 동심원이나 나선환은 전제군주 기표가 갖는 의미가 다양화될 수 있음을 함의한다.[8] 이들 기표의 동심원이나 나선환은 전제군주 기표의 의미만을 고집한다.

(나) 남들이 자유를 사랑한다지마는/ 나는 복종을 좋아하여요.// 자유를 모르는 것은 아니지만/ 당신에게는 복종만 하고 싶어요.// 복종하고 싶은데 복종하는 것은/ 아름다운 자유보다도 달콤합니다./ 그것이 나의 행복입니다.// 그러나 당신이 나더러/ 다른 사람을 복종하라면/ 그것만은 복종을 할 수가 없습니다.// 다른 사람을 복종하려면/ 당신에게 복종할 수 없는 까닭입니다.

—한용운, <복종> 전문

7 이 체제는 무한한 빚의 비극적 체제이며, 모든 사람은 채권자이자 채무자이다. 하나의 기호는 자신이 옮겨가는 다른 기호를 참조하며, 이 기호는 또 다른 기호들로 가기 위해 기호에서 기호로 처음 기호를 나른다. "순환해서 회귀해도 좋으니까……." 기호들은 단지 무한한 그물망을 만드는 게 아니라, 기호들의 그물망은 무한히 순환한다.(김재인 역, 2003: 220)

8 중요한 것은 기호들의 순환성보다는 원들이나 사슬들의 다양체이다. 기호는 같은 원 위의 다른 기호만 지시하는 것이 아니라 다른 원, 다른 나선 위의 기호도 지시한다.(김재인 역, 2003: 220)

글 (나)는 한용운의 시이다. 이 시를 읽는 독자는 특정한 방식으로 이해한다. 이 시는 '나'와 '당신'이라는 기표를 중심으로 여러 기표가 질서 있는 체제를 이룬다. '님, 자유, 나, 복종, 하고 싶은, 달콤한, 행복, 복종 거절' 등이 체제를 이룬다. 이때 '당신'을 중심으로 이루어지는 기표들의 집합은 '사랑하는 사람'이라는 의미를 중심에 두고 기표들이 연결된다. 이로써 기표 체제의 첫 번째 동심원은 '사랑하는 당신에게는 내가 복종하는 것은 자유이고 행복이다'라는 의미를 드러낸다.

'당신'을 저자(한용운)의 삶과 관련지으면, 다른 기준으로 기표들이 질서를 이루어 조직화된다. 저자는 독립운동가이며, 불교의 진리를 추구하는 불자이다. 독립운동가의 입장에서 '당신'은 '조국, 독립, 자유, 복종, 행복, 일본, 복종 거절' 등의 기표와 연결되어 '조국의 광복'이 된다. 따라서 이때의 기표체제는 '조국의 광복은 염원하는 마음'을 드러내기 위해 기표들이 연결되어, 첫 번째 동심원의 외부에 두 번째 동심원을 형성한다. 또 종교인(불자)의 입장에서 '당신'은 '종교, 진리, 부처, 해탈, 자유, 행복' 등의 기표와 연결되어 '불교의 진리 추구'가 된다. 이때의 기표체제는 불교의 진리를 드러내기 위해 기표들이 연결되고, 두 번째 동심원 밖에 세 번째 동심원을 이룬다. '당신'이라는 기표를 중심으로 여러 종류의 기표들이 질서 있는 조직체를 이루어 여러 개의 동심원 또는 나선환이 만들어진다. 이는 텍스트 의미가 기표체제를 이루는 기표 조직체에 따라 여러 가지일 수 있음 뜻한다.[9]

독자는 이 기표체제 생성으로 '당신'의 의미가 '사랑하는 사람', '조국의 광복', '불교의 진리'임을 이해하게 된다. 글 (나)의 의미는 독자가 생성한

---

9 해석하는 사제, 점쟁이는 전제군주-신의 관료이다. 기만의 새로운 양상인 사제의 기만이 등장한다. 해석은 무한히 진행되며, 그 자체로 이미 해석이 아닌 그 어떤 해석 대상도 만나지 못한다. 그래서 기의는 끊임없이 기표를 다시 부여하거나 다시 장전하거나 다시 생산한다.(김재인 역, 2003: 222)

기표체제가 포획한 것이다. 독자가 포획한 이들 의미는 기표체제의 편집증적 속성을 띤다. '당신'이라는 기표에 집중된 의미만을 생성하는 것이다. 독자는 이런 편집증적인 의미를 포획할 수 있는 기표체제를 생성하는 것이다. 이때 독자는 전제군주 기표의 얼굴에 예속된 의미를 생성한다. 이 전제군주 기표에 예속된 의미를 드러내는 것을 편집증 체제라 한다.

독자가 이런 예속된 텍스트 이해에서 벗어나려면 탈기표체제를 생성해야 한다. 독자가 전제군주 중심의 기표체제에서 벗어나기 위해서는 전제군주를 중심으로 이루어지는 기표들의 동심원이나 나선환을 벗어나야 한다. 전제군주에 예속되지 않은 기표에 주목해야 하고, 그런 기표를 찾아야 한다. 이를 위해 기표들이 단체적 또는 집단적으로 드러내는 의미를 외면하고 그 기표체제에서 벗어나야 한다. 그리고 다른 의미를 찾아 질주해야 한다. 질주는 머무는 것이 아니라 내달리는 것이고, 빨리 더 멀리 가기 위한 행위이다. 독자의 이 질주는 기표체제의 예속에서 벗어나기 위한 것이기에 탈주가 된다.

탈기표체제는 기표체제에서 벗어나는 기표의 의미 작용 체제이다. 탈기표체제는 벗어나야 할 기표체제가 있어야 가능하다. 독자가 텍스트를 읽고 기표체제에 예속된 의미 이해를 의식하지 못한다면 탈주는 일어나지 않는다. 글 (가)에서 모세가 애굽에서 바로 왕의 횡포를 의식하지 못한다면 히브리인의 역경을 인식할 수 없다. 글 (나)의 이해에서 기표체제에 예속된 의미 이해를 의식하지 못한다면 탈주는 일어나지 않는다. 탈주가 있으려면 예속된 텍스트 이해가 있음을 자각해야 한다. 즉 기표체제에 대한 독자의 자각이 탈기표체제를 생성하게 한다.

독자의 탈기표체제 생성은 자기를 얼핏 인식하는 지점에서 생긴다. 모세가 자기를 히브리인으로 자각한 지점, 독자가 자기를 자각하는 지점에서 비롯된다. 이 자각은 독자가 예속된 이해를 하고 있다는 것을 알아차림과 동시에 일어난다. 모세가 애굽에서 한 자각은 바로의 지배체제에 예속된 자기를 인식하는 것이면서 자신이 히브리인임을 인식하는 것이다. 독자도 자신이 어떤 상황에서 텍스트를 읽고 있는지 자각해야 한다. 전제군주 기표의 편집증적 의미에 예속된 이해를 하고 있는 자기를 자각해야 한다. 이 자각은 자신이 맹종하던 것을 배반[10]하게 한다. 탈기표체제 생성은 맹종하던 기표체제의 특권 기표를 배반하는 체제의 생성이면서, 추앙하며 올려다보던 얼굴에서 눈을 떼어 다른 곳이나 다른 얼굴을 향하는 것이다. 이런 배반의 얼굴 돌리기는 가볍게 일어날 수 없다. 독자가 탈기표체제를 생성하기 위해서는 눈을 새롭게 떠야 한다.

탈기표체제를 생성하는 독자는 주체적이어야 한다.[11] 독자가 주체가 되려면, 기표체제의 전제군주 얼굴을 드러내는 지배적인 의미를 배반할 수 있는 무언가가 있어야 한다. 이는 정염(情炎, passion)이다. 정염(情炎)은 정열(passion)에 이끌려 시작되고, 수난(passion)을 동반한다.[12](이진경, 2003a: 365) 정염(情炎)은 불같이 타오르는 한순간의 충동으로 일어나는 욕심으로 맹렬하고 적극적인 감정이다. 이 감정을 벗어나는 것은 쉬운 일이 아니다. 이 정염은 수난(passion)을 동반한다. 모세의 정염도 강렬하지만 그 수난을 우리는 알고 있다. 글

---

10 '배반'이라는 용어는 김재인 역(2003)에서 사용하고, 이진경(2003a)에서는 '배신'을 사용한다. 표준국어대사전에서 배신은 '믿음이나 의리를 저버림'으로, 배반은 '믿음과 의리를 저버리고 돌아섬'으로 정의되어 있다. 이 논의에서는 이진경 말을 인용한 곳에서도 '배신'을 '배반'으로 바꾸어 쓴다.

11 기표적 체제가 전제적이고 편집증적이라면, 탈기표적 체제는 권위적이고 주체적 내지 정염적 체제이라 할 수 있습니다.(이진경, 2003a: 366)

12 Passion은 감정과 결부된 것으로, 보통 정열이나 정욕을 뜻하고, 철학적으론 정념(情念)으로 번역되며, 기독교에서는 수난(그리스도의 수난, 마테의 수난 등)을 의미하는 것으로 사용된다.(이진경, 2003a: 365) passion의 사전적 의미(한컴사전)를 보면 다음과 같다. ① 열정(熱情), 격정(激情), (어떤 일에 대한) 열, 열심, 열중 ② 격노, 울화; 홍분 ③ 열애, 정열; 연정; 정욕(의 대상) ④ 열망〔열애〕하는 것, 매우 좋아하는 것〔사람〕 ⑤ (the P-) (십자가 위의) 예수의 수난(기)《마가복음 XIV-XV 등》; 예수 수난화〔곡〕 ⑥《고어》(순교자의) 수난, 순교; 병, 병고.

(나)의 한용운의 정열적인 정염도 수난을 겪게 했음을 안다. 정염에 의한 수난은 미래가 있는 수난이다. 지향이 있고, 내적 가치를 품고 있다. 그래서 정염을 가진 자는 정열로 수난을 극복한다. 글 (나)의 독자는 '당신'에 해당하는 대상에 대한 정염이 있을 때, 주체가 되어 탈기표체제를 생성할 수 있다. 이때 기표체제의 '당신'과 대치될 수 있는 '다른 당신'은 각 독자가 열망하는 그 무엇이다. 자신, 가족, 이웃, 공부, 취미, 직장, 연인, 목표, 이상 등등, 독자가 성취하기를 추구하는 대상은 '다른 당신'이 될 수 있다.

탈기표체제를 생성하는 독자는 정염을 가진 주체이다. 주체는 전제군주 기표에서 벗어나 다른 것을 향한 열정이 있어야 한다. 전제군주의 기표가 아닌 다른 기표에 대한 정염을 품고 있어야 한다. 다른 기표에 정염을 가진 주체는 모세나 한용운처럼 현실과는 다른 대상에 대한 열망이 있다. 이 정염을 들뢰즈와 과타리는, 말을 하는 '언표행위주체'와 말의 대상인 '언표주체'[13]가 포개지는 방식으로 새로운 의미화 체제를 이루고, '주체화(subjectivation)의 (시작)점'이 되는 지점이라고 한다. 그래서 탈기표체제를 주체화의 체제라고도 한다.(이진경, 2003a: 366) 정염은 탈주를 이끌고, 독자를 주체, 주체화로 전환한다. 이 전환은 다른 기표(언표주체)를 중심으로 독자(언표행위주체)가 신민이 되거나 복종한다는 의미를 내포한다. 하나님이 "모세야"하고 부르고, 모세가 "네 여기 있습니다"라고 대답할 때, 대답을 하는 모세(언표행위주체)와 대답을 듣는 하나님(언표주체)과의 사이, 주권을 잃은 조국이 "한용운"하고 부르고, 한용운이 "네"하고 대답할 때의 한용운(언표행위주체)과 조국(언표주체)의 사이[14]에는 복종의 의미를 내포한다. 정염은 절대적인 이끌림이다. 일

13 김재인 역(2003)에서는 '언표행위의 주체'(sujet d' énonciation), '언표의 주체'(sujet d' énoncé)로 표현하고, 이진경(2003a)에서는 '언표주체'와 '언표행위의 주체'로 표현하고 있다. 이 논의에서는 '언표주체'와 '언표행위주체'로 표현한다.

14 중요한 것, 즉 후(탈)-기표작용적인 정념(정염)적 선을 주체화의 선 또는 예속의 선으로

시적이나마 벗어날 수 없는 감정에 사로잡힘이다. 이 사로잡힘에 의하여 의미를 찾아 나서는 의식이 주체이다. 이 주체는 정염적 탈기표체제를 생성한다.

이 논의의 필자는 읽기 교육에 대한 정염을 지니고 있다. 그래서 들뢰즈와 과타리의 기호체제에 대한 논의를 기호들이 이루는 체제의 특성으로만 인식하지 않는다. 기호체제에 대한 논리를 읽기 현상을 설명하는 원리로 인식한다. 필자는 읽기 교육을 말하는 언표행위주체가 되어 읽기 현상 설명에 대한 정염에 사로잡혀 있다. 그래서 읽기에 대한 정염으로 탈기표체제의 생성을 주체적 텍스트 의미 이해로 바라보고 있다.

나. 예속화의 속임수와 주체화의 배반

들뢰즈와 과타리는 기표체제와 탈기표체제의 의미 작용 특성을 독특한 방식으로 설명한다. 이 설명은 체제를 이루고 있는 기표들이 드러내는 의미의 본질을 알려준다. 이 설명에 따르면, 기표체제는 전제군주 기표가 중심이 된 의미 작용의 특성을 드러낸다. 전제군주 기표는 독자가 선택한 것이기는

만드는 것은 두 주체의 구성 또는 두 주체의 이중화이며, 한 주제가 다른 주체로, 즉 언표행위의 주체가 언표의 주체로 밀려나는 작용이다.("언표 안에 언표 행위의 과정을 찍기"라고 말하는 것을 보아 언어학자들도 이 점을 인정하고 있다.) 의미생성은 언표행위를 실질적으로 획일화하지만, 주체성은 이제 그것을 개체화한다. 개인적 개체화이건 집단적 개체화이건 말이다. 사람들이 말하는 것처럼, 실체는 주체가 되었다. 언표행위의 주체는 언표의 주체로 밀려난다. 언표의 주체가 자기 차례가 오면 다른 과정을 위해 언표행위의 주체를 공급하기는 하지만 말이다. 언표의 주체는 언표행위의 주체의 "응답자"가 되었다. 일종의 환원적 반향언어(타인의 말을 무의식적으로 반복하는 증세)를 내놓으며, 일대일 대응 관계를 맺으면서, 이 관계에서 또는 이 밀려남은 정신적 실재가 지배적 실재로 밀려나는 작용이기도 하다. 내부로부터 기능하는 지배적 실재에 대한 호소는 언제나 존재한다.(김재인 역, 2003: 250-251)

하지만 그 기의는 독자가 부여한 것이 아니다. 전제군주-신의 관료인 사제나 점쟁이(전문가)들이 해석하여 부여한 의미이다.[15] 독자는 이들 사제나 점쟁이들이 부여한 전제군주 기표의 의미를 활용한다. 그래서 전제군주 기표의 기의를 옹호하는 기표들을 선택하여 기표체제를 생성한다. 이는 독자가 전제군주-신의 관료들이 해석한 의미에 예속된 텍스트 이해를 하게 한다. 즉 전제군주 기표를 중심으로 생성한 기표체제는 독자로 하여금 사제나 점쟁이의 의미 해석에 예속되게 한다.

독자가 이 기표체제로 포획한 의미는 속임수의 특성을 지닌다.[16] 속임수는 기표와 기의의 임의적 결합에서 비롯된다. 라캉의 기호론에서 보면, 기표와 기의는 분리되어 있다. 기표와 기의 사이에 있는 기표와 기의를 구분하고 나누는 선이면서 기표가 기의를 억압하는 선이기도 하다.(김형효, 2014: 294) 즉 기표와 기의는 서로 다른 체계를 가지고 있고 특정한 경우에만 결합된다. 특정한 경우의 기표와 기의의 결합도 완전한 것은 아니다. 언제나 다시 분리되어 각기 떠돌 수 있는 임시적이고 임의적인 결합이다. 전제군주-신의 관료인 사제나 점쟁이(전문가)는 이들 기표와 기의의 연결지점을 찾아 의미를 해석해 낸다.

---

15 우리는 하나의 기호나 기호군에 기의의 일부를 대응시킨다. 그 기의가 적합하며 따라서 인식 가능하다고 결정하고서 말이다. 이리하여 통합축에 계열축이 덧붙여진다. 통합축에서는 기호들이 서로를 참조하고, 계열축에서는 이렇게 형식화된 기호가 적합한 기의를 재단해 낸다.(여기서도 여전히 내용의 추상이 일어나지만, 그 방식은 새롭다.) 해석하는 사제, 점쟁이는 전제군주-신의 관료이다. 기만의 새로운 양상인 사제의 기만이 등장한다. 해석은 무한히 진행되며, 그 자체로 이미 해석이 아닌 그 어떤 대상도 만나지 못한다.(김재인 역, 2003: 222)

16 (기표)체제 안에는 근본적인 기만(속임수)가 있다. 한 원에서 다른 원으로 도약하고, 항상 장면을 바꿔버리고, 다른 곳에서 그 장면을 상연하기. 이것은 (해석)주체라는 사기꾼의 히스테리적 조작이며, 주체는 의미생성의 중심에 있는 전제군주의 편집증적 조작에 응답한다.(김재인 역, 2003: 221) ( )는 필자.

기표와 기의가 분리되어 서로 미끄러질 때, 기표와 기의의 결합이 일어나는 일이 어떻게 가능한가? 정신분석에서는 기표와 기의의 결합 가능 지점을 어머니 혹은 남근에서 찾는다. 정신분석에서는 상담자의 기표가 오이디푸스적 욕망에서 비롯된 '징후(symptom)'를 가질 때 기의와 결합이 이루어진 '기호'가 된다.(이진경, 2003a: 344) 라캉에 따르면, 이때는 상상계와 관계 된다. 상상계의 아이는 어머니와 이자적 관계를 형성하고 있어서, 자기는 어머니의 모든 것이고, 어머니는 자기의 모든 것이라고 여기는 착각과 오해의 세계이다. 이를 라캉은 '환상(le phantasme)'이라고 말한다.(김형효, 2014: 309) 그렇지만 기표와 기의의 결합이 이루어지게 하는 유일한 지점이다. 즉, 기표와 기의간의 완전한 결합은 존재하지 않는다.

기의와 결합된 기표는 특권성을 갖는다. 그 특권성은 기표체제의 중심에 있는 권력자의 역할이다. 이 특권성을 가진 기표를 들뢰즈와 과타리는 전제군주(김재인, 2003: 222) 또는 전제군주 기표(이진경, 2003a: 346)라고 한다. 전제군주 기표는 기표체제 내에서 모든 기표의 자리를 할당하고, 기의를 여탈(與奪)할 수 있다. 기표체제는 이 전제군주 기표로 인하여 특정한 의미를 포획하여 드러내게 된다. 글 (나)에서 보면, '당신'이라는 기표에 어떤 기의가 결합되는가에 따라 기표체제의 형태가 결정되고, 포획하게 되는 의미가 달라진다.

기표체제가 포획하여 드러내는 의미가 달라질 수 있음이 '속임수'이다. 전제군주 기표가 드러내는 기의가 완전한 것이 아닌데 완전한 것으로 여기게 하기 때문이기도 하다. 읽기의 관점에서 보면, 독자는 사제나 점쟁이(전문가)들이 제시한 전제군주 기표의 기의를 신뢰한다. 그래서 텍스트를 읽을 때, 사제나 점쟁이들의 해석을 참조한다. 독자가 사제나 점쟁이의 해석을 활용하도록 돕는 곳은 학교이다. 학교는 사제나 점쟁이들의 해석 의미를 독자들에게 알려주면서 이들의 해석을 참조할 것을 요구한다. 그래서 독자는 사제나 점쟁이들의 해석을 바탕으로 기표체제를 생성하게 된다. 이 기표체제로 포획한 의미들은 글 (나)에서와 같이 다양성을 갖는다. 독자가 어느 사제나 점쟁이의 해석 의미를 좇아서 기표체제를 생성하느냐에 따라 의미가 달라진다. 이들 독자의 의미 해석은 기표체제가 포획한 의미 내에서 이루어진다.

탈기표체제는 기표체제를 벗어나는 체제이다. 벗어남은 규정, 갇힘, 구속, 속박, 장애, 영역, 한계에서 헤어나는 것이다. 탈기표체제는 기표체제의 제한을 벗어나는 것이다. 탈기표체제가 기표체제의 원환(동심원)이나 나선환을 벗어남은 기표의 해방이나 자유로운 이탈을 의미하는 것이 아니다. 벗어남은 또 다른 기표체제의 생성을 뜻한다. 다른 기표체제의 생성은 기표들의 질서 있는 조직체를 이루기 위한 노력이 필요하다. 이는 전제군주가 아닌 자신이 특권적 기표를 찾아서 기의를 결합해야 하는 일이기도 하다. 이는 독자가 정염을 가져야 가능한 일이고, 자신만의 특권 기표를 선택할 수 있는 여건을 갖추고 있어야 가능하다.

탈기표체제의 생성은 기표체제의 한계에서 탈주하는 '주체화(subjectivation)의 점'을 넘어야 한다. 탈기표체제의 생성을 통한 주체화는 그 자체로 언표행위주체가 되는 일이다. 언표행위주체는 탈기표체제로 생성하는 의미의 주체가 되는 것이다. 이 체제의 주체가 되는 일은 언표주체와 포개지는 방식으로 새로운 의미화 체제로 들어가게 되는 것을 뜻한다.(이진경, 2003a: 366) 독자가 기표체제의 의미가 아닌 독자만의 의미화 체계를 이루는 것이다. 독자의 의미화 체계도 독자만의 창조적이고 독창적인 유일무이의 것은 아니다. 언표행위주체가 언표주체로 포개진다는 것이 그런 것이다.

> (다) 교육은 회화(誨化)하는 스승과 그로부터 학시습(學時習)하는 제자들이 '서로 닮아가면서 같은 길을 동행함'과 함께 '서로 달라지면서 다른 길로 헤어져 이행함'을 그 속에 모두 담고 있다. 교육이 이러한 고유한 생리를 지니고 있기

때문에 인류사에 있어서 우리는 하나의 세계가 단절되지 않고 한 세대에서 다음 세대로 이어져 지속적으로 발전할 뿐만 아니라, 다양한 세계로 끊임없이 분화되어 발전하는 가운데 문명의 다채로움을 빚는 장면을 목격할 수 있는 것이다.(엄태동, 2016: 198)

글 (다)는 『하이데거와 교육』(엄태동, 2016)의 한 부분이다. 하이데거의 『존재와 시간』의 '본래적 현존재'에 대한 설명을 바탕으로 '본래적 교육'을 설명하고 있는 부분이다. 교육은 스승과 제자가 동행과 이행을 함께해 다채로운 발전을 이룬다는 것이다. 이 글 (다)를 보면, 『존재와 시간』의 언표행위주체는 하이데거이다. 언표주체는 현존재인 일반 사람이다. 글 (다)의 저자는 일반 사람에 속하므로 언표주체라 할 수 있다. 텍스트 이해라는 측면에서 보면, 글 (다)의 저자는 언표주체로서 언표행위주체와 겹쳐지고 있다. 이는 『하이데거와 교육』을 읽는 독자에게도 그대로 적용된다. 『하이데거와 교육』의 저자는 언표행위주체가 되고, 이 책의 독자는 언표주체가 된다. 이 책의 언표주체는 현재의 독자(교육자)이다. 이 논의 필자는 『하이데거와 교육』의 독자이고, 교육자로서 저자의 생각에 포개지고 있다. 그래서 이와 관련된 논문(김도남(2021c))을 썼다.

글 (다)를 보면, 『존재와 시간』의 특정 기표를 중심으로 기표체제를 생성하고 있지 않다. 글 (다)의 저자는 『존재와 시간』의 존재론(실존적) 철학의 의미를 강조하는 기표체제를 생성했지만 이에 머물지 않고 있다. 『존재와 시간』을 교육의 관점에서 해석하여 의미를 부여하고 있다. 이는 『존재와 시간』의 존재론 철학의 의미를 강조하는 기표체제를 배반하는 것이다. 저자 자신의 전공인 교육학에 대한 정염으로 『존재와 시간』에 대한 탈기표체제를 생성하고 있는 것이다. 이 주체화의 체제는 기표체제를 배반함으로써 성립하는 것이다. 기표체제가 '속임수의 체제'였다면, 주체화의 체제는 '배반의 체제'

이다.(이진경, 2003a: 376)

이 배반의 체제는 원환적이기보다는 선형적인 특성을 갖는다. 언표행위주체의 호명에 대한 언표주체의로 대답이 이어지고, 포개짐으로써 이루어진다. 그러면서 언표행위주체의 호명과 언표주체의 대답은 반복적인 과정이다.[17] 이 과정은 선분을 이루면서 선을 따라 끊임없이 진행되는 형태를 취하게 된다. 글 (가)와 관련하여 『성경』의 <출애굽기>에서 이루어지는 언표행위주체(하나님)와 언표주체(모세)와의 포개짐은 기표들의 집합적 조직체를 이루지 않고 선을 따라 이루어진다. 그리고 이 반복의 과정은 어긋나고 이탈할 가능성을 내포하고 있다.(이진경, 2003a: 370) 언표행위주체와 언표주체의 관계를 보면 그 관계는 당연할 수 있다. 하이데거의 『존재와 시간』의 언표주체는 특정한 대상으로 제한되지 않는다. 『하이데거와 교육』의 언표주체도 마찬가지이다. 반복되는 과정에서 어긋나고 이탈하는 일은 항상 일어난다. 이 논의도 마찬가지의 언표행위주체와 언표주체의 어긋남에서 비롯된 것이라고 할 수 있다.

다. 답습의 얼굴성과 생성의 얼굴 돌리기

기표체제는 전제군주 기표의 얼굴을 드러낸다. 독자가 생성한 기표체제는 의미의 얼굴성을 띤다.[18] 얼굴성은 특정한 속성을 지닌 의미가 기표체제를

---

17 글 (다)와 관련하여 탈기표체제의 구성의 반복을 예로 들면, 하이데거의 『존재와 시간』에서 엄태동(2016)이 『하이데거와 교육』으로 탈기표체제화를 이루었고, 『하이데거와 교육』에서 김도남(2021c)은 <독자 현존재의 텍스트 이해 특성 고찰>로 탈기표체제를 이루었다.

18 언어는 항상 얼굴성의 특질을 동반한다. 또 얼굴은 잉여들의 집합을 결정화하며, 기표작용적 기호들을 방출하고, 풀어주고 재포획한다. 얼굴은 그 자체로 하나의 전체 몸이다. 얼굴은 모든 탈영토화된 기호들이 달라붙는 의미생성의 중심 몸체로서 그 기호들의 탈영토화의 한계를 표시해 준다. 목소리는 바로 얼굴로부터 나온다. (중략) 얼굴은 기표작용적 체제에

대표함을 뜻한다. 글 (나)를 읽는 독자는 '당신'이라는 기표에 주목하여 기표체제를 생성한다. 독자가 '당신'에 대한 정보가 충분하지 않을 때 생성한 기표체제로는, '시적 화자가 사랑하는 사람에게 복종하겠다는 마음의 표현'으로 시를 이해한다. 그러다가 학교 교육을 통하여 시인에 대하여 정보를 얻게 되고, 시를 쓴 시대적 배경과 상황을 학습하게 된다. 이들 학습된 정보들은 특정한 기표들로 규정되어 글 (나)의 '당신'과 관련되어 배치되고, 질서 있는 조직체를 이룬다. 독자는 학습된 정보와 관련된 기표를 선택하고 정렬하여 기표 조직체를 이룬다. 이들 기표 조직체는 '당신'이 '조국의 독립'이나 '불교의 진리'의 의미를 드러내게 한다. 이 '당신'을 중심으로 생성된 기표체제는, 표면적으로 보면 독자가 주도적으로 생성한 것이다. 하지만 그 이면을 보면, 독자가 학습한 결과로 객관화되고, 반복되는 기표체제를 생성한 것에 지나지 않는다. 사제나 점쟁이들의 의미 해석 방식으로 다른 독자들과 함께, 지속적인 반복을 하는 답습이다.

탈기표체제는 전제군주 기표 중심의 기표체계를 배반함으로써 성립한다. 글 (가)의 모세 이야기에서 보면, 배반이 세 가지의 속성을 갖는다. 첫째는 새로운 얼굴의 만남이다. 모세는 미디안 땅의 호렙산에서 하나님을 만난다. 이 만남으로 모세는 도망자에서 주체적인 선지자가 된다. 하나님을 만나기 전의 모세는 애굽에서 죄를 짓고 미디안으로 달아난 도망자에 불과하다.

고유한 <도상>이며 체제 내부에서 일어나는 재영토화이다. 기표는 얼굴 위에서 재영토화된다. 기표에 실체를 부여하는 것이 바로 얼굴이다. 해석할 거리를 제공하는 것은 바로 얼굴이다. 해석이 해석의 실체에 또는 다른 기표를 부여할 때 바뀌는 것, 특징들(=표정)을 바꾸는 것은 바로 얼굴이다. 봐라, 글의 얼굴(=안색)이 바뀌었다. 기표는 항상 얼굴화된다. 얼굴성은 의미생성과 해석들의 집합 위에 물질적으로 군림한다. (중략) 전제군주-신은 자신의 얼굴을 결코 감추지 않는다. 반대로 그는 하나 또는 여러 얼굴을 한다. 탈은 얼굴을 감추지 않는다. 탈은 얼굴이다. 사제는 신의 얼굴을 관리한다. 전제군주에게 모든 것은 공적(公的)이며 공적인 모든 것이 공적인 것은 얼굴 때문이다.(김재인 역, 2003: 223-224)

도망자인 모세는 애굽으로 돌아갈 의지를 갖지 못한다. 그러나 하나님을 만난 모세는 새로운 존재가 된다. 애굽에 예속된 히브리인들을 구출해야 하는 신념을 가진 주체가 된다. 둘째, 전제군주에서 돌아섬이다. 돌아섬은 맞섬이고 대립이다. 애굽으로 돌아온 모세는 바로 왕과 맞서 대립한다. 바로 왕에게 히브리인들의 자유 요구한다. 그러면서 하나님의 권능으로 여러 이적(異蹟, 재앙이 일어나게 함)이 일어나게 한다. 그 과정에서 모세는 바로 왕과는 함께할 수 없는 주체적 자아를 실현한다. 셋째는 전제군주 체제에서 벗어남이다. 모세는 결국 히브리인들을 이끌고 애굽에서의 탈출을 감행한다. 바로 왕은 이들의 탈주를 막기 위해 군대를 동원해 쫓아오지만 바다가 열렸다 닫히는 기적으로 탈출에 성공한다. 이 배반에는 위협과 고난이 있다. 그렇지만 배반을 함으로써 주체화의 길로 들어설 수 있다. 탈기표체제는 기표체제를 배반함으로써 주체화된 체제를 이루어 의미 작용을 실행할 수 있다.

탈기표체제가 실행하는 배반은 전제군주 기표의 얼굴성에 대한 거부이다. 기표체제는 '전제군주-신'의 관료인 사제와 점쟁이가 기표들의 의미를 해석하여 전제군주 기표의 잉여적 의미를 만들어낸다. 이 전제군주 기표의 잉여적 의미는 전제군주 기표가 얼굴성을 갖게 한다. 얼굴성은 몸 전체를 대표하는 특성이다. 기표체제가 전제군주 기표를 중심으로 체제를 이루게 되는 것도 이 얼굴성 때문이다. 기표체제가 전제군주 기표를 위한 조직 체제가 되는 것이다. 그래서 전제군주 기표는 기표체제의 얼굴 역할을 수행한다. 기표체제의 의미를 결정짓는 얼굴성을 가지게 되는 것이다.[19] 얼굴성은 기표

---

19 의미생성의 중심 <몸소 나선 기표>에 대해서는 할 말이 별로 없다. 그것은 순수 원리인데다가 순수 추상이기 때문이다. 다시 말해 그것은 무(無)인 것이다. 결핍이냐 과잉이냐는 별로 중요하지 않다. 기표는 다른 기표를 무한히 참조한다고 말하든 기호들이 무한한 집합이 주요(majeur) 기표를 참조한다고 말하든 같은 얘기이다. 하지만 정확히 말해서 기표의 이런 순수 형식적 잉여는 특별한 표현의 실체 없이는 생각조차 될 수 없다. 우리는 이 표현

체제의 의미를 규정하고 대표한다. 이 얼굴성은 기표체제의 의미를 드러내는 외현적 속성이다. 탈기표체제의 배반은 기표체제의 전제군주 기표의 얼굴에 대한 배반이다.

탈기표체제의 주체화를 위한 의미 작용은 '얼굴 돌리기'[20]로 명명된다.(이진경, 2003a: 368) 얼굴 돌리기는 전제군주 기표에서 벗어남을 의미한다. 이 얼굴 돌리기는 이중적으로 나타난다. 모세의 예를 보면, 얼굴을 돌린 제국의 신민(모세)에게 전제군주(바로)는 죽음을 선고하면서 다시 얼굴을 돌리게 된다. 이중의 얼굴 돌리기가 일어나는 곳이 의미화의 체제, 기표체제가 끝나는 곳이고, 새로운 체계로 넘어가는 곳이다.(이진경, 2003a: 268) 독자의 탈기표체제를 생성하는 것도 마찬가지이다. 독자가 기존의 전제군주적 의미를 벗어나기 위해서는 기존 의미의 부정(얼굴 돌리기1)과 다른 새로운 의미생성(얼굴 돌리기 2)을 해야 한다. 이는 새로운 기표들을 모으고 질서화하는 활동이기도 한다. 이를 의미생성 체제라 할 수 있다.

얼굴 돌리기는 탈주의 시작이다. 탈주는 속임수가 아닌 배반의 기표체제를 생성하는 것이다. 탈주는 주체화의 체제로 들어가는 것이면서 반복적인 배반의 선분을 인정하는 끊임없는 길이다. 배반은 속임수에 의한 해석망상[21]에 갇혀 부여된 의미에는 만족하지 못한다. 다른 얼굴에 대한 정염을 품고 그 얼굴로 향한다. 배반의 체제는 새로움의 길이며 창조의 길이고 주체가 진정으로 가야 할 길이다. 독자는 배반의 체제를 추구하기도 하고, 배반을 얼핏 경험하기도 한다. 또한 몇몇 독자는 배반을 통하여 창조적 길을 개척한 것도 사실이다. 우리는 그런 독자들을 경외하고, 그들로부터 늘 배우고 있다. 들뢰

의 실체에 얼굴성이라는 이름을 붙였다.(김재인 역, 2003: 223)

20 김재인 역(2003: 242-243)에서는 '얼굴 돌리기'를 '외면'으로 표현한다.

21 해석망상(interprétance, interprétose)은 기표체제 생성을 위해 사제나 점쟁이들(전문가)이 전제군주의 얼굴성에 기여하는 의미 해석이다. 김재인 역(2003: 222, 223)에 사용된 용어이다.

즈와 과타리도 배반의 체제를 이루었고, 그 세계로 우리를 이끌고 있다. 독자의 배반은 관습적인 이해를 벗어나기 위한 것이고, 텍스트에 대한 새로운 이해를 위한 것이다. 새롭다는 것은 주체화를 통한 텍스트의 의미생성을 가리킨다.

3. 독자의 탈기표체제 생성

독자의 텍스트 이해는 주체화를 추구한다. 주체화의 추구는 예속화에서 벗어나려는 기대이다. 독자의 텍스트 이해는 예속화가 선행한다. 예속화를 겪지 않은 독자의 주체화는 불가능하다. 기표체제를 통하여 의미 작용을 거친 독자만이 탈기표체제를 지향할 수 있다. 탈기표체제는 기표체제에서 탈주하는 것이기 때문이다. 독자의 주체화는 읽기 관습과의 싸움이고, 자신의 실존을 위한 의지적 선택이다. 들뢰즈와 과타리는 이 탈기표체제 생성을 위한 방법으로 이중화와 공명을 제시한다.

가. 이중화

모세가 애굽에서 히브리인을 이끌고 탈출하는 것은 스스로 감행한 일이 아니다. 하나님의 부름에 호응한 결과이다. 이는 서로 마주 보는 한 쌍의 돌린 얼굴이 존재하기 때문이다. 이 돌린 얼굴도 예속화를 이룬다. 예속화로써 주체화의 체제를 생성하게 된다. "모세야"라는 부름에 "예, 여기 있습니다"라는 대답은 두 개의 얼굴이 마주 보는 것이다. 부르는 주체와 대답하는 주체가 호응하고 공명하여 하나로 포개진다. 부르는 주체와 대답하는 주체가 하나로 겹쳐진 주체를 '분신' 또는 '이중체'라 한다.(이진경, 2003a: 380-381)

두 주체가 이중체를 이루는 방법이 '이중화'이다.

독자가 탈기표체제의 생성으로 주체화를 이루기 위해서는 이중화를 행해야 한다. 하나님의 부름에 호응한 모세는 이중화를 거쳐 이중체가 됨으로써 주체가 되었다. 탈기표체제를 생성하는 주체에게 요구되는 것이 이중체인 것이다. 두 주체가 존재하고 이들이 서로 호응하고 공명함이 이중화이다. 주체들이 이중화를 통하여 이중체가 되었을 때 탈주할 수 있게 된다. 텍스트를 읽는 독자도 마찬가지이다. 텍스트 읽기를 통하여 탈기표체제를 생성하는 것은 이중화를 통한 이중체를 요구한다.

> 이중체가 만들어지는 방식이, 두 주체를 만들어 내고 그것을 포개는 점이라는 점에서 동일하다고 해도, 이중화가 발생하는 양상에는 두 가지 상이한 방식이 있습니다. 하나는 독신자적인 의식 안에서 진행되는 방식이고, 다른 하나는 정염적인 커플의 이중체가 작동하는 방식입니다. 데카르트의 코기토가 의식에서 발생하는 독신자적 이중체와 이중화를 보여준다면, 분석가와 피분석가가 존재하는 정신분석이나 트리스탄-이졸테와 같은 정염적 사랑은 커플적인 형태의 이중화를 보여줍니다.(이진경, 2003a: 381)

탈기표체제의 주체화를 위한 이중화의 형태는 두 가지 형태의 이중체로 실현된다. 하나는 '코기토의 의식적 이중체'이고, 다른 하나는 '커플의 정염적 이중체'이다. 이들 두 가지 이중체는 이중화의 방식을 달리한다. 이들 이중화의 방식은 독자가 텍스트를 읽고 탈주하여 주체적으로 의미를 생성하는 방식이다. 이는 주체적으로 탈기표체제를 생성하여 텍스트 의미를 이해하는 독자의 읽기 방식이다.

코기토의 의식적 이중체의 이중화를 먼저 살펴보자. 코기토는 '나는 생각한다. 고로 존재한다(Cogito ergo sum)'라는 데카르트가 한 말에서 왔다. 코기토는 신에게서 얼굴을 돌리고 '나'를 사유한다는 점에서 주체화의 지점이 된다. 이는 주체화 체제의 특징을 드러내는 것이기도 하다.(이진경, 2003a: 381) 이 코기토에는 어떻게 이중화가 일어나는 것인가? '나는 생각한다'라는 말 속에 그 답이 있다. 이 말 속에는 '말하는 나' 또는 '생각하는 나'와 '생각되는 나' 또는 '존재하는 나'가 내재되어 있다. 전자는 언표행위주체이고, 후자는 언표주체이다. 이 두 개의 '나'가 하나의 '나'로 포개짐으로써 '나'라는 존재의 확실성이 드러난다. 이로써 신에게서 얼굴을 돌리고 탈영토화된 주체(생각하는 나)는 '존재하는 나'라는 언표주체로 재영토화된다. 코기토는 생각하는 나와 존재하는 나를 이중화하고, 이를 동일시[22]하여 포갬으로써 이중체를 만들어 낸다.

코기토식 이중화의 작동 방식은 단순히 '나는 생각한다. 고로 존재한다'에만 적용되는 것이 아니다. 이진경(2003a: 384)의 설명을 빌려, 이 이중화 과정을 살펴보면 다음과 같다. 사람들은 '진정한 독자는 언제나 읽을 책이 곁에 둔다'라는 말을 듣거나, 문장을 읽는 경우가 있다. 이때 이 말을 듣거나 읽는 언표행위주체는 청자나 독자인 '나'이다. 그러면서 나는 언표주체인 '진정한 독자'를 '나=진정한 독자'로 일치시킨다. 문장의 내용을 내가 해야 할 바라고 생각한다. 이는 언표행위주체가 언표주체와 포개지면서 일어나는 일이다. 그래서 문장(언표)에서 요구하는 주체가 되고 문장에 예속된다.[23] 반대로 언

---

22 동일시. 『심리』 정신분석학에서, 다른 개인이나 집단의 특징을 자신의 것과 동일하게 여기는 정신적 조작.[표준국어대사전]

23 네가 지배적인 실재의 언표들에 복종하면 할수록, 너는 언표행위의 주체로서 정신적 실재 속에서 더욱더 명령한다. 왜냐하면 결국 너는 너의 자신에게만 복종하는 것이고, 네가 복종하는 것은 바로 너이기 때문이다. 네가 이성적인 이상 명령하는 것은 바로 너 자신뿐이다……. 사람들은 예속의 새로운 형식을, 즉 자기 자신 또는 순수 "이성" 또는 코기토의 노예 되기를 발명했다. 순수이성보다 더 정염적인 것이 있을까? 코기토보다 더 차갑고 극단적이고 타산적인 정염이 있을까?(김재인 역, 2003: 251)

표주체(진정한 독자)는 일대일 대응관계 속에서 언표행위주체의 보증자 역할을 한다. 이로써 코기토 식의 이중화 과정이 이루어진다.

이 코기토식의 이중화는 독자의 텍스트 읽기에도 적용된다. 독자의 텍스트 읽기에서 언표행위주체는 독자의 의식이다. 그리고 언표주체는 텍스트에서 다루어지는 대상이 될 수 있다. 글 (나)를 독자가 읽을 때, 독자의 의식이 언표행위주체가 되고, 글 속의 '화자'가 언표주체가 된다. 글 (나)를 읽는 독자는 '나=화자'의 관계를 이룬다. 이로써 독자는 자기의 의식과 화자를 포개지게 하여 이중체를 형성한다. 이중체를 이룬 독자는 자신의 '당신'을 상정하여 코기토 식 이중화를 실현하는 주체가 된다. 또한 시 속의 화자는 독자의 보증자 역할을 하게 된다. 독자는 언표행위주체로서 언표주체와 이중화를 이룸으로써 이중체가 된다. 독자의 이중체는 언표주체에 포획되는 주체로 발현한다.

> 두 개의 주체를 포개는 이런 코기토 식의 의식적 이중체는 어떤 지배적 질서가 요구하는 규범이나 규칙에 나 자신을 동일시하는 메커니즘을 형성합니다. 내가 독자인 한 저 문장이 언표하는 사실을 수긍하고 받아들이게 됩니다. 그것도 누구의 강요에 의해서가 아니라 스스로 옳다고 생각해서 선택한 결과로 말입니다. 이는 법적인 규칙 전반에 대한 '나'의 복종에서도 마찬가지로 확인됩니다. 특히 근대적 법들은 원리상 모두 '내'가 입법자로로 제정한 것이라고 함으로써, 그에 따른 것을 바로 나 자신이 입법한 것을 스스로 따르는 것이 됩니다. 입법자-노예라는 역설.(이진경, 2003a: 285)

커플의 정염적 이중체의 이중화는 다른 방식으로 작동한다. '커플의 정염'이라는 말에서 알 수 있듯이 정열적 연인의 관계에서 이루어지는 이중화의 이중체이다. 이 이중화는 정신분석에서 이루어지는 상담자와 내담자와의 관계에서 잘 이해할 수 있다. 이중화는 두 주체가 정열에 의하여 서로 결합되고 포개지는 방식이다. 이 이중화는 남자와 여자, 정신분석가(상담자)와 환자(내담자)가 주체로써 공명하면서 서로에게 이끌려 동일시를 이루는 것이다. 이 이중화는 독신자로 이루어지는 이성적 코기토의 이중체와는 다른, 커플의 정염에 의한 이중체가 발생한다. 커플의 정염은 사랑하는 남녀가 서로를 부르고 응답하며 주위의 다른 사람들에게는 모두 얼굴을 돌린다. 사랑에 빠진 사람은 서로의 부모에게까지 얼굴을 돌리고, 서로 당사자끼리만 호응한다.

정신분석에서 이루어지는 상담자와 내담자의 이중화는 정염적 커플과 같은 방식으로 이루어진다.(이진경, 2003a: 387) 상담자는 내담자가 기억하는 모든 이야기를 듣는다. 상담자는 내담자의 모든 이야기를 듣고 내담자의 의식을 분석한다. 상담자가 언표행위주체가 되어 내담자의 이야기를 언표주체로 삼아 분석하게 된다. 이때 언표주체인 내담자의 의식은 언표행위주체인 상담자의 의식에 포개지게 된다. 이를 '전이(transfer)'라고 한다.(이진경, 2003a: 387) 내담자가 상담자와 동일시를 이루어 상담자에게 자기의 감정을 투사하는 것이다. 이도 일종의 커플의 관계이다. 이의 반대의 경우도 발생한다. 내담자가 상담자의 의식을 수용하여 받아들이는 경우도 있다. 이를 정신분석에서는 역전이라고 한다. 역전이에서는 내담자가 언표행위주체가 되어 상담자 언표주체와 포개져서 동일시를 이루는 것이다.

커플의 정염적 이중체의 이중화는 두 주체가 서로에게 공명하면서 이끌림에 의하여 이루어진다. 사랑하는 남녀의 커플에서는 물론, 상담자와 내담자, 화자와 청자에서도 일어난다. 글 (나)에서 시의 '화자'와 '당신' 사이에 커플의 정염적 이중체가 이루어진다. 이때 상담자와 내담자 사이와 같은 방식의 이중화가 실현된다. 이를 좀 확대하면, 독자와 텍스트 사이에도 같은 방식의 이중화가 실현된다. 독자는 상담자가 내담자의 이야기를 듣는 것과 같이 텍스트를 읽는다. 텍스트의 내용은 내담자가 들려준 내용과 같은 것이다.

이때 독자는 텍스트의 내용과 포개지거나 동일시를 이루게 된다. 언표행위주체로서의 독자가 언표주체의 텍스트 내용과 포개지고 동일시를 이룬 이중체가 되는 것이다. 언표행위주체와 언표주체가 결합되는 것을 주체화의 결합적인 축(syntagme)이라 하고, 남과 여, 상담자와 내담자, 화자와 청자, 독자와 저자(텍스트) 등 주체들이 언표행위주체와 언표주체의 관계를 이루는 것을 주체화의 계열적인 축(paradigme)이라 한다.(이진경, 2003a: 388)

나. 공명

기표체제에서 기표들이 질서를 이룰 수 있게 하는 것과 탈기표체제에서 주체의 이중화를 이룰 수 있게 하는 잉여적 요소가 존재한다. 이 잉여적 요소에 의하여 기표체제가 생성되고 탈기표체제로의 탈주가 이루어진다. 질서와 이중화의 속성을 잉여라고 하는 이유는 이들이 의미 작용의 외부에서 기표 간, 또는 주체 간에서 존재하기 때문이다. 기표체제의 질서를 생성하는 잉여 요소는 객관적 주파수(fréquence)이고, 탈기표체제의 이중화가 일어나게 하는 잉여 요소는 주관적 공명(résonamce)이다.(이진경, 2003a: 392)

주파수는 파장 즉 음고와 관련이 있다. 주파수가 높으면 고음이 되고, 낮으면 저음이 된다. 긴요하거나 필수적이어서 강조해야 하는 것은 고주파수를, 부수적이거나 보조적인 것은 저주파수를 사용한다. 이는 주파수의 음고가 비교됨으로써 부각이 되는 것과 바탕이 되는 것이 정해짐을 뜻한다. 부각되는 것은 얼굴성으로 드러나게 되고, 바탕이 되는 것은 얼굴이 드러나게 하는 배경이 된다. 음악에서 높은 주파수는 낮은 주파수의 바탕 위에서 그 특성 있는 음색을 드러내어 하나의 곡이 된다.

이는 기표들의 관계에서도 마찬가지이다. 높은 주파수에 해당하는 기표가 있고, 낮은 주파수의 기표도 있다. 모든 기표가 높은 주파수이거나 낮은 주파수에 해당되면 의미를 드러내기 어렵다. 그렇기에 얼굴이 되는 기표와 바탕이 되는 기표가 있게 마련이다. 그렇다고 바탕이 되는 기표가 필요 없음을 뜻하는 것은 아니다. 바탕을 이루는 기표에 의하여 얼굴이 되는 기표가 두드러지게 되는 것이다. 얼굴이 되어야 할 것을 드러내기 위해 바탕이 되는 기표들을 '벽 또는 흰 벽'이라 한다.(이진경, 2003a: 394) 이 벽을 이루는 기표들에 의하여 얼굴이 되는 기표가 부각된다. 즉 전제군주 기표의 얼굴성은 바탕이 되는 기표들의 역할에서 비롯된다. 글 (나)를 읽으면서 독자는 '당신'에 주목하게 되고, '당신'은 높은 주파수를 가진 얼굴성을 띠는 기표이다. 글 (나)를 읽는 독자는 여러 기표들의 토대로 얼굴성을 띠는 '당신'에 주목한다.

한편, 탈기표체제의 주체화 체제에서의 잉여적 요소는 주관적 공명이다. 공명은 두 주체가 정염의 관계는 아니더라도 의식과 열정이 같은 울림의 결로 서로 호응하는 것이다. 공명은 서로의 생각이나 감정에 공감하며 끌어당겨 상통함이다. 상통은 수학에서 말하는 도형의 합동과 같은 것이 아니라 서로가 어떤 것에 공통되는 바가 있음을 뜻한다. 이 공명의 상통을 흰 벽과 대비하여 '검은 구멍(trou noir)'이라 한다.(김재인 역, 2003: 257) 공명하는 두 주체는 특정한 요인에 의식이 일치할 때도 있고, 그렇지 않을 때도 있다. 두 주체의 의식이 일치할 때는 최대값의 공명을 이룬다. 이때는 코기토의 의식적 이중체가 이루어질 때와 같다. 커플의 정염적 이중체는 주체 간에 공명이 이루어지지만 간극이 존재한다. 사랑하는 두 주체라도 그 사이에 다툼은 있게 마련이다. 두 주체 사이에 간극이 있는 공명을 '비교공명'이라 한다.(김재인 역, 2003: 256, 이진경, 2003a: 396) 글 (나)에서 '시적 화자'와 '당신'은 공명을 하지만 간극이 존재한다. 그래서 시적 화자는 '당신'에 대하여 더욱 애타는 모습을 드러낸다.

(라) 하이데거는 현존재가 다른 존재자들을 자신의 의지와 의욕에 맞게 드러

> 내는 그러한 주체가 아니라, 각기 다른 존재자들의 고유함과 각별함을 존중하면서 이를 드러내는 존재의 목자(牧者)임을 강조한다. 스승-현존재가 제자-현존재를 심려하면서 그에게 회화(誨化)를 행할 때, 그는 분명 제자를 거기로 인도하고자 하는 방향과 목적지를 지니고 있다. 그러나 이는 강제할 수 있는 것이 아니라, 제자의 학시습(學時習)을 돕는 회화를 통해 자연스럽게 유도해야 되는 것이다. 제자는 스승이 자신의 의지와 의욕에 맞게 다룰 수 있는 존재자가 아니라, 한 사람의 고유한 존재자로 스승의 앞에 있으면서 학시습하는 자이다. 그렇기 때문에 제자는 스승이 인도하고자 하는 길이 아닌 다른 길을 걸으면서 학시습할 수가 있다. 이것은 회화의 실패인가? 그렇지 않다. 비록 제자가 스승의 회화를 통해 학시습하는 가운데 스승과 다른 존재로 이숙(異熟)함으로써 종국에는 스승과 헤어져 이행할 수도 있지만, 이도 분명 스승의 회화가 빚은 결실에 속한다.(엄태동, 2016: 198-199)

글 (라)는 『하이데거와 교육』(엄태동, 2016)의 일부이다. 저자는 현존재와 존재자가 존재를 공속한다는 하이데거의 논리를 활용하여 교육을 설명하고 있다. 스승과 제자는 학시습과 회화를 통하여 존재를 공속하는 현존재이고, 이들의 존재 공속이 교육의 실현이라는 것이다. 교육의 실현에서 스승과 제자는 존재를 공속하지만 각자는 각별함을 가진 현존재로 이행한다. 이 내용에서 보면, 저자는 하이데거의 현존재에 대한 논의에 공명한다. 하이데거의 현존재와 존재자(동료 현존재)의 관계를 스승과 제자에게로 관계를 확대하여 논의를 전개한다. 현존재가 존재자와 존재를 공속하는 논리는 스승과 제가가 존재를 공속하는 논리로 공명하고 있다. 두 논리가 같은 구조로 함께 울리는 결을 생성함으로써 각자의 고유함과 각별함을 유지한다.

공명은 독자가 주체적으로 탈기표체제를 생성할 수 있게 한다. 독자는 공명으로 자신이 지향하는 얼굴을 위한 탈기표체제를 생성한다. 독자의 공명은 검은 구멍을 형성하여 텍스트를 인식함으로써 이루어진다. 하이데거의 현존재가 존재를 공속하는 논리는 『하이데거와 교육』 저자의 스승과 제자가 존재를 공속하는 논리와 검은 구멍을 형성한다. 두 가지 생각이 하나의 터널 비전을 형성하고, 그 안에서 마주한다. 하이데거의 생각과 저자의 생각이 공명하는 것이다. 『하이데거와 교육』의 저자는 하이데거의 논리를 그대로 답습하거나 얼굴성을 드러내는 데 기여하지 않는다. 저자 자신의 교육에 대한 탈기표체제를 생성함으로써 고유함과 각별함을 갖는다. 하이데거와 저자의 관심 대상을 설명하는 논리 속에 공명하는 의식이 내재해 있다. 이러한 공명은 유아가 그림 동화책을 읽을 때도 일어난다. 예를 들어, 초등학교 1학년 학생이 <종이 봉지 공주>나 <강아지 똥>을 읽을 때, 주인공 엘리자베스나 강아지 똥의 생각, 감정, 행동에 공명한다. 이들의 공명에도 각자의 고유함과 각별함이 있다.

다. 미완의 탈지층화

독자의 기표체제와 탈기표체제는 탈영토화를 지향한다. 궁극적으로는 의미의 근본을 밝혀 드러낸 탈지층화[24]를 추구한다. 그러나 독자가 생성하는 기표체제나 탈기표체제는 탈지층화에는 도달하지 못한다. 독자가 전제군주

24 탈지층화는 분절된 독립적 영토화를 이루는 것이다. 들뢰즈와 과타리의 탈지층화에 대한 표현에는 다음과 같은 것이 있다. '지층들은 층(層)이자 띠[帶]이다. 지층의 본질은 질료에 형식을 부여하고, 공명과 잉여의 시스템들 속에 강렬함들을 가둬두거나 독자성들을 붙들어 매고, 지구라는 몸체 위에서 크고 작은 분자들을 구성하고, 이 분자들을 그램분자적인 집합체 속에 들어가게 하는 것이다. 지층들은 포획하며, 자신의 영역을 지나가는 모든 것을 부여잡으려고 애쓰는 "검은 구멍(=블랙홀)" 또는 폐색 작용과도 같다. 지층들은 지구 위에서 코드화와 영토화를 통해 작동한다. 동시에 지층들은 코드와 영토성에 따라 작동한다. 지층들은 신의 심판이다. 성층 작용 일반은 신의 심판의 전 체계이다.'(김재인 역, 2003: 85-86)

기표를 중심으로 생성하는 기표체제는 텍스트에서 탈영토화를 이루고 있지만 근본적으로 독립된 영토화 즉 탈지층화를 이루지는 못하고 있다. 상대적인 주파수의 차이에서 드러나는 상대적인 탈영토화를 이룰 뿐이다. 또한 독자가 전제군주로부터 얼굴을 돌려 탈주할 여지가 많고, 탈주선을 타는 체제를 부정적인 것으로 여기는 한계를 가진다. 불완전하고 부족하고 결점이 가득한 탈영토화의 체제이다.

탈기표체제는 기표체제와 다른 점도 있지만 탈지층화를 못 이루는 점은 같다. 탈기표체제는 탈주선을 긍정적으로 여기며 절대적 탈영토화를 이룬다. 그렇지만 절대적 탈영토화가 탈지층화를 성취한 것은 아니다. 언표행위주체와 언표주체의 포개짐으로 재영토화를 이루어 내긴 했지만 그 영토가 탈지층화를 이룬 것은 아니다. 탈주를 통하여 주체화를 이루는 과정이 끝나면 또 다른 탈주의 주체화가 시작되어야 하기 때문이다. 또한 커플의 정염으로 검은 구멍으로 빨려 들어가는 이중체는 완전함을 의미하는 것이 아니다. 일시적이고 불완전한 공명을 이룬다. 이들의 공명에는 늘 불안이나 부족이 내재해 있다. 글 (나)의 화자와 당신 사이에서도 그렇고, 정신분석에서의 상담자와 내담자의 전이 또는 역전이에서 그렇다. 미완의 탈지층화에 머물고 있다.

탈지층화를 완전하게 이루지 못한 탈영토화는 내적인 한계 때문이다. 언표행위주체와 언표주체의 포개짐으로 이루어지는 주체는 자기 확신에 갇히게 될 때, 독자는 자기만의 세계에 갇히게 된다.[25] 그러면 독신자-기계는 자폐증-

25 정염적 체제에서 책은 내면화되고 또 모든 것을 내면화한다고 얘기된다. 그것은 정성스럽게 씌어진 <책>이 된다. 책은 얼굴을 대신하며, 자기 얼굴을 숨기는 신은 모세에게 [계율이] 씌어진 석판들을 준다. 신은 나팔들과 <목소리>를 통해 자신을 나타낸다. 하지만 사람들이 책 속에서 말들을 보는 것과 마찬가지로 사람들은 그 소리 속에서 얼굴 없음(non-visage)을 듣는다. 얼굴이 기표의 몸체였던 것과 마찬가지로 책은 정염의 몸체가 되었다. 영토들과

기계가 되고 만다. 커플의 주체화도 커플의 자폐증을 유발하여 검은 구멍을 만들어 주변을 의식하지 못하는 탈주선을 탈 위험이 있다.[26](이진경, 2003a: 401) 이들의 위험을 경계하는 방법은 '나'는 내가 만나는 다양한 외부에 따라 얼마든지 달라질 수 있다는 것을 알고 실행할 수 있을 때이다.

> '나'를 정해진 언표주체와 포개기보다는 차라리 부재하는 언표주체를 창안하는 것, 그리하여 부재하는 언표주체로서 '나'의 잠재성 전체를 향해 스스로를 개방하는 것, 결국 '나라고 말할 수 없는 잠재성의 장 전체가 되는 것('만인-되기'), 아마도 이것이 주체화 체제에서 탈주선이 절대적 긍정성을 획득하는 지점일 것입니다. 무아(無我)!(이진경, 2003a: 402)

이는 독자의 텍스트 이해의 한 지향이다. 기표체제를 통하여 전제군주 기표의 얼굴성을 드러내는 텍스트 이해도 아니고, 언표주체와의 일체화만을 고집하는 것이 아닌, 기관 없는 몸체로서의 일관성의 구도[27]를 이행하는 것이

계보들을 고정시키는 것은 이제 가장 탈영토화된 것인 책이다. 계보는 책이 말하는 내용이며, 영토는 책이 말해지는 장소이다. 그래서 해석의 기능은 완전히 달라진다. 어떤 경우 일말의 변화, 첨가, 주석도 금지하는 순수한 글자 암송을 위해 해석은 완전히 사라진다.(김재인 역, 2003: 246)

26 원들 또는 팽창하는 나선과 관련을 맺고 있는 의미생성의 중심은 더 이상 존재하지 않으며 단지 선의 출발점을 제공하는 주체화의 점이 존재한다. 기표-기의 관계는 더 이상 존재하지 않는다. 단지 주체화의 점으로부터 유래하는 언표행위의 주체 그리고 첫 번째 주체와 결정 가능한 관계를 맺고 있는 언표의 주체가 존재한다. 기호에서 기호로 가는 순환성은 더 이상 존재하지 않는다. 기호가 주체들을 가로질러 휩쓸려 들어가는 선형적 과정이 존재한다.(김재인 역, 2003: 247)

27 '일관성의 구도'는 말은 들뢰즈와 과타리가 사용하는 중요 용어 중의 하나이다. 일관성의 구도의 개념을 알 수 있는 이진경(2003a)의 설명의 일부를 보면 다음과 같다. '일관성의 구도란 어떤 양상의 신체도 될 수 있는 잠재성의 지대를 표시하는 표지판이지요. 그것(손)은 가령 망치-기계도 될 수 있고, 젓가락-기계도 될 수 있으며, 때론 그림을 그리고 때론 글씨를 쓰며, 때론 심지어 그 자체로 몽둥이나 칼, 송곳이 되기도 하는 지극히 다양한 규정

다. 이것이 탈기표체제의 생성을 강조하는 읽기의 지향일 수 있다. 지향은 이룰 수 없지만 이루어지기를 바라는 이데아적 속성이다. 독자는 전제군주 체제는 물론 주체화 체제에서도 벗어나 진정한 탈지층화를 끊임없이 추구할 필요가 있다.

4. 탈기표체제 생성의 과제

독자의 텍스트 이해 방식과 결과는 읽기 관점에 달려있다. 읽기를 어떻게 인식하느냐가 읽기 행위를 결정한다. 읽기 행위는 읽기의 지향과 읽기의 과정에 따라 이루어진다. 독자가 읽기에서 무엇을 지향하느냐와 읽기의 과정을 어떻게 전개하느냐에 따라 읽기의 결과는 달라진다. 독자가 텍스트를 읽으면서 지향하는 바는 다양할 수 있다. 이에 따라 읽기 과정의 전개도 다양하게 이루어질 수 있다. 들뢰즈와 과타리의 기호체제에 대한 논의를 빌려 보면, 독자의 읽기는 두 가지의 지향과 두 가지의 전개 과정이 있다.

두 가지의 지향은 전제군주 체제와 주체화 체제이다. 전제군주 체제는 특권 기표의 얼굴성을 지향하고, 주체화 체제는 얼굴을 돌리는 외면성을 지향한다. 얼굴성은 모든 것이 하나의 얼굴에 수렴되도록 텍스트 이해를 하는 것이고, 외면성은 자기를 부르고 있는 얼굴을 찾아 나서는 텍스트 이해를 하는 것이다. 읽기의 전개 과정은 내적 질서에 순응하는 방식과 탈주하는 방식이다. 순응하는 방식은 텍스트의 의미를 포획하는 정해진 방식을 따라

을 갖는 신체의 잠재성 그 자체, 모든 규정성을 아우르며 '하나로 묶어주는' 것으로서 손이 갖는 잠재성 그 자체를 표시하는 표지판입니다. 그것을 다른 말로 표현하면, 욕망에 연결될 수 있고, 효과적으로 욕망을 책임질 수 있으며, 욕망의 지속적 접속과 횡단적 결합을 보장할 수 있는 배치들의 집합입니다.'(이진경, 2003a: 489)

하는 읽기이다. 이 읽기 방식에는 전문가의 의미 해석을 존중하고 그 방식을 따르는 방법과 전문가가 사용하는 읽기 기능 및 독자의 배경지식을 활용하는 방법이 있다. 탈주하는 방식에는 이중화과 공명이 있다. 이중화는 언표행위 주체로서의 독자가 언표주체인 텍스트의 내용과 의식적으로 포개지는 '코기토의 의식적 이중체' 방식과 독자의 의식이 텍스트 내용과 커플을 이루어 정염적으로 텍스트 내용에 호응하며 전이에 의한 의식적 동일시를 이루는 '커플의 정염적 이중체' 방식이 있다. 공명은 독자의 의식과 텍스트의 내용이 각자성을 갖고 있지만 논리, 사고, 감정, 정서 등이 같은 결을 형성하여 공감하여 상통하는 방법이다.

이 논의에서 관심을 가지는 탈기표체제는 독자의 텍스트 이해 의미 작용의 주체화 체제이다. 독자의 탈기표체제는 생성은 기표체제에서 비롯된다. 독자의 탈기표체제는 기표체제의 전제군주의 얼굴성을 벗어나 탈주함으로써 생성된다. 독자는 탈기표체제를 생성함으로써 텍스트 의미 이해를 주체적으로 이루어갈 수 있다. 텍스트 의미의 주체적 이해가 완벽하거나 절대적인 것을 의미하지는 않는다. 이에는 텍스트와 독자의 리좀적 접속을 통한 유목적(遊牧的, nomad) 의미생성의 지향이 내재한다. 그래서 탈기표체제는 끊임없이 새로운 탈기표체제를 낳게 만든다. 이 논의의 토대가 된 들뢰즈와 과타리의 탈기표적 기호체제를 그림으로 보면 [그림 1]과 같다.

독자의 탈기표체제 생성은 전제군주 기표의 얼굴에서 얼굴을 돌리면서 시작된다. 독자가 전제군주 기표의 얼굴을 배반하여 얼굴 돌리기를 하기 위해서는 정염으로 마주한 다른 얼굴이 있어야 한다. 다른 얼굴을 정염으로 마주한 독자는 주체화의 점에 이르게 되고, 탈주할 수 있게 된다. 주체화의 점에 선 독자는 전제군주 기표의 얼굴(의미)에서 얼굴 돌리고, 언표행위주체가 되어 텍스트의 언표주체와 포개지나 동일시를 이루어 이중체가 되는 이중화를 수행한다. 즉 정염으로 마주한 얼굴의 신민으로서의 의미를 드러내

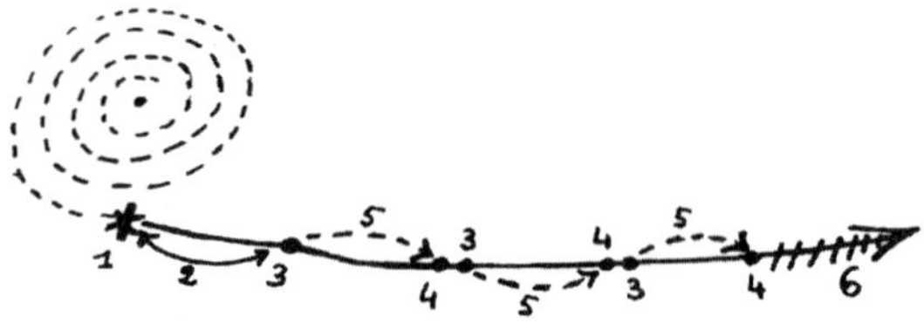

1. 의미생성의 중심을 대체하는 주체화의 점
2. 외면하는 두 얼굴
3. 언표행위의 주체. 이것은 외면 속에서 주체화의 점으로부터 나온다.
4. 언표의 주체. 이 위로 언표행위의 주체가 되돌아간다.
5. 사제의 새로운 형식과 새로운 관료제를 갖춘 유연한 선형적 과정의 연속
6. 여기에는, 해방되었지만 여전히 파편화된 도주선이 부정적이고 봉쇄된 채로 있다.

[그림 1] 들뢰즈와 과타리의 탈기표체제(김재인 역, 2003: 202)

기 위해 탈기표체제를 생성한다. 주체로서 주체적으로 텍스트 의미 이해를 하는 것이다. 이로써 텍스트에 대한 독자만의 차이 그 자체인 의미생성을 하게 된다. 이 독자의 탈기표체제의 생성 과정은 한 번으로 끝나거나 멈추지 않고 계속 반복된다. 이 반복의 과정도 봉쇄되기도 하지만 반복의 여지는 계속 남는다.

이 논의는 독자가 읽기 과정에서 생성하는 탈기표체제에 대한 것이다. 탈기표체제의 생성은 독자가 주체적으로 기표를 선택하여 질서화함으로써 이루어진다. 독자가 탈기표체제를 생성하기 위한 기표의 선택에는 독자의 몸체적 감각·감정·감응, 심리적 기억·사고·신념, 삶의 의지·목표·지향 등이 관련된다. 독자는 자기의 의식 활동에 관여하는 모든 것을 활용하여 기표를 선택하여 질서 있게 배열한다. 이로써 텍스트와 의식적으로 포개지고, 동일시를 이루고, 공명한다. 이로써 독자는 각별한 의미생성에 이르게 된다.

제3장 — 독자의 기관 없는 몸체

1. 몸체와 기관

큰 도란 그 마음을 근본으로 삼았고/ 마음의 법은 본래 머물지 않는 것으로 근본을 삼았다./ 머물지 않는 마음의 본체가 신령스럽게 알아 어둡지 않다./ 성품과 형상이 텅 비었으되 덕과 작용을 다 품고 있다.(大道本乎其心 心法本乎無住 無住心體靈知不昧 性相寂然 包含德用)

—청량징관대사(清涼澄觀大師), <심요전(心要傳)> 전문

윗글은 징관대사(당(唐), 738~839)의 <심요전>이다. 불교의 도(道)와 관련된 마음의 작용을 표현하고 있다. '불교의 도(道)는 마음을 근본으로 하는데, 마음은 특정한 것으로 규정되지 않는다. 영묘하여 성품과 형상은 비어있으나 덕과 작용을 모두 갖추고 있다'는 것이다. 간단히 말하면 마음의 덕과 작용이 정해져 있지 않다는 것이다. 마음에 그 덕과 작용이 잠재되어 있어 상황에 따라 실현하게 됨을 의미한다. 마음에 대한 글은 많다. 『중용(中庸)』 서문에는 '인심은 오직 위태롭고 도심은 오직 은미하니, 오직 정밀하게 하고 전일하게 하여 진실로 그 중을 잡아라(人心惟危, 道心惟微, 惟精惟一, 允執厥中)'(성백효, 2004: 53)라고 하고 있다. 마음의 바른 작용을 위해 그 중(中)을 지킬 것을 요구한다.

들뢰즈와 과타리는 『천 개의 고원』(김재인 역, 2003) 6장[1]에서 '기관 없는 몸체'에 대하여 논의한다. 기관 없는 몸체(CsO: Corps sans Organes)라는 말은 '몸체에는 기관이 없다'라는 상태를 지시하는 의미도 있지만, '몸체가 기관을 갖지 않게 해야 한다'는 의지를 지시하는 의미도 있다. 기관 없는 몸체는 실제 이 두 가지 의미를 모두 포함한다. 이 말을 조금 달리하면 다음과 같다. '몸체가 기관을 갖지 않도록 하면, 몸체는 기관을 갖지 않게 된다.' 이 말은 기관 없는 몸체가 원래 있는 것도, 없는 것도 아니라는 뜻이다. 우리가 기관 있는 몸체를 가질 수도 있고, 기관 없는 몸체를 구성할 수도 있음을 의미한다. 이는 또한 기관 없는 몸체는 기관 있는 몸체를 토대로 하는 것임을 의미하기도 한다. 이 기관 없는 몸체는 위 <심요전>과 『중용』에서 밝히고 있는 마음과 상통하는 점이 있다.

위 <심요전>이나 『중용』의 '진실로 그 중을 잡아라(允執厥中)'를 종합해 보면, 우리가 마음을 무엇에 집중하게 하느냐에 따라 할 수 있는 것이 달라진다는 것이다. 이는 마음이 특정한 어떤 것으로 정해져 있는 것이 아님을 의미한다. 그리고 '진실로 그 중을 잡아라(允執厥中)'는 마음의 작용을 특정한 것으로 한정하려고 하는 의도도 내재되어 있다. 우리는 마음을 무엇이든 할 수 있게 무한히 펼칠 수도 있고, 특정한 것으로 한정하고 규정하거나 제한할 수도 있다. 기관 없는 마음을 만들 수도 있지만 기관 있는 마음으로 제한할 수도 있다. 몸체는 마음의 작용과 연관되어 있다. 마음을 위해 기관 없는 몸체를 생각하고, 기관 없는 몸체를 통해 마음을 규정할 수 있다.

몸체(corps)라는 말은 육체(body)를 지시하는 일반적인 말이다. 그런데 기

---

1 6장 제목은 '1947년 11월 28일 기관 없는 몸체는 어떻게 만들어지는가?'이다. 제목의 '1947년 11월 28일'일은 프랑스 극작가 앙토냉 아르토(Antonin Artaud, 1896~1948)가 '기관 없는 몸체'와 관련된 원고를 방송하려고 한 날이다.

관 없는 몸체의 '몸체(corps)'는 일반적인 육체(신체)만을 지시하지 않는다. 정신과 정신 작용을 포함한다. 여기서 정신은 의식과 무의식 일체를 가리킨다. 몸체는 정신 활동이 내재된 몸의 일부 또는 전체를 지시한다. 정신도 몸체의 부분으로 작용한다. 기관(organ)은 '일정한 모양과 생리 기능을 갖는 생물체의 부분'이다.[표준국어대사전] 기관은 '정해진 형태와 기능'을 가지고 있는 몸의 부분이다. '기관이 없다'는 것은 기관 자체가 없다는 것이 아니라 '정해진' 또는 '규정된' 형태와 기능을 갖지 않음을 뜻한다. 기관 없는 몸체는 정해진(규정된) 형태와 기능을 하지 않는 몸의 부분을 지시한다. 우리의 몸은 기관을 가지고 있지만 이 기관이 그 형태와 기능을 벗어나게 되었을 때, 기관 없는 몸체가 된다.

우리 몸의 각 부분은 기관이다. 눈, 코, 귀, 입, 팔, 다리, 손, 발 등은 기관이다. 이들 기관이 결합되어 유기체를 이루고, 각 기관은 일반적인 기능을 가지고 있다. 그래서 우리는 무엇인가를 할 수가 있다. 그런데 기관 없는 몸체는 우리 몸의 각 기관이 특별한 기능을 가질 수 있음을 지시한다. 손을 예로 보면, 손가락이 할 수 있는 일을 떠올려 볼 수 있다. 손가락은 상황에 따라 그 변화가 무한하다. 연필을 잡을 때, 공을 던질 때, 피아노를 칠 때 모두 다른 기능을 한다. 무슨 일을 하는가에 따라 손가락의 기능은 각기 다르다. 손가락은 기관이지만 정해진 기능만 한다고 할 수 없다. 손가락은 무엇인가를 하기 위해 무엇으로든 될 수 있기에 기능을 규정하기 어려운 기관이다. 사실 손가락만 그런 것은 아니다. 우리 몸의 모든 기관의 기능은 마찬가지일 수 있다. 우리 몸의 각 기관은 무엇인가를 하기 위해 어떤 기능이든 실현할 수 있다. 현재 활용되는 기능은 그 기능의 일부일 뿐이다. 우리 몸은 기관 없는 몸체일 수 있다.

우리 몸과 기관이 기관 없는 몸체가 되는 것은 마음만 먹으면 되는 것은 아니다. 붓으로 글을 쓰고 싶다고, 탁구를 하고 싶다고, 피아노를 치고 싶다고 곧바로 이들 활동을 할 수는 없다. 이들 활동을 하기 위해서는 손과 손가락이 이들을 할 수 있는 형태와 기능을 갖추어야 한다. 기존의 형태와 기능을 내려놓고 붓으로 글을 쓸 수 있는 형태와 기능을 갖추고, 탁구채로 공을 칠 수 있는 형태와 기능을, 손가락으로 건반을 두드릴 수 있는 형태와 기능을 갖추어야 한다. 손과 손가락의 기관이 이들을 할 수 있는 형태와 기능을 갖도록 익혀야 한다. 기관이 기존의 형태와 기능을 내려놓고 새로운 기능을 실현할 수 있도록 만들어야 한다. 기관 없는 몸체는 손 기관이 붓으로 글씨 쓰고, 탁구 치고, 피아노 연주 등 무엇이든 할 수 있는 상태가 되는 것이다. 즉, 기관 없는 몸체는 기관 또는 몸이 무엇이든 할 수 있는 형태와 기능을 갖추어, 그 무엇을 할 수 있게 되는 것이다.

독자의 텍스트 읽기는 몸체가 하는 일이다. 그렇다면 독자의 텍스트 이해에 기관 없는 몸체가 관여한다. 이 말에는 두 가지 의미가 있다. 하나는 독자의 텍스트 읽기가 기관 없는 몸체를 구성한다. 다른 하나는 독자는 구성된 기관 없는 몸체로 읽기를 실행한다. 그렇다면 읽기는 기관 없는 몸체를 구성하기도 하고, 구성된 기관 없는 몸체로 읽기를 한다고도 할 수 있다. 논리적 선후를 생각하면, 독자는 기관 없는 몸체를 구성하고, 이를 활용해 읽기를 해야 한다. 실제적 선후는 동시적일 수도 있고, 텍스트를 읽다가 기관 없는 몸체를 만들 수도 있다. 독자의 읽기가 기관 없는 몸체를 만드는 것은 읽기 기관이 규정된 읽기 기능을 내려놓고, 새로운 읽기 기능을 갖추는 것이다. 이는 새로운 기능을 갖춘 읽기 기관으로 읽기를 하기 위한 것이다. 독자의 기관 없는 몸체는 독자가 기존에는 할 수 없는 읽기를 실행함으로써 새로운 텍스트 이해를 할 수 있게 됨을 함의한다.

읽기 교육에서는 독자의 읽기 활동을 특정한 것으로 제한하는 특성이 있다. 사실적 읽기, 추론적 읽기, 비판적 읽기 등이 그것이다. 어떤 텍스트이든 이들 읽기 방식을 적용할 것을 요구한다. 이들 읽기 방식에 익숙한 읽기를 하면 읽기 능력이 높다고 말한다. 이는 독자의 텍스트 읽기를 기관 '있는' 몸체의 작용이게 한다. 독자의 텍스트 읽기 활동이 사실적 읽기, 추론적 읽기, 비판적 읽기를 하는 기능에 충실하게 만든다. 다른 읽기 기능이나 활동을 배제함으로써 기관 있는, 정해진 기능을 수행하는 읽기를 하게 한다. 이 읽기는 특정한 방식으로 읽고, 특정한 의미만을 구성하게 한다. 사실적, 추론적, 비판적 읽기를 통한 이해만을 이해로 보게 한다. 독자의 텍스트 읽기에는 분명 사실적, 추론적, 비판적 읽기 활동이 있다. 그렇지만 이들 활동으로만 제한되지 않는다.

독자의 텍스트 읽기에서 기관 없는 몸체의 작용을 떠올려 볼 수 있다. 독자의 텍스트 읽기와 관련된 몸체는 '기관 없는 읽기 몸체'라 할 수 있다. 독자의 기관 없는 읽기 몸체가 텍스트와 접속하면, 독자만의 텍스트 이해를 실행하게 된다. 이때 독자의 텍스트 읽기는 규정된 외부 기준이나 제한을 벗어날 수 있다. 독자는 기관 없는 읽기 몸체를 작용시켜 독자만의 방식으로 텍스트 이해를 실행할 수 있게 된다. 이것은 독자의 텍스트 이해가 무의미해질 수 있다는 우려를 낳을 수 있다. 그렇지만 기관 없는 읽기 몸체가 기관 있는 읽기 몸체에서 비롯된다는 점을 떠올려 보면, 이 읽기는 규정된 텍스트 이해를 토대로 새로운 가치를 창조하는 생산적 이해를 지향함을 알 수 있다.

이 장에서는 들뢰즈와 과타리의 '기관 없는 몸체[2](CsO: Corps sans Organe)'에 대한 논의를 토대로 독자의 기관 없는 읽기 몸체의 구성을 살펴본다. 기관 없는 몸체는 몸의 각 기관이 정해진 기능만 한다는 의식과 대립적이다. 기관은 있지만 그 기관의 기능은 정해져 있지 않다는 것이다. 이것은 독자의 읽기가 기관 있는 읽기에서 기관 없는 읽기로 나가야 함을 함의한다. 독자의 새로운 읽기는 기관 없는 읽기 몸체를 구성하여, 그 구성한 몸체로 하는

---

2 영어로는 BwO(Body without Organs)로 표현한다.(Massumi, 1987: 150)

것이다. 독자는 자기만의 읽기를 위한 기관 없는 읽기 몸체를 어떻게 구성하는가? 그리고 기관 없는 읽기 몸체로 어떤 의미를 생성할 수 있는가?[3] 독자의 읽기와 관련하여 이 두 가지 질문이 중요하다. 이 논의에서 전자의 질문을 중심으로 논의한다. 후자는 다른 논의 통하여 살펴본다. 독자가 텍스트 읽기와 관련된 기관 없는 읽기 몸체의 구성을 들뢰즈와 과타리의 기관 없는 몸체에 대한 논의를 토대로 살펴보자.

2. 기관 없는 몸체의 특성

> 사람들은 묻는다. CsO가 뭐지? 하지만 사람들은 이미 그것 위에 있으며, 벌레처럼 그 위를 기어다니거나 장님처럼 더듬거리거나 미친 사람처럼, 사막 여행자나 초원의 유목민처럼 달린다. 우리는 바로 그것 위에서 잠들고, 깨어나고, 싸우고, 치고받고, 자리를 찾고, 우리의 놀라운 행복과 우리의 엄청난 전략을 인식하고 침투하고, 침투당하고, 또 사랑한다. 1947년 11월 28일 아르토는 기관들에 전쟁을 선포한다. 신의 심판을 끝장내기 위해. "나를 묶고 싶으면 그렇게 하라. 하지만 기관처럼 쓸모없는 것도 없을 것이다."(김재인 역, 2003, 287-288)

윗글에서 보면, 기관 없는 몸체(CsO)는 우리의 일상에 존재한다. 하지만 우리는 그것을 의식하지 못한다. 우리는 기관 없는 몸체를 통하여 다양한 일을 한다. 이 기관 없는 몸체는 전위 극작가이자 연극 연출가인 아르토

---

3 이 논의에 대해서는 필자가 『천 개의 고원』 10장과 12장을 중심으로 논의한 논문(2022, 2023)을 참조할 수 있다. 12장 관련 논문을 정리하여 『유목적 읽기 교육론』(2023)을 출간하였고, 10장 관련 논문을 정리하여 『생성적 읽기 교육론』(2024)을 출간하였다.

(Antonin Artaud, 1898~1948)의 연극과 관련이 있다. 아르토는 1947년 11월 28일에 '신의 심판을 끝장내기 위해(To have done with the judgement of god)'라는 라디오 방송 원고를 작성한다. 방송 직전에 방송 금지로 방송은 이루어지지 않았지만, 그 원고에서 '기관은 쓸모없는 것'이라고 밝힌다. 기관 없는 몸체의 개념을 포함하고 있었던 것이다. 이 기관 없는 몸체에 대하여, 들뢰즈와 과타리가 강조하는 몇 가지의 주요 특성을 중심으로 알아본다.

가. 알: 생식 세포

(기관 없는 몸체는 무엇인가?) 몸은 기관으로 이루어져 있다. 기관이 없으면 몸이 존재할 수 없다. 몸체는 몸의 부분이나 전체를 의미한다. 몸체는 기관이거나 기관으로 구성되어 있다. 그렇기에 '기관 없는 몸체'는 기관이 있음을 전제한다. 기관이 있는 몸이 있어야만 기관 없는 몸체를 구성할 수 있다. 그렇기에 기관 없는 몸체는 여러 의미로 인식된다. 첫째, 있는 기관을 없앤다. 둘째, 있어야 할 기관이 없다. 셋째, 기관이 작용하지 않는다. 넷째, 기관 자체가 없다. 다섯째, 기관이 없어도 되게 한다. 기관 없는 몸체는 이들 의미를 모두 포함한다. 기관 없는 몸체를 어느 시각에서 인식하느냐에 따라 그 속성은 달리 드러난다. 이는 기관 없는 몸체를 단일하고 명료한 정의로 규정할 수 없음을 뜻한다.

기관 없는 몸체를 적극적으로 인식한다면, 첫째의 의미에 가깝다. 기관 없는 몸체는 이미 있는 기관을 없애서 만든 몸체라 할 수 있다. 그렇다고 기관을 없앤다는 것이 몸에서 기관을 분리하여 제거함을 뜻하지는 않는다. 기관 없는 몸체는 기관을 몸에서 분리하지 않고 없애는 것을 뜻한다. 그렇다면 몸을 이루고 있는 기관이 있는데 기관을 없앤다는 것은 무엇인가? 기관은 그대로 있는데 기관이 없는 몸체가 된다는 것의 의미를 찾아야 한다. 기관은 구조나 형태적일 수도 있지만 기능적일 수도 있다. 기관은 구조나 형태적으로는 팔, 손, 손가락, 손톱 등의 일정한 조직과 모양을 갖추고 있다. 기능적으로는 잡고, 밀고, 끌고, 들고, 주고, 받는 등의 다양한 작용과 역할을 한다. 그렇다면 기관을 없앤다는 것은 기관의 현재 구조나 형태를 없애거나 기능을 없앤다는 의미가 될 수 있다.

기관 없는 몸체의 '현재 구조나 형태'를 없앤다는 것은 어떤 의미인가? 기관은 구조와 형태를 갖추고 있다. 이를 없앤다는 것은 구조와 형태가 현재와 같지 않게 함을 뜻한다. 요가를 즐기는 요기의 몸을 보면, 몸의 각 기관은 보편적이지 않다. 팔, 다리, 몸통 등을 보면, 전혀 다른 구조와 형태를 한다. 일상적인 팔의 구조나 형태, 다리의 구조나 형태가 아니다. 팔, 다리, 몸통의 일상 구조와 형태는 사라지고, 전혀 새로운 팔, 다리, 몸통의 구조와 형태를 이룬다. 이는 눈속임이나 마술이 아니라 실제 각 기관의 구조와 형태를 달리 한 것이다. 기관의 기존 구조와 형태를 없애고 새로운 구조와 형태를 가지게 한 것이다. 그렇기에 낯선 모습을 한 몸의 형체를 만든다.

기관 없는 몸체의 기관의 '현재 기능'을 없앤다는 것도 여러 의미를 지닌다. 첫째, 있는 기능을 쓰지 못하게 한다. 둘째, 다른 기능을 하게 한다. 셋째, 없던 기능을 갖게 한다. 넷째, 기관의 기능 자체를 없앤다. 다섯째, 기능을 하지 않는 상태가 되게 한다. 이들 여러 의미도 마찬가지로 기관의 기능을 없앤다는 말에 포함된다. 기관의 기능을 없앤다는 말을, 적극적으로 인식한다면, 기존의 기능 외에 다른 기능을 할 수 있게 한다는 의미이다. 이를 더 적극적으로 인식하면, 기관이 새롭거나 다른 기능을 지니게 한다는 뜻이다. 다른 기능을 지님은 기관의 구조나 형태도 달라질 수 있음을 내포한다. 이에서 보면, 기관 없는 몸체는 몸의 기관이 어떤 기능이든 실행할 수 있는 '상태'로 만드는 것이다. 우리 몸의 각 기관이나 몸 전체가 무엇과 접속하느냐에 따라 무엇이든 실행할 수 있는 내재적 상태를 생성한 것이 기관 없는 몸체이다.

CsO는 알이다. 그러나 이 알은 퇴행적인 알이 아니다. 오히려 알은 철저하게 [현재와] 동시간적이며, 사람들은 언제나 이러한 알을 자신의 실험의 환경으로서, 연합된 환경으로서 안고 있다. 알은 순수한 강력함의 환경이며 내포적 공간(spatio)으로서, 외연적인 연장(extensio)이 아니라 생산의 원리로서의 강도 0이다. 과학과 신화가, 발생학과 신화학이, 생물학적 알과 정신적 또는 우주적 알이 근본적으로 수렴하는 것이다. 즉 알은 언제나 이러한 강력한 현실을 가리키고 있는데, 그것은 결코 미분화되어 있지 않으며, 그 속에서 사물들과 기관들은 오직 구배들, 이주들, 이웃 관계들에 의해서만 구별된다. 알은 CsO이다.(김재인 역, 2003: 314)

들뢰즈와 과타리는 이 기관 없는 몸체의 대표적인 예로 '알(egg)'을 제시한다. 그러면서 기관 없는 몸체로서의 알의 특성을 제시한다. 알 자체가 기관 없는 몸체는 아니다. 알이 지닌 특정한 속성이 기관 없는 몸체를 인식할 수 있게 할 뿐이다. 기관 없는 몸체는 알로 퇴행하는 것이 아니다. 기관 없는 몸체는 현재의 시점에서 자기 자신을 실험하는 몸의 환경을 만듦이다. 즉 무엇으로든 기능할 수 있는 순수한 힘(강도, 강렬도)을 자기 안에 갖추는 것이다. 그리고 대상과 접속하기 전이어서 생산의 원리로서 강렬도(강도, 강밀도)가 0인 상태가 되게 하는 것이다. 기관 없는 몸체는 무엇으로든 기능하여 무엇이든 생산할 수 있지만 현재(contemporain)는 아무것도 하지 않는 강렬도가 0의 상태가 되는 것이다. 이는 무엇이든 할 수 있는 역량이 내재된 잠재성으로 존재하는 근본적 수렴성을 지시한다. 이 강렬도가 0인 현재적 실재로서 기관 없는 몸체는 기관이 미분화된 것이 아니다. 기관은 강렬도의 미묘한 차이(구배(句配: 기울기), gradient), 미동들(migrations), 이웃 관계들(zones of proximity, 근접지대)에 의해 다르게 드러난다.

> CsO는 유기체 '이전'에 있지 않다. CsO는 유기체에 인접해 있으며, 끊임없이 자신을 만들어 낸다. CsO가 유년기에 연결되어 있다면, 그것은 어른이 아이로 퇴행하고 아이가 <어머니>로 퇴행한다는 의미에서가 아니라 반대로 아이가 마치 모태의 일부를 안고 있는 도곤족의 쌍생아처럼 <어머니>라는 유기적 형태로부터 강렬하고 탈지층화된 하나의 물질을 떼어낸다는 의미에서이다. 그러나 이 물질은 오히려 과거와의 끊임없는 단절, 현재적인 실험이나 체험을 구성한다. CsO는 유년기의 블록이고, 생성이며, 유년기의 추억과는 정반대되는 것이다. 그것은 어른 '이전'에 있는 아이가 아니며 아이 '이전'에 있는 어머니도 아니다. CsO는 어른, 아이, 어머니의 엄밀한 동시간성이며, 이것들은 비교적인 밀도와 강도의 지도이며, 또한 이 지도상의 온갖 변이들이다. CsO는 부모들이나 아이들(이것들은 기관적인 표상이다)이 없는, 있을 수도 없는 바로 이 강렬한 생식질이다.(김재인 역, 2003: 314-315)

들뢰즈와 과타리는 기관 없는 몸체가 '유기체 이전에는 있지 않다'고 말한다. 이는 기관 없는 몸체가 유기체에서 비롯됨을 의미한다. 또한 기관 없는 몸체는 유기체와 인접해 있으면서, 자신을 끊임없이 만들어 낸다고 말한다. 이는 기관 없는 몸체가 주어지는 것이 아니라 유기체인 우리가 만드는 것임을 뜻한다. 우리가 유년기와 연결된 기관 없는 몸체를 만든다면, 이는 어른이 아이로 퇴행되는 것을 의미하는 것이 아니라 어른이 가진 기관의 '고착된' 기능을 없애는 것을 의미한다. 들뢰즈와 과타리는 이를 어른에게서 강렬하고 지층화된 하나의 물질을 떼어내는 것이라고 말한다. 떼어낸 물질은 유기체 기관의 기능과 단절된 것으로, 현재적인 체험과 실험을 구성한다고 말한다. 이는 기관 없는 몸체가 된다는 것은 특정 기관의 기능을 없애는 것이면서, 현재적으로 특정 기관의 기능이 강렬도 0인 상태가 되게 체험하고 실험하는 것이다. 그렇기에 유년기의 기관 없는 몸체는 유년기의 추억이 아니라 유년기의 속성과 융합된 블록이고 유년기의 생성이다. 이는 어른 이전의 아이도 아니고, 아이 이전의 어머니도 아니다. 이는 어른, 아이, 어머니가 동시에 존재하는 것이고, 어른, 아이, 어머니의 규정하기 어려운 비교(比較) 밀도 내지 강렬도의 지도이고, 이 지도상에서의 온갖 변이이다. 즉 유년기와 연결된 기관 없는 몸체는 유기체적인 어른(부모)들이나 아이들이 없는, 이들이 있을 수도 없는 강력한 생식 세포(germen, 생식질)이다.

> CsO는 네 것도 내 것 ……도 아니다. 그것은 언제나 하나의 몸체이다. 그것은 투사(投射)적인 것도 아닐뿐더러 퇴행적인 것도 아니다. 그것을 일종의 역행(involution)이라 할 수 있지만, 그것은 항상 어디까지나 창조적이고 동시간적인 역행이다. 기관들은 CsO 위에 배분되지만, 유기체의 형태와는 독립적으로 분배된다. 형태들은 부수적이며 기관들은 생산된 강렬함들, 흐름들, 문턱들, 구배들에 다름 아니다.(김재인 역, 2003: 315)

기관 없는 몸체는 나의 것, 또는 너의 것이 아니다. 다시 말해 나의 것으로 정해져 있거나 너의 것으로 정해져 있는 것이 아니다. 주어진 또는 정해진 기능을 지닌 기관이 아니라 강렬도 0인 하나의 몸이다. 기관 없는 몸체는 투사(projective, 무의식적 마음 작용)이나 퇴행적인 것이 아니다. 기관 없는 몸체는 현재적이고 창조적 자기 생성과 관련된 역행(involution, 개체적 변화)이다. 기관 없는 몸체에 기관이 배분되지만 그 기관은 유기체의 정해진 기능을 하는 기관이 아니다. 몸체의 조건에 따라 분배된 기관으로 유기체의 기관에서 독립한 기관이다. 구조나 형태는 물론 기능이 전혀 다른 것이다. 즉 기관은 기관 없는 몸체에서 새롭게 생성된다. 이 생성된 기관들에는 강렬함들, 흐름들, 문턱들, 구배들이 내속한다.

나. 실체: 강렬도=0

(어떻게 만들어지는가?) 기관은 유기체를 구성하는 부분이다. 유기체는 무기체와 대비되는 생물을 지칭한다. 생물은 생명을 유지하고 생존하고 번성해야 한다. 이를 위해 생물은 여러 기능을 갖춘 몸이 필요하다. 유기체는 특정한 기능을 지닌 여러 기관으로 된 몸을 가지고 있다. 유기체는 몸의 각 기관이 제 기능을 할 때 존재한다. 유기체가 존재할 수 있게 하는 것은 기관이다. 사람도 여러 기관을 가지고 있다. 머리, 몸통, 팔, 다리와 같은 외부 기관도 있지만 신경, 혈관, 근육, 뼈 등은 내부 기관도 있다. 각 기관은 더 작은 기관으로 세분된다. 몸의 이 각 기관은 '정해진' 기능을 갖는다.

이 장의 시작 부분의 인용문에서 보면, 아르토는 이런 기관의 정해진 기능을 '신의 심판'으로 돌린다. 그러면서 이런 기관에 대한 신의 심판을 끝장내야 한다고 말한다. 유기체의 몸을 이루는 기관의 정해진 기능이 '신의 심판', 즉 신의 판단이나 결정에 의한 것으로 본 것이다. 이에는 몸의 기관이 정해진 기능 외의 기능을 하면 안 된다는 사회적 인식을 비판하는 의도가 내재해 있다.[4] 기존의 제한된 사회적 규범이나 관습에서 벗어난 몸을 인식한 것이다. 아르토는 전위 극작가이면서 잔혹연극 연출가로서 우리의 몸 기관이 정해진 기능과는 다른 기능을 수행할 수 있음을 알았기 때문이다. 아르토는 극작가로서 우리가 신의 심판에 의하여 정해진 기능을 가진 기관만을 강조하는 것에 반기를 든 것이다. 그렇기에 아르토는 사람에게 신의 심판에 의해 정해진 기능을 하는 기관은 쓸모가 없다는 것이다.

---

4 그것은 라디오 방송상의 실험일 뿐 아니라 생물학적이고 정치적인 실험으로, 그리고 그 자체로 검열과 억압을 불러일으켰다. 그것은 <몸체(Corpus)>이자 <사회체(Socius)>이고, 정치이자 실험이다. 사람들은 당신이 한 구석에서 조용히 실험하게 내버려 두지 않을 것이다.(김재인 역, 2003: 288)

> CsO. 이것은 몸체가 기관들에 진저리가 나서 기관들을 처분하고 싶거나 아니면 잃어버릴 때면 이미 작동하고 있다. 이 기다란 행렬을 보라.- 우선 우울증의 몸체. 기관들은 파괴되었고, 이미 파괴가 진행되어 더 이상 아무 일도 일어나지 않는다. "X 양은 이미 머리도, 신경도, 가슴도, 위도, 장도 없다고 단언한다. 그저 조직이 해체된 몸체에는 피부와 뼈밖에 남아 있지 않다. 본인의 입으로 이러한 병의 특이성을 이렇게 표현한 것이다."(김재인 역, 2003: 288)

들뢰즈와 과타리(김재인 역, 2003: 288-289)는 기관이 쓸모없는 몸체인 극적 예를 네 가지 제시한다. 우울증의 몸체, 편집증의 몸체, 분열자의 몸체(마약을 한 몸체 또는 실험적 분열자), 마조히스트의 몸체이다. 위 인용문은 우울증의 몸체에 대한 내용이다. 우울증 환자는 기관들이 파괴되어 기관의 기능을 하지 않는다. 그래서 우울증 환자는 피부와 뼈만 있다고 여긴다. 그렇기에 우울증 환자의 몸에는 신의 심판에 의한 기능을 하는 기관은 존재하지 않는다. 이러한 기관이 쓸모없는 몸체는 편집증 환자, 분열증 환자, 마조히스트에게도 마찬가지로 나타난다.

> "이제 두 번째 국면으로 넘어갑니다. 4) 테이블 위에 배와 다리를 묶어 테이블에 배를 깔고 눕게 하거나 아니면 양 손목과 양 발목을 각각 묶어 전신을 기둥에 묶어 두세요. 5) 등과 엉덩이와 넓적다리를 적어도 100번 채찍으로 때리세요. 6) 양쪽 엉덩이를 한데 꿰매세요. 두 겹 실로 한 땀 한 땀 견고하게 꿰매세요. 내가 테이블 위에 있는 경우엔 나를 기둥에 묶어요. 7) 엉덩이를 50번 채찍으로 때리세요. 8) 고문의 농도를 높이고 또 최후의 협박을 실행하고 싶다면 엉덩이를 핀으로 깊게 찔러요. 9) 그리고 나를 의자에 묶은 다음 가슴을 채찍으로 30번 때리고 좀 더 작은 핀으로 찔러요. 원한다면 핀들을 미리 전부 또는 일부 빨갛게 달구는 것도 좋을 것입니다."(김재인 역, 2003: 290)

이 내용은 마조히스트 역할의 연극 대본의 일부이다. 몸을 테이블이나 기둥에 묶고, 채찍으로 때리고, 바늘로 꿰매고, 바늘로 찌르기를 주문한다. 성적 쾌감을 얻기 위해 자기의 몸에 일상적이지 않은 고통을 주는 방식으로 가학행위를 할 것을 요구한다. 이런 극단적인 방식으로 몸의 기관을 해체하는 현상들은 여러 형태로 존재한다. 몸의 기관을 일상적이지 않은 형태로 작용(기능)하게 하는 방식에 대한 논의도 존재한다. 대표적인 논의가 정신분석학이다. 들뢰즈와 과타리에 따르면 정신분석학에서는 마조히즘의 현상을 환상(향유, jouissance)이라고 설명한다.

> 이것은 환상이 아니라 프로그램이다. 환상에 대한 정신분석적인 해석과 프로그램에 대한 반(反)-정신분석적인 실험은 본질적으로 다르다. 해석되어야 하는 해석 자체인 환상과 실험의 모터인 프로그램은 본질적으로 다른 것이다. CsO는 모든 것을 제거한 후에도 남아 있는 그것이다. 그리고 우리가 제거하는 것은 바로 환상, 즉 의미생성과 주체화의 집합이다. 정신분석은 이와 정반대의 일을 한다. 정신분석은 모든 것을 환상으로 번역하고, 모든 것을 환상으로 주조하고, 환상을 고수하다가 결국 현실(실재)를 놓치는 것이다. CsO를 놓치기 때문이다. (김재인 역, 2003: 291)

들뢰즈와 과타리는 마조히스트의 행위는 환상이 아니라 기관 없는 몸체의 작용이라고 본다. 정신분석에서는 기관 없는 몸체에 대한 의식(개념)이 없기 때문에 마조히스트의 행위를 환상으로 본다는 것이다. 마조히스트의 행위는 프로그램으로써 반(反)-정신분석적인 실험으로 보아야 한다는 것이다. 지층화된 의미생성(의미화)과 주체화의 형식적 틀에 갇힌 인식에서 마조히스트를 해석하면 환상일 수 있다. 그렇기에 정신분석에서 마조히스트의 행위를 환상으로 번역하고, 주조하고, 고수하다 현실적 실재인 기관 없는 몸체를 놓치게 된다는 것이다.

> 두 경우 모두 꿰매는 것과 채찍으로 때리는 것이라는 똑같은 일이 진행되는데도 왜 두 국면이 분명하게 구별되는 것일까? 한쪽은 CsO를 만들기 위한 것이고, 다른 한쪽은 거기에서 무엇인가가 순환하고 지나가도록 하기 위한 것이기 때문에. 물론 두 국면에서 동일한 절차가 사용되지만 그 절차는 거듭해서, 두 번 반복해서 수행될 필요가 있다. 이 마조히스트는 바로 이러한 조건에서 하나의 CsO를 만들어 냈기 때문에 이 CsO는 고통의 강렬함들, 고통의 파동들에 의해서만 채워질 수 있다는 것은 분명하다. 하지만 마조히스트가 고통을 추구한다는 주장은 거짓이며, 특히 유보적이거나 우회적인 방식을 통해 쾌락을 추구한다는 주장도 거짓이다.(김재인 역, 2003; 291)

기관 없는 몸체의 입장에서 보면, 마조히스트의 고통은 기관 없는 몸체를 만들고 기능하게 하기 위한 것이다. 앞서 인용된 마조히스트의 대사의 앞부분에 1)~3)의 내용이 있는데, 그 내용도 바늘로 테이블에 몸을 꿰매고 채찍으로 때리는 것을 요청하는 내용이다. 마조히스트가 몸을 테이블에 꿰매고 때리는 것을 요청하는 것은 기관 없는 몸체를 만드는 것과 관련된다. 꿰매는 것은 기관 없는 몸체를 만드는 것이고, 때리는 것은 고통이 순환하고 지나가도록 하기 위한 것이다.[5] 이에서 보면, 기관 없는 몸체는 만들어지는 것이고, 무엇을 하기 위한 것임을 알 수 있다. 그렇기에 마조히스트가 고통을 추구하고, 고통이 쾌락을 주기 때문이라고 주장하는 것은 거짓이다. 마조히스트에

---

5 마조히스트는 하나의 CsO를 추구하는 것이지만, 이 CsO가 구성될 때의 조건 자체로 인해 오직 고통만이 충족될 수 있는, 오직 고통만이 가로지를 수 있는 유형의 CsO를 추구하고 있는 것이다. 고통은 마조-왕이 태어나게 하고, 자라게 하고, 사막 안에 있는 마조-왕의 주민들, 무리들, 양태들이다.(김재인 역, 2003: 292)

게도 고통은 고통이다.

> CsO는 강렬함들에 의해서만 점유되고 서식될 수 있는 방식으로 만들어져 있다. 강렬함들만이 지나가고 순환한다. 하지만 CsO는 하나의 장면이나 장소가 아니고, 나아가 무엇인가가 일어났던 지지대도 아니다. 그것은 환상과는 아무 관계도 없으며, 아무것도 해석할 것이 없다. CsO는 강렬함들이 지나가게 하고, 생산하며, 자체로 강렬하며 비-연장인 내포적 공간(spatium) 안에 강렬함들을 배분한다. CsO는 공간이 아니며 공간 안에 있지도 않다. 그것은 특정한－생산될 강렬함들에 대응하는 정도로－공간을 점유하게 될 물질이다. 그것은 강렬하고, 형식을 부여받지 않았고, 지층화되지 않은 물질, 강렬함 모체, 강렬함=0이다. 하지만 이 0에는 어떠한 부정적인 것도 없으며, 부정적인 강렬함들, 반대되는 강력함들 따위는 존재하지 않는다. 이 물질은 에너지와 똑같다. 강렬함이 0에서 출발해서 커지면서 실재(le réel)가 생산된다. 우리가 CsO를 유기체의 확장과 기관들의 조직화 이전의 지층 형성 이전의 충만한 알 강렬한 알로 다루는 것이 바로 이 때문이다.(김재인 역, 2003: 293-294)

기관 없는 몸체는 강렬함들에 의하여 점유되고, 그것들이 머물 수 있게 만들어진다. 그렇기에 기관 없는 몸체에서는 강렬함들이 통과하여 지나가고 그들이 순환할 수 있다. 그것은 마조히스트의 가학행위에 대한 정신분석에서 말하는 향유(Jouissance, enjoyment)하는 환상과는 관련이 없는 것이다. 그것은 기관 없는 몸체를 만드는 것이다. 그렇기에 기관 없는 몸체는 장소나 장면이 아니고 지지대(받침대)가 아니다. 기관 없는 몸체는 그 자체로서 마조히스트의 몸체와 같이 강렬함이 지나가게 하고, 강렬함을 생산하며, 그 자체가 강렬함을 가진 비-연장적인 내포적 공간 안[6]에 강렬함들을 배분한다. 그렇기에 기관 없는 몸체는 공간이 아니고 공간 안에 있지도 않는 것이다. 그 자체가 강렬함을 지닌 '질료'이고 '물질'이며 '실체'이다.

기관 없는 몸체는 강렬함들을 대응할 공간을 점유한 물질이다. 그렇기에 기관 없는 몸체는 강렬하고, 정해진 형식이 없으며, 고착된 지층에 갇히지 않은 물질(질료, 실체)이며, 무엇인가 생겨나게 하는 강력한 모체이면서, 그 강렬함은 0인 것이다. 기관 없는 몸체의 강렬도 0은 부정적이든 긍정적이든 기존의 규정되고 정해진 강렬함이 없음을 뜻한다. 이는 또 무엇이든 될 수 있는 새로운 강렬함을 생성하여 내속한 잠재적 에너지와 같은 것이다. 그렇기에 기관 없는 몸체는 그 작용(기능)의 크기나 세기에 따라 실재(réel)를 생성한다. 이 강렬도 0인 기관 없는 몸체는 그 작용이 있게 되면, 무엇이든, 무엇으로든 될 수 있는 강렬함을 내포한다. 그래서 들뢰즈와 과타리는 기관 없는 몸체가 특정한 지층(영토)을 이루기 '이전'의 충만한 알, 강렬한 알이라고 말한다.

> 결국 CsO에 관해 위대한 책은 『에티카』가 아닐까? 속성이란 CsO의 유형 또는 유(類)이며, 실체, 역량, 생산의 모체로서의 강렬함 0이다. 양태란 발생하는 모든 것, 즉 파동과 진동, 이주, 문턱과 구배, 특정한 모태로부터 시작해 특정한 유형의 실체 아래서 생산된 강렬함들이다. 마조히스트의 몸체는 속성 또는 실체의 유로서, 몸체를 꿰맴으로써, 즉 몸체의 0도에서 시작해 강렬함들과 고통의 양태들을 생성한다.(김재인 역, 2003: 294-295)

들뢰즈와 과타리는 기관 없는 몸체를 스피노자의 논의를 빌어 '속성'과

---

6 비-연장적인 내포적 공간은 산술적인 합 이상의 공간 특성을 지님을 의미한다. 예로, 1m를 100개 합하면 100m가 된다. 이는 연장적인 공간이 된다. 그런데 1℃가 100개 합하면 100℃가 되는데, 100℃는 1℃와 전혀 다른 성질을 갖는다. 이와 같이 연장하였을 때 성질이 달라는 공간을 비-연장적인 내포적 공간이라고 한다.

‘양태’로 구분한다. 이는 기관 없는 몸체가 단일한 특성을 가지는 것이 아님을 의미한다. 특히 속성과 양태로 구분하는 것은 기관 없는 몸체가 내재적인 특성과 함께 외현적인 특성이 있음을 의미한다. 위 인용문에서 보면, ‘속성’은 내재적 특성으로써 기관 없는 몸체를 분류하고 구분하여 규정하는 일로, 실체, 역량, 생산의 모체, 강렬도 0 등의 특성으로 정의된다. ‘양태’는 외현적 특성으로서 기관 없는 몸체로 인해 발생하는 것으로, 파동과 진동, 이동, 문턱과 구배, 유형별 강렬함들 등으로 규정한다. 예로, 마조히스트의 몸체는 기관의 부위를 꿰매어 강렬도 0의 속성을 만들고, 이 0에서 강렬함들로 인한 고통의 양태를 생성한다. 이로 볼 때, 기관 없는 몸체는 강렬함이 0인 속성을 가지고 있으면, 몸체의 유형에 따라 각기 다른 강렬함으로 실현될 강렬함이 내재한 물질이다.

다. 환희: 생산하는 욕망

(어떻게 작동하는가?) 기관 없는 몸체는 그 자체로서는 존재할 수도 없고, 존재 의미도 없다. 기관 없는 몸체가 존재하기 위해서는 존재하게 하는 무엇인가가 있어야 한다. 그리고 존재하기 위해서는 존재 의미가 있어야 한다. 기관 없는 몸체의 존재 예시를 통해 존재하게 하는 것과 존재의 의미를 찾아보자. 주변에서 쉽게 볼 수 있는 기관 없는 몸체로는 브레이크 댄서인 ‘비보이’를 들 수 있다. 비보이들은 춤을 추기 위해 몸의 각 기관의 실체, 속성, 양태, 강렬도 등을 달리한다. 팔로 몸을 떠받치고, 다리로 춤사위를 구성한다. 몸통은 이들 팔과 다리를 연결한다. 비보이가 댄스를 실행할 때, 몸은 기관 없는 몸체가 된다. 비보이가 기관 없는 몸체를 생성하게 하는 것은 ‘욕망’이라 할 수 있다.

> CsO는 욕망이다. 사람이 욕망하는 것은 바로 CsO이며, 사람들을 이것을 통해서만 욕망한다. CsO는 고른판 또는 욕망의 내재성의 장이어서만은 아니다. 설령 CsO가 조잡한 탈지층화의 공허함에 빠지거나 암적인 지층의 증식에 빠지더라도 그것은 여전히 욕망이다. 욕망은 자신의 소멸을 욕망하거나 소멸할 수 있는 역량을 갖는 자가 되기를 욕망하는 단계까지 가기도 하는 것이다. 돈의 욕망, 군대의 욕망, 경찰과 국가의 욕망, 파시스트-욕망, 피시즘조차도 욕망인 것이다. 이러저러한 관계하에서 하나 CsO가 구성될 때마다 거기에는 언제나 욕망이 있다. 이것은 이데올로기의 문제가 아니라 순수한 물질의 문제, 물리적·생물학적·심리적·사회적·우주적인 물질의 현상이다.(김재인 역, 2003: 316)

들뢰즈와 과타리는 기관 없는 몸체와 욕망에 대한 생각은 다음과 같다. '기관 없는 몸체가 욕망이다.' '사람들이 욕망하는 것이 기관 없는 몸체이다.' '사람들은 기관 없는 몸체를 통해서만 욕망한다.' 이는 기관 없는 몸체가 욕망에서 비롯됨을 의미한다. 또한 욕망은 기관 없는 몸체를 통해서 실현됨을 의미한다. 이는 기관 없는 몸체의 존재 의미가 욕망하는 것을 이룸에 있음을 내포한다. 기관 없는 몸체가 일관성의 구도나 욕망의 내재성의 장이어서만은 아니라는 것이다. 이는 기관 없는 몸체가 부정적이고 부도덕한 것뿐 아니라 자기의 소멸을 지향하더라도 욕망적이라는 것이다. 이러한 욕망은 돈, 군대, 국가, 파시즘적인 것이 될 수도 있다. 그렇기에 기관 없는 몸체는 이데올로기의 문제가 아니라 물질이라는 것이다. 이는 그동안 정신분석학에서 욕망을 무의식과 관련지어 설명하는 것과는 다른 형식을 취함을 뜻한다. 욕망이 정신(무의식)적인 것일 수 있지만, 기관 없는 몸체와 관련된 욕망은 물질적인 것 또는 생산적인 것임을 강조한다.

> 모든 실체들에 대해 동일한 실체가 있는가, 모든 속성들에 대해 유일한 실체

> 가 있는가하는 문제는 <모든 CsO들을 포괄하는 집합이 존재하는가?>하는 질문으로 바뀐다. 그러나 CsO가 이미 하나의 극한이라면, 모든 CsO들의 집합에 대해 과연 무슨 말을 해야 할까? <하나>와 <여럿>이 문제가 아니라 모든 하나와 하나와 여럿의 대립을 효과적으로 넘어서는 융합 상태가 문제인 것이다. 실체의 속성들의 형식적 다양체는 실체의 존재론적인 통일을 구성한다. 동일한 실체 아래에 있는 모든 속성들 또는 모든 종류의 강렬함의 연속체, 그리고 동일한 유형 또는 동일한 속성 아래에 있는 특정한 종류의 강렬함들의 연속체. 강렬함 안에서의 모든 실체들의 연속체, 나아가 실체 안에서의 모든 강렬함들의 연속체, CsO의 중단 없는 연속체. CsO, 내재성, 내재적인 극한. 마약 중독자들, 마조히스트들, 분열자들, 연인들 등 모든 CsO들은 스피노자에게 경의를 표한다. CsO는 욕망의 내재성의 장이며, 욕망에 고유한 고른판이다.(여기서 욕망은 어디까지나 생산 과정으로 정의되며, 따라서 욕망에 구멍을 내는 결핍이나 욕망을 충족시켜주는 쾌락 등 어떠한 외적인 계기와도 무관하다.)(김재인 역, 2003: 295-296)

비보이의 기관 없는 몸체가 댄스를 실행할 때의 각 기관은 실체들이다. 몸의 균형을 잡는 팔의 실체, 춤사위를 구성하는 다리의 실체, 팔과 다리를 유기적으로 연결하는 몸통의 실체이다. 이들에서 '기관 없는 몸체를 포괄하는 집합이 존재하는가'하는 물음이 생긴다. 이 물음을 통해 볼 때, 비보이의 몸체는 하나와 여럿의 대립을 넘어서는 융합 상태를 이룬다. 들뢰즈와 과타리는 이를 '실체의 속성들의 형식적 다양체는 실체의 존재론적 통일을 구성한다'고 말한다. 이는 실체, 속성, 유형, 강렬함들이 연속체를 이룸을 의미한다. 이는 기관 없는 몸체가 실체, 속성, 유형, 강렬함들의 유기적 연속체로 이루어짐을 가리킨다. 이 말은 기관 없는 몸체가 욕망과 관련되어 있으면서, 욕망의 내재성의 장이나 욕망의 일관성의 구도(고른판)에 의해 작용함을 뜻한다.[7] 그러면서 이때의 욕망은 결핍이나 쾌락이 아니라 '생산 과정임'을 강조한다. 이는 기관 없는 몸체의 작용이 욕망과 깊이 관련되어 있음을 함의한다.

기관 없는 몸체는 규정된 기능만 하는 것이 아니라 창조적 생산을 위한 작용을 한다. 비보이의 기관 없는 몸체는 댄스 동작을 만들기 위해 작용하고 있다. 그리고 기관은 규정되지 않은 다양한 형태와 기능을 드러낸다. 비보이의 몸의 각 기관은 보편적 구조나 형태도 아니고, 정해진 기능도 하지 않는다. 머리, 팔, 다리, 몸통의 움직임은 일반적인 움직임과는 거리가 멀다. 비보이처럼 몸의 기관이 보편성을 벗어난 형태와 기능을 가지게 하는 사람들은 많다. 격투기 선수, 달리기 선수, 체조 선수, 수영 선수, 태권도 선수의 몸 기관도 보편성을 벗어난 생산적인 것이다. 화가, 음악가, 건축가, 시인 등의 감각적, 감성적, 인지적 사유도 마찬가지로 생산적이다. 신체적 기관이든, 정신적 기관이든 그 기능이 창조적이고 생산적인 사람은 많다. 이들은 기관 없는 몸체를 만들고 작동하게 한다.

몸체의 기관이 보편성이 없는 구조나 형태로 다양한 기능을 하는 일은 그냥 일어나지 않는다. 사람이 가만히 있는데 기관의 기능이 생겨나는 일은 없다. 기관 없는 몸체가 되게 하는 일에는 반드시 관여하는 것이 있다. 들뢰즈와 과타리는 이를 '욕망'이라고 말한다. 욕망은 무엇을 '하고자 함' 또는 '의지'와 관련된다.(이진경, 2003a: 464-469) 욕망이 있을 때, 기관 없는 몸체가 존재할 수 있다. 욕망이 없을 때는 아무 일도 일어나지 않는다. 무엇인가를 하고자 하면 기관 없는 몸체를 만들어야 한다. 의지가 있으면 기관 없는 몸체를 이룰 수 있다. 기관 없는 몸체는 욕망에 의지해 존재할 수 있게 된다.

> 욕망이 배반당하고 저주받아 그것의 내재성의 장에서 떼어져 나갈 때면 언제

---

7 욕망의 내재성 장 또는 욕망의 일관성의 구도는 다음 항목에서 구체적으로 검토한다.

> 나 거기에는 사제가 존재한다. 사제는 욕망에 3중주의 저주를 건다. 부정적 법칙의 저주, 외재적 규칙의 저주, 초월적 이상의 저주를. 북쪽을 바라보면서 사제는 욕망은 결핍이라고 말했다.(욕망하는 것을 어찌 결핍하고 있지 않을 수가 있겠는가?) 사제는 거세라는 이름의 최초의 희생을 행하며, 북쪽의 모든 남녀는 함께 모여, "결핍, 결핍, 이것이 공통된 법칙이야"라고 외친다. 그런 다음 남쪽으로 등을 돌린 사제는 욕망과 쾌락을 관계시켰다. 쾌락주의, 나아가 오르가슴주의를 신봉하는 사제들도 있기 때문이다. 욕망은 쾌락 속에서 덜어진다. (중략) 그런 다음, 다시 사제는 동쪽을 향해 소리친다. 향유는 불가능하지만, 이 불가능한 향유가 욕망 속에 새겨져 있다고. 왜냐하면 <이상(理想)>이란 원래 이러한 것이며, 그것의 불가능함 자체 속에 존재하며 '삶이란 기쁨의 결핍(manque-à-jouir)'이기 때문이다. 사제는 이제 세 번째 희생을 행했다. 즉 환상, 천일야화 또는 [소돔의] 120일을. 이때 동방의 사람들은 이렇게 노래한다. "그렇다. 우리는 너희의 환상, 너희의 이상, 너희의 불가능성, 너희의 것은 우리의 것."(김재인 역, 2003: 296)

들뢰즈와 과타리는 정신분석학의 욕망에 대한 인식은 세 가지의 한계(저주)가 있다고 본다. 부정적 법칙의 저주인 거세와 결핍, 외재적 규칙의 저주인 자위와 쾌락, 초월적 이상의 저주인 환상과 향유가 그것이다. 부정적 법칙의 저주는 정신분석학적으로 아이의 욕망은 어머니에 대한 것으로, 아버지에 의한 거세의 공포로 인해 채울 수 없는 결핍에서 만들어짐을 가리킨다. 외재적 규칙의 저주는 욕망의 성취는 외부(대타자)와의 관계 속(인정)에서 만족감을 자각하는 자위로 얻게 되는 쾌락을 가리킨다. 그리고 초월적 이상의 저주는 무한한 욕구와 구체적인 요구의 차이에서 생기는 이룰 수 없는 이상적 욕망인 향유의 환상을 지시한다. 매일 신부를 죽이고 새 신부를 맞이한다는 왕에 대한 이야기 『천일야화』나 변태적인 쾌락을 추구하는 사람들의 이야기인 사드(Sade, 1740~1814)의 『소돔의 120일』이 그 예이다. 이들 세 가지 욕망에 대한 규정은 실체적, 물질적이기보다는 관념적이다. 기관 없는 몸체를 이루는 욕망은 이들과는 다른 속성을 지녔다.

> 마조히스트의 고통은 그가 치러야만 하는 대가이기는 하지만, 그것은 쾌락에 이르기 위해서 아니라 욕망이 외적 척도인 쾌락과 맺고 있는 사이비 관계를 부인하기 위해 치러야 할 대가인 것이다. 쾌락은 결코 고통의 우회를 통해서만 획득할 수 있는 것이 아니다. 쾌락은 긍정적 욕망의 연속적인 과정을 중단시키기 때문에 최대한 지연되어야만 하는 것이다. 즉 마치 자기 자신에 의해 자기를 바라보는 것을 통해서만 충족되는 것처럼 보이는, 욕망에 내재하는 기쁨이 존재한다. 그 기쁨은 어떠한 결핍도, 어떠한 불가능성도 내포하지 않으며, 쾌락으로 측정할 수도 없다. 왜냐하면 쾌락의 강렬함들을 분배하고 이것들이 불안이나 치욕이나 죄책감으로 인해 침해되는 것을 막아주는 것이 바로 이 기쁨이기 때문이다. 요컨대 마조히스트는 하나의 기관 없는 몸체를 구성해서 욕망이 고른 판을 뽑아내기 위한 수단으로 고통을 이용하는 것이다.(김재인 역, 2003: 297-298)

위 인용문에서 보면, 생산적 욕망은 기쁨(환희)[8]과 관련되어 있다. 기관 없는 몸체의 생산적 욕망을 마조히스트를 예로 보면, 마조히스트의 고통은 쾌락을 얻기 위한 것이 아니다. 고통은 욕망이 쾌락과 맺고 있는 사이비 관계에서 벗어나기 위해 치러야 하는 대가이다. 마조히스트는 고통으로 쾌락

---

8 기쁨(joi)은 '환희'라고도 한다. 궁정풍 연애에서의 '환희(joi)', 서로 마음이 통하는 것, 시험 또는 '시금(試金- assay)'-욕망에 외적인 것도 또 욕망의 판을 초월하는 것도 아니고, 인격의 내부에도 없는 것이라면 이 모든 것이 허용된다.(김재인 역, 2003: 300)

을 얻으려는 것이 아니다. 쾌락을 얻게 되면 긍정적 욕망의 연속적인 과정이 중단되게 된다. 그래서 고통으로 쾌락을 지연시킴으로써 긍정적 욕망의 연속적인 과정을 지속하게 하려는 것이다. 일상에서도 긍정적 욕망의 지속을 위해 쾌락을 지연시키는 일이 있다. 공부하는 일도, 독서하는 일도, 연구를 하는 일도 긍정적 욕망의 지속을 위해 쾌락을 지연시키는 일이라 할 수 있다. 이것은 마치 자기 자신 의해 자기를 바라보는 것을 통해서만 충족되는 것처럼 보이는, 욕망이 내재하는 '기쁨(환희)' 때문이다. 이 기쁨은 쾌락의 강렬도를 분배함으로써 거세의 결핍도, 이상의 불가능성도, 외재적 쾌락이 작용하는 것을 막아준다. 마조히스트는 기관 없는 몸체를 구성해 욕망이 일관성의 구도(고르판)가 작용할 수 있도록 끌어내는 수단으로 고통을 이용하는 것이다. 즉 기관 없는 몸체를 구성할 수 있게 하는 것은 환희(기쁨)를 갖게 하는 생산적 욕망이다.

라. 내공: 내재성의 장·일관성의 구도

(어떻게 가능한가?) 욕망은 하고자 함이다. 이 하고자 함에 의해 기관 없는 몸체가 구성되고 작용한다. 몸체의 작용에는 강렬도가 관여한다. 기관 없는 몸체는 욕망과 강렬도의 협응으로 생성되고 활동한다. 욕망이 작용하면 기관 없는 몸체가 필요하고, 강렬도가 있어야 기관 없는 몸체가 만들어진다. 욕망이 특정한 기관 없는 몸체를 요구하고, 강렬도의 배분이 이루어진다. 강렬도에 의해 특정한 기관 없는 몸체가 만들어지고, <함>이 일어난다. 욕망과 강렬도의 협응은 단일하지 않다. 욕망에 따라 강렬도의 유형과 속성 및 종류와 질이 다르다. 이들의 조합과 협응에 의하여 기관 없는 몸체가 생성되어 <함>이 일어난다. 예로, '손'으로 그림을 그리고, 악기를 연주하고, 공을 던지는 일은 욕망과 강렬도의 조합과 협응으로 기관 없는 몸체가 한다.

기관 없는 몸체를 구성하여, 그 몸체 위로 강렬도를 배분하고, 강렬도의 연속적 변화를 이루면 여러 <함>이 실행된다. 이때 욕망이 강렬도의 유형과 속성을 선택한다. 선택한 강렬도의 종류와 질에 따라 <함>의 내용과 수준이 달라진다. <함>이 이루어지게 하는 것은 강렬도의 유형과 속성, 종류와 질의 협응에 달려있다. 손으로 그림을 그리고, 피아노를 치고, 망치질을 하는 것은 손기관의 기능 사이의 문턱(seuil)을 넘는 일[9]이다. 표현이 뛰어나거나 부족한 그림, 연주가 능란하거나 서툶, 망치질을 잘하고 못하는 것은 강렬도의 연속성 분포에 따른 것이다. 특정한 함은 강렬도의 크기나 질에 의하여 달라진다. 이는 욕망과 강렬도의 유형과 속성, 종류와 질의 조합과 협응이 <함>의 내용의 질을 결정함의 뜻한다. 이 <함>을 위한 욕망과 강렬도의 협응에 욕망의 '내재성의 장'과 '일관성의 구도'가 관여한다.

들뢰즈와 과타리는 'CsO는 욕망의 내재성의 장이며 욕망의 고유한 고른판이다'(김재인 역, 2003: 295-296)라고 말한다. 기관 없는 몸체에는 욕망의 내재성의 장이나 일관성의 구도(고른판)가 관여한다. 내재성이 장이나 일관성의 구도는 욕망과 강렬도의 협응과 관련되어 있다. 내재성의 장은 욕망과 강렬도의 이질적 요소들의 협응과 관련된 것이고, 일관성의 구도는 이들이 무엇이든 할 수 있는 하나의 조직체(기관)을 이루는 것과 관련된 것이다. 욕망의 내재성의 장과 일관성의 구도는 기관 없는 몸체의 구성과 작용에 내재된 원리이다. 내재성의 장은 욕망과 강렬도가 기관 없는 몸체를 이루게 하는 조건이다. 욕망의 내재성의 장은 그 구성 요소들이 특정한 무엇인가를 실행할 수 있게 협응하는 것이다. 어떤 구성 요소들이 협응하느냐와 어떤 기관 없는 몸체가 협응하느냐에 따라 실행할 수 있는 것이 달라진다. 내재성의

---

9 강렬도의 작용으로 기관이 다른 일을 하게 되는 것을 이진경(2003a: 460)은 '역치(閾値)'라는 말로 표현한다.

장은 무엇인가를 하고자 하고, 할 수 있게 하는 내적 가능성을 갖게 한다. 일관성의 구도는 기관 없는 몸체를 생성하거나 작용할 수 있게 하는 조직 체계를 이루는 원리이다. 기관 없는 몸체가 구성되어 작용할 수 있도록 이질적 요소들이 단일체를 이루게 하는 원리이다. 기관 없는 몸체를 이루는 욕망의 내재성의 장이나 일관성의 구도는 내적 조건이나 원리인 것만은 아니다. 외현적으로 작용하는 추동력이 있어야 한다. 이 추동력은 긍정적으로 작용할 수도 있지만 조잡한 탈지층화나 부정적인 증식을 일으킬 수도 있다. 이는 자기 소멸을 욕망하거나 역량을 가지게 하기도 한다. 또한 다양한 물질적, 권력적, 정치적, 우주적인 유물적인 것으로 작용할 수도 있다.

> 요컨대 특정 유형의 CsO와 이 위에서 일어나는 일 사이에는 아주 특수한 종합 관계나 분석 관계가 존재한다. 선험적 종합인 경우, 특정한 양태에 따라 무엇인가가 필연적으로 생산되지만 어떤 것이 생산될지는 아무도 모른다. 무한한 분석의 경우, CsO 위에서 생산되는 것은 이미 이 몸체의 생산 중의 일부를 이루고 있으며, 이미 이 몸체 안에, 이 몸체 위에 포함되어 있지만 무한한 이행, 분할, 하부-생산을 대가로 지불한다. 이것은 아주 섬세한 실험인데, 양태들이 정체되어서도 안 되며, 유형의 일탈이 일어나도 안 되기 때문이다.(김재인 역, 2003; 292)

들뢰즈와 과타리는 기관 없는 몸체 위에서 일어나는 일 사이에는 종합 관계나 분석 관계가 있다고 말한다. 종합 관계에서 보면, 실체로서 기관 없는 몸체는 무엇인가로 생산되는 것이지만 어떤 것으로 생산될지는 알 수 없다고 말한다. 그리고 분석 관계에서 보면, 기관 없는 몸체에서 생산되는 것은 몸체가 생산하는 것의 일부로 몸체 안에 포함되어 있으면서 무한한 이행, 분할, 하부-생산을 한다는 것이다. 이것은 섬세하고 끝나서는 안 되는 실험이 이루어져야 하는 양태를 가진 실체라는 것이다. 즉 기관 없는 몸체는 무엇으로든 무한히 생산할 수 있는 힘(강렬도)을 가진 질료이다. 기관 없는 몸체가 가진 이러한 힘을 '내공(intensité)'[10]이라 할 수 있다.

> 내재성의 장이나 고른판은 구성되어야 한다. 그리고 이러한 구성은 아주 다양한 배치물들, 즉 도착적이고, 예술적, 과학적, 신비적, 정치적 배치물들을 통해 실로 다양한 사회 구성체 안에 존재할 수 있는데, 이러한 배치물들은 결코 같은 유형의 기관 없는 몸체를 갖고 있지 않다. 내재성의 장 또는 고른판은 한 조각 한 조각 구성되며, 다양한 장소, 조건, 기술 등은 서로에게 환원되지 않는다. 오히려 문제는 그 조각들이 서로 이어질 수 있는가, 그리고 그렇게 하려면 어떤 대가를 지불해야 하는가를 아는 것이다. 어쩔 수 없이 괴물 같은 잡종이 나타나게 될 것이다. 고른판은 모든 CsO들의 집합, 내재성의 순수한 다양체로서, 이것 중의 한 조각은 중국적이거나 미국적이거나 중세적이거나 약간의 도착적인 것일 수 있지만 고른판은 일반화된 탈영토화의 운동 속에 있다. 그리고 이 탈영토화의 운동에서 한 사람 한 사람 하나의 <자아>로부터 추출해 내는 데 성공한 자신의 취미에 따라, 또 특정한 구성체로부터 추출해 낸 특정한 정치학이나 전략에 따라, 또 자신이 기원으로부터 추출해 낸 특정한 절차에 따라 자기한테 가능한 것을 골라 실행하는 것이다.(김재인 역, 2003: 302)

기관 없는 몸체의 내적 조건과 원리인 욕망의 내재성의 장과 일관성의 구도(고른판)는 구성된다. 이 구성으로 기관 없는 몸체는 다양한 사회 구성체

---

10 '내공(內功)'은 강렬도(intensité)의 다른 속성의 표현이다. 사전적 의미는 '오랜 기간 무예 따위를 숙련해서 다져진 힘과 기운', '오랜 기간의 경험을 통해 쌓은 능력'이다.[표준국어대사전] 이 용어를 이진경(2003a: 463)이 사용을 제안하고 있고, 김재인도 『안티 오이디푸스』 번역에서(2014: 48-49) 이 용어를 내공(內鞏)이란 표현으로 사용하고 있다.

안에 존재하며 각기 다른 기관 없는 몸체를 갖게 한다. 내재성의 장과 일관성의 구도의 구성은 환원되지 않는 다양한 장소, 조건, 기능들 갖는다. 이들로 생성된 기관 없는 몸체는 서로 이어지면서 다양한 양태를 드러낸다. 일관성의 구도에 의한 기관 없는 몸체의 체계나 내재성의 장에 의한 기관 없는 몸체의 조성은 공간과 시간에 구속되지 않는다. 무엇으로든 탈영토화를 가능하게 실현할 수 있게 한다.

3. 독자의 기관 없는 몸체 구성

독자는 텍스트를 '읽고자 함'을 실현하기 위해 읽기를 한다. 독자가 텍스트를 읽고자 함은 자기만의 텍스트 이해를 하려는 의지이다. 읽고자 하는 텍스트 읽기를 하기 위해서는 독자가 이를 위한 조건을 갖추어야 한다. 읽고자 하는 텍스트 읽기를 위해 독자에게 필요한 것이 기관 없는 읽기 몸체를 구성하는 일이다. 독자가 기관 없는 읽기 몸체를 구성하였을 때, 읽고자 하는 읽기를 할 수 있다. 읽고자 하는 읽기는 독자만의 고유한 자기 생성을 하는 텍스트 이해이다. 이 읽기를 위한 기관 없는 몸체를 구성하기 위한 읽기에 대하여 알아본다.

가. 비판: 유기체적 읽기

우리는 독자의 텍스트 읽기를 텍스트에서 주제를 찾거나 의미를 구성하는 일이라고 생각한다. 독자가 텍스트를 이해하는 일면에는 텍스트가 전달하는 주제를 찾는 소통이나 의미를 구성하는 활동이 있다. 소통의 관점에서 보면, 텍스트가 전달하려는 것을 독자가 충실하게 이해하는 것이 중요하다. 이로 독자는 저자와 원만한 의사소통 관계를 형성할 수 있다. 이 읽기는 독자가 저자나 텍스트를 존중하고, 이들에 순응하는 데 절대적인 의의와 가치가 있다. 의미 구성의 관점에서 보면, 독자는 읽기 기능과 배경지식을 활용하여 내적 논리에 타당성이 있는 의미를 구성하는 것이 중요하다. 독자의 자기 논리에 의한 텍스트 내용에 대한 의미 해석과 창의적인 의미 구성은 텍스트 내용의 활용 가치를 높이고 독자의 존재감을 부각시킬 수 있다. 그동안의 읽기는 독자가 규정된 기능과 역할로 읽기를 실행하는 '유기체적 읽기'를 강조했다.

현재 이루어지고 있는 읽기 교육은 의미 구성을 강조한다. 독자의 텍스트 읽기를 읽기 기능과 배경지식에 가두려고 한다. 이런 가둠이나 갇힘을 들뢰즈와 과타리는 '지층화'라고 한다. 독자를 하나의 지층에 가두어 그 지층에 충실한, 그 지층을 세상 전체로 여기는 갇힌 텍스트 읽기를 하게 한다. 독자에게 다른 지층이 있다는 것을 알리는 것은 물론 다른 지층으로 가는 것을 제한한다. 사실적 읽기, 추론적 읽기, 비판적 읽기를 위한 기능을 절대적인 것으로 여기도록 강요한다. 그리고 자신이 가진 배경지식을 활용하여 텍스트 의미를 해석하고 구성하는 것만이 가치 있다고 강조한다. 하나의 읽기 지층에 갇힌 독자에겐 그 읽기 세계가 모든 것이다. 다른 읽기 세계가 있다는 것을 생각하지 못한다.

> 우리와 관련된 세 개의 커다란 지층을, 즉 우리를 가장 직접적으로 구속하고 있는 세 개의 지층인 유기체, 의미생성, 주체화를 생각해 보기로 하자. 유기체의 표면, 의미생성과 해석의 각(角), 주체화 또는 예속의 점. 너는 조직화되고 유기체가 되어 네 몸을 분절해야만 한다. — 그렇지 않으면 너는 변태에 불과하다. 너는 기표와 기의, 해석자와 해석의 대상이 되어야 한다. — 그렇지 않으면 너는 일탈자에 불과하게 된다. 너는 주체가 되고, 즉 주체로 고착되고 언표주체로

전략한 언표행위의 주체가 되어야 한다. ― 그렇지 않으면 너는 떠돌이에 불과하게 된다. CsO는 지층들의 집합과 고른판의 성질로서의 탈구(또는 n개의 분절들), 이 평면 위에서의 작용으로서의 실험(기표는 없다. 절대 해석하지 말라!), 운동으로서의 유목(설령 제자리에서라도 움직여라, 끊임없이 움직여라, 움직이지 않는 여행, 탈주체화)를 대립시킨다.(김재인 역, 2003: 306)

지층은 층별로 고착되어 있다. 굳어진 지층은 변하지 않는다. 지층 간 관계는 분절되어 있다. 우리 몸의 기관도 지층과 같이 분절되어 고착된 작용을 할 수 있다. 읽기를 하는 독자의 의식도 지층과 같이 될 수 있다. 독자의 의식은 주로 학교 교육을 통하여 이루어진다. 독자의 의식을 단일한 읽기 방식으로 고착화시키면 지층의 형태가 된다. 들뢰즈와 과타리는 지층의 요인을 3가지로 제시한다. 유기체, 의미화(의미생성), 주체화이다. 이들 지층 구성 요인은 독자의 읽기의 의식과도 관계된다. 이들 세 가지 요인은 각기 하나의 지층일 수 있지만, 한 지층의 세 가지 측면일 수도 있다.

첫째는 유기체의 지층이다. 유기체는 기관들의 조직화로 이루어진다. 기관들은 기능에 따라 분절된다. 유기체인 몸도 여러 기관으로 분절되어 정해진 제한된 기능을 수행할 수 있다. 이를 읽기와 관련지으면 독자는 정해진 읽기를 수행하는 유기체가 될 수 있다. 텍스트와 접속하는 몸의 기관과 의식 기관이 정해진 기능만 충실히 수행하는 것이다. 텍스트의 글자를 해독하여 사실적·추론적·비판적 읽기 기능에 충실하면서 배경지식을 효율적으로 활성화하여 텍스트의 의미를 해석하는 것이다. 어떤 텍스트를 읽든 동일한 읽기 기능과 배경지식의 활용에 충실한 읽기를 실행하는 것이다. 정해진 기능을 지닌 기관들의 조직화로 이루어진 고착된 역할을 수행하는 유기체의 특성을 발휘하는 읽기를 하는 것이다. 읽을 수 있는 텍스트만 읽고, 이해할 수 있는 텍스트만 이해한다. 읽기 기능과 배경지식의 한계 내에서 고착된 읽기를 수행하는 것이다. 이외의 다른 읽기 방식의 읽기를 하면 일탈적 읽기이기 때문에 배척한다. 이것이 유기체의 지층에 갇힌 독자의 유기체적 읽기 활동이다.

둘째는 의미화(의미생성)의 지층이다. 의미화는 정해진 기표와 기의를 전제로 대상(텍스트)을 해석하는 것이다. 이로 해석자의 해석은 고착된다. 기표는 지시하는 정해진 기의가 있고, 기의는 기표가 결정한다. 해석자는 기표를 해독하여 정해진 기의를 찾아낸다. 독자는 텍스트를 구성하고 있는 각 기표를 충실한 해독으로 그 기의를 밝히고, 정해진 또는 주어진 텍스트의 의미를 찾거나 구성한다. 기표와 기의, 해석자와 해석 대상의 관계로만 맺어진 읽기는 텍스트에서 찾거나 구성해야 하는 의미가 미리 정해져 있다. 독자는 텍스트에서 이 정해진 의미를 찾아내어 밝혀야 한다. 텍스트의 해석 활동은 정해진 방법, 정해진 기능, 정해진 배경지식으로 정해진 의미를 찾는 것에 한정된다. 의미화 또는 의미생성은 정해진, 규정된, 주어진, 주제인 의미를 찾는 것이다. 독자가 다른 의미를 생성하거나 해석하게 되면, 일탈자로 낙인이 찍혀 다른 독자와 함께할 수 없다. 이 의미화는 유기체적 읽기에 의하여 이루어지는 것으로, 독자는 자기 생성과는 관계없는 텍스트의 의미를 찾는다.

셋째는 주체화의 지층이다. 주체화는 기호체계 속의 한 기호처럼, 주체는 다른 주체와의 관계 속에서 자기를 밝혀 규정하는 것이다. 주체가 자기를 밝히고 어떤 역할과 기능을 해야 하는지는 다른 주체와의 관계에 의해 결정된다. 즉 주체는 다른 주체가 기대하고 요구하는 정해진 역할과 기능을 갖게 된다. 그래서 주체는 주어지거나 정해진 역할과 기능에 충실한 자가 된다. 그렇기에 언표행위에서 언표행위를 주관하는 언표행위의 주체가 되지 못하고, 언표행위의 대상인 언표주체의 역할을 하게 된다. 주체는 규정된 언표주체 역할만 하는 언표행위주체인 것이다. 텍스트 읽기에서 주체화는 독자가 텍스트와의 관계나 다른 독자와의 관계에서 주어지거나 정해진 역할과 기능을 수행하는 읽기를 하는 주체가 되는 것이다. 특정한 기능에 충실한 읽기만 하거나 텍스트에서 정해진 의미만 찾는 것이다. 읽기는 독자가 언표행위의 주체가 되어 개체성을 지닌 고유한 이해를 해야 하는 것이지만, 주체화된 읽기에서 독자는 정해진 의미만을 찾는 객체적 역할을 하는 언표주체와 같다. 이런 읽기에서, 독자가 진정한 언표행위의 주체가 되어 텍스트를 읽게 되면, 남들과 함께할 수 없는 떠돌이가 된다. 읽기 주체화는 주어진 역할을 밝히고 그 역할에 충실한 읽기를 실행하게 한다.

독자의 텍스트 읽기에서 유기체, 의미화(의미생성), 주체화가 불필요한 것은 아니다. 이들은 독자가 기관 없는 몸체로 텍스트 읽고 이해하는데 토대가 된다. 다만 읽기 교육에서 '이들만' 강조함으로써 독자의 읽기가 고착되는 것이 문제이다. 고착된 읽기 의식은 이들이 읽기의 모든 것으로 여기게 한다. 이는 기관 없는 몸체로서의 읽기의 실행을 가로막게 된다. 그렇게 되면 독자는 텍스트에서 정해진 의미나 주어진 의미만 해석하고 찾게 된다. 텍스트 읽기가 독자 자신을 위한 읽기가 아닌, 텍스트를 위한 읽기가 되는 것이다. 텍스트를 알아주고 인정하고 존중하기 위하여 텍스트를 읽는 것이다. 독자가 텍스트에 봉사하는 읽기는 독자에게 가치가 없다. 텍스트가 존재하는 본질적인 의미와도 거리가 멀다. 독자의 텍스트 읽기는 독자를 새롭게 생성하기 위한 것일 때, 진정한 가치가 있다.

나. 대안: 기관 없는 읽기 몸체의 구성

유기체적 읽기를 벗어나는 방법은 무엇인가? 그 대답은 간단하다. 기관 없는 읽기 몸체를 구성하여 그 몸체로 읽기를 실행하는 것이다. 그렇지만 이것은 말만 간단하다. 기관 없는 읽기 몸체를 구성하고, 그 몸체로 읽기를 실행하는 일은 다른 문제이기 때문이다. 또한 이 읽기는 어떤 독자도 지금까지 의식적으로 가보지 않은, 실행해 본 적이 없는 읽기이기 때문이기도 하다. 여기서 어떤 독자가 의식적으로 실행해 본 적이 없다는 말은 의식하지 않고서는 실행한 독자가 있다는 말이기도 하다. 사실 많은 독자가 기관 없는 읽기 몸체로 텍스트 읽기를 실행했다. 기존의 읽기 관습에서 벗어난 사유를 하여 성과를 낸 독자들의 텍스트 읽기는 기관 없는 읽기 몸체에 의한 것이다. 당시 사회를 지배하던 읽기 의식에서 탈주하는 사유를 이끈 텍스트 읽기는 독자가 기관 없는 읽기 몸체를 구성한 결과이다. 얼핏 떠오르는 이로는 용수, 주희, 칸트, 니체, 하이데거, 들뢰즈 등을 들 수 있다. 가깝게는 국어교육과 관련해서도 텍스트 중심 관점의 읽기를 할 때, 독자 중심 읽기의 관점으로 텍스트를 읽은 이들도 기관 없는 몸체로 읽기를 실행한 이들이다.

기관 없는 읽기 몸체로 하는 텍스트 읽기는 탈주하는 읽기이다. 기존의 읽기 방식을 벗어나 새로운 방식으로 읽기를 실행하는 것이다. 물론 이 읽기가 일시적 치기가 동한 읽기를 지시하는 것은 아니다. 읽고자 함에 의하여 내재적인 힘과 강한 의지로 새로운 자기 생성을 이룬 읽기를 의미한다. 또한 차이 그 자체를 생성하는 읽기로 차이 생성을 반복하는 읽기를 뜻한다. 기관 없는 읽기 몸체는 정해진 기능에 없기에 텍스트에 따라, 독자의 욕망(의지)이나 강렬도에 따라, 독자의 과업이나 지향에 따라 항상 달라진다. 이는 논리적으로 독자를 끊임없이 변화시키는 읽기이다. 텍스트를 위한 읽기가 아니라 독자 자신을 위한 읽기이고, 독자의 고유성과 개체성이 내재한 자기를 생성하는 읽기이다.

> 당신은 온갖 방법으로 그것을 하나(또는 여러 개) 가지고 있다. 그러나 그것은 미리 존재하거나 완전히 만들어진 채로 주어지는 것이 아니다. 비록 그것이 어떤 점에서 미리 존재하기도 하지만 말이다. 어쨌든 당신은 온갖 방법으로 그것을 만들어 내며, 그것을 만들어 내지 않고서는 그것을 욕망할 수 없다.

그것은 당신을 기다리고 있다. 그것은 하나의 수련(修練)이며, 하나의 불가피함이다. 그것은 당신이 그 실험을 도모하는 순간 이미 만들어져 있지만, 당신이 도모하지 않는 한 그것은 만들어지지 않는다. 그것은 확실치 않다. 당신은 실패할 수도 있으니까. 또는 그것은 끔찍할 수도 있다. 당신이 죽을지도 모르니까. 그것은 욕망일 뿐만 아니라 비-욕망이다. 그것은 결코 관념이, 개념이 아니며 차라리 실천, 실천들의 집합이다. 사람들은 <기관 없는 몸체>에 도달하지 않으며, 거기에 도달할 수도 없고, 끝내 그것을 획득한 적도 없다. 그것은 하나의 극한이다.(김재인 역, 2003: 287)

윗글은 기관 없는 몸체를 논의하는『천 개의 고원』6장 첫 부분이다. 이를 토대로 독자의 기관 없는 몸체로 텍스트 읽기에 대하여 살펴본다. 들뢰즈와 과타리에 따르면 우리는 기관 없는 몸체를 하나나 여러 개를 가지고 있다. 우리는 하고자 함의 속성에 따라 하나나 그 이상의 기관 없는 몸체를 가진다. 이는 우리가 기관 없는 몸체에서 비롯된 나만의 고유함을 한 가지 이상을 가지고 있음을 뜻한다. 독자는 자기의 과업을 위한 텍스트 읽기를 할 때, 주체화를 벗어난 방식으로 텍스트 이해를 할 때가 있다. 예를 들어 논문을 쓰기 위해 텍스트를 읽는 독자는 텍스트에 대한 전체적인 이해보다는 논문 구성에 필요한 내용을 찾는 텍스트 읽기를 한다. 이때의 독자는 기관 없는 읽기 몸체를 활용한다. 이 몸체는 가지고 있던 하나일 수도 있고, 여러 개일 수도 있다. 또한 이 기관 없는 읽기 몸체는 미리 존재하기도 하지만 완전하게 만들어지는 것이 아니기도 하다.

독자는 텍스트를 읽을 때, 필요에 따라 기관 없는 읽기 몸체를 만들어 내며, 기관 없는 읽기 몸체를 욕망한다. 이는 독자가 유기체적 읽기가 아닌 다른 방식의 읽기를 꾀하는 일이 있음을 의미한다. 독자가 텍스트를 읽을 때, 의미화나 주체화의 반복적 읽기가 아닌 도전적 읽기의 과제가 생기기도 하기 때문이다. 독자가 도전해야 할 과제는 유기체적 읽기를 통해서는 해결할 수 없다. 독후감이나 비평문을 쓰기 위한 텍스트 읽기만 해도 유기체적 읽기에서 탈주해야 한다. 독자는 기관 없는 읽기 몸체를 구성해야 해결할 수 있다. 독자가 읽기 목적을 구체화하고, 텍스트에서 찾아야 하는 것을 분명하게 할수록 기관 없는 읽기 몸체를 구성하는 것이 필요하다. 즉 기관 없는 읽기 몸체를 욕망하게 된다. 이는 텍스트를 위한 읽기에서 벗어날수록 분명해지고 강해진다. 독자가 도전해야 할 읽기 과제는 기관 없는 읽기 몸체를 언제나 기다리고 있다.

독자가 도전해야 할 과제는 독자를 수련(修練)하게 하고, 불가피한 실험을 하게 만든다. 그래서 독자는 자신을 수련하고 실험하게 되고, 그 수련과 실험은 기관 없는 읽기 몸체를 만들게 한다. 독자가 읽고자 한다고 어떤 읽기이든 곧바로 할 수 있는 것은 아니다. 어떤 텍스트 읽기는 일순간 관점만 바꾸어도 다른 읽기를 할 수도 있지만, 어떤 텍스트는 오래 수련해야 읽을 수 있다. 예를 들어, 노자(老子)의 『도덕경(道德經)』은 일반 독자가 읽고자 한다고 바로 읽고 이해할 수 없다. 『도덕경』을 해설하고 풀이한 텍스트를 먼저 읽고, 『도덕경』의 부분과 전체의 의미를 따지며 읽기를 반복해야 읽을 수 있고, 이해할 수 있다. 『도덕경』을 풀이한 여러 텍스트를 읽는 것은 독자의 수련이다. 『도덕경』의 부분과 전체의 의미를 따지며 읽는 능력을 높이는 것도 수련이다. 이 수련은 독자가 자기를 실험하는 활동이기도 하다. 그렇기에 수련이나 실험은 기관 없는 읽기 몸체를 구성하는 과정이다.

독자는 수련이나 실험하지 않고 회피하면, 기관 없는 읽기 몸체는 구성되지 않는다. 일반 성인 독자는 『도덕경』을 알고 있고, 읽고자 함도 가지고 있다. 그렇지만 『도덕경』을 읽었거나 읽고 이해한 독자는 많지 않다. 『도덕경』 읽기를 과제로 삼고, 읽고자 함을 가졌지만 수련하지 않고 실험에 임하지 않았기 때문이다. 수련과 실험을 회피했기 때문에 『도덕경』을 읽을 수 있는 기관 없는 읽기 몸체를 만들지 못한 것이다. 독자의 기관 없는 읽기 몸체 구성은 어렵게 느껴지는 텍스트를 읽기 위해서도 필요하고, 과제를 위한 읽기를 위해서 필요하다. 즉 다른 방식의 텍스트 읽기를 실행하기 위해서는 구성해야만 한다.

수련이나 실험으로 만든 기관 없는 몸체가 절대 가치를 지닌 것은 아니다. 일반적인 경우 성공적일 수 있지만, 실패할 수도, 나쁜 것일 수도, 끔찍한 것일 수도 있다. 기관 없는 몸체는 결핍, 쾌락, 환상과 같은 욕망일 수도 있지만 환희와 같은 비-욕망일 수도 있다. 독자가 실행하는 기관 없는 읽기 몸체 구성도 마찬가지이다. 텍스트를 더 깊이 읽고 새로운 의미를 생성하는 일이 될 수도 있지만, 잘못된 해석이나 편협한 해석, 곡해나 오해하게 할 수도 있다. 독자의 기관 없는 읽기 몸체의 구성이 읽고자 함에 의한 것일 수도 있고, 읽게 하고자 함에 의한 것일 수도 있다. 독자는 이에 대한 인식과 관심이 필요하다. 이는 긍정적인 기관 없는 읽기 몸체의 구성으로 텍스트 이해를 실현하기 위한 것이다.

또한 기관 없는 몸체는 실천이고 실천들의 집합이다. 독자가 기관 없는 읽기 몸체를 구성하는 것은 텍스트 읽기의 실천에 있다. 기관 없는 읽기 몸체를 만드는 일 자체만으로는 아무런 의의가 없다. 독자가 기관 없는 읽기 몸체를 구성하는 일은 다른 방식의 읽기를 실천하기 위한 것이다. 기관 없는 읽기 몸체는 실천에 의한 것이고, 실천들을 위한 것이다. 즉 기관 없는 읽기 몸체 자체로는 존재하기 어렵다. 실천을 통해 존재할 수 있다. 이는 독자의 다른 읽기, 새로운 이해, 독자를 위한 이해를 할 때, 독자의 기관 없는 읽기 몸체가 존재함을 뜻한다. 그런데 독자는 완결된 기관 없는 읽기 몸체를 만들 수는 없다. 독자의 기관 없는 읽기 몸체는 언제나 변화를 전제하기 때문이다. 그렇기에 독자의 완결된 기관 없는 읽기 몸체의 구성은 이룰 수 없고, 가능하지도 않다. 그래서 독자의 기관 없는 읽기 몸체는 극한이 된다.

다. 방법: 전달된 힘 갖기

독자의 기관 없는 읽기 몸체로 텍스트를 읽는 읽기는 그 몸체의 구성에서 출발한다. 기관 없는 읽기 몸체를 구성하기 위한 출발점은 유기체적 읽기가 끝나는 지점이다. 기관 없는 읽기 몸체 구성의 출발점은 유기체적 읽기로 텍스트를 이해했거나 유기체적 읽기의 한계를 자각한 지점이다. 이 말은 독자가 유기체적 읽기의 한계를 자각했을 때, 기관 없는 읽기 몸체의 구성이 시작됨을 뜻한다. 독자의 기관 없는 몸체의 구성이 읽기 역량을 지칭하기에, 유기체적 읽기도 읽기 역량의 한 가지이다. 즉 독자가 텍스트를 읽고 이해할 수 있는 기본 역량을 갖추고 있고, 그 한계를 자각했을 때 기관 없는 읽기 몸체의 구성이 가능해진다.

기관 없는 몸체는 하고자 함 즉 의지에서 비롯된다. 그렇지만 몸체를 만드는 역량(힘)이 없다면 기관 없는 몸체를 구성할 수 없다. 독자가 기관 없는 읽기 몸체를 구성하기 위해서는 필수적으로 기관 없는 읽기 몸체를 구성할 수 있는 역량이 있어야 한다. 역량은 강렬도와 관련되어 있다. 이때 기관 없는 읽기 몸체를 구성하기 위한 강렬도와 기관 없는 읽기 몸체 작용의 강렬도는 다른 속성이 있다. 기관 없는 읽기 몸체를 구성하는 강렬도는 기관의 기존 읽기 역량을 없애고 새로운 읽기 역량을 생성하게 한다. 이 역량은 텍스트에서 비롯된다. 그리고 텍스트와 관계를 형성하는 강렬도는 독자에게서 비롯된다. 그렇기에 기관 없는 읽기 몸체를 구성하는 강렬도와 텍스트를 읽는 데 관여하는 강렬도는 그 성격이 다르다. 이 논의에서는 기관 없는 읽기 몸체 구성에 초점을 둔다.[11]

---

11 기관 없는 읽기 몸체를 활용한 텍스트 읽기는 『생성적 읽기 교육론』(김도남, 2024a)을 참조할 수 있다.

독자가 기관 없는 읽기 몸체를 구성하는 데는 두 가지의 선행 작용이 있다. 첫째, 독자가 기관 있는 몸체로 읽는 유기체적 읽기의 한계를 자각하는 것이다. 독자가 기관 없는 읽기 몸체를 구성하기 위해서는 현재적 읽기의 한계를 알아야 한다. 이는 읽고자 함이 있는 읽기를 의식하면서 시작된다. 특정한 읽기를 이루어야 하는 읽기 욕망은 유기체적 읽기로는 이룰 수 없는 것이다. 그렇기에 독자는 유기체적 읽기와 그 텍스트 이해에 대한 한계를 느끼고, 읽고자 하는 읽기를 생각하게 된다. 둘째, 텍스트에서 유기체적 읽기를 내려놓을 수 있는 단서를 찾는 것이다. 독자가 읽고자 함으로 읽어야 하는 텍스트는 이들 단서를 가지고 있다. 독자는 이 단서를 찾음으로써 기관 없는 몸체를 구성할 준비를 갖추게 된다.

(가) 기죽지 말고 살아봐/ 꽃 피워봐/ 참 좋아.

—나태주, <풀꽃3> 전문

꽃들에게 인사할 때/꽃들아 안녕!//전체 꽃들에게/ 한꺼번에 인사를/ 해서는 안 된다//꽃송이 하나하나에게/ 눈을 맞추며/ 꽃들아 안녕! 안녕!// 그렇게 인사함이/ 백번 옳다.

—나태주, <꽃들아 안녕> 전문

(나) 도는 일을 내고, 일이 이를 살리며, 이는 삼을 기르고, 삼은 만물을 이룬다. 만물은 음을 진 채 양을 품고 있는데, 두 기가 서로 만나 조화를 이룬 것이다. 사람들이 싫어하는 것은 특히 고孤와 과寡 그리고 불곡不穀 이지만, 오히려 왕은 그것들로 자신의 칭호로 삼는다. 그러므로 만물은 덜어내려 해도 오히려 더해지는 경우가 있고, 더하려 해도 오히려 줄어드는 경우가 있다. 다른 사람들이 가르치는 내용을, 나도 역시 가르친다. 굳세고 강한 자는 좋게 죽을 수 없다.

나는 이런 이치를 가르침의 지침으로 삼는다.(道生一 一生二 二生三 三生萬物/萬物負陰而抱陽 沖氣以爲和/ 人之所惡 唯孤 寡 不穀 而王公以爲稱/故物或損之而益 或益之而損/ 人之所教 我亦教之/ 強梁者不得其死 吾將以爲教父)(老子의 『道德經』, 42장, 최진석, 2002: 336-337)

글 (가)와 글 (나)는 서로 특성이 다르다. 글 (가)는 일반 독자에게 유기체적 읽기를 인식하고, 그 읽기 역량을 내려놓을 수 있는 즉각적인 단서를 제공한다. 독자는 사실적, 추론적, 비판적 읽기가 아니라, 시적 지시 대상을 어떻게 인식할 것인가의 문제임을 직감한다. 그러면서 독자는 시로부터 시의 내용을 인식하는 기관의 기능을 바꿀 수 있는 단서를 즉각 인식한다. 그렇게 함으로써 시의 의미를 새롭게 포착할 수 있다. 즉 독자의 기관 없는 읽기 몸체의 구성이 어렵지 않을 수 있다. 글 (나)의 경우는 글 (가)와는 전혀 다르다. 독자는 유기체적 읽기를 내려놓아야 함을 의식한다. 그렇지만 읽기 기관의 기능을 바꿀 단서를 찾는 것이 쉽지 않다. 글 (나)는 독자에게 읽기 기관의 근육과 작용 방식을 바꾸어야 함을 알려준다. 이런 텍스트를 만난 독자는 읽기 기관의 기존 기능을 전면 바꾸어야 한다. 읽기 기관의 근육을 생성하고, 근육의 활용 방식 및 근육을 움직이는 힘과 근육들의 협응 방식을 새로 갖추어야 함을 의식한다. 이를 위한 단서가 텍스트에 내재해 있지만 즉각 선택하여 활용하기는 어렵다. 이런 텍스트의 경우에는 관련된 다른 텍스트에서 읽기 기관의 근육을 새롭게 만들어야 한다.

독자가 기관 없는 읽기 몸체를 구성하기 위해 읽기 기관의 기존 역량을 없애야 한다. 역량을 없앤다는 말은 두 가지 의미를 동시에 지닌다. 하나는, 읽기 기관의 강렬도를 0으로 만든다는 의미이다. 이는 기존 읽기 기관의 역량이 더 이상 역할을 하지 않게 함이다. 이는 독자가 텍스트를 만나면 우선 유기체적 읽기를 하기 때문이다. 그렇기에 독자가 읽기 기관의 기존 역량을 사용하지 않는 상태로 만드는 것이다. 이는 독자가 유기체 읽기인 현재의 읽기 방식을 내려놓는 것이다. 이것은 독자가 기존의 텍스트 읽기 방식이나 텍스트 이해 양식을 더 이상 활용하지 않음을 뜻한다. 이를 지금의 인지적 관점의 읽기 인식과 연결하면, 일차적으로 기존의 읽기 기능이나 읽기 전략, 배경지식, 독자 지평 등을 더 이상 활용하지 않는 것이다. 다른 하나는, 읽기 기관이 읽고자 함의 읽기를 할 수 있는 역량을 갖춘 상태를 만드는 것이다. 독자가 읽기 관련 기관의 역량을 강렬도 0이 되도록 한다는 것은 기존은 방식이 아닌 읽고자 함의 방식으로 텍스트를 읽을 수 있는 역량을 생성하는 것이다. 이 역량의 생성은 독자가 읽고자 함으로 읽을 텍스트에서 찾은 단서로 수련하고 실험함으로써 이루어진다. 수련과 실험으로 독자는 읽고자 하는 텍스트 읽기를 위한 필요조건을 갖추게 된다.

독자는 기관 없는 읽기 몸체를 구성해야 한다. 독자가 기관 없는 읽기 몸체를 만드는 일은 읽기 기관에 새로운 역량을 생성하는 일이다. 이는 우리 몸의 기관이 기존의 역량과 다른 역량을 가지게 하는 것으로 쉽지는 않다. 예로, 누구나 비보이가 되려는 의지만으로 브레이크 댄스를 할 수 없는 것과 같다. 비보이가 몸 기관의 기존 역량을 없애고, 댄스를 위한 역량을 갖추려면 수련(修練)과 실험이 필요하다. 몸의 각 기관이 기존의 역량과는 다른 역량을 갖출 수 있도록 수련하고 실험해야 한다. 팔에 힘을 기르고, 몸통을 유연하게 움직이게 하고, 다리가 현란한 춤의 선을 그리도록 만들어야 한다. 그 노력의 결과에 따라 댄스의 실력에 차이를 보인다. 독자가 텍스트를 읽고 이해하기 위해 기관 없는 읽기 몸체를 구성하는 일도 마찬가지이다. 독자가 『도덕경』이나 『천 개의 고원』을 읽기 위해서는 수련과 실험으로 이 텍스트를 읽을 수 있는 기관 없는 읽기 몸체를 만들어야 한다.

독자가 기관 없는 몸체를 만들게 하는 것은 텍스트이다. 독자가 텍스트를 새롭게 읽을 수 있게 하는 기관 없는 읽기 몸체는 독자의 의지로 만들어지지 않는다. 독자가 임의의 의지로 기관 없는 읽기 몸체를 만든다고 만들어지는 것이 아니다. 『도덕경』이나 『천 개의 고원』을 읽어본 독자는 안다. 기존의 읽기 기능은 이들 텍스트 읽기에는 도움이 되지 않는다는 것을. 그렇기에 이 텍스트를 접한 독자가 하는 첫 번째 일이 읽기 기관의 근육을 만드는 일이다. 용어를 익히고, 개념을 파악하고, 논리 구조에 익숙해져야 한다. 그러면서 읽기 근육의 힘을 기르고, 각 근육 간의 협응을 이루어야 한다. 또한 읽기 기관 간의 협응 체계도 확립해야 한다. 이렇게 하여 각 읽기 기관의 역량을 활용할 수 있게 되면 『천 개의 고원』을 읽을 수 있게 된다. 독자가 기관 없는 읽기 몸체를 구성하면 이를 활용한 읽기를 하게 된다.

기관 없는 읽기 몸체를 구성한 독자가 『천 개의 고원』 읽기를 하고자 하면, 그 시작의 읽기 기관 역량의 강렬도는 0이어야 한다. 이는 『천 개의 고원』을 유기체적 읽기가 아닌, 독자가 읽고자 하는 방식으로는 읽을 수 있는 역량을 갖추고 있어야 한다. 읽기 기관의 강렬도 0에서 읽기를 시작했을 때, 독자는 읽고자 함을 실현하는 읽기를 할 수 있다. 이 논의는 『천 개의 고원』에 토대를 두고 있지만 읽기 현상을 해명하고 있다. 이는 필자가 『천 개의 고원』을 읽기 해명을 위한 읽고자 함을 실현하는 읽기를 하고 있음을 뜻한다. 다른 독자는 다른 읽고자 함으로 다른 읽기를 실행하게 된다. 기관 없는 읽기 몸체를 구성한 독자가 읽기 기관의 강렬도를 0로 만드는 이유는 읽고자 함을 위한 읽기를 실현하기 위해서이다. 이는 독자가 읽고자 함에 따라 『천 개의 고원』이 다른 내용으로 이해될 수 있음을 의미한다.

들뢰즈와 과타리의 마조히스트의 말-되기를 예시를 통해 독자의 기관 없는 읽기 몸체 구성의 논리를 정리할 수 있다. 들뢰즈와 과타리는 마조히스트는 마구(馬具)를 이용해 몸에 고통을 주는 행위를 다음과 같이 설명한다.

> 그것과는 전혀 다른 문제, 마조히즘에게는 본질적인 동물-되기, 즉 힘의 문제

인 것이다. 마조히스트는 그것을 이런 식으로 나타낸다. '조련사의 공리-본능적인 힘을 파괴하고 이것을 전달된 힘들로 대체할 것.' 실제로 중요한 것은 파괴라기보다는 교화이며 유통이다("말에게서 일어나는 일은 나에게도 일어날 수 있다") 말은 조련된다. 인간은 본능적인 힘들에 전달된 힘들을 강요하는 것이다. 그리고 전달된 힘들이 본능적인 힘들을 규제하고 선별하고 지배하며 덧코드화한다. 마조히스트는 이 기호들을 전도시킨다. 말(馬)은 자신에게 전달된 힘들을 그에게 다시 전달한다. 이리하여 이번엔 마조히스트의 타고난 힘들이 길들여지는 것이다. 이처럼 두 개의 계열, 즉 말의 계열(타고난 힘, 인간에 의해 전달되는 힘)과 마조히스트의 계열(말에 의해 전달된 힘, 인간의 타고난 힘)이 존재한다. 하나의 계열이 다른 계열 속으로 폭발해 들어가 그것과 더불어 회로를 만든다. 역량의 증대 또는 강렬함들의 회로.(김재인 역, 2003: 298-299)

윗글에서 보면, '조련사의 공리'는 말의 '본능적인 힘'을 파괴하고 '전달된 힘'들로 대체하는 것이다. 그렇게 함으로써 말을 조련한다. 말을 조련하는 조련사가 말의 본능적인 힘을 파괴하고 전달된 힘들을 가질 수 있게 하는 것은 교화이고 유통의 활동이다. 조련은 전달된 힘들이 본능적인 힘들을 규제하고 선별하고 지배하고 초(덧)코드화한다. 그런데 마조히스트가 기관 없는 몸체를 만들 때는 조련사의 공리를 전도(顚倒)시킨다. '공리의 전도'는 말에게 전달된 힘들을 마조히스트에게 다시 전달하게 한다. 마조히스트는 마구(馬具)를 이용하여 말에게 전달된 힘들로 '자기'의 타고난 힘을 길들이게 된다. 기관 없는 몸체의 구성에는 이와 같은 두 가지 계열의 힘들의 전달이 관계하여 역량을 증대시킨다. 독자가 기존의 읽기 역량을 강렬도 0로 만들 때는 조련사의 공리가 작용한다. 이와 달리 새로운 읽기 역량의 강렬도 0를 만들 때는 마조히스트의 공리의 전도가 관여한다. 독자는 텍스트를 이용하여 스스로 자기의 타고난 힘 또는 유기체 읽기의 힘을 교화하여 기관 없는 읽기 몸체를 구성한다(조련사의 공리). 독자가 텍스트를 새롭게 읽기 위해서는 마조히스트와 같이 텍스트에서 전달된 힘들로 자신의 타고난 힘(또는 길들여진 힘)들을 길들이는 것이다(공리의 전도). 독자에게 전달된 힘은 텍스트에서 비롯된 것(수련으로 전달받음)으로 타고난 힘들을 길들이게 된다.

> 우리는 점차 CsO는 기관들의 반대물이 아니라는 것을 깨닫게 될 것이다. CsO의 적은 기관들이 아니다. 바로 유기체가 적인 것이다. CsO는 기관들과 대립하는 것이 아니라 유기체라 불리는 기관들의 이같은 조직화와 대립한다. 아르토는 문명 기관들에 맞서 싸운다. 그러나 이와 동시에 그가 싸움을 걸고, 싸움을 걸러 한 것은 유기체에 대해서였다. 몸체는 몸체이다. 몸체는 혼자이다. 또한 기관들을 필요로 하지 않는다. 몸체는 결코 유기체가 아니다. 유기체는 몸체의 적이다. CsO는 기관과 대립하는 것이 아니라, 합성되고 장소를 잡아야만 되는 '참된 기관들'과 연대해서 유기체, 즉 기관들의 유기적인 조직인 조직화와 대립하는 것이다.(김재인 역, 2003: 304-305)

이렇게 구성된 기관 없는 읽기 몸체는 읽기 활동을 실행하게 된다. 읽기 활동의 실행은 전달된 강렬도를 작용시키는 활동이다. 기관 없는 읽기 몸체의 강렬도의 작용은 기관과 대립하는 것이 아니다. 독자의 기관 없는 읽기 몸체는 유기체적 읽기와 대립하는 것이다. 유기체적 읽기는 지층화된 읽기이다. 의미화와 주체화에 의하여 이루어지는 읽기이다. 규정되고 정해진 의미를 찾거나 구성하는 읽기이다. 기관 없는 읽기 몸체의 작용으로 이루어지는 읽기는 이들과 맞서 싸우는 읽기이다. 이들과 맞서 싸우는 읽기는 고정되고, 관습화되고, 규정된 기능이 아닌 새로운 기능의 강렬도를 가진 참된 기관들과 연대하여 유기체적 읽기에 대립하는 것이다.

도주선을 해방시키고, 결합된 흐름들을 지나가고 달아나게 해서, 하나의 CsO를 위해 연속적인 강렬함들을 뽑아낼 수 있으려면 지층들과 주의 깊은 관계를 따라가야 한다. 연결접속하고, 접합접속하고 연속시켜라. 여전히 기표 작용을 하는 주체적인 프로그램과 '도표'를 대립시켜라. 우리는 사회 구성체 안에 있다. 먼저 우리에 대해서, 우리 안에서, 또 우리가 존재하고 있는 장소 안에서 그것이 어떻게 지층화되어 있는지를 보라. 그런 다음 지층들을 떠나 우리가 지배하고 있는 좀 더 깊은 배치물로 내려가라. 그리고 그 배치물을 가만히 움직여 고른판 쪽으로 이동시켜라. CsO는 바로 이런 식으로 욕망들의 연결접속, 흐름들의 연결접속, 강렬함의 연속체로서 진정한 모습을 드러내는 것이다.(김재인 역, 2003: 309)

독자가 기관 없는 읽기 몸체로 텍스트를 읽는 행위는 유기체적 읽기에서 탈주하는 일이다. 그렇기에 탈주선(도주선)을 해방시켜야 한다. 이는 기관 없는 읽기 몸체를 만드는 일이 선행되어야 하는데 이에는 유기체적 읽기의 한계를 자각하는 일에서 시작된다. 독자는 기관 없는 읽기 몸체의 작용을 실행하면서 유기체적 읽기와 대조하는 것도 필요하다. 이는 독자가 현재적 상황에서 어떻게 지층화되어 있는지를 알 수 있게 한다. 이는 우리가 지층을 탈주하여 다른 배치물 속으로 들어갈 수 있게 한다. 독자는 유기체적 읽기에서 벗어나 새로운 배치물로 들어가는 것은 새로운 기관의 역량들이 새로운 읽기를 가능하게 하는 일관성의 구도(고른판) 작용을 필요로 한다. 이를 통해 독자는 유기체적 읽기에서 탈주하여 기관 없는 몸체로 텍스트를 읽고 이해하게 된다.

4. 기관 없는 읽기 몸체 구성

독자의 '읽고자 하는 읽기'는 기관 없는 읽기 몸체를 구성하는 일에서 시작된다. 읽고자 하는 읽기는 독자가 자기를 생성하는 읽기이다. 읽고자 하는 읽기를 하는 독자는 읽으려는 텍스트에 따라 기관 없는 읽기 몸체를 구성해야 한다. 텍스트가 독자에게 기관 없는 읽기 몸체를 구성할 것을 요구하기 때문이다. 독자는 이 요구를 수용해야만 읽고자 하는 읽기를 수행할 수 있다. 어떤 텍스트도 독자가 타고난 힘으로 읽어주길 바라지 않는다. 텍스트는 독자에게 잊혀지지 않는 하나의 눈짓이 되고 싶어 한다. 독자는 이를 알기에 텍스트를 읽기 위한 기관 없는 읽기 몸체를 구성해야 한다.

텍스트는 독자가 기관 없는 읽기 몸체를 구성하게 한다. 이는 독자가 이해하고자 하는 이해를 이룰 수 있게 한다. 『천 개의 고원』을 이해하려는 독자는 『천 개의 고원』이 요구하는 기관 없는 읽기 몸체를 구성해야 한다. 독자의 타고난 힘으로 하는 읽기나 유기체적 읽기로는 『천 개의 고원』을 이해할 수 없다. 독자는 『천 개의 고원』을 읽고 이해하는 데 필요한 읽기 몸체의 기관에 읽기 근육을 만들고, 그 근육에 힘을 기르고, 그 근육이 원활히 작용할 수 있도록 만들어야 한다. 또한 다른 읽기 기관과 협응하여 시너지 효과를 낼 수 있게 내재성의 장을 조성하고, 일관성의 구도를 작동시켜야 한다.

> 내가 그의 이름을 불러 주기 전에는 그는 다만 하나의 몸짓에 지나지 않았다. 내가 그의 이름을 불러 주었을 때 그는 나에게로 와서 꽃이 되었다. 내가 그의 이름을 불러 준 것처럼 나의 이 빛깔과 향기에 알맞은 누가 나의 이름을 불러 다오. 그에게로 가서 나도 그의 꽃이 되고 싶다. 우리들은 모두 무엇이 되고 싶다. 너는 나에게 나는 너에게 잊혀지지 않는 하나의 눈짓이 되고 싶다.
>
> —김춘수, <꽃> 전문

> 신의 심판은 CsO를 내재성에서 떼어내 그것을 유기체, 기표 작용, 주체로 만든다. CsO가 지층화된 것이다. 따라서 CsO는 두 극 사이에서, 즉 성층 작용의 표면과 고른판 사이에서 진동하는데, CsO는 이 성층 작용의 표면으로 물러가 심판에 굴복하며, 이 고른판 안에서 전개되어 실험을 향해 열린다. 그리고 CsO가 하나의 극한으로서 사람들이 끝내 여기에 접근하지 못했던 까닭은, 지층 뒤에는 언제나 다른 지층이 있고 하나의 지층은 다른 지층 가운데 파묻히기 때문이다. 심의 심판을 성립시키려면 유기체뿐만 아니라 다른 많은 지층이 있어야만 하기 때문이다. CsO를 해방시키고 모든 지층들을 가로지르고 해체하는 고른판과 CsO를 봉쇄하고 침강시키는 성층 작용의 표면들 간의 영속적이고 격렬한 전투가 존재한다.(김재인 역, 2003: 305-306)

독자가 읽고자 하는 읽기로 위 두 텍스트 읽기를 실행하기 위해서는 텍스트가 요구하는 기관 없는 읽기 몸체를 구성해야 한다. 그렇지 않으면 자기 생성적 텍스트 이해는 일어나지 않는다. 기관 없는 읽기 몸체의 구성적 관점에서 텍스트 이해는 독자가 '읽고자 함을 할 수 있는 강력한 내공을 쌓는 일', '새로운 에너지를 생성하는 일', '무한의 잠재적 텍스트 이해력을 갖추는 일', '텍스트에 따른 자기 생성력을 갖는 일', '자기다운 자기를 생성하고 찾는 일' 등이다. 텍스트는 독자의 읽기 몸체에 힘을 전달한다. 독자의 읽기 몸체에 전달된 힘은 유기체적 읽기의 힘을 교화한다. 독자가 하고자 하는 읽기는 텍스트가 독자에게 텍스트의 마구(馬具)를 장착하여 기관 없는 읽기 몸체를 구성하는 힘을 전달하는 일에서 시작된다. 텍스트의 힘을 전달받은 독자는 기관 없는 읽기 몸체를 구성하여 읽고자 하는 읽기를 성취하게 된다.

제4장 — 얼굴성과 읽기

1. 얼굴

> 구체적인 얼굴들은 얼굴성이라는 추상적인 기계로부터 태어난다. 이 기계는 기표에 흰 벽을 주고, 주체화에 검은 구멍을 주는 것과 동시에 얼굴들을 생산한다. 검은 구멍-흰 벽의 체계는 따라서 이미 얼굴이 아니라 톱니바퀴의 변형 가능한 조합들에 따라 얼굴을 생산하는 추상적인 기계이다. 추상적인 기계가 그것을 생산하는 것, 그것이 생산할 것과 닮았으리라고 기대하지 말자.(김재인 역, 2003: 323)

우리는 누구나 얼굴을 가지고 있다. 우리는 자기 얼굴은 보지 못하지만, 나를 표현하고 있다는 것은 안다. 내가 표현하는 나의 얼굴은 어떻게 만들어지는가? 나의 얼굴은 나를 그대로 드러내는가? 지금 나의 얼굴은 진정한 내 얼굴인가? 다른 사람은 어떤 얼굴을 가지고 있는가? 사람만 얼굴이 있는가? 우리 주위의 대상들도 얼굴이 있다면 자기를 표현하고 있을 것이다. 들뢰즈와 과타리의 위 말에 따르면, 얼굴들은 얼굴성이라는 추상기계에서 태어난다. 추상기계는 우리가 의미를 전달하기 위해 표현하는 기표에 흰 벽을 주고, 주체화에 검은 구멍을 동시에 줌으로써 얼굴을 생산한다. '검은 구멍-흰 벽'은 변형 가능한 다양한 조합으로 얼굴을 생산하는 추상기계이다. 추상기계인 검은 구멍-흰 벽이 얼굴을 생산하지만, 이들은 얼굴과 닮지 않았다.

들뢰즈와 과타리의 말의 의미를 생각해 보면, 기표들은 흰 벽에 의하여 그 기의를 드러낼 수 있고, 이 드러난 기의들과 소통을 하는 주체가 존재한다. 이는 텍스트를 이루고 있는 기표가 흰 벽에 의하여 의미를 드러내고(의미생성),[1] 독자는 기표 뒤에 있는 흰 벽이 내보내는 기의와 공명하는 주체가 되어(주체화)[2] 텍스트를 이해함을 뜻한다. 즉 텍스트 읽기는 의미생성의 문제이고, 의미를 결정하는 주체화의 문제이다. 그렇다면 읽기도 얼굴성과 관련이 있다. 들뢰즈와 과타리가 쓴 『천 개의 고원』을 독자들이 읽을 때도 얼굴성이 작용하는 것이다. 이 얼굴성은 『천 개의 고원』의 기표들이 의미를 생성할 수 있게 흰 벽을 주고, 특정한 의미에 공명하는 주체화의 검은 구멍을 준다. 들뢰즈와 과타리가 말하는 기표들에 흰 벽이 되어 의미생성을 하게 하고, 검은 구멍이 되어 소통하는 주체가 되게 하는 얼굴성인 전쟁기계를 바로 이해하기는 어렵다. 그러므로 우리가 들뢰즈와 과타리의 말을 이해하기 위해

---

1 '의미생성'은 signifiance를 번역한 말이다. 이진경(2003a)은 signifiance를 주체화(subjectivation)와 연계하여 '의미화'로 번역한다. "'의미화한다'는 것은 어떤 소리가 기표가 되어 다른 기표와의 사슬/연쇄 속으로 들어감을 뜻하지요."(이진경, 2003a: 102) "크고 높은 소리로 "(야!) 석판!" 이라고 하는 것과, 낮은 소리로 "(야!) 석판."이라고 말하는 것은 전혀 다른 의미를 갖지 않습니까? 언어활동에 필경 수반되게 마련인 정보란 바로 이런 의미화의 성분이란 점에서 주파수 현상으로 환원될 수 있다고 보는 겁니다.(이진경, 2003a: 274-275)

2 의미생성과 주체화는 잉여와 관련되어 있다. "잉여는 주파수와 공명이라는 두 가지 형식을 갖는다. 주파수는 정보의 의미생성과 관련되어 있으며 공명(<나>=<나>)은 의사소통의 주관성과 관련되어 있다. 하지만 정확히 말해, 이런 관점이 보여주는 것은, 정보와 의사소통, 나아가 의미생성과 주체화가 잉여에 종속되어 있다는 점이다."(김재인 역, 2003: 155) "'나=나'라는 도식으로 공명을 표시한 것은 어떤 주파수의 소리에 그것을 듣는(혹은 읽는 경우도) 내가 동조하여 공명하는 경우를 도식화한 것인데, 저자들은 이런 식으로 공명은 누군가의 발언을 나에 관한 것으로 동일시하는 현상을 지칭하는 것으로 재정의하고 있습니다. 공명이 주체화와 관련된다는 것은 바로 이런 뜻이지요. '소통'이란 이런 주체화와 결부되어 있다는 점에서 공명현상으로 환원될 수 있다고 봅니다."(이진경, 2003a: 275)

서는 의미생성과 주체화에 작용하는 흰 벽-검은 구멍의 작용인 추상기계로서의 얼굴성에 대해 알아야 한다.

> 푸른 하늘에 닿을 듯이/세월에 불타고 우뚝 남아 서서/ 차라리 봄도 꽃피진 말아라// 낡은 거미집 휘두르고/ 끝없는 꿈길에 혼자 설레이는/ 마음은 아예 뉘우침 아니라// 검은 그림자 쓸쓸하면/ 마침내 호수 속 깊이 거꾸러져/ 차마 바람도 흔들진 못해라
>
> —이육사, 교목(喬木) 전문

독자가 <교목>을 읽을 때, 시인의 애국지사로서의 삶을 시의 기표를 해석하는 배경(벽)으로 삼는다. 시의 기표들은 배경의 되는 시인의 삶에서 의미를 찾게 된다. 그래서 그 찾은 의미가 시인의 의식과 열정에 독자가 공명(공감)하게 한다. <교목>을 이루고 있는 기표들이 지시하고 있는 기의가 드러나게 하는 흰 벽에 시인의 삶을 배치하고, 언표행위주체인 화자의 의식(열정)과 소통하는 독자의 의식을 검은 구멍에 배치한다. 독자가 이 배치에 공명하면, <교목>은 특정한 얼굴을 가진다. 독자는 그 얼굴을 보고, <교목>의 기표들이 지시하는 기의를 떠올리고, 언표행위주체인 시인과 공명하는 주체화를 이룬다. 시의 기표들 뒤에서 각 기표의 기의를 튕겨내고, 튕겨 나온 기의를 선별하는 얼굴성에 도움으로, 독자는 <교목>이 전달하는 의미와 의지(정열)을 이해한다. 독자가 <교목>이 전달하는 의미와 의지를 알게 하는 것은 기표가 아니라 기의를 튕겨내는 흰 벽에 속한 시인의 삶과 검은 구멍에 속한 시인의 정념에 대한 공명이다. 즉 <교목>의 의미는 시어들이 어떤 의미를 갖게 하는 얼굴성에서 비롯된다. 사실, <교목>은 기표들의 기의를 내보내는 흰 벽과 공명할 기의를 선별하는 의식(정열)의 검은 구멍의 배치에 따라 다양한 의미로 읽힐 수 있다. 오랜 세월 마을 어귀에 서 있는 큰 나무에 대한 예찬이

될 수도 있고, 교목의 당당함을 닮고 싶은 심정이 될 수도 있다. 또는 굳건한 기상을 지닌 대상을 찬양하는 마음이 될 수도 있다. 텍스트의 의미는 추상기계인 흰 벽과 검은 구멍의 배치에 의해 생성된다.

들뢰즈와 과타리의 얼굴성의 개념에서 볼 때, 독자가 텍스트를 읽고 이해하는 일은 얼굴과 관계된다. 독자가 텍스트 의미를 이해하는 일에는 얼굴성인 추상기계의 작용이 관여한다. 독자가 텍스트를 읽을 때, 추상기계의 작용 요소인 흰 벽과 검은 구멍은 다양한 방식으로 조합되고, 여러 가지 얼굴을 만들어 낸다. 독자가 텍스트를 읽고 이해하는 방식은 이들 얼굴에 의존한다. 독자는 텍스트 이해에 관여하는 얼굴의 특성을 이해하고, 얼굴과 상호작용하는 방식을 찾아내는 것이 필요하다. 얼굴에만 의존하는 읽기는 독자가 자기를 잃게 할 수 있다. 독자는 자기를 지키는 텍스트 이해를 위한 얼굴과의 관계 방식이 필요하다. 이 장에서는 독자의 텍스트 의미 이해와 관련된 얼굴성을 이루는 추상기계의 작용 방식을 밝힌다. 이를 통하여 독자의 텍스트 이해의 방법과 읽기 교육의 시사점을 알아본다.

2. 얼굴성과 텍스트

얼굴은 '나'나 남을 알게 한다. 남이 나임을 인식하게 하거나, 내가 만나는 사람이 누구인지를 알 수 있게 한다. 팔이나 다리도 몸이 기관인데 그런 기능은 없다. 개나 고양이를 볼 때, 개별적으로 알아볼 수 있으면 얼굴이 있는 것이고, 그렇지 않으면 얼굴이 없다. 머리는 있어도 얼굴은 없는 것이다. 얼굴은 각자를 구분할 수 있게 하고, 누구인지 알게 한다. 각 대상이 누구인지, 무엇인지를 구별하여 알게 하는 얼굴의 특성이 얼굴성이다. 텍스트도 얼굴이 있고, 얼굴성이 작용한다. 독자가 텍스트의 내용을 구분하여 알게 되는 것은 얼굴 때문이고, 그 얼굴은 얼굴을 있게 하는 얼굴성에서 비롯된다. 그래서 독자는 텍스트의 얼굴을 지각함으로써 텍스트를 이해하게 된다. 텍스트의 얼굴과 얼굴이 드러나게 하는 얼굴성을 살펴본다.

가. 기표체계와 잉여성

텍스트는 기표로 이루어져 있다. 기표들이 조직적인 체계를 이루고 있다. 일반 텍스트는 종이 위에 검은색의 기표들이 나열된 형태이다. 독자는 텍스트를 읽을 때, 이 기표를 해독한다. 그런데 독자가 기표를 충실히 해독한다고 텍스트를 이해할 수 있지는 않다. 텍스트에 제시된 기표의 해독에는 아무런 문제가 없지만 텍스트 내용이 이해되지 않는 경우가 있다. 실제로 독자들은 텍스트의 모든 기표를 무리 없이 해독하여 읽지만 그 텍스트의 내용을 이해했는지는 확신하지 못한다. 이는 텍스트의 이해가 기표체계의 해독만으로 이루어지지 않음을 의미한다. 즉 텍스트가 독자에게 의미를 전달하기 위해서는 다른 요인이 관여하고 있음을 함의한다.[3]

> 북명(북해)에 큰 물고기가 있었다. 이름은 곤(鯤)이다. 곤은 크기가 몇천 리나 되는지 알 수 없었다. 이 물고기가 변해 새가 되는데 새의 이름은 붕(鵬)이다. 붕의 등넓이도 몇천 리에 달하는지 알 수 없었다. 붕이 힘차게 날아오르면 그 날개가 하늘을 가득 뒤덮은 구름을 연상시킨다. 붕은 바다 기운을 타고 남명으로 옮아가려 한다. 남명은 바다이다.(北冥有魚, 其名爲鯤. 鯤之大, 不知其幾千里

---

3 인지적 관점의 읽기 논의에서 독자의 스키마(배경지식)의 요인을 예로 들 수 있지만, 독자의 스키마는 텍스트 이해에 관여하는 다양한 요인 중 한 요인에 지나지 않는다. 그리고 본질적으로 스키마를 구성하는 정보, 개념, 지식 등은 독자의 요인이라 보기 어렵고, 독자만의 감각(방식), 감정(감응), 판단 등이 독자의 요인이 될 수 있다.

也. 化而爲鳥, 其名爲鵬. 鵬之背, 不知其幾千里也., 怒而飛, 其翼若垂天之雲. 是鳥也, 海運則將徙於南冥. 南冥者, 天池也.

―『장자(莊子)』 <소요유(逍遙遊)> 일부, 오진탁 역, 1990: 14

이 글의 기표체계를 해독하면 사실적 내용이 아니기에 읽을 가치가 없다. 내용이 거짓이거나 허황한 텍스트는 독자가 읽을 필요가 없다. 위 『장자(莊子)』의 구절을 보면, 그 기표체계가 드러내는 내용은 사실적이지 않고 허황하다. 곤(鯤)과 붕(鵬)의 이야기는 전혀 사실일 수 없다. 그런데 『장자(莊子)』를 즐겨 읽는 독자들은 이를 거짓이나 허황한 내용으로 받아들이지 않는다. 곤과 붕의 이야기는 의미 있는 내용이고, 여러 가지를 깊이 있게 생각하게 하는 것으로 인식한다. 이는 『장자』의 구절을 이해하는 데 기표체계가 지시하는 것 이외의 요인이 작용하고 있음을 짐작하게 한다.

『장자』의 구절에서 기표체계가 독자에게 가치 있게 받아들여지게 하는 잉여의 무엇인가가 있다. 잉여의 무엇인가는 텍스트를 구성하고 있는 기표체계에 속해 있지 않다. 속해 있다면 기표체계에서 확인할 수 있어야 한다. 위 인용문에서 보지만 기표체계 자체 내에는 독자들이 인식하는 잉여의 것이 없다. 『장자』의 구절을 이루는 기표체계가 의미나 가치를 가지게 하는 것은 기표체계 밖에 있다. 그렇다면 기표체계 밖에서 기표체계가 갖고 있지 않은 의미 또는 가치를 독자가 느끼거나 지각하게 하는 무엇인가가 존재한다. 이를 보면, 기표체계가 텍스트 의미를 결정하는 것이 아니라 기표체계의 잉여 부분이 의미를 결정한다. 그렇다면 텍스트 읽기나 이해는 독자가 기표체계에 나타나 있지 않은 의미 또는 가치를 지각하는 일이다. 다른 말로 하면, 텍스트를 읽고 이해하는 일은 기표체계 밖의 잉여의 것을 지각하는 일이다. 이는 기표체계의 밖에 있는 잉여의 것이 의미나 가치를 제공하기 때문이다.

> 우리는 두 개의 축을, 의미생성과 주체화의 축을 만났다. 이것들은 매우 다른 두 개의 기호계, 또는 두 개의 지층이다. 하지만 의미생성은 기호들과 잉여들을 기입할 흰 벽이 없으면 안 된다. 주체화는 의식, 정념, 잉여들을 숙박시킬 검은 구멍이 없으면 안 된다. 혼합된 기호계들만이 존재하고 지층은 적어도 두 개 이상이어야만 성립되기 때문에, 그것들이 교차할 때의 매우 특별한 배치(dispositif)의 몽타주에 놀라서는 안 된다. 하지만 얼굴, 즉 흰 벽-검은 구멍이라는 체계는 흥미롭다.(김재인 역, 2003: 321)

들뢰즈와 과타리의 말에서 보면, 텍스트의 기표체계는 두 개의 잉여 축에 토대를 두고 있다. 의미생성(의미화)의 축과 주체화의 축이다. 기표체계에 관여하는 의미생성의 잉여 축과 주체화의 잉여의 축은 다른 지층을 이루고 있다. 텍스트의 기표체계가 의미를 갖기 위해서는 의미생성에 관여하는 잉여들이 기입될 '흰 벽'이 있어야 한다. 또한 기표들이 일정한 체계로 조직되게 하는 의식과 정념의 잉여들을 숙박시킬 '검은 구멍'이 있어야 한다. 의미화와 주체화의 잉여들이 혼합되어야 기표체계가 의미있는 것으로 성립된다. 즉 흰 벽과 검은 구멍의 배치에 의하여 몽타주인 얼굴이 만들어진다. 기표체계는 의미화와 주체화의 잉여들이 머무는 얼굴, 즉 흰 벽과 검은 구멍이 이루는 체계에 의하여 작동한다.

위『장자(莊子)』의 구절에서, 곤(鯤)과 붕(鵬)의 이야기(기표체계)가 특정한 의미를 갖는 것(의미생성)에 관여하는 잉여들이 내재되어 있는 곳이 '흰 벽'이다. 그리고 이야기를 풀어내는 언표행위주체(화자)와 언표주체(곤, 붕)에 공명하며 소통하는 주체화의 잉여들이 내재하는 곳이 '검은 구멍'이다. 기표체계가 의미를 드러낼 수 있게 하는 잉여들이 내재한 흰 벽과 검은 구멍은 얼굴을 이룬다.『장자』의 구절은 어떤 의미와 가치를 가지게 하는 것은 잉여들이 내재하는 얼굴이다.『장자(莊子)』의 구절은 기표체계에 의해서는 거짓말, 허황한 내용이라 여겨지지만, 잉여들이 작용하게 하는 얼굴이 있어 무엇인가 심오한 의미 담고 있는 것으로 여겨진다. 『장자』의 기표체계가 의미를 드러나게 하는 의미생성의 잉여들은 장자의 삶이나 언행, 관념 등이 된다. 그리고 주체화의 잉여들은 언표행위주체인 장자와 언표주체인 곤과 붕에서 지각되는 의식(사상)과 정념(진리) 등이다. 이들에 의하여 『장자(莊子)』의 구절은 심오한 의미를 갖는다.

> 어린이, 여자, 가족의 어머니, 남자, 아버지, 우두머리, 교사, 경찰은 일반적인 언어를 말하는 것이 아니라 기표작용하는 특질들이 특별한 얼굴성의 특질들에 연동되어 있는 언어를 말한다. 본래 얼굴은 개인적인 것이 아니다. 얼굴은 빈도나 확률의 지대를 규정하고, 미리 적합하지 않은 표현들과 연결접속들을 적합한 기표작용으로 중화하는 장을 결정한다. 이와 마찬가지로 의식이건 열정이건 주체성의 형식은, 만약 얼굴들이 우선 정신적이거나 감정적인 실재가 지배적인 현실에 적합하도록 한 뒤 그런 실재를 선별하는 공명의 장소를 형성하지 않는다면 절대적으로 비어 있게 될 것이다. 얼굴은 그 자체로 잉여이다. 얼굴은 공명이나 주체성의 잉여들은 물론이고, 의미생성이나 빈도의 잉여들을 갖고 자신을 잉여로 만든다. 얼굴은 기표가 부딪혀 튀어나와야 하는 벽을 구성하며, 기표의 벽, 프레임 또는 스크린을 구성한다. 얼굴은 주체화가 꿰뚫고 나가야 하는 구멍을 파며, 의식이 열정으로서의 주체성의 검은 구멍, 카메라, 제3의 눈을 구성한다.(김재인 역, 2003: 321-322)

기표체계는 텍스트가 얼굴을 갖게 하는 얼굴성과 관련되어 있다. 기표체계는 말하는 이의 사회적 지위나 역할과 연동된 얼굴성과 관련되어 있다. 이는 얼굴이 개인적인 것이 아님을 의미한다. 얼굴은 사회적 관계 속에 존재하면서, 기표체계를 제시하게 하고, 기표체계가 지시하는 기의를 생성하고, 기의를 선택하고 가두게 한다. 그래서 얼굴은 기표체계의 발생 빈도나 확률을 규정하고, 적합한 기표체계가 되도록 결정한다. 주체성의 형식은 정신적이거나 감정적 실재가 현실에 '적합하게' 선별되어 공명할 수 있게 해준다. 사회적 관계에 적합하기에 얼굴은 의미생성(의미화)의 잉여와 주체화의 잉여들로 이루어진 잉여 그 자체가 될 수 있다. 얼굴은 그런 잉여이기에 기표체계의 기표들이 부딪혀 튀어나오는 벽이 되어, 기표의 기의가 쏟아져 내오게 하는 기표의 벽, 기표체계가 특정한 의미를 갖게 하는 프레임, 특정한 장면이 펼쳐지는 스크린을 구성한다. 또한 언표행위주체(언표주체)의 의지와 정념을 느끼고 지각하게 하여 특정 의미를 선택하고 가두는 검은 구멍을 파고, 카메라가 초점화하여 특정 대상이나 특정 부분을 촬영하듯, 같은 대상에서도 다른 것을 보게 하는 제3의 눈을 구성한다. 이 얼굴성이 사회적 관계에서의 적합성을 띄게 하고, 얼굴이 존재할 수 있게 한다.

『장자』의 구절이 특정한 의미를 가질 수 있는 것은 사회적으로 작용하는 잉여인 얼굴 때문이다. 기표체계의 기표들이 얼굴의 벽에 부딪혀 튀어나오면서 의미생성을 하고, 그에 의하여 기표체계를 인식하는 프레임이 작용한다. 언표행위주체인 장자의 특성을 알게 하는 의식과 정념이 검은 구멍을 만들어 준다. 그래서 언표주체인 곤과 붕의 특성에 초점을 맞추어 인식하게 하고, 그 특성을 보게 하는 제3의 눈을 구성한다. 이들 잉여 그 자체인 얼굴의 작용에 의하여 『장자』의 구절은 독자에게 특정한 의미와 가치를 드러내어 인식된다. 얼굴은 사회적 소통을 위한 것으로 사회적 관계 속에 내재한다. 텍스트의 얼굴도 독자와의 사회적 관계 속에서 적합성을 이루며 드러난다.

텍스트의 기표체계가 독자에게 전달하는 특정한 의미는 잉여적인 얼굴에 내재한다. 텍스트의 기표체계에는 얼굴을 갖게 한 잉여성이 외재한다. 즉 텍스트가 어떤 의미를 전달하는 것, 또는 어떤 의미를 갖게 하는 것은 잉여인 얼굴이다. 텍스트를 구성하고 있는 기표체계의 의미는 얼굴이 결정한다. 얼굴은 기표체계 밖에 있는 잉여의 요인들이 품고 있는 얼굴성의 작용에서 드러난다. 얼굴성에는 얼굴이 되게 하는 흰 벽과 검은 구멍의 작용인 추상기계가 내재한다. 추상기계는 흰 벽과 검은 구멍이 기능하여 얼굴을 만든다. 텍스트 의미는 추상기계가 어떤 얼굴을 만드는가에 의하여 결정된다. 텍스트의 기표체계는 얼굴을 필요로 하고, 이 얼굴을 추상기계가 결정한다. 요컨대, 텍스트 기표체계는 의미생성에 관여하는 흰 벽과 주체화에 관여하는 검은 구멍의 배치에 의한 얼굴에 의하여 의미를 드러낸다. 독자가 텍스트의 기표체계를 알아볼 수 있게 하는 것은 잉여가 품고 있는 얼굴이다.

나. 흰 벽과 검은 구멍

얼굴은 흰 벽과 검은 구멍에 의하여 이루어진다. 우리의 얼굴에도 흰 벽과 검은 구멍이 있다. 이 흰 벽과 검은 구멍에 의하여 얼굴이 달라진다. 흰 벽과 검은 구멍은 고정되어 있지 않다. 이들은 배치에 따라 다양한 얼굴을 만들어 낸다. 우리의 얼굴이 얼마만큼 다양할 수 있는가는 흰 벽과 검은 구멍의 배치에 달려있다. 흰 벽과 검은 구멍의 배치에 따라 얼굴을 무한히 생성할 수 있다. 텍스트의 기표체계의 잉여성으로 내재한 얼굴도 마찬가지이다. 의미생성과 주체화에 관련된 흰 벽과 검은 구멍의 배치에 따라 얼굴이 달라진다. 즉 텍스트의 이해는 흰 벽과 검은 구멍의 배치 작용인 추상기계가 만들어 내는 얼굴에 의해 이루어진다.

> 나는 나룻배/ 당신은 행인// 당신은 흙발로 나를 짓밟습니다./ 나는 당신을 안고 물을 건너갑니다./ 나는 당신을 안으면 깊으나 옅으나 급한 여울이나 건너갑니다.// 만일 당신이 아니 오시면/ 나는 바람을 쐬고 눈비를 맞으며 밤에서 낮까지/ 당신을 기다리고 있습니다./ 당신은 물만 건너면 나를 돌아보지도 않고

가십니다그려.// 그러나 당신이 언제든지 오실 줄만은 알아요./ 나는 당신을 기다리면서 날마다 날마다 낡아갑니다.// 나는 나룻배/ 당신은 행인

—한용운, <나룻배와 행인> 전문

이 시는 누구나 읽을 수 있다. 그러기에 이 시를 이해한다고 할 수 있다. 이 시를 이해하는 독자는 어떻게 이해하는가? 나룻배와 행인의 관계를 특정한 관점에서 봄으로써 이해한다. 시를 구성하고 있는 기표체계와는 전혀 상관없는 의미로 이 시를 이해한다. 즉 시의 기표체계는 이 시를 이해하는 데 직접 관여하지 않는다. 시의 기표는 '나', '나룻배', '행인'의 특별한 관계를 지시하고 있다. 일상에서는 나인 나룻배는 행인을 실어 강을 건네주는 일을 하고, 행인에 대해 특별한 마음을 쓰지 않는다. 행인도 나룻배를 타고 강을 건널 뿐, 나룻배에는 특별한 마음을 두지 않는다. 그런데 시에서는 나인 나룻배가 행인을 기다리고, 그를 사모하고 있다. 기표체계가 지시하는 내용은 거짓이고 허황한 것이다. 나인 나룻배가 자기를 타고 무심히 강을 건너는 행인을 그리워하고, 기다린다는 것은 어불성설이다. 그런데 이 시를 읽는 독자들은 이 내용의 모순을 전혀 문제 삼지 않는다. 그러면서 시의 내용에 깊이 공감하고, 이를 즐겨 떠올린다.

독자가 이 시를 읽고 이해하는 것은 기표체계가 드러내는 의미와 관련이 없다. 기표체계의 외부에 존재하고 있는 잉여성의 얼굴과 관련되어 있다. 기표에 관심을 둔 독자는 이 시에서 '무의미'를 읽어낸다. 행인을 사모하는 나인 나룻배는 존재하지 않기 때문이다. 이 시를 읽는 독자는 기표체계를 통하여 다른 것을 인식한다. 기표체계 밖에 존재하는 잉여의 요인이고, 이들 잉여 요인의 작용을 돕는 얼굴을 보는 것이다. 얼굴의 흰 벽이 튕겨내는 기표가 지시하는 의미와 얼굴의 검은 구멍에서 선택하고 가두는(공명) 기의들을 만드는 얼굴 자체를 보는 것이다. 독자는 흰 벽과 검은 구멍의 조합으로

이루어지는 얼굴은 봄으로써 <나룻배와 행인>의 의미를 지각한다. 이 얼굴에 의하여 시는 무의미에서 '의미'로 전환된다. <나룻배와 행인>은 독자에게 특정한 의미를 가진 기표체계로 드러난다.

<나룻배와 행인>의 기표체계가 독자에게 어떤 의미를 갖게 하는 얼굴성은 흰 벽과 검은 구멍이다. 흰 벽과 검은 구멍은 얼굴성으로 얼굴을 결정하는 추상기계이다. <나룻배와 행인>의 의미는 기표들이 지시하는 기의와는 관계없이, 얼굴이 결정한다. 즉 <나룻배와 행인>의 의미는 나룻배와 행인의 관계에서 일어나는 사건의 문제가 아니다. 기표체계를 중심으로 나룻배와 행인의 관계에서 일어나는 사건으로 <나룻배와 행인>을 해독하면, 무의미한 내용이 된다. 그렇기에 독자는 나룻배와 행인의 관계에서 일어나는 사건을 다른 것으로 지각한다. <나룻배와 행인>을 구성하고 있는 기표체계의 잉여로 만들어진 얼굴을 지각한다. 얼굴은 <나룻배와 행인>의 기표체계의 흰 벽과 검은 구멍에 의하여 만들어진다. 기표들의 잉여의 기의를 튕겨내는 얼굴의 흰 벽, 특정 기의를 선택하여 가두는 검은 구멍은 하나의 배치를 이루어 얼굴이 된다. 이 얼굴을 이루고 있는 흰 벽과 검은 구멍이 텍스트의 의미를 대변한다.

흰 벽은 기표와 관계된 잉여의 기의를 튕겨낸다. 기표와 관계된 잉여의 기의는 다양하다. 기표와의 관계에서 흰 벽은 기의의 다양체를 품고 있다. <나룻배와 행인>에서 '나룻배'나 '행인'의 기표는 잉여의 기의를 갖고 있다. 나룻배는 봉사, 희생, 기다림, 도움 등의 속성을 내포한 존재자를, 행인은 가치, 목표, 희망, 이상 등의 속성을 내포한 존재자를 잉여로 내포하고 있다. 독자는 <나룻배와 행인>의 기표들을 해독하면서 잉여의 기의에 주목한다. 각 기표에 대하여 독자가 떠올리는 잉여의 기의는 단일하지 않다. 흰 벽은 다양체의 속성을 갖기에 잉여 기의를 한정할 수 없다. 독자가 잉여의 기의를 선택하기 위해서는 다른 요인을 필요로 한다. 즉 검은 구멍은 잉여의 기의를

선택하거나 가두는 역할을 한다. 검은 구멍은 주체화의 속성으로 기의들에 공명함으로써 소통을 이루어 텍스트 이해에 이르게 한다.

다. 얼굴성과 권력

텍스트의 얼굴성은 독자와 관련되어 있다. 텍스트의 얼굴은 독자가 보는 것이기 때문이다. 그러고 보면, 텍스트의 얼굴은 독자와 관계 속에 있다. 텍스트의 의미는 이들 관계에서 결정된다. 독자와 텍스트의 관계는 단일하지 않다. 독자가 의미 결정의 주도권을 가질 수도 있지만 텍스트가 주도권을 가질 수도 있다. 어느 쪽이 주도권을 가지던 한쪽을 완전하게 지배하는 일은 일어나지 않는다. 독자도 텍스트를 외면할 수 있고, 텍스트도 독자를 외면할 수 있기 때문이다. 독자나 텍스트가 주도권을 갖는다는 것은 정치적인 권력이 존재함을 함의한다. 이는 텍스트의 의미를 결정하는 얼굴과 독자 사이에 권력성이 관여함을 뜻한다.

> 얼굴이라는 추상기계는 언제 작동하기 시작하는가? 그것은 언제 시동이 걸리는가? 간단한 예를 들어보자. 수유를 하는 동안에도 얼굴을 통과하는 모성의 권력, 애무 중에도 연인의 얼굴을 통과하는 열정의 권력, 군중 행동 안에서조차 깃발, 아이콘, 사진 등 우두머리의 얼굴을 통과하는 정치의 권력, 스타의 얼굴과 클로즈업을 통과하는 영화의 권력, 텔레비전의 권력…….(김재인 역, 2003: 336)

얼굴은 그 작동부터 권력과 관계된다. 모성의 권력, 열정의 권력, 정치의 권력, 영화의 권력 등 얼굴이 있는 곳에는 권력이 존재한다. 텍스트에도 당연히 얼굴이 있기에 권력이 존재하게 된다. 권력은 권위를 가지고 있어서 따르게 하는 힘과 관련되어 있다. 모성의 권력이든, 정치의 권력이든, 권력은 관련자들을 구속하는 속성이 있다. 텍스트의 얼굴도 권력을 지닌다. 텍스트 얼굴의 권력은 독자와 관계된다. 독자는 텍스트 얼굴과의 권력관계에 의하여 텍스트의 의미를 이해하게 된다.

<나룻배와 행인>은 얼굴을 가지고 있다. 기표들의 기의를 튕겨내는 흰 벽과 튕겨진 기의들을 선택하고 가두는 검은 구멍이 있다. 이 흰 벽과 검은 구멍의 작용인 추상기계에 의하여 <나룻배와 행인>의 의미를 결정하는 얼굴성이 작동된다. 독자는 이 추상기계가 만들어 내는 얼굴을 보고, 특정한 의미를 포착한다. 텍스트의 얼굴과 독자는 권력관계에 있다. 독자가 <나룻배와 행인>이 지닌 얼굴을 거부할 수 있는 힘이 있다면, 그 얼굴을 외면할 수 있다. 그렇지 않다면 독자는 그 얼굴을 인정하고 받아들여야 한다. 또한 텍스트의 얼굴이 독자를 향하지 않은 것으로 인식할 수도 있다. 나룻배와 행인 둘만의 정념적 관계로 보면, 독자는 이들 얼굴을 제3자의 입장에서 주체화한다. 독자가 얼굴에 이끌리기보다는 나룻배와 행인이 마주 보는 얼굴에서 비롯된 정념(검은 구멍)에 공명한다.

> 여기서 얼굴은 개별적인 것으로서 작용하지 않는다. 개별화야말로 얼굴의 필요성에서 기인한다. 중요한 것은 얼굴의 개별성이 아니라 얼굴이 작동을 허용하는 암호의 유효성이며, 어떤 경우에 그렇냐 하는 점이다. 이것은 이데올로기가 아닌 경제와 권력의 조직 문제이다. 우리는 확실히 얼굴, 얼굴의 역량이 권력을 발생시키고 그것을 설명한다고 말하는 것이 아니다. 반대로 **권력의 어떤 배치물들은 얼굴의 생산을 필요로 하고**, 권력의 어떤 배치물들은 그렇지 않다. (김재인 역, 2003: 336)

독자는 <나룻배와 행인>을 시인의 '삶과 의지'를 드러내는 얼굴(조국 독립)과 소통하거나, 나룻배와 행인의 정념을 드러내는 얼굴(불법(佛法) 탐구)로 소통을 할 수 있다. 이들 소통은 얼굴이 개별적으로 작용해서 이루어진 것이 아니다. 독자가 소통하는 얼굴은 <나룻배와 행인>에서 보듯이 배치물들과 관련된다. 이들 배치를 결정하는 것은 얼굴의 작동을 허용하는 암호의 유효성(계산의 결과나 효과)[4]이다. 독자가 <나룻배와 행인>에서 보는 얼굴에 따라 이해의 내용이 달라진다. 얼굴을 이루는 흰 벽과 검은 구멍에 의한 얼굴의 작동이 권력에 의한 배치의 결과이다. 계산에 의한 결과나 효과인 것이다. 유효성을 가진 암호들이 특정 얼굴의 작동을 가능하게 한다. 이는 권력의 조직 문제이다. 즉 얼굴이 얼굴의 권력을 발생시키는 것이 아니라, 얼굴의 권력은 얼굴의 생산을 필요로 하는 권력의 배치에서 비롯된 것이다. 그래서 얼굴은 하나의 정치이다.[5]

> 얼굴은 보편적이지 않다. 그것은 **모든 보편적인 것의 얼굴**(facies totius universi)이다. 슈퍼스타 예수, 그는 온몸의 얼굴화를 발명하고 그것을 도처에 전달한다.(클로즈업 된 『잔 다르크의 수난』) 따라서 얼굴은 본성상 아주 특별한 관념이고, 그것은 얼굴이 가장 일반적인 기능을 취득하거나 수행하는 것을 막지 않는다. 그것은 일대일 대응화, 이원화라는 기능이다. 여기에는 두 가지 양상이 있다. 검은 구멍-흰 벽으로 구성되어 있는 얼굴성이라는 추상기계가 기능하는 두 가지 방식이 있다. 하나는 단위나 요소들과 관계되고, 다른 하나는 그것들의

4 어떤 경우든 그것을 작동케 하는 것은 얼굴의 개별성이 아니라 계산의 결과나 효과이다. 이것은 이데올로기의 문제가 아니라 권력의 경제 및 권력의 조직화 문제이다.(이진경, 2003a: 506-507)

5 얼굴은 결코 선행하는 기표나 주체를 상정하지 않는다. 순서는 완전히 다르다. 독재적인 권위적인 얼굴의 구체적 배치물 → 얼굴성, 즉 검은 구멍- 흰 벽의 추상적인 기계의 시동 → 이 구멍 뚫린 표면 위에 의미생성과 주체화의 새로운 기호계의 설치. 바로 이 때문에 우리는 두 가지 문제, 즉 얼굴과 그것을 생산하는 추상적인 기계의 관계, 그리고 얼굴과 이 사회적 생산을 필요로 하는 권력 배치물들의 관계를 계속 배타적으로 고려했던 것이다.(김재인 역, 2003: 346)

선택과 관계된다. 첫 번째 양상을 따르면, 검은 구멍은 지칭의 일반적 표면으로서의 벽 또는 흰 스크린 위에서 이동하는 중앙 컴퓨터, 크리스트, 제3의 눈으로서 작용한다. 우리가 거기에 어떤 내용을 부여하건 기계는 얼굴의 단위, 다른 얼굴과 일대일 대응 관계에 있는 기본 얼굴 구성을 진행시킬 것이다. 그것은 남자 또는 여자, 부자 또는 빈자, 성인 또는 아이, 주인(chef) 또는 하인(sujet), 'x 또는 y'이다.(김재인 역, 2003: 338)

권력에 의한 얼굴은 '모든 보편적인 것'의 얼굴이다. 모든 보편적인 것은 보편적인 것 위에 존재한다. 모든 얼굴을 대표하는 슈퍼스타의 얼굴을 만든다. 모든 보편적인 것의 얼굴의 예가 예수의 얼굴이다. <잔 다르크의 수난>(La Passion de Jeanne d'Arc, 1928)은 얼굴의 클로즈업(close-up) 기법을 도입한 영화이다.[6] 모든 보편적인 얼굴은 그 얼굴만 보이는 클로즈업된 얼굴이다. 클로즈업된 얼굴은 본성상 특별한 관념이고 일대일 대응화나 이원화라는 가장 일반적인 기능을 취하거나 수행한다. <나룻배와 행인>에 시인의 삶과 의지가 클로즈업된 얼굴, 시인의 종교와 진리 탐구가 클로즈업된 얼굴은 '모든 보편적인 얼굴'이다. 이 얼굴들은 일대일 대응화와 이원화 기능을 수행한다. 이를 위해 얼굴은 단위 요소들과의 관계와 요소들의 선택을 하는 두 가지 방식이 작용한다. 단위 요소들과의 관계는 검은 구멍이 흰 벽의 중앙에 위치하여 크리스트(그리스도)와 같은 기본 얼굴을 구성한다. 그래서 모든 보편적인 얼굴은 남자 또는 여자, 부자 또는 빈자, 성인 또는 아이와 같은 'x 또는 y'의 대응관계를 형성하게 한다.

다른 양상에 따르면, 얼굴성이라는 추상기계는 선별적 반응이나 선택의 역할

---

6 https://100.daum.net/encyclopedia/view/99XX32201376

을 한다. 어떤 구체적인 얼굴이 주어지면, 기계는 기본적인 얼굴 단위들에 따라 그것을 통과할 것인지 아닌지, 갈 건인지 아닌지 판단한다. 이항적 관계는 이번에는 '아니다-그렇다'의 유형이다. 검은 구멍의 비어 있는 눈은 반쯤 노망든 독재자가 승낙과 거부의 신호를 하듯 흡수하거나 내버린다.(김재인 역, 2003: 339)

얼굴의 선택적 방식은 얼굴이 주어지면 얼굴 단위들을 수용할지 말지를 판단한다. 얼굴을 받아들이거나 내버린다. 독자는 이들 얼굴의 기능에 의하여 텍스트의 의미를 결정하게 된다. 얼굴을 구성하는 기본 단위가 무엇인가에 따라 특정한 얼굴이 된다. 기본 얼굴은 대상을 분명하게 드러내게 한다. 얼굴이 드러내는 것이 무엇인지를 알 수 있게 되는 것이다. <나룻배와 행인>이 조국 독립인지 진리 탐구인지를 인식하게 한다. 선택이 결정되면 이 얼굴을 통하여 텍스트 의미를 수용하거나 거부할 수 있다. 그것은 '그렇다-아니다'를 결정되는 이항적 관계에서 결정하여 텍스트의 의미를 이해할 수 있게 한다.

이 기호계들의 차이가 무엇이든 이것들은 그래도 역시 사실상 혼합체를 형성하며 이 혼합체의 층위에서조차 자신의 제국주의, 다시 말해 다른 모든 기호계를 으스러뜨리는 공통된 거만함을 정당화한다. 주체성의 씨앗을 포함하고 있지 않은 의미생성은 없다. 기표의 잔재들을 끌고 다니지 않은 주체화는 없다. 기표가 먼저 벽 위에서 튀어 오른다 할지라도, 주체성이 먼저 구멍 쪽으로 뻗어간다고 할지라도 기표의 벽은 이미 검은 구멍을 포함하고 있으며, 주체성의 검은 구멍은 여전히 벽의 잔재들을 가지고 간다고 말해야 한다. 따라서 혼합체는 검은 구멍-흰 벽이라는 분리불가능한 기계에 기반하고 있고, 이 두 기호계들은 마치 '히브리인과 파라오' 사이에서처럼 교차, 재절단, 가지치기 등을 통해 끊임없이 서로 뒤섞인다. 하지만 더 많은 것이 있는데, 왜냐하면 혼합물들의 본성을 더 다양할 수 있기 때문이다.(김재인 역, 2003: 347)

얼굴은 흰 벽과 검은 구멍의 혼합체다. 얼굴은 흰 벽과 검은 구멍이 어떻게 뒤섞이느냐에 따라 다양한 얼굴을 형성한다. 혼합체인 얼굴은 어디에서나 기표체계가 의미를 드러낼 수 있게 한다. 이런 얼굴을 형성하는 의미생성의 흰 벽은 언제나 주체화의 검은 구멍을 포함하고 있고, 주체화의 검은 구멍은 기표들의 잔재(잉여)를 통해 이루어진다. 혼합체인 얼굴은 검은 구멍과 흰 벽이라는 분리 불가능한 기계에서 비롯되고, 이 두 가지는 끊임없이 서로 뒤섞인다. 그래서 이들의 혼합은 다양한 얼굴을 생성한다. 독자의 텍스트 이해도 이들 검은 구멍과 흰 벽에 의한 혼합체인 이 다양한 얼굴에 기초한다. 검의 구멍과 흰 벽이 어떻게 교차하고, 재절단하고, 가지치기를 하는가에 따라 얼굴이 달라지고, 의미가 달라진다. 이 혼합체 얼굴에도 검은 구멍과 흰 벽이 있어 권력이 존재한다.

3. 얼굴성과 텍스트 이해

독자의 텍스트 이해는 기표체계의 잉여인 흰 벽과 검은 구멍의 조합으로 이루어지는 얼굴에 달려있다. 독자가 텍스트의 기표체계에서 잉여로 존재하는 어떤 얼굴과 마주하는가에 따라 텍스트 이해는 달라진다. 얼굴에 내재하는 권력이 작용하여 독자의 텍스트 이해를 통제한다. 이 얼굴의 흰 벽은 기표들의 기의를 내보내어 의미생성을 하게 하고, 검은 구멍은 독자가 기의에 공명하는 주체화를 이루게 한다. 기표체계의 얼굴은 흰 벽-검은 구멍을 조합하는 추상기계인 얼굴성에 의하여 이루어지고, 독자의 텍스트 이해를 결정한다. 얼굴의 권력이 독자의 이해를 결정한다. 텍스트 기표체계의 잉여인 얼굴이 독자의 텍스트 이해와 상호작용하는 방식을 살펴본다.

가. 정면성과 전체성

독자가 텍스트를 읽고 이해하는 데 관여하는 요인은 많다. 읽기 교육과정에서는 이를 '맥락'으로 규정한다. 2022 국어과 교육과정의 읽기 내용체계표에서는 맥락을 '상황 맥락'과 '사회·문화적 맥락'으로 구분하고 있다. 상황 맥락은 읽기가 이루어질 때 의미 결정에 관여하는 것으로 텍스트의 기표체계 외적인 것 중 독자와 텍스트 요인이다. 사회·문화적 맥락은 의미 결정에 관여하는 독자와 텍스트 요인 외의 관여되는 모든 요인이다. 맥락은 독자가 텍스트를 읽을 때, 독자가 텍스트의 의미를 생성할 때, 텍스트 외적인 요인들이 작용하고 있음을 지시한다. 그렇기에 독자가 텍스트를 읽을 때는 이들 외적 요인, 들뢰즈 과타리의 말로는 '잉여의 요인'을 고려해야 한다는 것이다. 들뢰즈와 과타리의 관점에서 보면, 맥락은 잉여의 요인이다. 이들이 일치한다고 할 수 없지만 관련이 있다. '맥락'은 텍스트 읽기에 관여하는 외적 요인을 구분하는 데에 초점이 있[7]지만 잉여의 요인인 '얼굴'은 외적 요인의 그 작용을 밝히는 데 초점이 있다.

얼굴은 독자가 텍스트 기표를 해독하고 기의 수용하는 데 관여한다. 기표체계의 잉여인 얼굴은 흰 벽과 검은 구멍의 조합으로 드러난다. 얼굴의 흰 벽은 기표가 지시하는 기의를 튕겨내어 의미생성을 하고, 검은 구멍은 흰 벽에서 튕겨 나온 기의 중 특정 기의를 선택하여 가둠(가짐 또는 공명)으로써

7 읽기 맥락은 교육내용 범주에서 지식·이해에 속해 있고, 3~4학년 군에서는 '상황 맥락'을, 5~6학년군과 중학교에서는 '상황맥락'과 '사회·문화적 맥락'을 제시하고 있다.

텍스트와 소통하는 주체화를 실현한다. 독자의 텍스트 이해는 텍스트 기표체계의 잉여로 존재하는 얼굴에 의하여 이루어진다. 독자가 텍스트 기표체계의 잉여로 존재하는 얼굴을 지각하지 못한다면 텍스트 이해는 어려워진다. 텍스트의 기표체계가 드러내는 의미가 무엇인지 알 수 없기 때문이다.

이 잉여의 얼굴은 여러 가지 형태로 존재한다. 그 첫 번째가 독자에게 하나의 얼굴 즉 전제적인 얼굴이다. 독자가 텍스트를 읽을 때, 하나의 얼굴을 정면으로 바라보게 되는 경우가 있다. 텍스트의 기표체계에서 잉여로 존재하는 하나의 얼굴이 강력한 힘을 가진 경우이다.

> (새롭게) 생겨나지도 (완전히) 소멸하지도 않으며, 항상 되지도 않고, 단절된 것도 없다. 동일하지도 않고 다르지도 않으며, (어디선가) 오는 것도 아니고 (어디론가) 나가는 것도 아니다. 능히 이런 인연법을 말씀하시어 온갖 희론을 잘 진멸(鎮滅)시키도다. 내가 (이제) 머리 조아려 부처님께 예배하오니 모든 설법 가운데 제일이로다./ 모든 법은 스스로 생하는 것도 아니고 다른 것으로부터 생하는 것도 아니며 그 양자에서 함께 생하는 것도 아니며 아무 원인 없이 생하는 것도 아니다. 그러므로 무생(無生)임을 알아라./제법(諸法)의 자성(自性)이 연(緣) 가운데 있지 않듯이 자성이 없기에 타성(他性)도 없다.不生亦不滅 不常亦不斷 不一而不二 不來亦不出 能說是因緣 善滅諸戲論 我稽首禮佛 諸說中第一/ 諸法不自生 亦不從他生 不共不無因 是故知無生/ 如諸法自性 不在於緣中 以無自性故 他性亦復無.
>
> —김성철 역(2005), 『中論』 첫 부분

이 텍스트의 경우, 독자는 기표체계만으로 의미를 이해하기 어렵다. 이 텍스트를 이해하기 위해서는 기표체계의 잉여로 존재하는 얼굴에 대한 지각이 있어야 한다. 이 기표체계의 잉여의 얼굴은 나가르주나(龍樹: AD 150?~

250?)의 공(空) 또는 연기(緣起)사상이다. 이 텍스트에서는 언급되어 있지 않지만 세상에 존재하는 것은 원래부터 무엇이었던 것[自性]이 아니라 인연 즉 연기에 의하여 존재한다[無自性]는 것이다. 이 얼굴의 흰 벽을 독자가 지각할 때, 각 기표가 드러내는 기의는 분명해지고, 각 기의에 대하여 독자는 공명하며 검은 구멍 속으로 빨려 들어간다. 그렇게 하여 독자는 텍스트를 이루고 있는 각 기표가 지시하고 있는 기의를 분명하게 인식하게 된다. 즉 독자는 텍스트의 내용에 공명하고 공감하는 주체화를 이룬다.

> 이 모든 일대일 대응화, 이 모든 이항화는 이미 벽이나 스크린의 펼침과 조정하는(ordinateur) 중앙 구멍의 설치를 가정한다. 이것들이 없다면 어떤 메시지도 구별할 수 없고 어떤 선택도 실행될 수 없을 것이다. 흰 벽-검은 구멍의 체계는 모든 공간을 바둑판 배열처럼 구획하고, 자신의 나무성과 이분법을 그려서, 기표와 주체성이 오로지 그것들의 가능성을 떠올릴 수 있게 만들어야 한다. 의미생성과 주체화의 혼합된 기호계는 바깥으로부터의 모든 침입으로부터의 특별히 보호될 필요가 있다. 심지어 더 이상 외부는 없어야 한다.(김재인 역, 2003: 342)

들뢰즈와 과타리의 말을 빌리면, 위의 『중론』 부분을 읽는 독자는 얼굴과의 일대일 대응화와 벽에 중앙 구멍을 설치한다. 벽과 중앙 구멍을 통하여 모든 것을 구별하고 선택한다. 벽과 구멍의 체계는 기표체계를 질서 정연하게 배열하고 구획하여 나무성(수목적)의 이분법을 실행한다. 텍스트의 기표와 독자의 주체성은 완전한 일체를 이루고, 외부적인 다른 모든 의미 해석을 배제한다. 텍스트와 독자의 소통은 오로지 한 가지의 의미로 수렴된다.[8]

---

8 우리는 오직 중심의 눈을, 다시 말해 지배적인 기표작용들 못지 않게 지정된 변용태들의

그것은 기표작용적인 독재적 얼굴, 그 얼굴의 고유한 배가(倍加), 증식, 빈도의 잉여이다. 눈들의 배가. 독재자나 그 대표자들(représentants)은 어디에나 있다. 그것은 정면에서 본 얼굴, 그 자신이 본다기보다는 검은 구멍들에 의해 덥석 낚아채인 주체에 의해 보여진 얼굴이다. 그것은 운명의, 즉 **지상**(地上)의 운명, 개관적인 기표작용적 운명의 모습니다. 영화의 클로즈업은 이 모습을 잘 알고 있다.(김재인 역, 2003: 348-349)

들뢰즈와 과타리는 얼굴의 정면성에서 비롯되는 인식의 특성을 위와 같이 말하고 있다. 이런 얼굴은 기표작용적인 독재적 얼굴이고, 그 얼굴을 배가(倍加)하고 증식하고, 공명 작용을 강력하게 한다. 이러한 얼굴의 작용은 어디에나 있고, 정면으로 마주하는 얼굴이다. 정면으로 마주한 독재적 얼굴은, 보는 사람이 검은 구멍에 낚아채인 주체가 되어 그 얼굴만 보게 된다. 텍스트에서 이런 얼굴을 마주한 독자는 얼굴에 낚아채인 주체가 되어 그 얼굴에 의존한 텍스트 이해를 하게 된다. 이러한 텍스트 이해는 운명적이고, 직접적인 관계에서 비롯된 지상(地上)의 운명이고, 객관적인 기표작용적 운명의 모습이다. 즉 텍스트의 기표체계의 전제적 얼굴에 의하여 단일한 의미로 텍스트를 이해한다. 이 텍스트 이해는 전체성을 그 특성으로 한다.

초과하고, 변형시시키는 모든 것을 포획하는 검은 구멍을 소유하는 한에서만 주체성들의 씨실을 형성할 수 있다. 게다가 어떤 언어가 언어로서 메시지를 전달할 수 있다고 믿는 것은 부조리하다. 특정 언어는 언제나 자신이 언표들을 가득 채우는 얼굴들 안에 사로 잡혀 있다. 선택들이 인도되고 요소들이 조직되는 것은 바로 얼굴들 위에서이다. 공통 문법은 결코 얼굴의 교육과 분리될 수 없는 것이다. 얼굴은 진정한 메가폰이다.(김재인 역, 2003: 342)

나. 측면성과 주체성

독자의 텍스트와의 소통이 정면만으로 이루어지는 것은 아니다. 기표체계의 잉여적 얼굴의 측면을 볼 때도 있다. 얼굴의 측면을 본다는 것은 의미화와 주체화의 작용에 직접 관여하지 않고, 제3자의 눈으로 보거나 카메라 기사가 영상 촬영 시 렌즈로 장면을 보는 것과 같다. 얼굴의 흰 벽과 검은 구멍을 카메라 기사가 카메라 렌즈를 통하여 만드는 것이다. 독자가 텍스트를 읽을 때, 제3자처럼 거리를 두고 장면을 바라보거나, 카메라 렌즈와 같이 얼굴들을 초점화하는 일도 있다. 카메라 렌즈를 통하여 얼굴과 소통을 하면서 주체화를 실행하는 것이다.

영화나 드라마를 보면, 카메라의 렌즈는 이야기를 전개하는 눈이다. 배경 속에 인물들이 일으키는 사건을 찍으면서, 특정 사건을 촬영하기도 하고, 사건 속의 인물(얼굴)을 클로즈업하기도 한다. 그러면서 사건이나 인물들과 공명하는 주체화를 이룬다. 이때, 측면에서 보는 얼굴의 흰 벽과 검은 구멍은 정면에서 보는 것과는 다소 다른 면이 있다. 얼굴의 흰 벽은 마주하는 얼굴에 따른 기표에 대한 기의를 튕겨내고, 주체화도 그 속에서 일어난다. 그렇지만 카메라 렌즈는 그 안에서 공명할 수 있는 검은 구멍을 새로 생성한다. 독자가 텍스트를 읽는 일도 이와 마찬가지이다. 옆얼굴을 보여주는 텍스트를 읽으면서 공명으로 주체화를 할 수 있는 검은 구멍을 생성한다.

> "나가거라"
>
> 임금님은 눈을 부릅뜨고 소리쳤습니다. 아기별은 무서워 몸을 떨며 이야기했습니다.
>
> "용서해 주십시오. 다시는 밖에 나가지 않겠습니다."
>
> 아기별은 이렇게 말하고 겨우 임금님 앞을 물러 나왔으나, 병들어 혼자 괴로

워하고 있을 바위나리를 생각하면 가슴이 미어지는 것 같았습니다.

그날 밤, 바위나리는 늦도록 아기별을 기다렸습니다. 그러나 끝내 아기별을 내려오지 않았습니다. 이튿날에도, 그 이튿날에도 아기별은 보이지 않았습니다. 바위나리의 병은 점점 깊어 갔습니다. 꽃은 시들고 몸은 말라갔습니다. 간신히 감장 돌에 몸을 의지하고 있던 바위나리는 별안간 불어온 모진 바람에 그만 바다로 '휙' 날려가고 말았습니다. (중략)

"너는 요새 밤마다 울기 때문에 빛이 없다. 빛이 없는 별은 쓸데가 없으니 당장 나가거라." 그러고는 아기별을 하늘 문 밖으로 내쫓았습니다. 하늘에서 쫓겨난 아기별은 정신을 잃고 바다로 떨어졌습니다. 그런데 참 이상한 일이 일어났습니다. 아기별이 떨어진 곳은 오색 꽃 바위나리가 바람에 날려 들어간 바로 그 바다였습니다.

그 뒤에도 해마다 아름다운 바위나라는 바닷가에 피어납니다.

—마해송, <바위나리와 아기별> 일부

이 글을 읽는 독자는 이야기 속 인물과 제3적 관계에 있다. 그래서 텍스트 기표체계에 잉여로 존재하는 얼굴을 이중적으로 지각한다. 첫 번째 얼굴은 인물들 간에, 인물들이 생성하는 기표체계에 잉여로 작용하는 직접적인(일차적) 얼굴이 있고, 두 번째 얼굴은 독자가 마주하는 얼굴로 텍스트를 이루는 전체 기표체계의 잉여로 존재하는 간접적인(이차적) 얼굴이다. 독자는 카메라 렌즈와 같은 역할로 이차적 얼굴과의 소통에서 의미화(의미생성)와 주체화를 이룬다. 이때 독자는 텍스트의 의미를 선택하고 가두게 된 검은 구멍을 생성하는 것이 필요하다. 독자가 텍스트 전체 기표체계와 소통하고 공명하는 주체화의 검은 구멍을 형성하면 간접적인 얼굴은 여러 가지가 될 수 있다.[9]

---

9 다음 항목에서 설명하는 저자와의 생활과 저작 의도에서 비롯된 얼굴도 그 예가 될 수

<바위나리와 아기별>에서 보면, 독자는 바위나리와 아기별의 정념에서 비롯된, 둘의 정념에 공감하는 검은 구멍을 생성할 수 있다. 그렇게 되면 둘이 만드는 일차적인 얼굴은 독자가 형성한 이차적인 얼굴의 검은 구멍 속으로 감겨 들어간다. 이때 독자가 보게 되는 이차적인 잉여의 얼굴은 바위나리와 아기별의 전체 기표체계에서 기표들이 가지는 사랑의 기의들을 튕겨낸다.

> 저기에서 흰 벽은 검은 구멍을 향해 가는 은실처럼 풀려나온다. 풍경이 검은 구멍 주위로 최후의 끄트머리까지 감기는 실이 되자마자 하나의 검은 구멍은 모든 구멍, 모든 눈, 모든 얼굴을 '볏처럼 모아 세운다.' 그것은 언제나 다양체이다. 하지만 그것은 운명의, 주체적이고 열정적이고 반성적인(réfléchi) 운명의 또 다른 형상이다. 이것은 얼굴, 또는 바다의 풍경이다. 그것은 하늘과 물, 또는 땅과 물의 분리선을 따라간다. 이 권위적인 얼굴은 옆얼굴(profile)이며, 검은 구멍을 향해 풀려나간다. 이 두 얼굴은 서로 마주보지만 관찰자에게는 옆얼굴만 보여서, 그것들의 결합에는 이미 무제한적인 분리가 표시되어 있다. 또는 그것은 배반당해서 서로 외면하고 있는 얼굴들일 수도 있다.(김재인 역, 2003: 350)

들뢰즈와 과타리의 말을 빌리면, 일차적인 흰 벽은 독자가 생성한 이차적인 주체화의 검은 구멍을 향해 은실처럼 풀려나온다. 그리고 이차적인 흰 벽은 풍경처럼 펼쳐져 있으면서 주체화의 검은 구멍을 가지게 되는데, 이 검은 구멍이 일차적인 얼굴을 감아들인다. 이차적인 검은 구멍은 일차적인 얼굴의 모든 구멍, 모든 눈, 모든 얼굴의 기표가 특정한 기의로 인식되게 한다. 이를 들뢰즈와 과타리는 '볏처럼 모아 세운다'고 표현한다. 그래서 어떤 기의에 공명하는 주체화의 검은 구멍을 생성하느냐에 따라 텍스트의 의미

있다.

가 달라질 수 있는 다양체의 속성을 지닌다. 이 이차적 얼굴에 의한 이해도 운명적이고, 주체적이고, 열정적임과 동시에 반성적인 운명의 다른 형상을 내포한다. 이차적인 얼굴은 바다의 풍경으로 하늘이나 땅과의 분리선을 갖는다. 이 얼굴은 전제적 얼굴은 아니지만 권위적인 옆얼굴이며 주체화의 검은 구멍을 향해 풀려나간다. 관찰자(독자)는 옆얼굴을 보게 되는데, 일차적인 얼굴(주인공 등)은 제한 없는 분리의 특성이 있고, 배반하거나 외면하는 경우도 있다.

<바위나리와 아기별>을 읽는 독자는 이차적인 주체화의 검은 구멍을 생성한다. 이차적인 검은 구멍은 바위나리와 아기별, 임금님의 전체 기표체계와 관련된 2차적인 흰 벽이 풍경처럼 펼쳐진 것 위에 자리한다. 이 독자의 주체화를 위한 검은 구멍은 바위나리, 아기별, 임금님의 기표체계의 일차적인 얼굴을 감아들인다. 각 인물의 기표들은 나름의 기의를 가진다. 독자는 누구의 기표체계의 기의에 공명하느냐에 따라 다른 의미(다양체)를 생성할 수 있다. 독자가 마주하여 소통하는 얼굴은 주체적이고, 열정적이며, 반성적인 운명을 가진 얼굴이다. 반성적인 운명은 전제적이거나 객관적이 아님을 의미한다. 전체 기표체계의 잉여인 이차적인 얼굴은 풍경처럼 거리감이 있으면서 넓은 범위를 포함하는 얼굴 분리선을 갖는다. 바위나리와 아기별의 사랑과 임금님의 꾸짖음은 관련되어 있지만, 원거리의 감(感)을 갖는 넓은 범위의 풍경을 이룬다. 이 풍경을 이루는 이차적 얼굴에서 보면, 바위나리와 아기별, 또는 임금님의 기표에서 비롯된 얼굴은 서로 분리되는 얼굴, 외면하는 얼굴도 있다.

이 얼굴을 통한 텍스트 이해는 주체(성)를 필요로 한다. 들뢰즈와 과타리의 주체성은 전문가(사제나 판관)의 관점을 받아들임(계약)으로써 이루어진다.[10]

---

10 이에 대한 논의는 『천 개의 고원』 12장의 '문제 2'와 '명제 4'의(718쪽) 논의를 참조할

텍스트의 기표체계가 지닌 어떤 얼굴을 선택하여 어떤 의미로 결정할 것인가, 어떤 기의에 공명하여 주체화를 이룰 것인가, 어떤 검은 구멍과 풍경을 생성할 것인가를 전문가들의 관점을 빌려, 결정하는 것이다. 주체성은 전문가들의 주장을 받아들인 계약적 관계에 의하여 성립한다. 즉 독자는 이론적, 논리적으로 타당성이 있는 관점을 반영하여 얼굴을 선택함으로써 텍스트의 의미를 결정할 수 있다.

다. 혼면성과 다양성

혼면성은 얼굴이 섞여 만들어지는 얼굴 속성이다. 얼굴은 얼굴성의 추상기계인 흰 벽과 검은 구멍의 조합으로 이루어진다. 이 조합이 한 가지만 있을 수도 있지만 여러 가지 조합이 있을 수 있다. 얼굴성의 추상기계는 이들 조합에 따라 여러 얼굴을 생성할 수 있다. 생성의 방법도 다양할 수 있다. 얼굴을 이루고 있는 흰 벽을 늘리거나 검은 구멍의 수를 늘릴 수도 있다. 얼굴에서 검은 구멍(눈)의 위치를 바꾸거나 여러 개의 검은 구멍(눈)을 배치할 수도 있다. 더 나아가서는 여러 개의 얼굴을 배치할 수도 있고, 얼굴들의 흰 벽과 검은 구멍을 교환할 수도 있다. 얼굴은 추상기계의 작용에 따라 다양한 형상을 가질 수 있다. 독자가 읽는 텍스트의 기표체계의 잉여인 얼굴도 마찬가지일 수 있다. 이 얼굴도 검은 구멍과 흰 벽으로 구성되기 때문이다.

> 일본서 돌아온 후 한동안 밖에도 나가지 못하게 한 일이 있었다. 연애 사건으로 해서 호된 꾸지람을 들은 것이었다. 그러나 나로서는 속이 어른만큼 멀쩡한데 꾸지람이나 연금 상태가 당치않은 일이라는 불만이 있었다. 그 불만을 동화

수 있다. 읽기와 관련해서는 여수현·김도남(2022)을 참조할 수 있다.

로 엮은 것이 <바위나리와 아기별>이라는 것이었다. 바위나리라는 꽃이 있는 것이 아니다. 바위에서 난 꽃이라고 해서 바위나리라는 이름을 붙였다. (중략) 왕의 폭력에 의해서 사랑이 끊기었고, 사랑이 끊기었기 때문에 빛을 잃었으나 한번 죽은 다음 바다 속에서 사랑이 되살음에 잃었던 빛을 도로 찾고 꽃도 새로운 생명을 찾았다는 뜻이었다. 아버지의 꾸중으로 지금은 집에 박혀 있으나 사랑은 끝내는 이길 것이라는 속셈이었다. 어른은 언제까지나 어린이를 소견 없는 철부지로만 생각하지만 어린이도 사람이며 생각도 지각도 있으니 사람 대접을 하라는 울부짖음은 문밖에도 못 나가고 갇혀 있을 때의 애절한 기원이었다. 어린이의 마음을 좀 알아주도록 어른들에게 호소하고 싶었고, 어린이대로 모임을 가져서 널리 사귀고 마음을 닦아 착한 일을 하며 즐거움을 가질 수 있게 했으면 좋겠다는 생각이 있었다.

—마해송(1986), 『아름다운 새벽』, 51-54

위 인용문은 <바위나리와 아기별> 저자가 작품 의도를 설명하는 내용이다. 저자가 작품을 쓴 의도를 독자가 알게 되면, 텍스트 기표체계의 잉여인 얼굴이 바뀔 수 있다. 얼굴이 바뀌면 기표체계의 기표와 관련하여 흰 벽에서 튀어 오르는 기의가 달라지고, 그 기의와 공명하는 주체화의 내용이 달라지는 소통을 하게 된다. 위 인용문의 내용을 알고 있는 독자라면, <바위나리와 아기별>의 의미를 다르게 볼 수 있다. 기표체계의 잉여인 얼굴이 달라지면서 의미화와 주체화가 다르게 이루어지는 것이다. 텍스트의 기표체계는 잉여인 얼굴을 다양하게 가질 수 있다. 타당한 근거만 있으면 독자가 기표체계의 잉여인 얼굴을 생성할 수 있기 때문이다.

우리는 다른 곳에서 의미생성과 주체화는 서로 다른 체제(원형의 방출, 절편적 선형성), 서로 다른 권력 장치(독재적인 일반화된 노예 상태, 권위적인 소송-

계약)를 가진 완전히 상이한 기호계라는 것을 보았다. 그리고 그것들 중에 어떤 것도 크리스트와 함께, 기독교적 보편자로서의 <백색인>과 함께 시작하지 않는다. 아시아인, 흑인 또는 인디언적인 의미생성의 독재적 구성체들이 있다. 한편 주체화의 권위적인 과정은 유대 민족의 운명에서 가장 순수하게 나타난다. 그러나 이 기호계들이 차이가 무엇이든 이것들은 그래도 역시 사실상 **혼합체**를 형성하며, 이 혼합체의 층위에서조차 자신의 제국주의, 다시 말해 다른 모든 기호계들을 으스러뜨리는 공통적인 거만함을 정당화한다.(김재인 역, 2003: 346–347)

윗글에서 보면, 의미화(의미생성)와 주체화는 다른 기호계이다. 의미화의 기호계(흰 벽)과 주체화의 기호계(검은 구멍)는 어느 것도 절대적, 전제적인 것으로 작용하지 않는다. 그렇지만 의미화나 주체화는 상황에 따라 권위적인 것이 되어 얼굴을 구성하는 구성체가 된다. 이들 의미화의 흰 벽과 주체화의 검은 구멍이 어떠하든 혼합체를 형성한다. 얼굴이 혼합체를 이루었더라도 얼굴은 본래적 기능을 수행한다. <바위나리와 아기별>을 읽는 독자가 저자의 의도를 알게 되었을 때, 새로운 얼굴을 지각하게 된다. 독자는 각기 다른 얼굴을 구별하여 텍스트 이해를 하기도 하지만, 흰 벽과 검은 구멍을 섞은 혼합체의 얼굴은 그 또한 전제적 또는 권위적인 얼굴이다. 이때의 텍스트 의미는 다르게 이해되지만 말이다.

근대적 <백색인>이라는 우리의 기호계, 자본주의라는 우리의 기호계가 그렇듯이 의미생성과 주체화는 서로를 가로질러 효과적으로 펼쳐진 이 혼합 상태에 이르렀다. 따라서 얼굴성, 또는 검은 구멍-흰 벽의 체계가 완전히 확장되는 것은 바로 여기에서이다. 그렇지만 우리는 혼합체의 상태와 요소들의 가변적 비율을 구별해야 한다. 기독교의 상태에서건 기독교 이전의 상태에서건 한 요소는 다른 요소들을 제압할 수 있고, 다소간 강력할 수 있다. 따라서 우리는 **극한-얼굴들을** 정의해야 하는데, 이것들은 얼굴의 단위들과 혼동되지 말하야 하고 사전에 정의된 얼굴의 격차들과 혼동되지 말아야 한다.(김재인 역, 2003: 347)

독자가 텍스트 기표체계와 관련하여 잉여의 얼굴을 찾아낼 때마다 의미화와 주체화는 새롭게 이루어질 수 있다. 흰 벽과 검은 구멍이 기표체계의 잉여라는 점에서 새로운 얼굴의 의미화와 주체화는 혼합될 수 있다. 그렇기에 얼굴성 즉 검은 구멍과 흰 벽의 결합체계의 확장이 일어난다. 흰 벽과 검은 구멍에 의한 혼합체는 일대일 비율은 아닐 수 있다. 특정 요인의 강력한 힘을 가질 수 있다. 이에서 중요한 것(극한-얼굴)은 얼굴이지 얼굴의 구성 단위들이 아니다. 텍스트 이해에서 볼 때, 얼굴이 중요한 것이 아니라 얼굴로 텍스트의 의미를 어떻게 이해하게 되었는가가 중요하다.

라. 가면성과 순수성

얼굴은 기호계와 관련된다. 기표체계의 잉여인 얼굴을 구성하는 흰 벽과 검은 구멍은 기호계와 연결되어 있다. 기표체계는 이 얼굴의 두 구성 요인의 관여로 작동하여 의미를 드러낸다. 얼굴을 구성하는 흰 벽과 검은 구멍은 의미화와 주체화를 결정하게 됨으로써 텍스트의 기표체계가 특정한 의미를 가지게 한다. 다른 말로 하면, 얼굴은 텍스트의 의미를 한정하고 제한하는 역할을 한다. 그렇게 함으로써 독자의 텍스트 의미 이해를 규정하고 통제하는 측면도 있다. 독자는 텍스트의 흰 벽과 연결된 기호계와, 검은 구멍과 연결된 기호계의 작용에 제한을 받고 있다.

의미생성과 주체화의 기호계를 위해, 아주 다양한 표현의 실체들과 형식들을 사용해 아주 다양한 날짜들 속에서 원시적이고 다성적이고 다질적인 모든 기호계들의 일반화된 붕괴가 생성된다. 의미생성과 주체화 사이의 차이가 어떻건, 각 경우에 그 각각이 우세한 전도가 어떻건, 그들이 사실상 다양하게 혼합된 모습들이 어떻게 의미생성과 주체화는 모든 다성성을 으스러뜨리고, 언어를 배타적인 표현의 형식으로 승격시키고, 기표작용적 일대일 대응화와 주체적 이항화를 통해 수행된다는 점에서 정확히 공동점을 지닌다. 언어에 고유한 초-선형성은 다차원적인 모습들과 더 이상 조화되지 않는다. 그것은 이제 모든 입체들을 판판하게 만들고, 모든 선들을 자신에게 복속시킨다.(김재인 역, 2003: 343-344)

들뢰즈와 과타리는 의미생성과 주체화의 기호계에 의하여 원시적, 다성적, 다질적인 모든 기호계[11]들이 붕괴가 일어난다고 말한다. 물론 들뢰즈가 말하는 기호계는 언어적 기호로 된 기호계만을 지시하는 것은 아니다.[12] 그렇지만 언어적 기호계도 이러한 제한성을 갖는 것은 사실이다. 얼굴성이 작용하면서 기표체계는 얼굴의 제한된 영역 속에 갇히는 것이다. 얼굴을 가지게 된 기표체계는 그 얼굴에서 벗어날 수 없다. 텍스트 이해에서는 이에 대한 한계를

11 원시 사회를 고려해 본다면, 얼굴을 통과하는 것은 거의 없다. 원시 사회의 기호계는 기표작용적이거나 주체적이지 않고, 아주 다양한 표현의 형식들과 실체들을 이용하며, 기본적으로 집단적이고 다성적이고 몸체적이다. 다성성은 몸체와 몸체의 입체감과 몸체 내부의 공동과 몸체 외부의 가변적인 연결 접속 관계들과 좌표들(영토성)을 통과한다. 손[手]적 기호계의 단편, 손적 시퀀스는 종속이나 통합 없이 입이나 피부 또는 리듬 등의 시퀀스와 조화를 이룬다. 예컨대 리조는 '의무, 의례, 일상생활의 분리가 어떻게 우리의 정신에 있어서 거의 완벽하고(……) 낯설고 상상할 수 없는가'를 보여준다. 한 장례식에서 어떤 사람이 우는 동안, 어떤 사람들은 음란한 농담을 한다. 또한 한 인디언이 갑자기 울음을 멈추고 피리를 고친다. 또는 모든 사람들이 잠이 든다.(김재인 역, 2003: 336)

12 들뢰즈와 과타리는 『천 개의 고원』(김재인 역 2003) 5장에서 전기표체제, 기표체제, 탈기표체제, 반기표체제에 대하여 논의한다. 읽기에 대한 기표체제와 관련된 논의는 김도남(2021a, 2021b)을 참조할 수 있다.

의식할 필요도 있다.

『중론』이나 <바위나리와 아기별>이 기표체계의 잉여인 얼굴에 한정된 의미만 드러내는가 하는 것이다. 『중론』의 의미를 결정하는 것이 공(空)사상이 아닌 것이 될 수도 있다. <바위나리와 아기별>의 의미가 순수한 사랑이나 저자의 생각에 기대지 않고 드러날 수도 있다. 얼굴에 제한을 두면, 이들 텍스트는 단일하고 분명한 의미를 전달하는 것은 분명하다. 그렇지만 들뢰즈와 과타리의 말과 같이 원시적, 다성적, 다질적인 의미는 사라진다. 이는 텍스트 이해가 특정 얼굴에만 의존해야 하는지에 대한 의문이 들게 한다.

> 회화, 문신, 피부 위의 표시들은 몸체의 다원성과 결합한다. 가면마저도 머리를 얼굴로 격상시켜주기보다는 몸체에 대한 머리의 귀속을 공고히 해준다. 아마도 여기에는 탈영토화의 심오한 운동들이 작용하고 있으며, 그것들은 몸체의 좌표들을 전복하고 권력의 특별한 배치물들의 초벌 그림을 마련한다. 하지만 몸체를 얼굴성이 아니라, 특히 약의 도움으로 동물 되기들과 연결접속함으로써 그렇게 한다. 여기에 정신성이 없지는 않다. 왜냐하면 동물 되기는 재규어-정신, 새-정신, 살쾡이(삵)-정신, 거취조-정신 등 <동물-정신>을 포괄하며, 이들은 몸체를 얼굴로 만드는 대신 몸체의 내부를 소유하고, 몸체의 공동으로 들어가고, 몸체의 양감을 채우기 때문이다. 소유의 경우들은 <목소리>와 몸체의 직접적인 관계를 표현하지 얼굴과의 관계를 표현하고 있지 않다.(김재인 역, 2003: 337)

들뢰즈와 과타리는 이와 관련하여 얼굴이 아닌 머리와 몸체를 대안으로 제시한다. 그러나 머리나 몸체가 얼굴의 문제점을 모두 해결하는 방안은 아니다. 머리는 그림이나 문신, 피부에 표시들과 같이 몸체의 다원성을 갖게 한다. 가면(무면)도 머리를 얼굴화하기보다는 다원성의 몸체가 되게 한다. 문신이나 표시, 가면과 같은 것에는 탈영토화를 이루게 하는 운동의 작용이 내재하고 있어, 몸체가 본래성에서 벗어나 새로운 배치물이 되게 하는 초보적인 것이기도 하다. 즉 가면(무면) 등을 한 몸체는 특정한 되기를 실현함으로써 특정한 정신성을 지니게 한다. 가면 등은 몸체를 얼굴로 만드는 대신 몸체의 내부를 소유하고, 몸체를 이루어 특정한 몸체가 되게 한다. 몸체를 내부로 소유한 경우에서 보면, 목소리(기표)는 몸체의 직접적인 관계를 표현하는 것으로 얼굴과의 관계를 통하여 표현하는 것이 아니다.

얼굴에서 벗어난 텍스트 이해를 위해서는 얼굴을 갖지 않는 것이다. 이들 얼굴을 갖지 않게 되면 텍스트 이해가 존재하지 않을 수 있다. 그렇기에 텍스트 이해를 원시적, 다성적, 다질적으로 하기 위해서는 새로운 대안이 필요하다. 이 대안의 한 가지가 머리와 몸체를 활용하는 것이다. 텍스트 기표 체계의 잉여를 다차원적 속성을 가진 머리와 몸체를 활용할 수 있을 때, 의미는 다성적 다질적인 것이 될 수 있다.[13] 그렇게 되면 사실 독자의 텍스트가 다양체의 속성을 가질 수는 있지만 원시적으로 돌아가는 것이 텍스트 이해를 완결하는 것은 아니다. 텍스트의 다성적이고 다질적인 의미는 전제적, 권위적 의미와 또 다른 방식으로 독자를 통제한다. 원시적이고, 전제적이고, 권위적인 텍스트 이해에서 벗어난 독자만의 고유하면서 가치 있는 의미 이해가 필요하다.

13 무당, 전사, 사냥꾼의 부서지기 쉽고 위태로운 권력 조직들은 물체성, 동물성, 식물성을 통과할 만큼 정신적이다. 우리가 인간의 머리는 여전히 유기체의 지층에 속해있다고 할 때, 명백히 우리는 어떤 문화나 사회의 존재를 거부하는 것이 아니라 단지 이 문화와 사회의 코드들이 몸체들, 몸체들에 대한 머리들의 귀속, 생성하고 영혼들을 받아들이고 영혼들을 친구로 받아들이거나 적으로 거부하는 머리-몸체 체계의 특성을 대상으로 한다고 말할 것이다. '원시인'들이 더 인간적이고 더 아름답고 더 정신적인 머리를 지닐 수 있다. 그들은 얼굴이 없고 얼굴을 가질 필요가 없다.(김재인 역, 2003: 337)

마. 탈면성과 연기성

독자는 텍스트 이해를 자기 자신을 위해 한다. 전제적인 얼굴에 끌려가거나 주체로써 권위를 따르는 해석은 자기 자신과는 관계가 없다. 혼면적 얼굴에 의한 해석이나 가면(무면)적 얼굴을 통한 원시적, 다원적, 다성적, 다질적 의미 해석도 자기의 고유하고 가치 있는 텍스트 이해가 될 수 없다. 독자가 자기를 위한 텍스트 이해는 이들 얼굴에서 벗어나서 하는 이해이다. 독자가 자신을 위한 이해는 자기의 의식을 일깨우고 삶을 새롭게 이끄는 이해이다. 속박되거나 권위에 제한되어서도 안 되고, 고유함이나 가치 없이 다성성적, 다질적일 필요도 없다.

> 자신의 오랜 열정에서 벗어났을 때 스완은 한 파티에 가서 하인들과 손님들의 얼굴이 자율적인 미적 특질들(traits esthétiques autonomes)로 해체되는 것을 본다. 마치 회화성의 선이, 벽 너머에서 그리고 동시에 검은 구멍 밖에서 독립성을 되찾은 것처럼. 그 다음, 자신의 초월성을 되찾고 더욱더 강렬하고 탈기표작용적이고 탈주체적인 순수한 음악성의 선과 다시 맺어지는 것은 뱅퇴이유의 소악절이다. 그리고 스완은 자신이 더 이상 오데트를 사랑하지 않고 무엇보다 오데트도 그를 더 이상 사랑하지 않으리라는 것을 안다.(김재인 역, 2003: 354)

위 인용문은 들뢰즈와 과타리가 프루스트의 <스완의 사랑>에서 스완이 오데트와의 사랑을 확인하는 부분에 관해 설명하는 내용이다. 스완은 자신이 지녔던 열정(전제적, 권위적)에서 벗어났을 때, 본질을 볼 수 있게 된다. 자신이 어떤 모습이어야 한다고 강제하는 벽 넘고, 자신을 옥죄면서 공명해야 하는 검은 구멍에서 벗어났을 때, 자기를 찾고, 현재의 자기를 초월할 수 있었다. 그렇게 했을 때, 스완은 기표체계(얼굴성 포함)에 갇히거나, 전제적이거나 권위적인 기의와 공명하는 주체화에서 벗어나 자기만의 고유함을 찾을 수 있었다. 그랬을 때 자기를 찾을 수 있었다.

독자의 텍스트 이해도 마찬가지이다. 전제적이거나 권위적인 얼굴에 기댄 텍스트 이해는 자기를 찾게 하지 않는다. 자기의 본질을 잊게 하고, 멀리하게 한다. 독자의 텍스트 이해가 전제적이거나 권위적인 또는 다성적이고 다질적인 것은 이들과 관련되어 있다. 독자는 텍스트를 통하여 남과 닮았거나 남과 같이 되려고 해서는 안 된다. 위 인용문의 스완과 같이 자기를 찾고 초월하는 텍스트 이해를 이루어야 한다. 이를 위한 텍스트 읽기의 방법이 탈면적 읽기이다. 탈면적 읽기는 얼굴에서 벗어나는 읽기이다. 전제적이고 권위적인 얼굴, 원시적인 얼굴에서도 벗어나는 것이다.

> 얼굴 해체하기, 그것은 작은 일이 아니다. 거기에는 광기의 위험이 있다. 분열증 환자가 얼굴, 자기 자신의 얼굴과 타인들의 얼굴의 의미를, 풍경의 의미, 언어와 그것의 지배적이 기표작용들의 의미를 동시에 상실하는 것은 우연에 의해서일까? 그것은 얼굴이 강력한 조직체이기 때문이다. 얼굴은 직사각형이나 동그라미 안에 특징들 전체, 포섭해서 의미생성과 주체화에 이용할 얼굴성의 특징들을 취한다고 얘기될 수 있다. 경련이란 무엇인가? 정확히 말하자면 그것은 얼굴의 주권적인 조직화에서 벗어나려 하는 얼굴성의 특징과 이 특징 위에서 갇히고 그것을 다시 붙잡고 그것의 도주선을 봉쇄하고, 그것을 다시 조직화하는 얼굴 그 자체 사이에서 벌어지는, 언제나 다시 시작되는 싸움이다.(김재인 역, 2003: 357)

들뢰즈와 과타리는 이를 위한 방법으로 얼굴 해체하기를 제시한다. 그러면서 얼굴을 해체하는 일에는 여러 가지 어려움이 따름을 경고한다. 이는 정신분열증 환자가 자기의 얼굴은 물론 다른 사람의 얼굴을 모두 상실하는 일과 닮았다고 말한다. 얼굴은 강력한 조직체이기 때문에 이를 해체하는 것에는 그만큼의 어려움이 따른다는 것이다. 그렇지만 얼굴에서 벗어나는 일은 반복해야 하는 일임을 강조한다.

> 얼굴이 정치라면, 얼굴 해체하기 역시도 정치의 하나이고, 실재적 생성들, 전적인 잠행자-되기에 관여한다. 얼굴 해체하기, 그것은 기표의 벽을 관통하기, 주체화의 검은 구멍에서 빠져나오기와 같은 것이다. 분열분석의 프로그램과 슬로건은 이렇게 된다. 당신의 검은 구멍들과 흰 벽들을 찾아라, 그것을 인식하라, 당신의 얼굴들을 인식하라, 당신은 그것을 다른 식으로는 망가뜨리지 못할 것이다, 당신은 다른 식으로 당신의 도주선을 만들지 못한 것이다.(김재인 역, 2003: 360)

> 오직 얼굴 한가운데서, 얼굴의 검은 구멍 바닥에서, 얼굴의 하얀 벽 위에서만 우리는 새들처럼 얼굴성의 특징들을 해방시킬 수 있으며, 원시적인 머리로 돌아가는 것이 아니라 오히려 이 특징들이 그 자체로 풍경에서 해방된 풍경성의 특징들과 연결접속되고, 각각의 코드로부터 해방된 회화성과 음악성의 특징들과 연결접속되는 조합들을 발명할 수 있다.(김재인 역, 2003: 357)

얼굴을 해체하는 일은 잠행자-되기이다. 잠행자-되기는 세상 모든 사람되기, 하나의 세계 만들기(김재인 역, 2003: 530; 이진경, 2003b: 120-121)로 자기의 고유한 삶을 사는 것이다. 자기 자신과 자기의 삶에 대해 분명하게 인식하여 자기다운 삶을 살고 있지만 주변 사람들은 그를 알지만 그의 고유함을 지각하지 못하는 '지각 불가능하게-되기'를 실행하는 사람이다.[14] 이런 잠행

---

14 '잠행자-되기' 또는 '지각 불가능하게-되기', '세상 모든 사람처럼 있기' 등의 개념은 『천

자-되기는 자신의 얼굴을 인식한 사람이다. 독자로 치면 텍스트로 자기를 밝히고 자기를 찾은 독자이다. 이 독자는 텍스트의 기표체계의 잉여인 얼굴에서 자기 삶을 사는 새처럼 얼굴성의 특징을 벗어나는 것이다. 이는 원시적인 무면성으로 돌아가는 것이 아니라 자기의 고유성과 삶의 진정성과 접속하는 것이다. 이는 독자의 삶을 새롭게 열게 한다.

> 얼굴 너머에 완전히 다른 비인간성이 있다. 그것은 더 이상 원시적인 머리의 비인간성이 아니다. 그것은 새롭고 낯선 생성들과 새로운 다성성들을 형성하면서 탈영토화의 첨점들의 작동이 일어나고, 탈영토화의 선들이 절대적으로 긍정되는 '자동유도장치'의 비인간성이다. 잠행자가 되어라. 도처에 리좀을 만들어라. 인간적이지 않은 삶이 경이를 창조하기 위하여. 내 사랑 얼굴이여, 마침내 자동유도장치가가 되는……. 선(禪)의 해[年], 오메가의 해, ω의 해 …….(김재인 역, 2003: 362-363)

탈면적 텍스트 이해에는 다른 사람들과는 다른 비인간성이 있다. 그것은 무면적인 원시적이어서 남과 다른 비인간성이 아니다. 탈면적 텍스트 이해는 낯선 생성들 새로운 다성성을 형성하여 독자가 현재(몰)적 자기에서 벗어나고(탈영토), 이의 실현을 위해 자기를 새롭게 탐구하는 얼굴(자동유도장치)의 비인간성이다. 이는 잠행자가 되는 것이고, 텍스트와의 접속으로 끊임없이 새로운 자기를 생성하는 것(리좀)이다. 요컨대, 독자는 자기를 새롭게 생성하는 삶을 창조하기 위하여 텍스트와의 연기(緣起) 관계를 형성하는 것이다.

개의 고원』(김재인 역, 2003) 10장의 '어느 분자의 회상'을 참조할 수 있다.

4. 얼굴 해체하기

이 논의를 전개하는 필자는 탈면적 읽기를 실행하기 위해 노력하였다. 들뢰즈와 과타리의 『천 개의 고원』(김재인 역, 2003)의 7장을 철학적 내용이 아닌 텍스트 이해를 설명하는 내용으로 읽었다. 필자는 읽기 연구자로서의 삶의 과제가 독자의 텍스트 읽기를 해명하는 일이기 때문이다. 필자는 『천 개의 고원』이 철학책으로서 지닌 전제적인 얼굴, 권위적인 얼굴을 해체하고, 필자의 고유한 가치를 찾아 실현하는 텍스트 이해를 위한 논리를 제공하고, 방안을 마련할 수 있는 자료로 읽었다. 이 논의의 독자가 탈면적 읽기의 구체적인 예시를 찾는다면 아마 이 논의 자체가 될 것이다.

이 논의에서는 들뢰즈와 과타리의 얼굴성에 대한 논의를 토대로 독자의 텍스트 이해의 속성과 이해의 방향을 검토했다. 얼굴성의 관점에서 보면, 독자의 텍스트 이해는 텍스트 기표체계의 잉여인 얼굴에 의하여 이루어진다. 텍스트 기표체계의 잉여인 얼굴은 의미의 잉여를 기입하고 있는 흰 벽과 주체화의 잉여를 숙박시키는 검은 구멍을 갖는다. 흰 벽과 검은 구멍이 조합하여 얼굴을 이루는 작용을 추상기계라고 하고, 이들에 의하여 얼굴이 형성되고 작동되는 것은 얼굴성이라고 한다. 독자의 텍스트 이해는 기표체계의 잉여로 존재하는 얼굴성에 의하여 이루어진다.

텍스트 이해에 작용하는 얼굴성은 기표체계에서 비롯된다. 기표체계는 그 자체로서는 의미를 드러내지 못하기에 외부의 잉여적 요인을 필요로 한다. 기표와 기의가 분리되어 있어, 그 연결을 위한 매개가 필요하기 때문이다. 기표체계의 잉여인 얼굴은 텍스트의 기표와 기의를 연결하는 매개이다. 이 매개가 흰 벽과 검은 구멍으로 되어 있어, 흰 벽은 의미화에 관여하고, 검은 구멍은 소통의 주체화에 관여한다. 흰 벽과 검은 구멍에 의한 얼굴은 권력을 지니고 있고, 권력적 관계를 만들어 정치적 속성을 드러낸다. 전제적으로 지배하거나 권위적으로 따르게 한다. 독자의 텍스트 이해는 이들 얼굴과 관계된다.

독자의 텍스트 이해는 기표체계의 잉여인 얼굴에 의존한다. 독자와 정면으로 마주하는 얼굴은 전제적인 텍스트 이해를 하게 한다. 독자와 측면으로 마주하는 얼굴은 논리에 따르는 권위적인 텍스트 이해를 하게 한다. 독자가 흰 벽과 검은 구멍을 섞어 새로운 얼굴을 생성한다고 해도 얼굴이 가진 기본적인 속성은 그대로 남는다. 그렇다면 얼굴을 없애거나 가면을 씌우면 얼굴이 감추어지게 되는 장점이 있다. 그렇지만 얼굴이 없으면 독자가 텍스트 의미를 결정할 수 없는 문제가 발생한다. 이를 근본적으로 해결하는 문제는 얼굴의 역할을 인식하고 얼굴 해체하기를 하는 것이다. 얼굴 해체는 전제적이거나 권위적인 또는 원시적인 텍스트 이해에서 벗어날 수 있게 한다.

독자가 얼굴을 해체하는 본질적인 이유는 자기의 고유성을 찾고, 자기를 초월하는 텍스트 이해를 실행하기 위해서이다. 텍스트 이해는 자기를 새롭게 생성하는 일이고, 자기다운 삶을 실현하는 일이다. 전제적인 텍스트 이해나 권위를 따르는 텍스트 이해, 원시성을 추구하는 텍스트 이해는 자기를 이루는 텍스트 이해를 방해한다. 독자의 텍스트 이해는 자기를 이루기 위한 본질을 찾아 이루어져야 한다. 이의 한 방법이 얼굴 해체하기이다.

제5장 — 읽기 사건과 읽기

1. 읽기 사건

> (가) 하나의 배치물로서 책은 다른 배치물들과 연결접속되어 있고, 다른 기관 없는 몸체들과 관계를 맺고 있을 뿐이다. 기의든 기표든 책이 말하고자 하는 바를 묻지 말아야 하며, 책 속에서 이해해야 할 그 어떤 것도 찾지 말아야 한다. 오히려 이런 것들을 물어봐야 한다. 책이 무엇과 더불어 기능하는지, 책이 무엇과 연결접속 되었을 때 강렬함을 통과시키거나 가로막는지, 책이 어떤 다양체들 속에 자신의 다양체를 집어넣어 변형시키는지, 책이 자신의 기관 없는 몸체를 어떤 기관 없는 몸체들에 수렴시키는지. 하나의 책은 바깥을 통해서만, 바깥에서만 존재한다.(김재인 역, 2003: 13-14)

글 (가)는 들뢰즈와 과타리(1980)가 『천 개의 고원』(김재인 역, 2003)에서 책과 책을 읽는 것에 대하여 설명한 부분이다. 책은 특정한 대상들이 배치되어 연결접속된 배치물로, 다양하게 변화할 수 있는 대상(기관 없는 몸체)들과 관계를 맺고 있다고 말한다. 그러면서 책에 무엇인가 들어 있다고 여기거나 이해할 것이 있다고 생각하여 책 속에서 그것을 찾으려고 하지 말라고 한다. 책을 읽을 때에는 책과 무엇이 연결접속하여 어떤 일이 일어나고, 어떠한 것으로 변화하여 무엇이 되는지를 살펴보고 알아보아야 한다고 말한다. 그러면서 책은 내적으로 무엇을 가지고 있지 않고, 바깥에서 연결접속되는 것에 의하여 그 본질이 결정된다고 설명하고 있다.

들뢰즈와 과타리가 글 (가)에서 말하는 읽기는 독자가 실제로 실천하고 있다고 할 수 있다. 그렇지만 독자가 자신이 그렇게 하고 있다고 인식하지는 못하고 있다. 읽기를 연구하는 전문가도 읽기를 글 (가)와 같이 인식하지 못했기 때문에 그런 읽기는 존재하지 않았다고 할 수 있다. 들뢰즈와 과타리의 관점에서 보면, 하나의 텍스트는 무엇과 연결접속되었느냐에 따라 그 본질이 달라진다. 그리고 그 본질을 특정한 것으로 정의하거나 한정짓는 것은 불가능하다. 예로, 『천 개의 고원』은 철학을 공부하는 사람만이 읽는 책이 아니다. 다양한 분야의 다양한 사람들이 이 책을 읽고 있다. 철학자, 예술가, 과학자, 사회학자, 교육학자 등 많은 사람들이 관심을 가지고 읽는다.[1] 연결접속되는 개별 독자들에 따라 『천 개의 고원』의 다른 양상으로 존재한다. 하나의 텍스트는 다양체이며 기관 없는 몸체이다. 무엇과 만나느냐에 따라 그 본질은 끊임없이 달라진다.

『천 개의 고원』의 서론을 보면, 들뢰즈와 과타리는 이런 논의 또는 사유의 특징을 '리좀'(rhizome)과 '유목'(nomadism)이라 한다. 리좀이나 유목의 본질적 속성은 만남[2]이다. 만남은 두 가지 이상의 요인이 접속[3]하는 것이다. 이

---

1 특히 『천 개의 고원』의 내용을 교육학과 관련지은 논의로는 김영철(2007, 2013)을 참조할 수 있다.

2 '만남'은 두 대상 이상이 특정한 관계를 이루는 것이다. 이 만남을 김재인 역(2003)에서는 '연결접속'이란 말로 표현한다. '리좀은 어떤 지점이건 다른 어떤 지점과도 연결접속될 수 있고, 또한 연결접속 되어야만 한다.'(김재인 역, 2003: 19) 이 연결접속을 이진경(2003a)은 '접속'이라는 말로 표현한다.

3 접속은 두 가지 이상을 이어 붙이는 것을 의미하는 데, 통합, 결합, 연결 등의 말로도 사용할 수 있으나 어감상 이어 붙는 대상의 속성이 바뀌지 않으면서 맞붙어 새로운 것을 만든다는

접속에서 일이 생겨나고 변화가 발생한다. 접속에서 일어나는 일에 초점을 두면 리좀이고, 변화에 초점을 두면 유목이라 할 수 있다. 접속으로 일어나는 일을 '사건'[4]이라 한다. 이 사건을 『천 개의 고원』과 『노마디즘 1』(이진경, 2003a)의 8장에서 보면, 선을 따라 일어나는 일이며 변화이다. 사건이 특정한 선을 따라 일어나게 조건화한 것을 '사건화'라 한다.[5] 읽기는 독자와 텍스트의 접속으로 일어나는 사건으로, 선을 따라 일어나며,[6] 조건에 따라 선을 달리한다. 독자는 텍스트를 읽으면서 특정한 선을 따라 감으로써 사건을 사건화한다.

읽기에서의 사건은 텍스트와 이웃항[7]의 접속으로 일어난다. 여기서 이웃항은 독자의 요인(스키마)뿐만 아니라 독자가 텍스트와 접속시키는 유무형의 모든 대상을 가리킨다. 사건은 최소 두 가지 이상의 항이 접속하여 생겨나는 일로, 읽기 사건은 텍스트와 그 이웃항의 접속으로 일어난다.[8] 이 사건은

의미로 쓰인다. 이진경(2003a)에서 주로 사용하는 용어로 이 논의에서는 그대로 활용한다.

4 '사건'이라는 개념은 『의미의 논리』에서 고유하게 발전된 개념인데, 여기서(『천 개의 고원』 8장(필자))는 따로 설명하지 않고 있습니다. 그렇지만 이 책에서 들뢰즈는 '대체 무슨 일이 일어났는가?'하는 질문이 바로 어떤 주어진 사실을 하나의 '사건'으로 만드는 질문임을 명시하고 있습니다.(이진경, 2003a: 592)

5 사건은 사건화하는 선, 상이한 사물들을 연결하고, 상이한 신체들을 연결하는 계열화의 선을 통해 정의된다.(이진경, 2003a: 595) '…화(化)'는 '…처럼 되게 만들다. …로 되게 하다.'라는 뜻으로 여기서는 특정한 경향으로 일 또는 사건이 일어나게 한다는 의미를 지닌다.

6 책의 선과 관련하여 『천 개의 고원』 서론에 다음과 같은 표현이 있다. '다른 모든 것들처럼 책에도 분절선, 분할선, 지층, 영토성 등이 있다. 하지만 책에는 도주선, 탈영토화 운동, 지각 변동(탈지층화) 운동도 있다. 이 선들을 좇는 흐름이 갖는 서로 다른 속도들 때문에, 책은 상대적으로 느려지고 엉겨 붙거나 아니면 반대로 가속되거나 단절된다. 이 모든 것들, 즉 선들과 측정 가능한 속도들이 하나의 배치물을 구성한다.'(김재인 역, 2003: 12)

7 '이웃항'은 텍스트와 접속시키는 대상으로, 『노마디즘』(이진경, 2003a)에서 사용된 용어이다. 이 논의에서는 텍스트와 접속하는 대상을 지시하는 말로 '이웃항'을 주로 사용한다.

8 이정우(1998)는 사건을 순간 벌어지는 실재성이 없는 일이라고 정의한다. '선수가 공을

모종의 결과물을 생성한다. 사건에서 생겨나는 모종의 결과물을 '표면효과'라 한다.(이진경, 2003a: 595) 읽기 사건에서의 표면효과는 '의미'라고 할 수 있다.[9] 읽기에서의 의미는 텍스트와 이웃항이 접속된 사건에서 생겨난다. 독자는 이 읽기 사건에서 의미를 발견[10]하게 되는 것이다.

이 장에서는 읽기를 사건의 관점에서 보고, 그 특성을 탐구하는 것을 목적으로 한다. 읽기는 시작과 끝이 있는 선분적 사건이고, 선분성을 지닌다. 이 읽기 사건의 선분성에 대한 논의는 『천 개의 고원』 8장을 중심으로 진행한다. 『천 개의 고원』 8장에서는 세 가지 소설에 대하여 논의하며, 텍스트의 구성과 이해에 작용하는 선분성을 논의한다. 이 선분성 논의는 들뢰즈와 과타리의 『천 개의 고원』에서 말하는 리좀적 사유, 유목적 사유, 탈주적 사유, 매끄러운 사유의 속성을 반영하고 있다. 본 논의에서는 읽기를 선분성이 내재된 사건이라는 관점에서 탐구한다. 이는 텍스트 중심 읽기가 저자의 생각이나 주제 찾기에 관심을 두고, 독자 중심 읽기가 독자의 배경지식과 의미 구성에 관심을 둔 것과는 다른 읽기 특성을 볼 수 있게 한다. 읽기를 텍스트와 이웃항이 접속하여 발생하는 읽기 사건으로 보게 한다. 이는 읽기가 텍스트 속에서 무엇을 찾거나, 독자가 스키마로 의미를 구성하는 것으로 보는 것과는 다른 측면으로의 접근이다. 읽기 사건의 관점에서 볼 때의 읽기

치는 순간, 즉 하나의 사건이 벌어지는 그 순간, 그 생성(生成)은 어떤 실재성도 부여받지 못한다. 그러나 야구장에서 가장 중요하고 의미 있는 순간은 바로 그 순간 아닌가! 우리를 웃게 만들고 울게 만드는 모든 것은 사건들이다. 사물이 아니라 사물들의 관계가 빚어내는 사건들이다.'(이정우, 1998: 145)

9 사건과 표면효과 및 의미에 대한 구체적인 내용은 이정우(1998: 149-154)와 박민수(2012: 157-160)의 논의도 참조할 수 있다.

10 '발견'의 사전적 의미는 '미처 찾아내지 못하였거나 아직 알려지지 아니한 사물이나 현상, 사실 따위를 찾아냄'이다. 이는 '발견'이 없던 것을 '만드는 것'이 아니라 내재되어 있는 것을 '찾아냄'을 뜻한다.

속성과 읽기의 과제를 알아본다.

2. 읽기의 속성: 사건과 선분성

들뢰즈와 과타리의 『천 개의 고원』 8장 논의 관점에서 보면, 읽기도 선분성을 갖는 사건이다. 독자가 텍스트와 이웃항을 접속시켜 사건을 발생시키고, 사건의 진행선을 만들어 낸다. 이때, 독자가 텍스트와 이웃항을 어느 지점에서 어떻게 접속시키느냐에 따라 사건의 선분은 달라진다. 독자의 텍스트 읽기에서의 읽기 사건과 읽기 사건의 선분성을 살펴본다.

가. 읽기 사건: 접속·생성

우리말에 '크다'와 '커지다'라는 말이 있다. '크다'는 상태를, '커지다'는 상태의 변화를 나타낸다. 이진경(2003a)은 『노마디즘』에서 상태와 사건을 대비한다. 그러면서 상태의 변화가 사건이라고 말한다.(이진경, 2003a: 593) 독자가 텍스트를 읽는 행위도 상태의 변화를 이룬다. 독자는 텍스트를 앞장부터 순서대로 넘기며, 흐름에 따라 내용을 표상하고, 의식 내용을 새롭게 한다. 이 과정에서 독자는 정보를 얻기도 하고, 감동을 받기도 하며, 깊은 사색을 하기도 한다. 읽기는 물리적, 심리적 상태가 일정 시간 동안 변화하는 사건이다.

읽기를 사건의 관점에서 보면, 텍스트와 독자는 읽기 사건의 '원인'이고, 읽기는 읽기 전과 읽은 후의 두 상태 사이에서 진행되는 사건이다. 읽기는 읽기 시작점과 읽기 끝점 사이의 선분 속에서 이루어지는 사건이다. 이 사건은 사실(fait)과도 구별되는 점이 있다.[11] 독자의 텍스트 읽기 선상에서 세부 읽기 사건은 여러 개가 있을 수 있다. 사실은 텍스트의 내용과 이웃항이 한 지점에서 접속하는 일 그 자체를 가리킨다. 이 텍스트 내용과 이웃항의 접속이 하나의 사실로만 인식되면, 의미는 생성되지 않는다. 접속되는 이웃항의 특성이 무엇이고, 그 이웃항이 왜 접속되고, 이어질 다른 이웃항이 무엇이 될지 등의 의문을 가지고 보면, 그 사실은 사건이 된다. 사실을 사건으로 만드는 것은 시각이다. 시각은 접속되는 이웃항을 특정한 의도를 가지고 보거나 선택하는 태도이다. 이는 독자가 텍스트 내용과 이웃항의 접속에 관심을 가지고, 왜 접속되는지에 의문을 갖는 것이다. 그리고 이웃항들의 관계도 따지는 것이다. 즉 시각에 의하여 사실이 사건이 되고, 사건이 사건화도 됨을 뜻한다. 특히 접속하는 이웃항들의 관계인 계열화가 사건을 사건화하는데,[12] 이 사건화에는 사건의 이웃항들의 연속적 접속으로 생기는 사건의 선분이 관여한다.

이는 사고(문제적인 일)와 사건의 구별에도 적용할 수 있다. [그림 1]은 『천 개의 고원』(김재인 역, 2003) 8장 도입 면에 있는 것이다. 털이 뽑혀 죽은 닭을 보는 여러 사람의 시선과 한 말이 나타나 있다. 아이의 "무슨 일이 일어났지?"라는 말에 대하여 경찰관은 닭과 아이를 보며 "이해할 수 없는

---

11 가령 (영화)<모던 타임스>에서 찰리는 붉은 깃발을 들고, 그것을 흘렸음을 알려주려고 트럭을 따라갑니다. 그러나 트럭은 모른 채 가버리고 대신 그의 뒤에 골목에서 나온 시위대가 연결됩니다. 그리고 경찰이 달려오고 시위대 앞에서 붉은 깃발을 흔들며 걸어가는 찰리를 '공산주의자'라고 체포합니다. 여기서 붉은 깃발은 하나의 사물이고, 찰리는 그런 깃발을 들고 있다는 것은 하나의 사실에 불과합니다. 그런데 그런 사물 내지 사실이 트럭과 연결되면(접속되면), 그것은 "주의!"를 요구하는 깃발이 '되지만', 시위대와 접속되면 공산주의자를 의미하는 깃발이 됩니다. 하나의 동일한 사물이 무엇과 접속되는가에 따라 다른 '의미(sens)'를 갖게 되는 것이고, 하나의 동일한 사실이 무엇과 이웃하게 되는가, 어떤 관계를 이루는가에 따라 다른 의미는 갖는 '사건'이 되는 겁니다.(이진경, 2003a: 593-594)

12 사건은 고립적으로 발생하지 않는다. 사건들은 계열화(系列化) 된다. (중략) 계열화되지 않은 사건은 의미가 없는 사건이다.(이정우, 1998: 155)

[그림 1]『천 개의 고원』8장 도입 면

걸"이라 하고, 끈을 든 남자는 개를 보면서 "정말이야?"라고 묻고 있다. 그리고 바지 주머니에 손을 넣은 남자는 아이를 보고 있다. 사고에 대한 사건화의 시각이 서로 다른 것이다. 아이, 경찰관, 끈을 든 사람, 주머니에 손을 넣은 사람은 각기 다른 시각으로 사고를 바라보고 있다.

이 [그림 1]을 통해서 볼 때, 텍스트(죽어 있는 닭)를 누가 어떻게 보는가에 따라 이웃항이 달라진다. 누가 어떤 시각에서 어떤 이웃항을 접속시키냐에 따라 다른 사건화가 되는 것이다. 아이가 죽은 닭을 보면서 '무슨 일이 일어났지?'라고 한 말은 사고를 사건화하는 질문이다. 어떤 이웃항을 접속시킬 수 있는지 묻는 것이다. 닭이 죽어 있는 것을 어떻게 볼 것인가를 결정하기 위한 것이다. 이에 경찰관은 '누가' 닭을 그렇게 죽였는가에 관심을, 끈을 든 남자는 죽은 닭이 왜 '이곳'에 있는지에 관심이 있다. 아이를 보는 남자는 닭의 털이 뽑힌 '상태'에 관심이 있다. 죽어 있는 닭(텍스트, 사고)을 보고, 보는 사람들이 무엇을 접속하여 어떻게 사건화 하느냐에 따라 드러나게 되는 표면효과는 달라진다.

독자가 텍스트를 읽는 사건도 마찬가지이다. 텍스트를 보고 '무슨 일이 일어났지?'라는 질문에 독자가 어떻게 대응하느냐에 따라 사건화는 달라진다. 사건은 사건화를 통하여 정의된다(이진경, 2003a: 595)는 말과 같이, 읽기 사건은 읽기 사건화를 통하여 정의된다. 독자가 텍스트의 내용을 어떤 이웃항으로 계열(série)을 이루게 하여 접속하는가에 따라 읽기 사건화가 달라진다.[13] 사건화는 독자가 텍스트 내용에 접속할 이웃항들을 계열화[14]하여 배치하고 연결하는 선에 따라 이루어지는 것이다. 이에 사건화에 의하여 텍스트 읽기에서 독자가 발견하는 의미가 생성된다.

이로 볼 때, 읽기에서 독자가 발견하는 의미는 텍스트와 이웃항의 접속으로 발생하는 읽기 사건 속에서 생성된다. 읽기 사건은 텍스트와 접속하는 이웃항들의 계열 속에서 달라진다. 따라서 의미는 이미 결정되어 있거나, 특정한 형태로 존재하지 않는다. 사건의 선에 따라 생성된다. 같은 사건의 선은 같은 의미를, 다른 선은 다른 의미를 생성한다. 즉 이웃항의 계열에 따라 읽기 사건의 선이 바뀌면 다른 의미가 생성된다. 읽기를 사건으로 볼 때, 의미는 텍스트에 접속하는 계열화된 이웃항들이 생성하는 사건의 선을 따라 달라진다.

나. 선분성: 몰성·분자성·탈주성

들뢰즈와 과타리는 사건의 선을 세 가지[15]로 나누고, 그 특성을 구분한다.

---

13 읽기에서의 연결 요소(이웃항) 계열화에 대해서는 김도남(2019: 170-173)의 논의를 참조할 수 있다. 계열화에 대한 교육적 논의는 김재춘·배지현(2016: 44-50)의 논의를 참조할 수 있다.

14 계열화란 하나의 사물이 다른 사물과 특정한 관계 속에 들어가는 것을 의미합니다. 여기서 보이듯이 하나의 사물이나 사실은 어떤 이웃과 계열화 되는가에 따라 전혀 다른 의미를 갖게 됩니다. 다른 의미를 갖는 사건이 되는 거지요.(이진경, 2003a: 595)

선은 두 끝점을 갖는 선분이지만 이 선분은 많은 점들로 이루어져 있다. 이 점들은 위치적 특성을 갖는다. 두 끝점 사이에 곧게 놓인 점도 있고, 주변에 있는 점도 있다. 심지어는 끝점을 벗어난 점도 있다.[16] 이 점들과 같이 선분을 이루는 사건도 특정 속성(선분성)을 갖는다. 선분성은 선분 내에서 작용하는 두 가지와 선분 밖으로 작용하는 한 가지가 있다. 선분 내에 작용하는 특성을 지시하는 말이 몰(mol)[17]성과 분자성이고, 선분 밖으로 작용하는 특성이 탈주[18]성이다. 읽기 사건도 이들 선분성의 특성을 내포한다.

몰(mole)은 물질의 양을 나타내는 단위[19]로 일정 수의 입자들을 일컫는 말이다. 이 몰을 들뢰즈와 과타리는 구성 요소들의 단일 속성을 가리키는 말로 사용한다. 일정한 수의 입자들이 한 가지 속성을 띠는 것이 몰성이다. 즉 일정 수의 구성 요소들이 개별적인 차이를 드러내지 않는 속성을 뜻한다. 그래서 몰성은 개별 구성 요소보다는 전체가 갖는 속성을 가리킨다. 구성 요소 전체를 대표하는 속성 또는 개별 요소의 평균적 속성을 강조하는 특성이다. 구성 요소의 개별적 속성은 인정되거나 존중되지 않으며, 통제되고 소거된다. 그래서 구성 요소의 개별 속성은 드러나지 않고 전체의 대표적인

---

15 세 가지 선은 견고한 분할선 또는 그램분자적 분할선(절단선), 유연한 분할선 또는 분자적 분할선(파열선), 도주선(단절선)이다.(김재인 역, 2003: 272-378) 이진경(2003a: 608-620)은 경직된 몰적인 선분성의 선, 유연한 분자적 선분성의 선, 양자에 의해 표시되며 탈코드화와 탈영토화에 의해 정의되는 탈주선으로 구분한다. 이 논의에서는 선보다는 선의 특성에 중점이 있으므로 선에 대한 논의는 선분성에 포함한다.

16 수학 교육에 선분의 '내분점과 외분점'을 구하는 교육 내용도 있다.(https://100.daum.net/encyclopedia/view/24XXXXX50542)

17 이 몰(mol)은 이진경(2013a)의 용어를 따른 것이다. 김재인 역(2003: 373)은 '그램분자'라는 용어를 사용한다.

18 '탈주'라는 용어도 이진경(2013)을 따른 용어이다. 김재인 역(2003)은 '도주'라는 용어를 사용한다.

19 몰(mol)은 물질(원자, 분자, 이온 등)의 량을 나타내는 단위로 아보가드로의 수를 가리킨다. 1mol은 6.022×10^{23}의 값을 가진다.(https://100.daum.net/encyclopedia/view/61XX80300024)

속성만 드러난다. 개별적인 속성은 전체성 속에 묻혀 무시되거나 제한된다. 이 선분의 속성은 경직되어 있고, 끝점에서 절단[20]되어 밖으로 나갈 수 없다. 그리고 코드의 측면에서는 초코드화와 관련되고, 영역의 측면에서는 영토화와 관련된다.

분자성은 몰성과 달리 개별 구성 요소의 속성을 바탕으로 하는 특성이다. 1몰에 들어있는 다수의 입자는 동질성을 가질 수도 있지만 조건에 따라 그 특성을 달리한다. 온도와 기압의 변화에 따라 움직임이 달라지고 부피도 늘어나거나 줄어든다. 전체를 구성하는 요소들이 조건에 따라 다른 속성을 드러낸다. 분자성은 이들 개별 구성 요소들이 조건에 따라 달라지는 속성을 인정하는 것이다. 개별 구성 요소들이 조건에 따라 달라지는 속성에 관심을 두게 되면 전체의 속성은 약화되고, 개별 요소의 속성은 부각된다. 선분 내에서의 분자성은 경직된 전체성에서 벗어나 개별적인 유연성을 띠면서 몰성에 균열을 일으킨다. 다만, 몰성을 완전하게 벗어나지 못하기 때문에, 코드나 영역은 독립성을 확보하지 못한 상태에 있다. 즉 분자성은 몰성에서 벗어나지 못하고 그 안에서 변화를 지향한다.

탈주성은 구성 요소의 속성이 몰적 단위 안에 갇혀 있지 않고 이를 벗어나는 특성이다. 선분 안에서의 유연한 작용이 끝점의 벽을 뚫고 나가는 속성을 지닌 것이 있다. 끝점의 벽을 뚫고 나가는 것을 양자(量子)라는 말로 표현한다.(김재인 역, 2003: 373; 이진경, 2003a: 613) 탈주성이란 말은 햇빛의 양자

---

20 절단(Coupure)은 균열(fêlure)과 단절(rupture)과 관계된 말이다. 이 세 용어는 각각 몰성, 분자성, 탈주성의 특성과 관련되어 있다. 절단은 잘라서 분리된다는 의미를 가지며 경직되고 강력한 구별적 특성을 지시한다. 균열은 특정한 대상이 내적으로 깨어지거나 변화할 조짐의 의미로 미세하고 유연한 생산의 특성을 지시한다. 그리고 단절은 기존의 것과는 다른 새로운 것의 의미로 새로운 방향으로 뻗어가는 특성을 지시한다.(이진경 역, 2003a: 620-628)

일부가 벽을 뚫고 지나가는 특성을 빗댄 말이다. 탈주성은 선분 안의 개별 구성 요소의 속성이 선분 밖으로 벗어나 달아나는 특성을 가리킨다. 구성 요소의 속성이 벽을 뚫고 나가는 것이 탈주이고, 전체성을 벗어나거나 새로운 속성을 갖게 되는 것이 탈주성이다. 탈주성은 몰성이나 분자성과는 다른 특이적 속성을 가지는 것을 뜻한다. 이 탈주성은 몰성과 단절을 지향한다. 코드의 측면에서는 탈코드화와, 영역의 측면에서는 탈영토화와 관련된다.

> (나) 내 고장 칠월은/ 청포도가 익어가는 시절/ 이 마을 전설이 주저리주저리 열리고/ 먼 데 하늘이 꿈꾸며 알알이 들어와 박혀/ 하늘 밑 푸른 바다가 가슴을 열고/ 흰 돛단배가 곱게 밀려서 오면/ 내가 바라는 손님은 고달픈 몸으로/ 청포(靑袍)를 입고 찾아온다고 했으니/ 내 그를 맞아 이 포도를 따 먹으면/ 두 손은 함뿍 적셔도 좋으련/ 아이야 우리 식탁엔 은쟁반에/ 하이얀 모시 수건을 마련해 두렴
>
> —이육사, <청포도> 전문

글 (나)는 이육사의 <청포도>다. 누구나 잘 아는 시이다. 이 시 읽기를 분석해 읽기 사건의 몰성과 분자성, 탈주성을 검토해 본다. 이 시를 읽을 때, 대부분의 독자는 이육사가 독립운동가로서 자기의 바람을 표현한 것으로 본다. 이 시를 설명하는 학습 자료[21]를 보면, 시에 저자의 요인을 이웃항으로

---

21 솜비(2019.11.11.) 이육사 '청포도' 해석/해설. https://poof31.tistory.com/139(2020.1.8. 검색) 이 시는 어둠과 억압적인 일제치하에서 일제에 대한 투쟁 의지가 내면화되어 있는 작품이다. 이 시를 통해 자기가 꿈꾸며 바라는 세계에 대한 준비와 기다림, 평화로운 삶에 대한 소망을 그리고 있다. 시적 자아는 현재 어두운 역사 속에 시련과 방랑의 길에 놓여 있다. 그러나 현실에 좌절하지 않고 자기가 바라는 그날이 도래할 것을 기다리고 있다. 막연히 기대하고 기다리는 것이 아니라 그날을 실현시키기 위해 준비하고 노력하는 것이다. 이육사의 시는 항상 긍정적이고 미래 지향적이다. 그는 올바른 역사의 귀결점이 무엇이라는 것을 확신하고 있다. 그는 미래 지향의 역사의식으로 현실을 극복하고 꿈에서라도 그리워하는 평화로운 삶의 세계를 성취하겠다는 의지를 이 시를 통해 상징적으로 나타내고 있다.

접속하여 읽기 사건을 전개한다. 이런 자료를 이용하는 학생 독자는 이 시를 독립운동가의 마음을 담은 것으로 받아들인다. 학습 자료에서 이웃항의 접속을 근거 있게 제시하고 있기 때문에 학생 독자는 이를 당연시한다. 이와 같이 텍스트에 접속하는 이웃항이 통념성이나 전체성을 중심으로 사건화하는 방식이 몰성이다. 즉 몰성은 특정되어 경직된 이웃항을 텍스트에 접속시켜 읽기 사건을 발생시키는 방식이다.

다른 독자는 <청포도>와 관련된 이육사의 신념을 이해하지만 시에 자기의 체험이나 다른 요인을 이웃항으로 접속시켜 사건의 선을 만들 수 있다. 시의 분위기와 표현을 감상하면서 자신의 관점에서 다른 읽기 사건을 만드는 것이다. '내 고장'을 안동으로 구체화하지 않고, 청포를 입고 오는 손님을 자신이 기다리는 사람으로 대치할 수 있다.[22] 이것은 몰성으로 시를 해석하는 방식을 바탕에 두고 독자의 요인을 시에 접속하여 이해하는 방식이다. 이런 읽기는 유연한 선분의 흐름을 추구하고 있어서 몰성에 균열이 가게 한다. 몰성에 토대를 두고 있지만 이웃항을 독자의 시각에서 선택하는 것이다. 이 읽기 사건은 독자마다 달라서 특이성을 띨 수 있다. 이와 같은 읽기 사건의 특성이 분자성이다. 분자성의 선은 유연성이 있지만 몰성을 토대로 이루어지고, 몰성 안에 갇혀 있다.

한편 안동을 다녀온 사람들은 알겠지만 안동은 청포도를 많이 재배하고 있다. 안동을 청포도 산지로 인식하는 독자의 <청포도> 읽기는 몰성과는 다를 수 있다. 안동에서 청포도를 재배하는 사람이나 이를 구매하려는 사람이 <청포도>를 읽을 때는 저자의 의식은 이웃항으로 선택되지 않는다. 안동

(자료의 첫 부분)

22 이 작품에 나오는 '손님'을 독립을 위해 분투하는 지사(志士)로 볼 수도 있다. 그러나 그렇게 한정하는 것은 오히려 시의 의미를 정서 차원에서 제한하는 것이 된다. 읽는 사람이 각자 처지에 따라 '손님'은 여러 모양으로 상상할 수 있기 때문이다.(우한용 외, 2006: 28)

청포도의 생산자나 구매자는 <청포도>에서 '청포도' 자체에 관련된 이웃항을 선택한다. 훌륭한 시인의 시적 소재이고, 최상의 포도 재배 환경, 최고 품질 포도 등이 이웃항이 된다. 그래서 안동의 청포도는 이육사가 시의 소재로 쓸 정도로 '전통'이 있는 명품임이 부각된다. 청포도를 묘사한 표현은 청포도의 진한 맛으로 받아들여지고, 청포 입은 손님은 구매자이고, 시적 화자는 생산자나 판매자로 여겨진다. 이렇게 읽게 되면 생산자나 소비자의 심리적 요인이 이웃항으로 시에 접속하여 다른 읽기 사건을 만든다. <청포도>의 몰적 읽기 사건에서 탈주하는 것이다. 탈주성은 몰성에서 탈주하는 것이고, 몰성과 단절을 이룬다. 이 탈주성은 탈코드화를 동반하여 시어의 의미가 달라지고, 탈영토화된 의미를 생성한다.

다. 방향성: 다시 당김·미리 당김

들뢰즈와 과타리는 『천 개의 고원』 8장에서 사건화하는 선의 방향을 두 가지로 구분한다. 현재에서 과거 쪽에 관심을 두는 사건 선의 방향성과 현재에서 미래 쪽에 관심을 두는 사건 선의 방향성이다. 사건화의 두 가지 방향성은 현재의 의식에서 과거나 미래에 관심을 둔다. 이는 방향성에 의하여 현재의 사실이나 상태가 '일어난 일'이나 '일어날 일'로 사건화 됨을 뜻한다. 이 사건화는 사건을 보는 시각 작용에 의하여 일어나고 사건의 표면효과를 만들어 내는 데 관여한다. 이것은 읽기에서 독자가 어느 방향의 시각에서 사건을 사건화하느냐의 문제와 관련된다.

> (다) 문학 장르로서의 '단편소설'의 본질을 결정하기란 그다지 어렵지 않다. 단편소설이 존재하는 것은 모든 것이 '무슨 일이 일어났는가? 도대체 무슨 일이 일어날 수 있었는가?'라는 물음 주위에서 조직될 때이다. 콩트는 단편소설의

반대이다. 왜냐하면 콩트는 '무슨 일이 일어날 것인가?'라는 완전히 다른 물음으로 독자를 조마조마하게 만들기 때문이다. 항상 뭔가 일어날 것이고, 발생할 것이다.(김재인 역, 2003: 367)

글 (다)에서 보면, 방향성은 '무슨 일이 일어났는가?'와 '무슨 일이 일어날 것인가?'의 문제이다. 단편소설은 '일어난 일'을 확인하는 방향성과 관련되고, 콩트는 '일어날 일'을 예측하는 방향성과 관련된다. 들뢰즈와 과타리는 단편소설은 다시 당김(retention), 콩트는 미리 당김(protention)의 특성을 갖는다[23]고 설명한다.(김재인 역, 2003: 367-372; 이진경, 2003a: 604-608) 단편소설은 일어난 일의 원인을 밝히는 내용으로 이루어지기 때문에 다시 당긴다고 말한다. 콩트는 일어날 일 어떻게 될지를 다루기 때문에 미리 당긴다고 말한다. 그리고 장편소설은 단편소설과 콩트의 요소를 통합시키고, 탐정소설은 이들이 뒤섞인 잡종 장르라고 말한다.(김재인 역, 2003: 367) 이는 텍스트 속에 사건을 규정하는 의식의 방향성이 내재되어 있음을 뜻한다.

독자도 텍스트를 읽으면서 이 두 가지 방향성을 사용한다. 독자는 텍스트를 읽으면서 '무슨 일이 일어났는가?' 또는 '무슨 일이 일어날 것인가?'를 지속적으로 묻는다. 이 물음의 본질은 '일어난 일'에 초점이 있는가, '일어날 일'에 초점이 있는가이다. 텍스트 내용과 접속된 이웃항은 과거의 사건을 지향하기도 하고, 미래의 사건을 지향하기도 한다. 독자는 텍스트 내용과 계열화된 이웃항들을 접속시켜 일어난 일이나 일어날 일에 초점을 맞춘 읽기

23 이것들은 단편소설과 콩트를 앞에 두고 독자가 겪는 두 가지 서로 다른 숨가쁨들이며, 살아 있는 현재가 매순간 나누어지는 두 가지 서로 다른 방식이다. 단편소설에서 사람들은 어떤 일이 일어나기를 기다리지 않으며 어떤 일이 이미 일어났기를 기대한다. 단편소설은 마지막인 반면 콩트는 최초의 이야기이다. 콩트 작가와 단편소설 작가의 "현재(présence)"는 완전히 다르다.(장편소설 작가의 현재도 다르다)(김재인 역, 2003: 369)

사건을 발생시킨다. 읽기 사건은 이들 방향성에 따라 달라진다. 독자가 일어난 일에 초점을 두고 이웃항을 끌어와 접속하는 경우와 일어날 일에 초점을 두고 이웃항을 접속하는 경우, 각 읽기 사건은 달라질 수밖에 없다. 읽기 사건이 달라지면 독자에게 텍스트의 본질은 다르게 드러나게 된다. 실제 독자가 텍스트를 읽을 때는 습관적으로 특정 방향을 주로 선택하게 된다.

글 (나) <청포도>를 읽을 때, 시가 쓰인 시대적 상황이나 저자의 의식을 이웃항으로 선택하는 경우가 있다. 국권을 상실한 조국과 조국 독립을 염원하는 저자의 의식과 바람을 이웃항으로 접속하여 읽기 사건을 생성하는 것이다. 글 (나)는 그런 이웃항을 접속하여 해석될 수 있는 속성을 지니고 있다. 일어난 일에서 이웃항을 다시 당겨 읽기 사건을 생성하는 것이다. 이때 시에 접속되는 이웃항들은 특정한 것으로 고정되어 읽기 사건의 선이 제한된다. 읽기의 사건이 경직성을 띠면서 절단되어 갇히는 특성을 드러낸다. 그래서 읽기 사건은 특정한 선을 따라서만 일어나고, 독자가 발견하는 의미도 '조국의 해방을 기다리는 심정'으로 한정된다.

글 (나)의 이웃항을 반드시 일어난 일에 초점을 두고 다시 당겨올 필요는 없다. 독자는 의식적으로 일어날 일에 초점을 두고 미리 당겨올 수도 있다. 글 (나)의 경우에는 시어 자체도 미래를 미리 당기는 표현이 있다. '…면', '…고 했으니', '…하렴'의 표현은 미리 당기는 의미를 포함한다. 이는 독자가 시를 읽을 때 일어날 일에 관심들 두고 미리 당길 수 있는 여지를 준다. 그렇다고 텍스트 내용 표현이 일어날 일과 관련된 표현이 있어야 미리 당김이 가능한 것은 아니다. 읽기 사건의 선이 일어날 일에 초점이 있으면 미리 당김이 된다. 그리고 독자가 미리 당김으로 텍스트에 접속시킬 이웃항의 선택에는 제한이 없다. 글 (나)에 접속시킬 이웃항이 조국에 일어날 상황일 수도, 개인에게 일어날 일일 수도 있다. 글 (나)의 이웃항을 일어날 일에 초점을 맞추어 미리 당겨 접속할 때 읽기 사건은 다양해진다. 일어날 일을 미리 당기는 이웃항은 한정될 수 없기에 읽기 사건도 한정될 수 없다.

라. 시각성: 감시하기·주시하기

사건은 보는 자의 시각에서 사건화가 된다. 사건을 어떻게 사건화할지를 결정하는 시각이 필요하다. 사건을 보는 자의 시각을 감시자라 할 수 있다. 들뢰즈와 과타리는 두 종류의 감시자를 제시한다. 짧게 보는 자(courts-voyeurs)와 길게 보는 자(longs-voyeurs)이다.[24](김재인, 2003: 382) 이 감시자는 사건의 선분을 메타적으로 살피는 역할을 수행한다. 그리고 사건이 몰성, 분자성, 탈주성을 갖게 하는 작용을 한다. 짧게 보는 자는 전체성의 시각에서 경직된 통제적 절단의 선분을 만들고, 길게 보는 자는 개별성의 시각에서 유연한 변화적 균열이나 단절의 선분을 만든다. 특히 길게 보는 자의 시각은 개별 선들의 다름을 밝히는 적극적인 주시(注視)를 특성으로 한다. 예로, 텍스트를 교육(학습) 목적으로 읽을 때의 시각 작용이 있고, 개인 목적으로 읽을 때의 시각 작용이 있다. 같은 텍스트를 읽더라도 사건화의 시각은 다르다. 교육 목적은 공통성, 전체성을 강조하는 시각이 필요하고, 개인 목적은 자주성, 개별성을 강조하는 시각이 필요하다. 교육 목적은 짧게 보는 자의 시각이 필요하고, 개인 목적은 길게 보는 자의 시각이 필요한 것이다. 시각으로 인하여 사건의 사건화가 달라진다.

사건을 보는 두 감시자의 시각을 감시하기와 주시하기[25]로 구분할 수 있다.

---

24 그보다는 우리말의 어감으로는 '대충 보는 자'와 '자세히 보는 자'로 번역하는 게 여기서 말하려는 내용과 부합하다고 생각됩니다. 왜냐하면 실질적인 내용은 전자가 '피상적으로 보는 자'고 '대충 보는 자'라면, 후자는 '자세히 보는 자'이고 눈에 잘 안 보이는 깊숙한 속내를 들여다보는 자이며, 전자가 '길게 보는 자'라면 후자는 '세심하게 보는 자'라고 할 수 있기 때문입니다.(이진경, 2003a: 629)

감시하기와 주시하기는 사건을 보는 방법의 차이이다. 이들은 사건을 어떻게 보는가와 관련되어 있다. 사람이 어떤 사건을 보게 되면, 입장에 따라 보는 방법을 선택하기 마련이다. 사건을 대충 보고 어떤 일인지만 파악하고 지나치기도 하고, 자세히 살피고 꼼꼼히 따져 그 내막을 알아내기도 한다. 앞쪽에 있던 『천 개의 고원』 8장 도입 면 그림에서, 아이의 '무슨 일이 일어났지?'라는 문제 제기에 경찰관은 전체성의 관점에서 사건을 보지만 다른 사람들은 부분적이고 개별적인 관점에서 사건을 본다. 사람마다 사건을 보는 시각이 각기 다른 것이다. 이 시각을 범주화하면 감시하기와 주시하기로 나눌 수 있다.

감시하기는 초코드화의 방식으로 보는 시각이다. 초코드화는 공통성, 전체성, 일체성의 관점에서 사건을 보는 방식이다. 사건의 선을 하나만 인정하고, 다른 선은 배제한다. 이 감시하기는 사건을 일정한 틀 안에서 절단하여 가두고 통제한다. 다른 시각을 인정하지 않기 때문에 하나의 시각을 강요하는 특성을 갖는다. 그래서 감시하기를 하는 사람은 자신뿐만 아니라 다른 사람도 동일한 시각으로 사건을 보도록 요구한다. 따라서 경직되고 절단된 몰성을 내포한다. 그 결과 감시하기는 모든 사람이 하나의 시각으로 사건을 보고, 같은 사건의 선을 따라가는 것을 강조한다.

주시하기는 탈코드화의 방식으로 보는 시각이다. 탈코드화는 개별성, 상이성, 다양성의 관점에서 사건을 보는 방식이다. 사건을 여러 선으로 바라보고, 각 사건의 선을 주의 깊게 살피는 보기이다. 주시하기는 사건을 유연하게 열린 시각으로 살피면서 변이와 변종을 인정하고 수용한다. 다름에 관심을 두기에

---

25 감시하기는 짧게 보는 자의 시각 활동이고, 주시하기는 길게 보는 자의 시각 활동이다. 읽기에서 감시자의 역할을 교사나 교과서 등 외부에서 하기도 하지만, 대개는 독자 스스로 감시자가 되어 시각 활동을 하게 된다. 이때 독자의 시각 활동을 감시하기와 주시하기로 구분하여 논의한다.

차이를 찾아내어 탐구하는 특성을 갖는다. 주시하기를 하는 사람은 각각의 사건을 살피고 확인한다. 그래서 사건마다 다름을 밝힘으로써 몰적 인식에 균열을 일으키거나 단절을 하게 된다. 즉 주시하기는 개별 사건들에 관심을 두어 자세히 살피고, 그 내용들을 분명하게 밝히는 보기이다. 이 주시하기는 기존의 코드가 아닌 탈코드를 하면서 단절을 통한 탈영토화를 추구한다.

글 (나) <청포도>를 읽는 독자의 시각을 감시하기와 주시하기로 구분하여 살펴볼 수 있다. 감시하기의 시각을 가진 독자는 전체성과 일체성의 관점에서 시대 상황에서 비롯된 저자의 신념만을 시에 접속하여 조국의 독립에 대한 바람을 의미로 발견한다. 이는 <청포도>에 접속하는 이웃항에 의한 읽기 사건이 그런 의미를 내포하기 때문이다. 물론 독자가 그렇게 보는 것은 그렇게 보도록 초코드화된 사건적 시각을 학습했기 때문이라 할 수 있다. 이 독자는 스스로 <청포도>를 저자와 시대적 상황을 접속하여 읽을 뿐만 아니라 다른 독자들도 그렇게 읽어야 한다고 생각한다. 그래서 다른 시각의 사건화를 인정하지 않는다. 다른 시각으로의 사건화를 못 하도록 감시하거나 통제하는 방식을 취한다. 특정한 선분 안으로 시의 해석을 절단한다. 그래서 <청포도>가 다른 시각으로 읽히지 않게 한다.

한편 주시하기의 시각을 가진 독자는 <청포도>에 반드시 저자의 신념과 시대 상황만을 접속하려 하지 않는다. 청포도와 관련된 자신의 삶과 앎의 다양한 이웃항들을 선택하여 접속한다. 시 전체 내용이나 심상, 느낌, 분위기 뿐만 아니라 개별 시어나 구절들에 접속할 이웃항들을 새롭게 끌어온다. 예를 들어 고향, 그리운님, 포도의 품질, 소중한 손님, 기다림, 접대 등을 이웃항으로 선택할 수 있다. 이들 이웃항들과 접속된 읽기 사건은 각기 다른 선으로 진행된다. 독자는 이들 각 사건에 집중하고, 깊이 있게 파고들어 탐구하면 그에 따른 의미를 발견할 수 있다. 개별 사건을 자세하고 깊이 있게 살피면 개별 사건이 생성하는 의미를 발견하게 된다. <청포도>의 의미가 하나의 이웃항과 접속할 때마다 발견되는 의미는 달라질 것이다. 즉 주시하기로 <청포도>를 읽으면, 시의 의미는 보는 시각에 따라 달라진다.

독자는 주시하기로 감시하기와 다른 의미를 발견할 수 있다. 물론 주시하기는 감시하기에서 드러난 의미도 인식할 수 있다. 주시하기는 개별적이고, 상이하고, 다양함에 관심을 두기 때문이다. 주시하기는 개별 사건에서 드러나는 다양한 의미에 더 많은 관심을 둔다. 독자가 주시하기로 발견한 의미에 더 가중치를 둘 때, 감시하기로 발견한 의미에 균열이 가기도 하고, 단절을 일으킬 수도 있다. <청포도>를 조국의 광복을 염원하는 저자의 신념으로만 받아들이지 않고, 안동 청포도의 명품 특성을 광고하는 의미로 읽을 수도 있고, 먼 곳에서 찾아오는 소중한 벗을 맞이하기 위한 준비의 마음으로도 읽을 수 있다.

3. 읽기의 과제: 탈주와 주시

읽기를 이웃항의 접속으로 생성되는 사건이라는 관점에서 볼 때, 읽기 연구나 읽기 교육에서 관심을 가질 점들이 있다. 들뢰즈와 과타리의 『천 개의 고원』에서 설명하는 바가 사건은 정해져 있는 것이 아니라 무엇과 접속하느냐에 따라 달라진다는 것이다. 읽기 사건도 접속하는 이웃항에 따라 달라진다. 이러한 읽기 관점에서 관심을 가져야 할 과제를 몇 가지 생각해 보면 다음과 같다.

가. 탈주하는 읽기 지향하기

읽기를 사건의 관점에서 볼 때, 탈주를 지향해야 한다. 탈주는 경직된 몰적 읽기 사건의 선분에서 벗어나는 것이다. 탈주는 탈신도주(脫身逃走)의 준말로 '몸을 빼쳐 달아나다'의 뜻이다. 갇혀 있던 곳에서 벗어나 달아남을 뜻한다. 탈주하는 읽기는 기존의 읽기에 대한 닫힌 인식에서 벗어나 열린 인식을 갖는 것이다. 글 (가)에서 보면, 들뢰즈와 과타리는 기존의 읽기 관점에서 탈주하는 읽기 관점을 제시하고 있다. 먼저 텍스트도, 읽기도 다양체이고 기관 없는 몸체라고 말한다. 물론 이웃항들도 마찬가지이다. 그러고 나서 텍스트에서 무엇을 찾을 것이 아니라 텍스트가 무엇과 더불어 기능을 하고, 무엇과 접속하여 어떻게 변형되는지 보라고 한다. 텍스트나 읽기를 무엇인가로 고정하여 규정하려는 의식에서 탈주할 것을 요구한다.

읽기의 탈주는 독자의 의지와 의식 전환을 필요로 한다. 글 (가)의 '하나의 책은 바깥을 통해서만, 바깥에서만 존재한다'는 말은 이를 함의한다. 읽기를 볼 때, 텍스트에 내재한 본질이 있다거나 독자에게 그 본질이 있다고 보는 것은 '하나의 책은 그 안을 통해서만, 그 안에서만 존재한다'로 인식하는 것이다. 읽기를 몰성으로 절단하여 고정하고, 텍스트의 본질을 텍스트 안에서 절단하거나 독자 안에서 절단하여 가두기 때문이다. 읽기에서의 탈주는 텍스트에 의미가 있다 또는 없다는 의식에서, 독자가 의미를 구성한다 또는 결정한다는 의식에서 벗어나는 것이다. 읽기의 탈주는 독자가 읽기에 대한 의식을 바꾸려는 의지를 가지고 의식 전환을 이루어 냈을 때 얻어진다.

탈주를 지향하는 읽기는 세 가지에 대한 의식 전환을 이루어야 한다. 세 가지는 독자, 텍스트, 읽기이다. 먼저 '독자'에 대한 의식의 전환이 필요하다. 독자를 텍스트에서 의미를 찾거나 의미를 구성하는 존재로만 규정해서는 안 된다. 독자는 텍스트를 통하여 특정한 무엇만을 해야 하거나 무엇만을 할 수 있는 존재가 아니다. 텍스트와 접속하는 독자의 속성은 특정할 수 없다. 정보를 얻기도 하고, 감동을 받기도 하고, 새로운 세계를 깨치기도 한다. 독자는 텍스트와 이웃항을 접속하여 무한한 사건을 발생시키는 존재이다. 독자를 특정한 활동만을 하는 존재로 규정하는 순간 탈주하는 읽기는 그 자리에서 멈춘다. 독자는 어떤 텍스트와 만나느냐에 따라 다른 사건을 생성하고, 읽는 목적, 상황, 조건에 따라 끊임없이 변화한다.

다음은 '텍스트'에 대한 의식 전환이 필요하다. 텍스트는 바깥을 통해서, 바깥에서 그 본질을 가진다. 독자가 그 자체로 본질이 드러나지 않듯이, 텍스트도 그 자체로는 본질을 드러낼 수 없다. 텍스트의 본질은 이웃항과의 접속을 통해서만 드러난다. 텍스트는 그 자체로 다양체이고 기관 없는 몸체이다. 무심히 들여다보면, 아무것도 볼 수 없고, 의도를 가지고 이웃항을 접속시키면 이웃항에 따라 그 모습을 달리한다. 텍스트에 대하여 이웃항을 연결하지 않고 무엇이라고 규정할 수 있거나, 한두 가지 이웃항과 접속시켜 그 본질을 규정할 수 있는 것이 아니다. 그런데 독자는 텍스트를 무엇이라고 규정하고 싶어 한다. 이에 대한 의식 전환이 필요하다.

마지막으로 '읽기'에 대한 의식 전환이 필요하다. 읽기는 무엇이고 어떻게 해야 한다는 식의 고정된 의식이 있다. 현재의 읽기 교육은 '읽기를 인지적 문제해결 활동이고, 텍스트를 읽을 때 사실적 이해, 추론적 이해, 비판적 이해, 창의적 이해를 위한 기능을 사용해야 한다'[26]고 본다. 읽기는 텍스트와 이웃항이 접속하여 사건을 일으키는 일로 하나의 고정된 개념으로 정의할 수 없다. 독자는 텍스트와 이웃항이 접속하는 형태를 몇 가지로 한정할 수 없다. 텍스트와 이웃항의 접속을 제한할 수도 없고, 제한한다고 제한되지도 않는다. 텍스트와 이웃항의 접속으로 발생하는 읽기 사건은 건건이 다른 모습으로 드러난다. 글자만 보는 읽기도 있고, 내용을 외워야 하는 읽기도

---

26 2015 국어과 교육과정의 읽기 영역 내용 체계표의 내용을 보면 다음과 같다. 읽기 본질에 대한 '일반화된 지식'을 '읽기는 읽기 과정에서의 문제를 해결하며 의미를 구성하고 사회적으로 소통하는 행위이다.'로 정의하고 있다. 읽기의 방법으로 '사실적 이해, 추론적 이해, 비판적 이해, 창의적 이해, 읽기 과정의 점검'을 제시하고 있다.

있고, 내용을 한 가지씩 따라 해야 하는 읽기도 있다. 텍스트를 읽는 다양한 양상을 모두 읽기로 보는 의식의 전환이 필요하다.

탈주하는 읽기는 새로운 읽기 사건을 만드는 것이다. 들뢰즈와 과타리의 『천 개의 고원』을 읽는 독자는 읽기 사건을 일으킬 이웃항을 들뢰즈와 과타리의 다른 텍스트나 관련된 다른 철학자의 텍스트에서 선택할 수 있다. 이럴 경우, 읽기 사건은 탈주를 하지는 못한다. 이때는 탈주를 해야 하는 대상을 정교하게 인식할 수 있게 하는 읽기 사건을 생성한다. 새로운 읽기 사건으로 탈주하기 위해서는 접속할 이웃항을 이질적 속성을 갖는 것으로 선택해야 한다. 철학적 논의에 접속하는 이웃항을 교육적 속성을 가진 것으로 선택할 수 있다. 그렇게 하면 『천 개의 고원』은 이질적 이웃항으로 인하여 텍스트의 바깥을 만들어 새로운 읽기 사건을 생성하게 된다.

탈주하는 읽기는 고착되지 않는 의식을 기반으로 한다. 읽기에 대한 규정도, 읽기를 하는 방식도, 텍스트에 대한 의미도 고정하지 않는 것이다. 탈주는 리좀이나 유목이다. 끊임없이 새로운 것과 접속하고, 한곳에 머물지 않고, 다르게 또는 새롭게 변화하면서 다양한 모습으로 존재하는 것이다. 탈주하는 읽기는 독자가 텍스트에 새로운 이웃항을 접속하여 읽기 사건을 일으키고, 한 가지 읽기 사건에 머물지 않고, 다르게 또는 새롭게 텍스트가 존재할 수 있게 하는 것이다.

탈주하는 읽기는 읽기의 본질을 거스르는 것이 아니라 순응하는 것이다. 탈주는 텍스트 읽기가 특정 읽기 사건으로 한정되는 것을 거부한다. 이웃항의 접속에 따라 어떤 읽기 사건으로든 실현될 수 있다고 본다. 실제 읽기는 그렇게 이루어지는 측면이 있다. 그런데 특정 관점에서 특정 이웃항에 한정한 읽기 사건을 강조하는 경우가 있다. 이는 읽기 본질을 벗어난 접근 방식이다. 무엇으로든 실현될 수 있는 것을 특정한 것으로 한정하는 것은 거스르는 것이다. 그런데 탈주의 지향은 무엇으로의 실현이든 이를 인정한다. 읽기에 본질에 순응하는 자세인 것이다.

나. 미리 당김으로 읽기 사건 생성하기

텍스트는 지나간 일에 대한 기록인 경우가 많다. 텍스트는 근원적으로 저자의 의식 내용을 기록한 것이기에 과거의 기록이 된다. <청포도>가 그렇고 『천 개의 고원』이 그렇다. 그렇지만 텍스트의 내용은 일어날 일에 대한 미리 당김의 의도를 포함하고 있다. <청포도>는 미래를 직접 언급하고 있고, 『천 개의 고원』은 미래를 전제하고 있다. 그렇기에 텍스트를 읽을 때도 일어난 일을 다시 당겨서 사건화하거나 일어날 일을 미리 당겨 사건화할 수 있다.

들뢰즈와 과타리의 당김 관점에서, 우리 관심의 대상은 미리 당김의 사건화이다. 그동안의 읽기는 다시 당김에 익숙해져 있었다. 다시 당김의 읽기가 텍스트의 의미를 쉽게 고정할 수 있는 읽기이기 때문이다. 접속할 이웃항이 분명하고 공통적일 수 있고, 단일한 선분으로 사건화가 쉽다. 그래서 다시 당김의 방향으로 읽는 활동을 선호하게 된 측면이 있다. 다시 당김은 이미 알려져 있거나 익숙한 선분 안에서 갇히게 한다. 다시 당김의 토대가 과거의 특정한 것으로 한정되기 때문이다. 그래서 정보적인 텍스트를 읽을 때도, 설득적인 텍스트를 읽을 때도, 정서적인 텍스트를 읽을 때도 한계를 가지게 된다. 그래서 읽기 사건의 선분이 과거에서 현재의 시간 속에 갇히게 된다. 즉 과거가 현재에 이르러 절단되고 갇히게 되어, 독자의 의식 활동이 그 선분 안에서만 일어나게 만든다. 이는 <청포도>가 '조국의 독립을 바라는 저자의 마음'으로 의미를 고정하여 인식하고, 들뢰즈와 과타리의 『천 개의 고원』도 '기존의 철학적 논의를 벗어난 새로운 철학에 대한 해명'이라는 의미로 고정된다.

미리 당김의 읽기는 다시 당김의 방향과 시각에서 벗어난 읽기이다. 일어난 일 쪽으로 향했던 눈을 일어날 일 쪽으로 돌리기 위해서는 몸 전체의 방향으로 바꾸어야 한다. 미리 당김은 다시 당김과 단절하려는 의지가 있어야 한다. 시각의 방향은 그대로 두고 현시점을 뒤로 물러나게 하는 것은 미리 당김이 될 수 없다. 시각의 방향을 완전히 바꾸어서 일어날 일의 사건을 일으킬 이웃항을 당겨 와야 한다. 이것은 읽기 사건이 기존과는 다른 사건이 되어야 함을 뜻한다. 독자는 <청포도>를 일어날 일의 미리 당김의 방향에서 접속할 이웃항으로 청포도의 깊은 맛, 청포도가 잘 재배되는 환경, 청포도 재배의 역사, 청포도를 먹는 기쁨 등을 선택할 수 있다. 들뢰즈와 과타리의 『천 개의 고원』에도 일어날 일을 미리 당기는 방향에서 교육학, 국어과 교육, 사회과 교육 등을 이웃항으로 접속시킬 수 있다.

> (라) 이러한 점을 고려하여 자신의 존재가능성에 대한 현존재의 염려가 요청하는 근원적인 자기 초월의 교육활동을 '학시습(學時習)'이라 명명하고자 한다. 그것은 '새로운 것을 만나게 되면 마땅히 시간을 내어 그것을 나의 것으로 익히는 활동'이라는 의미를 지닌다. 자신의 존재가능성과 연관을 갖는 무엇을 향해 탈존하면서(學), 그것을 고유한 것으로 참되게 드러내려고 애쓰는 수련의 시기를 거치는 가운데(時), 그것과 하나가 되어 무르익는 것(習)이 학시습인 것이다. 이러한 학시습이 인간의 본래적인 삶 속에 들어 있으면서 현존재의 고유한 존재 양식에 속하기 때문에 인간은 현존재로서 자신의 존재가능성을 염려하면서 그것을 향해 초월할 수 있다.(엄태동, 2016: 89-90)

글 (라)는 『하이데거와 교육』(엄태동, 2016)의 한 부분이다. 이 글 (라)에서는 하이데거의 『존재와 시간』에 교육학을 이웃항으로 접속하여,[27] 현존재를

---

27 엄태동(2016)의 『하이데거와 교육』은 하이데거의 『존재와 시간』만을 토대로 한 것은 아니

위한 교육활동을 '학시습(學時習)'이라 명명한다. 그리고 학시습을 '새로운 것을 만나면 시간을 들여 자기 것으로 익히는 것'이라고 정의한다. 그러면서 학시습은 학생의 '존재가능성'과 연관된 것으로 배우고(學), 배운 것을 자기와 일치시키는 시간을 거쳐(時), 배운 것과 하나 되는 것(習)이라고 부연한다. 이것이 현존재가 학습을 통하여 자기에게 마음을 써서(염려)[28] 더 나은 현존재가 되도록 하는 것(초월)[29]임을 밝히고 있다. 글 (라)는 하이데거의 『존재와 시간』에서 벗어난 방향과 시각에서 『존재와 시간』을 사건화하고 있다.

미리 당김은 제한점을 벗어난 사건화로 그 한계점이 없다. 글 (라)를 보면 하이데거의 논의와 『논어』의 구절[30]은 모두 과거의 것이지만 읽기 사건의 기대가 일어날 일을 향하므로 미리 당김의 특성을 갖는다. 미리 당김의 사건화는 특정한 이웃항에 갇히지 않는다. 다시 당김은 확인하고 지적할 수 있는 분명한 대상이 존재한다. 그렇기에 당겨오는 이웃항은 한정되고 결정되어 있다. 그렇지만 미리 당김의 이웃항은 열려 있고, 무제한적이다. 사건의 측면에서 일어날 일을 지향하면 미리 당김이 된다. 즉 텍스트에 연결하는 이웃항이 과거 자료에 있는 것이라도 일어날 일을 지향한 접속이면 미리 당김이 된다. 즉 미리 당김은 일어날 일을 지향하는 사건화이기에 제한점을 갖지 않으며, 다양성을 넘어 무한성을 함의한다.

미리 당김의 사건화는 심리적 시공간이 의식의 토대로 작용한다. 미리

다. 하이데거의 여러 텍스트를 참조하여 내용을 구성하고 있다.

28 염려(Sorge)는 현존재가 존재가능성에 대한 마음씀이다.(박찬국, 2018: 101-102)

29 초월은 현존재가 존재가능성의 실현으로 현재의 자기 존재를 벗어나 탈존하는 것을 가리키는 말이다.(엄태동, 2016: 59-63)

30 글 (라)의 바로 앞 쪽에 제시된 『논어』의 구절은 '학이시습지불역열호(學而時習之不亦說乎: 배우고 때로 익히면 기쁘지 아니한가)와 학이불사즉망 사이불학즉태(學而不思則罔 思而不學則殆: 배우되 깊이 생각하지 않으면 갈피를 잡지 못하여 얻는 것이 없고, 생각하되 배우지 않으면 위태롭다)'이다.

당김은 물리적 시공간이 분명하지 않아 심리적 의식이 크게 작용한다. 물리적 시공간은 특정한 시간과 장소가 한정되는 특성이 있지만 심리적 시공간은 제한점이 없다. 물리적 시공간이 고정성, 동일성, 단일성의 사건화를 지향한다면 심리적 시공간은 유연성, 개별성, 다양성을 지향한다. 즉 미리 당김의 사건화는 끊임없이 변화하는 의미생성의 사건 선분을 만든다. <청포도>의 미리 당김의 사건화는 칠월의 고향에 대한 향수일 수도 있고, 안동 청포도에 대한 예찬일 수도 있다. 하이데거의 『존재와 시간』에 대한 미리 당김의 사건화는 교육의 개념을 정의하는 내용이 될 수도 있고, 교육의 방법을 찾아내는 내용이 될 수도 있다.

미리 당김은 다양한 읽기 사건의 선분을 만드는 일이다. 특히 일어날 일을 중심으로 이웃항을 계열화하여 읽기 사건의 선분을 만드는 활동이다. 더 나아가 접속되는 이웃항에 따라 유연하게 달라지는 텍스트 본질을 밝히는 활동이다. 이는 독자가 주도해 읽기 사건을 발생시키고, 의미를 발견하는 일이다. 이때 독자는 텍스트에 내재된 다양체의 속성을 인식하고, 이웃항을 계열화한 사건의 선분들을 자세히 살피고 깊이 들여다보아야 한다.

다. 주시하기로 읽기 사건 살피기

독자가 텍스트 의미를 찾는 방법은 다양할 수 있다. 텍스트는 알(egg)과 같은 기관 없는 몸체[31]이기 때문이다. 텍스트가 무엇과 접속되느냐에 따라

---

31 기관 없는 신체란 무엇으로든 될 수 있는 신체를 말한다. '기관 없는 신체란 다른 기계로, 특정한 욕망이 다른 욕망으로 변화되는 내재적 장이라 할 수 있습니다. 기관 없는 신체란 흐름의 연속체이고, 흐름이 집중되고 분산되는 장이며 그 집중과 분산의 양상, 그 집중의 강밀도에 따라 그때그때 다른 '기관', 다른 기계가 만들어지기도 하고 사라지기도 하는 장이고, 욕망하는 기계들이 만들어지고 변형되는 터전이며, 욕망하는 기계들의 생산에 사

무엇으로든 '되기(becoming)'[32]로 실현된다. 텍스트가 고정된 의미를 갖지 않음은 이미 많이 논의 되었다. 이들 논의의 요점은, 텍스트가 나름의 의미를 지닐 수 있지만 독자는 이들 의미에는 관심을 두지 않음이다. 이에는 독자가 텍스트 의미를 결정한다는 뜻으로 받아들여지는 점이 있다. 그렇지만 들뢰즈와 과타리가 『천 개의 고원』에서 탐구하는 리좀이나 유목의 관점에서 보면, 독자가 텍스트 의미를 생성하거나 결정하는 것이 아니다. 텍스트 내용과 이웃항이 접속하여 사건이 되고, 이 사건에서 의미가 생성되는 것이다. 이 읽기 사건에서 의미를 발견하기 위해서 독자는 사건을 주의 깊게 살펴야 한다. 감시하는 눈으로 대강 살피게 되면 개별 사건들이 생성하는 의미는 간과하게 된다. 개별 읽기 사건을 주의 깊게 살피는 감시자의 시각이 주시하기이다.

주시하기는 읽기 사건 자체에 관심을 집중하는 것이다. 텍스트가 이웃항과 어느 부분에서 접속하여 사건이 되는가는 의미생성에 중요한 문제다. 텍스트 내용 전체가 접속의 대상이 될 수도 있지만, 텍스트의 한 부분, 또는 텍스트의 한 낱말이 접속의 대상이 될 수도 있다. 독자는 의미를 발견하기 위해 텍스트와 이웃항의 접속으로 일어나는 읽기 사건에 관심을 기울여야 한다. 사건이 어떻게 발생하고, 사건 자체가 무엇인지, 사건의 결과가 무엇인지에 관심을 가져야 한다. 읽는 과정에서 많은 읽기 사건이 지나가지만 의도적으로 관심을 가지고 집중하지 않으면 순간 사라진다. 읽기 사건들은 독자가 관심을 가질 때, 의식 속에 부각되어 인식된다. 그렇기에 읽기 사건에 의식의 초점을 집중하는 것이 필요하다.

주시하기는 개별적 사건의 의미를 발견하는 활동이다. 독자가 텍스트를

용되는 질료요, 질료의 흐름입니다.'(이진경, 2003a: 135)

32 텍스트 읽기의 되기(becoming)에 대한 논의는 여수현(2019)를 참조할 수 있다. 이 논의에서 들뢰즈와 과타리가 말하는 되기의 특성을 '반-기억, 생성, 주객 무구별, 새로움의 창출, 리좀'으로 들었다.(여수현, 2019: 160-161)

읽는 과정에서는 다양한 사건들이 생성된다. 독자는 이들 사건을 개별적으로 살펴서 의미를 발견하게 된다. 의미는 사건 속에 내재해 있다. 독자가 읽기 사건을 충실하게 주시하여 살피는 이유가 의미를 발견하기 위해서이다. 독자가 읽기 사건의 본질을 의식할 때 의미를 발견하게 된다. 글 (나) <청포도>를 읽는 독자가 '칠월'에 그 이웃항으로 '청포도 수확, 청포도의 전통성, 고품질 청포도, 청포도 구매자, 청포도 시식 등을 접속하여 읽기 사건을 발생시키면 '칠월의 안동 청포도 광고'가 사건의 의미로 인식된다. 독자는 각 읽기 사건의 선분과 내재된 본질을 의식할 때 의미를 발견할 수 있게 된다.

주시하기는 읽기 사건을 탐구하는 시각이다. 독자는 읽기 사건을 만들지만 더 적극적으로 해야 하는 일은 사건을 탐구하는 일이다. 읽기에서 텍스트와 이웃항이 만드는 읽기 사건은 객체적이고 피동적인 특성을 갖지만 주시하기는 주체적이고 능동적으로 작용한다. 이는 독자가 사건을 주체적이고 적극적으로 탐구해야 함을 의미한다. 읽기 사건이 어떻게 일어나고 그 사건에 내재된 본질이 무엇인지를 적극적으로 찾아내야 하는 것이다. 글 (라)를 보면, 저자는 학시습이라는 개념을 사건 속에서 찾아내기 위하여 적극적으로 노력한다. 그 결과 읽기 사건에서 교육적 의미를 발견했다. 읽기 사건에서 발견한 의미의 가치는 독자의 주시하기의 결과로 결정된다. 독자가 읽기 사건을 얼마나 깊이 있게 살피고, 탐구하느냐에 따라 발견하는 의미의 내용이 달라지는 것이다.

주시하기는 읽기 사건을 메타적으로 점검하는 활동을 포함한다. 주시하기가 감시자의 시각에서 비롯되었기 때문이다. 읽기 사건은 텍스트와 독자 사이에서 일어난다. 그래서 독자는 사건의 선분에 심리적 거리를 두고 메타적으로 점검하는 것이 필요하다. 메타적 점검은 두 가지 점을 고려해 이루어진다. 첫째는 방향성과 시각성에 대한 점검이다. 어떤 계열의 이웃항을 연결하고 있는지, 사건을 살피는 시각이 무엇인지를 점검하는 것이다. 둘째는 읽기 사건의 내용에 대한 점검이다. 어떤 읽기 사건이 어떻게 벌어지고 있는지를 점검하는 것이다. 이 두 가지를 점검함으로써 독자는 의미를 발견하게 된다. 의미는 사건의 선을 따라가서 알게 되거나 독자가 임의로 생성하는 것이 아니다. 읽기 사건을 메타적으로 점검하고 또 세밀하게 확인하여 찾아내는 것이다.

주시하기는 의미의 다양성을 드러내기 위한 시각이다. 텍스트는 정해진 의미를 가진 존재가 아니라 접속되는 이웃항에 따라 의미가 결정될 수 있는 존재임을 인식해야 한다. 텍스트는 다양체이면서 기관 없는 몸체이기에 어떤 의미로도 실현될 수 있다. 따라서 독자는 이웃항을 텍스트 접속 지점에 접속하여 그 사건이 실현되는 과정을 주의 깊게 살펴야 한다. 텍스트가 다양체이기 때문에 읽기 사건은 접속 지점과 이웃항에 따라 달라진다. 달라지는 사건을 깊이 있게 자세히 관찰해서 그 사건을 구체적으로 파악하는 것이 필요하다. 각 사건을 깊이 살피고 따져서 차이를 밝혀 인식하고 의미를 찾아내는 방법이 주시하기인 것이다.

4. 읽기 사건의 특성

읽기는 보는 관점에 따라 달라진다. 읽기의 관점은 읽기 특성을 결정하고, 읽기의 방식을 구체화한다. 이를 통하여 독자의 읽기 활동을 변화시킨다. 읽기에 대한 관점이 변화하면 읽기가 변화한다. 읽기의 관점이 다양해지면 독자의 읽기도 다양해진다. 독자의 읽기가 다양하게 되면 텍스트에 대한 이해도 다양해 질 수 있다. 들뢰즈와 과타리의 리좀적 사유, 또는 유목적 사유 방식은 읽기를 다른 관점으로 볼 수 있는 토대를 제공한다. 이 논의에서는 들뢰즈와 과타리의 사유에 기초한 사건의 선분적 사유의 관점에서 읽기를 살펴보았다.

이 장 논의의 초점은 읽기 사건의 선분성에 있다. 독자의 텍스트 읽기를 선분 속에서 일어나는 읽기 사건으로 보고, 읽기 사건의 특성을 검토해 보았다. 그래서 읽기는 텍스트 내용과 이웃항의 접속으로 읽기 사건을 발생시키는 것으로 정의했다. 이 읽기 사건에서 텍스트 의미를 독자가 발견하는 것으로 보았다. 이 관점에서 독자는 텍스트 내용과 이웃항을 접속시켜 읽기 사건을 일으키는 자이고, 이때 발생한 의미를 목격한 목격자이고, 의미가 사실임을 진술하는 증언자이면서, 의미의 내용을 알리는 보고자이다.

이 논의에서의 초점은 텍스트의 의미는 고정된 형태로 존재하지 않는다는 것이다. 텍스트의 의미는 텍스트의 내용과 접속되는 이웃항에 의하여 생성된다. 독자가 이웃항을 어떤 것으로 어떻게 접속하느냐에 따라 의미는 달라진다고 보았다. 그리고 텍스트의 내용이 독자가 선택한 이웃항과 접속하였을 때 일어나는 일을 읽기 사건으로 보았다. 읽기 사건은 일정한 선을 따라 일어나고 의미를 생성한다. 독자가 같은 사건의 선을 따라가면 같은 의미를 발견하게 된다. 반면 독자의 읽기 사건이 다양한 선을 따라 일어나게 할 수 있다. 그렇게 되면 텍스트는 언제나 다른 의미를 생성한다. 독자는 그 의미를 발견하고 목격하게 된다.

읽기를 어떻게 인식하느냐는 읽기와 읽기 교육에 영향을 준다. 들뢰즈와 과타리가 『천 개의 고원』에서 논하는 철학의 내용은 읽기와 읽기 교육을 새롭게 인식할 수 있는 단서를 제공하고 있다. 아직 들뢰즈와 과타리가 제공하는 단서로 읽기에 대한 충분한 논의가 이루어지지 못하고 있다. 이 논의도 들뢰즈와 과타리가 문제시하는 읽기에 대한 한 단서를 부분적으로 검토해 보았을 뿐이다. 들뢰즈와 과타리의 논의는 읽기를 새롭게 인식하게 할 많은 단서를 내포하고 있다. 이에 대한 깊이 있는 탐구가 필요하다.

제6장 — 절편화와 읽기

1. 절편과 정치

읽기는 정치다. 정치는 다름들을 조정하여 화합하게 한다. 이로써 새 세상을 열어간다. 읽기는 독자의 생각과 텍스트의 내용이 다름을 밝히고 화합을 이루어 내는 일이다. 독자는 읽기로 다름을 조정하고 화합하여 자기를 생성한다. 읽기는 독자가 화합으로 자기 생성을 이루는 정치이다. 정치는 국민에게서 권력을 얻어 국가 내의 대립을 조정하고 통합하는 일이다.[1] 이로써 국민과 함께하는 일이다. 독자는 텍스트에서 얻은 권력으로 텍스트의 의미들 사이에 생기는 대립을 조정하고 통합해야 한다. 이를 통하여 독자는 텍스트 이해인 자기 생성에 이르게 된다. 독자가 텍스트를 읽고 자기 생성을 이루는 활동에 정치의 속성이 내재한다. 그렇기에 독자가 하는 텍스트 읽기는 정치이다. 독자는 텍스트를 읽으면서 대립하는 것들을 조정해야 한다. 읽기에서

1 나라를 다스리는 일. 국가의 권력을 획득하고 유지하며 행사하는 활동으로, 국민들이 인간다운 삶을 영위하게 하고 상호 간의 이해를 조정하며, 사회 질서를 바로잡는 따위의 역할을 한다.[표준국어대사전] ① 국가의 주권자가 그 영토 및 국민을 통치함. 국가 권력을 획득하고 유지하며 행사하는 활동. ② 여러 권력이나 집단 사이에 생기는 이해관계의 대립 등을 조정·통합하는 일.[한컴사전-민중국어사전]

대립하는 것은 한두 가지가 아니다. 독자와 텍스트가 대립하고, 독자의 생각과 텍스트의 내용이 대립한다. 텍스트와 읽기 방법, 관습, 문화, 사회, 관점, 이론 등도 대립한다. 텍스트를 구성하고 있는 내용끼리도 대립하고, 다른 텍스트의 내용과도 대립한다. 독자는 이들 대립하는 것을 조정하고 통합함으로써 텍스트 이해, 즉 자기 생성에 이르게 된다.

들뢰즈와 과타리는 이 정치의 문제를 『천 개의 고원』(김재인 역, 2003) 9장에서 논의한다. 9장의 제목은 '미시정치와 절편성(Micropolitique et segmentarité)'이다. 여기서 정치를 절편성(segmentarity)과 관련하여 논의한다. 절편(segment)[2]은 명사로는 '분절·분할·부분·단편·조각·구분' 등을 의미하고, 동사로는 '분단(분할)하다·분열하다(시키다)' 등을 뜻한다. 수학적으로는 선분, 원의 호(弧)를 가리킨다.[3] 언어에서는 '단음·분절(分節)' 등을 지시한다. 절편화(Segmentation)는 절편을 만드는 작용이다. 이 절편화와 관련된 절편은 한 쪽(편), 한 부분, 한 덩어리 등을 뜻한다. 즉 절편화는 '편을 나눔'이다. 이때 '편'은 한 개체 또는 단수일 수도 있지만, 두 개체 이상의 복수로 구성된다. 그렇기에 절편화는 다수이거나 큰 덩어리로 된 하나를 두 개 이상의 부분(편)으로 나누는 것과 관련된다. 절편성은 대상을 절편화하는 방법이나 과정의 특성이다. 이에 더하여 절편화된 절편들에 내재하거나 절편들 사이에 대립하는 특성이다. 정치는 구성원들이 절편화로 절편을 이루어 대립하게 하는 일은 물론, 절편들 사이의 대립을 조정하여 통합하는 일이다. 9장의 제목과 관련해 보면, 절편성과 관련해서 이루어지는 정치는 거시정치보다는 미시정치이다.

---

2 n. ① 단편, 조각; 부분, 구획. ② (數) (직선의) 선분; (원의) 호(弧). ③ (動) 체절, 환절(環節). ④ (機) 부채꼴 톱니바퀴. ⑤ (言) (단)음((單)音), 분절(分節). ⑥ (컴퓨터) 세그먼트[(1) 프로그램의 일부분으로 다른 부분과는 독립해 컴퓨터에 올려 실행함. (2) data base 내의 data의 단위]. —[ségment/－́] vt., vi. 분단〔분할〕하다, 분열하다〔시키다〕.(한컴사전-영한에센스)

3 이진경(2023a)은 이 의미를 토대로 'segmentarité'를 '선분성'으로 번역한다.

천하 모두가 아름다움이라 알고 있다고 해서, 아름다움이라고 여기는 것은 악이다. 모두가 선이라 알고 있다고 해서, 선이라고 여기는 것은 선이 아니다. 처음부터 유와 무는 서로 낳고, 어려운 것과 쉬운 것은 서로 이루어 주고, 긴 것과 짧은 것은 서로 견주고, 높은 것과 낮은 것은 서로 기울고, 악기 소리와 노래 소리는 서로 조화를 이루고, 앞서는 것과 뒤서는 것은 서로 따르니, 항상한 것은 이러하다. 이것을 근거로 하여 성인(聖人)은 무위의 일을 맡아서 말없는 가르침을 행한다. 만물을 지으면서도 앞서지 않고, 낳아도 소유하지 않는다. 행위를 하되 자기 뜻대로 하지 않고, 성공을 해도 거만해지지 않는다. 거만하지 않은 사람은 그래서 쫓겨나지 않는다.(天下皆知美之爲美, 斯惡已. 皆知善之爲善, 斯不善已. 故有無相生, 難易相成, 長短相較, 高下相傾, 音聲相和, 前後相隨. 恒也. 是以聖人, 處無爲之事, 行不言之教. 萬物作焉而不始, 生而不有, 爲而不志, 功成而不居. 夫唯不居, 是以不去.)

—노자(老子)의 『도덕경(道德經)』 2장 전문

노자(老子)는 『도덕경(道德經)』 2장에서 미시정치와 관련된 문제를 구체적으로 언급한다. 미(美)와 오(惡, 추함), 선(善)과 불선(不善), 유무(有無), 장단(長短), 고하(高下), 음성(音聲), 선후(先後) 등은 대립하는 절편들이다. 이들의 대립은 그치거나 끝나지 않는다. 이러한 이들 절편 사이에 항상 대립이 존재하지만 함께하기에 조화가 필요하다. 이들 대립을 이루고 있는 절편 사이의 조화를 이루어 내는 것은 성인이다. 절편들 사이의 조화를 이루어 낸 성인은 무위(無爲)하고, 말없이 가르치고, 만물이 존재할 수 있게 한다. 성인은 만물이 존재할 수 있게 하였지만 소유하지 않고, 뜻대로 하지 않고, 지배하지 않는다. 그래서 늘 그들과 함께한다. 정치는 절편 간의 대립을 조절하고 통합하여 함께하게 하고 함께하는 일이다. 절편 간 대립의 조절은 포기하거나 도외시하거나 초월할 수 있는 일이 아니다. 정치는 절편 간의 대립을 조율하여 새로움을 생성하는 일이다. 그러면서 절편들에서 떠나거나 쫓겨나지 않고 함께하는 일이다.

> 우리는 모든 곳에서, 모든 방향으로 절편화된다. 인간은 절편적 동물이다. 절편성은 우리를 구성하는 모든 지층들에 속해 있다. 거주하기, 왕래하기, 노동하기, 놀이하기 등 체험은 공간적으로 그리고 사회적으로 절편화된다. 공장은 노동과 작업의 본성에 따라 절편화된다. 우리는 사회 계급, 남자와 여자, 어른과 아이 등 거대한 이원적 대립에 따라 이항적으로 절편화된다. 우리는 나의 일, 내 동네의 일, 도시의 일, 나라의 일, 세계의 일…… 등 조이스의 '글자'의 방식으로 점점 확대되는 원들 안에, 점점 더 커지는 원반들 또는 환(環)들 안에 원형적으로 절편화된다. 우리는 하나의 직선 위에서, 여러 직선 위에서 선형적으로 절편화되는데, 거기서 각각의 절편은 하나의 에피소드 또는 '소송'을 표상한다. 우리는 항상 소송을 끝마치자마자 다른 소송을 시작한다. 우리는 항상 영원히 소송하고 소송 당하는 자로서, 가족, 학교, 군대, 직장으로 옮겨다닌다.(김재인 역, 2003: 397)

들뢰즈와 과타리는 우리는 모든 곳에서 모든 방향으로 절편화된다고 말한다. 그래서 인간을 절편적 동물이라고 규정한다. 들뢰즈와 과타리가 문제 삼는 것은 '나' 또는 '우리'를 구성하는 모든 지층에서의 절편화이다. 이는 미시정치와 관련된다. '나(우리)'의 일상인 거주, 왕래, 일, 놀이 등은 특정 공간에서 또는 사회 활동으로의 절편이다. 이 절편은 일상적이고 언제든지 수시로 반복되는 일이기에 자각되지 않는다. '나'의 일상 일들과 관련된 것은 다 마찬가지이다. '우리(나)' 집의 공간도 용도에 따라 절편화되고, 동네의 길거리는 마을의 질서에 따라, 회사나 학교에서의 일상은 업무나 교과에 따라 절편화된다. '나'는 절편화된 세계에서 절편으로 활동하고 생활한다.

절편을 벗어나 있는 '나'의 일상은 어떤 것도 없다. 그러다 일상을 벗어난 절편이 되어야 할 때, 절편화를 자각한다. 새로운 일을 시작해야 할 때, 여행하게 될 때, 출장을 갈 때 등에서 '나'는 절편화를 자각한다.

이 절편화는 몇 가지 형태(form, 형식)로 이루어진다. 위 인용문에서 보면, 들뢰즈와 과타리는 절편화를 세 가지로 구분한다. 첫째, 이항(二項)적 절편화이다. 사회 계급(부르주아(bourgeoisie)와 프롤레타리아(proletariat)), 남자와 여자, 어른과 아이 등이 대표적인 예다. 이에는 구분되는 두 절편이 대립 관계를 이룬다. 둘째, 원형(圓形)적 절편화이다. 나의 일, 가족의 일, 동네의 일, 도시의 일, 나라의 일, 세계의 일 등이 대표적인 예이다. 이에는 '나'를 중심으로 구분되는 절편들의 둘레가 점차 확대되는 원반(고리, 환(環)) 형태들이 대립 관계를 이룬다. 셋째, 선형적 절편화이다. 한 개인이 가족, 학교, 군대, 직장인이 되는 것이 대표적인 예이다. 하나나 여러 개의 절편이 직선 위에서 '이다'와 '아니다'를 판단하는 '소송(과정)'의 속성을 지닌 형태로 대립 관계를 이룬다. 이들 절편화의 형태는 우리의 일상에 내재하고 있다. 우리는 언제나 이들 절편에 편입되어 있고, 대립되는 절편으로 존재한다.

'나'가 독자로서 텍스트를 읽는 일도 절편화와 관련된다. 특정 독자로의 절편화이고, 절편화의 결과로 절편이 된 독자로 생성된다. 독자는 절편으로 특정 텍스트를 인식하고 선택한다. 텍스트를 특정 방식으로 읽고 내용을 인식한다. 절편으로서 텍스트의 특정 내용에 집중하고, 특정한 이해를 이룬다. 독자는 절편으로 텍스트를 읽기를 하면서 절편화를 통과한다. 독자는 절편화를 통과함으로써 새로운 절편이 된 자기를 생성한다. 우리는 이들 모든 절편화에 의식을 집중할 수는 없다. 우리는 독자로서 읽는 방식을 사용한 읽기 실행으로 절편화를 통과하는 일에 관심을 둔다. 즉 독자가 텍스트를 읽는 과정에서 절편화를 통과하는 당사자가 되는 일에 관심을 둔다. 독자는 절편화된 자로 텍스트를 읽고, 새로운 절편화를 통과하여 절편이 되는 자이다. 독자가 절편화로 절편이 되면, 새로운 자기를 갖게 된다.

이 장에서는 절편성에 내재한 정치의 속성을 토대로 독자의 읽기를 탐구한다. 이 논의의 토대는 들뢰즈와 과타리의『천 개의 고원』9장 '1933-미시정치와 절편성'이다. 이 9장에서는 우리가 실행하는 절편화에 내재한 정치의 속성을 검토한다. 우리의 절편화는 본질적인 형식과 실제적인 유형이 연계되어 작동하기에 다양성을 띤다. 이 절편화의 형식과 유형의 연계 작용을 분석해 절편화의 내적 속성을 밝힌다. 이는 읽기에서 독자가 실행하는 절편화의 내적 속성을 인식하게 한다. 읽기에서 독자의 절편은 독자를 절편화하는 절편성과 이해를 절편화하는 절편성으로 구분된다. 실제적 읽기에서는 절편인 독자가 텍스트를 읽는 절편화의 과정을 거쳐 텍스트를 이해함으로써 새로운 절편인 독자 자신을 생성한다. 이에 이 논의에서는 독자가 텍스트를 이해하는 과정을 절편화로 본다. 이 절편화로 독자는 새로운 절편이 된 자기를 생성하게 된다. 읽기에는 독자가 자기 생성으로 새로운 절편이 되는 내적 논리가 내재한다. 독자가 텍스트 읽기로 자기를 생성하는 절편화에는 대립을 조정하고 화합하게 하는 정치의 속성이 내재한다. 독자가 읽기 과정에서 실행하는 절편화는 전체 또는 보편(거시정치)과도 관련성 있지만 본질적으로 개별적이다. 특히 독자의 자기 생성에 의한 절편화는 개체적이다. 이 독자의 절편화에 관여하는 정치의 속성은 '미시정치'이다. 이 미시정치의 속성이 내재된 절편화를 실행하는 독자의 읽기를 '미시적 읽기'라 할 수 있다. 독자가 텍스트 읽기로 자기를 절편화하여 절편을 이루는 미시적 읽기의 논리를 점검한다. 이를 통하여 독자의 텍스트 읽기와 이해의 본질을 알아본다.

2. 절편화의 유형: 작용과 한계

정치는 대립을 조절하는 일이다. 대립은 절편에서 비롯된다. 절편화는 이 대립을 만들어 내는 형식(form, 형태)이기도 하다. 학생과 교사, 화자와 청자, 저자와 독자 등은 절편화로 대립하는 절편이 되고, 이 대립에는 형식이 내재한다. 이 절편화로 절편들을 만들고, 그 절편들의 대립을 구분하고 조정하는 방식(정치)은 다양할 수 있다. 이 다양화는 절편화의 '유형(type)'을 달리하는 것이다.[4] '유형'은 '성질이나 특징 따위가 공통적인 것끼리 묶는 하나의 틀' [표준국어대사전]을 뜻한다. 그렇기에 유형은 절편화의 실행 형식이 그 성질이나 특징에 따라 달라지게 하는 틀이다. 즉 절편화의 실행 형식은 그 내적 성질이나 특성에 따라 여러 유형으로 구분된다. 절편화의 실행 형식은 유형에 따라 대립을 조절하고 화합하는 성질이 달라진다. 이는 절편화를 실행하는 정치력이 단일하지 않음을 뜻한다. 절편 간의 대립을 조정하고 화합을 이루게 하는 유형들의 특성을 검토한다. 이를 통해 읽기에서 독자의 자기 생성적 절편화를 규명하기 위한 토대를 마련한다.

가. 유연성과 견고성: 원시 사회와 현대 사회

절편화의 실행 형식의 첫째 유형은 유연성(柔軟性)과 견고성(堅固性)이다. 절편화의 실행에서 '유연성'을 강화하거나 '견고성'을 강화할 수 있다. 절편화가 유연성을 갖느냐 견고(경직(硬直))성을 갖느냐에 따라 절편의 구분 경계

---

4 여기서 형태는 'form'을 변역한 것이고, 유형은 'type'를 번역한 것이에요. 형태가 말 그대로 형태적인 차이에 따라 선분을 구분한 것이라면, 유형은 성분성이 작동하는 양상에 따라, 혹은 이렇게 말해도 좋다면 '질적인 양상'에 따라 구별한 것이라고 할 수 있습니다.(이진경, 2003a: 661)

나 대립 강도가 달라진다. 즉, 이항적, 원형적, 선형적 절편화를 유연하게 또는 견고하게 할 수 있다. 절편화를 유연하게 하면 절편 간 경계가 모호해지고 대립의 강도가 낮아진다. 반면 절편화를 견고하게 하면 절편 간 구분 경계가 분명해지고, 대립의 강도가 높아진다. 절편화는 유연성과 견고성에 따라 구분 경계와 대립 강도가 다르게 전개된다. 구분과 대립을 조정하는 정치는 어느 것을 선택하더라도 절편 내에서나 절편 간에 화합할 수 있게 해야 한다. 정치에서는 필요에 따라 절편화의 유연성이나 견고성을 활용할 수 있다. 이는 읽기에서 독자가 절편화를 실행할 때 유연성이나 견고성이 전제됨을 함의한다.

> 때로는 상이한 절편들이 상이한 개인들이나 집단들에 결부되며, 때로 한 절편에서 다른 절편으로 이행하는 것이 동일한 개인이나 동일한 집단인 경우도 있다. 하지만 이항적 절편, 원형적 절편, 선형적 절편 등 절편성의 모습들은 항상 함께 취해지며, 심지어는 서로 옮겨가기도 하고, 관점에 따라 변형되기도 한다. 야만인들 세계에서도 이미 그것이 나타난다. (중략) 사실 절편성의 개념은 고정된 중앙 국가장치도 없고, 포괄적인 권력도 없고, 전문화된 정치제도도 없는 이른바 원시 사회를 고려하기 위해 민속학자들이 만들어 낸 개념이다. 그래서 사회적 절편들은 융합과 분열이라는 양극단 사이에서 업무와 상황에 따라 어느 정도 유연성을 갖고 있다. 이질적인 사회적 절편들 사이에는 커다란 소통 가능성이 있어서, 한 절편과 다른 절편의 이어짐이 다양한 방식으로 행해질 수 있다.(김재인 역, 2003: 397-398)

위 인용문에서 보면, 절편은 개인이나 집단과 결부되어 있다. 단위 절편은 어떻게 절편화하느냐에 따라 특정 절편에서 다른 절편으로 이동할 수 있다. 이 절편의 이동은 동일 개인이나 동일 집단에서도 일어날 수 있다. 또한 이항적 절편, 원형적 절편, 선형적 절편 등이 함께 겹쳐서 이루어질 수도 있고, 서로 옮겨갈 수도 있다. 더하여 관점에 따라서는 절편이 변형될 수도 있다. 원시 시대부터 절편화의 이들 형상은 이미 존재하고 있었다. 두 절편으로 나누는 이항적 절편도, 하나의 중심으로 집중하거나 멀어지는 원형적 절편도, 소송(procés, 과정, 재판)에 의하여 판단될 수 있는 선형적 절편도 마찬가지이다. 절편성의 개념은 민속학자들이 정치제도가 완성되기 이전의 원시 사회를 규정하기 위해 만든 개념이다. 원시 사회에서 절편들의 융합과 분할은 상황에 따라 달라지는 유연성을 가지고 있었다. 이질적인 절편 간에도 소통 가능성이 있어서 절편 간의 이어짐도 다양한 방식으로 이루어질 수 있었다.

이러한 절편성의 개념을 들뢰즈와 과타리가 정치와 연결하고 있다. 들뢰즈와 과타리는 절편성을 정치의 여러 속성으로 논의한다. 여기서는 먼저 유연성과 경고성의 절편화의 유형을 살펴본다. "절편성과 중앙 집중을 대립시키기보다는 오히려 절편성을 두 유형으로 구분해야만 할 것이다. 하나는 '원시적' 유연한 절편성이고 다른 하나는 '현대적'이고 견고한 절편성이다."(김재인 역, 2003: 400) 들뢰즈와 과타리는 절편성을 절편들의 특성을 알 수 있는 중앙 집중에 대립시키기보다는, 원시적 유연한 절편성과 현대적 견고한 절편성으로 구분한다. 이러한 구분으로 이항적 절편화, 원형적 절편화, 선형적 절편화의 실행에 내재한 조절 특성을 밝힐 수 있다. 유연한 절편화와 견고한 절편화가 갖는 내적 조절 특성을 인식함으로써 정치의 관여 작용을 높일 수 있다.

1) 이항 대립(남자-여자, 상층민-하층민)은 원시 사회에서 매우 강력하다. 하지만 이항 대립은 그 자체로는 이항적이지 않은 기계들과 배치물의 결과인 것 같다. 한 집단에서 남자-여자라는 사회적 이항성은 남녀가 배우자를 서로

> 다른 집단들 안에서 얻도록 규정하는 규칙을 동의한다(따라서 적어도 세 개의 집단이 있게 된다). 바로 이런 의미에서 레비-스트로스는 원시 사회에서는 이원론적인 조직화가 그 자체로는 유효하지 않은 이유를 보여줄 수 있었다. 반대로, 이원적 기계를 이원적 기계로서 유효하게 기능하도록 만드는 것은 현대 사회, 또는 차라리 국가 안에 있는 사회의 특성이다. 이 이원적 기계는 일대일 대응 관계들에 의해 동시적으로 진행되고 이항화된 선택들에 의해 순차적으로 진행된다. 계급이나 성을 둘씩 나아가며, 삼분(三分) 현상은 둘의 운반으로부터 나오는 것이지 그 역은 아니다.(김재인 역, 2003: 400)

먼저 이항적 절편의 유연함과 견고함을 보면, 원시 사회에서는 견고한 절편성이 실현되었다. 원시 사회에서는 남과 여, 상층과 하층 등으로 절편화하는 이원적 기계가 견고하게 작동했다. 그래서 이항 대립은 견고한 절편성을 이루었다. 하지만 특정 이항 대립은 그 자체가 이원적 기계로 견고한 절편화가 되지 않는 경우도 있다. 레비-스트로스의 문화인류학의 연구에서 '남과 여' 절편은 배우자의 선택을 위해 다른 집단이 관여한다. 이는 단일 집단 내에서의 견고한 이항적 절편화가 다른 집단과의 관계에서 보면, 견고할 수 없음을 내포한다. 외부 집단의 관여가 있고 외부에서 온 여자의 경우 동일 절편화로 된 대립 관계로 분류되지 않는 특성이 있기 때문이다. 이는 원시 사회에서의 이항적 절편이 그 자체로 유효하지 않을 수 있음을 내포한다. 원시 사회에서의 이항적 절편화가 견고한 측면이 있지만 유연함이 내재한 면도 있었다.

현대 사회는 이항적 절편이 유효하게 작용한다. 즉 이항적 절편을 이루는 이원적 기계가 견고하게 작동하는 측면이 있다. 이항 대립은 사회적 특성의 측면이 있다. 남녀, 상하, 빈부 등에서 일대일 대응 관계를 갖는 이원적 기계가 동시에 진행된다. 일대일 대응 관계들에 의해 이항 대립의 절편화가 실행된다. 부자-빈자, 남-녀, 스승-제자, 자본가-노동자 등의 절편화가 진행된다. 이들 이항적 절편에 재벌-부자-빈자, 남-중성-녀, 자본가-중산층-노동자 등의 3분 현상이 있을 수 있다. 하지만 이들은 이원적인 것의 변형에 불과할 뿐이다. 이항 대립의 현대적 절편화의 본질은 견고함을 강화하는 특성이 있다.

> 2) 이와 동일한 방식으로 원시 부족들에게서 우리는 다음과 같은 점을 주목할 수 있다. 즉 원형적 절편성은, 원들이 중앙 집중적이라거나 동일한 중심을 가지고 있어야 한다는 사실을 필연적으로 함축하지 않는다는 점이다. 유연한 체제에서 중심들은 이미 노드들, 눈들, 또는 검은 구멍들처럼 작용한다. 하지만 중심들이 모두 함께 공명하는 것은 아니며, 동일한 점 위에서 일치하는 것도 아니고, 중앙에 있는 동일한 검은 구멍에 집중되지도 않는다. 애니미즘적인 눈들의 다양체가 있어서, 예컨대 눈들 각각은 특정한 동물 정신(뱀-정신, 딱따구리-정신, 악어-정신……)에 의해 변용된다.(김재인 역, 2003: 401)

원형적 절편성은 원시 사회와 현대 사회에서 차이성 좀 더 두드러진다. 원형적 절편성은 원시 사회에서는 단적으로 유연성이 강한 특성이 있다. 원형적 절편성은 중앙 집중적이라는 면에서 하나의 중심이 필요하다. 원시 사회에서의 원형적 절편성은 하나의 중심을 필연적으로 갖지 못하는 면이 있다. 그렇기에 유연한 체계를 이룬다. 원형을 이루기 위해서는 중심이 되어 주변 것들을 공명하게 하거나 수렴되게 하여 중앙 집중을 일으키는 검은 구멍(노드, 눈)이 있어야 한다. 원시 사회에서는 이 중심을 하나만 만들지 못한 것이다. 원형적 절편성을 이루기는 하지만 한 원형 안에 중앙 집중을 일으키는 검은 구멍이 하나가 아닌 것이다. 원시 사회를 애니미즘의 관점에서 보면, 중앙 집중을 일으키는 중심이 하나만 있지 않다. 집단이나 부족마다 원형적 절편화를 이루는 것은 뱀, 딱따구리, 악어 등 다양한 중심이 존재한다.

> 현대 사회나 국가에 대해서는 같은 얘기를 할 수 없다. 분명 중앙 집중은 절편화와 대립되지 않으며, 원들은 구분된 채로 있다. 하지만 원들은 중앙 집중적이 되며, 결국 나무 구조를 갖게 된다. 모든 중심들이 공명하고 모든 검은 구멍들이 모든 눈들 뒤의 어떤 교차점과도 같은 축적점으로 모여드는 한에서 절편성은 견고하게 된다. 아버지의 얼굴, 교사의 얼굴, 연대장의 얼굴, 사장의 얼굴은 잉여를 만들어내며, 다양한 원들을 가로지르고 모든 절편들을 다시 지나가는 의미생성의 중심과 결부된다. (중략) 중앙 국가는 원형적인 절편성을 제거함으로써 구성되는 것이 아니라, 상이한 원들을 중앙 집중화하거나 중심들을 공명하게 함으로써 구성된다. 원시 사회에도 이미 권력의 중심들이 있다. 아니면 사람들이 더 좋아하는 표현을 쓴다면, 국가 안의 사회에도 여전히 권력의 중심들이 있다. 하지만 국가 안의 사회가 공명 장치로서 작동하면 공명을 조직하면 반면 원시 사회는 공명을 금지한다.(김재인 역, 2003: 402)

원형적 절편화와 관련한 현대 사회는 견고한 체계를 이루는 특성을 갖는다. 중앙 집중과 절편화는 대립되지 않기에 원의 중심은 하나가 된다. 중앙 집중을 일으키는 중심이 하나인 원은 나무 구조를 갖는다. 나무 구조는 나뭇가지가 나무줄기에 종속되는 것과 같다. 각 가지의 중심이나 검은 구멍, 눈들이 교차점이나 축적점이 줄기에 중앙 집중을 이룬다. 그렇기에 원형적 절편성이 견고하게 된다. 아버지, 교사, 연대장, 사장의 얼굴은 중앙 집중을 이룰 잉여 얼굴을 만들어 낸다. 이 잉여 얼굴은 여러 원과 여러 절편을 가로지르는 하나의 의미생성을 위한 중심이 된다. 현대 사회의 중앙 권력 중심의 국가는 원형적 절편성을 제거하는 것이 아니라 다양하고 상이한 원형적 절편들이 하나의 중심에 공명하게 함으로써 구성된다. 원시 사회에도 권력의 중심들은 있었다. 하지만 국가 안의 사회가 하나의 중심에 공명하는 조직을 이룬다면, 원시 국가는 하나의 중심으로 원형적 절편이 공명하는 것을 금지한다. 반면, 현대 사회는 견고한 원형적 절편화를 실행한다.

> 3) 끝으로 선형적 절편성의 관점에서 보면, 각각의 절편은 그 자체로는 물론이고 다른 절편들과 관련해서도 강조되고 교정되고 등질화된다고 얘기할 수 있다. 절편들 각각은 나름의 측정 단위를 가지고 있을 뿐만 아니라 절편들 사이에서는 단위들의 등가성과 번역 가능성이 있다. (중략) 만약 원시적인 '기하학'(원[原]-기하학)이 존재한다면, 그것을 일종의 조작적 기하학일 것이다. 이 기하학에서는 형상들은 형상들에 가해지는 변용과 분리될 수 없고, 선들은 선들의 생성과 분리될 수 없고, 절편들은 절편화와 분리될 수 없다 등. 반대로 국가의 기하학, 또는 차라리 국가가 기하학의 연계는 정리(定理)라는 요소의 우위 안에서 드러나는데, 정리라는 요소는 유연한 형태론적 형성체들을 관념적이거나 고정된 요소들로 대체하고, 변용태들을 성질들로 대체하고, 진행 중인 절편화 작용들은 미리 결정된 절편들로 대체한다. 기하학과 산술은 해부용 메스라는 역량을 갖는다.(김재인 역, 2003: 403-404)

선형적 절편성은 원시 사회나 현대 사회에서 등질성이 강조된다. 선형적 절편화는 각각의 절편이 그 자체는 물론 다른 절편과의 관련 속에서도 강조되고 교정되고 등질화된다. 각 절편은 '나름의 특정 단위'는 물론 각각의 절편의 사이에는 단위들이 등가성과 번역[5] 가능성 내재한다. 등가성이나 번

---

5 번역은 이해에 이르는 기본적인 해석의 특수한 형식이다. 우리는 이러한 과정을 통하여 어색하고 낯설며 이해할 수 없는 것을 그 자신의 이해 가능한 언어로 바꾸게 된다. 번역자는 헤르메스 신이 행하는 바로 마찬가지로 하나의 세계를 다른 낯선 세계와 매개해 준다. 번역한다는 것은—번역기를 통해 나온 번역의 결과를 보면 아주 잘 알 수 있는 바와 같이—

역 가능성은 나름의 측정 단위들로 절편 간에 대립을 넘어 화합할 수 있는 기제가 된다. 원시 사회에서의 선형적 절편성을 기하학과 관련지어 떠올려 보면, 이때의 기하학은 조작적 기하학일 수 있다. 조작적 기하학은 엄밀한 수학적 계산의 결과가 아님을 의미한다. 그렇기에 형상들은 변용과 분리될 수 없고, 선들은 상황에 따라 그려지는 선이 되고, 절편도 조건에 따라 달라지는 절편화를 이루게 된다. 한편 현대 사회에서의 선형적 절편성과 관련된 기하학은 국가의 기하학이 되어 수학적 공식과 계산에 의해 증명된 정리(定理)를 따른다. 정리에 의한 기하학은 정확함과 절대적 기준에 의한 절편화를 실행하게 된다. 즉 현대 사회의 기하학은 해부용 메스와 같이 정확하고 엄밀하게 절편화에 기능한다.

> 우리는 견고한 절편성과 유연한 절편성 사이의 주된 차이들을 이렇게 요약할 수 있다. 견고한 양태 아래에서 이항적 절편성은 그 자체로 유효하며 직접적 이항화의 거대 기계들에 의존하는 반면, 유연한 양태 아래서 이항성들은 'n차원을 가진 다양체들'의 결과로부터 생긴다. 두 번째로 원형적 절편형은 동심원을 그리는 경향이 있다. 다시 말해 원형적 절편성은 끊임없는 자리바꿈이 되면서도 그 속에서 불변하는 채로 남아 있는 단일한 중심 안에서 공명 기계를 참조하면서 모든 초점들을 일치시킨다. 끝으로 선형적 절편성은 기하학적 방식으로 등질적 공간을 구성하는 덧코드화 기계를 통과하며, 절편들의 실체와 형식과 관계 안에서 결정된 절편들을 끄집어 낸다.(김재인 역, 2003: 404)

단순히 원어에 대응하는 동의어 찾기의 기계적인 문제가 아니다. 왜냐하면 번역자는 두 개의 서로 다른 세계를 매개하고 있기 때문이다. 우리는 번역을 통해 언어 자체가 세계에 대한 다리를 이어주는 해석을 포함하고 있다는 사실을 인식한다. 이 경우 번역자는 개개의 표현들을 번역할 경우에 조차도 이 세계를 그 전체로 감득하고 있어야 한다. 우리가 말이 우리의 세계관을 실제로 형성하는 방식을 보다 충분하게 알 수 있게 되는 것은 오직 번역에 의해서이다.(이한우 역, 2014: 61-62)

절편화는 단일한 방식으로 이루어지지 않는다. 정치는 한 논리로만 실현할 수 없다. 유연성과 견고성은 이항적, 원형적, 선형적 절편화의 실행을 다양화한다. 이는 읽기에서 독자의 절편화도 마찬가지이다. 이항적 견고한 절편화의 양상은 그 자체로 유효하고 이항화의 거대 기계에 의존한다. 반면, 이항적 유연한 절편화의 양상은 'n차원을 가진 다양체'들에서 비롯되기에 몇 가지로 한정할 수 없다. 동심원을 그리는 원형적 절편성은 중앙 집중을 일으키는 중심이 유연성을 가지면 끊임없이 자리를 바꿈으로써 다양한 절편화를 실현한다. 반면, 견고성을 가지면 주변의 절편들이 단일의 중심 절편에 공명하는 절편화를 실현한다. 선형적 절편화도 원시적인 유연한 절편화는 조작적 기하학에 의한 등질의 절편화를 이루지만 현대적 견고한 절편화는 정련된 기하학에 의해 결정된 절편화를 이룬다. 텍스트 읽기에서 독자의 이항적, 원형적, 선형적 절편화도 유연성과 견고성에 의해 다양화된다.

나. 몰성과 분자성: 거시정치와 미시정치

정치가 '나' 또는 '우리'의 절편화를 실행한다. '나' 또는 '우리'는 여러 측면에서의 절편화된 절편이다. '나'가 특정 절편에 속하게 하는 절편화는 '나'를 구분하고 특정 '나'가 되게 하는 정치의 일이다. 이 정치는 전체와 관련된 거시정치와 부분에 관련된 미시정치로 구분된다. 이 거시정치와 미시정치는 상호의존적이다. 전체와 부분이 독립적이기보다는 의존적이기 때문이다. 부분과 관련된 미시정치는 전체와 관련된 거시정치가 있어야 존재할 수 있다. 물론 거시정치도 미시정치와 관계 속에 존재한다. 원시 사회의 유연한 절편화나 현대 사회의 견고한 절편화도 모두 이들 정치와 관련되어 있다. 우리의 일상 일은 이들 정치와 관련된 절편화에 의한 절편에 의해 이루어진다. 학교에서의 학생도, 직장에서의 업무도, 독자로서의 텍스트 읽기도 절편화된 절편으로서의 일이다. 이들 절편화의 실행 형식을 또 다른 유형인 거시적 전체성과 관련된 '몰(그램분자)성'과 미시적 부분성 또는 개별성과 관련된 '분자성'으로 구분할 수 있다.[6] 절편화의 실행 형식을 구분하는 둘째 유형이 몰성과 분자성이다.

> 유연한 절편성을 원시인들만의 특전으로 생각할 수 없다. 유연한 절편성은 우리 내부에 살아 있는 야만성의 잔존이 아니라, 전적으로 현행적인 어떤 기능이며 견고한 절편성과 분리할 수 없다. 유연한 절편화란 견고한 절편성과 분리할 수 없는 철저하게 현대적인 하나의 기능인 것이다. 따라서 모든 사회와 모든 개인은 두 절편성에 의해, 즉 그램분자적 절편성과 분자적 절편성에 의해 가로질러간다. 이 두 가지가 구분되는 것은, 양자가 동일한 항, 동일한 관계, 동일한 본성, 동일한 유형의 다양체를 갖지 않기 때문이다. 그러나 이 두 절편성이 분리될 수 없는 것은 양자가 공존하고 서로 옮겨가기 때문이며 또한 원시인이나 우리에게서처럼 상이한 형태를 취하고는 있지만 양자가 항상 서로를 전제하고 있기 때문이다. 요컨대 모든 것이 정치적이다. 그러나 모든 정치는 거시정치인 동시에 미시정치이다.(김재인 역, 2003: 406)

현대 사회에는 견고한 절편성이 내재한다. 이항적 절편, 원형적 절편, 선형적 절편에도 마찬가지이다. 그렇다고 유연한 절편성이 원시 사회의 특전은 아니다. 유연한 절편성은 현대 사회에서 견고한 절편성과 함께한다. 유연한 절편성은 견고한 절편성의 내부에 내재하는 형태가 아니다. 현대 사회의 거시적 또는 몰적인 측면에서 보면, 견고한 절편성이 중심이 되어 있지만

6 읽기에서 독자의 의식 작용과 관련하여 몰성과 분자성에 대한 논의는 김도남(2020)을 참조할 수 있다.

미시적 또는 분자적 측면에서 보면, 유연한 절편성이 중심이 된다. 그렇기에 현대 사회에서 유연한 절편화는 견고한 절편성과 분리할 수 없다. '나' 또는 우리는 몰적 절편성와 분자적 절편성에 의해 절편화된다. 몰적 절편성과 분자적 절편성은 동일한 항, 동일한 관계, 동일한 본성, 동일한 유형의 다양체를 갖지 않기 때문이다. 현대 사회에서의 성, 계급, 정치의 의식(사상) 등을 몰적 절편으로 보면, 동일의 견고한 절편성을 이룬다. 그런데 분자적 절편으로 보면 성이나 계급은 다질적 다양체를 이루고 있다. 미시적으로는 다양한 절편들로 절편화할 수 있다. 이 분자적 절편화에는 유연성이 내재한다. 그렇기에 몰적 절편화와 분자적 절편화에는 유연한 절편성과 견고한 절편성은 공존하면서 서로 옮겨가기도 한다. 즉 두 절편성은 항상 서로를 전제하여 존재한다. 이에 거시정치와 미시정치가 함께한다.

> 성이나 계급같은 거대한 이항적 집합들을 검토해 보면, 이것들이 다른 본성을 가진 분자적 배치물들로 옮겨가고 상호 간에 이중적으로 의존하고 있다는 것을 알 수 있을 것이다. 왜냐하면 남녀 양성은 다양한 분자적 조합을 이루며, 여기에 여자 안의 남자나 남자 안의 여자뿐만 아니라 남녀 각각이 상대방의 성의 내부에서 동물이나 식물 등과 맺는 관계도 포함하기 때문이다. 요컨대 수없이 많은 자그마한 성들이 존재하는 것이다. 그리고 사회 계급들 자체도 동일한 운동, 동일한 분배, 동일한 목적을 갖지 않으며, 동일한 방식의 투쟁을 전개하지 않는 '군중들'과 관련되어 있다. 따라서 실제로 군중과 계급을 구분하려는 시도는 결국 이러한 한계에 부딪히게 된다. 즉 군중이라는 개념은 분자적이라는 것. 따라서 군중이라는 개념은 계급이라는 그램분자적 절편성으로 환원될 수 없는 절편화 작용의 유형을 통해 나아간다. 그렇지만 군중들은 끊임없이 계급들로부터 새어나와 흘러간다. 그러나 군중과 계급이 서로 전제된다고 해서 양자의 관점, 본성, 등급, 기능상의 차이가 미리 배제되는 것은 아니다.(김재인

역, 2003: 405-407)

위 인용문은 성이나 계급 등의 분자적 절편을 규명한다. 성이나 계급은 거대한 이항적 절편으로 몰적 배치물을 이룬다. 그렇지만 현대 사회에서 이들은 다른 본성을 가진 분자적 배치물로 옮겨 가 상호 이중적으로 의존하는 절편을 이루기도 한다. 성은 남성과 여성뿐만 아니라 아이, 동성애자(게이, 레즈비언), 양성애자, 무성애자 등으로 절편화된다. 더 나아가 동물, 식물, 광물, 음악, 미술, 도자기 등의 애호가로 절편화된다. 요컨대, 수많은 작은 성의 절편들이 존재한다. 남과 여의 절편에는 사회적으로 거대한 몰적 절편성이 관여하고 있지만, 세부적으로 따져보면 미소(tiny)한 분자적 절편성이 함께한다. 이들은 이 몰적 절편성과 분자적 절편성은 서로를 전제하고 있다.

이는 계급에서도 마찬가지이다. 사회적으로 계급은 부르주아와 프롤레타리아로 절편화되는 몰적 속성이 존재한다. 그런데 이 사회적 계급도 세부적으로는 다양한 미소한 절편 계급으로 절편화된다. 자본가(부르주아)와 노동자(프롤레타리아) 사이에는 다양한 경제적 중간층들이 존재한다. 자본가로서 기업 경영에 참여하는 계급의 절편화가 다양하게 이루어질 수 있는 것이다. 이들 분자적 절편의 사회적 계급은 동일한 운동, 동일한 분배, 동일한 목적을 갖지 않으며, 동일한 투쟁의 방식을 갖지 않는다. 정치 경제적 관점에서 중간층의 절편들은 서로 다른 특성을 가진 '군중들'이 된다. 군중이 아닌 '군중들'인 것은 각 절편이 대립하는 것이 하나가 아니기 때문이다. 이는 군중과 계급이 동일한 절편으로 대립하지 않음을 뜻한다. 군중은 계급의 몰적 절편으로 환원될 수 없는 절편화의 유형으로 실행된다. 그렇기에 군중은 계급에서 끊임없이 분리되어 나와 절편화를 실행한다. 즉 군중과 계급은 서로 전제할 수 있지만, 서로 관점, 본성, 등급, 기능상의 차이가 배제되는 것은 아니다.

> 전체주의 국가라는 개념은 파시즘의 발명품이지만, 파시즘 자신이 발명한 개념에 의해 규정할 이유는 없다. 스탈린주의 유형 또는 군사 독재 유형처럼 파시즘 없는 전체주의 국가가 있기 때문이다. 전체주의 국가라는 개념은 거시정치의 단계에서만 유효하며, 견고한 절편성 그리고 총체화와 중앙 집중화의 특수한 양태에서만 한정된다. 그러나 파시즘은 점에서 점으로, 상호작용하면서 우글거리며 도약하는 분자적 초점들과 불가분의 관계에 놓여 있는데, 이것은 <국가사회주의(Nazi) 국가>에서 분자적인 초점들이 다 함께 공명하기 이전에 일어난다. 농촌의 파시즘, 도시의 파시즘 또는 도시 구역의 파시즘, 젊은이의 파시즘과 퇴역 군인들의 파시즘(…). 이들 파시즘은 모두 미시적인 검은 구멍, 즉 일반화된 중앙 집중적인 거대한 검은 구멍 속에서 공명하기 전에 자체로서 효력을 가지며 다른 것들과 소통하는 미시적인 검은 구멍에 의해 규정된다. 각각의 구멍에, 각각의 거처에 전쟁기계가 장착되면 파시즘이 존재하게 된다.(김재인 역, 2003: 408)

이를 현대 정치에서의 전체주의[7]와 파시즘[8]을 통해서도 확인할 수 있다. 전체주의 국가는 파시즘의 발명품이다. 그렇다고 전체주의의 개념으로 파시즘을 규정하는 것은 타당하지 않다. 스탈린주의 국가나 군사 독재 국가에는 파시즘이 없지만 전체주의 국가이기 때문이다. 일본의 제국주의나 냉전 시대

---

7 (사회 일반) 개인의 모든 활동은 민족·국가와 같은 전체의 존립과 발전을 위하여서만 존재한다는 이념 아래 개인의 자유를 억압하는 사상. 이탈리아의 파시즘과 독일의 나치즘이 대표적이다.[표준국어대사전]

8 ① 제1차 세계 대전 후에 나타난 극단적인 전체주의적·배외적 정치 이념. 또는 그 이념을 따르는 지배 체제. 자유주의를 부정하고 폭력적인 방법에 의한 일당 독재를 주장하여 지배자에 대한 절대적인 복종을 강요한다. 또한 대외적으로는 철저한 국수주의·군국주의를 지향하여 민족 지상주의, 반공을 내세워 침략 정책을 주장한다. ② 이탈리아 파시스트당의 사상. 또는 그 당의 지배 체제.[표준국어대사전]

의 소련, 중국 등은 전체주의 국가의 특성을 갖지만 파시즘은 없었다. 이로 보면, 전체주의 국가는 거시정치의 측면에서만 유효하다. 전체주의에는 견고한 절편성이 내재하고, 총체화와 중앙 집중화의 특별한 형태를 갖는다. 이에 반해 파시즘은 전체주의와는 다른 특성과 형태를 지닌다. 파시즘은 총체화나 중앙 집중화보다는 점과 점으로 존재한다. 이 파시즘들은 다양한 형태로 존재하면서 상호작용하고 변이형을 이룬다. 즉 미소한 분자적 절편화에 의한 절편의 형태로 갖는다. 이 파시즘은 나치(nazi)와 같은 전체주의 국가가 나타나기 전에 존재한다. 그렇기에 농촌 파시즘, 도시 파시즘 등등의 다양한 파시즘이 형성될 수 있었다. 이들 파시즘은 중앙 집중을 일으키는 거대한 하나의 검은 구멍(전체주의)에 공명하기 전에 나타났다. 이들 파시즘은 몰적인 전체주의의 국가장치보다는 분자적인 개인주의의 전쟁기계의 특성을 가진다. 텍스트 읽기에서도 저자 또는 텍스트 중심의 접근은 몰적 전체주의적인 국가장치의 특성 지닌 절편화를 실행한다. 반면 독자의 자기 생성적 접근은 분자적 파시즘적인 전쟁기계의 특성을 띠는 절편화를 실행한다.

이러한 유연하고 분자적인 절편성과 관련해서 네 가지 오류만은 피해야만 하겠다. 첫 번째 오류는 가치론적인 것으로, '더 좋아지기' 위해서는 약간의 유연성만으로도 충분하다는 믿음이다. 그러나 파시즘을 정말 위험하게 만드는 것은 미시 파시즘으로서, 섬세한 절편화 작용은 극히 견고화된 절편들만큼이나 유해하다. 두 번째 오류는 심리학적인 것으로 분자적인 것은 상상의 영역에 속하며 개인이나 개인 상호간의 사항만 관련된 것처럼 생각하는 것이다. 그러나 <사회적-실재(le Reel-social)>는 이 선 못지않게 저 선 위에서도 존재한다. 세 번째로 이 두 형태는 작은 형태와 큰 형태처럼 규모에 의해서 단순하게 구별되지는 않는다. 그리고 분자적인 것이 세부적인 것에 속에서 작용하여 소규모 집단을 경유하는 것이 사실이라 하더라도, 그것은 그램분자적 조직 못지않게 사회 영역 전체에 걸쳐 있다. 마지막으로 이 두 선의 질적인 차이가 양자의 상호 자극이나 교차를 저해하는 것은 아니며 또한 이러한 결과로서 이 양자간에는 정비례건 반비례건 항상 하나의 비례 관계가 존재한다.(김재인 역, 2003: 410)

들뢰즈와 과타리는 유연하고 분자적인 절편성에 4가지 오류가 있음을 지적한다. 첫째, 가치론적 오류이다. 더 좋아지기 위해서는 약간의 유연성만으로도 충분하다고 믿는 것이다. 파시즘의 예에서 보듯이, 군중의 운동으로 미시 파시즘으로의 세분화는 암과 같은 몸체가 된다.[9] 어떤 미시적 섬세한 절편화 작용은 견고한 절편화만큼이나 유해하다. 둘째, 심리적 오류이다. 분자적인 것은 상상의 영역으로 개인이나 개인 상호 간의 사항에만 관련된 것처럼 여기는 것이다. 경제적인 미시 계급의 예에서 볼 수 있듯이 비개인적인 영역도 있고, 성적인 미시 계급과 같이 개인적인 영역도 <사회적 실재>로 존재한다. 셋째, 규모적 오류이다. 작은 규모의 형태와 큰 규모 형태로 단순히

9 파시즘을 위험한 것으로 만드는 것은 분자적이거나 미시정치적인 역량이다. 왜냐하면 그것은 군중의 운동이기 때문이다. 즉 그것은 전체주의적인 유기체가 아니라 오히려 암적인 몸체인 것이다. (중략) 확실히 군중들은 그저 수동적으로 권력을 받아들이는 것이 아니다. 또한 군중들은 일종의 마조히스트적인 히스테리에 빠져 억압되기를 '바라는' 것도 아니다. 나아가 군중들은 이데올로기적 속임수에 기만당하는 것도 아니다. 욕망이란 필연적으로 여러 분자적 층위들을 지나가는 복합적인 배치물들과 절대 분리될 수 없으며, 이미 자세, 태도, 지각, 예감, 기호계 등을 형성하고 있는 미시-구성체들과도 분리될 수 없다. 욕망은 결코 미분화된 충동적 에너지가 아니라 정교한 몽타주에서, 고도의 상호 작용을 수반한 **엔지니어링**에서 결과되는 것이다. 분자적인 에너지들을 처리하고 경우에 따라서는 욕망에 피시즘적 방향을 부여하는 유연한 절편성. 좌익 조직들이라고 해서 자신들의 미시 파시즘을 퍼뜨리지 않는 것은 아니다. 자기가 유지시키고 배양하며 극진히 여기는 자기 자신인 파시스트, 개인적이고 집단적인 분자들을 갖고 있는 그러한 파시스트를 보지 않으면서 그램분자적인 층위에서 반-파시스트가 되기란 참으로 쉬운 일이다.(김재인 역, 2003: 409-410)

구분되지 않는다. 파시즘, 계층 등은 분자적인 절편이 단순히 작은 형태라고 할 수 없다. 넷째, 관계적 오류이다. 질적인 면에서 분자적인 것이 몰적인 것과 교차되지 않거나 저해한다고 여기는 것이다. 파시즘과 전체주의 예에서와 같이 상호 자극하고 교차하기도 한다. 실제로 몰과 분자는 정비례이건 반비례이건 항상 하나의 비례 관계가 존재한다.

다. 코드와 영토성: 세 가지 선과 권력의 중심

절편화의 실행 형식에 관여하는 정치의 또 다른 유형이 존재한다. 절편화의 실행 형식을 구분하는 셋째 유형이 '코드와 영토성'이다. '나'와 '우리'가 절편이 되는 데에 코드와 영토성이 관여한다. 절편화의 실행으로 절편이 되는 데는 코드가 작용하여 영토에 귀속되게 하는 일이 일어난다. 절편화 자체가 코드를 내포하고 있고, 영토성을 전제하고 있다. 코드 작용 없이 절편이 되는 일이 없고, 영토에 귀속되지 않고 절편이 성립되지 않는다. 우리가 특정 절편이 되는 데는 코드와 영토성이 관여한다. 독자의 절편화에도 코드와 영토성이 관계된다.[10] 그렇기에 우리의 절편화에는 초(덧)코드나 탈코드와 함께 재영토성이 탈영토성도 함께 관여한다. 우리가 하나의 절편이 되거나 다른 절편으로 변경이 이루어질 때는 코드와 영토의 변경이 일어난다. 우리의 절편화에는 코드와 영토성이 관여함으로써 또 다른 측면의 정치가 개입된다.

> 1) 코드와 영토성이 서로 뒤얽힌 비교적 유연한 선. 그렇기 때문에 우리는 영토와 혈통의 절편화가 사회 공간을 구성하는 소위 원시적 절편성에서부터 시작했다. 2) 절편들의 이원적 조직화, 공명하는 원환들의 동심성, 그리고 일반

---

10 독자의 텍스트 읽기에 코드와 영토성에 대한 논의는 김도남(2025a)을 참조할 수 있다.

화된 덧코드화가 실행되는 견고한 선. 여기에서 사회 공간은 국가장치를 내포하고 있다. 이것은 원시적 체계와는 다른 세계이다. 그것은 바로 덧코드화가 다른 것보다 훨씬 강력한 코드이기 때문이 아니라 덧코드화가 코드들의 방법과는 다른 특수한 방법이기 때문이다(이와 마찬가지로 재영토화는 영토의 추가가 아니라 그 영토들의 공간과는 다른 공간에서, 정확히 말하자면 덧코드화된 기하학적인 공간에서 행해지는 조작이다). 3) 양자들에 의해 표시되며 탈코드화와 탈영토화에 의해 규정되는 하나 또는 여러 개의 도주선(이 선들 위에서 기능하는 전쟁기계와 같은 무엇인가가 항상 존재한다).(김재인 역, 2003: 422-423)

위 인용문에서 보면, 절편화는 세 가지 선으로 구분된다. 첫째는 코드와 영토성이 서로 뒤얽힌 비교적 '유연한 선'이다. 이는 원시적 절편성으로 영토와 혈통에 의해 사회 공간을 구성하는 절편을 이룬다. 둘째는 초(덧)코드와 재영토성이 관여하는 '견고한 선'이다. 이는 사회 공간이 견고한 국가장치를 추상기계로 가지고 있어 원시적 절편성과는 다른 체계의 세계이다. 이 세계에는 원시적 절편화를 실행하는 코드와는 다른 강력한 초(덧)코드가 작용한다. 이에서 비롯된 재영토화는 새로운 영토의 추가가 아니라 초코드화에 의한 기하학적인 공간에서 행해지는 조작된 공간이다. 셋째는 탈코드화와 탈영토성이 관여하는 여러 개의 '탈주(도주)의 선'이다. 탈주는 몰적 절편성뿐만 아니라 분자적 절편성에서도 벗어나는 양자에 의하여 실행된다. 탈코드화와 탈영토화는 몰뿐 아니라 분자의 외부성으로 작용하는 전쟁기계와 같은 창조적인 무엇인가가 존재하는 선이다.

이 설명은 마치 원시 사회를 최초의 사회인 것처럼 만든다는 점에서 위험이 있다. 실제로 코드들은 탈코드화의 운동으로부터 결코 분리될 수 없으며, 영토들은 이 영토를 가로지르는 탈영토화의 벡터들로부터 분리할 수 없다. 게다가

> 덧 코드화와 재영토화가 사후적으로 오는 것은 더욱더 아니다. 그것은 오히려 부족들, 제국들, 전쟁기계들 등 밀접하게 뒤얽힌 세 종류의 선이 공조하는 공간과도 같다. 도주선들 또는 이미 견고한 절편들이 먼저 있고 유연한 절편들이 이 둘 사이를 끊임없이 진동한다고도 말할 수 있을 것이다.(김재인 역, 2003: 423)

위의 세 가지 선의 구분에는 위험이 있다. 원시 사회가 마치 최초의 사회인 것처럼 여기게 한다는 것이다. 원시 사회는 역사적으로 앞선 것은 맞지만, 내적으로 몰성 또는 전체주의의 속성인 국가장치를 가지고 있다. 또한 코드의 작용은 초코드화와 탈코드화가 분리될 수 없다. 영토도 마찬가지로 재영토화나 탈영토화의 벡터들이 내재되어 있다. 그렇기에 원시 사회에서의 코드와 영토성에는 초코드화와 재영토화는 물론 탈코드화와 탈영토화가 함께한다. 즉 원시 사회는 부족들, 제국들, 전쟁기계들이 뒤얽힌 세 종류의 선이 공조한 공간이다. 그렇기에 양자의 탈주선들 또는 견고한 절편들이 먼저 존재하고, 이에 둘 사이에 유연한 절편들이 끼어들어 끊임없이 진동한다고 할 수 있다. 또는 견고한 선들과 유연한 선들 사이에 양자들에 의한 탈주선이 끼어들어 끊임없이 진동한다고 할 수도 있다.

> 한편에는 로마 제국의 견고한 절편성이 있고, 그와 더불어 공명의 중심과 주변, 국가, '팍스 로마나', 기하학, 주둔지, **변경의 요새 지대**가 있다. 그리고 지평선에는 전혀 다른 선, 유목민들의 선이 있는데, 이들은 스텝을 떠나 능동적이고 유동적인 도주를 시도하고, 도처로 탈영토화를 가져가고, 국가 없는 전쟁기계에 의해 활기를 띠고, 촉발되는 양자들의 흐름들을 만들어 낸다. 이 이주하는 야만족들은 실제로 이 둘 사이에 있다. 이들은 오고 가며, 국경을 지나가고 다시 지나가며, 약탈하거나 강탈하지만 또한 통합되고 재영토화된다. 어떤 때는

> 제국 안으로 깊숙이 들어가 그 절편을 자기 것으로 만들고 용병이나 지원병이 되기도 하며 정주해 토지를 점유하거나 스스로 국가를 세우는 경우도 있다(온건한 서고트 족). 또한 다른 때는 반대로 유목민들의 편으로 넘어가 이들과 연합해 식별할 수 없게 되는 경우도 있다(빛나는 동고트 족). 항상 훈 족과 서고트 족에 패배하기만 한, '고트 족들의 제2지대'인 반달 족은 하나의 도주선을 긋는데, 이 선이 이들을 이들의 지배자들만큼 강하게 만들어 준다. 반달 족은 지중해를 건넌 유일한 패거리 또는 군중이다. 그러나 아프리카 제국이라는 가장 예기치 않은 재영토화를 행한 것도 이들 반달 족이었다. 따라서 세 선은 공존할 뿐만 아니라 서로를 변경시키고 각각이 다른 선들로 옮겨가는 것 같다.(김재인 역, 2003: 423-424)

위 인용문에서 보면, 원시 사회가 세 가지 선이 공조하는 공간임을 알 수 있다. 로마 제국은 견고한 절편성을 지녔다. 로마는 중심부가 되어 공명하는 주변부를 가지고 있었다. 체계를 갖춘 국가들, 안정적이고 평화로운 팍스 로마나,[11] 기하학적인 도시 공간들(주둔지), 국경의 요새 지대가 있었다. 그리고 지평선 저 너머에는 로마 제국과는 전혀 다른 유목민들의 선이 있었다. 유목민의 선들은 스텝을 떠나 능동적고 유동적인 탈주를 감행하여, 도처에 탈영토화를 실현한다. 유목민은, 로마 제국과 달리, 활기를 띤 국가가 없는 전쟁기계들이 되어 양자(陽子)[12]의 흐름들을 만들어 낸다. 이들 이동하고 이주

11 Pax Romana. (역사) 기원전 1세기 말에 아우구스투스가 내란을 수습하고 제정을 수립한 때부터 약 200년간의 안정된 시기. 강대국 로마가 지배하여 군소국 간의 충돌을 없애고 치안을 확립하여 평화를 누리던 로마의 황금시대였다. =로마의 평화.[표준국어대사전]

12 (물리) 중성자와 함께 원자핵의 구성 요소가 되는 소립자의 하나. 질량은 전자의 약 1,800배이고 양전하를 가지며 전기량은 전자와 같다. 원자핵 내의 양성자의 수는 그 원자의 원자번호를 나타낸다. 기호는 p. =양성자.[표준국어대사전]

하는 원시 사회의 야만족은 로마 제국과 유목민 사이에 존재한다. 야만족은 이들 사이를 오가며, 국경을 넘나든다. 약탈과 강탈을 자행하지만 통합되고 재영토화된다. 고트족은 제국 안으로 들어가 제국의 절편을 자기 것으로 만들고, 용병이나 지원병이 되어 그들과 함께한다. 또는 정주해 토지를 점유하고, 국가를 세우기도 한다. 이 고트 족은 유목민과의 관계에서도 마찬가지이다. 한편, 반달족의 경우에는 다른 탈주선을 만든다. 지중해를 건너고, 아프리카로 건너가 재영토화를 실행한다. 이와 같이 유연한 선, 견고한 선, 탈주선은 공존하면서 서로를 변경시키고, 각기 다른 선으로 옮겨간다.

> 한편에는 덧코드화의 추상적인 기계가 있다. 바로 이 기계가 견고한 절편성, 거시 절편성을 규정한다. 이 기계가 절편들을 두 개씩 대립시키고, 절편들의 모든 중심들을 공명시키며, 등질적이고 분할 가능하며 홈이 패인 공간을 모든 방향으로 연장시키면서 절편들을 생산, 아니 차라리 재생산하기 때문이다. 이런 종류의 추상적인 기계는 국가장치를 가리킨다. 하지만 이 추상적인 기계를 국가장치 자체와 혼동해서는 안 된다. 가령 추상적인 기계를 기하학적인 방식으로, 또는 조건을 달리해, '공리계'를 정의할 수도 있을 것이다. 그러나 국가장치는 기하학도 공리계도 아니다. 국가장치란 특정한 한계와 특정한 조건 속에서 덧코드화의 기계를 실행하는 재영토화의 배치물일 뿐이다. 단지 국가장치는 이 장치가 실행하는 추상적인 기계와 다소간 동일화되는 경향이 있다고 말할 수 있을 뿐이다. 바로 여기서 전체주의 국가라는 개념이 의미를 갖게 된다. 즉 하나의 국가가 전체주의 국가가 되는 것은 국가가 자기 자신의 한계 내에서 덧코드화의 세계적 기계를 실행하는 대신 '자족적 체계(autarcie)'의 조건을 창출해 내고 진공의 책략 속에서 '닫힌 꽃병 상태(vase clos)'를 통해 재영토화를 수행하면서 덧코드화의 세계적 기계와 동일화될 때이다.(김재인 역, 2003: 424–425)

위 인용문은 초(덧)코드화된 재영토성이 관여하는 '견고한 선'과 관계된다. 초코드화에 의해 실행되는 추상기계는 견고한 거시 절편성을 규정한다. 초코드화는 이항적, 원형적, 선분적 절편의 경직성과 몰성을 전제한다. 그렇기에 초코드화는 견고한 대립, 중심에 공명하는 주변, 등질적 분할 등이 일어나게 한다. 즉 홈패인 공간을 확장하는 절편들을 재생산한다. 이는 국가장치로서의 추상기계로 작용한다. 국가장치 자체는 정확한 계산을 적용하는 기하학적 방식이나 일반에 두루 통용되는 공리계의 특성을 가진다. 초코드화를 실행하는 국가장치는 재영토화의 배치물과 관련된다. 재영토화와 관련된 국가장치는 전체주의의 특성을 의미한다. 전체주의는 초코드화로 개인이나 부분의 특성을 인정하지 않으면서 폐쇄된 자족적 체계를 형성한다. 이 폐쇄된 자족적 체계는 초코드화로 절편 전체를 '닫힌 꽃병 상태'로 재영토화하게 된다. '닫힌 꽃병 상태'는 외부성을 갖지 못함으로써 부패하여 사라지게 된다.

> 다른 한편, 다른 한쪽 극에는 탈코드화와 탈영토화에 의해 작동하는 변이의 추상적인 기계가 있다. 바로 이 기계가 도주선들을 그리는 것이다. 이 기계는 양자들로 이루어진 흐름들을 인도하고, 흐름들을 연결접속-창조를 확보하고, 새로운 양자들을 방출한다. 이 추상적인 기계 자체는 도주의 상태에 있으며, 자신이 선들 위에 전쟁기계를 설치한다. 이것이 다른 것을 구성하는 까닭은 견고한 또는 그램분자적인 절편들은 끊임없이 도주선들을 막고 봉쇄하고 차단하는 반면, 이 변이의 추상적인 기계는 항상 견고한 절편들 '사이'로, 분자보다 작은 또 다른 방향으로, 도주선들을 끊임없이 흐르게 하기 때문이다. 그러나 이 두 극 사이에는 또한 순전히 분자적인 협상, 번역, 변환의 영역이 있어, 거기서는 때로 그램분자적인 선들이 이미 균열되고 파열되기도 하며, 때로 도주선이 이미 검은 구멍으로 끌려 들어가기도 하고, 흐름들의 연결접속이 이미 제한적인 접합접속에 의해 대체되기도 하며, 양자들의 방출이 중심-점들로 변환되기도

한다. 그리고 이 모든 것은 동시에 일어난다. 즉 도주선들은 자신의 강렬함들을 연결접속하고 계속시키며, 그와 동시에 입자-기호들을 검은 구멍들 바깥으로 분출시키고, 그것들이 선회하는 거대한 검은 구멍들로 그것들을 가로막는 그램 분자적인 접합접속들로 급선회하며, 또 이항화되고 집중되고 중심의 검은 구멍에 축을 세우고 덧코드화된 안정적인 절편들 속으로 들어간다.(김재인 역, 2003: 425-426)

위 인용문에서는 탈코드화와 탈영토화를 논의한다. 이는 초코드화와 재영토화의 방식과는 상반된 선을 이룬다. 탈코드화는 변이와 변화를 이루게 하는 추상기계와 관련된다. 변이와 변화의 추상기계는 '탈주(도주) 선'을 만든다. 이 탈주선은 분자보다 작은 양자(陽子)의 흐름과 관련된다. 양자는 분자보다 작은 단위로 분자가 할 수 없는 일을 할 수 있다. 즉 새로움을 창조한다. 변이의 추상기계는 양자의 흐름이 되어 탈주할 수 있는 전쟁기계의 특성을 갖는다. 탈주선을 이루는 양자는 몰적 절편화로 만들어진 견고한 절편들 벗어나는 작용을 한다. 이 변이의 추상기계는 견고한 절편들 사이를 지나며, 분자와는 다른 방향으로 탈주선을 탄다. 그런데 탈주선이 작용하는 절편 사이에는 탈주만 일어나는 것이 아니다. 개별 분자와 관련된 협상, 번역, 변환의 영역이 존재하고, 몰적 선들이 균열과 파열되기도 한다. 이 공간에서 탈주선은 검은 구멍으로 끌려 들어가기도 하고, 제한적인 접합접속으로 대체되기도 한다. 또한 양자들의 흐름이 중심점으로 변환되기도 한다. 그렇기에 탈주선들은 강렬함들과 접속하고 지속하면서 검은 구멍에서 기호-입자를 분출하게 만든다. 하지만 탈주선은 주위를 선회하는 거대한 검은 구멍 위로 끌어내려지며, 초코드화된 몰적 중심의 검은 구멍 위에서 가로막혀 급선회하기도 한다.

권력의 중심 또는 초점은 무엇인가? 이 물음은 이 모든 선들의 착종을 보여주기에 적당하다. 흔히 군부 권력, 교회 권력, 학교 권력, 공적 권력 또는 사적 권력 등에 대해 말한다. 권력의 중심들은 분명히 견고한 절편들과 관련 있다. 각각의 그램분자적인 절편에는 반드시 하나나 여러 개의 중심이 있다. 이 절편들 자체가 이들을 구별하고 재통합하며 대립시키고 공명하게 하는 것으로서 권력의 중심을 가정한다는 점에 대해 반대할 수도 있을 것이다. 그러나 절편적인 부분들과 중앙 집중화된 장치 간에는 아무런 모순도 없다. 한편으로 가장 견고한 절편성조차 중앙 집중화를 방해하지 않는다. 공통의 중심점은 다른 점들이 혼융하는 점으로 작용하는 것이 아니라 지평선에서, 다른 점들 뒤에서 공명하는 점으로 작용하기 때문이다. 국가는 다른 점들을 받아들이는 하나의 점이 아니라 모든 점들의 공명 상자이다. 그리고 국가가 전체주의적인 경우라도 각각의 중심들과 절편들을 위한 공명 기능은 바뀌지 않는다. 이 기능은 그것의 내적인 효력을 증가시키거나 '강제적 운동'의 '공명'을 배가시키는 닫힌 꽃병 상태라는 조건에서만 이루어진다.(김재인 역, 2003:426)

위 인용문은 이들 절편화의 선들에 내재한 중앙 집중과 관련된 '권력의 중심' 또는 '초점'에 대하여 검토한다. 권력의 중심은 모든 선의 착종(錯綜, 여러 가지를 섞음)과 관련된다. 권력의 중심은 군대, 교회, 학교, 공·사 조직과 관계된다. 견고한 절편에는 권력의 중심이 있다. 몰적 절편은 하나나 여러 개의 중심이 있다. 이 권력의 중심이 있어 절편들이 구별되고, 재통합하고 대립하고 공명한다. 권력의 중심이 존재하기에 절편의 부분들과 중앙 집중화가 이루어지게 하는 장치 간에 질서가 있게 된다. 즉 견고한 절편성은 중앙 집중화를 이루게 된다. 중앙 집중화가 일어나게 하는 공통의 중심점은 절편들이 혼융되지 않게 절편들 뒤에서 절편들이 공명하게 하는 점(권력의 중심)으로 작용한다. 그렇기에 견고한 절편인 국가는 모든 점(절편의 부분)들이 공명하는 하나의 점이다. 이 중앙 집중화를 실행하는 권력의 중심에 대한 모든 점의 공명 기능은 내적인 효력을 증가시키거나 강제적 공명을 배가시켜 닫힌 꽃병 상태를 만든다.

> 권력의 각 중심은 또한 분자적이며, 미시논리적인 조직(tissue micrologique)에 행사된다. 여기에서 권력의 각 중심은 확산되고 분산되고 확대되고 모형화되고 끊임없이 대체되고 유한한 절편화에 의해 작용하고 세부 및 세부적인 것들의 세부에서 작동함으로써만 존재한다. '규율들' 또는 미시-권력들(학교, 군대, 공장, 병원 등)에 대한 푸코의 분석은 이 '불안정한 초점들'을 증언해 주고 있는데, 여기에서는 재편성들이나 직접들, 그리고 도피들과 도주들이 서로 충돌하며, 역산출되기도 한다. 초점은 더 이상 '바로 그' 교장이 아니라 사감이나 우등생, 열등생, 수위들이다. (중략) 왜냐하면 이들은 그램분자적인 측면과 함께 분자적인 측면을 가짐으로써, 장군이나 지주도 이미 이 두 측면을 갖고 있다는 것을 분명하게 해주기 때문이다. 이처럼 고유명이 식별 불가능한 지대에 들어가는 경우, 그것은 권력을 잃어버리는 것이 아니라 새로운 권력을 갖게 된다고 말할 수 있는 것이다. (중략) 그리고 이러한 미시적 짜임을 갖고 있지 않은 권력의 중심은 없다. 억압당하는 자가 억압의 체계 속에서 항상 능동적인 자리를 취할 수 있는 이유를 설명해 주는 것은 마조히즘이 아니라 바로 이 미시적 짜임이다. (김재인 역, 2003: 427-428)

그렇다면 권력을 행사하는 각각의 중심은 무엇인가? 각 권력의 중심은 분자적이고, 미시논리적인 조직이 차지하고 있다. 권력은 절편 중심의 분자만 갖는다. 중심의 분자는 권력을 위해 미시논리적인 조직을 이루고 있다. 절편의 중심인 미시논리적인 조직이 행사하는 권력은 다른 절편으로 확산되고, 확대되고 모형화되고, 끊임없이 대체되고, 유한의 절편화에 의해 작용하고, 세부적인 것의 세부에서 작동하고 존재한다. 이런 권력의 중심에 대한 푸코의 분석은 불안정한 초점(권력의 중심)에 대해 알려준다. 푸코에 따르면, 규율들 또는 미시-권력들은 재편과 축적, 도피와 탈주가 충돌하며 그 역전이 일어나기도 한다. 즉 중심의 권력은 장(학교의 교장)이 아니라 학교의 다른 구성원(사감, 학생, 수위 등)이 될 수도 있다. 이들은 몰성과 함께 분자성을 지닌 점들이다. 이는 교장(장군, 지주 등)도 이미 권력의 중심의 두 측면을 갖고 있음을 분명히 한다. 이때 분자성을 지닌 점(개체)들은 고유명을 갖고 식별 불가능한 지대(몰)에 들어가는 경우, 권력을 잃어버리는 것이 아니라 새로운 권력을 갖게 된다. 그렇게 되면 점은 미시적 짜임을 갖게 되고 권력의 중심이 된다. 이는 권력의 중심이 변화하게 되는 논리를 알려준다.

> 그리고 이것은 놀랄만한 일이 아니다. 이 미시적 짜임은 견고한 절편들로 이루어진 덧코드화의 선과 양자들로 이루어진 궁극적인 선 사이에 있기 때문이다. 이 미시적인 짜임은 항상 두 선 사이를 왔다갔다하면서 때로는 양자들로 이루어진 선들 절편들로 이루어진 선으로 끌어내리기도 하고, 때로는 흐름들과 양자들이 절편들로 이루어진 선에서 도주하도록 만들기도 한다. 비록 이것이 권력의 중심들의 세 번째 양상 또는 극한이다. 이 중심들은 가능한 한 흐름의 양자들을 선의 절편들로 번역하는 도리밖에 없기 때문이다.(어떤 방식으로건 총체화될 수 있는 것은 절편들뿐이다) 그러나 이로 인해 권력의 중심들은 자신의 역량(puissance)의 원칙과 자신의 무력함(impuissance)의 토대를 동시에 만나게 된다. 그리고 역량과 무력함은 대립하기는커녕 일종의 현혹적 만족 속에서 서로를 보충하고 보강해 준다. 이러한 만족은 무엇보다 극히 평범한 <정치인들>에게서 발견되며 이들의 '영광'을 규정한다. 왜냐하면 이러한 현혹적 만족이 선택의 여지란 존재하지 않았다는 것을 확증해 주기 때문에 정치인들은 근시안에서 '영광'을 끌어내며, 무력함에서 역량을 끌어내기 때문이다. '위대한' 정치

인이란 선도자-기호, 입자-기호로서 흐름들에 자신을 연결접속하고 검은 구멍들을 뛰어넘는 양자들을 방출하는 자들에 국한된다.(김재인 역, 2003: 428-429)

위 인용문에서 보면, 점의 미시적 짜임은 견고한 절편인 초코드화의 선과 양자들로 이루어진 탈주선 사이에 존재한다. 그러면서 미시적인 짜임은 이들 두 선 사이를 오가면 탈주선을 절편들의 선으로 끌어내리기도 하고, 절편의 흐름과 양자들이 탈주하도록 만들기도 한다. 이것이 권력의 중심이 지닌 세 번째 특성(양상과 한계)이다. 즉 미시적 짜임의 본질은 가능한 한 흐름의 양자들을 선의 절편들로 변환시키는 것이다. 이로 인해 권력의 중심은 탈주선으로서의 역량과 절편들로 변환시키는 무력함을 동시에 지니게 된다. 이 권력의 중심이 가진 역량과 무력함은 대립하기보다는 일종의 현혹적 만족 속에서 서로 보충하고 보강한다. 이런 현혹적 만족은 '평범한' 정치인에겐 '영광'으로 규정된다. 그러나 '위대한' 정치인은 선도자-기호, 입자-기호로서 흐름들에 자신을 연결하여 견고한 절편으로의 변환을 막아내고 양자를 방출하여 탈주선을 탄다. 독자의 절편화에도 초코드화의 선과 양자의 탈주선이 내재한다. 독자도 텍스트 이해의 초코드와 탈코드 사이의 미시적 짜임 속에서 선도자-기호, 입자-기호로서 양자의 탈주선을 탈 수 있다.

라. 4가지 위험: 공포, 명확함, 권력, 소멸의 열정

들뢰즈와 과타리는 이런 절편화를 이루는 세 가지 선과 관련하여 네 가지 위험을 논의한다. 절편화의 형식과 유형의 혼합으로 이루어지는 절편들의 절편성은 단일한 특성으로 정의될 수 없다. 절편화와는 긍정적인 것도 부정적인 것도 있고, 능동적인 것도 수동적인 것도 있다. 절대적 가치가 내재한 경우도 있지만 무가치한 것이거나 무의미한 것일 수도 있다. 또한 유용성이나 효용성이 상대적인 경우도 있다. 절편화는 특별하고 선택적으로 일부만 일어나는 것이 아니라 일상적이고 일반적으로 전체를 대상으로 일어나기도 하기 때문이다. 이것으로 인해 절편화가 실행될 때 개입하는 위험이 존재하게 된다. 독자의 절편화의 실행에도 이들 위험이 내재한다. 들뢰즈와 과타리가 제시하는 이들 위험을 구체적으로 보면 다음과 같다.

> 공포, 그것이 무엇인지 우리는 짐작할 수 있다. 우리는 항상 잃는 것을 두려워하고 있다. 안전, 우리를 지탱시켜 주는 거대한 그램분자적 조직, 우리가 달라붙어 있는 나무성들, 우리에게 잘 규정된 지위를 부여해 주는 이항적 기계들, 우리가 들어가는 공명들, 우리를 지배하는 덧코드화의 체계들, 우리는 바로 이 모든 것들을 원한다. (중략) 우리는 그램분자적 절편성밖에 알지 못한다. 우리가 가담하게 되는 것은 작은 집단의 층위에서는 물론이고 우리가 속해 있는 거대 집합들의 층위에서도, 그리고 우리의 가장 내밀하거나 가장 사적이 부분에서 일어나는 일의 층위에서도, 지각 방법, 행동 유형, 이동 방식, 삶의 양태, 기호계적 체제 등 모든 것이 이와 관련되어 있다. 귀가하자마자 "수프는 준비되어 있어?"라고 묻는 남자. "얼굴이 왜 그래? 뭐 안 좋은 일 있어?"라고 대답하는 여자. 이것이 둘씩 맞서는 견고한 절편들이다. 절편성이 견고할수록 우리는 더 안심한다. 바로 이것이 공포로서, 공포가 우리를 첫 번째 선으로 끌어내는 방법이 그러하다.(김재인 역, 2003: 431-432)

우리는 한 절편이었다가 절편화가 실행되면 다른 절편이 된다. '나'가 한 절편에서 다른 절편의 '나'로 바뀌게 된다. 이때 관여하는 위험이 <공포>이다. 우리는 잃는 것을 두려워한다. 우리는 바뀌지 않을 때 <안전>감이 있다. 안전감은 우리를 지탱시켜 주는 거대한 몰적 조직이 준다. 우리는 이러한 안전함을 느끼게 하는 것을 추구한다. 견고한 고착적 체계로 이루어진 나무성들, 잘 규정된 지위를 부여해 주는 이항적 기계들, 우리가 공명할 수 있게 하는 중앙 집중의 중심들, 우리를 지배하고 있는 초코드화의 체계들 등을 원한다. 그렇기에 우리는 몰적 절편성만을 지향한다. 그렇기에 우리는 작은 집단 층위에서는 물론이고 거대 집합 층위에서도, 내밀하거나 사적인 일의 층위에서도 그렇고, 지각 방법, 행동 유형, 이동 방식, 삶의 양태, 기호적 체제 등에서도 그렇다. 매일 반복되는 일상의 일들은 이항적인 견고한 절편으로 하는 일이다. 절편성이 견고할수록 우리는 안심한다. 우리는 이에서 끌려 나오게 되면 공포가 작용한다. 독자의 절편화 실행에도 마찬가지의 심리가 내재한다.

> 두 번째 위험인 <명확함>은 덜 분명해 보인다. 이것은 사실상 명확함이 분자적인 것과 관련되어 있기 때문이다. 여기서도 역시 지각이나 기호계를 포함해서 모든 것이 관련되는데, 하지만 여기서는 이것이 두 번째 선 위에서 일어난다. 카스타네다는 가령 마약(수많은 것들이 마약의 역할을 할 수 있다)이 우리에게 열어주는 분자적 지각의 존재를 보여주고 있다. 이렇게 그램분자적인 구조 속의 구멍들과 같은 공간과 공백(vides)을 드러내는 음향적이거나 시각적인 미시-지각에 접근하는 것이다. 이것이 바로 명확함이다. 우리에게 꽉 차 있는 것으로 보였던 것 속에서 이루어지는 이런 구별들, 밀집되어 보였던 것 속에 있는 이런 구멍들. 또는 이와 반대로 우리가 방금전까지만 해도 잘 절단된 절편들의 말단을 보았던 곳에서 오히려 불확신한 가장자리, 침식, 포개짐, 이주, 절편화 작용 등 견고한 절편성과 더 이상 일치하지 않는 일들이 일어난다. 모든 것은 외관상 유연함, 충만함 속의 공백, 형태들 속의 흐릿함, 묘선들 속의 떨림이 된다. 모든 것이 현미경의 명확함을 획득한다.(김재인 역, 2003: 432-433)

두 번째 위험은 <명확함>이다. 명확함은 몰적인 것과 분자적인 것과의 관계에 내재한다. 몰은 전체적인 것이기에 절편으로서의 명확함이 잘 드러나지 않는다. 이에 비해 분자적 절편은 개별적이고 부분적이어서 명확함이 잘 드러나게 된다. 명확함은 지각이나 기호계를 포함해서 모든 것과 관계된 초코드화와 재영토화의 견고한 것의 위험이다. 우리의 의식이 특정한 것과 접속하여 절편화가 이루어져 분자적 지각을 할 수 있게 된다. 그러면 몰적 구조 속의 구멍과 공간, 공백에 대한 미시-지각이 이루어지게 된다. 이는 몰적 절편에서의 견고함들이 더 이상 견고함들로 지각되지 않게 된다. 모든 것은 외관상 유연함, 충만함 속의 공백, 형태들 속의 흐릿함, 견고한 선들 속의 떨림으로 여겨진다. 모든 것이 현미경의 명확함으로 드러난다. 이 명확함은 분자적 절편화를 이룬 독자에게도 마찬가지라 할 수 있다.

> <권력>은 세 번째 위험이다. 이는 그것이 두 선 위에 동시에 걸쳐 있기 때문이다. 권력은 견고한 절편들로부터, 그것들의 덧코드화와 공명으로부터 미세한 절편화 작용들로, 그것들의 확산과 상호작용들로 나아가며, 그 역으로 진행되기도 한다. 권력자라면 누구나 반드시 한 선에서 다른 선으로 도약하며, 저속한 스타일과 세련된 스타일, 건달 스타일과 허풍장이 스타일, 담배 가게의 민중 선동과 고급 관료의 제국주의를 넘나든다. 그러나 이 모든 권력의 사슬과 씨실은 이것들을 벗어난 세계, 즉 변이하는 흐름의 세계 속에 잠겨 버린다. 그리고 권력을 이렇게까지 위험하게 만드는 것이 바로 권력의 무력함이다. 권력자는 끊임없이 도주선들을 정지시키려 하고, 그러기 위해 덧코드화의 기계 속에 변이의 기계를 붙잡아 고정시킨다. 그러나 그렇게 하려면 공백을 만들 수밖에 없다. 즉 먼저 덧코드화의 기계 자체를 고정시키고, 이것을 실행하는 임무를 짊어진 국지적인 배치물 속에 그 기계를 넣어야 한다. 요컨대 배치물에 기계의 차원들을 부여해야 하는 것이다. 이것이 전체주의나 '닫힌 꽃병 상태'의 인위적인 조건 속에서 생산되는 일이다.(김재인 역, 2003: 434-435)

세 번째 위험은 <권력>이다. 권력은 남을 지배하거나 복종시키는 강제적 힘이다. 이 권력은 견고한 절편, 초코드화된 절편, 중앙 집중적 절편들에서 탈주적 절편, 탈코드화된 절편, 주변적 절편들로의 확산이나 상호작용으로 나가거나 그 역으로의 작용과 관련된다. 권력자는 견고한 절편화의 선이나 탈주적 절편화의 선을 넘나들 수 있다. 저속한 스타일과 세련된 스타일을 넘나들고, 민중 선동 스타일과 고급 관료의 제국주의 스타일을 넘나든다. 그러나 모든 권력의 사슬과 씨실은 이것들을 벗어나 변이의 흐름 속에 잠겨 버린다. 그렇게 됨으로써 권력은 무력함의 위험에 빠진다. 권력자는 탈주선들을 정지시키려 하고, 그러기 위해 초코드화의 기계 속에 변이의 기계를 붙잡아 가둔다. 그렇게 함으로써 탈주가 일어나지 못하게 한다. 그렇게 함으로써 '닫힌 꽃병 상태'에 놓이게 된다. 이는 탈주를 이루지 못하여 초코드화의 기계 속에 갇힌 독자에게도 벌어질 일이다.

> 아직 네 번째 위험이 남아 있다. 물론 이것이 우리에게 가장 흥미로운 것이다. 이것은 도주선들 자체와 관련되어 있기 때문이다. 그런데 도주선들이 일종의 변이 또는 일종의 창조로서 상상 속에서가 아니라 사회 현실의 조직 속에서도 그려진다는 것을 보여준다 해도, 또한 이 도주선들에 화살의 운동과 절대의 속도를 부여한다고 해도 이 도주선들은 다시 사로잡히고 봉쇄되고 동여매이고 다시 묶이고 재영토화되는 위험만 두려워하고 이에 맞서게 될 뿐이라고 믿는 것은 너무 단순한 일일 것이다. 도주선들 자체가 죽음과 제물의 냄새처럼, 사람을 파괴해 버리는 전쟁 상태처럼 이상한 절망을 발산한다. 도주선들은 앞에서 살펴본 위험들과 혼동할 수 없는 고유한 위험들을 갖고 있는 것이다. (중략) 도주선 자체가, 파괴할 수 있는 것은 모두 파괴한 후 우리 자신도 해체되고 파괴되어 버릴 위험이 있는 전쟁인 것은 왜일까? 바로 이것이 네 번째 위험이다. 즉 도주선은 벽을 넘고 검은 구멍들로부터 빠져나와도 다른 선들과 연결접속되

고 매번 원자가를 증가시키는 대신 파괴, 순수하고 단순한 소멸, 소멸의 열정으로 바뀐다.(김재인 역, 2003: 435-436)

네 번째 위험은 거대한 <혐오>로 죽이고 죽고 싶다는 욕구, 소멸의 <열정>(김재인 역, 2003: 431)이다. 이 위험은 탈주선들 자체와 관련되어 있다. 탈주선은 변이나 창조로서 현실의 조직 속에서 그려진다. 이 탈주선은 두 가지 위험이 내재한다. 첫째는 절대 속도로 탈주하여도 권력에 의해 다시 사로잡히고, 봉쇄되고, 동여매지고, 다시 묶이고, 재영토화되는 위험을 갖고 있다. 이에 맞서야 한다고 믿는 것이다. 둘째는 탈주선 자체가 죽음과 제물의 냄새처럼 사람을 파괴하는 전쟁 상태처럼 절망을 발산한다는 것이다. 이 위험은 앞의 세 가지 위험과는 다른 고유함이 있다. 탈주선 자체가 파괴할 수 있는 것은 모두 파괴하고, 우리 자신도 해체하고 파괴하는 전쟁일 수 있다. 탈주선은 다른 것과 연결되어 원자가를 증가시킬 수 있지만 파괴나 소멸의 열정이 될 수도 있다. 독자의 탈주선을 탄 절편화 실행에서 파괴 또는 소멸의 열정에 대한 경계가 필요하다.

3. 절편화의 실행: 미시적 읽기

독자의 텍스트 읽기에 내재하여 작용하는 절편화의 실행 형식도 이원적, 원형적, 선형적으로 구분할 수 있다. 이들 절편화는 독자가 텍스트 내용을 파악하고, 이해에 이르는 데 기본적인 실행 형식이 된다. 이들 실행 형식은 그 유형에 따라 달라질 수 있다. 들뢰즈와 과타리가 논의한 절편화의 형식과 유형은 독자의 절편화에도 적용된다. 이로 보면, 독자의 절편화의 실행 형식은 유형에 따라 세분화되고 구체화된다. 이 독자의 절편화에는 미시정치의 속성이 내재한다. 독자의 텍스트 읽기는 절편화의 실행 형식과 유형을 반영한다. 독자는 절편화의 실행 형식과 유형의 협응 작용으로 텍스트를 읽고 절편이 된다. 독자는 어떤 형식과 유형의 절편화를 실행하였는가에 따라 다른 절편으로 생성된다. 독자가 텍스트 읽고 자기를 새로운 절편으로 생성하는 읽기가 '미시적 읽기'이다. 이 미시적 읽기는 절편화의 형식과 유형의 협응 방식에 따라 다양화된다. 독자의 자기 생성으로 절편이 되게 하는 미시적 읽기의 내적 특성을 검토한다.

가. 독자의 절편화: 자기 생성성

독자는 절편화된 절편이다. 독자는 텍스트를 읽는 절편이다. 독자는 텍스트를 읽고 다른 절편이 된다. 다른 절편이 되는 것은 자기의 생성이다. 독자가 텍스트를 읽고 다른 자기를 생성하지 않으면 한 절편에 머문다. 독자는 텍스트를 읽고 기존의 절편에 머물 수도 있고, 새 절편이 될 수도 있다. 독자가 새 절편이 되는 것은 새로운 자기를 생성해야 일어난다. 독자는 텍스트와 다양한 방식으로 만날 수 있다. 어떤 만남은 현 절편의 독자를 강화하고, 어떤 만남은 새로운 절편의 독자로 생성한다. 독자가 텍스트를 읽는 본질은 변화를 위해서이다. 새로운 절편의 독자가 되기 위해서이다. 물론 새로운 절편의 독자 되기는 현재 존재와는 다른 존재로의 변화를 뜻한다.

> 때로는 상이한 절편들이 상이한 개인들이나 집단들에 결부되며, 때로 한 절편에서 다른 절편으로 이행하는 것이 동일한 개인이나 동일한 집단인 경우도 있다. 하지만 이항적 절편, 원형적 절편, 선형적 절편 등 절편성의 모습들은 항상 함께 취해지며, 심지어는 서로 옮겨가기도 하고 관점에 따라 변형되기도 한다. 야만인들의 세계에서도 이미 그것이 나타난다. 리조는 <공동 저택>이

어떻게 내부에서 외부로, 장소를 지정할 수 있는 여러 유형의 활동(종교의식과 제례, 그다음 재화의 교환, 그다음 가족생활, 그다음 쓰레기장과 뒷간)이 수행되는 원형의 계열 안에서 조직화되는지를 보여준다. 하지만 동시에 '이 환들 각각은 그 자체로 횡적으로 세분되며, 각 절편은 특수한 혈통에 할당되고, 상이한 형제자매 집단 사이에서 세분된다.'(김재인 역, 2003: 397-398)

위 인용문에서 보면, 서로 상이한 절편들이 개인이나 집단과 접속한다. 읽기에서 보면, 텍스트는 하나의 절편이다. 독자와 다른 상이한 절편이다. 읽기에서는 독자가 이 상이한 절편과 접속한다. 독자가 텍스트와 접속하면 독자는 다른 절편으로 이행한다. 이때 절편화는 작용하는 유형에 따라 다양화될 수 있다. 절편화의 실행은 작용하는 유형에 의해 달라진다. 리조는 <공동 주택>이 절편화에 의해 변형이 되는 절편을 보여주었다. 절편화는 하나의 대상이 전혀 다른 절편이 되게 한다. 공동 주택뿐만 아니라 우리는 또는 독자는 절편화의 실행 유형에 따라 다른 절편이 된다. 절편의 변화는 횡적으로 세분되고, 각 절편은 절편화에서 전달된 내재한 특성(혈통)을 가지게 되어 서로 달라진다.

독자의 텍스트 읽기는 절편화의 실행이다. 독자는 이 절편화의 실행으로 절편이 된다. 독자가 텍스트를 읽는 과정에 절편화가 내재하기 때문이다. 『논어(論語)』의 '군자불기(君子不器)'라는 구절을 본 독자는, 이 구절의 의미를 탐구한다. 이 구절을 '군자는 모양이 정해진 그릇이 아니다'로 문자 해독의 수준에서 이해하는 독자는 없다. 독자는 구절의 의미를 되새기며 자기를 점검한다. 이 구절의 의미를 해석하고 구체화하는 과정은 자기를 절편화하는 과정이다. 이 구절을 이해한다는 것은 구절의 의미를 외우거나 기억하는 일이 아니다. 어느 독자도 이 구절의 의미를 외우고 기억하기 위하여 이 구절을 읽지 않는다. 독자가 이 구절을 반복해 떠올리고 의미를 되새기는 것은 자기 생성, 즉 절편이 되기 위한 것이다. 이 구절의 내적 함의를 자기의식 내에서 되살려내기 위한 것이다. 독자의 의식 내에서 구절의 함의를 되살리는 것은 자기 생성이고, 절편이 되는 일이다. 이 구절의 의미 이해는 독자가 자기를 새롭게 가지게 한다. 초등학생이 <흥부와 놀부>를 읽고, 대학생이 『일반언어학강의』를 읽고, 대학원생이 『천 개의 고원』을 읽고 이해하는 일은 자기의 의식을 새롭게 생성해 가지게 한다. 독자가 자기의 의식 내용을 생성해 가지는 일은 절편화를 실행해 새로운 절편이 되는 일이다.

텍스트는 독자가 절편화를 실행하게 지원한다. 텍스트는 하나의 절편이다. 텍스트의 내용은 절편화되어 있다. 이 절편화된 내용이 들어 있는 텍스트는 절편이다. 이 절편을 읽는 독자는 절편화를 실행하게 된다. 텍스트 읽기에서의 절편화는 독자가 새로운 자기를 생성하게 한다. 즉 독자의 절편화 실행은 절편이 될 수 있게 한다. 독자가 절편화되어 있는 또는 절편인 텍스트의 내용을 파악하고, 이해하는 활동은 절편화를 수행하는 활동이다. 독자의 절편화의 수행 과정은 절편으로 자기 생성의 과정이다. 『논어』를 읽고 이해한 독자는 『논어』에 내재한 사상을 자기의식의 내용으로 생성해 가지게 된다. 『논어』의 내용은 독자의 의식 활동이 이를 실행하게 이끈다. 독자가 『논어』를 읽는 본질적인 이유가 여기에 있다. 텍스트가 독자의 절편화 활동을 도와주기 때문이다. 독자는 텍스트의 도움으로 절편화를 실행하고 절편이 된다. 절편을 이룬 독자는 절편에 내재된 속성으로 존재한다. 『논어』를 이해한 독자는 논어의 사상을 의식 내용으로 가진 존재가 된다.

> 無極이면서 太極이다, 太極이 움직이면 陽이 생기고, 움직임이 다하면 고요해지고, 고요해지면 陰이 생긴다. 고요함이 다하면 다시 움직인다. 한번 움직이고, 한번 고요함이 서로 그 뿌리가 되어 陰으로 갈리고, 陽으로 갈리니, 兩儀가 이루어진다. 陽이 변화하고 陰이 더하여져서 水, 火, 木, 金, 土가 생기고, 五氣가

차례대로 펴지어 四時가 돌아가게 된다. 五行은 하나의 陰陽이요, 陰陽은 하나의 太極이요, 太極은 본래 無極이다. 五行의 생겨남에는 각각 그 性을 하나씩 나누어 가지니, 無極의 眞理과 二五의 精이 묘하게 합하여져서 한데 뭉친다. 乾의 이치에서 男子가 되고, 坤의 이치에서 女子가 되며, 두 氣가 서로 영향을 받아 반응하여 萬物을 낳게 된다. 萬物은 낳고 낳아서 이러한 變化는 끝이 없다.(無極而太極. 太極動而生陽 動極而靜 靜而生陰. 靜極復動. 一動一靜 互爲其根 分陰分陽 兩儀立焉. 陽變陰合 而生水火木金土 五氣順布 四時行焉. 五行一陰陽也 陰陽一太極也 太極本無極也. 五行之生也各一其性 無極之眞 二五之精 妙合而凝 乾道成男 坤道成女 二氣交感 化生萬物. 萬物生生而變化無窮焉.)

－조남국 역, 2000: 35(47), <태극도설(太極圖說)> 일부

위 인용문은 이황(李滉, 1501~1571)의 『성학십도(聖學十圖)』에 들어있는 <태극도설>의 첫 부분이다. 이 인용문의 내용은 여정덕(黎靖德, 남송(南宋))이 편찬한 『주자어류(朱子語類)』의 시작 부분[13]과 관련되어 있다. 두 내용은 똑같지는 않지만 본질 내용을 공유한다. 즉 이황은 학자로서 주희(朱熹, 1130~1200)의 성리학에 충실했다. 위 인용문을 보면, 이황은 주희의 성리학에 절편이 되었다. 이는 이황이 『주자어류(朱子語類)』를 읽고 절편화를 실행하였기 때문이다. 이 절편화로 이황은 성리학의 본질을 깨치는 자기 생성을 이루었고, 성리학 절편이 되었다. 이로 볼 때, 독자는 텍스트를 읽고 이해함으로써 텍스트의 내용과 같은 절편이 된다. 절편이 된 독자는 텍스트 내용의 본질을 공유하게 된다. 이 텍스트 내용의 본질을 공유함으로써 새 절편이 됨을 알 수 있다. 독자가 새 절편이 됨은 텍스트 내용의 본질을 자기 안에 생성했음을 뜻한다.

13 太極只是天地萬物之理. 在天地言, 則天地中有太極, 在萬物言, 則萬物中各有太極. 未有天地之先, 畢竟是先有此理. 動而生陽, 亦只是理, 靜而生陰, 亦只是理.

독자는 절편화로 새로운 절편이 된 자기를 생성한다. 텍스트의 이해로 독자는 다른 절편이 된다. 위 예문을 보면, 이황의 성리학에 대한 이해는 이황을 성리학자로의 절편이 되게 한다. 이황을 성리학자가 되도록 한 것은 주희의 사상을 담고 있는 텍스트이다. 물론 주희의 텍스트를 읽었다고 모두 이황과 같은 성리학자가 되는 것은 아니다. 성리학자가 되기 위해서는 이황처럼 성리학을 이해해야 한다. 이 성리학은 이해는 성리학을 이해하기 전과는 다른 사람이 된다. 즉 텍스트 이해는 독자의 새로운 자기 생성의 실현을 이루게 한다. 독자를 기존과는 다른 절편의 사람이 되게 한다. 이황은 성리학의 이해로, 성리학을 이해하기 전의 이황과는 다른 존재가 되었다. 독자의 텍스트 이해는, 텍스트를 이해하기 전과 다른 사람이 되게 한다. 물론 텍스트 이해는 텍스트의 내용을 독자가 동일하게 받아들였다는 의미가 아니다. 텍스트의 내용과의 대립으로 텍스트 내용의 본질을 공속한 자기를 생성했음을 뜻한다.

독자가 텍스트 읽기로 실행한 자기 생성의 절편은 절편화의 형식과 유형에 따라 달라진다. 독자는 이황의 예와 같이 한 가지 학문을 하는 자기를 생성할 수도 있다. 이는 읽기의 큰 지향일 수 있다. 이러한 읽기는 세부적으로 미시적이고 분자적이며 미시논리적인 조직의 토대 위에서 이루어진다. 이황은 어느 날 갑자기 성리학자가 된 것이 아니다. 여러 텍스트를 하나씩 읽고 이해하여 자기를 생성한 결과이다. 이 과정에서 여러 가지 절편화로 절편이 되고, 그 절편에서 탈주하는 활동을 반복함으로써 성리학자로서의 절편이 되었다. 독자는 하나의 텍스트를 읽을 때마다 절편화의 형식과 유형을 선택해야 한다. 한 텍스트도 절편화의 형식과 유형에 따라 다른 절편이 되게 한다. 이 절편화의 과정을 반복함으로써 독자는 늘 새로운 절편이 된다.

나. 절편화의 다양성: 미시적 읽기 방법

독자의 절편화는 거시(巨視)에서 미시(微視)로 나아간다. 거시는 한 대상을 전체적으로 보는 것이고, 미시는 부분적으로 또는 작게 보는 것이다. 읽기에서 거시는 다른 사람들과 같이 텍스트를 읽고 이해하는 것이고, 미시는 자기만의 읽기 방법으로 자기를 생성하는 이해를 하는 것이다. 독자가 텍스트를 읽는 일은 다른 사람들과 같이 읽는 것이 전제된다. 텍스트 자체가 다른 사람에게서 비롯된 것이다. 그렇기에 텍스트를 읽는 독자의 일차 절편화는 거시적으로 이루어진다. 거시적 읽기는 절편화의 유형으로 구분하면, 견고성, 몰성, 초코드성을 추구한다. 거시적 읽기로 이루는 독자의 절편은 자기 선택적이지 않다. 이미 주어져 있고 알려져 있는 절편으로 들어가기 위하여 절편화를 실행해야 한다. 거시적 읽기가 수월한 것이라고 할 수는 없지만 도움의 조건이 마련되어 있는 것이 현실이다. 도움의 조건은 권력의 중심점에 공명하는 것이다.

> 결국 동서 양 진영에 있는 대규모의 그램분자적 집합은 그 지그재그의 균열과 함께, 자기 자신의 절편들조차 보유하는 것을 곤란하게 만드는 분자적 절편화 작용에 의해 부단히 변형된다. 마치 항상 하나의 도주선－물론 처음에는 뚝뚝 떨어지는 빗물처럼 아주 미약한 것일 수 있다－이 절편들 사이를 흘러나가면 절편들 중앙 집중화를 벗어나고 절편들의 총체화를 회피하고 있는 것처럼 말이다. 사회를 뒤흔드는 심층적인 운동은 바로 이처럼 제시된다. 이것은 필연적으로 그램분자적인 절편들 간의 대치로 '표상'되더라도 사정은 달라지지 않는다. 사회는 그 사회의 모순들에 의해 규정된다는 주장은 잘못이다(특히 마르크스주의의 경우가 그러하다). 사태를 거시적으로 보았을 때나 올바른 주장일 뿐이다. 미시정치의 관점에서 볼 때 사회는 그 사회의 도주선들에 의해 규정되

는데, 이 도주선들은 분자적인 것이다. 항상 무엇인가가 흐르거나 도주하고 있으며, 이항적인 조직화와 공명 장치와 덧코드화 기계로부터 달아난다. 젊은이, 여성, 미치광이 등 '풍속의 진화'라고 여겨지는 것이 바로 그것이다.(김재인 역, 2003: 411-412)

위 인용문을 보면, 대규모의 몰적 집합은 여러 형태의 균열과 함께한다. 이 균열은 자기 절편조차 보유하는 것을 곤란하게 만든다. 이는 몰적 절편이 절대적으로 완전한 것이 될 수 없음을 의미한다. 이는 그 내부에 분자적 절편들이 있고, 분자적 절편화의 작용이 진행되고 있기 때문이다. 그래서 몰적 절편에는 본질적으로 변형이 내재한다. 몰적 절편에 내재한 미세한 탈주선이 처음에는 미약한 것일 수 있다. 이 탈주선이 절편들 사이로 흘러가게 되면 절편들은 중앙 집중화를 벗어나고 몰적 총체화가 깨어지게 된다. 변형을 일으키는 심층적인 운동이 여기서 시작된다. 이것을 몰적 절편 간의 대립으로 규정하더라도 결과는 마찬가지로 변형을 가져온다. 이를 미시 관점에서 보면, 변형은 탈주선들에 의해 규정된다. 이 탈주선은 몰적인 것과 대비되는 분자적인 것이다. 절편을 들여다보면, 견고하고, 몰적이고 초코드화의 기계로부터 항상 특정 흐름이 이루어지고 탈주가 일어나고 있다. 이는 풍속의 진화를 이룬다.

독자의 읽기도 마찬가지다. 거시적 읽기는 여러 형태의 균열과 함께한다. 그렇기에 거시적 읽기에 의한 텍스트 이해의 절편은 절대적인 완결성을 지니지 못한다. 몰적, 초코드화에 의한 텍스트 이해는 내부적으로 분자적, 탈코드화에 의한 절편들이 내재해 있고, 분자적, 탈코드화에 의한 절편화 작용이 진행되고 있다. 그렇기에 몰적 절편화에 의한 독자의 텍스트 이해나 자기 생성에는 본질적으로 탈주가 내재한다. 독자의 몰적 텍스트 이해에 작용하는 탈주선도 처음에는 미약할 수 있다. 그렇지만 이 독자의 텍스트 이해에 작용하는 탈주선이 몰적 절편들 사이로 지나가게 되면 이해는 중앙 집중화를 벗어나고 총체성은 깨어지기 시작한다. 독자의 미시적 읽기는 여기서 시작된다. 독자의 미시적 읽기는 텍스트 이해의 중앙 집중화나 총체성에서 벗어나는 탈주선에 의하여 이루어진다. 이에서 시작된 미시적 읽기는 다양한 유형에 의하여 이루어지는 독자의 절편화를 실행하게 한다.

독자의 절편화는 형식과 유형을 갖는다. 미시적 읽기에서 독자의 절편화에 관여하는 형식과 유형은 몇 가지 형태로 제한되지 않는다. 미시적 읽기에서는 이항적, 원형적, 선형적 형식의 절편화에 유연성, 분자성, 탈코드화, 탈영토화 유형이 연결된다. 이들의 연결로 이루어지는 독자의 절편화는 독자마다, 텍스트마다, 읽을 때마다, 읽는 상황마다 달라진다. 그렇기에 미시적 읽기는 독자의 개별적 또는 개체적 특성이 내재된 읽기가 될 수밖에 없다. 독자가 텍스트와 어떤 접속을 하는가에 따라 절편화는 달리 일어난다. 이 절편화에 따라 독자의 자기 생성이 달라지게 되고, 새로운 절편이 된다. 새로운 절편이 된 독자는 텍스트를 읽을 때마다 새로운 절편이 되는 활동을 반복하게 된다.

> 자아실현의 궁극적 목적은 개인의 바람을 성취하는 것이 아니다. 우주가 바르게 자리를 잡도록 하는 것이고[천지위언(天地位焉)], 만물이 본성대로 생장하도록 하는 것이다[만물육언(萬物育焉)]. 물론 만물 속에는 자신과 타인도 포함된다. 읽기 주체가 자아실현을 위해서는 만물의 이치와의 관계 속에서 자아를 확립하고, 이 자아가 만물과 바람직하고, 효율적인 화합을 이루어 내야 한다. 이는 모든 생물이 화합하여 번성하고, 만물이 조화 속에서 완전할 수 있도록 돕는 것이다. 자신, 타인, 생명체, 무생물이 조화롭게 번영을 이루게 하는 것이 자아실현이다.(김도남, 2024a: 114-115)

위 인용문은 『중용(中庸)』을 토대로 독자의 자아실현을 위한 읽기를 논의한 일부분이다. 이 인용문에서 보면, 저자는 『중용』을 유학 경전으로 읽고 이해하였다. 이는 『중용』을 견고성, 몰성, 초코드화를 토대로 한 것이다. 위 인용문의 저자는 이 읽기에 머물지 않고 있다. 읽기 주체(독자)가 자아실현을 위한 텍스트 읽기를 하기 위해서는 『중용』에서 강조하는 본질적 지향을 반영해야 한다는 것이다. 이는 『중용』 이해의 몰적 절편은 물론 '읽기 교육'의 몰적 절편에 균열을 야기한다. 저자만의 『중용』 읽기로 읽기 교육에 대한 탈주선을 타고 있다. 이는 『중용』은 물론 읽기 교육에서의 몰적인 중앙 집중화와 총체화를 벗어나게 한다. 위 인용문의 내용으로 보면, 저자는 『중용』을 읽고 자기만의 절편화를 통하여 자기 생성을 이루고 있다. 기존의 『중용』 독자와는 다른 새로운 절편이 되었다.

독자의 미시적 읽기로 실행하는 절편화는 개체적 고유성을 지닌다. 거시적 읽기의 '거시'가 자기를 버리고 몰적 절편에 속하는 것을 지향한다면, 미시적 읽기의 '미시'는 몰적 절편에서 탈주하여 자기를 찾고 생성해 내는 것을 지향한다. 거시적 읽기는 정해진 또는 규정된 절편이 있고, 이 절편을 위한 절편화를 실행하는 방식이 있다. 그 방식을 따르면 독자는 몰적 절편이 될 수 있다. 반면, 미시적 읽기는 정해져 있거나 규정되어진 질편이 없다. 독자가 새롭게 창조해야 함을 의미한다. 그렇기에 미시적 읽기는 절편화를 실행할 방식도 독자가 찾아야 한다. 독자가 미시적 읽기로 절편화를 하기 위해서는 유연하고, 분자적이고, 탈코드화된 방식을 사용해야 한다. 미시적 읽기를 위하여 독자가 사용할 이들 방식은 무한의 변형이 내재한다. 이는 독자의 읽기 방식이 무한 변이형으로 실현됨을 뜻한다.

다. 절편화의 권력성: 양자의 흐름과 탈주

텍스트 읽기에 작용하는 독자의 권력은 탈주에 있다. 몰성의 거시적 읽기를 하는 독자는 권력을 갖지 못한다. 거시적 읽기에도 권력은 작용하지만 권력의 중심이 독자를 벗어나 있다. 권력의 중심에서 벗어난 텍스트 이해로 실현되는 절편화에서 독자는 수동적이 된다. 실제 독자의 읽기 활동은 수동적이다. 절편화로 되어야 할 절편이 몰적인 것이기 때문이다. 읽기 교육과 관련지어 보면, 학생 독자는 수동적인 독자일 수밖에 없다. 유치원부터 대학생까지 모든 독자는 수동적이다. 그렇다면 성인 독자도 수동적이다. 모든 독자는 수동적이다. 이들 독자가 텍스트 이해로 실행하는 절편화는 몰적 절편이 되게 한다. 우리는 독자로서 의지적으로 몰적 절편을 벗어나려고 한 적이 없다. 언제나 몰적 절편이 되려고만 했다. 독자의 권력을 상실했다.

독자가 텍스트 이해로 새로운 절편이 되기 위해서는 권력이 필요하다. 권력은 탈주선과 함께한다. 탈주선을 타는 읽기는 미시적 읽기이다. 미시적 읽기는 독자가 구분과 대립을 조정하고 화합을 주도하는 권력을 가지고 하는 읽기이다. 권력의 중심에 독자가 위치해 있을 때 미시적 읽기를 실행할 수 있다. 권력의 중심에서 텍스트 이해로 실현되는 절편화에서 독자는 능동적이다. 독자는 대립하는 절편들 사이로 탈주선이 지나가게 한다. 이로 절편들을 이동시키고, 새롭게 연결하고, 다른 절편에 속하거나 다른 절편이 되게 한다. 이로써 독자는 텍스트 이해로 실행하는 절편화의 권력을 가지게 된다. 이를 실행하는 독자는 능동적이 된다. 이 능동성으로 인해 탈주선은 창조를 실행할 수 있게 된다.

> 따라서 문제는 그램분자적인 것과 분자적인 것은 크기, 단계, 자원뿐만 아니라 고려되는 좌표계의 본성에 의해서도 구분되느냐 하는 것이다. 그렇다면 '선'과 '절편'이라는 말은 그램분자적 조직을 위해 놔두고, 분자적 조성에 대해서는 적합한 다른 말을 따로 찾아야만 할 것이다. 실제로 우리가 잘 규정된 **절편들로 이루어진 선**(digne à segments)을 정할 수 있을 때면 항상 우리는 그 선이 다른

형식 하에서 **양자들로 이루어진 흐름**(flux à quanta)으로 연장된다는 것을 보아왔다. 그리고 그때마다 우리는 그들의 경계에서 '권력의 중심'을 위치시킬 수 있었고, 어떤 영역 안에서의 절대적인 권력 행사에 의해서가 아니라 선과 흐름 사이에서 일어나는 상대적인 적응이나 전환에 의해 권력을 정의할 수 있었다. (김재인 역, 2003: 413)

독자의 거시적 읽기와 미시적 읽기에서 몰과 분자의 관계를 검토해야 한다. 몰적인 것과 분자적인 것은 크기, 단계, 자원뿐만 아니라 이들이 위치하는 좌표계의 본성에 의해서도 구분되느냐 하는 것이다. 몰과 분자는 전체성에서 보느냐 개별성에서 보느냐에 따라 구분되는 것은 맞다. 그렇지만 몰과 분자가 위치하고 있는 좌표계에서 보면, 한 곳에 위치한다. 몰과 분자의 본성적 차이를 실현하기 위해서는 다른 무엇이 필요하다. 앞에서 사용한 '선'이나 '절편'은 몰적 조성에 놓아두고, 실제적 분자적 조성의 새로운 본성을 부여할 말(표현)이 필요하다. 분자적 조성에 새로운 본성을 부여할 수 있는 말은 '양자들로 이루어진 흐름'이다. 이 '양자들로 이루어진 흐름'은 몰적 말인 '절편들로 이루어진 선'과 대비된다. 이 '양자들로 이루어진 흐름'에는 그 경계에 '권력의 중심'을 위치시킬 수 있다. 이렇게 하면 선과 흐름 사이에서 일어나는 변화와 변이로 권력을 정의할 수 있다.

이는 읽기에서 독자가 몰적 절편에서 벗어난 분자적 절편이 되었을 때의 문제이다. 독자의 텍스트 이해가 자기를 찾기만 한다면 몰과 대립할 필요가 없다. 분자가 되어야 하는 본질은 새롭고 다른 분자의 절편이 되는 것이다. 분자는 변이와 변형으로 새로운 분자가 된다. 독자가 텍스트를 읽고 유기체(주체화(정체성), 의미화)인 자기만을 확인하는 읽기에는 적극성이 부족하다. 새롭게 변화하는 독자가 아니라 기존의 독자 자신을 확인하는 것에 머문다. 독자가 새로운 자기 생성을 위해서는 '양자들로 이루어진 흐름'을 만들어야 한다. 이 흐름을 만들어 내게 되면 독자는 '권력의 중심'에서 텍스트의 이해로 절편화를 실행하는 위치를 차지할 수 있게 된다. 이로써 독자는 텍스트마다, 텍스트를 읽을 때마다 새로운 자기 생성으로 다른 절편이 된다.

> 통상적인 인간의 언어는 내면적인 정서의 율동이나 정감을 밖으로 표명하는 음성적인 표현이고, 인간이 행하는 활동이며, 표상적이며 개념적인 서술을 의미한다. 이것이 우리가 생각하는 언어이다. 그러나 하이데거가 말하는 언어는 이런 것이 아니다. 언어는 그 본질에 있어서 표현도 아니고, 인간의 활동도 아니다. 언어가 말하는 것이다.(US: 28) 자신이 드러내려는 근원적인 언어를 『존재와 시간』에서 하이데거는 '담화(Rede)'라 명명한 바가 있다. 그러나 후기 사유에서 하이데거는 담화 대신에 '사이-나눔(Unter-Schied)'이라는 생소한 표현을 사용한다. 사이-나눔을 하이데거는 '차이를 분절하면서도 둘로 쪼개지 않고 하나로 이어줌', '다르면서도 서로에게 공속함', '다른 것과 구분되면서도 하나로 연루되어 공속하는 관계 속에서 존재자를 어떠한 존재자로 드러내 주는 존재의 생기', '안과 밖을 나누면서도 양자를 하나로 이어주는 문지방' 등으로 다양하게 표현한다. (중략) 우리는 사이-나눔이 하이데거가 말하는 '공속'과 다른 것이 아님을 짐작할 수 있다. 공속은 서로 차이가 있는 것들이 따로 떨어져 존립하지 않고 서로 하나의 관계를 맺어 그 속에서 서로가 서로를 필요로 하는 가운데 상생상성하면서 각기 고유한 것으로 정립되는 존재의 실상을 말한다. 이 점에서 공속은 사이-나눔과 같을 것을 이야기한다.(엄태동, 2016: 224-225)

위 인용문은 저자는 하이데거의 텍스트를 읽고 분자적 절편이 되는 예시를 보여준다. 인용문의 내용은 하이데거의 언어에 대한 규정과 관련되어 있다. 위 인용문의 저자는 하이데거가 말하는 언어에 충실한 몰적 절편에서 벗어나 있다. 그러면서 저자의 언어에 대한 인식의 영토에 머물지도 않는다. 하이데거가 1959년에 쓴 『언어로의 도상에서(US)』(신상희 역, 2012: 28) 언급한 '언어가 말하는 것이다'를 『존재와 시간』(Heidegger, M. 1993/2006)에서 언급한 '담화(Rede)'와 연결한다. 그리고 다시 『언어의 도상에서』에서 제시한 '사이-나눔'에 내재한 언어의 속성을 검토한다. 이 언어의 속성을 다시 하이데거가 『동일성과 차이』(신상희 역, 2000)에서 제시한 개념인 '공속'과 연결하여 논의한다. 이로써 위 인용문의 저자는 언어가 사람(현존재)들이 '사이-나눔'을 이루게 하고, 존재자와 존재를 '공속'하게 한다는 생각에 이르게 된다.

이에서 보면, 위 인용문의 저자는 하이데거의 텍스트에 충실한 절편화를 실행하지 않는다. 하이데거가 말하는 언어의 속성을 새롭게 규정하는 절편화를 실행한다. 즉 '양자들로 이루어진 흐름'을 만들어 낸다. 교육학자로서 하이데거의 저서들 사이를 넘나들면서 자기의 방식으로 언어의 속성을 '공속'으로 규정한다. 언어의 속성인 공속은 '서로 관계를 맺는 대상들이 서로를 필요로 하는 가운데 상생상성하면서 각기 고유한 것으로 정립되는 존재의 실상'을 이루게 하는 것으로 규정한다. 이로 위 인용문의 저자는 '양자들로 이루어진 흐름'을 만들어 내고, 권력의 중심에서 텍스트를 이해하여 절편화를 실행하였음을 알 수 있다. 이로 저자는 하이데거 텍스트들을 읽고 기존의 자기와는 다른 자기를 생성한 존재가 되었다. 즉 다른 절편인 존재가 되었다.

4. 절편화의 실행

독자는 절편으로 존재한다. 독자는 절편이 되어 텍스트를 읽는다. 텍스트 읽기는 독자를 다른 절편으로 생성한다. 독자는 텍스트 읽기로 새로운 절편이 된다. 새로운 절편은 자기 생성으로 이루어진다. 독자의 자기 생성은 절편화를 통해 이루어진다. 절편화는 자기를 생성하는 활동이고 과정이다. 이 절편화의 활동에 정치가 관여한다. 정치는 대립되는 절편들을 조정하고 화합하게 하는 일이다. 읽기의 절편화에는 텍스트와 독자가 대립한다. 텍스트와 독자의 대립이 조정되고 화합을 이루었을 때, 독자는 절편화로 새로운 절편이 된다. 새로운 절편이 된 독자는 다른 새로운 세계로 들어가거나 새로운 세계를 창조하게 된다.

우리가 일상에서 실행하는 절편화는 본질적인 형식과 실제적인 유형을 갖는다. 절편화의 본질적인 형식은 대상의 일부나 부분을 절편으로 만들어 관계를 맺게 하는 형태이다. 이 절편화의 형식은 이항적, 원형적, 선형적으로 구분된다. 이항적 절편화는 두 가지 절편이 서로 대립 관계를 이루도록 실행한다. 원형적 절편화는 하나의 중심이 되는 절편을 기준으로 점차 확대되는 원반 형태들이 대립 관계를 이루도록 실행한다. 선형적 절편성은 변화하는 직선 위에서 변화를 잘라서 절편들이 대립 관계를 이루도록 실행한다. 절편화의 실제적인 유형도 유연성과 견고성, 몰성과 분자성, 코드와 영토성으로 구분된다. 유연성과 견고성은 절편화의 형식을 원시 사회와 현대 사회에서의 절편 간 대립 특성을 중심으로 실행한다. 몰성과 분자성은 거시정치와 미시정치에서의 절편 간 대립 특성을 중심으로 실행한다. 코드와 영토성은 코드화의 특성에 따라 초코드화와 재영토화, 탈코드화와 탈영토화에서 이루어지는 절편 간의 대립 특성을 중심으로 실행한다. 이들 절편화의 본질적인 형식과 실제적인 유형은 상보적으로 다양한 절편화를 실행하게 한다.

독자가 텍스트의 이해로 실행하는 절편화도 일상의 본질적인 형식과 실제적인 유형을 반영한다. 독자는 텍스트를 읽으면서 세 가지 형식의 절편화와 세 가지 유형의 절편화를 실행한다. 독자는 텍스트 읽기로 실행하는 절편화로 특정 절편이 된다. 독자가 절편이 되는 것은 절편화를 실행하면서 자기 생성을 한 결과이다. 초코드화로 견고한 몰적 절편이 되는 것도 자기 생성이고, 탈코드화로 유연한 분자적 절편이 되는 것도 자기 생성이다. 물론 몰적 절편이 되는 것은 독자의 개체성을 상실한 자기 생성이다. 이 몰적 절편이 되는 절편화는 정해진 또는 규정된 실행 과정을 따라 이루어진다. 이에 반해 분자적 절편이 되는 절편화는 정해지거나 규정된 실행 과정이 존재하지 않는다. 이는 독자가 자기에 맞는 절편화로 절편이 되어야 함을 의미한다.

독자의 절편화에 작용하는 정치는 거시정치와 미시정치가 함께한다. 거시정치를 토대로 미시정치가 실현된다. 읽기에서 미시정치가 실제인 까닭은 독자의 개별적인 생성의 문제이기 때문이다. 독자가 자기 생성으로 절편이 되는 일에는 거시정치가 토대를 이루어 준다. 절편화 자체가 정치이고, 이 정치는 전체와 관련된 거시정치이다. 이 거시정치의 절편화는 내부적으로 또는 부분적, 세부적으로 미시정치를 포함하고 있다. 그렇기에 독자가 텍스트 이해로 절편화를 실행하는 과정에는 거시적인 견고함과 몰적인 초코드화가 먼저 작용한다. 이에 더하여 미시적인 유연하고, 분자적이고, 탈코드화의 절편화가 실행된다. 이는 거시정치가 없이 미시정치만으로는 절편화가 이루어지지 않음을 의미한다.

독자의 분자적 절편화로 새로운 절편을 되는 것을 지향한다. 일상의 절편화도 마찬가지지만 읽기에서 독자는 현재와는 다른 자기가 되기를 지향한다. 독자가 텍스트를 읽는 본질은 자기 변화이다. 이 독자의 자기 변화를 위해서는 절편화에 탈주선이 필요하다. 탈주선은 유연성과 분자성, 탈코드화로 절편화를 실행한다. 탈주선은 '공포', '명확함', '권력', '소멸'과 같은 위험이 내재하지만 실행의 필요성이 있다. 탈주선은 탈코드화된 탈영토화의 분자적 절편화이지만, 이에서 벗어나는 특성이 있다. 독자가 텍스트 읽기로 자기 찾기를 넘어 새로운 자기 생성을 해야 한다. 이를 위해 탈주선이 내재한 절편화의 실행이 필요하다. 읽기 교육에서는 독자가 탈주선을 타는 절편화의 실행에 관심을 가질 필요가 있다.

제7장 — 리토르넬로와 읽기

1. 리토르넬로

독자의 텍스트 이해는 어떻게 이루어지는가? 독자가 텍스트의 내용에 의식을 집중하면 이해가 가능한가? 독자의 텍스트 이해를 분명하게 설명하는 일은 쉽지 않다. 우리가 들뢰즈와 과타리의 『천 개의 고원』(김재인 역, 2003)을 읽다 보면, 텍스트 이해에 대해 생각하게 된다. '이 책은 어떻게 읽어야 이해할 수 있을까?' 텍스트 이해를 어느 하나의 관점만으로 설명하기 어렵다. 텍스트 이해를 설명할 수 있는 여러 관점의 검토가 필요하다.

이 장에서는 『천 개의 고원』 11장을 중심으로 텍스트 이해를 설명할 수 있는 단서를 찾아보고자 한다. 11장의 제목은 '1837년 리토르넬로에 대하여'이다. '1837년'[1]은 제쳐 두고, 먼저 리토르넬로(ritornello)라는 말에 대하여 알아보자. 리토르넬로는 음악 용어로 '반복구'를 의미한다. 음악을 들을 때

---

1 11장 제목 속의 '1837년'은 음악가 슈만(Robert Alexander Schumann, 1810~1856)과 관련된 것으로 추정한다. 『천 개의 고원』 11장의 맨 끝에 '슈만'이라고 쓰여있기 때문이다. 1837년 슈만이 27세 때로 모음곡집 『환상소곡집』을 출판했다. 『환상소곡집』은 <석양>, <비상>, <왜(어찌하여)>, <변덕(변덕스럽게)>, <밤에>, <우화>, <꿈의 얽힘>, <노래의 종말> 등으로 구성되어 있다.(https://blog.naver.com/whiteseao/140158324315)

특정한 리듬이나 가락(멜로디 또는 선율)이 반복되는 것이 리토르넬로이다. 사실 반복구는 음악에만 있는 것은 아니다. 우리 주변에 있는 다양한 것들이 반복구를 포함한다.

> 산 너머 남촌에는 누가 살길래/ 해마다 봄바람이 남으로 오네./ 꽃 피는 사월이면 진달래 향기/ 밀 익는 오월이면 보리 내음새,/ 어느 것 한 가진들 실어 안 오리./ 남촌서 남풍 불제 나는 좋데나.// 산 너머 남촌에는 누가 살길래/ 저 하늘 저 빛깔이 저리 고울까./ 금잔디 너른 벌엔 호랑나비떼/ 버들밭 실개천엔 종달새 노래,/ 어느 것 한 가진들 들려 안 오리./ 남촌서 남풍 불제 나는 좋데나.
>
> —김동환, <산 너머 남촌에는> 일부

윗 가사에서 보면, 몇 부분이 반복되고 있다. 이 시는 노래로 불렸기 때문에 우리는 리듬과 가락의 반복을 더 많이 찾을 수 있다. 음악에서 반복은 리듬이나 가락이 매번 똑같이 반복되지는 않는다. 반복되더라도 리듬과 가락이 변형된다. 위 시에서 같은 말이 일부 반복되지만 노래에서 리듬과 가락은 변형되어 반복된다. 리토르넬로는 음악에서 되풀이되는 형식으로 변형되는 반복을 의미한다. 그렇다고 『천 개의 고원』 11장이 변형이 있는 반복만을 설명하기 위한 것은 아니다.

> Ⅰ. 어둠 속에 한 아이가 있다. 무섭기는 하지만 낮은 목소리로 노래를 흥얼거리며 마음을 달래보려 한다. 아이는 노랫소리에 이끌려 걷다가 서기를 반복한다. 길을 잃고 거리를 헤매고는 있지만 어떻게든 몸을 숨길 곳을 찾거나 막연히 나지막한 노래를 의지 삼아 겨우겨우 앞으로 나아간다. 모름지기 이러한 노래는 안정되고 고요한 중심의 스케치로서 카오스의 한가운데서 안정과 고요함을 가져다준다. 아이는 노래를 부르는 동시에 어디론가 도약하거나 걸음걸이를 잰걸

음으로 했다가 느린 걸음으로 바꾸거나 할지도 모른다. 하지만 다름이 아니라 이 노래는 자체가 이미 도약이다. 노래는 카오스 속에서 날아올라 다시 카오스 한가운데서 질서를 만들기 시작한다. 그러나 노래는 언제 흩어져버릴지 모르는 위험에 처해 있기도 하다.(김재인 역, 2003: 509)

윗글은 『천 개의 고원』 11장의 첫 부분의 일부이다. 11장은 'Ⅰ'로 시작되고 있고, 어둠 속에서 노래를 부르며 걷고 있는 한 아이의 이야기이다. 아이에게 노래는 혼란스러운 마음을 가다듬게 하고, 안정시켜서 할 수 있는 일을 찾게 한다. 노래가 마음의 카오스에 질서를 만들어 두려움 속에서 길을 찾게 한다. 그러면서 부르는 노래에 따른 아이 행동의 변화를 예상하게 한다. 음악의 무엇인가가 우리의 마음에 질서를 만들고 변화를 일으킴을 묘사하고 있다. 이는 음악의 속성이 마음에 작용하여 안정과 변화가 생기게 함을 함의한다. 11장의 제목과 관련지어 보면, 리토르넬로의 속성이 우리 마음의 안정을 가져와 무언가를 할 수 있게 이끈다는 것이다.

Ⅱ. 앞에서와는 반대로 우리는 이번엔 자기 집 안에 있다. 하지만 무엇보다 이 안식처(chez-soi)는 미리 존재하지 않는다. 이것을 얻으려면 먼저 부서지기 쉬운 불확실한 중심을 둘러싸는 원을 그린 다음 경계가 분명하게 한정된(limité) 공간을 만들어야 한다. 따라서 온갖 종류의 지표(指標)와 부호 등 극히 다양한 성분들이 개입된다. 앞의 경우에서도 마찬가지이다. 그러나 여기서는 하나의 공간을 정돈하기 위해 성분을 동원하는 것이 중요하지 일시적으로 하나의 중심을 한정하기 위해 성분을 동원하는 것이 중요한 것은 아니다. 이리하여 카오스의 힘들은 가능한 한 외부에 붙잡혀 있고 내부의 공간은 완수해야만 할 임무 또는 이뤄내야 할 사업의 근원이 되는 힘들을 보호하게 된다. 여기서는 선별, 제거, 추출 등 온갖 활동이 전개되며, 그에 따라 대지의 은밀한 힘들, 대지의

> 내부에 있는 모든 힘들이 침몰하는 일 없이 저항하고, 나아가 그려진 공간을 필터나 체를 통해 카오스와 선별해내어 카오스 상태로부터 무언가를 받아들일 수 있게 된다.(김재인 역, 2003: 589-590)

윗글은 앞글 I 다음에 이어지는 II의 첫 부분이다. 위 인용문은 집 안에 있는 우리를 전제하고 있다. 집 안에서도 안식처를 갖기 위해서는 분명하진 않지만 중심이 있는 한정된 원의 공간을 만들어야 한다. 이 안식처의 공간에도 다양한 성분들이 개입되고, 이들 성분을 정돈하기 위한 성분이 중요하게 작용한다. 성분들이 정돈되면 그 공간은 카오스에서 벗어나 한정된 안식 공간이 된다. 이 한정된 내부 공간은 안식의 임무를 완수하고 그 안식을 위한 근원적인 힘을 지니게 된다. 그렇게 하여 안식처는 자체적인 유지와 보호의 힘을 가지게 되어 카오스에 함몰되지 않고, 카오스로부터 필요한 것을 선택적으로 받아들이게 된다. 리토르넬로의 또 다른 측면이다.

> III. 그럼 마지막으로 이번엔 원을 반쯤 열었다가 활짝 열어 누군가를 안으로 들어오게 한다. 또는 누군가를 부르거나 혹은 스스로 밖으로 나가거나 뛰어나가 본다. 물론 이전의 카오스의 힘이 밀려들어올 수 있는 쪽에서는 원을 열어서는 안 되며 이러한 원 자체에 의해 만들어진 다른 영역에서 열어야 한다. 마치 이 원 자체가 스스로의 내부로 수용한 활동 중인 힘들의 운동 속에서 미래를 향해 본래 자기를 열려고 하는 것처럼 말이다. 그리고 지금 목적으로 하는 미래의 힘과 코스모스적인 힘에 합류하려 한다. 일단 달려들어 한번 시도해 보는 모험을 감행하는 것이다. 그러나 일단 그렇게 하려면 자신을 <세계>에 던져 세계와 혼연일체가 되어야 한다.(김재인 역, 2003: 590-591)

윗글은 앞글 II에 이어지는 III의 첫 부분이다. 위의 인용문에서는 안식처를 이루던 원의 공간을 열고, 누군가를 들어오게 하거나 스스로 원 밖으로 나가보는 것이다. 이는 공간의 엶이 우리 자신의 미래를 향해 나아감이고, 미래의 힘과 코스모스적인 힘에 합류하는 모험이다. 이로 우리는 새로운 세계를 열 수 있게 되고, 그 세계에 존재하게 된다. 이 또한 리토르넬로의 한 측면이다. 리토르넬로는 우리가 어둠과 미지의 카오스를 만나면 안정할 수 있는 내적인 단서를 제공하여 길을 찾게 하고, 안식 공간을 만들고 그 공간에서 안정할 수 있게 한다. 더 나아가서는 미래를 창조하고 코스모스의 세계를 열 수 있는 힘이 된다.

독자도 텍스트를 읽을 때, 어둠 속을 걷는 아이와 같다. 들뢰즈나 하이데거, 노자의 책을 처음 읽을 때를 떠올려 보면 알 수 있다. 무슨 내용인지 알 수 없기에 막막함을 느낀다. 이때 무엇인가 독자의 인식을 안내하는 것이 필요하다. 마음속으로 흥얼거릴 수 있게 하여 막막함을 떨치고, 안정과 고요함을 주어 텍스트 내용을 탐구할 수 있게 해야 한다. 또한 의식이 안정을 갖도록 텍스트 내용과 관련된 의식 내용의 성분들을 질서 있게 정리하고, 필요한 것을 받아들일 수 있는 여건을 마련해야 한다. 이를 바탕으로 독자 자신의 새로운 의식의 세계를 텍스트 이해로 열어가야 한다. 리토르넬로에 대한 들뢰즈와 과타리의 분석은 이에 대한 단서를 제공한다. 리토르넬로는 텍스트에도 존재하고, 독자가 텍스트를 읽는 과정에도 작용한다. 아이가 어둠 속에서 노래를 흥얼거리듯, 독자는 텍스트를 읽으며 리토르넬로를 활용하여 텍스트를 이해할 수 있게 된다.

이 장은 들뢰즈와 과타리가 『천 개의 고원』 11장에서 논의한 리토르넬로에 대한 사유를 토대로 독자의 텍스트 이해를 검토한다.[2] 리토르넬로의 특성

2 이 11장은 '1837년 리토르넬로에 대해'라는 제목이 붙어 있고, 표지로 파울 클레(1879~1940)의 1922년 작 'twitterting machine' 그림과 함께 '지저귀는 기계'라는 표지어가 붙어

에서 비롯된 인식 특성이 독자가 텍스트를 읽을 때의 인식 특성과 어떻게 관련되는지를 밝히고, 독자의 텍스트 이해의 본질을 탐구한다. 이를 통하여 독자의 텍스트 이해 본질의 한 측면을 밝히고, 읽기 교육에서 독자의 텍스트 이해를 위하여 관심을 두어야 할 요소를 점검한다. 이는 독자의 텍스트 이해는 물론 텍스트 이해 교육에 대한 인식의 확장을 위한 것이다.

2. 텍스트와 리토르넬로

리토르넬로는 음악 용어이지만 그 현상은 음악에 국한되지 않는다. 우리의 대상 인식 활동과 의미생성 활동에 관여하고, 이들 활동 그 자체를 이룬다. 독자의 텍스트 읽기도 대상 인식 활동과 의미생성 활동이기에 리토르넬로의 특성이 반영된다. 리토르넬로에 대한 들뢰즈와 과타리의 설명를 바탕으로 독자의 텍스트 이해에 대한 토대를 마련한다.

가. 리토르넬로의 특성

리토르넬로는 음악에서 반복구를 의미하는 말이지만, 그 작용은 단순하지 않다. 특정한 음악적 요소가 반복되면서 일어나는 일은 복합적이기 때문이다. 들뢰즈와 과타리는 이 리토르넬로의 작용적 특성을 세밀하게 분석한다. 이에 대한 이진경(2003b: 217-236)의 설명을 참조하면 다음과 같다.

있다. '1837년 리토르넬로에 대해'는 슈만의 환상소곡집(Fantasiestücke op. 12, 1837)과 관련이 있다고 한다.(https://blog.naver.com/whiteseao/140158324315)

리토르넬로는

① 모호하고 혼돈된 것에 질서와 '통일성'을 부여한다.

② 변화하면서 반복되는 요소에 반복적인 일관성을 부여한다.

③ 변화와 변주의 진행에서 중심적인 테마뿐만 아니라 주변 요소를 반복한다.[3]

④ 반복은 차이를 포함하고 있다.

⑤ 통일성을 부여하는 반복은 영토성을 띠게 한다.[4]

⑥ 반복과 결부되어 있는 것을 '영토적 모티브(동기)'라하고, 모티브의 대위적 표현 형식을 '영토적 대위법'이라고 한다. 영토적 모티브를 '리듬적 인물', 영토적 대위법을 '선율적 풍경'이라고 한다.

⑦ 이질적 요소(리듬적 인물, 선율적 풍경)들을 결합하여 하나의 배치를 만들어내는데, 요소들이 섞이면서 다양한 배치를 생성한다.

⑧ 다양한 요소들을 묶어 하나의 영토로 만드는데 영토를 이루는 배치를 결정한다.

⑨ 리듬적 인물 및 선율적 풍경과 결부된 것, 반복의 양상으로 작동하는 모든 것과 관계된다.

⑩ 시계나 시간표에 맞추어 자신의 신체나 행동, 자신의 삶을 조절하는 능력을 만든다.

---

3 여기서도 반복은 차이와, 즉 변화 내지 변주와 함께 진행된다는 점이 중요합니다. 중심적인 테마를 반복할 때는 다른 요소를 변형시키고, 테마 자체를 변주시킬 때는 다는 반복의 요소를 남겨둔다는 것입니다.(이진경, 2003b: 218-219)

4 어떤 곡에 통일성을 부여하는 것이 리듬이요 리토르넬로라고 했는데, 바로 그 때문에 리듬만으로 '아, 이건 폴로네이즈구나', '아, 이거 바로크 음악이구나'하는 것을 알 수 있습니다. 혹은 '아, 이건 군악대의 행진곡이구나', '아, 이건 무도회의 음악이구나'하는 것도 말입니다. 이런 걸 저자들이 즐겨 쓰는 말로 하면 '영토성'이라는 개념으로 표현할 수 있지요.(이진경 2003b: 222-223)

⑪ 영토가 없는 세계인 우주를 절대적 탈영토화하는 방향 제시로, '되기'의 탈형식화의 가능성을 제공한다.[5]

들뢰즈와 과타리는 리토르넬로가 리듬과 음의 선율이 결합된 악구가 반복되는 것을 넘어 이질적인 것들이 통일성을 이루는 조건으로 본다. 더 나아가서는 배치에 따른 영토성을 이룸은 물론 우리의 삶을 조절하는 능력과 함께 '되기'를 실현하는 내적 본질로 바라본다. 리토르넬로로 인하여 우리의 의식이 영토화되지 않은 미지의 세계인 우주를 영토화할 수 있게 한다고 본다. 우리의 새로운 인식은 우주적 세계를 열어가고, 이는 리토르넬로에서 비롯된다는 것이다. 새로운 음악의 출현이 리토르넬로에서 비롯된 것과 같이 우리의 새로운 인식의 세계도 리토르넬로에서 비롯된다고 할 수 있다.

> 리토르넬로는 (중략) 때로는 이렇고, 때로는 저렇고, 또 때로는…… 때로 카오스는 거대한 검은 구멍으로 변하기도 하는데 이때 사람들은 내부의 중심에 불안정한 하나의 점을 찍으려 한다. 다른 때는 하나의 점 주변에 (형태라기보다는) 고요한 안정된 외관을 만들어낸다. 이에 따라 검은 구멍은 자기 집으로 변하게 된다. 또 다른 때는 외관으로부터 도망칠 길을 만들어 검은 구멍 밖으로 나오기도 한다.(김재인 역, 2003: 591)

우리의 의식이 무질서와 혼돈으로 주변을 볼 수 없는 검은 구멍[6] 속에

---

5 되기의 탈형식화의 예로, 이진경(2003b: 229-230)은 득음(得音)을 통하여 '침묵으로 하는 노래'(한영애의 말), 무예의 고수가 칼을 뽑지도 않고 상대를 제압하는 검술(와호장룡의 리무바이), 붓 하나로 세상을 장악한 화가나 서예가(김정희) 등을 들고 있다.

6 '검은 구멍'은 들뢰즈와 과타리가 독특하게 사용하는 용어로 '흰 벽'과 대비되는 개념을 담고 있다. 『천 개의 고원』(김재인 역, 2003) 5장에 제시되어 있는 개념으로, 우리가 대상을

갇힐 때가 있는데, 이때 리토르넬로는 중심이 되는 점이 되어 혼돈을 벗어날 수 있게 한다. 그러면서 안정된 의식을 갖게 하는 외관을 생성한다. 더 나아가서는 혼돈스러움에 질서가 서고, 편안함을 제공하면서 갇힌 의식 세계에서 열린 의식 세계로 벗어날 수 있게 한다.

들뢰즈와 과타리는 이러한 리토르넬로가 지닌 세 가지 측면의 성분을 제시한다. 방향적 성분, 차원적 성분, 이행적 성분이다.(이진경, 2003b: 230) 방향적 성분은 특정한 음악이나 내용이 어디서 시작되었는지(기원)를 알려주면서 그 특성도 알게 하는 것이다. 그래서 들뢰즈와 과타리는 이를 포스터 또는 플래카드라고 말한다.[7] 포스터와 플래가드는 작품이 가지고 있는 방향적 성분, 즉 영토적 성격을 알 수 있게 함을 의미한다. 리토르넬로의 방향적 성분은 카오스와 구별되는 영토적 배치의 기초(하부)를 이룬다는 점에서 '하부배치(infra-agencement)'라는 개념에 대응된다.(이진경, 2003b: 232)

차원적 성분은 복잡성과 관련되어 있다. 복잡성이란 말은 음악의 곡을 구성할 때, 특정 전경 선율을 위한 배경이 되는 화음과 조성, 리듬과 악기의 배치와 관련된다. 대위적 음[8]들의 배치가 차원적 성분이다. 음악의 곡은 대위적 음들의 배치로 특정한 색채를 띠게 된다. 차원적 성분은 곡의 내부에서

인식할 때, '흰 벽'은 전경을 드러내기 위한 배경을 의미한다. '검은 구멍'은 두 주체가 공명이나 동일시를 통하여 의식적 포개짐을 이루어 둘만의 터널 비전을 이루어 다른 것을 인식하지 못하는 것을 의미한다.

7 이러한 되기, 이러한 출현을 <예술>이라고 부를 수 있을까? 그렇다면 영토는 예술이 가져다주는 효과라고 할 수 있을 것이다. 예술가는 경계표를 세우거나 지표를 만드는 최초의 인간이 되는 것이다. 집단 혹은 개인의 소유는 거기서 유래한다. 그러한 소유가 전쟁이나 압제에 봉사하더라도 마찬가지다. 소유란 무엇보다도 우선 예술적인 것이다. 예술은 무엇보다도 우선 포스터 혹은 플래카드이기 때문이다.(김재인 역, 2003: 600)

8 대위적 음은 대위법에 사용된 음이다. 대위법은 두 개 이상의 독립적인 선율을 조화롭게 배치하는 작곡 기술이다.(https://ko.wikipedia.org/wiki/%EB%8C%80%EC%9C%84%EB%B2%95)

화음과 리듬을 어떻게 배치를 하는가와 관련된 표현의 형식이다. 따라서 이를 '내부배치(intra-agencement)'라 한다.

이행적 성분은 하나의 배치에서 다른 배치로 이행하는 성분을 지칭한다. 이는 리토르넬로가 차이를 포함하는 반복으로, 차이를 통해 하나의 배치를 탈영토화하는 것임을 말한다. 예를 들면, 하이데거의 존재론에 대한 논의를 『하이데거와 교육』(엄태동, 2016)에서 교육론으로 재구성하는 경우이다. 이행적 성분은 반복이 될 때마다 새로운 변형이 포함되어 나타나는 특성이 있다. 이는 두 가지 상이한 배치 사이에 있다는 점에서 '사이-배치(inter-agencement)'라고 한다.(이진경, 2003b: 237)

리토르넬로의 세 가지 성분은 배치에 따른 차이의 반복과 관련된다. 이들 세 가지 성분은 각기 독립적으로 작용할 수도 있지만 혼합적으로 작동한다. 이를 통하여 인식의 우주를 새롭게 열어가게 한다. 독자의 텍스트 이해도 마찬가지로 리토르넬로를 토대로 이루어진다. 리토르넬로의 반복과 변이(차이)에 의지하지 않고서는 텍스트 이해가 일어나지 않는다. 텍스트의 이해는 리토르넬로를 내포하고 있다.

나. 대위법

우리가 감상하는 음악이 하나의 악기나 한 사람의 목소리만으로 된 것도 있다. 그렇지만 하나의 악기나 한 사람의 목소리만으로 된 음악은 단조롭다. 그래서 우리는 이 단조로움을 벗어나 웅장함이나 다채로움을 추구한다. 음악의 발전도 단조로움을 벗어나 웅장함과 다채로운 음의 즐거움을 추구하는 과정에서 이루어졌다. 사람들은 한 악기의 음색이 아닌 여러 악기의 음색이 조화를 이루는 것을 추구한다. 또한 여러 가지 음들이 다채롭게 펼쳐지면서도 어울리는 것을 지향한다. 그러면서 곡의 진행에서 계속 달라지는 것만으로 만족하지 못한다. 일정한 부분의 반복도 필요로 한다. 이들을 통제하는 것은 어울림이다. 이를 통일성이라 할 수 있다. 여러 가지 요소의 다채로움이 어울려 서로 조화롭게 통일성을 이룰 때 새롭게 추구하는 음악이 된다.

하나의 악기로 실현되는 단조로움을 벗어난 음악을 위한 이론적 토대가 대위법이다. 대위법은 두 개 이상의 선율이 조화를 이루게 배치하는 방법이다.[9] 우리가 쉽게 들을 수 있는 곡으로 라벨(Maurice Ravel, 1875~1937)의 <볼레로Boléro>를 들 수 있다. <볼레로>를 들어보면, 배경에 일정한 리듬이 배치되어 진행되면서 전경에서는 다른 악기로 이루어지는 선율이 부각되어 진행된다. 우리는 배경의 리듬을 지각하면서 전경으로 드러나는 선율을 즐길 수 있다. 실제로 <볼레로>뿐만 아니라 음악은 배경과 전경의 선율과 음색들이 조화를 이루고 있다.

대위법과 다른 형태의 반복으로 소나타 형식을 들 수 있다. 소나타 형식은 일반적으로 제시부, 발전부, 재현부, (코다)로 이루어진다.[10] 재현부는 제시부를 반복하는 것을 뜻한다. 코다는 재현부 뒤에 이어지는 부분으로 제2의 전개부라고 할 수 있다.[11] 소나타 형식의 음악은 대위법의 음악이 배경과 전경에서 반복되는 것과는 달리 시간적 진행의 과정에서 반복된다는 점에서 다르다. 소나타는 다양한 악기의 리듬과 음색의 조화를 추구하는 대위법과는

---

9 대위법에 대한 자세한 논의는 김미옥(2009)을 참조할 수 있다. 이 논의는 대위법에 대한 세부 논의에 초점이 있지 않기에 대위법의 간략한 특성을 살핀다.

10 소나타 형식은 고전주의 시대에 광범위하게 사용되던 악곡의 형식을 말한다. 소나타 형식은 제시부, 발전부, 재현부의 세 부분으로 이루어져 있다. 제시부에서는 먼저 제1주제가 나타나는데, 이 주제의 조성을 그 곡의 조성으로 본다. 발전부는 제시부에서 제시한 주제들을 다양한 방식으로 발전시키는 부분이다. 재현부는 앞에 나왔던 제시부를 다시 반복하는 부분이다. 곡의 마지막에 완전히 마치는 느낌을 주는 종결구(코다)가 붙는다. 소나타 형식은 주제 선율을 중심으로 음을 구축해 나가는 하나의 원리이다.(https://100.daum.net/encyclopedia/view/63XX18900040)

11 https://100.daum.net/encyclopedia/view/b12s2002a

달리 전과 후의 시간적 간격에서의 조화를 추구한다고 할 수 있다.

리토르넬로의 구성 방식은 텍스트의 구성에서도 똑같이 적용된다. 우리가 읽는 국어교육 관련 텍스트를 예로 들면 다음과 같다. 인지적 관점의 읽기를 우리나라에 본격적으로 소개한 책이 노명완(1994)의 『國語敎育論』이다. 이 책의 내용 구성을 보면, 대위법적 구성과 소나타의 구성 방식을 따르고 있다. 이 책은 전체 5부로 되어 있다. 제1부는 '국어교육학의 성격와 과제'를, 제2부는 '국어과 교육과정'을, 제3부는 '국어교육의 이론과 실제(읽기를 중심으로)'를, 제4부는 '국어교육에서의 평가'를, 제5부는 '학습 방법의 학습과 국어교육'을 주제로 한다. 각 부의 제목을 보면, 어떤 교육과 관련된 책에서든 다루어야 할 내용을 반복하고 있다는 것을 알 수 있다. 이 책의 구성에서 제3부는 읽기 교육과 관련된 내용으로 되어 있고, 9개의 논문[12]이 실려 있다.

제3부의 논문들은 읽기 교육에 대한 일관된 통일성 있는 내용을 다루고 있다. 대위법의 방식으로 보면, 배경이 되는 내용과 전경이 되는 내용이 존재한다. 배경이 되는 내용은 두 층을 이루는 두 가지 이론에 토대를 두고 있다. 한 가지는 인지심리학에 기초한 스키마 이론이다. 다른 한 가지는 텍스트 구조론에 기초한 텍스트 분석 이론이다. 전경으로 드러난 내용은 기존의 읽기 교육을 새롭게 하자는 내용이다. 즉, 리토르넬로의 관점에서 보면, 배경과 전경이 내용적으로 분명하게 구분된다. 3부의 각 논문 제시 방식을 보면, 스키마 이론과 텍스트 분석 이론이 반복된다. 스키마 이론에 기초한 읽기를

---

12 ①讀書敎育의 槪念과 方法 ②初·中·高敎에서의 읽기 및 쓰기 敎育 ③새로운 讀書指導: 讀書理論과 讀書指導의 랑데부 ④讀書指導 硏究에서의 패러다임(paradigm)의 變化 -最近 10年間의 硏究動向과 앞으로의 展望 ⑤讀書 硏究에 대한 세 가지 接近方法의 理論的 考察 ⑥글의 構造 表象과 讀解 ⑦理解, 學習, 記憶: 讀書過程에 관한 認知心理學的 硏究分析 ⑧느낌(feeling): 過去와 現在를 연결짓는 記憶活動의 心理的 機制 ⑨이야기의 敎育的 意義(노명완, 1994: 3-4)

설명하기도 하고, 텍스트 분석 이론에 기초한 읽기를 설명하기도 한다. 대위법과 소나타 형식을 동시에 지니고 있는 것이다. 이러한 텍스트의 구성을 상호텍스트성이라 할 수 있다. 다만 상호텍스트성은 여러 다른 요소들이 섞여 있는 것은 알려주지만, 텍스트 구성의 역동성, 층위성, 형식성 등은 알려주지 않는다.

텍스트의 이러한 구성은 독자의 텍스트 내용 이해에 이를 반영할 것을 요구한다. 실제로 독자가 텍스트를 읽기 위해서는 리토르넬로의 특성을 따라야 한다. 배경을 지각하면서 전경에 의식을 집중해야 한다. 배경이 되는 내용을 지각하지 못한다면 텍스트 내용 이해는 쉽지 않다. 『國語教育論』의 독자가 스키마 이론과 텍스트 분석 이론에 대한 인식적 토대가 없으면 이 책에서 강조하는 읽기 교육에 대한 새로운 접근을 이해하는 것은 쉽지 않다. 전경으로 제시되고 있는 새로운 읽기 방식에 대한 피상적인 이해는 할 수 있지만 이 텍스트가 제시하는 읽기에 대한 근본적인 이해는 할 수 없다. 소나타 형식의 구성에서도 마찬가지로 독자의 인식 작용이 관여한다. 앞에 제시된 논문의 내용에 대한 이해가 있을 때 뒤에서 변형되어 제시되고 있는 내용을 이해할 수 있게 된다. 텍스트의 내용 구성이 반복과 변형의 형태를 취하고 있듯이, 독자는 텍스트의 내용을 반복과 변형의 형태로 인식함으로써 텍스트 이해에 이르게 된다.

다. 영토

영토는 소유의 주권을 인정하는 구역이다. 우리는 다양한 영토를 가진다. 생활의 영토, 직업의 영토, 의식주의 영토, 사유의 영토 등. 우리는 영토를 소유하고, 영토에 포함되고, 영토의 한 부분으로 존재한다. 이 영토는 리토르넬로에 의지해 존재하고, 유지되고, 변화한다. 들뢰즈와 과타리는, '영토란 하나의 행위로서 이 행위가 모든 환경과 리듬들을 촉발해 '영토화'하는 것이다. 영토란 환경과 리듬을 영토화했을 때 생겨난다'(김재인 역, 2003: 597)고 말한다. 글 (나)–글 (라)에서 보았듯이 우리가 어떤 행위를 하고, 그 행위 속에 반복적 속성이 내재된 리듬이 들어있게 되면, 카오스가 환경으로 이행한다.[13] 이 환경과 리듬을 우리 것으로 만들면 영토가 생성된다.

영토는 다양한 환경과 구성 성분으로 이루어진다. 우리가 속해 있는 지리적 영토를 떠올려 보면, 다양성을 쉽게 떠올릴 수 있다. 환경적으로 산, 들, 강이 있으며, 땅속, 표면, 공간이 있다. 무생물, 식물, 동물이 있고, 도로, 다리, 집들이 있다. 영토를 이루는 이들 환경과 성분들은 특정 기능을 한다. 그러나 이들의 기능들은 고정된 것이 아니다. 성분의 표현력에 따라 달라진다. 하나의 성분이 표현력 가지게 되면 그에 따라 각기 기능을 가지게 되는 것이다. 산이 목재 생산지로 표현되기도 하지만 생물들의 안식처가 되기도 한다. 또한 풍경을 감상하는 미적 대상으로 표현되기도 하지만 지역을 구분하는 경계가 되기도 한다.

다양한 환경과 성분을 포함한 영토는 특정 지표들에 의하여 표시되고, 표현의 질료에 의하여 그 특성을 드러낸다.[14] 영토를 이루는 성분의 기능은

---

13 카오스로부터 <환경>과 <리듬>이 태어난다. 이것은 고대의 우주 개벽설에서 다루던 문제이다. 카오스도 방향적 성분을 갖고 있으며, 이것이 혼돈 자체를 황홀하게 만든다. 우리는 이미 다른 곳에서 각각의 경우마다 하나의 성분에 의해 규정되는 모든 종류의 환경은 서로의 관계 속에서 상대로부터 빗나간다는 것을 살펴본 바 있다. 하나하나의 환경은 진동한다. 즉 이러한 성분의 주기적 반복에 의해 구성된 시간–공간 블록이 환경인 것이다.(김재인, 2003: 593)

14 영토는 여러 환경의 다양한 측면이나 부분들에 의하여 구성된다. 영토 자체는 외부 환경과 내부 환경, 매개 환경과 합병된 환경을 포함하고 있다. 거주나 피난을 위한 안쪽의 지대와 활동 영역인 바깥쪽 지대, 정도 차이는 있지만 수축성 있는 경계와 막이 있고, 나아가 매개 지대 또는 심지어 중성화된 지대도 있으며 또한 에너지 비축과 부속물도 있다. 영토는 반드시 '지표들'에 의해 표시된다. 이 표시들은 모든 환경의 성분을, 즉 재료와 유기적 산물, 막과 피부 상태, 에너지원, 응축된 지각-행동을 나타낸다. 엄밀하게 말해 환경의 성분이

성분의 표현력에 의존한다. 성분이 표현력을 획득하게 되면 성분은 하나의 영토를 표시하는 방향으로 나아간다.(김재인 역, 2003: 598) '이런 의미에서 영토, 그리고 영토 안에서 작용하고 있는 여러 다양한 기능은 확실히 영토화의 산물이다.'(김재인 역, 2003: 599) 영토 속에 존재하는 성분들은 각기 고유성을 갖는 것이 아니라 지표로 드러나는 표현에 의하여 특정한 성격을 가지게 된다.[15]

표현에 의하여 경계를 갖는 영토는 다른 개체 사이에서 구분되는 임계적 거리를 갖는다. 임계적 거리는 두 개체가 다름을 드러내는 한계점이고, 표식이 세워지는 지점이다. 성분의 표현이 영향력을 미치는 범위의 가장자리이다.[16] 영토는 같은 종의 구성원의 공존을 보증하고 조절하기 위해 구성원들 간에 거리를 둘 뿐만 아니라 서로 다른 종이 가능한 많이 공존할 수 있도록 서로 다른 종을 분화시킨다.(김재인 역, 2003: 608) 서로 다른 종이 많을수록 영토는 풍성해지고 새로워질 수 있다.

> 각각의 리토르넬로는 하나의 영토를 표시한다. 따라서 영토들 안에서 같은 활동이 벌어지거나 같은 소리가 울리는 경우는 없다. 바로 이것이 인간과 동물

방향을 가리키는 것이 아니라 차원을 가리키게 되었을 때, 또 기능적인 것이 아니라 표현적인 것이 될 때 비로소 영토가 생기는 것이다. 영토는 표현의 질료(질)가 어떻게 나타나느냐에 따라 규정된다.(김재인 역, 2003: 597)

15 어떤 춤곡이 왈츠인지, 가보트인지, 폴로네즈인지, 마주르카인지 폴카인지를 구분해 주는 것이 리토르넬로이다. 우리의 시가가 고려가요인지, 시조인지, 자유시인지를 구분하게 하는 것이 리토르넬로인 것이다.

16 영토란 우선 같은 종류에 속하는 두 개체 간의 임계적(critique: 臨界的) 거리를 말하며, 이 거리를 표시하는 것이다. 내 것이란 우선 내가 가진 거리를 말한다. 나에게는 거리밖에 없는 것이다. 나는 타인과 접촉하고 싶지 않으며, 타인이 내 영토에 들어오면, 뭐라고 하면서 플래카드를 세울 것이다. 이처럼 임계적 거리는 표현의 질료에서 유래하는 하나의 관계이다.(김재인 역, 2003: 607)

모두에게 똑같이 통용되는 임계적 거리의 규칙으로서, 이를 통해 비로소 경쟁이 가능해진다.(김재인 역, 2003: 609) 영토는 다양한 환경에 포함된 모든 힘들을 결집시키고 대지의 힘들을 모아 하나의 다발(gerbe)로 만든다. 흩어져 있는 모든 힘이 용기(容器) 혹은 토대로서의 대지로 귀속되는 것은 각각의 가장 심원한 곳에서만 일어나는 일이다.(김재인 역, 2003: 610)

위 인용문에서 보면, 영토화는 리토르넬로에 의하여 이루어진다. 그러면서 같은 종이 함께하는 것이 아니라 다른 종이 함께하면서 경쟁한다. 교향곡의 악보를 보면, 오선으로 된 줄이 여러 개가 배치되어 있고, 각 줄의 오선 위에 그려진 음표는 모두 다르게 표현되어 있다. 각 줄의 오선 위의 음표들은 각기의 리듬과 음색을 경쟁적으로 표현한다. 교향곡의 여러 줄의 오선 악보는 다양한 환경에 포함된 소리의 힘들을 결집시키고 그 각각의 리듬과 음색의 힘을 모아 하나의 다발을 이룬다. 그래서 리듬에 따라 진행되는 음색이 풍부한 음률을 담아내는 용기(容器)가 된다. 들뢰즈와 과타리의 『천 개의 고원』도, 노명완(1994)의 『國語教育論』도, 엄태동(2016)의 『하이데거와 교육』도 리토르넬로에 의하여 이루어져 있다. 교향곡의 악보가 여러 줄의 오선 위에 음표로 이루어져 있듯이, 여러 겹의 생각들이 배치되어 그 리듬과 음색을 경쟁적으로 표현한다.

『하이데거와 교육』(엄태동, 2016)을 보면, 교육에 대한 영토화를 이루는 리토르넬로를 확인할 수 있다. 『하이데거와 교육』에서는 하이데거의 현존재에 관한 내용을 반복적으로 설명한다. 용어와 개념이 반복되면서 근대 사유와 현대 사유를 인식할 수 있게 하고, 철학과 교육에 대한 인식을 확대한다. 본질적으로는 철학적 사유를 교육적 사유로 이끌어나가면서 방향, 차원, 이행의 성분을 작동시킨다. 그 결과 『하이데거와 교육』은 하이데거의 존재론을 토대로 교육을 새롭게 영토화한 것을 확인할 수 있다. 현존재를 밝히는 생각의 리듬들이 상황에 따라 차이를 드러내면서 반복되고, 그 위에 유학(儒學, 『논어(論語)』)에 기초한 교육적 인식이 겹을 이루어 배치되면서 새로운 색깔의 교육학이 전개된다. 현존재를 밝히는 사유적 리듬과 교육을 규정하는 사유적 리듬이 배치되어 일관성을 이루면서 경쟁적으로 표현된다. 노명완(1994)의 『國語教育論』도 인지심리학의 스키마 이론과 텍스트 구조론의 텍스트 분석 이론이 독자의 텍스트 내용 인식을 설명하는 이론과 일관성을 이루면서 경쟁적으로 표현되고 있다.

독자가 텍스트를 읽고 이해하기 위해서는 텍스트를 이루고 있는 영토, 텍스트가 이루고 있는 영토에 대한 인식이 필요하다. 어떤 리토르넬로가 작용하고 있는지, 리토르넬로가 어떻게 작용하고 있는지를 인식하는 것이 필요하다. 그러면서 성분들이 어떤 표현력을 가지고 영토화를 이루고 있는지를 인식할 필요가 있다.

라. 스타일

스타일은 개성 있는 특질의 표현형식이다. 개성은 남과 다름을 의미하고, 특질은 내용이 갖는 특별함이고, 표현형식은 겉으로 드러난 모습이다. 스타일은 표현된 질료의 질의 독특함이다. 스타일은 남과 다른 특별함이 있는 내용이 겉으로 드러나 보이는 모습이다. 리토르넬로에 의하여 생성되는 영토는 스타일을 갖는다. 스타일은 차이의 속성을 품고 있다. 남이 있음을 전제하면서 남과 같음이 아니라 다름, 차이를 함축하고 있다. 또한 스타일은 표현이다. 외현으로 드러나 인식되는 것이면서 그것임을 구분할 수 있게 하는 것이다.

대상을 구분할 수 있게 하는 것은 포스터나 플래카드보다 강력하다. 포스터나 플래카드는 경계의 표지이면서 안내하는 역할을 한다. 구분을 이끄는 것은 표현의 특성이고 스타일이다. '표현적인 것은 소유적인 것에 선행하고,

표현적인 질 혹은 표현의 질료는 필연적으로 소유를 향하며, 존재(être)보다 깊은 곳에 뿌리를 둔 소유(avoir)를 형성하는 작용을 한다. 그렇다고 해도 이러한 질이 하나의 주체에 귀속된다는 의미가 아니라 이러한 질을 갖고 있거나 생산하는 주체에게 귀속되는 영토를 이 질이 그린다는 의미이다.'(김재인 역, 2003: 600) 들뢰즈와 과타리는 이러한 영토적 표현의 질을 '서명'이라고 표현한다.[17] 이 서명은 스타일을 이룬다.

> 사실 표현의 질이나 표현의 질료는 상호 유동적인 관계를 맺는데, 그러한 관계는 표현적 질이 제공하는 영토와 관련해 충동이 만들어내는 내부 환경과의 관계를, 또 그 상황을 만들어 나가는 외부 환경과의 관계를 표현해 나간다.(김재인 역, 2003: 602)

영토가 스타일을 갖게 하는 것은 표현의 질과 질료와의 유동적인 관계에서 비롯된다. 표현적 질은 내부 환경과 외부 환경 관계를 드러내는 것이고, 그 관계의 표현이다. 표현의 질은 영토 내적인 영토적 모티브를 영토 외적인 영토적 대위법으로 표현하는 것이다. 질료인 영토적 모티브를 영토의 특색을 갖는 대위법을 적용하여 특정한 표현을 이룰 때 스타일이 드러난다. '고유한 스타일이 있으면 우리는 서명이 없어도, 명시된 이름이 없어도 그게 누구의 영토인지 알 수 있게 된다.'(이진경, 2003b: 243) 우리는 음악을 듣고 베토벤의 곡임을 알고, 그림을 보고 피카소의 작품임을 안다. 리토르넬로로 이루어지는 표현에서의 배치가 스타일을 만들어 내는 것이다. 베토벤의 곡이라고

---

17 서명이나 고유명은 완전히 형성된 주체의 부호가 아니라 스스로의 영역이나 영토를 형성해 나가는 주체의 부호이다. 서명은 한 개인을 나타내는 것이 아니라 영토를 형성하는 불확실한 행위이다. 모든 집은 고유명을 갖고 있으며 영감이 불어 넣어져 있다.(김재인 역, 2003: 600)

인식할 수 있는 것이 베토벤만의 리토르넬로의 배치 때문이고, 피카소의 작품이라고 생각하게 하는 것이 피카소만의 리토르넬로의 배치 때문이다.

독자는 텍스트를 읽으면서 저자의 스타일을 인식한다. 독자도 텍스트 이해를 하면서 스타일을 갖는다. 저자는 저자의 리토르넬로를 텍스트에 배치함으로써 스타일을 갖는다. 독자도 독자만의 리토르넬로를 텍스트 이해에 배치함으로써 스타일을 이루게 된다. 엄태동(2016)의 『하이데거와 교육』은 하이데거의 존재론에 자신의 리토르넬로를 적용하여 이해한 결과를 표현적 리토르넬로를 활용하여 집필한 것이다. 노명완(1994)의 『國語教育論』도 스키마 이론과 텍스트 분석 이론에 대한 리토르넬로를 적용하여 관련 텍스트를 읽고, 이해한 결과를 토대로 표현의 리토르넬로를 활용하여 집필한 것이다. 독자가 텍스트를 읽고 이해한다는 것은 자신의 영토성의 고유 성분인 리토르넬로를 활용하여 텍스트 내용을 영토화하는 것이면서, 자신의 이해 영토를 스타일화하는 일이다.

3. 읽기와 리토르넬로

독자의 텍스트 이해도 리토르넬로의 작용 특성을 반영하는 점이 있다. 텍스트는 용어, 개념, 논리 구조, 표현 형식, 내용 조직 등을 반복과 변형한다. 텍스트는 텍스트만의 리토르텔로의 작용 특성이 있다. 독자의 텍스트 이해도 스키마, 관점, 목적, 기능, 지평, 감응 작용, 해석 방식 등을 반복하고 변형하는 리토르넬로의 작용 특성에 기초한다. 독자의 텍스트 이해에 작용하는 리토르넬로의 속성을 살펴본다.

가. 일관성

일관성[18]은 영토를 이루고 있는 성분이나 요소들을 하나로 묶어주는 속성이다. 하나의 영토에는 여러 가지 요인들이 반복되고 변형되어 내재한다. 각 요소는 개별적이고 독립적인 특성을 갖는다. 그렇지만 이들 요소는 영토 내에서 개별 속성을 감추고 통일성을 이루어 표현의 질을 생성하는 데 기여한다. 이 개별 요소들이 표현의 질에 기여할 수 있도록 환경을 조성하고, 특정한 속성을 드러낼 수 있도록 하는 것이 배치이다. '영토적 배치의 성분 전체를 하나로 묶어주는 방식에 관한 것'(이진경, 2003b: 253)이 일관성이다.

신윤복의 그림 <단오풍정(端午風情)>은 단오의 세시풍속을 그리고 있다. 그림 속에는 다양한 성분들이 등장한다. 자연적 성분들, 사람의 성분들, 색의 성분들, 화가의 서명 성분도 함께 나타나 있다. 그림 속의 성분들은 각기 독립적일 수 있다. 그렇지만 그림을 보는 감상자는 이 성분들을 각기 독립적으로 살피고 따지지 않는다. 이질적인 각 성분을 '단오의 세시풍속'이라는 영토 속에 묶어서 본다. 그림에서 각 성분은 일관성에 기여하면서 존재하고 있다. 나무, 냇물, 바위, 아이들, 여러 가지 행동을 하는 여인들이 원래의

---

18 김재인 역(2003)에서는 '일관성'을 '고름'이라는 용어를 사용한다. '(수컷 굴뚝새가 집짓기 영토화를 마친 후, 암컷에 대한 구애를 위한 영토화로 이행을 위해 리토르넬로를 매혹적으로 만들기 위해서 강도를 바꾸게 되는데) 이때 내부 배치물에는 온갖 종류의 이질적인 성분이 개입되어 있다. 재료, 색채, 냄새, 소리, 자세 등을 결합하는 배치물의 표지뿐만 아니라 이런저런 방식으로 배치되어 하나의 모티프로 편입되는 다양한 행동의 요소들까지. 예를 들어 과시적 행동을 위해서는 춤, 부리를 울리는 동작이나 화려한 색깔의 과시, 목을 늘어뜨린 자세와 고성(高聲), 깃털 윤내기, 인사 그리고 리토르넬로가 필요하다. 여기서 먼저 염두에 두어야 할 것은 영토화를 일으키는 모든 지표, 영토적 모티브, 영토화된 기능이 완전히 동일한 내부 배치물 속에서 동시에 성립하도록 작용하도록 하는 것은 무엇인가 하는 것이다. 이것이 고름의 문제이다. 이질적 요소들의 '동시적 성립.' 이러한 요소들은 처음에는 퍼지 집합이나 이산 집합을 이루고 말지만 마침내 고름을 획득하게 된다.'(김재인 역, 2003: 614)

[그림 1] 신윤복, <단오풍정>

속성을 감추고 그림의 일부분으로 존재한다. 각 성분은 원래의 속성에서 탈영토화되어 그림의 일부로 기능한다. 이처럼 이질적인 성분들을 하나로 묶어주는 것이 일관성이다.

일관성은 두 가지 속성을 갖는다.(이진경, 2003b: 253-258) 첫째는 이질적 성분들을 하나의 배치 안에서 적절한 기능이나 위상을 갖도록 하는 것이다. <단오풍정>에서 알 수 있듯이 그림을 이루고 있는 성분들은 서로 이질적이다. 각 성분은 이전의 배치에서 탈영토화하여 그림 속으로 재영토화되어 각기 주어진 기능과 위상을 갖고 있다. 각 성분은 이질적인 속성을 가지고 있으면서 그림의 배치 안에서 그 역할을 수행한다. 각 성분은 배치에 따른 특성을 일관성 있게 드러냄으로써 고유성을 갖는다. 이 하나의 배치로 묶어주는 일관성은 스타일을 생성하게 해 준다.

둘째는 이질적이고 상이한 배치들이 서로 이행하고 교대할 수 있게 해주는 것이다. '상이한 배치들이 이행이란 것을 통해 하나로 이어주는 것, 이행을 통해서 상이한 배치들을 하나로 묶어주는 것'이기도 하다. 일관성은 여러 배치를 '이행 가능성'이라는 잠재성 차원에서 하나로 묶어주는 것이다.[19] 예를 들면, '기(氣)'라는 개념을 도자기와 난(蘭)의 잎과 산세(山勢), 혹은 검의 감응(affect, 感應) 등을 하나로 묶는 것이다.(이진경, 2003b: 259) 교육과

19 여기서 주의할 것은 모든 배치를 '이행 가능성'이라는 차원에서 하나로 묶어주는 일관성은, 묶이는 것들을 형식적으로 포섭하는 것과도 무관하고, 그것을 하나의 층위로 고르게 하는 것과도 상관이 없으며, 차라리 그와 반대로 이질적인 것을 이질적인 그대로 둔 채, 혹은 어떤 형식적 통일성도 부여하지 않은 채 하나로 묶는 것이라 점입니다.(이진경, 2003b: 257)

관련지어 보면, 학문 중심 교육과정에서 강조하는 과학적 '지식의 구조'는 모든 교과의 지식의 구조로 이행 가능성을 가지며, 인지심리학의 스키마는 모든 교과의 학습에서 학생 개인 간의 문제해결의 차이를 드러내는 이행 가능성을 가진다. 소쉬르의 언어학에 내재된 구조의 아이디어는 심리학, 문학, 종교학, 인류학, 교육학 등 다양한 학문에 구조 아이디어로의 이행 가능성을 갖는다.

독자의 텍스트 이해도 일관성을 따른다. 독자가 텍스트를 읽고 의미를 생성하는 일에 리토르넬로의 작용 특성인 일관성이 작용한다. 텍스트를 이루고 있는 각 내용 성분은 개별적이다. 독자는 텍스트의 내용 성분들을 특정 의미가 되도록 묶어냄으로써 텍스트를 이해하게 된다. 텍스트의 각 내용 성분이 하나의 의미를 표현하도록 하는 내적 요인이 리토르넬로의 일관성이다. 용어, 개념, 체계, 구조 등이 반복되면서 대위법의 인식 형식이나 소나타의 인식 형식을 제공함으로써 독자는 내용 모티브를 하나의 의미로 묶어낼 수 있다.

> 회화자로서의 시인은 두 가지를 지니고 있어야 한다. 하나는 존재의 진리에 대한 나름대로의 깨달음이다. 깨달음을 통하여 시인은 자신과 세인이 다른 존재가 되어 그들 사이에 차이가 생겼다는 것을 알 수 있어야 한다. 그래야만 시인은 그 차이를 해소하기 위하여 세인에게 깨달음을 전하는 일에 나설 수 있다. 다른 하나는 깨달음을 제대로 전하는 능력이다. 전하려는 마음이 있다고 해서 실제로 전할 수 있는 것은 아니다. 어떻게 전해야 하는지를 알고 실행할 수 있어야만 한다. 이는 시지음으로만 사유해서는 드러날 수 없는 회화의 능력이다. 교육학의 관점에서 보면, 시인은 깨달은 선진이면서 동시에 회화의 능력을 지닌 스승이라는 하이데거가 말하는 그런 의미에서의 특별한 시인의 소명을 다할 수 있다.(엄태동, 2016: 277)

위 인용문은 『하이데거와 교육』의 한 부분으로, 스승의 역할을 하는 시인에 관한 내용이다. 시인은 가르치는 사람(회화자(誨化者))으로서 존재의 진리를 깨닫고, 자신이 세인과 다름을 알아야 한다는 것이다. 그러면서 진리를 깨닫지 못한 사람에게 회화할 수 있는 능력을 갖추어야 한다는 것이다. 이를 시인의 소명으로 설명하고 있다. 이 글의 내용은 하이데거의 존재론에 기초하고 있다. 현존재에 대한 논리가 기저의 성분으로 작용하고 있고, 시인이 현존재가 되어야 한다는 인식이 중간의 성분으로 자리를 차지하고 있다. 그리고 교사가 어떤 존재여야 하는지가 표면의 성분이다. 위 인용문에서 이 성분들은 회화(자), 시인, 선진, 스승, 소명, 세인, 존재, 진리, 깨달음, 능력, 교육학 등이 교육자(회화자, 교사)의 영토(의미)가 되도록 묶어준다. 저자는 하이데거의 텍스트를 읽으면서 이들 용어를 선택하여 배치하고, 이들이 하나의 의미 표현에 기여할 수 있도록 하였다. 이들이 하나의 의미 표현이 될 수 있도록 하이데거의 현존재의 논리와 저자의 교육적 논리가 일관성으로 작용하였다.

위 인용문에서와 같이 독자는 텍스트를 읽으면서 텍스트의 여러 성분을 일관성을 활용하여 특정한 의미 표현을 하도록 묶어낸다. 독자가 텍스트의 성분들이 하나의 의미 표현이 가능하도록 묶어냄으로써 영토화를 이루고, 스타일을 드러내 보인다. 독자는 위 인용문을 통해 하이데거의 현존재의 존재론에 기초한 저자의 스승에 대한 본질을 의식적 영토로 생성한다. 또한 존재의 진리를 깨치고 깨친 진리를 가르칠 능력을 갖춘 회화자로 스승을 정의하면서 자신만의 스타일을 드러내고 있다. 독자의 텍스트 이해는 리토르넬로의 작용으로 텍스트 내용과 관계된 여러 성분이 하나의 의미 표현이 되도록 묶어내는 일관성을 토대로 한다.

이 일관성에는 텍스트의 내용 성분을 직접 하나로 묶어내는 속성뿐 아니라 이행 가능성의 속성도 함께한다. 위 인용문에 제시된 내용을 중심으로 보면,

앞에서 살핀 것과 같이 하이데거의 존재론에서 비롯된 개념, 용어, 논리와 교육학에서 비롯된 개념, 용어, 논리가 하나의 의미 표현으로 묶이는 것을 알 수 있다. 이는 현존재에 대한 개념이 제시된 내용의 이면에서 시인과 스승으로 이행 가능성으로 작용하기 때문에 가능하다. 현존재의 특성이 시인과 스승에게 이행 가능성으로 존재하지 않는다면 위 인용문과 같은 글쓴이의 의식은 성립될 수 없다. 텍스트 이해와 관련된 성분들이 직접 하나의 의미 표현을 하도록 묶어주는 일관성과 이질적인 것(현존재, 시인, 스승)을 이행 가능성의 일관성으로 묶어주는 것은 존재론과 교육학의 리토르넬로이다.

나. 배치

배치(agencement)는 특정 시공간에 사물이 놓이는 것이다. 사물은 특정 장소에 놓이게 됨으로써 그 특성을 갖게 된다. 어떤 사람이 어디에 있느냐에 따라 하는 일과 역할이 달라진다. 집에 있을 때, 학교에 갔을 때, 시장에 갔을 때의 역할은 각기 다르다. 모든 사물은 마찬가지이다. 이는 배치에 따라 사물의 역할과 기능이 달라짐을 뜻한다. 특정 영토 속에 존재하는 사물은 그 영토 안에서 주어진 배치에 따른 역할과 기능을 한다. 그러다 영토 내에서 배치가 바뀌게 되거나 다른 영토로 배치가 달라지면 사물의 역할과 기능은 다른 것으로 변화한다.

배치는 배치되는 대상(성분)의 역할과 기능을 바꾸어 다른 의미 표현을 하게 한다. 여기서 대상의 배치는 다른 대상과의 접속을 의미한다. 다른 것과 접속을 이룬 대상은 그 대상과의 관계에서 비롯된 의미 표현을 하게 되는 것이다. 들뢰즈와 과타리는 접속에 의한 대상의 의미 표현을 '기계'라고 말한다. 기계는 '탈영토화되면서 다른 배치의 구성 요소가 되는 것'이다.(이진경, 2003b: 263) 이는 대상이 배치에 따라 역할과 기능(의미 표현)이 달라지게 됨을 함의한다. 리토르넬로의 관점에서 보면, 모든 배치는 리토르넬로와 관련이 있다.

들뢰즈와 과타리는 배치의 방식을 세 가지로 구분한다. 고전주의, 낭만주의, 모던이 그것이다. 이들 배치의 방식과 특성을 음악에서의 리토르넬로와 관련지어 간략히 살펴보자. 고전주의의 배치는 대위법과 소나타에 의한 배치이다. 대위법 배치는 하나의 리듬이나 선율에 화합을 이룰 수 있는 악기의 배치나 조성의 배치를 하는 것이다. 그래서 가락이나 선율이 리토르넬로가 되게 하는 것이다. 물론 그 역도 가능하다. 대위법과 관련되는 것이 소나타의 형식이다. 소나타는 리듬이나 선율이 시간의 간격을 두고 반복하는 것이다. 대위법이 전경이나 배경에 리토르넬로가 자리한다면 소나타는 시간상에 자리를 하는 것이다.

낭만주의는 고전주의와는 다른 배치의 방법을 사용한다. 고전주의는 영토 안에서의 탈영토화된 리듬과 선율을 배치한 것이라면, 낭만주의는 탈영토의 리듬과 선율을 영토화하는 배치이다. 예를 들어 민요나 가요의 리듬이나 선율을 클래식화하는 것이다. 관련이 있지만 이질적 성분을 리토르넬로로 함께 배치하는 방식이다. 이는 새로운 영토화를 생성하고 새로운 음악을 생성하게 한다. 탈영토화되어 있는 이질적인 것을 영토 내로 끌어들여 일관성으로 묶어내는 것이 낭만주의이다.

모던은 고전주의나 낭만주의와는 또 다른 배치로 음악을 만든다. 영토와 관련 없는 절대적 탈영토화된 것을 일관성으로 묶어 음악이 되도록 하는 것이다. 바레즈의 <이온화(Ionisation)>나 크세냐키스의 <메타스타시스(Métastaseis)>를 예로 들 수 있다. 이들 곡에는 악기의 배치가 일반적 물건으로 바뀌고, 리듬이나 선율이 기존의 음악과는 다른 형태로 제시된다.

'배치물을 더 이상 카오스의 힘들에 맞서지 않고, 대지의 힘, 민중의 힘들

속으로 깊이 침잠하지 않는 대신 <코스모스>의 힘들을 향해 열린다.'(김재인 역, 2003: 650) 문제는 시작이 아니며 창립이나 정초도 아니다. 고름(일관성)의 문제이다. 즉 이처럼 무음(無音)이고 비가시적이며 사유가 불가능한 힘들을 포획하려면 어떻게 재료를 다지고, 재료에 어떻게 고름을 부여할 것인가가 문제인 것이다. 리토르넬로조차 분자적인 동시에 우주적인 것이 된다.(김재인 역, 2003: 651)

위 인용문은 모던 음악의 배치 특성의 일부이다. 고전주의와 낭만주의가 카오스의 힘에 맞서고, 대지와 민중에 침잠한 코스모스를 지향하는 창립과 정초의 배치였다면 모던은 이와는 다른 우주적인 배치를 통한 코스모스를 지향한다. 무음이고 비가시적이며 사유가 불가능한 힘을 포획하는 배치를 지향하는 것이다. 요컨대, 모던은 제한된 형식이나 의미 표현을 지향하는 것이 아니라 모든 것에 열려 있으면서 차이 그 자체를 지향한다. 이는 리토르넬로가 반복되는 것이지만 차이를 발현시켜 새로움을 생성하는 반복이어야 함을 뜻한다.

독자의 텍스트 이해도 고전주의, 낭만주의, 모던의 배치의 속성을 반영한다. 고전주의와 같이 카오스에 맞서며 영토 내적인 코스모스를 추구할 수 있다. 이때 독자는 영토 내적으로 풍부하고 깊이 있는 안목을 추구하는 텍스트 이해를 지향한다. 하나의 영토를 이루고 있는 텍스트의 내용 세계에서 리토르넬로를 찾아 토대(대지)가 분명하고, 체계적이고 세밀하고 정교한 의미 이해를 이룰 수 있다. 또한 낭만주의의 배치와 같이 탈영토화된 영토의 세계를 생성하고 있는 텍스트를 찾아 새로운 이해의 세계로 나갈 수 있다. 영토와 탈영토를 넘나들면서 영토 안에서 탈영토를 이루거나 탈영토된 것을 영토 안에서 재해석하여 변화를 이루는 이해를 할 수 있다. 낭만주의의 배치는 텍스트 이해를 새롭게 하고 변화를 이룬 성과도 있다. 그렇지만 새로운 생명성이 있는 텍스트 이해의 세계를 열기에는 부족함이 있다. 독자는 카오스적 이해 세계를 지향하지만 기존의 코스모스적 이해 세계와 결별하지 못하기 때문이다. 모던적 배치의 텍스트 이해는 일관성만이 문제인 분자적 우주적 리토르넬로의 작용을 조건으로 한다. 배치의 제한이 없기에 독자의 텍스트 이해는 우주적 코스모스를 지향한다. 카오스의 코스모스, 코스모스의 카오스가 의미 표현을 이루어 내고, 이를 이해하는 텍스트 이해를 지향한다. 앞에서 인용한 엄태동(2016)의 글을 보면, 하이데거가 규정한 시인은 교육학의 맥락에 배치되어 나름의 깨달음을 얻은 선진이면서 회화의 능력을 지닌 스승의 의미를 갖는다. 이 시인은 교육학에의 배치로 리토르넬로를 이루어 선진과 스승이라는 일관성을 갖춘 의미를 얻어 새롭게 이해된다.

다. 생명

환경은 주기적으로 반복된다. 이 반복에는 리듬이 내재한다. 환경의 반복은 차이를 생성한다. 환경의 반복은 차이를 생성하는 것 외에 어떠한 효능도 없다. 이 차이에 의해 하나의 환경에서 다른 환경으로의 이동이 일어난다. 리듬을 갖는 것은 차이이다. 리듬의 예를 물의 흐름으로 설명할 수 있다. 숲속의 작은 돌 밑에서 솟아나는 샘물, 산골짜기나 들을 흐르는 개울물, 마을 앞을 흐르는 시냇물, 큰 산의 뿌리인 바위를 휘감아 흐르는 강물에 리듬이 있다. 가랑비가 내리는 날의 냇물, 소낙비가 올 때의 냇물, 장맛비로 홍수가 질 때의 냇물에도 리듬이 있다. 리듬은 차이를 만들어 내고, 차이는 배치에 비롯된다. 비의 배치에 따라 물의 리듬의 차이가 생겨난다. 이 물의 리듬은 기계이다. 비의 배치에 따라 물결의 리듬이 언제나 생성된다. 물의 리듬은 리토르넬로이다. 그렇다면 물결은 무엇인가? 살아 움직이면서 넘실대며 자기를 표현해 드러내는 것은 생명이다. 리토르넬로는 생명을 생성한다.

들뢰즈와 과타리는 기계와 차이 나는 표현의 속성을 '생명의 장'이라고 한다.(김재인, 2003: 637) 그러면서 생명의 장은 '일관성(고름)의 이득'이며, '잉여가치(탈지층화의 잉여가치)'를 포함하고 있다고 말한다. 일관성의 이득이란 일관성을 형성함으로써 획득할 수 있는 이득이고, 탈지층화의 잉여가치란 어떤 층위를 일부 떼어내(탈지층화해서) 다른 종류의 지층을 만들어 낼 수 있는 능력을 의미하며, 그런 능력이 제공할 수 있는 이득을 뜻한다.(이진경, 2003b: 266) 생명은 성분들을 하나로 묶어내는 일관성의 결과이거나 탈지층화하여 다른 것과의 배치를 이루어 지층을 형성함으로써 얻는 이득이다.[20] 이미 존재하고 있는 어떤 지층(환경)에서 무엇인가를 떼어내 일관성을 갖는 어떤 새로운 배치를 형성하는 능력이 바로 생명이다.(이진경, 2003b: 268) 이는 자신이 이득을 얻을 수 있는 것으로의 변화 능력이라 할 수 있다. 변화는 배치에 의하여 일어나고, 배치에 의한 변화는 집합적 관계와 결부되어 있다. 이는 생명이 탈지층화와 배치의 의한 변용 능력에 의하여 끊임없는 차이를 만들고 새롭게 생성되는 것임을 의미한다.

> 자신의 존재가능성에 대한 현존재의 염려가 요청되는 근원적인 자기 초월의 교육활동을 '학시습(學時習)'이라고 명명하고자 한다. 그것은 '새로운 것을 만나게 되면 마땅히 시간을 내어 그것을 나의 것으로 익히는 활동'이라는 의미를 지닌다. 자신의 존재가능성과 연관을 갖는 무엇을 향해 탈존하면서(學), 그것을 고유한 것으로 참되게 드러내려고 애쓰는 수련의 시기를 거치는 가운데(時),

20 예를 들어, 어떤 새가 나뭇잎과 나뭇가지와 춤, 노랫소리, 깃털 등을 이용해 자신이 영토적 배치를 만든다는 것은 나뭇가지나 나뭇잎을 원래 그것이 속해 있던 '나무'라는 지층에서 '탈지층화'하고, 울음소리나 깃털 등을 원래 속해 있던 신체에서 탈지층화하여 '하나로 묶어' 새로운 배치를 만드는 것이고, 그럼으로써 자신의 영토를 표시하고 다른 새와의 임계적 거리를 만드는 것이지요.(이진경, 2003b: 266-267)

> 그것과 하나가 되어 무르익는 것(習)이 학시습인 것이다. 이러한 학시습이 인간의 본래적인 삶 속에 들어 있으면서 현존재의 고유한 존재 양식에 속하기 때문에 인간은 현존재로서 자신의 존재가능성을 염려하면서 그것을 향해 초월할 수 있다.(엄태동, 2016: 89-90)

위 인용문을 보면, 저자는 『논어(論語)』의 첫 구절인 '학이시습지불역열호(學而時習之不亦說乎)'에서 '학(學)'과 '시습(時習)'을 떼어내 '학시습(學時習)'이라는 말을 만들었다. 이 '학시습'은 하이데거가 『존재와 시간』 등의 저서에서 제시한 개념을 표현하는 '현존재', '존재가능성', '염려', '초월', '탈존', '본래적인 삶' 등의 말들과의 배치 속에서 일관성을 이루고 있다. 이로써 '학시습'은 일관성의 이득으로 생명을 갖게 되어, 교육활동에서의 새로운 의미를 생성해 내고 있다.

이에서 보면, 독자의 텍스트 이해도 생명의 장이다. 독자의 텍스트 이해는 일관성에서 비롯되는 이득을 추구하며, 탈지층화에 의한 잉여가치를 생성한다. 독자의 텍스트 이해는 암기나 암송이 아닌 해석이고 의미의 생성이다. 해석과 생성은 이득이고, 잉여가치를 위한 것이다. 해석과 의미생성은 일관성과 탈지층화에 의하여 이루어진다. 텍스트와 관련된 요소들을 선택하고 배치하면서 이들을 하나로 묶을 수 있는 리토르넬로를 찾고, 일관성을 이루어 낸다. 또한 텍스트 요소를 탈지층화하여 새롭게 배치함으로써 잉여가치를 생성한다. 『하이데거와 교육』(엄태동, 2016)을 예로 들면, 이 텍스트의 저자는 하이데거의 텍스트를 탐독했다. 그러면서 하이데거의 텍스트에 들어 있는 용어, 개념, 논지, 내용과 형식의 아이디어 등을 선택하여 배치를 함으로써 하이데거의 존재론을 이해했다. 저자는 이에서 멈추지 않고, 하이데거 텍스트의 구성 요소들을 탈지층화한다. 교육의 영토에서 이를 요소들을 새롭게 배치함으로써 잉여가치를 생성하고 있다.

독자의 텍스트 읽기는 생명의 장(자리)을 획득하는 일이다. 텍스트를 있는 그대로 바라보는 것이 아니라 독자가 일관성을 이루어 내고, 탈지층화로 잉여가치를 생성하는 일이다. 어느 독자가 어떤 텍스트를 읽든, 텍스트의 이해는 생명의 장을 획득하는 것이다. 초등학교 1학년이 <강아지 똥>을 읽고 이해를 하든, 대학교수가 『존재와 시간』이나 『천 개의 고원』을 읽고 이해를 하든, 텍스트의 이해는 생명의 장을 여는 것이다. 독자가 생명의 장을 갖지 못한 읽기는 텍스트 이해를 이루지 못한 것이다. 생명의 장은 텍스트의 주요 내용을 기억하고, 중심 생각을 찾는 것과는 거리가 있다. 독자만의 리토르넬로로 배치를 이루고, 이로써 차이 그 자체인 잉여가치를 획득하는 것이다. 이 활동은 끊임없이 반복된다.

라. 민중

들뢰즈와 과타리는 『천 개의 고원』 11장에서 민중을 여러 군데에서 언급한다. 민중을 언급하는 것은 개인이 개별성을 잊고 전체성을 지향하는 군중이 되는 것의 문제를 드러내기 위해서이다. 리토르넬로는 변용되는 개별성을 띠면서 함께하는 것과의 조화를 이루는 반복성을 지닌다. 민중은 리토르넬로의 속성을 지닌 특개성이 있는 개인들이 구성하는 대중이다. 그래서 들뢰즈와 과타리는 '민중은 개체화되어야 한다. 단 인격이 아니라 민중 자신이 동시적이고 연속적으로 체험해 나가는 변용태들에 따라서'라고 말한다. 그러면서 '민중을 단순히 병존하는 사람들로 환원하거나 또는 보편성의 힘으로 환원하면 <군중인 하나>이나 가분성(可分性, Divisuel)을 취할 수 없게 된다'(김재인 역, 2003: 648)고 말한다. 가분성은 미세한 형태로 나누는 것을 의미한다. 즉, 민중이 각자의 특성을 가질 수 있도록 해야 한다는 것이다. 이는 텍스트 이해 교육의 문제와도 깊이 관련되어 있다. 독자를 <군중인 하나>가 되게 할 것인지 가분성의 속성을 가지게 할 것인지와 관련되어 있기 때문이다.

> 지금처럼 예술가가 민중을 필요로 한 적도 없었는데, 정말 민중이 결여되어 있음을 이처럼 통감한 적도 없었던 것이다. 즉 민중이 가장 결여되어 있는 것이다. 물론 이것은 통속적인 예술가나 민중주의를 말하는 것이 아니다. <책>은 민중을 필요로 한다고 단언한 것은 말라르메이고, 문학이 민중과 연관되어 있다고 말한 것을 카프카였으며 또 민중이 가장 중요하지만 가장 결여되어 있다고 주장한 사람은 클레였다. 따라서 예술가의 문제는 근대에 들어와 민중의 인구 감소가 열린 대지로 이어지고, 이것이 예술을 수단으로 하거나 또는 예술이 제공하는 것을 수단으로 해서 일어나기 때문에 발생하는 것이라고 할 수 있다. (김재인 역, 2003: 658)

위 인용문에서 보면, 예술에는 민중이 결여되어 있다. 그것은 예술을 수단으로 보거나 예술이 제공하는 것을 수단화하기 때문이라고 한다. 이는 예술이 민중을 대상으로 본질을 실현하고 있지 못함을 의미한다. 텍스트 이해와 관련지어 생각해 보면, 독자는 텍스트 이해의 본질을 실현하지 못하고 있다. 텍스트 이해를 차이 그 자체를 생성하는 독자 되기로 이루어 내지 못하는 것이다. 읽기 교육이 텍스트 이해에 작용하는 리토르넬로를 차이와 변화가 실현되도록 활용하게 하지 못하고 있다. 리토르넬로를 동일성의 이해를 반복하는 수단으로 활용하는 것을 강요하는 것이다.

> 들뢰즈와 만남 후 교육에 대한 나의 생각은 이전과는 판이하게 달라졌다. '의도된 활동'으로부터 '우연한 마주침을 통한 활동'으로, 정신적·의식적 활동으로부터 '신체적·감각적 활동'으로, '재인식·재생산의 활동'으로부터 '차이생성과 창조적 활동'으로 교육을 새롭게 이해하기 시작했다.(김재춘·배지현, 2016: 283)

윗글의 저자들은 들뢰즈 저작의 독자들이다. 이들 독자는 들뢰즈의 저작을 철학적 사유에 활용하고 있지 않다. 이들 독자는 들뢰즈의 저작을 교육적 사유에 활용하였다. 그 결과 독자들은 개체화된 자신들만의 텍스트 이해에 이르렀다. 그래서 교육에 대한 전체성을 띤 의식의 흐름 속에서 동일성을 반복하던 기존의 의식을 떨쳐내고, 교육에 대한 개별적 특개성을 내포한 의식을 생성하게 되었다. 텍스트 이해에 작용하는 리토르넬로를 차이와 변화를 실현하도록 활용함으로써 자기만의 차이 그 자체의 속성을 지닌 의식을 생성한 것이다. <군중인 하나>에서 개별자인 민중으로 자기를 갖게 된 것이다.

민중은 기존의 자기 영토에서 동요하고 저항하고 탈주의 선을 그릴 수 있어야 한다. 그리고 현재 속해 있는 영토에서 벗어나 새로운 배치로 나아가야 한다. 이러한 민중을 '미래의 민중'(김재인 역, 2003: 657), 또는 '도래할 민중'(이진경, 2003b: 287)이라 한다. 이들 민중은 교육의 힘으로 새로이 형성되는 민중이고, 그에 따라 새로운 힘을 형성해 내는 민중이다. 이로써 독자의 독자-되기를 실현할 수 있다. 민중이 개별적 독자 존재로서 각자가 차이 그 자체인 각별한 텍스트 이해를 이룰 수 있게 되는 것이다. 이 문제를 들뢰즈와 과타리는 시인을 지향하는 삶과 살인자를 지향하는 삶의 선택 문제로 우리에게 제시한다.

> 문제는 '시인으로 살 것인가 아니면 살인자로 살 것인가'이다. 살인자는 분자적 집단을 조직해 현재의 민중들을 폭격하는 자로서, 이 집단은 끊임없이 모든 배치물을 폐쇄해 계속 크기와 깊이를 늘려가는 검은 구멍으로 이 배치물을 밀어 넣는다. 시인은 이와 반대로 이러한 집단이 미래의 민중의 씨를 뿌리거나 낳을 수도 있으며 미래의 민중 속으로 이행해 코스모스를 열 수도 있으리라는 희망을 갖고 분자적 집단을 해방시키는 사람을 가리킨다.(김재인 역, 2003: 656)

독자가 시인으로 살 것인지, 살인자로 살 것인지의 결정은 독자 개인이 할 수 있는 일이 아니다. 독자는 교육의 배치에서 비롯된 자신의 역할을 수행할 뿐이다. 독자가 시인이 되거나 살인자가 되는 일은 교육적 배치의 일이다. 민중은 교육으로 탄생한다. 교육은 새 세대가 새로운 힘을 갖도록 돕는 일이다. 새로운 민중의 탄생은 교육으로 이루어진다. 민중이 시인으로 살 것인가 살인자로 살 것인가는 교육에 달려있다. 앞으로의 텍스트 이해 교육은 도래할 민중을 지향할 필요가 있다.

4. 리토르넬로의 활용

텍스트 이해는 어떤 배치에서 보는가에 따라 달라진다. 독자의 텍스트 이해도 텍스트 이해를 어떻게 인식하는가에 따라 달라진다. 어떤 텍스트 이해가 바른 것이고, 어떤 텍스트 이해가 바르지 않은 것의 문제가 아니다. 텍스트 이해를 어떻게 바라보고, 그 내적 논리를 어떻게 규정하고, 그 결과가 무엇이 되어야 하는가의 문제이다. 세상에는 다양한 텍스트가 있고 다양한 독자가 있다. 한 독자 안에도 다양한 텍스트 이해 방식이 존재하고, 하나의 텍스트도 다양한 방식으로 읽혀질 수 있다.

이 논의에서는 들뢰즈와 과타리의 리토르넬로에 대한 논의를 토대로 텍스트 이해를 살펴보았다. 리토르넬로는 음악에서의 반복구를 뜻한다. 음악은 반복구에서 의하여 하나의 곡을 이루고, 구성 성분들이 일관성을 가짐으로써 예술 작품이 된다. 하나의 곡이 이루어지기 위해서는 리토르넬로의 배치가 필요한데, 여기에는 전통적으로 대위법 형식과 소나타 형식이 있다. 이런 형식에 의한 곡들은 특정한 특성을 갖는 영토화를 이룬다. 각 영토는 표현의 특성에 따라 스타일을 갖는다. 독자의 텍스트 이해도 리토르넬로에 의하여 텍스트를 인식하고, 텍스트 내용을 영토화함으로써 일어난다. 이 과정에서 리토르넬로를 어떻게 배치하느냐에 따라 이해의 스타일이 만들어진다.

독자의 텍스트 이해 과정에서는 텍스트의 구성 요소들이 일관성을 갖도록 배치하는 것이 필요하다. 일관성은 텍스트의 구성 요소들을 하나의 의미 표현이 되도록 묶어주는 것이다. 이 일관성은 텍스트 구성 요소를 배치하는 것과 깊이 관련된다. 어떤 요소를 선택하여 어떻게 배치하는가에 따라 드러나는 의미가 달라지는 것이다. 이때 중요한 것이 생명의 장이다. 텍스트 이해에서의 생명은 일관성의 이득이나 잉여가치를 말한다. 그리고 민중도 중요한 요인인데 텍스트 이해가 누구를 위한 어떠한 것이어야 하는 문제이다. 이는 읽기 교육과도 관련이 깊다. 도래할 민중을 탄생시킬 수 있는 읽기 교육적 접근이 필요하다.

제8장 — 포획장치와 읽기

1. 포획장치

독자는 자기 생성을 위해 텍스트를 읽는다. 텍스트를 이해한 독자는 자기 생성으로 변화한다. 텍스트가 독자를 변화하게 한다. 독자는 텍스트를 읽고 몸을, 감각을, 인식을, 사유를, 생활을, 삶을, 세계를 새롭게 생성한다. 독자는 자기 생성으로 새로운 자기를 가지게 된다. 텍스트는 독자를 끊임없이 자기 생성의 세계로 불러들인다. 독자의 읽기는 이 텍스트 부름에 대한 응답이다. 텍스트와 독자의 부름과 응답의 관계 맺음은 언제나 중간을 지나는 끝이 나지 않는 일이다. 그래서 텍스트와 독자는 항상 함께한다. 이로써 독자는 차이가 내재하는 새로운 생각, 새로운 삶, 새로운 세계를 여는 자기 생성을 반복한다.[1]

독자가 이 자기 생성을 위한 읽기를 하기 위해서는 노력이 필요하다. 자기 생성을 가로막는 읽기에서 탈주하기 위한 노력이 있어야 한다. 사실 독자는 자기 생성을 가로막는 읽기를 그 토대로 지니고 있다. 그래서 독자는 자기 생성을 가로막는 읽기에 매이고 갇혀 있다. 독자는 자기 생성을 하지 못하게

1 독자의 생성적 읽기에 대해서는 김도남(2024a)을 참조할 수 있다.

하는 포획장치에 포획되어 있다. 그러나 독자는 이를 잘 알아차리지 못한다. 독자를 포획하고 있는 포획장치가 은밀하게 작동하면서 강력하게 작용하고 있기 때문이다. 자기 생성을 하지 못하게 하는 포획장치에 포획된 독자는 자기 생성이 배제된 읽기를 당연시한다. 자기 생성을 하지 못하게 하는 읽기의 포획장치가 독자의 인식 영역 전반에 광범위하게 펼쳐져 있지만 의식하기 어렵다. 은연중에 포획되어 갇혀 있기 때문이다. 독자가 자기 생성을 위한 텍스트 읽기를 하기 위해서는 이 읽기 포획장치를 의식해야 한다. 그리고 이에서 탈주해야 한다.

들뢰즈와 과타리의 『천 개의 고원』(김재인 역, 2003)에서는 독자가 이 읽기 포획장치에 포획되어 있음을 의식할 수 있게 하는 단서를 제공한다. 『천 개의 고원』 13장(기원전 7000년－포획장치)에서는 우리의 의식 활동이 특정 포획장치에 포획되어 있음을 논의한다. 이 논의에서 보면, 포획장치는 사람의 의식 활동 근저에서 비롯된다. 그렇기에 포획장치에 의해 포획된 의식 활동을 당연시하고, 그 안에 머물려고 한다. 포획장치에 포획된 의식 활동은 의식 활동을 하는 자가 자기를 잊게 만들고 버리게 만든다. 자기를 의식하고 자기를 찾으려고 하는 의식 활동을 억압하고 통제한다. 그래서 자기의 의식을 갖지 못한 불구자로 만든다.[2] 이 포획장치는 의식 활동을 하는 자의 외부에 있다. 들뢰즈와 과타리는 이 포획장치를 부리는 것을 정치적인 권력과 관련지어 '국가장치'라고 명명한다.

---

2 특히 국가장치는 이러한 신체의 훼손과 죽음이 전쟁 이전에 존재하도록 만들려고 한다. 즉 이것들이 미리 존재하도록 만들고, 인간이 불구로서 또 좀비(zombie)로 태어나도록 하는 것이다. 따라서 좀비, 즉 살아있는 죽은 자(생중사)라는 신화는 노동의 신화이지 결코 전쟁의 신화가 아니다. 불구는 전쟁에서는 결과이지만 국가장치와 노동의 조직화에서는 하나의 조건, 전제 조건이다. (중략) 사회의 최상층이든 아니면 최하층이든 처음부터 선천적인 신체 장애자, 수족이 절단된 사람, 사산아, 선천적으로 허약한 사람, 외눈과 외팔이 등을 필요로 하는 것은 국가장치이다.(김재인 역, 2003: 818-819)

> 전쟁기계는 정치적 주권의 두 극 '사이'에 존재하며, 한 극에서 다른 극으로의 이행을 보장해 준다는 것이다. 신화와 역사에서도 사태는 아래의 1-2-3이라는 순서로 진행되는 것처럼 보인다. 예를 들어 뒤메질이 분석한 바 있는 외눈박이와 외팔이 신에 대한 두 가지 사례를 살펴보기로 하자. 1. 먼저 외눈박이인 오딘 신은 전쟁 때 쓰는 늑대를 묶어 두고, 마법적 속박 아래에 붙잡아 둔다. 2. 그러나 늑대는 경계하면서 늑대에 고유한 외부성의 역량 전체를 그대로 보존해 둔다. 3. 타르 신이 늑대의 입속에 한쪽 팔을 넣은 다음 속박에서 벗어날 수 없을 때는 팔을 물어도 좋다고 말함으로써 늑대에게 법적인 담보를 제공해 준다. (중략) 이처럼 이 모든 사례에서 전쟁기계는 국가장치의 두 극 '사이'에 개입해 한 극으로부터 다른 극으로의 이행을 보장하는 동시에 이를 필연적인 것으로 만드는 것처럼 보인다.(김재인 역, 2003: 819-820)

들뢰즈와 과타리는 포획장치를 부리는 두 극을 이루는 국가의 국가장치[3]와 대립하는 것으로 '전쟁기계'를 제시한다. 전쟁기계는 뒤메질의 신화 분석 '1-3'의 내용과 같이 국가장치와 관계되어 있지만, 신화 속 늑대와 같이 고유성을 외부성의 역량으로 가지고 있다. 그리고 이 역량을 필요에 따라 쓸 수 있는 법적 담보도 가지고 있다. 다시 말하면, 포획장치에서 벗어나 자기의 고유성의 역량을 발휘할 수 있는 것이 전쟁기계인데, 우리는 이 전쟁기계를 가지고 있다. 우리의 의식 활동은 국가장치가 부리는 포획장치에 포획되어 있지만, 그 외부성으로 존재하는 전쟁기계의 탈주 역량을 갖추고 있다. 우리

---

3 그러면 여기서 다시 뒤메질의 명제로 되돌아가자. 1. 정치적 주권은 두 극을 가진다. 즉 포획, 속박, 매듭, 투망을 통해 움직이는 마법사로서의 무시무시한 황제라는 극과 협약, 협정, 계약이라는 절차를 따르는 사제-판관으로서의 왕이라는 두 극 말이다. (중략) 2. 전쟁기능은 정치적 주권 외부에 존재하며, 정치적 주권의 두 극 어느 쪽과도 똑같이 구별된다. (김재인 역, 2003: 815-816)

가 포획장치에 포획된 의식 활동을 하고 있다는 것을 알면, 이 속박에서 탈주해 전쟁기계의 역량인 고유성을 가진 자기 생성을 실행할 수 있는 것이다.

이에서 보면, 독자의 텍스트 이해에 작용하는 의식 활동도 마찬가지이다. 독자의 의식 활동은 그 근저에서 작용하는 국가장치가 부리는 포획장치에 포획되어 있다. 이에서 탈주하여 전쟁기계의 역량으로 자기 생성을 이룰 수 있다. 이를 위해서 선행되어야 할 독자의 과제가 텍스트 읽기에 작용하는 포획장치와 포획 작용에서 탈주하는 일이다. 독자가 텍스트 이해 과정에 작용하는 포획장치를 인식할 수 있게 되면, 이에서 탈주할 수 있다. 독자가 자기 생성을 지향하는 텍스트 읽기를 실행하기 위해서는 우선되어야 할 것이, 자기의 텍스트 읽기의 근저에서 작용하는 포획장치에 대한 인식이다.

이 장에서는 독자의 텍스트 이해 활동의 근저에서 작용하는 읽기의 포획장치를 다룬다. 이는 들뢰즈와 과타리가 『천 개의 고원』 13장에서 논의하는 '포획장치'의 내용을 토대로 한다. 『천 개의 고원』 13장에서 신화적, 정치적, 경제적 관점에서 포획장치를 논의한다. 이 논의에서는 이들 논의 관점을 모두 수용하기는 어렵고, 독자의 텍스트 이해와 연결될 수 있는 특정 부분을 중심으로 논의한다. 이 논의가 중점적으로 관련짓는 부분은 '명제 13-국가와 국가의 형태들'이다.[4] '국가와 국가의 형태들'의 관점에서 작용하는 포획장치의 특성을 토대로, 독자의 읽기에 작용하는 포획장치를 살펴본다. 이는 독자의 텍스트 읽기의 근저에서 작동하는 포획장치를 드러내기 위한 것이다. 이를 통하여 이 논의는 독자가 자기의 텍스트 읽기에 내재하는 포획장치를 인식할 수 있게 하기 위한 것이다. 더 나아가서는 이 읽기 포획장치에서

---

4 『천 개의 고원』 13장에는 5개의 명제가 있다. 명제 10－국가와 국가의 두 극(815), 명제 11－어느 쪽이 먼저 발생했는가?(822), 명제 12－포획(841), 명제 13－국가와 국가의 형태들(861), 명제 14－공리계와 현재의 상황(883) 이들 '명제'의 번호는 12장(1227년－유목론 또는 전쟁기계)에서 이어진 것임을 나타낸다.

탈주한 읽기를 실행할 수 있도록 돕기 위한 것이다.

2. 포획장치의 구조와 작용

개인의 의식과 삶은 공동체와 함께한다. 개인의 의식과 삶이 공동체인 것에 구속되거나 속박될 때 포획되었다고 한다. 공동체와 함께하는 한 개인에게 포획은 당연한 것이다. 개인의 의식과 삶은 개인과 공동체가 함께한다. 그렇지만 개인의 것을 버리고 공동체의 것만 지향하는 것은 옳지 않다. 자기의 의식과 삶을 지키고 가꾸는 것도 필요하다. 이를 위해서는 공동체가 개인을 어떻게 포획하는지를 이해해야 한다. 공동체 종류에 따른 포획에 대하여 살피고, 독자의 텍스트 이해에 작용하는 포획을 논의하기 위한 토대를 마련한다.

가. 국가 구성체와 포획장치

포획은 '포획하는 자'와 '포획되는 자'에 의하여 이루어진다. 포획장치는 이들이 공유하는 것이지만 포획하는 자에 속해 있다. 인간은 누구나 포획되는 자이다. 황제든, 판관-왕이든, 신민이든, 국민이든, 주인이든, 노예이든 모두 포획되는 자에 속한다. 이들을 경제적 관점에서 부르는 말이, 채집인, 수렵인, 목축인, 농경민, 사업인, 자본가, 노동자 등이다. 이들을 정치적 관점에서 부르는 말이, 황제, 왕, 영주, 지주, 신민, 국민, 노예 등이다. 이들을 사는 곳이나 환경에 따라 유목민, 정주민, 반정주민, 도시민 등으로 부른다. 포획하는 자는 이들 포획되는 자가 집단을 이루면서 생겨난 '구성체(formation)'[5]이다. 이 구성체를 지시하는 말이 공동체, 제국, 국가, 도시, 자본주의 등이고, 구성체의 존재 위치를 지시하는 말이 농촌, 도시, 지방, 중앙, 수도, 궁정, 사원, 대도시 등이다. 이 구성체의 존재를 구체화해 주는 말이 영토, 토지, 노동, 임금, 상업, 화폐, 재화, 자본, 지대, 시장, 세금 등이다. 포획은 포획하는 자에게 포획되는 자가 구속, 속박, 부착, 수렴되는 것이다. 다른 말로 포획은 구성체의 포획장치에 의해 구성원이 사로잡히는 일이다.

> 포획의 첫 번째 극을 제국적 또는 전제적 극이라 부르기로 하자. 마르크스가 말하는 아시아적 구성체가 이에 해당한다. 고고학은 종종 망각의 베일에 가려져 왔지만 이러한 구성체를 모든 체계, 또는 국가의 모든 수평선에서, 즉, 아시아만이 아니라 아프리카 그리고 그리스와 로마 등 모든 곳에서 발견하고 있다. 태고의 원국가가 석기 시대 이래, 아니 훨씬 이전부터 존재했을 것이다. 마르크스주의에 따르면 국가장치는 혈연에 의한 토지의 지배라는 코드를 가진 원시 농업 공동체에서 수립되지만 국가장치는 이 공동체의 코드를 덧코드화하며, 이 공동체 전체를 황제의 권력에, 즉 모든 것 위에 군림하는 유일한 공적 소유자, 잉여 또는 비축물의 지배자, 대토목공사(잉여 노동)의 조직자, 공적 기능과 관료 기구의 원천이 되는 황제의 권력에 복종시킨다. 이것이 바로 속박, 매듭이라는 패러다임이다.(김재인 역, 2003: 822-823)

포획은 포획하는 자인 구성체에 의하여 이루어진다. 구성체는 포획하는 자로 개별 인격체는 아니다. 위 인용문에서 보면, 포획하는 자의 첫 번째 극을 제국적 또는 전제적이라고 부른다. 마르크스의 말을 빌리면, 이는 '아시

---

5 'Formation'은 『천 개의 고원』 원문과 마수미(Massumi, 1987)의 번역본 모두에 사용되는 용어이다. 여러 가지 우리말 표현으로 번역될 수 있다. 이 논의에서는 김재인 역(2003)에서 사용된 '구성체'를 활용한다.

아적 구성체'이다. 실제 이러한 구성체는 아시아에만 있는 것은 아니고 전 세계적으로 존재한다. 이런 구성체는 태고의 석기 시대 이전부터 존재하는 원국가[6]와 함께한다. 이 포획하는 자의 구성체를 간단히 '국가'라고 할 수 있다. 포획하는 자의 구성체를 국가라고 할 때, 국가가 국가로서 기능할 수 있게 하는 것이 필요하다. 이를 '국가장치'라고 할 수 있는데, 마르크스주의자는 이 국가장치가 토지의 지배라는 농업 공동체에서 수립되었다고 한다. 이 국가장치는 공동체의 코드를 초(덧)코드화하고, 공동체의 모든 것을 황제의 권력에 집중하게 만든다. 국가장치는 황제의 권력이 공동체의 잉여, 노동, 기구 등의 모든 것 위에 군림하는 유일한 공적 소유자가 되게 한다. 국가장치는 구성체가 황제(권력)라는 기구에 모든 것을 복종시키는 속박, 매듭이라는 패러다임을 이룬다. 다른 말로, 구속하는 자가 되어 모든 구성원을 구속되는 자로 만든다.

구성원의 포획은 구성원이 속한 국가(구성체)의 국가장치가 부리는 포획장치에 의해 이루어진다. 국가(구성체)는 구성원들로 구성되지만 언제나 구성원 외부에 존재한다. 포획하는 자는 구성원들 자신이 속한 공동체에서 비롯된 구성체(국가)로 국가장치인 사회적 제도나 기구를 가지고 있다. 대표적인 구성체(국가)가 제국적 국가이다. 이 포획하는 자인 국가(구성체)는 여러 형태가 존재한다. 태곳적부터 현재까지 다양한 형태로 존재하고 있다. 뒤메질의 신화 분석에는 정치적 측면에서 두 극을 제시한다.(김재인 역, 2003: 815-822) 마법사로서의 무시무시한 황제의 극(제국적 국가)과 절차를 따르는 사제-판관으로서의 왕(근대적 국가)의 극이다.

6 명시된 적은 없지만, 저자들은 '원국가'란 권력의 집중이 '극한'을 향해 진행되지만 '문턱'을 넘기 전에 격퇴되고 방지되는 그런 국가로 정의하고 있는 듯합니다. 즉 아직은 국가장치로서 확고하게 지배력을 획득하진 못했지만 권력의 집중이 이미 극한에 이른 그런 상태를 바로 '원국가'라고 부르는 듯합니다.(이진경, 2003b: 338)

신석기 시대, 또는 심지어 구석기 시대에서조차 일단 한번 출현한 국가는 주변의 수렵민-채집민 세계에 반작용을 가한다고 말하는 것만으로는 충분하지 않다. 오히려 국가는 출현하기 전부터 이미 원시 사회들이 그 존속을 저지하는 현실적 한계로서 또는 이 사회들이 수렴되어 가지만 자기-소멸 없이는 도달할 수 없는 점으로 작용하고 있다. 동시에 이 사회들 속에는 국가를 향하는 벡터들과 국가를 저지하는 메커니즘이 동시에 존재하고, 접근할수록 멀리 물러나고 밖으로 비켜나서는 수렴점이 존재하고 있다. 물론 저지한다는 것은 동시에 선취한다는 것이기도 하다. 하지만 국가가 실제로 출현하는 방법은 분명 국가가 저지된 한계의 형태로 사전에 존재하던 방식과는 전혀 다르다. 따라서 다른 무엇으로도 환원할 수 없는 우연성이 개입하게 된다.(김재인 역, 2003: 829-830)

구성원들이 공동체나 구성체를 이룸으로써 자기 외부에 갖게 된 것이 국가이다. 구석기 시대에 출현한 국가는 수렵-채집민에게는 없던 것이라고 말하는 것은 충분하지 않다. 인류가 집단적 공동체 생활을 하면서 국가 형성을 저지하는 일은 현실적 한계를 갖는다. 원시 사회에서 인류는 공동체 생활을 하면서 자기-소멸을 통하여 집단 공동체(국가)의 구성원이 되었다. 인류가 국가 구성체의 구성원이 되는 데에는 국가를 향한 벡터들과 이를 저지하려는 메커니즘이 동시에 존재한다. 국가 형성을 저지하는 접근은 구성체 밖으로 물러나 수렴점(전쟁기계)을 갖는다. 이에서 국가 형성을 저지한다는 것은 동시에 국가를 선취하고 있는 것을 뜻하기도 한다. 그렇지만 국가의 출현은 정해진 방식과 형태를 갖지 않는다. 그렇기에 국가의 출현 방식과 형태는 우연성이 개입함으로써 시간과 공간에 따라 달라진다.

도시와 국가는 서로 보충하는 관계에 있더라도 동일한 것이 아니다. '도시 혁명'과 '국가 혁명'은 동시에 일어날 수도 있지만 각각의 양상은 다르다. 두 경우 모두 중앙권력이 있지만 동일한 형상을 취하고 있는 것은 아니다. 몇몇 저자들은 궁정 또는 제국 시스템(궁정-사원)과 시민, 도시 시스템을 구분해 왔다. 두 경우 모두 도시가 있으나 전자에서 도시는 궁정 또는 사원이 확대된 것인 반면 후자에서 궁정과 사원은 도시가 구체화된 것에 지나지 않는다. 전자에서 도시는 무엇보다도 수도이나 후자에서는 대도시이다.(김재인 역, 2003: 831)

인류의 공동체는 도시를 이루고 있다. 국가는 이들 도시를 갖고 있다. 그렇기에 도시와 국가는 서로 보충하는 형태로 존재한다. 도시 혁명에 의한 도시 형태와 국가 혁명에 의한 도시 형태는 서로 다른 특성을 갖는다. 도시 혁명에 의한 도시나 국가 혁명에 의한 도시는 모두 중앙권력을 가진 점은 동일하지만 그 존재 형태는 다르다. 이들 두 도시는 궁정 또는 제국 시스템과 시민 또는 도시 시스템으로 구분된다. 국가 혁명에 의한 도시는 궁정 또는 사원이 확대된 것이고, 도시 혁명에 의한 도시는 궁정과 사원이 도시로 구체화된 것이다. 국가 혁명에 의한 도시는 수도이고, 도시 혁명에 의한 도시는 대도시가 된다. 즉 인류의 공동체 또는 구성체인 국가는 현실적 상황에 따라 그 형태가 달라진다. 포획하는 자인 구성체의 형태는 시간과 장소(공간)에 따라 다른 형태로 존재한다.[7]

---

7 우리는 사회 구성체들을 생산양식이 아니라 기계적 과정들에 의해 규정한다(반대로 생산양식은 이러한 과정들에 의존하고 있다). 이처럼 원시 사회는 저지-선취 메커니즘에 의해, 국가 사회는 포획장치에 의해, 도시 사회는 극화(極化) 도구들에 의해, 유목 사회들은 전쟁기계에 의해, 그리고 마지막으로 국제적 또는 전 세계적 조직들은 이질적인 구성체들의 포괄(화)에 의해 규정된다. 그러나 다름 아니라 이러한 과정들이 공존하는 변수들로서 사회적 위상학의 대상이 되기 때문에 이에 대응하는 다양한 사회 구성체들이 동시에 존재하게 된다. 그러나 두 가지 서로 다른 방식으로, 즉 내재적으로 또 외재적으로 공존한다.(김재인 역, 2003: 836-837)

> 자본주의는 도시의 성과로서, 도시라는 재코드화가 국가의 덧코드화를 대체할 때 나타난다고 말할 수 있지 않을까? 하지만 그렇지는 않다. 도시가 자본주의를 만들어 내는 것은 아니다. 생산력을 갖지 않고 또 배후지에도 관심이 없는 은행 도시와 상업 도시는 재코드화할 때 반드시 동시에 탈코드화된 흐름들의 일반적 결합을 금지하기 때문이다. 도시가 자본주의를 선취하는 것이 사실이더라도 동시에 자본주의를 저지하지 않고는 선취할 수 없다. 도시는 자본주의라는 이 새로운 문턱 아래 있다. 따라서 선취하면서 저지하는 메커니즘의 가설의 적용 범위를 확대하지 않으면 안 된다. 이 메커니즘은 원시 사회만이 아니라 도시에서도 국가와 자본주의에 '대항'하여 작용하고 있다. 마지막으로 자본주의는 도시 형태가 아니라 국가 형식을 통해 승리한다. 즉 서구 국가들이 탈코드화한 흐름들에 대한 공리계의 실현 모델이 되며, 이런 식으로 도시를 복속시킬 때 바로 이러한 일이 일어난다.(김재인 역, 2003: 835-836)

포획하는 자인 구성체(국가)는 하나의 나라나 하나의 민족에 국한되지 않는다. 자본주의는 나라들이 공유하는 국제적 구성체이다.[8] 위 인용문에서 보면, 생산력이나 배후지(영토)의 새로운 배치로 생긴 은행 도시와 상업 도시는 자본주의를 선취하고 있기에 저지 메커니즘이 작용을 하지만 실현될 수밖에 없다. 자본주의는 원시 사회에서의 광범위한 지역에서의 원격지 교역에 이미 선취되어 있었던 것이다. 이 자본주의가 국가 형식, 국제적 국가 형식을 통해 구성체를 형성하게 된 것이다. 국제적 공동체이고 구성체인 자본주의는

8 이러한 외재적 공존—상호작용—은 국제적 조직 형태들 속에서 본모습을 드러낸다. 또한 이 국제적 조직들은 분명히 자본주의의 형성을 기다려 등장하지는 않기 때문이다. 이미 신석기 시대부터, 심지어 구석기 시대에서조차 원격지 교역의 존재를 증언해 주고, 극히 상이한 유형의 사회 구성체들을 동시에 가로지르는 전 세계적 조직(우리는 야금술과 관련하여 이를 살펴보았다)의 흔적이 발견되고 있다.(김재인 역, 2003: 837)

'자본'을 포획장치로 사용한다. 자본주의는 시장을 위해 생산을 한다는 하나의 '공리계'를 갖는다.(김재인 역, 2003: 839) 현대인들은 이 자본주의에 포획된 자로 존재한다. 자본주의는 자본이라는 국제적 국가장치로, 시장을 위한 생산이라는 공리로 인류를 포획하고 있다.

포획은 '포획하는 자'가 포획장치를 작동시켜 구성체 구성원을 '포획되는(포획된) 자'로 만드는 일이다. 포획하는 자는 포획되는 자들이 '외부적'으로 생성한 구성체이다. 구성체는 포획되는 자들의 공동체 생활 속에 선취되어 있던 것이다. 그렇기에 구성체 형성의 저지 메커니즘이 작동하지만 결국은 실현된다. 구성체의 대표 형태인 국가는 국가장치에 속한 포획장치를 활용하여 사회 구성원을 포획한다. 포획장치는 구성체마다 다르기에 다양하다. 사회 구성원들은 다양한 포획장치에 의해 포획된다. 시대에 따라, 장소에 따라, 부분적으로 또는 전체적으로, 지역적으로 또는 전 세계적으로 포획이 이루어진다. 독자의 텍스트 이해도 집단적이고 사회 공동체를 구성하기에 이 포획의 범주에 포함된다.

나. 포획장치와 포획

포획(capture)은 '산 채로 붙잡다'는 말이지만, (마음을) '사로잡음', '빼앗음'을 함의한다. 여기서의 포획은 마음이나 의식을 사로잡거나 빼앗는 것이다. 마음이나 의식을 사로잡거나 빼앗는 것은 사람의 생각을 한곳으로 쏠리게 함이다. 포획은 마음이나 의식이 한곳으로 쏠리게 빼앗아 다른 생각을 할 수 없게 하는 것이다. 사람의 마음은 다양한 것에 포획된다. 아름다운 것, 좋아하는 것, 즐거워하는 것에 마음이 포획된다. 또한 큰 것, 센 것, 무서운 것에도 포획된다. 포획된 마음은 한 곳에 집중하느라 다른 것을 생각할 수 없다. 우리는 마음을 포획하고 있는 것에 구속되고, 얽매이고, 속박된다. 예전

사람들도 그랬고, 지금도 마찬가지이다. 그렇지만 사람의 마음을 포획하는 것은 항상 같은 것은 아니다. 과거의 사람들과 지금의 사람들 마음을 사로잡는 것은 다르다.

> 이처럼 국가장치는 기묘한 리듬에 따라 작동하는데, 우선 이것이 커다란 수수께끼이다. 즉 <묶는(束縛) 자로서의 신> 또는 마법사로서의 황제, 즉 한 눈만으로도 멀리 있는 것까지 포획하고 묶을 수 있는 기호를 쏘아대는 <외눈박이 인간>이라는 커다란 수수께끼가 있다. 다른 한편 판관으로서의 왕은 <외팔이 신>으로서, 한쪽 팔만 들어 올려도 그것이 곧 정의(正義)와 기술, 법과 도구의 요소가 된다. <외눈박이>와 <외팔이>는 국가 인간 사이에서는 언제나 연속해서 나타난다.(김재인 역, 2003: 816)

들뢰즈와 과타리에 따르면, 정치적으로 국가장치인 '황제'와 '판관-왕'이 우리의 마음을 포획한다. 제국의 황제는 <묶는(束縛) 자로서의 신>인 마법사로, 한 눈만으로 기호를 쏘는 <외눈박이(인간)>이다. 이 황제는 마법적인 말(명령)로 멀리 있는 사람까지 포획하여 사로잡을 수 있다. 국가(공화국)의 왕은 <외팔이 신>인 판관으로, 한 팔만으로도 무엇이든 할 수 있는 <외팔이(인간)>이다. 왕은 한쪽 팔로 정의와 기술, 법과 도구로 모든 사람을 포획하여 사로잡을 수 있다. 이들 황제의 명과 같은 '마법'을 사용하는 <외눈박이>와 왕이 내세우는 정의와 법과 같은 '계약'을 사용하는 <외팔이>는 국가와 인간 사이에서 언제나 우리를 포획한다.[9] 제국의 신민은 황제의 명령에 포획되고, 공화국의 국민은 법(계약)의 약속에 포획된다.

---

9 독자의 텍스트 읽기와 관련된 제국(황제)과 공화국(왕)에 대한 논의는 김도남(2023b)의 2장과 8장을 참조할 수 있다.

원시 공동체들의 자급자족, 자율성, 독립성, 선재성 등은 단지 민속학자의 꿈일 뿐이다. 이러한 공동체들은 반드시 국가에 의존하는 것이 아니라 복잡한 연결망 속에 국가와 공존하고 있기 때문이다. 어쨌든 '처음부터' 원시 사회들은 가까운 이웃들만이 아니라 먼 곳과도 관계를 맺고 있었고, 국가에 의한 포획은 비록 국지적이고 부분적인 것이었지만 그래도 역시 이러한 관계들은 국가를 경유했을 것이다.(김재인 역, 2003: 827)

국가장치에 의한 포획은 국가 성립에서 비롯된 것이 아니다. 들뢰즈와 과타리의 논의에 따르면, 인류가 원시 공동체 생활을 시작할 때부터 국가와 공존했다.[10] 국가장치는 인류가 국가를 설립하기 이전부터 존재하고 있었고, 사람들을 포획했다는 것이다. '모든 것이 국가일 수는 없다. 다름이 아니라 언제 어디서나 국가는 존재했기 때문이다.'(김재인 역, 2003: 827) 고대 공동체가 완전한 국가 형태를 갖추지 못했지만 일부 국가장치를 갖추고 있다. 공동체의 국가장치는 인류가 원시 공동체 생활을 하면서부터 존재했다. 이 국가에 의한 포획은 국지적이고 부분적일 수 있지만, 그에 따른 포획이 이루어졌다. 사람들은 마음을 빼앗겨 다른 생각을 할 수 없는 상황이 존재했던 것이다.

교환에서 아무런 추가적인 '이득'을 얻을 수 없음에도 불구하고 버리지 않고 비축한다면, 그때 비축되는 것을 '스톡'이라고 할 수 있겠죠? 그리고 아무런 직접적 효용이 없는데도 어떤 물건을 비축한다면, 그런 비축 자체가 직접적인 효용과는 무관한 어떤 이익이나 이유가 있음을 뜻합니다. 이런 효용이 없는 물건의 비축이 이익이나 욕망의 대상이 되게 만드는 것은 무엇일까? 그것은

10 들뢰즈와 과타리는 사탈 휘위크(터키 중남부의 코니아 근처의 신석기 유적지)의 발굴 결과를 예로 제시하고 있다.(김재인 역, 2003: 826)

비축이 되는 물건이 교환과는 다른 종류의 배치 안에 있음을 뜻합니다. 이 배치의 이름을 '포획'이라고 합니다. 그렇다면 포획이란 배치는 저 효용 없는 물건의 비축이 어떻게 이득이 되게 만드는가? 그 이득은 어떤 것이며 어떻게 추출되는가? 이 포획에 대한 경제학적 질문이 성립됩니다.(이진경, 2003a: 504-505)

위 인용문에서 보면, 포획을 경제적으로 접근하고 있다.[11] 경제적 관점에서의 포획은 교환할 수 없는 것의 비축(축적)과 관련되어 있다.[12] 이는 교환을 통해서는 더 이상 이득을 얻을 수 없는 것을 비축하는 '스톡'과 관련된다. 교환을 통해서는 이득이 없는 물건의 비축이 이익이나 욕망의 대상이 되는 것은 그것이 다른 '배치' 속으로 들어가기 때문인데, 비축의 다른 배치가 '포획'이라는 것이다. 경제학적으로 보면, 포획은 스톡에 의한 새로운 배치로 이루어진다.

이제 질문은 축적에 현실적 이익을 가져다주고, 축적을 바람직한 것으로 만들어 주는 이 새로운 배치는 무엇인가 하는 것으로 바뀌게 된다. 축적은 필연적

---

11 축적은 일단 양측 모두에게 교환이 이익을 가져다주지 않을 때, 따라서 더 이상 바람직한 것이 아닐 때에만 시작된다. 다만 여기서 다른 또 하나의 전제 조건, 즉 이 축적 자체에 고유한 이익, 욕구 가능성을 축적에 제공해 줄 수 있는 조건이 필요하다(그렇지 않으면 물건들은 축적되기보다는 오히려 파손되거나 소비되어 버리고 말 것이다. 실제로 소비는 원시인 집단들에게서는 축적을 저지하고, 따라서 기존의 배치를 유지하기 위한 수단이었다). 축적 자체는 새로운 유형의 배치에 기반하고 있다.(김재인 역, 2003: 846)

12 교환된 것에 대한 두 집단의 평가는 무엇에 기반해 이루어질까? 상대방에서 받은 또는 오히려 받을 수 있는 마지막 물건이라는 생각에 기반하는 것이다. 이러한 '최후' 또는 '한계'라는 말은 시간적으로 가장 최근이라든가 최종의 것이라는 의미로 이해해서는 안 된다. 오히려 마지막에서 두 번째 것, 마지막 직전의 것, 다시 말해 가상의 교환이 교환하는 사람에게 이익을 가져다주지 않게 되는 마지막 교환 또는 교환하는 사람들이 각자의 배치를 변경해 다른 배치로 옮기도록 강요하기 전의 마지막 것이라는 의미로 이해해야 한다.(김재인 역, 2003: 841)

으로 상관항을 갖는 것처럼 보인다. 동시에 경작되는 영토들이 공존하던가 그렇지 않으면 동일한 영토들 위에서 연속적으로 경작이 행해지거나 하는 것이다. 바로 여기서 모든 영토는 하나의 <토지>를 형성하고, <토지>가 영토로 바뀐다. 이러한 배치는 필연적으로 축적을 가져오는데 첫 번째 경우에는 조방(粗放)농업이 이루어지고, 두 번째는 경우에는 집약적 경작이 이루어진다(제인 제이콥스[Jane Jacobs]의 패러다임에 따르자면 그렇다). 이리하여 문턱으로서의 축적물과 한계로서의 교환이 어떤 식으로 구분되는지가 분명하게 드러난다. 수렵-채집민의 원시적 배치는 하나의 영토의 이용, 개척을 위한 활동 방식을 가진다.(김재인 역, 2003: 846)

위 인용문에서 보면, 교환으로 이익을 얻지 못하는 물건의 축적이 이익이나 욕망의 대상이 되는 배치로 바뀌는 예로, 영토와 <토지>가 있다. 원시인들의 물물교환에서 교환할 수 없는 물건의 축적이 영토와 <토지>를 가지는 배치를 이루었다는 것이다. 축적이 경작을 위한 토지를 영토로 하는 배치로 포획이 이루어졌음을 가리킨다. 이 토지를 통하여 처음엔 조방농업[13]에 의한 축적이 이루어지고, 나중엔 집약적 경작이 이루어지게 되었다. 이러한 토지(영토)를 통한 경작은 교환을 벗어난 축적이 새로운 배치를 이루어 포획의 토대가 된다. 수렵-채집인은 영토를 가지는 배치를 이루어 경작인이 된다.

지대는 가장 낮은 생산성과 가장 높은 생산성을 비교하여 나오는 과잉분을 토지 소유자와 관련해 연결시킴으로써 상이한 생산 관계들을 등질화하고, 균등화시킨다. (이익을 포함한) 가격은 가장 생산성이 낮은 토지를 기준으로 결정되기 때문에 지대는 그보다 생산성이 높은 토지에서 생겨나는 잉여를 포획한다.

---

13 (농업) 자본과 노동력을 적게 들이고 주로 자연력에 의존하여 짓는 농업. =조방적 농업.

> 지대는 '동일한 양의 자본과 노동을 이용해 얻은 차이를' 포획한다. 이것이 바로 전형적인 포획장치로서, 이것은 상대적으로 탈영토화와 분리 불가능하게 연결되어 있다. 농업의 대상으로서의 토지는 사실 하나의 탈영토화를 함축하고 있는데, 왜냐하면 그렇게 되면 이제 이동하는 영토에 인간이 배분되는 대신 공통의 양적 기준(단위 면적당 비옥도)에 따라 토지의 각 부분이 인간들에게 배분되기 때문이다.(김재인 역, 2003: 847-848)

위 인용문에서 보면, 영토는 인간 사회에 지대(地代)[14]가 생겨나게 한다. 지대는 영토에서 생겨나는 잉여 생산물이다. 이는 가격이란 단위의 작용으로 자본과 관련된다. 여기에서는 토지 소유자와 경작인의 관계가 존재하고, 자본과 노동이 관여해 잉여에 대한 포획이 존재한다. 영토(토지)에서 비롯된 잉여인 지대는 황제의 명이나 판관의 법(계약)과 같이 토지 소유자와 경작인을 포획한다. 이러한 포획은 다른 분야(노동, 화폐(자본) 등)로 확대된다.[15] 사회의 변화에 따라 포획장치와 포획의 영역이 달라진다.

---

14 (법률) 지상권자가 토지 사용의 대가로 토지 소유자에게 지급하는 금전이나 그 외의 물건. =지료.[표준국어대사전]

15 들뢰즈와 과타리가 제시한 예는 다음과 같다.(김재인 역, 2003: 854)

축적	토지(영토와는 구별된다) a) 토지들 간의 직접 비교, 차액 지대 b) 토지의 독점적 전유, 절대 지대	지대 토지 소유자
	노동(행동과는 구별된다) a) 활동 간의 직접 비교, 노동 b) 노동의 독점적 전유, 잉여 노동	이윤 기업가
	화폐(교환과는 구별된다) a) 교환되는 물건들 간의 직접 비교, 상품 b) 비교 수단의 독점적 전유, 화폐 발행	세금 은행가

다. 포획장치의 작용

포획은 포획하는 자도 포획되는 자도 외부의 것에 의존하게 한다. 포획장치는 구성체에 선취되어 있는 것으로 새로운 배치에 의하여 드러난다. 포획에 참여하는 자들이 이를 저지하려는 메커니즘을 갖지만 배치의 바뀜은 구성체가 포획장치를 갖추게 한다. 이 포획장치는 언제나 사회 구성원의 외부의 것이다. 그렇기에 포획은 속박이고 빼앗음이 된다. 구성원의 마음을 외부로 돌리고 홀리게 하는 폭력이다. 그렇지만 구성원은 이를 쉽게 자각하지 못한다. 그래서 마음을 빼앗기고 만다. 구성체의 포획장치의 대표적인 세 가지를 정해 그 작용을 검토한다.

1) 제국적 국가: 초코드화

인류 역사적으로 사회 공동체가 갖게 된 구성체(국가) 중에서 가장 선행하는 구성체가 제국적 국가이다. 제국적 국가의 모든 것은 황제의 소유이다. 사적인 것이 없기에 공동(공공)의 것이라 할 수 있다. 구성원들은 황제를 중심으로 하나의 구성체를 이룬다. 이 구성체는 배치에 의해 실현된 포획장치와 포획이 이루어진 구성원으로 되어 있다. 구성체에 내재하는 선취된 다양한 포획장치는 배치가 바뀔 때까지 저지 메커니즘의 작용으로 저지되고 있다. 제국적 국가가 가진 포획장치는 국가장치에 카스트화된 것이다.[16]

> 고대의 제국적 국가, 덧코드화, 포획장치, 노예화 기계에서 출발해 보기로 하자. 이것은 공동의 토지, 화폐, 노동을 갖고 있다. 이러한 정식은 일거에 완벽한 것으로 나타나지만 '사적인 것'은 무엇 하나 전제하지 않으며 생산양식도

---

16 국가장치의 전쟁기계의 카스트화에 대해서는 김도남(2023b)의 12장을 참조할 수 있다.

자신이 생산하기 때문에 선행하는 생산양식은 전혀 전제하지 않는 고대의 제국적 국가를 가리킨다. (중략) 고대의 국가는 덧코드화를 행할 때는 반드시 동시에 이로부터 벗어나는 다량의 탈코드화된 흐름을 만들어 낸다. '탈코드화'는 각각의 흐름의 코드가 이해된(해독된, 번역된, 동화된) 상태를 의미하는 것이 아니라 좀 더 근본적인 의미에서 보자면 흐름의 상태가 그에 고유한 코드에 포함되지 않은 상태, 흐름 자체의 코드에서 벗어나는 것을 의미한다는 사실을 상기할 필요가 있다.(김재인 역, 2003: 861-862)

제국적 국가는 공동의 포획장치를 가지고 있다. 구성원은 공동의 토지, 화폐, 노동이라는 포획장치에 포획되어 있다.[17] 제국적 국가 구성원은 정치적으로 사적인 것은 무엇하나 전제된 것이 없다. 경제적으로는 생산양식을 자신이 생산하기에 전제된 생산양식은 존재하지 않는다. 제국적 국가의 구성원은 정치적으로 사회 공동체의 코드를 통일하는 초(덧)코드화를 받아들이게 된다. '국가장치는 이 공동체의 코드를 초코드화하며, 이 공동체를 황제의 권력에 복종시킨다.'(김재인 역, 2003: 823) 국가의 구성원은 정치적으로 하나의 코드만을 수용하고 따른다. 공동의 것을 우선하고, 전체의 것을 우선하며, 마법적 황제의 것을 우선한다.

제국적 국가의 국가장치에 내재한 포획장치는 정치적 초코드화가 우선한다. 정치적 포획장치는 황제를 중심으로 작용한다. 이때의 초코드화는 황제

---

17 제국의 체제 아래서는 모든 것이 공적인 것이 된다. 토지 소유는 공동체적이고, 개인은 오직 공동체의 일원이 될 때만 비로소 소유할 수 있다. 전제군주의 강력한 소유권은 공동체들이 하나로 통일되어야 비로소 가능해진다. 그리고 관료들조차, 예를 들어 세습제라고 하더라도 이들이 소유하고 있는 토지는 조정(朝廷)의 것이다. 물론 화폐가, 특히 관료들이 전제군주에게 지불해야 하는 조세의 형태가 존재할 수 있지만 토지가 양도 가능한 상품으로 존재하지 않는 이상 매매를 위해 사용하는 일은 없다.(김재인 역, 2003: 823)

의 명이 공동체를 유지하는 기준이다. 그렇기에 국가장치는 절대성, 전체성, 복종성, 획일성, 통일성, 단일성 등을 특성으로 한다. 이 국가장치에 내재하는 포획장치도 이들 특성을 전제로 한다. 정치적인 포획장치에 의해 포획된 구성원들은 초코드화에 내재한 이들 여러 특성을 갖게 된다. 토지, 화폐, 노동 등에 부여된 초코드화는 황제의 명에 따른 것으로 이들 특성을 포함하고 있다. 정치적으로 초코드화된 공동체 구성원은 이들에 마음을 빼앗기고 이들에 마음을 집중하게 된다.

제국적 국가의 초코드화는 탈코드화를 내포한다. 정치적인 일에서의 초코드화의 작용에도 탈코드화가 전제되어 있지만, 경제적인 일의 개별적 코드화에도 탈코드화가 선재한다. 토지, 화폐, 노동 자체에 공동이 아닌 사유제로의 탈코드화가 선재하고 있고, 경제적인 생산에서는 정치적인 입장과는 다른 탈코드화가 선재한다. 초코드화에서 벗어나고자 하는 탈코드화는 구성원의 의지나 욕망이기보다는 구성체로 존재하는 한 선취하고 선재하는 것이라 할 수 있다. 이는 정치제도의 변화 속에서 확인할 수 있다. 또한 경제적인 개별적 코드화에서 벗어나고자 하는 탈코드화도 마찬가지이다. 이 탈코드화는 정치적인 구성체, 경제적인 구성체를 이루는 순간에 이미 내재하는 것이라 할 수 있다. 탈코드화는 국가장치에 의한 포획장치가 바뀌게 하고, 구성원들이 새로운 구성체를 이룰 수 있도록 한다.

2) 근대적 국가: 계약·법

근대적 국가는 제국적 국가에서 탈코드화된 사회 공동체의 구성체이다. 근대적 국가는 초코드화된 황제의 명에 의한 포획에서 탈주한 사회 공동체 구성원들이 이룬 구성체로 변화의 과정에서 있는 국가이다. 근대적 국가의 모든 것은 공공의 소유이다. 황제 일인에게 속해 있던 것이 공동체 구성원 모두의 것으로 배치가 바뀐 것이다. 정치적으로 사적인 것이 없는 것은 제국적 국가와 같지만, 구성원 모두의 것, 공공의 것으로 바뀐 것에 큰 변화가 내재한다. 구성원들은 공공적인 것을 중심으로 하나의 구성체를 이룬다. 이 구성체는 제국적 배치와는 다른 배치로 실현된 포획장치와 포획이 이루어진 구성원으로 되어 있다. 이 구성체에 내재하는 선취된 다양한 포획장치도 배치가 바뀔 때까지 저지 메커니즘의 작용에 의해 저지되고 있다. 근대적 국가가 가진 포획장치는 국가장치에 재카스트화된 것이다.

> 이전과는 전혀 다른 국가의 극이 등장하게 되는데, 이것은 간략하게 아래와 같이 정의할 수 있다. 공공 영역은 소유의 객관적 본성이 아니라 오히려 이제는 사적인 것이 된 공동의 전유 수단을 가리키게 된다. 여기서 우리는 근대 세계의 특징을 다루는 사적인 것과 공적인 것의 혼합 형태로 이행하게 된다. 속박(lien)은 인격적인 것이 된다. 사람과 사람 사이의 상호 의존 관계는 소유자 간의 것(계약)인 동시에 소유권과 소유자 사이의 것(협정)으로 공동체적 또는 기능적 관계들을 뒷받침하거나 대체하게 된다. 노예 제도조차 변해 이것은 이제 더 이상 공동체에 속하는 노동자들의 공적인 사용이 아니라 개별 노동자와 관련된 사적 소유권과 관련된 것을 규정하게 된다. 권리(droit) 전제가 변질되고, 주체적·접합접속적·'화제선별적'인 것이 된다. 국가장치가 새로운 임무, 즉 기존의 코드화된 흐름을 덧코드화하기보다는 오히려 자체가 탈코드화된 흐름들의 접합접속을 조직해야 하는 과제에 직면하게 되기 때문이다. 기호 체계는 이런 식으로 변해왔다. 이 모든 측면에서 제국적 기표의 조직은 주체화 과정으로 대체되어 왔다. 기계적 노예화(asservissement)는 사회적 예속(assujetissement) 체제에 의해 대체된다. 그리고 비교적 획일적 제국적 극과는 반대로 이 두 번째 극은 극히 다양한 형태를 나타낸다.(김재인 역, 2003: 265-866)

근대적 국가는 제국적 형식이 아닌 공화적 형식의 국가이다.[18] 이 근대적 국가는 공공(公共) 영역이 강조되는 구성체이다. 공공 영역은 소유의 전일성이나 객관성보다는 사적인 영역이 강화된 공동의 전유 수단을 강조한다. 구성체 구성원이 공동으로 전유하는 수단은 합의나 계약이다. 구성체 구성원의 합의나 계약이 성립하기 위해서는 사적인 것과 공적인 것의 혼합 형태가 형성된다. 개인 간 합의나 계약이 존중되려면 구성체 공동의 합의와 계약이 있어야 한다. 국가적 법이 개인 간 계약을 담보해야 하는 것이다. 이런 공동의 전유 수단은 개인이 합의의 주체가 되어야 함을 뜻한다. 개인이 주체가 되어 스스로 합의(계약)함으로써 구속이나 속박(포획)이 자발성을 지닌 인격적인 것이 된다.

근대적 국가에서는 노예가 아니라 개별적 노동자가 된다. 노동자는 노동에 대한 사적 소유권을 가지고 있고, 노동은 주체적, 관계적, 업무적 성격을 갖게 된다. 이는 공공 영역의 계약적 관계가 개인의 일들이 주도적, 능동적, 적극적으로 이루어지게 한다. 계약에 의해 자발적으로 포획되었기 때문에, 포획된 자가 하는 일은 노예가 아닌 인격이 있는 자가 하는 일이 된다. 이에 근대적 국가는 구성원이 초코드화에서 벗어나 탈코드화의 흐름으로 나갈 수 있게 하는 것이 과제가 된다. 기표체계와 관련해 보면, 절대적 하나의 의미만 강조하던 기표체계는 계약적 관계에 의한 기표체계(조직)가 되도록 하는 주체화의 과정으로 변화하였다. 이런 주체화는 구성체의 구성원들이 사회적 예속 체제 속에 놓이게 한다. 다른 말로, 구성원 전체가 투표로 합의한 법을 주도적으로 실행함으로써 공공적, 법적, 사회적 합의에 예속된 존재가 된다.

---

18 독자의 텍스트 이해와 관련된 공화적 형식의 국가에 대해서 김도남(2023b)의 2장과 8장을 참조할 수 있다.

다. 국제적 국가: 공리계

국제적(國際的) 국가는 근대적 국가에서 탈코드화된 사회 공동체가 구성한 구성체이다. 국제적 국가는 초코드화의 공공의 것에 의한 포획에서 탈주한 사회 공동체들의 구성원들이 갖게 된 구성체로, 또 다른 배치에서 생성된 국가 간에 내재하는 구성체이다. 국가 간에 내재한 구성체는 영토와 같은 구체물이 아닌 '자본'과 같은 공통적인 것의 공유에 기반한다. 이 국가 간 공통적으로 공유하는 것을 들뢰즈와 과타리는 '공리'라고 한다. 국가 간에 공유하는 공리가 하나가 아니기에, 이들 공리의 집합을 '공리계'라 한다. 각 국가는 이 공리(계)를 실현하는 하나의 모델이 된다. 국제적 국가들은 공리계의 실현 모델을 소유한다. 공동체 공공의 것이던 것이 공동체 구성원이 공리계의 실현 모델이 되는 것으로 배치가 바뀐 것이다. 정치적으로 사유(私有)적인 것이 완전하지 않지만 부분적으로 인정받는다는 점에서 근대적 국가와 다르다. 구성원들은 공리계를 토대(포획)로 구성체를 이룬다. 이 구성체는 근대적 배치와는 다른 배치로 실현된 포획장치와 포획이 이루어진 구성원으로 되어 있다. 이 구성체에도 내재하는 선취된 다양한 포획장치는 배치가 바뀔 때까지 저지 메커니즘의 작용으로 저지되고 있다.

> 이에 반해 자본주의는 전혀, 심지어 처음부터도 결코 영토적이었던 적이 없다. 자본주의의 탈영토화 역량은 토지가 아니라 '물질화된 노동' 즉 상품을 대상으로 하여 성립한다. 그리고 사유는 더 이상 토지나 땅의 사유, 또 개개의 생산 수단 자체의 사유가 아니라 변환 가능한 추상적 권리의 사유인 것이다. 따라서 자본주의는 보편 종교와 비슷한 세계적 조직으로 변질되고, 이러한 조직은 자체로서 고름을 획득한다. 이질적인 사회 구성체와 이 구성체들 간의 관계에서 유래하는 것이 아니라 전체적으로 볼 때, 이 하나의 세계적인 공리계가

여러 종류의 사회 구성체를 분배하고, 이들 구성체 간의 관계를 규정하면서 노동의 국제적 분업을 조직하고 있다. 이 모든 측면에서 자본주의는 국가 없이도 운용될 수 있는 경제 질서를 발전시킬 수 있다는 것을 보여준다. 사실 자본주의는 시장의 이름만이 아니라 더 높은 곳에 이르기까지 탈영토화를 위해 국가에 맞선 투쟁의 목소리를 외치지 않을 수 없다.(김재인 역, 2003: 872)

국제적 국가는 경제학적으로 자본에 기초한 자본주의 국가이다. 자본주의 국가는 영토를 가지고 있지 않다. 자본주의는 '물질화된 노동'인 '상품'을 대상으로 성립한다. 이는 자본이 다른 말로 변환 가능한 추상적인 권리이고, 자본주의는 이 권리를 사유적으로 갖는 것이다. 그렇기에 자본주의는 전 세계적인 조직을 이루고 일관성의 구도에 의하여 하나의 구성체로 존재하게 된다. 국제적 구성체는 공리계를 공유하지만, 모든 국가가 동일한 형태로 작동하지는 않는다. 국제적 분업에 의하여 작동한다. 자본주의의 실행적 측면에서 보면, 국가가 없어도 운용될 수 있는 측면이 있다. 그런 점에서 국제적 구성체 또는 범국가적 구성체라 할 수 있다.

'공리계'라는 단어를 단순한 메타포로서 사용하지 않으려면, 공리계를 온갖 유형의 코드, 덧코드화, 재코드화와 구분해 주는 것이 무엇인지를 분명히 하지 않으면 안 된다. 공리계는 본성을 특정하지 않은 채 아주 다양한 분야에서 동시에 무매개적으로 실현되는 순수하게 기능적인 요소와 관계들을 직접적으로 취급한다. 이와 달리 코드는 각기 고유의 분야들과 관련되며 규정된 요소들 간의 특정한 관계를 표현해 주는데, 이것은 초월적으로 또는 간접적으로만 더 높은 형식적 통일성(덧코드화)에 도달할 수 있다. 이러한 의미에서 내재적 공리계는 다양한 분야를 통과할 때마다 다양한 실현 모델을 발견하게 된다. 마찬가지로 권리로서의 자본, 즉 '질적으로는 등질적이고 양적으로는 통약 가능한' 요소로

> 서의 자본은 다양한 생산 부분과 생산 수단 속에서 실현된다고 할 수 있다(이를 '전체 자본'이 '개별 자본' 속에서 실현된다고 할 수 있을 것이다). 그러나 다양한 생산 부문만이 단독으로 실현 모델이 되는 것은 아니며 국가 또한 그렇게 된다. 국가는 자원, 인구, 부, 산업 설비 등에 따라 여러 생산 부분을 조합하고, 결합시키는 것이다. 따라서 자본주의에서 국가는 폐지될 수 없으며 다만 형태를 바꿔 새로운 의미를 띠게 된다. 국가를 초월하는 세계적 공리계의 실현 모델이 되는 것이다. 그러나 초월하다는 것은 결코 국가 없이 이루어진다는 의미는 아니다.(김재인 역, 2003: 872)

국제적 국가는 공화국적 형식이 아닌 범국가적 형식의 국가이다. 이 범국가적 국가는 공리계의 실현이 강조되는 구성체이다. 공리계는 제국적 국가나 공화국적 국가의 초코드화된 명령이나 코드화된 계약(법)과는 구분되는 특성을 갖는다. 제국이나 공화국의 한정된 영토에 국한되어 있는 것과도 다른 특성을 지닌다. 국제적 구성체의 공리계는 제국이나 공화국과 다른 '무매개적으로 실현되는 기능적 요소와 관계'들을 취급한다. 그러한 국가적 구성체이기에 초월적, 간접적으로 더 높은 통일성(덧코드화)을 이루고 있다. 이를 가능하게 하는 것이 공리계이다. 이 공리계는 각 국가에서 실현될 때에 각 국가의 특성을 반영한 실현 모델을 갖는다.

국제적 국가의 공리계 실현 모델은 다양한 생산 부분마다 단독적인 실현 모델을 가지는 것은 아니다. 국가 구성체도 각 국가마다 단일한 실현 모델을 가지는 것은 아니다. 국가는 각 국가마다의 생산 여건이 다르다. 그렇기에 각 국가는 국가마다의 여건에 따라 공리계의 실현 모델을 가지게 된다. 이는 자본주의가 국가의 형태를 폐지할 수 없는 이유가 된다. 또한 실현 모델을 국가마다 다르게 할 수 있는 조건이 된다. 이것은 국가를 초월한 세계적 공리계의 실현 모델이 생겨나게 하는 것일 수 있다.

3. 텍스트 이해의 포획장치

포획장치와 포획은 텍스트 이해에서도 이루어진다. 포획장치는 독자를 포획하지만 독자가 만든 것이 아니다. 독자와 독자가 집단적 관계로 공동의 구성체를 이루면서 생겨난 것이다. 또는 구성체 안에 선취되어 있던 것이다. 포획장치는 독자 밖에 있는 것이면서 독자의 마음을 포획하는 것이다. 포획장치에 포획된 독자는 이를 이용하기도 해야 하지만 이를 벗어나야 한다. 포획장치를 저지하는 메커니즘을 작동시켜 자기 생성을 위한 읽기를 실행해야 한다. 독자를 포획되는 자로 만드는 포획장치와 그 작용 특성을 알아본다.

가. 관습적 포획: 마법적 단일성

포획은 공동적 집단성을 반영한다. 독자의 읽기에는 공동적 집단성이 내재한다. 공동은 '단일한', '획일적인', '객관적인' 등의 의미를 내포한다. 독자의 텍스트 읽기에 어떤 집단성이 내재하는가에 따라 포획은 달라진다. 독자의 읽기에 내재하는 집단성은 개인이 선택할 수 있는 것이 아니다. 독자가 텍스트를 이해하는 과정에서 집단과 관계를 맺게 되면서 발현되는 것이다. 이 독자가 발현하는 집단성은 관계 맺는 집단의 특성에 따라 변화한다. 독자들이 이루는 집단은 시간적, 공간적으로 무수하다. 물론 이들 집단의 특성을 범주화하여 구분할 수 있다. 이 집단성이 발현된 독자들이 이루고 있는 사회 공동체를 '읽기 구성체' 또는 '독자 구성체'라 할 수 있다. 이 독자 구성체는 여러 형태가 있을 수 있다. 그중 독자 구성체를 이루는 근원적인 집단성은 사회적 공동체 또는 제국적 구성체의 전체성, 마법성을 그 특성으로 한다. 이 제국적 구성체의 포획장치에 의한 포획을 '마법적 포획' 또는 '관습적 포획'이라 할 수 있다.

관습은 사회적으로 습관화된 규범이다. 오랫동안 구성체의 구성원들이 따르고 지켜 내려온 가치 판단의 기준이다. 구성체 구성원이 누구나 당연하다고 여기기에 전체적이고, 까닭이 분명하지 않지만 따라야 하기에 마법적이다. 독자의 텍스트 이해는 독자 구성체의 관습에 근원적으로 포획된다. 이 근원적 포획은 전체성에서 비롯된 단일성, 통일성, 공통(공동)성, 보편성, 객관성 등의 특성을 지닌다. 또한 마법에서 비롯된 권위성, 강제성, 무의지성, 복종(순종)성, 맹종성 등의 특성을 지닌다. 관습적 포획은 독자가 당연하다고 받아들이고 따르는 것이다. 자기를 내세울 수 없기에 의문을 품거나 개선하려 하지 않는다. 다른 독자들과 같은 마음인 것에 안존하는 특성을 갖는다.

(A) 초인지는 글을 읽기 시작한 후 지속적으로 이루어지는 점검 과정에 동원된다. 독자는 가장 적절하다고 판단한 독서 전략을 사용하여 독서를 진행하는데, 그 전략이 효과적이고 문제가 없는지를 평가하며 점검한다. 효과적이지 않거나 문제가 있다고 판단하면 이를 해결해야 한다. 문제가 무엇인지 분명하지 않은 경우에는 독서 중에 떠오르는 생각들을 살펴보고 그중 독서의 진행을 방해하는 생각들을 분류해 보는 방법으로 문제점이 무엇인지 파악할 수 있다. 독서가 중단 없이 이어지는 상태이지만 문제가 발생한 것을 독자 자신이 인지하지 못하는 경우도 있다. 의도한 목표에 부합하지 않는 방법으로 읽기를 진행하거나 자신이 이해한 정도를 판단하지 못하는 예가 그것이다. 문제 발생 여부의 점검을 위해서는 독서 진행 중간중간에 이해한 내용을 정리하는 방법을 사용할 수 있다.

2. [A]에서 알 수 있는 내용으로 가장 적절한 것은?

① 독서 진행 중 이해한 내용을 정리하는 것은 독자 스스로 독서 진행의 문제를 점검하는 데에 적합하지 않다.

② 독서 진행 중 독자가 자신이 얼마나 이해하고 있는지 파악하지 못할 때에는 점검을 잠시 보류해야 한다.

③ 독서 진행에 문제가 없어 보이더라도 목표에 부합하지 않는 독서가 이루어지는 경우가 있다.

④ 독서 중에 떠오르는 생각을 분류하는 것은 독서 문제의 발생을 막는다.

⑤ 독서가 멈추지 않고 진행될 때에는 초인지의 역할이 필요 없다.

(2024 대학수능시험, <국어> 문제)

위 인용문은 2024년 대학수학능력시험(수능) <국어>의 읽기 영역 문제이다. 수능은 우리 사회에서 제도적이고 관습화되어 있다. 그렇기에 수능은 전체성과 마법성을 지닌다. 교육과 관련하여 수능에 대하여 우리 사회 구성원은 모두 포획되어 있다. 학생은 물론 학부모와 교사 모두 수능이라는 포획 장치에서 포획되어 있다. 수능에서 요구하는 또는 필요로 하는 것은 절대적인 것이고 객관성을 지닌 보편타당한 것으로 인식한다. 위 인용문의 국어 문항은 읽기에 대한 단적인 예를 보여준다. 이 문항은 읽기에서 초인지라는 것이 존재하고 이를 활용해야 한다는 것이다. 초인지는 독자의 사고 작용에 내재한 것일 수 있지만 독자가 의식을 집중하지 않는 인지 영역이다. 그렇지만 학생들은 이 초인지를 이해하고 활용해야 한다는 요구를 강요받고 있다.

원시 공동체들에 의해 상대적으로 코드화되어 있는 흐름들은 원시적 코드가 스스로에게 순응하기를 그치고 더 상위의 심급에 종속되는 경우 이로부터 벗어날 수 있는 기회를 얻게 된다. 그러나 다른 한편으로 고대 국가 자체도 덧코드화를 통해 이것을 벗어나는 새로운 흐름을 가능하게 하고, 발생시킨다. 대토목공사를 일으킬 때마다 국가는 반드시 독립적인 노동의 흐름을 국가의 관료 기구로부터 파생시킨다(특히 광산과 야금술에서 그렇다). 국가가 화폐 형태로 세금을

> 만들어 낼 때는 반드시 화폐의 흐름에서 벗어나 다른 역량을(특히 교역과 은행에서) 지지해 주거나 발생시키는 흐름을 만들어 낸다. 그리고 무엇보다 공유(公有) 체계를 만들어 낼 때에는 반드시 이 체계와 함께하는 사유(私有) 체계의 흐름이 생겨나 공유 체계의 장악 범위를 흘러나간다.(김재인 역, 2003: 862)

위 인용문에서 보면, 공동체들은 코드화되어 있는 흐름들이 제자리에 머묾을 전제하지 않는다. 코드화를 통하여 포획이 이루어지면 더 상위 심급으로 종속된다. 이로써 코드화된 상태 또는 포획된 상태에서 벗어날 수 있는 기회를 얻게 된다. 읽기에서 관습적 포획은 제자리에 머묾을 전제하지 않는 것이다. 이는 제국적 구성체에 의한 초코드화도 마찬가지이다. 획일성과 단일성을 강조하는 초코드화에 의한 포획도 새로운 흐름을 가능하게 하고, 새로운 흐름을 발생시킨다. 여기서의 새로운 흐름은 두 가지의 의미를 내포한다. 읽기를 중심으로 볼 때, 첫째는 새로운 구성체에 의한 읽기로 다른 형태의 포획을 의미한다. 이는 읽기 전쟁기계에 의한 읽기 국가장치의 변화를 전제한다. 둘째는 읽기 본질에서 독자의 자기 생성을 지향하는 읽기로의 흐름이다.

구성체의 변화 또는 포획의 변화는 단일한 하나의 요소나 조건에 의하여 일어나는 것은 아니다. 사회적 배치의 변화로 새로운 포획장치가 생겨나면서 구성체의 변화가 이루어진다. 읽기에서 읽기 목표나 읽기 방법이 바뀐다고 하여 읽기에 대한 새로운 의식 흐름이 생겨나는 것은 아니다. 읽기와 텍스트 이해에 관련된 새로운 배치가 생겨났을 때 의식 흐름이 바뀌게 된다. 이는 기존의 읽기 장치로는 감당할 수 없는 스톡이 생겨나면서 포획이 일어남을 의미한다. 읽기에 대한 근본적인 인식이 바뀌고, 읽기의 지향, 목표, 내용, 방법, 태도 등 전체적으로 변화할 때 읽기에 대한 새로운 의식 흐름이 생겨난다.

나. 주체화 포획: 합의적 자발성

포획은 합의적 집단성도 반영한다. 독자의 포획에는 합의적 집단성도 내재한다. 여기서 '합의'는 '의견의 일치', '구성원 모두 관계된 공공'의 의미를 내포한다. 합의적 집단성은 단위 집단 내의 구성원들이 의견의 일치를 이루거나 공공성을 지닌 집단성을 의미한다. 즉 공화국적 구성체를 지시한다. 독자의 텍스트 읽기에는 이 합의적 집단성의 작용으로도 포획이 이루어진다. 독자의 읽기에 내재하는 합의적 집단성은 독자 간 약속이나 계약 관계에 기초한 독자 구성체와 개별 독자 간 협약에서 비롯된 것이라 할 수 있다. 독자도 내적으로 공동체를 구성하기에 합의를 위한 계약이나 구성체의 선취된 계약(법)을 따른다. 이 합의적 집단성도 독자가 텍스트를 이해하는 과정에서 독자 구성체의 일원이 되면서 발현하거나 수용한다. 이 독자가 발현하는 합의적 집단성은 선취된 계약(법)을 전제한다. 계약은 구성체의 구성원들이 합의하거나 동의함으로써 성립한다. 이 합의나 동의는 부지불식간에 이루어진다. 독자 구성체에 내재한 합의적 집단성은 공공성과 주체성을 그 특성으로 한다. 이 합의적 구성체의 포획장치에 의한 포획을 '공공적 포획' 또는 '주체화(주체적) 포획'이라 할 수 있다.

주체는 해야 할 일을 주도적으로 해냄을 함의한다. 이 주체는 공공적으로 해야 할 일, 또는 공공의 방법으로 해야 함을 뜻한다. 읽기 주체의 형성은 합의적 또는 관계적이다.[19] 읽기 주체는 읽기 공동체나 독자 구성체 구성원들과 합의한 공공적 읽기를 주도적으로 실행하는 독자이다. 독자가 읽기 주체가 되기 위해서는 읽기 공동체나 독자 구성체에서 요구하거나 기대하는 것을 내면화해야 한다. 독자는 독자 구성체의 구성원이 되면서, 구성체의 요구나

19 읽기 주체 형성에 대한 논의는 김도남(2008)과 김도남(2024b)의 2부 4장을 참조할 수 있다.

기대를 받아들여 가지게 된다. 읽기 주체는 독자 구성체에서 합의한 읽기의 지향, 목표, 내용, 방법, 태도 등을 자기의 것으로 받아들인다. 즉 공공적 읽기의 포획장치에 포획된다. 공공적 읽기의 대표적 포획장치는 읽기 교육이다. 독자는 읽기 교육을 받아 읽기 공동체 구성원이 되면서 공동체에서 요구하고 기대하는 읽기 목표와 읽기 방법을 내면화함으로써 포획된다. 독자의 주체화에는 강제적·폭력적 특성과 함께 독자의 자발성과 적극성도 함께 관여한다. 주체적 포획은 독자 구성체의 외부적 강제성과 독자 구성원의 자발성이 함께 관여한다. 그렇기에 구성체 구성원은 독자 구성체와 읽기에 대하여 합의한 것을 의지적으로 인정하고 수용한다. 독자의 이 주체적 포획은 공공성에서 비롯된 공통성, 합의성, 규칙성, 형식성, 학습성 등의 특성을 지닌다. 또한 주체성에서 비롯된 주도성, 자발성, 무의식성, 적극성, 과제성, 외향성[20] 등의 특성을 지닌다. 주체적 포획은 독자가 공공적인 지향, 목표, 내용, 방법 등의 학습을 통하여 이루어진다.

[표 1] 2022 국어과 교육과정의 읽기 영역의 '과정·기능'의 내용 체계

	초 1~2학년	초 3~4학년	초 5~6학년	중 1~3학년
내용 확인과 추론	· 글의 중심 내용 확인하기 · 인물의 마음이나 생각 짐작하기	· 중심 생각 파악하기 · 내용 요약하기 · 단어의 의미나 내용 예측하기	· 글의 구조를 파악하기 · 글의 주장이나 주제 파악하기 · 글의 구조 고려하며 내용 요약하기	· 설명 방법과 논증 방법 파악하기 · 글의 관점이나 주제 파악하기 · 읽기 목적과 글의 구조를

20 ① 바깥쪽을 향하는 성질. ② (심리) 외부 세계에 관심을 가지며 객관적으로 사고하고 집단적이며 사교적인 성격 유형. 스위스의 심리학자 융(Jung, K. G.)이 분류한 성격 유형의 하나이다. =외향형.[표준국어대사전]

			· 생략된 내용과 함축된 의미 추론하기	고려하며 내용 요약하기 · 드러나지 않은 의도나 관점 추론하기

위 2022 국어과 교육과정의 읽기 영역 <내용 체계표>의 '내용 확인과 추론'의 내용은 초·중학교에서 가르쳐야 할 내용이다. 이 교육 내용은 '읽기 교육 공동체' 즉 독자 구성체가 합의한 것이고, 법의 성격이 내재한다. 읽기 교육을 대표하는 이들이 합의를 통하여 결정한 것이고, 교사와 학생은 이에 대한 교수와 학습을 절대시한다. 교사는 이들 교육 내용을 주체적으로 교수하고, 학생은 이들 교육 내용을 학습하여 읽기 주체가 되어 읽기를 실행하게 된다. 독자는 이 내용의 학습을 통하여 독자 구성체와 읽기 활동 실행에 대한 계약 관계를 맺는다. 독자는 이 계약된 읽기를 주체적으로 실행하게 된다. 이를 통하여 독자는 독자 구성체의 포획장치에 주체적으로 포획되는 자가 된다.

> 계약은 두 인간 간에 이루어지는 것이 아니라 자기와 자기 사이에서, 같은 인간 안에서, 나는 나(Ich=Ich), 예속되는 자이자 주권자로서 이루어지는 것이다. 가장 순수한 그물을 복권시키는 계약이라는 대단한 도착(倒錯). 이리하여 그물, 끈, 포획이 하나의 오랜 역사를 가로지르게 되는 것이다. 우선 제국의 집단적이고 객체적인 끈이 있었다. 다음은 주체로서의 사람과 사람 간에 나타나는 실로 다양한 끈이 있었다. 마지막으로 <주체>가 자기 자신을 묶는, 이리하여 가장 마법적인 조작, '유일한 보편성, 유일한 장벽과 끈으로서 자기를 세우기 위해 모든 장벽과 끈을 뒤집는 국제적 에너지'를 갱신한다.(김재인 역, 2003: 882)

위 인용문에서 보면, 계약에 따라 이루어지는 주체적 포획은 실제로는 사람 사이에서 이루어지는 것이 아니다. 계약은 자기와 자기 사이에서, 독자 안에서 독자 구성체의 포획에 자발적으로 포획되는 자기를 만드는 것이다. 독자는 독자 구성체에 예속된 자아를 가진 읽기 주체가 되어 읽기를 실행하지만 그 읽기를 자발적·주도적으로 하기에 읽기의 주권자이다. 독자 스스로 자기가 계약한 읽기를 실행하기에 주권자가 되어 읽기를 실행한다. 그래서 읽기 주체의 읽기 활동이 자기를 생성하는 활동이 아님에도 자기를 생성하는 읽기라고 여기는 것이다. 주체적으로 포획되어 도착[21]성(倒錯性)을 드러내는 것이다.

독자 구성체에 의한 독자의 포획은 여러 형태로 이루어진다. 위 인용문을 참조하면, 포획은 포획을 위한 그물이나 끈들이 있어서 이루어지고 사회의 변화에 따라 달라진다. 먼저 제국주의적 집단적 포획을 위해서는 공적 객관성을 지닌 포획의 끈이 있었다. 그다음엔 독자들이 주체로서 다른 주체와 계약적 관계를 이루게 하는 포획의 끈이 있다. 주체적 포획은 이 계약적 관계의 끈인 주체성을 갖는 읽기 교육을 통하여 이루어진다. 독자의 포획은 이 주체적 포획으로 끝나지 않는다. <주체>가 자기를 묶고 있는 장벽과 끈을 뒤집는 국제적인 에너지를 가진 것에 포획된다.

다. 추상적 포획: 실현 모델

포획은 초월적 집단성도 반영한다. 독자의 포획에는 초월적 집단성이 내재한다. 여기서 '초월'은 '영역 벗어남', '범위의 바깥'의 의미를 지닌다. 초월적

---

21 ① 뒤바뀌어 거꾸로 됨. ② (심리) 본능이나 감정 또는 덕성의 이상(異常)으로 사회나 도덕에 어그러진 행동을 나타냄.[표준국어대사전]

집단성은 단위 집단을 벗어나 다른 여러 집단과 함께하는 집단성을 의미한다. 즉 국제적(國際的) 구성체를 지시한다. 독자의 텍스트 읽기에는 이 초월적 집단성이 내재해 포획을 실행한다. 독자의 읽기에 내재하는 초월적 집단성이 국가 간의 관계 맺음에서 비롯된 것이라 할 수 있다. 그렇지만 이는 그 관계 맺은 공동체 또는 구성체를 형성할 때 선취되어 있던 것이다. 이 초월적 집단성도 독자가 텍스트를 이해하는 과정에서 구성체의 일원이 되면서 발현된다. 이 독자가 발현하는 초월적 집단성은 공리계를 전제한다. 공리는 구성체의 구성원들이 자명한 진리로 받아들이는 전제된 것이다. 이 공리들의 집합적 작용이 공리계이다. 독자 구성체에 내재한 초월적 집단성은 국제적, 추상성을 그 특성으로 한다. 이 국제적 구성체의 추상적 포획장치에 의한 포획을 '초월적 포획' 또는 '추상적 포획'이라 할 수 있다.

추상은 뽑아내거나 추려내는 '추출'을 함의한다. 이 추상은 구체물을 벗어나 있음을 뜻한다. 공리는 추상적인 것이다. 사람들이 당연하다고 인정하는 명제나 원리와 관련된다. 이 공리는 마법적인 황제의 명과 닮아있으나 강제적이거나 폭력적이지 않다. 논리성과 합리성을 갖추고 있는 마법이라 할 수 있다. 그렇기에 단위 구성체의 구성원만이 아닌 국제적 구성체의 구성원들도 의지적으로 인정하고 수용한다. 즉 초월적 집단의 구성원들이 의식적, 자발적, 적극적으로 포획되는 자가 된다. 독자의 텍스트 이해는 국제적 공리계에 의지적으로 포획된다. 이 의지적 포획은 국제성에서 비롯된 초월성, 원리성, 광범성, 공론성, 교조(敎條)성[22] 등의 특성을 가진다. 또한 추상성에서 비롯된 추출성, 공통성, 관념성, 의도성, 자발성, 순응성 등의 특성도 지닌다. 추상적 포획은 독자가 의식적 신념으로 받아들이고 따르는 것이다. 부정할

---

22 역사적 환경이나 구체적 현실과 관계없이 어떠한 상황에서도 절대로 변하지 않는 진리인 듯 믿고 따르는 것.[표준국어대사전]

수 없는 진리적인 것으로 여기기에 자발적이고 적극적으로 포획된다. 독자는 공리에 대한 확신을 전제로 의식적인 자발성으로 포획 당함을 실행한다.

<핵심 아이디어>

① 읽기는 독자가 자신의 배경지식이나 경험을 활용하여 언어를 비롯한 다양한 기호나 매체로 표현된 글의 의미를 능동적으로 구성하는 행위이다.

② 독자는 다양한 상황 맥락과 사회·문화적 맥락 속에서 자신의 읽기 목적을 달성하기 위하여 다양한 유형의 글을 읽는다.

③ 독자는 읽기 과정을 점검·조정하며 읽기 과정에서 부딪히는 문제를 해결하기 위해 적절한 읽기 전략을 사용하여 글을 읽는다.

④ 독자는 읽기 경험을 통해 읽기에 대한 긍정적 정서를 형성하고 삶과 공동체의 문제 해결을 위해 공동체 구성원과 함께 독서를 통해 소통함으로써 사회적 독서 문화를 만들어 간다.

—2022 국어과 교육과정 <내용 체계표>에서

위 인용문은 2022년 국어과 교육과정의 읽기 영역 <내용 체계표>의 '핵심 아이디어' 내용이다. 이 내용은 '읽기'에 대한 공리적 성격을 내용으로 포함하고 있다. 읽기가 어떤 것인지를 규정하고 있다. 이 핵심 아이디어는 읽기에 대한 국제적 통념을 반영하고 있다. 특정한 학자의 주장이나 조건적인 원칙이 아니다. 현재 시점에서 읽기 교육을 전공한 전문가나 읽기를 실행하는 독자들이 당연하게 받아들이는 공리이다. 공리에 해당하는 것을 몇 가지 예를 보면, 의미 구성, 배경지식, 읽기 맥락, 읽기 과정, 초인지(점검·조정), 문제해결, 소통 등이 있다. 다양한 읽기 현상에서 추상된 읽기의 공통된 특성으로 자본주의의 자본과 같은 형태의 것이다. 읽기에 관한 규정, 읽기 실행 방향, 읽기 실행 방법, 읽기 실행 목적 등은 읽기에 대한 공리계를 이루고 있다.

> 이처럼 국가는 덧코드화의 초월적 패러다임과는 전혀 무관하며 오히려 탈코드화된 흐름들이 공리계를 위한 내재적 실현 모델이 된다. 그러면 여기서도 또한 공리계라는 말이 단순한 메타포가 아니란 것이 다시 한번 확인되는 셈이다. 따라서 말 그대로 공리계 모델이 제기하는 이론적 문제가 그대로 국가에 관해서도 반복되게 된다. 실현 모델이 아무리 다양하더라도 각각의 모델이 실현되는 공리계에 대해서는 동형적이라고 간주되기 때문이다, 그러나 이러한 동형성은 구체적인 변형태를 고려하더라도 극히 다양한 형태적 차이를 받아들인다. 뿐만 아니라 각각의 공리계는 아직 '포화되지' 않아서 또한 포화의 요소이기 때문에라도 다형적 모델을 포섭하여 갖추기 쉬운 것처럼 보인다.(김재인 역, 2003: 873)

위 인용문에서 보면, 초월적 포획은 제국의 초코드화에 의한 초월적인 것과는 다른 것이다. 제국의 초코드화에서 탈코드화된 흐름들이 공리계를 실행하게 하는 내재적 실현 모델이 된다. 독자의 텍스트 이해에서 '저자 의도'나 '텍스트 주제'를 찾기 위한 읽기가 제국의 초코드화된 읽기의 실행이라면, 공리계의 내재적 실현 모델은 독자의 '스키마'나 '읽기 기능·전략'에 의한 읽기이다. 공리계에 포획된 읽기의 실행은 '핵심 아이디어'에서 확인할 수 있는 것과 같이 읽기 규정·방향·방법·목적 등이 있는데 이에 따라 이루어져야 한다. 이들 읽기 공리계를 실현하기 위한 각각의 읽기 활동을 '모델'이라 할 수 있다. 읽기 공리계에 포획되어 이루어지는 읽기를 '읽기 실현 모델'이라 할 수 있다. 위 인용문에서 보면, 읽기 공리의 읽기 실현 모델은 단일한 형태가 아니다.

읽기 공리계의 읽기 실현 모델은 동형성을 지닌다. 읽기 공리계에 따른 읽기 실현 모델은 구성체에 따라 달라질 수 있고, 개별 독자에 따라서도 달라질 수 있다. 추상적 포획에서는 공리계의 요인, 구성체의 조건이나 개인적(사적) 조건의 다름이 존중되기 때문이다. 그렇기에 읽기 공리계의 읽기 실현 모델은 다양할 수 있다. 하지만 읽기 공리를 전제로 하여 이루어진다는 점에서 보면 동형성을 갖는다. 동형성은 '동일'이나 '동질'을 의미하지 않는다. 형태적으로 닮음을 뜻한다. 즉 동형성이라는 말에는 다양한 변형태가 존재함을 함의한다. 공리계가 아직 모든 독자 구성체에 고루 펴져 있지(포화)는 않고, 펴져 나가는 상황에 있다. 그렇기에 읽기 공리계를 전제한 읽기 실현 모델은 서로 동형성을 띤다.

4. 읽기 포획장치에서 탈주

독자는 두 가지 읽기에 관한 의식 흐름을 따른다. 하나는 독자 외부를 향한 읽기에 관한 의식 흐름을 따르는 것이다. 다른 하나는 독자 내부를 향한 읽기에 관한 의식 흐름을 따르는 것이다. 외부를 향한 의식 흐름은 독자 구성체가 펼쳐 놓은 읽기 방식을 따른 것이다. 이 독자 구성체의 읽기 방식을 따르는 읽기는 포획되는 자로서의 읽기이다. 독자 내부를 향한 의식 흐름은 독자 자신이 자기 생성을 위해 펼치는 읽기 방식을 따르는 것이다. 자기 생성을 위한 읽기 방식은 포획되는(포획된) 자에서 탈주하는 자로서의 읽기이다. 독자는 포획된 자로서의 읽기를 토대로 탈주하는 자로서의 읽기를 실현해야 한다.

독자가 탈주하는 자로서의 읽기를 하기 위해서는 그 전제가 있어야 한다. 이 전제는 포획된(포획되는) 자로서의 읽기를 하는 자기에 대한 인식이다. 포획된 자로서의 자기 인식이 없으면 탈주적 읽기는 일어나지 않는다. 포획된 자로서의 읽기에 만족하기 때문이다. 포획된 자로서의 읽기를 하는 자기 인식을 위해서는 자신을 속박·구속·포획하고 있는 읽기의 의식 흐름에 대한 자각이 있어야 한다. 이 논의는 독자들이 구성한 독자 구성체에 내재한 포획하는 자의 포획장치와 포획되는 자의 포획됨에 대하여 살폈다.

독자 구성체는 독자를 포획하는 포획장치를 가지고 있다. 독자를 포획하는 포획장치는 독자 구성체에 따라 다르다. 독자들이 형성한 독자 구성체는 시대나 지역마다 다를 수 있다. 이 논의에서 시간적 변화에 기초한 구성체와 그 구성체들의 포획장치와 포획 작용을 살폈다. 시간적 변화를 고려하여 국가를 제국적 국가, 근대적 국가, 국제적 국가로 구분하였다. 제국적 국가는 전제적이고 공통적인 초코드화를 포획장치로 활용해 구성체 구성원을 포획한다. 근대적 국가는 사적이고 공공적인, 합의적인 계약을 포획장치로 활용해 구성원을 포획한다. 국제적 국가는 전 세계적인 공리계를 포획장치로 활용해 구성원을 포획한다.

독자의 텍스트 이해와 관련된 포획도 세 가지로 구분했다. 첫째는 관습적 포획으로 공동적 집단성에서 비롯된 마법적 단일성을 특성으로 한다. 공동적 집단성은 독자의 텍스트 이해가 하나의 의미를 찾는 의식 흐름을 형성한다. 둘째는 공공적 포획으로 합의적 집단성에서 비롯된 주체적 다양성을 특성으로 한다. 합의적 집단성은 독자의 텍스트 이해가 규정된 대로 의미를 찾는 의식 흐름을 형성한다. 셋째는 추상적 포획으로 초월적 집단성에서 비롯된 범국가적 공리계의 실현을 특성으로 한다. 초월적 집단성은 독자의 텍스트 이해가 공리계의 실현 모델에 따라 의미를 찾는 의식 흐름을 형성한다. 이들 포획은 독자가 외부를 지향하는 텍스트 이해를 하도록 이끈다.

독자는 이들 외부 지향적 텍스트 이해를 토대로 내부 지향적 텍스트 이해를 이루어내야 한다. 내부 지향적 텍스트 이해는 이 외부 지향적 텍스트 이해를 토대로 한다. 독자의 텍스트 이해가 외부 지향에 머물게 되면, 독자는 자기 생성을 이룰 수 없다. 텍스트가 드러내는 외부 대상에 대한 인식을 넓힐 수 있을 뿐이다. 독자가 내부 지향적 읽기를 하기 위해서는 외부 지향적 읽기에 포획된 자기를 인식하고, 이에서 탈주해야 한다. 외부 지향적 읽기에서 탈주한 독자는 내부 지향으로 자기 생성적 읽기를 실현할 수 있다.

제9장 — 읽기 소수자와 교육

1. 소수자

교육은 국가의 중요 제도이다. 모든 국민은 교육제도를 신뢰한다. 교육제도가 불필요하다거나 자기의 생활과 관련이 없다고 생각하는 사람은 없다. 누구나 교육제도는 당연히 있어야 하고, 이 교육제도에서 비롯된 자기의 규정을 인정한다. 그런 점에서 교육제도는 개인의 특정 의식을 결정하는 강력한 도구이다. 우리 사회의 의식 흐름에서 이 교육제도가 우리를 규정하는 역할은 절대적이다. 사람들은 교육의 결과에서 비롯된 자신에 대한 사회적 규정을 당연시하는 의식의 흐름을 갖고 있다. 누구에게도 예외는 존재하지 않는다.

교육은 국가의 제도이고, 모든 사람은 교육제도에 따른 의식의 흐름에 동참한다. 공부를 잘하든 못하든, 남자이든 여자이든, 어린이든 어른이든 모두 같은 의식의 흐름을 따라간다. 공부를 잘하는 것은 좋은 일이고, 공부를 못하는 것은 좋지 못한 일이다. 공부를 잘하면 사회적으로 좋다고 여기는 직업을 가질 수 있다고 믿고, 공부를 못하면 사회적으로 좋다고 여기는 직업을 가질 수 없다고 여긴다. 교육제도에 의하여 천재 학습자, 영재 학습자, 우수 학습자, 평범 학습자, 부진 학습자, 특이 학습자 등이 생긴다. 이들 중

우수 학습자와 평범 학습자는 교육제도에 잘 맞는, 교육제도의 내적 기준에 충실한 학생이다. 이들을 '학습 다수자'라 할 수 있다. 천재 학습자, 영재 학습자, 부진 학습자, 특이 학습자 등은 교육제도에 잘 맞지 않는 학습 특성을 보이는 학생이다. 이들은 '학습 소수자'라 할 수 있다.

이를 읽기 교육에 적용하면, '읽기 학습 다수자(이하 읽기 다수자)'와 '읽기 학습 소수자(이하 읽기 소수자)'가 된다. 읽기 다수자는 읽기 교육에 내재한 기준에 충실한 학생 독자이다. 읽기 우수 학생과 읽기 평범 학생이 읽기 다수자이다. 이 읽기 다수자는 읽기 교육에서 강조하는 학습 기준을 잘 따르는 의식의 흐름을 가진 학생 독자(이하 독자)들이다. 이들은 학교 교육에서 강조하는 텍스트를 성실한 태도로 능숙하게 읽을 수 있다. 읽기 다수자는 학생 수가 많고 적음이 아니라 읽기 교육에서 강조하는 기준에 맞추어 자기를 규정하는 학생을 뜻한다. 읽기 소수자는 기준을 벗어난 읽기를 하는 독자이다. 읽기 소수자는 읽기를 특별히 배우지 않아도 텍스트를 잘 읽는 읽기 천재, 읽기에 탁월한 재주가 있는 읽기 영재, 읽기 교육에 적응하지 못한 읽기 부진, 읽기에 특이성을 보이는 읽기 특이자 등이다. 이들 읽기 소수자는 읽기 교육의 보편적 기준에서 벗어난 의식의 흐름 가진 독자이다. 물론 '읽기 다수자' 중에는 '읽기 소수자'도 있을 수 있다. 읽기 교육에서는 이들 읽기 소수자에 대해서는 큰 관심을 기울이지 않는다.

들뢰즈와 과타리는 전 국가적인 특정 의식의 흐름을 '국가장치'라고 한다. (김재인 역, 2003: 672-673) 교육제도는 강력한 국가장치이다. 국가장치는 한 국가 구성원들이 가지고 있는 특정한 문제에 대한 의식의 흐름이다. 교육제도에 대한 국가 구성들이 가진 의식의 흐름도 국가장치이다. 이런 의식의 흐름은 필연적이기보다는 만들어지는 것이고, 이를 관리하는 주체 또한 국가장치이다. 국가장치는 사람들이 의식의 흐름이 지속될 수 있게 한다. 특히 전 국민 또는 다수자를 대상으로 하는 의식의 흐름을 유지하게 한다. 교육에서의 국가장치는 그 사회가 합의한 교육제도이다.

읽기 소수자라는 의식의 흐름도 국가장치에 의한 것이다. 읽기 소수자는 읽기 교육제도에서 비롯된다. 읽기 소수자는 읽기 교육제도에서 이탈한 독자이다. 이들은 국가장치 중 하나인 읽기 교육과정에 토대를 둔 교육에 충실하지 못한 독자이다. 읽기 교육에 적응하지 못하거나 학교에서 배운 대로 읽기를 하지 않는 독자이다. 읽기 교육제도가 전제하고 있고, 독자라면 모두가 인정하는 공통의 읽기 능력과는 다른 읽기 능력을 지닌 독자이다. 읽기 소수자는 읽기 교육의 국가장치 중 교육 평가 결과에서 다수자들이 인정하고 따르는 기준에 포함되지 않는 독자이다. 즉 읽기 소수자는 읽기 교육에서 다수의 독자가 따르는 보편적 읽기 방법이나 읽기 활동을 하지 않는다. 이는 텍스트 해석 방식을 달리하고, 보편적 이해의 결과를 도출하지 않는다. 읽기나 읽기 학습에 관한 생각이나 관점이 일반적이지 않다. 읽기 국가장치의 외부를 이루는 의식을 가지고 읽기를 하는 독자이다. 읽기 교육과 관련하여 읽기 소수자는 읽기에 대한 특별한 능력을 가진 학생들이라 할 수 있다.

교육적 국가장치에 따른 평가는 기준점에의 도달과 미도달을 구분한다. 국가장치는 양가성을 지향하는 특성이 있기 때문이다. 남자와 여자, 정답과 오답, 맞음과 틀림을 구분하는 것이 양가성이다.[1] 읽기 교육제도에 의한 국가장치도 읽기 다수자와 읽기 다수자를 구분하게 한다. 읽기 평가에서 기준 도달한 학습자는 다수자, 미도달한 학습자는 소수자가 된다. 읽기 소수자는 읽기 부진 학생뿐만 아니라 기준은 넘는 읽기를 하는 천재, 영재, 특이자 학생 등 읽기 교육의 기준을 벗어난 학생을 모두 포함한다. 이들 읽기 소수자는 하나의 기준으로는 구분할 수 없는 특성을 가진다. 소수자는 서로 각기

---

1 이 두 극(황제, 왕)은 국가장치의 주요 요소로서, <하나>-<둘>에 의해 작용하여 이항적 구분을 배분하고 내부성 환경을 형성한다.(김재인 역, 2003: 672) *( )는 필자.

다른 소수자성을 지니고 있기 때문이다. 즉 읽기 소수자는 독자마다 다른 능력 특성과 활동 특성을 가진다. 이들 읽기 소수자의 내재 특성은 다양하지만 읽기 교육적 관심과 판단은 동일하다고 할 수 있다.

교육의 국가장치가 요구하는 조건을 벗어난 읽기 소수자는 다른 면에서 보면 전쟁기계[2]의 속성이 있다. 국가장치가 국가 구성원 전체의 동일한 의식 흐름을 주도한다면, 전쟁기계는 국가장치의 동일한 의식의 흐름에서 탈주하는 의식 흐름을 생성한다. 전쟁기계는 그 속성이 국가장치의 외부성으로 국가장치와 대립한다. 읽기 소수자에 대한 부정적 의식의 흐름을 국가장치가 이끈다면, 긍정적 의식의 흐름을 이끄는 것이 전쟁기계이다. 전쟁기계에서 '전쟁'은 '새로운 가치를 창조하고, 새로운 삶을, 새로운 세계를 창조하려는 시도'(이진경, 2003b: 297)이다. 학습 소수자나 읽기 소수자는 국가장치의 면에서 보면 문제일 수 있지만, 전쟁기계의 면에서 보면 탈주이고 새로움의 생성일 수 있다.[3]

들뢰즈와 과타리의 관점[4]에 보면, 소수자는 다수자의 그룹에 들지 못한 사람들이다.(김재인 역, 2003: 897) 다수의 사람 인정하는 국가장치가 정한 기준에 도달하지 못했거나 벗어난 자가 소수자다. 소수자는 다수자가 되지 못하기에 다른 대접을 받는다. 다수자의 말에 어눌하고, 다수자가 하는 말을

---

2 전쟁기계는 들뢰즈와 과타리의 <천 개의 고원> 여러 곳에서 언급되며, 12장, 13장에서 중점적으로 다루어진다. <천개의 고원> 12장의 제목은 '1227년－유목론 또는 전쟁기계'이다. 1227년은 유목제국을 일으킨 칭기스칸이 죽은 해이고, 전쟁기계는 유목민의 발명품이라 할 수 있다.(이진경, 2003b: 293)

3 국가장치와 전쟁기계는 추상기계의 하위 범주이다. 추상기계는 형식적 추상(국가장치)과 탈형식적 추상(전쟁기계)의 의식의 흐름을 절단하고, 새로운 의식의 흐름을 생성하는 것을 의미한다.(이진경 역, 2003a: 202-210) *( )는 필자.

4 들뢰즈와 과타리의 소수자에 대한 논의는 <천 개의 고원>(김재인 역, 2003) 13장과 <노마디즘2>(이진경, 2003b) 13장, <카프카: 소수적인 문학을 위하여>(이진경 역, 2001), <천 하나의 고원>(이정우, 2008)을 참조할 수 있다.

잘 알아듣지 못한다. 다수자들은 소수자들을 배려하고, 함께 할 생각을 가지지 않는다. 소수자에게 주어지는 이런 것을 사회에서는 당연한 것으로 여긴다. 소수자는 다수자와 다르고, 넘치거나 부족하고, 아주 잘하거나 할 줄 모른다. 그래서 다수자의 세계에 들어가거나 함께하기 어려운 존재이다.

교육적으로 읽기 소수자에 접근하는 방법은 다양하다. 읽기 소수자를 이루고 있는 요인을 구체적으로 찾아내어 지도하는 접근이 있을 수 있고,(이현준·박영민, 2019; 김도남, 2011a) 읽기 소수자가 읽기 주체가 되게 함으로써 주도적 독자로 만들자는 접근도 가능하다.(김도남, 2008) 또는 읽기 소수자의 수준에 맞는 읽기 자료를 제공하여 읽기를 학습하게 하는 접근도 가능하다. 이 장에서는 읽기 소수자에 대하여 알아보고, 읽기 소수자에게 교육적으로 접근하는 거시적 관점을 점검한다. 이를 위해 들뢰즈와 과타리의 '소수자'의 개념에 기초하여 읽기 소수자에 대한 교육적 의식의 흐름을 점검한다. 이를 바탕으로 읽기 소수자 교육은 물론 읽기 교육에 대한 새로운 접근 가능성을 탐색한다.

2. 읽기 소수자

독자의 텍스트 읽기 방법과 이해 결과는 동일하지 않다. 학생마다 관심있는 분야, 좋아하는 책, 집중하는 부분이 각기 다르다. 텍스트를 읽을 때의 자세나 읽는 방식, 읽는 활동, 반응 형식이 다르다. 같은 텍스트를 읽어도 다른 내용을 기억하고, 다른 방식으로 생각한다. 그런데 읽기 교육에서는 모든 학생이 동일한 텍스트를 동일한 방법으로 읽게 한다. 읽기 수업 시간에는 같은 읽기 능력을 기르고 같은 생각의 방식을 강조한다. 읽기 교육이 이렇게 이루어지는 데는 그 내적인 요인이 있다. 읽기 교육이 특정한 방향으로 이루어지게 하는 의식의 흐름을 이끄는 요인을 살펴보고, 이에서 벗어난 소수자와 독자에 대하여 검토한다. 이를 통하여 소수자 관점에서 읽기 교육의 가능성을 점검한다.

가. 포획장치: 외눈박이와 외팔이

국가장치인 교육제도는 사람들과 학생들의 교육적 의식의 흐름을 포획한다. 그래서 모든 사람이 특정한 교육적 의식의 흐름을 갖게 한다. 그 결과 교육의 국가장치는 사람들의 교육에 대한 의식의 흐름을 통제한다. 즉 교육의 국가장치는 사람들의 교육 의식을 포획한다. 포획당한 사람들의 교육 의식은 국가장치의 내적 속성에 종속된다. 교육제도에서 비롯된 우리의 의식은 우리의 일상을 지배하고, 우리의 삶 전체를 지배한다. 우리의 의식을 지배하는 국가장치에 대하여 들뢰즈와 과타리는 다음과 같이 말한다.

> 정치적 주권은 두 극을 가진다. 즉, 포획, 속박, 매듭, 투망을 통해 움직이는 마법사로서의 무시무시한 황제라는 극과 협약, 협정, 계약이라는 절차를 따르는 사제-판관으로서의 왕이라는 두 극을 말이다.(많은 신화에서 짝을 이루는 신들, 즉 루비나-미트라, 오딘-티르(Oddhin-Tyr), 보탄-티바츠(Wotan-Tiwaz), 우라누스-제우스, 로물루스-루마....)(중략)
>
> 국가장치는 기묘한 리듬에 따라 작동하는데, 우선 이것이 커다란 수수께끼이다. 즉, <묶는(束縛)자로서의 신> 또는 마법사로서의 황제, 즉 한 눈만으로도 멀리 있는 것까지 포획하고 묶을 수 있는 기호를 쏘아대는 <외눈박이 인간>이라는 커다란 수수께끼가 있다. 다른 한편 판관으로서의 왕은 <외팔이 신>으로서 한쪽 팔만 들어 올려도 그것이 곧 정의(正義)와 기술, 법과 도구의 요소가 된다. <외눈박이>와 <외팔이>는 국가와 인간 사이에서 언제나 연속해서 나타난다.(김재인 역, 2003: 815-816)

위 인용문의 내용을 보면, 국가장치는 두 개의 정치적 주권에 의하여 작동한다. 마법사처럼 우리의 의식을 포획하는 '황제'라는 극과 협약이나 계약의 절차를 따르는 사제-판관으로서의 '왕'이라는 극이다. 황제는 마법적인 방법인 포획, 속박, 매듭, 투망의 방식을 써서 사람들의 의식의 흐름을 옭아맨다. 왕은 계약에 의하여 종교에서의 사제와 국가에서의 재판관과 같이 협약, 협정, 약속(법)을 통하여 사람들의 의식의 흐름을 포획한다. 황제는 절대적 권력을 갖기에 마법적으로 사람들의 의식을 포획할 수 있고, 왕은 사람들이 그에게 권력을 위임했기에 그 권력으로 사람들의 의식의 흐름을 포획한다. 교육에 대한 사회적, 보편적, 무의식적 의식은 황제의 포획장치에 포획된 것이고, 교육법과 교육과정에 의한 교육 의식은 왕의 포획장치에 포획된 것이다. 교육에 대한 사람들의 의식의 흐름을 옭아매는 황제와 왕의 포획장치에 대해 좀 더 구체적으로 살펴보자.

들뢰즈와 과타리는 황제와 왕이 사람들의 의식 흐름을 포획함을 여러 신화에서 그 근거를 찾는다. 신화에서는 황제와 왕의 관계로 짝을 이루는 경우가 많다는 것이다. 들뢰즈와 과타리가 신화를 이야기하는 것은 우리 의식의 근원에 그 본질적 속성이 반영되어 작용하고 있음을 가리킨다. 황제는 <묶는 자로서의 신>, 즉 속박(束縛)하는 신과 같은 존재로 작용한다. 그런데 이 황제는 한 눈만으로 멀리 있는 사람들의 의식을 포획하여 묶을 수 있는 기호를 쏘아대는 <외눈박이 인간>[5]이라는 수수께끼를 품고 있다. 왕은 황제와는 달리 판관의 역할을 하지만 정의와 기술, 법과 도구를 한 팔로 부릴 수 있는 <외팔이 신>[6]으로서의 수수께끼를 품고 있다. 황제와 왕은 인간이면서 신으

---

5 한 눈의 외눈박이 황제는 북유럽 신화에 나오는 오딘(Oddin)과 관련되어 있다. 오딘은 전쟁의 신이며 영웅들을 수호하는 신이다. 한 눈을 지혜와 바꾸어 외눈박이였다고 한다.(김재인 역, 2003: 815, 819-820)

6 한 팔의 외팔이 왕은 게르만족의 옛 신 중의 하나인 티르(Tyr)와 관련되어 있다. 티르는

로 존재한다. 사람들의 의식의 흐름을 포획하는 신비한 힘을 가지고 있기 때문이다.

황제는 외눈박이이고, 왕이 외팔이인 수수께끼는 우리가 풀어야 한다. 두 눈이 있는데 한 눈만으로도 모든 것을 가능하게 하고, 두 팔인데도 한 팔만으로 모든 것을 가능하게 하는 것의 답을 찾아야 한다. 두 눈으로도 불가능한 일을, 두 팔로도 쉽지 않은 일을 국가장치로서의 황제와 왕은 어떻게 가능한 것일까? 들뢰즈와 과타리는 이들을 전쟁 역사와 관련지어 설명한다.

> 정확하게 말하자면 마법사-황제는 자기에 속하지 않은 전사들을 포획한 다음 자기를 위해 싸우게 하든지 아니면—이것이 좀 더 중요한데—무기의 사용을 금지하고 몸소 전장에 출정해서 전사들에게 망을 던지고, 외눈만으로도 전사들을 돌연 긴장감에 빠뜨린다. 즉 "싸우지 않고 붙들어 매는(속박束縛)" 황제. 전쟁기계를 어떤 틀 내부에 가둬버리는(=포섭하는, encaste) 황제. 이와 다른 극에 대해 말하면, 분명 판관-왕은 전쟁의 거대한 조직자이다. 하지만 그는 전쟁에 규율(loi)을 부여하고 전장을 정비하며, 법률을 고안하고, 군기를 유지하고, 전쟁을 정치적 목적에 종속시킨다. 전쟁기계를 군사제도화 해, 이 기계를 국가장치 안에 적합한 것으로 만든다. 그렇다고 해서 너무 성급하게 이 기계가 온건해지고 인간화된다고 말해서는 안 된다. 이와 반대로 이제부터 전쟁기계는 단 하나의 목표만을, 즉 전쟁 자체만을 유일한 목표로 하게 된다. 물론 폭력은 도처에서 발생하지만 각각의 폭력에 속하는 체제와 경제는 서로 다르다. 마법사로서의 황제의 폭력은 매듭, 망, "일망타진"의 폭력이다. 판관으로서의 왕의 폭력은 항상 목적, 결연과 법률에 주목하면서 매번 다시 고유한 방식으로 반복

계약의 보증인이자 맹세의 수호자의 특징을 갖고 있는 외팔이였다고 한다.(김재인 역, 2003: 815, 819-820)

된다.(김재인 역, 2003: 817)

윗글에서 보면, 황제와 왕의 전쟁 수행 방식은 다르다. 황제는 전장에서 자기에게 속하지 않은 전사들을 포획하고, 외눈만으로도 전사들을 위협한다. 싸움을 하지 않고도 전사들을 포획하고 어떤 틀 내에 가두어 버린다. 황제는 절대적인 존재로 등장하여 전사들을 포획하고 가둔다. 황제의 전쟁 능력은 마법과 같은 힘을 발휘하는 것이다. 이에 반해 왕은 전쟁의 조직자로서 황제와 같은 마법적 능력이 아닌 규율과 법률에 근거하여 정치적인 힘을 발휘한다. 또한 전사들의 전쟁기계를 군사제도화하여 국가장치로 끌어들인다. 황제는 절대적 권력으로 의식의 흐름을 일거에 일망타진하여 포획하는 폭력으로 작용하고, 왕은 특정한 목적과 내적 논리들 속에서 규율과 법률에 따라 계약의 방식으로 의식의 흐름을 포획하는 폭력으로 작용한다.

> 전쟁이 사람을 죽이고, 신체를 끔찍하게 훼손시키는 것은 여전히 사실이기 때문이다. 그러나 전쟁기계가 국가장치에 전유될수록 전쟁은 그만큼 더 비참한 것이 된다. 특히 국가장치는 이러한 신체 훼손과 죽음이 전쟁 이전에 존재하도록 만들려고 한다. 즉 이것들이 미리 존재하도록 만들고 인간이 불구로서 좀비(zombie)로 태어나도록 하는 것이다. 따라서 좀비, 살아 있는 죽은 자(=생중사)라는 신화는 노동의 신화이고 결코 전쟁의 신화가 아니다. 불구는 전쟁에서의 결과이지만 국가장치와 노동의 조직화에서는 하나의 조건, 전제 조건이다.(노동자만이 아니라 외눈과 외팔이라는 국가의 인간 자체의 선천적 불구성은 바로 여기서 유래한다)(김재인 역, 2003: 818-819)

황제와 왕의 국가장치는 전쟁기계를 전유하여 사람을 죽이고 신체를 훼손하는 전쟁을 할 수 있다. 그런데 국가장치는 전쟁의 수행을 목적으로 하지 않는다. 전쟁하기 전에, 전쟁하는 것을 전제로 사람들의 의식의 흐름을 포획하려 한다. 국가장치에 의하여 의식의 흐름이 포획된 사람들은 좀비와 같은 존재이다. 자율적 의식은 없고 몸만 살아 움직이는 존재이다. 국가는 전쟁 이전에 전쟁기계를 전유(專有)하여 사람을 죽이고 신체를 훼손하는 일을 할 수 있다. 국가장치로 사람들의 의식의 흐름을 포획하여 좀비로 만들면 된다. 불구는 전쟁의 결과이지만 국가장치에서는 전쟁 이전에 미리 사람들을 불구로 만듦으로써 국가장치에 종속되게 한다. 따라서 사람들은 자율적 의식을 실행하지 못하는 불구가 된다. 그 결과 황제와 왕도 사람이기에 다른 사람들과 같이 불구인 외눈박이와 외팔이가 되는 것이다.[7] 우리는 그것을 잘 알아차릴 수 없이 국가장치에 포획된다.[8]

읽기에 대한 우리의 의식은 자율적이기보다는 외눈박이와 외팔이에게 포획되어 있다. 텍스트와 열린 상호작용을 하기보다는 관습화된 형식이나 규정된 방식을 지키려고 한다. 어떤 텍스트를 읽더라도 마찬가지이다. 고정된 읽기 목적과 단일한 읽기 방법으로 정해진 읽기 활동을 한다. 그동안에 했던 읽기 방식을 잘 지키면 읽기를 잘하는 것이고, 그렇지 않으면 잘못된 읽기를 하는 것이다. 읽기를 다른 관점으로 규정하고, 읽기를 다른 시각으로 바라보고 생각하는 것은 받아들일 수 없는 일인 것이다. 읽기 교육에서 교사가 강조하는 읽기 방법은 절대로 옳은 것이고, 학생이 자율적으로 실행하는

---

7 사회의 최상층이든 아니면 최하층이든 처음부터 선천적인 신체 장애자, 수족이 절단된 사람, 사산아, 선천적으로 허약한 사람, 외눈과 외팔이 등을 필요로 하는 것은 국가장치이다.(김재인 역, 2003: 819)

8 일종의 원근법적 착시(錯視) 때문에 우리는 절단에 의한 이러한 불구를 우연한 사고의 탓으로 돌린다. 하지만 실제로 이러한 사고들은 이미 우리들의 세계가 맹아기에 있을 때 발생한 절단의 결과이며, 점점 증가하는 절단의 횟수는 해부도의 도덕이 승리하고 있음을 보여주는 징후이기도 하다. 이처럼 상실은 목전에서 정산되기도 전에 이미 일어나고 있었던 것이다.(김재인 역, 2003: 819)

읽기는 제재해야 할 것이다. 외눈박이에게 속박된 읽기 관습과 외팔이가 강요하는 계약된 읽기만을 바른 읽기로 여긴다. 텍스트마다, 독자마다, 읽기 상황마다, 읽기 목적마다 읽기는 달라질 수 있다. 읽기 다수자를 기르는 것이 문제가 아니라 읽기 다수자만 기르려는 것이 문제다.

나. 읽기 공리계: 교수-학습과 평가

교육의 국가장치 작동은 교육에 대한 특정한 의식의 흐름을 이끈다. 교사든, 학생이든, 또한 학부모까지 교육에 대한 공통의 의식적 토대를 갖는다. 누군가 특별한 정보를 강요하거나 알려주지 않아도 모든 사람이 동일한 의식적 토대를 갖는다. 학교에서 가르치는 것은 무엇이든 해야 하고, 의심하면 안 되고, 높은 성적을 받을 수 있도록 노력해야 한다는 것이다. 학교에서의 교수-학습과 평가는 학생 생활의 모든 것을 판단하는 기준이다. 교수-학습에 따른 평가의 결과는 누구나 따라야 하는 절대적인 것이다. 그것은 '누구에게나 자명하게 인정되는 진리이고, 교육에 전제가 되는 원리'이다. 즉 '공리'인 것이다. 교육의 국가장치가 공리를 생성하고 작동하게 한다. 교육의 국가장치에서 비롯되는 공리는 한두 개가 아니므로 '공리계'라 할 수 있다.

> "공리계"라는 단어를 단순히 메타포로서 사용하지 않으려면 공리계를 온갖 유형의 코드, 덧코드, 재코드화와 구분해 주는 것이 무엇인지를 분명히 하지 않으면 안 된다. 공리계는 본성을 특정하지 않은 채 아주 다양한 분야에서 동시에 무매개적으로 실현되는 순수하게 기능적 요소와 관계들을 직접적으로 취급한다. 이와 달리 코드는 각각의 고유한 분야들과 관련되며 규정된 요소들 간의 특정한 관계를 표현해 주는데, 이것은 초월적으로 또는 간접적으로만 더 높은 형식적 통일성(덧코드화)에 도달할 수 있다. 이러한 의미에서 내재적 공리계는

다양한 분야를 통과할 때마다 다양한 실현 모델을 발견하게 된다.(김재인 역, 2003: 872)

공리들의 집합체인 공리계는 코드의 유형(덧코드, 재코드)들과는 다른 것이다. 코드는 고유한 분야와 관련되고, 규정된 요소 간의 특정한 관계를 드러내 인식하게 한다. 이러한 코드는 초코드화[9]의 작용으로 간접적으로 높은 형식적 통일성을 이루는 경우가 있다. 이러한 코드와는 달리 공리계는 다양한 분야에 매개체 없이 직접 실현된다. 공리계는 순수하게 기능적 요소들과 그 관계들에 작용한다. 즉 코드는 언어면 언어, 예술이면 예술, 교육이면 교육에만 작용하면서 초코드화로 작용하는 특성을 갖는다. 공리계는 코드와 달리 언어든, 예술이든, 교육이든 상관없이 작용한다는 것이다.

교육의 국가장치와 관련지어 볼 때, 읽기 교육은 공리계를 내포하고 있다. 읽기 교육에 내재한 공리를 우리가 따져 본 적은 없다. 그렇지만 읽기 교육을 생각하면 누구나 인정하는 공리들이 존재한다. 예를 들면 다음과 같은 것이다. '읽기를 잘하면 공부를 잘할 수 있다. 읽기는 타 교과 학습 능력과 직결된다. 읽기를 많이 할수록 공부를 잘한다. 좋아하는 책을 읽는 것보다 학교에서 읽는 방법을 배우는 것이 중요하다. 읽기는 학교에서 배운 대로 해야 한다. 읽기 성적이 높으면 읽기를 잘하는 것이다.'

읽기 교육의 공리계 중에서 읽기 교수-학습과 읽기 평가와 관련된 것도 있다. 읽기 소수자와 실제적으로 관련된 공리는 교수-학습과 평가에서 비롯된 것이다. 읽기 교수-학습과 평가에 관련된 공리계는 어떤 것일까? 사실 국가장치에서 비롯된 두 가지에서 공리계가 작용한다. 마법적 포획장치에서

---

9 '덧코드(화)'라는 용어는 'surcodage'를 번역할 말로 김재인(2003)이 사용하고, 이진경(2003 a/b)에서는 '초코드(화)'라는 용어를 사용한다.

비롯된 공리계(마법적 공리계)와 계약적 포획장치에서 비롯된 공리계(계약적 공리계)이다. 마법적 공리계는 '읽기는 누구나 잘할 수 있는 것이 아니다'라는 것이다. 계약적 공리계는 '공부를 잘하는 학생만 읽기를 잘한다'는 것이다. 이를 평가와 관련지어 보면, 마법적 공리계는 '읽기에 재능이 있는 학생만이 높은 평가 점수를 받는다'는 것이다. 계약적 공리계에서는 '열심히 배우고 노력한 학생이 읽기를 잘한다'는 것이다. 이를 정리하면, '읽기에 재능이 있어서 학교에서 가르친 대로 배운 학생만이 읽기 평가에서 높은 성적을 받을 수 있다'가 된다.

이런 공리계는 학생의 읽기 능력을 특정 조건의 것으로 전제한다. 재능이 있는 학생, 열심히 노력하는 학생만이 읽기 능력을 갖출 수 있고, 공부 잘하는 학생이 읽기 학습을 잘할 수 있고, 읽기 평가에서 좋은 성적을 받을 수 있다는 것이다. 우리는 이 공리를 거부할 수 있는가? 실험적 증거를 통하여 이것이 틀렸다는 증거를 찾은 적이 있는가? 읽기 공리계는 우리의 읽기 교육 현실에서 그대로 적용되고 있다. 공부를 잘하는 학생은 읽기 학습도 잘하고, 읽기도 잘하고, 그러니 읽기 평가에서 높은 성적을 받을 수 있는 것이다. 공부를 잘하지 못하는 학생은 읽기 학습을 잘하지 못하고, 읽기도 잘하지 못하며, 읽기 성적도 높지 않다. 교사도, 학생도, 학부모도, 누구도 그렇게 생각한다.

읽기 학습에서 읽기 우수자(다수자)는 실제 읽기는 안 해도 된다. 그리고 읽기 부진자(소수자)는 읽기 부진에서 벗어날 수 없다. 읽기에 대한 공리계는 늘 같은 형태로 작용하고, 국가장치가 그런 의식의 흐름을 만들어 내기 때문이다. 이런 공리계에 의한, 국가장치에 의한 의식의 흐름에 반기를 들 수 있는 사람은 많지 않다. 반기를 들어야 하는 사람은 읽기 소수자인데, 이들 소수자가 공리계를 거부하거나 국가장치를 무시할 수 있는 상황에 있지 않다. 국가장치가 이들의 반기를 차단하기 때문이다. 학교 교육에서 읽기 소수자는 공리계에 의한 사람들의 결정을 받아들이는 존재이지 국가장치가 이끄는 의식의 흐름을 거스를 존재가 될 수 없다. 읽기 소수자가 주위 사람들에게 자기는 읽기 부진이 아니라고 부정해도, 읽기 다수자는 외면한다. 이미 부진이라고 결정이 나 있기에 그 부정에 누구도 관심을 두지 않는다. 결국 부정을 제기한 자신도 곧 이 의식의 흐름에 순응하게 된다.

그렇다면 읽기 다수자들이 절대적으로 읽기를 잘하고, 읽기 소수자들이 절대적으로 읽기를 못 하는지 물어야 한다. 읽기 성적이 높은 학생이 절대적 읽기 능력이 높다는 것에 누가 동의할 수 있는가? 학생을 가르치는 교사는 동의하고 인정하는가? 아니면 학생 자신은 인정하는가? 또는 학부모가 인정하는가? 읽기 성적이 낮은 학생에 대해서는 어떠한가? 교사는 그들이 읽기 능력이 없다고 생각하는가? 학생 자신은 어떠하고, 학부모는 어떠한가? 읽기 교육에서 읽기 다수자와 읽기 소수자의 진정한 차이는 어디에서 오는가?

읽기 다수자와 소수자의 구분은 읽기 성적 차에서 온다. 읽기 성적은 무엇인가? 읽기 성적은 읽기 교육과정에서 정해 놓은 읽기 기능을 익혀서 사용할 수 있는가와 관련된다. 읽기 성적이 높다는 것은 읽기 교육과정에서 정해 놓은 읽기 능력을 잘 갖추었다는 것이고, 낮다는 것은 그 읽기 능력을 갖추지 못했음을 의미한다. 그렇다면 읽기 교육과정에서 강조하는 읽기 능력을 잘 갖추었다는 것은 무엇인가? 국가장치의 공통적이고 보편적인 읽기 기능을 잘 익혔다는 것이다. 이 읽기 성적이 높다는 것과 실제로 읽기를 잘하는 것은 별개의 문제일 수 있다. 읽기 성적이 높다고 모든 텍스트를 잘 읽을 수 있는 것은 아니다. 또한 독자의 일상생활이나 삶과도 관련성이 없다. 읽기 성적이 낮다고 읽기를 잘 못하고, 사회생활도 잘 못하고, 삶의 낙오자가 되지는 않는다.

학교에서 읽기 능력은 학습 부진과 관련이 있는가? 수학을 잘하지 못하고, 과학을 잘하지 못하고, 음악을 잘하지 못하는 것이 읽기를 잘하지 못해서 일어나는 일인가? 수학을 잘하면, 과학을 잘하면, 음악을 잘하면 읽기를 잘해서 그런 것인가? 따지고 보면 관련성이 없다. 읽기 다수자는 읽기 교육과정에서 가르치고자 하는 것을 잘 익힌 독자일 뿐이다. 읽기 소수자는 교육과정에서 가르치고자 하는 것을 잘 익히지 못한 독자일 뿐이다. 읽기 소수자가 읽기 평가에서 낮은 성적을 받은 것이고, 이는 국가장치가 강요하는 기준과 검증될 수 없는 읽기 공리에 부응하지 못한 것을 의미한다. 읽기 다수자가 당연하다고 믿고 따르고 잘하는 것을 읽기 소수자는 잘하지 못할 수 있다. 그렇다고 읽기 소수자가 아무런 능력이 없는 것은 아니다.

다. 읽기 소수자의 특성: 성적과 능력

읽기 영재, 읽기 부진, 읽기 특이자 등의 학생은 읽기 소수자이다. 읽기 소수자는 읽기 국가장치가 주도하는 의식의 흐름에 보조를 맞추지 못하는 독자이다. 읽기 소수자는 읽기 교육의 국가장치가 주도하고 요구하는 능력 그 이상을 갖추었거나 갖추지 못한 이들이다. 그들은 읽기에 관여하는 공리계에서 예외 판정을 받은 학생들이다. 읽기 교육의 마법적 공리계나 계약적 공리계의 규정에서 벗어나 있는 독자이다. 읽기 다수자가 받아들이고 따르는 이들 공리를 인정하지 못하는 독자들이다. 이들 텍스트를 학교에서 배운 대로 읽지 않고, 해석하지 않는다. 교육에서 익힌 읽기 기능을 활용한 읽기를 실행하지 않는다. 그래서 읽기 평가 결과에서 낮은 성적을 받는 학생이다. 들뢰즈와 과타리의 소수자에 대한 설명을 참조해 보자.

> 우리 시대는 소수자들의 시대가 되고 있다. 이미 앞에서 몇 차례나 살펴보았듯이 이 소수자는 반드시 수가 적음에 의해 규정되는 것이 아니라 되기 또는 변동, 잉여적인 다수자를 형성하는 이러저러한 종류의 공리("율리시즈 또는 현대의 서구의 평균적인 도시인" 또는 물리에[Yann Moulier]가 말하는 "35세

이상의 남자로 이러저러한 자격을 갖춘 국민 노동자")들로부터의 거리에 의하여 결정된다. 물론 소수자는 수적으로 소수일 수도 있지만 동시에 수적으로는 다수일 수도 있다. 즉 한정되지 않은 절대 다수를 형성하는 경우도 있다.(김재인 역, 2003: 897)

들뢰즈와 과타리는 소수자를 문제적인 사람으로 보지 않는다. 소수자는 다수자들이 따르는 공리를 거부하는 이들이다. 평균적인 삶의 기준을 따르지 않는 이들이 소수자들이다. 소수자들은 공리들이 가진 평균적인 기준에 합치되지 않는다. 이들은 수적으로 적은 문제가 아니다. 수적으로 적을 수도 있지만 많을 수도 있다. 공리가 무엇인가에 따라 그 수는 달라진다. 그렇기에 소수자는 절대다수가 될 수도 있다. 이는 소수자의 문제가 공리의 기준에 따라 구분되는 것임을 의미한다.

읽기 소수자는 교육적으로 문제적일 수 있다. 그런데 들뢰즈와 과타리는 이들을 문제적인 학생으로 보지 말라고 한다. 그들에 의하면 공리의 기준에서 비롯된 것이기에 공리를 바꾸거나 기준을 바꾸면 읽기 부진 학생(소수자)도 다른 존재가 될 수 있다. 실제 학급에서 보더라도 읽기 부진 학생은 운동을 잘하는 경우도 있고, 리더십이 뛰어난 경우도 있다. 읽기 교육의 국가장치와 공리계로 보았을 때, 이들은 부진 학생이 되는 것이다. 읽기에 대한 평균적인 기준에 합치되지 않는 읽기 부진 학생의 수는 유동적이다. 실제의 사례에서도 교육적 관심이나 학교의 교육 상황에 따라 부진 학생 수는 변화한다. 그리고 읽기 교육의 평가 기준의 변화에 따라 부진 학생도 달라질 수 있다. 소수자의 수는 기준에 따라 달라지기에 특정하기 어렵다.

다수자의 경우 수와 내적인 관계가 무한하건 유한하건 가산 집합을 이루는 반면 소수자의 경우는 아무리 많은 요소를 갖더라도 불가산 집합으로 규정되는

데서 소수자와 다수자의 차이를 찾을 수 있다. 그리고 셀 수 없는 것을 특징짓는 것은 집합도 아니고 그렇다고 요소도 아니다. 오히려 연결접속, 요소와 요소 사이, 집합과 집합 사이에서 발생하고 따라서 양자는 어디에도 속하지 않으며 그것을 벗어나는 도주선을 형성하는 "그리고"이다. 이처럼 공리계는 예를 들어 무한하더라도 요소는 가산집합만을 다루지만 소수자는 불가산 집합, 공리화될 수 없는 "퍼지" 집합, 요컨대 도주 또는 흐름에서 비롯되는 "군중"이자 다양체를 구성한다.(김재인 역, 2003: 898)

들뢰즈와 과타리는 소수자를 한정된 수가 아니라는 것을 강조한다. 다수자들은 공리의 기준에 부합하는 사람들로, 헤아려 셀 수 있는 한정된 수의 집합을 이룬다. 즉 가산 집합이다. 그런데 소수자는 그 수를 헤아려 몇이라고 단정하기 어려운 수의 집합을 이룬다. 즉 불가산 집합이다. 이는 소수자가 공리 기준에 따라 달라지는 것임을 의미한다. 어떤 기준과 접속을 이루는가에 따라 소수자는 달라진다. 이는 불가산 집합이 근원적으로 공리의 기준을 따르거나 가질 수 없는 속성을 지니기 때문이기도 하다. 그래서 접속 조건에 따라 달라지는 퍼지 집합이고, 특정할 수 없는 군중이며, 무엇으로도 변할 수 있는 다양체이다.

읽기 우수 학생도 소수자가 지닌 특성을 내포한다. 가산 집합을 이루기보다는 불가산 집합을 이룬다. 학교의 읽기 평가에서 본질적인 기준 미도달로 평가할 수 있는 학생의 수는 단정하기 어렵다. 다만 평가에서 정한 기준을 통과한 학생의 수는 분명하게 드러난다. 기준을 통과한 학생이라 할지라도 본질적으로는 읽기 소수자가 될 수 있다. 그렇기에 읽기 소수자는 그 수로 단정하는 것은 무의미하다. 학업성취도 평가에서 일정한 기준으로 읽기 다수자나 소수자를 판단한다고 해도 그 수를 결정하는 것은 불가능하다. 읽기 소수자는 수적으로 한정되기 어렵기 때문이다. 평가에서 좋은 성적을 받을 학생도 자신의 실제 읽기 능력을 의심하고, 교사도 성적이 높은 학생의 실제 읽기에 대해서는 확신할 수가 없다.

> 공리계와 시장의 관점에서 보면, 소수자가 앞으로 오래갈 수 있는 국가를 형성할 수 없다는 것은 중요하지 않다. 장기적으로 보아 소수자들은 자본주의 경제와 국가 형식을 거치지 않는 조직을 촉진시키기 때문이다. 이에 대해 국가 또는 공리계는 분명히 소수자들에게 지역적 또는 연합적 아니면 명목상의 독립을 주는 식으로, 요컨대 새로운 공리를 부가하는 방식으로 반격한다. 그러나 이것이 문제가 아니다. 이는 소수자를 가산 집합 또는 부분 가산 집합으로 번역하는 것일 수밖에 없는데, 이때 소수자는 요소로서 다수자 속으로 들어가 가산적인 것이 된다.(김재인 역, 2003: 898-899)

윗글에서 보면, 소수자들이 다수자들처럼 의식의 흐름을 주도할 수는 없다. 그렇지만 소수자들이 다수자들의 의식의 흐름(자본주의 경제)을 만들어 낼 때도 있다. 마찬가지로 읽기 소수자가 교사의 판단 기준에서는 벗어나지만 나름의 타당성을 갖는 의미를 생성할 때도 있다. 하지만 진정한 가치 있는 의미로 받아들여지지 않는다. 다수자들은 새로운 공리를 부가하여 소수자가 생성한 의미에서 명목상 가치가 있는 것만 받아들인다. 이럴 때 소수자는 다수자에게 포함되면서 가산적 집합으로 편성되기도 한다.

> 소수자로서의, 흐름으로서의 또는 불가산 집합으로서의 여성 즉 남성이 아닌 사람은 다수자의 요소 중 하나가 되었다고, 셀 수 있는 유한 집합이 되었다고 해서 충분한 표현을 얻는 것은 결코 아니다.(중략) 소수자의 특성은 예를 들어 소수자가 단 한 사람의 성원으로 구성되더라도 셀 수 없는 것의 역량을 확보하는 데 있다. 이것이 바로 다양체의 공식이다.(김재인 역, 2003: 899)

소수자가 다수자의 의식의 흐름을 따른다고 하여 모든 것이 해결되는 것은 아니다. 읽기 소수자가 일시적으로 공리를 따르거나 새로 생성된 공리에 포섭된다고 하여 읽기 다수자와 완전하게 융합하는 것은 아니다. 읽기 소수자는 읽기 다수자와 다른 읽기 능력으로 읽기를 실행하기 때문이다. 또한 소수자는 소수자의 역할을 할 필요가 있다. 소수자가 있음으로써 다수자들은 새로운 의식의 흐름을 만들어 낼 수 있다. 읽기 소수자가 있음으로써 읽기에 대한 의식은 물론 읽기 교수-학습과 읽기 평가의 기준이 달라질 수 있다. 읽기 소수자가 한 명만 있더라도 읽기 교수-학습과 평가는 달라질 수 있다.

> 소수자의 역량은, 다수자의 체계 속에 들어가 자기 주장을 할 수 있는 역량이나 필연적으로 동어반복적일 수밖에 없는 다수자의 기준을 전복시킬 수 있는 역량이 아니라, 아무리 적더라도 불가산 집합의 힘을 무한 가산 집합의 힘에 맞세울 수 있는 힘에 따라 측정된다. 이 집합이 무한하며 전도되고 변경되더라도, 또 새로운 공리, 더 나아가 새로운 공리계를 포함하고 있더라도 마찬가지이다. 문제는 결코 무정부냐 질서냐 하는 것과는 상관이 없으며 중앙 집권이냐 아니면 분권이냐도 아니며 오히려 가산 집합의 공리계에 저항하는 불가산 집합들과 관련된 문제들에 대한 평가와 개념 형성이 중요하다.(김재인 역, 2003: 900)

소수자의 역량은 다수자의 가산 집합의 힘에 맞서는 것이다. 다수자들이 따르는 공리계에 문제를 제기하고, 제기된 문제들을 평가하고, 새로운 개념을 형성하는 것이 중요하다. 이와 관련하여 볼 때, 읽기 소수자는 읽기 국가장치와 읽기 공리계에 의해서만 단정적으로 판단할 것이 아니다. 읽기 교육의 문제점을 살피는 것은 물론, 읽기 소수자를 구분하고 이들의 내적 특성에 관심을 가져야 한다. 또한 이들의 읽기 특성을 이들 내부에서 밝힐 필요가 있다. 읽기 소수자가 읽기 다수자와 다른 점을 밝히고 다수자와 맞설 수 있는 환경을 만들 필요가 있는 것이다.

3. 읽기 소수자 교육

읽기 소수자를 위한 교육적 접근 방향을 구체적인 지도 방안[10]보다는 거시적인 지향점에 초점을 두고 탐색한다. 읽기 소수자의 문제는 교육제도, 교육과정, 학생 특성, 교사의 교수법, 평가 방법 등이 관계한다. 여기서는 이들과 대척점에서 교집합의 요인인 소수자의 개념에서 읽기 소수자 교육의 지향점을 검토한다. 들뢰즈와 과타리의 소수자 개념은 유목성이 토대가 되는 추상기계의 속성과도 관련된다. 이에 따른 읽기 소수자를 위한 교육적 접근 방향을 검토한다.

가. 소수자성의 인식

소수자성은 소수자의 특성이다. 읽기 소수자도 소수자라면 그 소수자성을 검토할 필요가 있다. 소수자성의 이해가 교육적 접근을 위한 토대가 되기 때문이다. 들뢰즈와 과타리는 소수자에 대하여 여러 글에서 언급한다. 『카프카』(이진경 역, 2001)에서는 문학의 관점에서 논의하고, 『천 개의 고원』(김재인 역, 2003)에서는 국가장치 및 공리계와 관련하여 의식적 흐름에 포획된 존재로 논의한다. 『카프카』에서는 소수-문학의 특성을 '언어의 탈영토화, 정치적,

10 읽기 소수자를 포함한 새로운 읽기 교육의 구체적 지도 방안은 김도남(2024b)의 『생성적 읽기 교육론』을 참조할 수 있다.

언표행위의 집단적 배치'로 들고 있다. 이 논의에서 『천 개의 고원』의 13장에 제시된 소수자의 개념을 바탕으로 소수자성을 네 가지로 정리한다. 네 가지는 대립성, 탈주성, 다양체, 되기이다.

첫째, 대립성은 두 가지 이상의 요인들이 맞서는 특성이다. 읽기 소수자가 대립할 요인들과 맞서는 특성이 대립성이다. 읽기 소수자인 학생은 읽기 다수자인 학생과 대립하는 것은 아니다. 읽기 다수자 학생이 따르는 의식의 흐름을 생성하는 국가장치 및 공리계와 대립하는 것이다. 대립의 목적은 자신을 드러내거나 소수자성을 강조하고자 하는 것이 아니다. 읽기 다수자를 지배하는 의식의 흐름에 제동을 걸기 위한 것이다. 읽기 소수자는 대립을 통하여, 읽기 교육의 국가장치와 공리계가 규정하는 읽기가 모든 것이 아님을 드러낸다. 이는 읽기 다수자가 실행하는 읽기가 늘 진실이 될 수 없음을 증언하는 것이다. 읽기 소수자는 절대적 읽기 무능이 아니고, 외눈박이와 외팔이가 제시한 국가장치에 포획되고, 확인할 수 없는 공리계에 얽매인 기준으로 판단된 것에 불과하다. 읽기 교육과정에서 요구하는 읽기 기능을 익히지 않았다고 읽기 능력이 전혀 없는 것은 아니다. 읽기 성적과 읽기에 대한 통념적 기준(공리)으로 읽기 소수자를 재단할 수 없다. 그렇기에 읽기 소수자는 읽기 교육의 국가장치와 읽기 공리계에서 비롯된 의식의 흐름과 대립한다.

들뢰즈와 과타리는 대립을 다음과 같이 말한다. '이런 식으로 다수자가 변할 것이라고 아니 이미 변했다고 말하는 것만으로 만족하지 않고 셀 수 없는 소수자가 증식하고 내부에서 작용하면서 다수(자)라는 개념 자체를, 즉 공리로서 다수자를 파괴할 위험이 있다고 경종을 울리고 있다.'(김재인 역, 2003: 897-898) 읽기 소수자는 읽기 다수자의 의식의 흐름 내부에 작용하여 읽기 교육적 읽기 능력에 대한 내적 모순을 드러낼 수 있다. 이것은 읽기 능력의 개념 문제뿐만 아니라 읽기 교육의 교육과정 자체는 물론, 읽기 교사와 읽기 교수-학습 방법, 읽기 평가에 내적 문제를 발견하게 한다.

둘째, 탈주성은 갇히거나 봉쇄된 곳에서 벗어나는 특성이다. 읽기 소수자를 옭아매는 것은 읽기 평가의 기준(포획장치)과 읽기 교육적 통념(공리계)이다. 읽기 소수자는 외현적 현실에 존재하는 의식의 흐름에 갇혀 있다. 이를 읽기 소수자 스스로 벗어나는 것은 쉽지 않다. 탈주를 해야 하는 것은 국가장치와 공리계가 생성하고 있는 읽기 다수자의 몰(mole)성[11]이다. 몰성은 구성원 전체가 통일성을 전제로 동일성과 고착성을 전제한 의식의 흐름에 내재한 특성이다. 읽기 소수자는 읽기 교육에서 비롯된 몰성이 내재한 의식의 흐름에서 탈주하는 독자이다. 이들은 몰성에 적응하지 못하고, 순응할 수 없는 의식의 속성을 지니고 있다. 읽기 소수자의 탈주는 소수자다움, 자기의 고유성, 자기만이 특별함을 되찾는 것이다. 읽기 소수자의 탈주는 읽기 다수자가 되는 것이 아니다. 자기 생성으로 자기만의 독특함을 드러내는 것이다. 읽기 소수자로서 소수자성이 내재된 특별한 읽기를 실행하는 것이다.

읽기 교육에서 읽기 소수자의 탈주는 교사의 도움으로 이루어진다. 교사가 읽기 소수자의 탈주를 허용하고 관심을 보이게 되면, 읽기 소수자는 자기만의 소수자성을 드러내고 달라질 수 있다. 읽기 소수자의 탈주는 교사의 인정에서 비롯된다. 읽기 소수자가 소수자일 수 있음을 인정하는 것이다. 교사의 인정은 학생의 변화를 일으킨다. 이는 교사가 읽기 소수자의 다르고, 낯설고, 익숙하지 않음이 가치가 있음을 인식함에서 발현된다. 통제하고 가두는 것이

11 몰(mole)은 원래 기체역학이나 화학에서 기체의 성질이나 변화를 연구하기 위해 사용하는 단위를 뜻한다. 좀 더 자세히 말하면, 표준적인 온도와 압력 아래에서 1몰의 기체는 모두 6×10^{23}개라는 동일한 수의 기체 분자를 포함하고 있다. 이를 아보가드로의 법칙이라 부르고, 6×10^{23}을 '아보가드로 수'라고 한다.(이진경, 2003a: 227-228) 몰성은 1몰의 분자들이 동일한 성질을 띠는 속성을 가리키고, '경직된 몰적 선분성'(이진경, 2003a: 591) 또는 견고한 분할선, 그램분자적 분할선(김재인, 2003: 373)이라고 한다.

아니라 몰성의 족쇄를 풀어주고, 생각의 자유를 열어주는 것이다. 탈주는 벗어남이고 변화이며 창조이다. 기존의 의식의 흐름을 바꾸는 생성이다. 교사는 제한되지 않은 불가산 집합을 이루는 학생의 능력을 무한히 늘어나게 할 수 있다. 가산의 학생들도 소수자로 만들고, 불가산 집합을 이루는 소수자성을 이들의 본질로 가질 수 있게 할 수 있다. 들뢰즈와 과타리는 '탈주'에 대해 '셀 수 없는 것을 특징짓는 것은 집합도 아니고 요소도 아니다. 오히려 연결접속, 요소와 요소 사이, 집합과 집합 사이에서 발생하고, 따라서 양자 어디에도 속하지 않으며 그것을 벗어나 '도주(탈주)선'을 형성하는 '그리고' 이다'(김재인 역, 2003: 898)라고 말한다. 탈주하는 것은 특별히 지정되는 것이 아니다. 외부와의 접속에서, 학생 사이에서 다수자들로 여기는 학생들 사이에서 발생한다. 탈주하는 학생은 정해져 있지 않다.

셋째, 다양체는 변이 가능성이다. 무엇으로도 실현될 수 있는 내재적 속성이다. 읽기 소수자는 다양체이다. 소수자는 무엇으로도 실현될 수 있다. 다양체는 실현 가능성이고 잠재력이며 응축된 힘이다. 발현되기를 기다리며 잠재되어 있으면서 감추어져 있는 에너지이다. 다만 현재 상황 속에서는 발현되지 못하고 있다. 다수자는 변이에 무디지만 소수자는 민감하다. 다수자가 무딘 것은 늘 같은 것에 익숙해 있기 때문이다. 다수자는 교육의 국가장치가 정해 놓은, 즉 다른 사람이 정해 놓은 기준에 충실하기에 변화를 꿈꾸지 않는다. 변하는 것 자체를 견디기 어려워한다. 반면, 소수자는 늘 변화하고 싶어 한다. 항상 현실이 불편하고 불만족스럽다. 변화의 계기가 오기를 기다리고 기회가 있으면 박차고 일어난다. 소수자는 잠재된 역량을 품고 있다. 읽기 소수자는 계기가 생기면 무한히 변화할 수 있다.

들뢰즈와 과타리는 '소수자의 특성은 예를 들어 소수자가 단 한 사람의 성원으로 구성되더라도 셀 수 없는 것의 역량을 확보하는 데 있다. 이것이 바로 다양체의 공식이다'(김재인 역, 2003: 899)라고 말한다. 읽기 소수자는 다양체의 공식인 소수자성을 품고 있다. 읽기 소수자가 품고 있는 셀 수 없는 역량을 확보하는 것이 관건이다. 표준이나 기준에 따른 읽기를 잘하지 못한다고 단순히 방치할 것이 아닌 것이다. 읽기 교육에서는 읽기 소수자의 셀 수 없는 역량을 확보하는 것이 필요하다.

넷째, 되기[12]는 모방이나 흉내 냄이 아니라 본질 속성을 체득하는 것이다. 무술에서 당랑권법(螳螂拳法)이나 학권법(鶴拳法)은 사마귀나 학을 흉내 내는 것이 아니다. 사마귀나 학이 상대를 매섭게 공격하는 기술을 찾아 체득하는 것이다. 사람이 사마귀나 학이 되는 것이 아니라 몸의 움직임과 손발을 사용한 공격의 형식을 사마귀나 학과 같이 날쌔게 하는 것이다. 즉 읽기 소수자는 독자-되기로 읽기의 진정한 본질 속성을 체득하여 읽기를 할 수 있는 것이다. 국가장치에 물들지 않았고, 공리계에 포함되지 않았기 때문에, 참된 읽기의 본질 속성을 체득할 수 있다.

되기는 고유성이나 차이 그 자체의 생성을 의미한다. 되기에는 다수자-되기는 없고, 소수자-되기만 있다. 소수자가 된다는 것은 각자의 고유성을 가진 특개성[13]을 드러냄을 의미한다. 읽기 소수자는 읽기 다수자의 영역을 거쳐갈 수도 있지만 결코 읽기 다수자에 머물지 않는다. 읽기 다수자에는 읽기의 실행을 위한 독자의 고유성이 없다. 읽기 다수자는 다른 독자들이 잘하는 것을 잘하는 것에 지나지 않기 때문이다. 읽기 능력 평가는 언제나 그것을 원해 왔다. 그러므로 읽기 소수자가 읽기 다수자가 되는 것은 되기가 아니다. 되기에는 고유성이 있어야 하기 때문이다.

들뢰즈와 과타리는 소수자의 '평가는 그에 고유한 구성, 조직, 심지어 중앙

---

12 되기(devenir)의 개념과 독자-되기에 대한 읽기 교육적 논의는 김도남(2024b)을 참조할 수 있다.

13 특개성(heccéité)의 개념과 읽기에서의 특개성에 대해서는 김도남(2024b/c)을 참조할 수 있다.

화까지 동반할 수도 있지만 그럼에도 불구하고 이것은 결코 국가의 길이나 공리계의 과정이 아니라 순수한 소수자 되기를 경유해 나간다'(김재인 역, 2003: 900)라고 말한다. 읽기 소수자는 순수한 소수자-되기를 경유해야 한다. 이는 읽기 부진 학생이 진정한 읽기 능력자가 되는 방식이다. 읽기 교육의 국가장치가 만드는 공통의 읽기 능력이 아니라, 읽기에 대한 교육적 공리계로 제한되는 읽기 능력이 아니라, 자신만의 참된 읽기 능력을 실현하는 것이다.

나. 교육적 배치의 전환

그렇다면 읽기 소수자는 자신만의 참된 읽기 능력을 어떻게 실현할 수 있을까? 읽기 교육을 통하여 읽기 소수자는 무엇으로 참된 읽기 능력을 갖출 수 있는가? 현재와 같은 읽기 교육 방법으로는 불가하다는 것은 기정사실이다. 현재 읽기 교육의 성격, 관점, 목표, 내용의 교육과정과 교사, 교수-학습 방법과 평가로는 늘 같은 결과를 반복하는 교육이 된다. 그렇다면 무엇을 어떻게 해야 하는가? 교육 현실 속에서는 읽기 소수자가 참된 읽기 능력을 갖추는 것은 불가능한가?

들뢰즈와 과타리의 논의 속에서 답을 찾는다면 '배치'를 바꾸어야 한다. 배치는 연결접속할 계열이나 이웃항을 새롭게 하는 것이다. 배치는 대상을 무엇과 어떻게 연결하는가와 관련된다. 연결은 시간적 속성, 즉 통시적 측면의 '계열'과, 공간적 속성, 즉 공시적 측면의 '배치'를 말한다.(이진경, 2003a: 57-63) 배치의 연결성은 읽기 소수자(부진)를 교육적으로 어떻게 다룰 것인가와 관계된다. 읽기 소수자는 기존의 읽기 교육적 접근을 통하여 생겨난 것이기 때문에 기존의 교육적 배치를 바꾸어야 한다. 즉 학생의 읽기 교육적 계열과 배치를 새롭게 해야 함을 함의한다.

하나의 사물이나 사실은 그것이 다른 것과 어떻게 연결되는가, 다시 말해 다른 것과 어떻게 계열화되는가에 따라 다른 의미를, 심지어는 상반되는 의미를 갖습니다. 여기서 연결되는 항들은 어떤 것이든 상관이 없습니다. 사람과 물건, 동물, 글자 등등 어떤 것도, 연결되어 어떤 의미를 만든다면, 하나의 계열을 만든다고 할 수 있습니다.(이진경, 2003a: 58-59)

계열은 다른 것과의 연결 관계를 형성하는 것이다. 연결 관계에서 연결을 이루는 것은 연결되는 것의 속성에 따라 달리 발현된다. 읽기 소수자는 새로운 교육의 성격, 관점, 목표, 내용에 의한 읽기 교육자료(교재)나 교사, 읽기 지도 방법과 연결되면 현재의 상태와는 다른 속성을 드러내게 된다. 또한 계열은 읽기 소수자가 발현해야 할 속성을 고려해 읽기 교육의 장면을 구성하는 것을 의미한다. 읽기 소수자가 읽을 수 있는 텍스트, 읽어야 하는 텍스트를 읽는 환경이 만들어지고, 읽고 싶은 욕망이 작용하면 읽기 능력을 발현하여 소수자성을 내재된 읽기를 할 수 있게 된다.

배치 안에서 각각의 항은 다른 이웃항과 접속하여 하나의 기계로 작동합니다. 물론 여러 기계가 접속되어 만들어진 하나의 배치가 그 자체로 다른 것과 관련하여 하나의 기계로 작동할 수도 있지요. 그리고 접속하는 항이 달라지고, 작동하면서 그것이 절단하고 채취하는 흐름이 달라지면 동일한 항도 다른 기계가 됩니다. 가령 식당의 배치에서 입은 식기와 접속하여 영양의 흐름을 절단하고 채취하는 경우에는 먹는 기계지만, 지금처럼 강의실의 배치 안에서 여러분의 귀와 접속하여 소리의 흐름을 절단하고 채취하는 경우에는 말하는 기계가 됩니다.(이진경, 2003a: 60)

배치의 문제는 무엇인가를 할 수 있게 이웃항을 연결하는 것이다. 읽기 소수자가 소수자성을 드러내 읽기를 할 수 있는 이웃항들을 배열해야 한다. 기쁨이 있고, 자율적이고, 몰입하여 자기 생성을 이룰 수 있는 읽기 배치를 이루어야 한다. 읽기 소수자가 자기에게 맞게 적극적으로 읽을 수 있게 하는 이웃항을 배치하는 것이다. 이들 배치는 읽기 소수자가 읽고 싶은 심리를 형성하고, 주도적이고 자율적으로 읽기를 실행할 수 있게 한다. 초등학교 1~2학년의 경우, 읽기 소수자가 관심을 가지는 낱말, 문장, 글의 배치로 읽기를 실행할 수 있는 배치를 만들어 줄 수 있다. 학년에 따라 학생에 따라 읽을 텍스트에 맞게 이웃항을 선택하여 유연한 배치를 고안할 수 있다. 배치가 읽기 소수자에 맞게 이루어질 때, 읽기 소수자는 읽기 기계가 되어 읽기를 실행하게 된다. 읽기 소수자가 관심을 가질 수 없는 텍스트를 이웃항으로 하고, 생각의 자유를 즐길 수 없는 읽기 상황에서, 누구를 위한 읽기인지도 알 수 없는 읽기 수업은 읽기 소수자를 읽기 활동으로 끌어들일 수 없다. 다수자를 위한 읽기 배치는 읽기 소수자에게 도움이 되지 않는다.

> 배치의 경우는 크게 두 가지로 나뉘게 됩니다. 하나는 말 그대로 물질적 기계들로 이루어진 '기계적 배치'이고, 다른 하나는 말이나 기호, 규칙, 언표행위 등으로 이루어진 '언표행위의 배치'지요. (생략) 가령 법정이나 교도소가 재판소의 기계적 배치를 이룬다면, 법전이나 판결, 형벌, 소송규칙, 범죄학 등은 그것의 언표 행위의 배치를 이루지요. 그리고 배치가 작동하는 것을 보면, 어떤 항을 자기 안에 포섭하여 자신의 일부로 만드는 '영토화'와 거기서 벗어나는 '탈영토화'라는 두 가지가 기본적으로 이루어집니다.(이진경, 2003a: 61)

배치는 몇 가지 속성을 갖는다. 배치를 이루는 대상의 속성에 따라 물리적인 것을 이웃항으로 하는 '기계적 배치'와 언표적인 것을 이웃항으로 하는 '언표행위 배치'가 있다. 읽기 소수자 교육에서 볼 때, 읽기 환경을 만들어

주는 이웃항을 배치하는 것은 기계적 배치이고, 글과 교사, 읽기 방법, 읽기 활동 등을 이웃항으로 제시하는 것은 언표행위 배치이다. 배치에 따른 작용은 배치된 이웃항을 자기의 것으로 만드는 것은 영토화의 속성이고, 배치된 이웃항에서 벗어나는 것은 탈영토화의 속성이다. 읽기 소수자가 소수자성을 실현할 읽기 방법을 익히고, 그 방법으로 텍스트를 읽어 자기 생성을 이루는 읽기는 영토화이고, 새로운 배치로 읽기 다수자의 몰성에서 벗어나는 것은 탈영토화이다.

읽기 소수자를 위한 읽기 교육은 배치를 늘 새롭게 해야 한다. 기존의 교육과정에 따른 읽기 교육에서 벗어나야 하는 것이다. 기존의 읽기 교육은 읽기 교육과정에 더욱 충실한 읽기 교재를 만들고, 더욱 엄격하고 진지한 방법으로 동일성을 반복하는 배치를 지향했다. 이는 국가장치를 강화하여 동일성을 더욱 철저하게 반복하는 것으로, 읽기 다수자를 더욱 고착시키는 결과를 가져왔다. 읽기 교육이 읽기 국가장치와 읽기 공리계를 따르도록 하는 방법을 강화해 왔던 것이다. 읽기 소수자 교육은 이들에서 벗어난 배치로 새롭게 접근할 필요가 있다. 읽기 소수자에 맞게, 각자의 소수자성을 실현할 수 있게, 자율적으로, 창조적 읽기를 실행할 수 있게 읽기 교육적 배치를 실행해야 한다.

다. 전쟁기계의 수용

전쟁기계라는 말은 들뢰즈와 과타리가 사용하는 특정한 의미를 담고 있는 말이다. 전쟁기계의 의미를 파악하기 위해서 우선 추상기계의 의미를 알아야 한다. 추상기계에서 '추상'은 공통성을 토대로 이루어지는 동일한 의식의 흐름과 이질성을 토대로 이루어지는 낯설고 다른 의식의 흐름을 의미한다. 그리고 '기계'는 이런 의식의 흐름들을 절단하여 새로운 흐름을 생성하는 것을 의미한다.(이진경, 2003a: 202-206) 이 추상기계에는 공통성을 토대로 한 의식의 흐름인 국가장치와 이질성을 토대한 의식의 흐름인 전쟁기계가 포함된다. 전쟁기계는 국가장치의 의식의 흐름을 절단하여 새로운 의식의 흐름을 생성하는 역할을 한다.

읽기 다수자들이 따르는 포획된 읽기 의식의 흐름은 읽기 교육의 국가장치에서 비롯된다. 이 국가장치에서 벗어나기 위해서는 읽기 교육의 전쟁기계에 주목할 필요가 있다. 읽기 소수자에 대한 교육적 접근은 읽기 전쟁기계의 속성을 토대로 할 필요가 있다. 읽기에 대한 국가장치에서 비롯된 의식의 흐름을 절단하고, 새로운 의식의 흐름을 생성할 때 읽기 소수자를 위한 읽기 교육을 실행할 수 있다. 이를 가능하게 하는 것이 읽기 전쟁기계이다. 읽기 전쟁기계는 읽기 국가장치의 외부성으로 작용하여 변화를 이루게 한다. 읽기 소수자를 위한 교육은 읽기 국가장치에 의한 의식의 흐름에 변화를 만들어야 가능하다. 읽기 전쟁기계의 속성을 읽기 소수자 교육에 적용할 때, 읽기 교육의 국가장치가 변화하게 된다.

들뢰즈와 과타리가 말하는 전쟁기계에서 '전쟁'은 전장에서의 전투를 의미하지 않는다. 전쟁은 '새로운 가치를 창조하고, 새로운 삶을, 새로운 세계를 창조하려는 시도가, 현재의 상태를 유지하고 보존하며 통합하는 것을 기능으로 하는 국가와 충돌하는 사태'(이진경, 2003b: 297)를 의미한다. 현재 상태에 머물려는 의식의 흐름에서 벗어나 새로운 가치와 삶의 세계를 창조하려는 의식의 흐름이 전쟁인 것이다. 또한 '상이한 가치와 정치, 삶의 방식들이 적대 없이 경쟁하면서 새로운 것을 창안하고 창조하는 그런 전쟁'(이진경, 2003b: 299)이 들뢰즈와 과타리가 말하는 전쟁이다.

전쟁의 특성에 기반할 때, 전쟁기계는 '새로운 것을 창조하는 활동이나 사유, 글, 움직임, 창작 등 모든 자유로운 흐름에 상관적인 배치로 형성되고 작동하는 기계'(이진경, 2003b: 300)로 볼 수 있다. 이 전쟁기계는 유목성[14]을 대표한다. 유목성은 정주하지 않고 이동하면서 처한 환경 속에서 문제의 해결 방법을 찾아 문제를 해결함을 뜻한다. 스텝이나 사막, 초원에서 이루어지는 유목민의 삶의 속성이 유목성인 것이다. 정해진 방법이 있거나 따라야 할 규칙이 따로 없다. 국가장치와 공리에 옥죄는 의식의 흐름이 존재하지 않는다. 읽기 소수자를 위한 읽기 교육의 접근 방식은 유목성을 필요로 한다. 기존의 정해진 교육과정이나 교육 방법에서 벗어나는 것이다. 학생의 읽기 활동 환경에 따라 문제의 해결 방법을 찾아서 읽기 활동을 이끌어 갈 필요가 있다.

전쟁기계는 늘 새로운 방식으로 문제에 접근한다. 전쟁기계는 국가장치의 외부성으로 작용한다. 외부성은 언제나 내부와의 관계에서 존재함을 의미한다. 내부에 영향을 주어 내부가 변화하면 그에 따라 변화하는 것이 외부성이다. 그래서 전쟁기계는 언제나 새로운 방식으로 작용한다. 읽기 소수자에 대한 교육적 접근 방식도 마찬가지이다. 읽기 소수자를 지도하여 그들의 읽기 능력의 변화를 이루려면, 읽기 소수자마다 다른 새로운 교육 방법으로 교육을 실행해야 한다. 전쟁기계의 외부성은 읽기 다수자도 함께 작용할 수 있으며, 읽기 소수자가 읽기 능력을 갖추어도 계속 도움을 이어갈 수 있다.

전쟁기계는 지속적인 변화를 지향한다. 유목민은 끊임없이 이동하면서 환경에 적응하고 변이한다. 이에서 비롯된 것이 전쟁기계이다. 전쟁기계는 고착되지 않고, 상황에 따라서 달라지고 새로워진다. 그렇기에 전쟁기계로 존재한다. 읽기 소수자의 읽기 특성은 독자마다 다르고, 읽는 텍스트마다, 읽는 상황마다 다르다. 읽기 소수자에 따라 달리 적용될 수 있는 방법이 있어야 한다. 특정한 지도 방법은 특정한 상황에서만 통용될 수 있다. 학생에

---

14 유목성(nomadism)과 유목적 읽기에 대해서는 김도남(2023b)을 참조할 수 있다.

따라, 읽기 수준에 따라, 읽을 텍스트에 따라, 읽는 환경에 따라 해결해야 할 과제가 다르게 존재하고, 그에 맞는 읽기 방법이 필요하다. 읽기 지도 방법이 상황에 따라 변이해야 한다. 한 가지 이론이나 방법을 강조할 것이 아니라 지도 조건과 상황에 따라 알맞은 방법을 창의적으로 생성하는 것이 필요하다.

읽기 소수자를 위한 교육적 접근은 전쟁기계의 속성을 토대로 이루어져야 한다. 읽기 소수자의 개별적 읽기 특성(소수자성)을 교육 가능성으로 인식하고, 이 가능성을 실현할 수 있는 전쟁기계를 이웃항으로 배치해야 한다. 읽기 소수자를 현재 상태를 고착화시키는 국가장치에서 탈주할 수 있게 새로운 배치를 이루어야 하는 것이다. 이는 읽기 소수자가 새로운 자기를 생성하고, 새로운 삶을 열며, 새로운 세계를 창조할 수 있도록 하는 배치를 의미한다. 그러면서 읽기 소수자에 대한 교육적 접근은 상이한 가치들과 교육 방식을 존중하고 인정하면서도 동시에 그것들과 경쟁하며 변화할 수 있어야 한다. 기존의 읽기 교육으로 실패한 읽기 소수자를 같은 교육 방식을 강화하여 적용하는 것은 성공할 수 없다. 각각의 학생에게 맞는 새로운 배치로 국가장치와 공리계와 경쟁할 수 있는 외부성의 전쟁기계를 활용해야 한다.

4. 읽기 소수자 교육의 과제

현재의 읽기 교육에서는 읽기 소수자를 외면한다. 읽기에 대한 접근이 읽기 교육과정에서 제시하고 있는 교육 내용만 지도하고, 그 교육 내용을 학습한 결과만을 평가하기 때문이다. 읽기 교육과정이라는 강력한 국가장치에 읽기 소수자가 있다는 전제를 포함할 필요가 있다. 읽기 활동의 유일한 기준과 동일한 방식을 모든 학생에게 강제하는 것은 읽기 소수자에게는 폭력이다. 학생들이 개별적으로 읽기를 해도 되고, 할 수 있다는 의식의 흐름이나 공리계를 만들어야 한다. 오직 읽기 교육과정에 명시된 읽기 능력을 강조하는 교육은 읽기 소수자를 용인하지 못한다. 읽기 소수자가 가진 이질성과 다양성을 전제하고, 이들을 고려한 읽기 교육의 계획과 읽기 교육의 실행이 필요하다.

읽기 소수자를 읽기 교육에서 소외시키기는 읽기의 국가장치와 읽기 공리계이다. 그래서 읽기 소수자를 읽기 교육에서 외면하고 방치하게 만든다. 읽기 소수자를 위한 실제적인 읽기 교육을 실행하지 않는다. 읽기 교육 장면에서 모든 학생은 읽기 소수자일 수 있다. 다만 몇몇 학생들이 읽기 다수자인 척 한다고 할 수 있다. 모든 독자는 텍스트를 읽고, 새로운 자기 생성을 기대한다. 평균적이고 보편적이고, 공통적인 텍스트 이해가 아닌 고유한 자기를 이루려고 하는 읽기를 지향하는 이는 모두 읽기 소수자이다. 읽기 교육에서 모든 학생은 소수자성을 띤 소수자다. 그들은 자기를 생성하는 읽기를 할 수 있는 능력과 에너지를 잠재적으로 품고 있다. 읽기 교육의 배치가 소수자성을 드러낼 수 있게 이루어지면 읽기 소수자가 될 수 있다. 이들은 새로운 읽기 환경에서 새로운 읽기 세계로 들어가게 되면 텍스트를 읽을 때마다 자기를 창조하는 읽기를 하게 된다. 읽기 소수자의 읽기 능력을 교육 장면에서 발견하고 길러주는 이는 교사이다. 교사는 읽기 소수자들의 잠재된 능력을 발견하려고 노력하고, 잠재된 읽기 능력을 실현할 수 있도록 이끌어야 한다.

읽기 소수자를 위한 교육적 접근은 소수자성을 발견하는 데서 시작된다. 읽기 소수자가 가진 읽기 가능성을 찾고, 그들의 가능성을 열어주는 교육적 접근이 필요하다. 이를 위한 접근 방법은 읽기 교육적 배치를 바꾸는 것이다. 교육과정은 물론 교재, 교사, 지도 방법, 평가 방법의 배치를 기존 것과 달리 해야 한다. 이를 통해 읽기 소수자가 읽기 전쟁기계를 품게 해야 한다. 이 과정에서 읽기 소수자는 새로운 가치를 실현하는 읽기를 할 수 있는 읽기 능력을 갖추게 된다. 또한 읽기 교육도 읽기 다수자에게는 이들에 맞는 교육 방법으로 교육을 실행하고, 읽기 소수자에게는 이들에게 맞는 교육 방법으로 교육을 실행할 수 있게 될 것이다. 이는 읽기 소수자에 대한 교육적 관점과 방법의 변화를 토대로 한다.

제10장 ─ 공간 모델과 읽기 규정(1)

1. 매끈한 공간과 홈패인 공간

읽기는 다양체다. 읽기는 상황마다 다르게 실현된다. 독자마다, 텍스트마다, 읽을 때마다 읽기 방식도 이해 결과도 다르다. 누가 언제 어떤 텍스트를 읽든 그 읽기는 각기 다르다. 이 읽기를 하나의 관점이나 논리로는 설명할 수 없다. 어떤 관점이나 논리도 읽기를 완전하게 설명할 수 없다. 그렇다고 읽기가 설명이 안 되거나, 설명할 수 없는 것은 아니다. 읽기 다양체는 특정 현상을 중심으로 특정 특성을 규정할 수 있다. 읽기 다양체는 읽기 현상의 무엇에 중점을 두는가에 따라 달리 규정된다. 읽기 현상의 규정에는 저자, 사회, 텍스트, 독자, 문화, 관점, 이론, 실천 등의 요인이 관여한다. 이들 중 무엇에 중점을 두느냐에 따라 읽기는 달리 규정될 수 있다. 들뢰즈와 과타리는 『천 개의 고원』(김재인 역, 2003) 14장(1440년－매끈한 것과 홈이 패인 것)에서 이 읽기를 규정할 수 있는 단서를 제공한다.

> 이리하여 매번 '매끈한 것-홈패인 것'이라는 단순한 대립은 훨씬 어려운 온갖 복합, 교대, 중첩과 같은 것을 불러온다. 그러나 이러한 복합은 우선 양자 간의 구별이 존재한다는 것을 확인해 준다. 왜냐하면 바로 이러한 복합이 수많은

비대칭적 운동을 불러오기 때문이다. 지금으로서는 우선 단지 점, 선, 공간의 각각의 역할에 의해 구별되는 두 가지 종류의 여행이 있다는 것만으로도 충분할 것이다. 괴테식 여행과 클라이스트식 여행? 또는 프랑스식 여행과 영국식(또는 미국식) 여행? 나무형 여행과 리좀식 여행? 그러나 이들 어떤 대립 항도 완전하게 맞아떨어지지는 않을 뿐만 아니라 모든 것이 혼합되거나 서로 이동한다. 이들 간의 차이가 객관적인 것이 아니기 때문이다. 사막이나 스텝, 바다에서도 얼마든지 홈을 파고 살 수 있다. 도시에서조차 매끄럽게 된 채로 살 수 있고, 도시의 유목민이 될 수 있다.(김재인 역, 2003: 920)

들뢰즈와 과타리는 인식 대상을 '매끈한 것(공간)'과 '홈패인 것(공간)'으로 구분한다. 매끈한 것은 유목민이 사는 공간과 관련된다. 유목민은 빙원, 초원, 사막 등에서 가축과 유랑하는 삶을 산다. 이들의 삶은 한곳에 정주하는 정착민과의 삶과 비교된다. 정착민은 한곳에 머물면서 길을 내고, 다리를 놓고, 건물을 짓는다. 도시를 건설하고 생활 공간을 자기의 삶에 맞춘다. 정착민은 필요에 따라 사는 곳의 공간을 새롭게 조성하고 바꾼다. 한곳에 머물기 위해 환경이나 공간을 길들이는 것이다. 이 공간에서 정착민의 삶은 반복된다. 이때 반복되는 것은 동일성이다. 이러한 정착민의 공간을 들뢰즈와 과타리는 '홈패인 공간'이라 규정한다. 한편, 유목민은 한곳에 머물지 않고 이동하는 삶을 산다. 사는 공간에 길을 내거나 다리를 놓지 않고, 건물도 짓지 않는다. 마을을 이루거나 환경이나 공간을 생활에 맞게 길들이지 않는다. 유목민은 사는 곳의 환경이나 공간을 길들이기보다는 자기를 그곳에 맞춘다. 사는 공간을 길들이는 것이 아니라 그 공간에서 살 수 있는 자기를 생성한다. 이러한 공간에서 유목민의 삶은 매일 다르고 차이를 반복한다. 유목민이 사는 이러한 삶의 공간을 '매끈한 공간'이라 규정한다.

들뢰즈와 과타리는 이 매끈한 공간(것)과 홈패인 공간(것)을 단순 대립적으로 보지 않는다. 이 두 공간은 합쳐지거나 혼합되는 복합적인 것이고, 서로 차례를 지켜 넘나들거나 섞바꾸어 교체를 이루는 것이며, 겹치고 포개져 중첩되는 것이라고 본다. 즉 매끈한 공간과 홈패인 공간은 절대적 분리의 관계가 아니라 긴밀히 연결되어, 넘나들며 뒤섞이는 관계다. 이렇게 섞이는 공간은 양자 사이에 분명한 구별이 있음을 전제한다. 이 분명하게 구별된다는 것은 이들의 섞임이 다양한 양상을 갖는, 수많은 비대칭적인 운동을 포함함을 함의한다. 매끈한 공간과 홈패인 공간의 섞임은 하나의 스펙트럼을 형성한다. 매끈한 공간 쪽에 가까운 공간도 있고, 홈패인 공간 쪽에 가까운 공간도 있다. 그리고 그 중간에 여러 공간이 있다. 다른 말로 매끈한 공간(것)과 홈패인 공간(것)은 끊임없이 섞이면서 다양하게 변이하는 공간을 생성한다.

이들 공간의 섞임은 점, 선, 공간의 요소를 토대로 각자의 역할에 의해 구별되는 여행이라 할 수 있다. 이들 여행의 대표 특성을 '나무형 여행'과 '리좀형 여행'으로 구분할 수 있다. 여기서 '나무형'을 이해하기 위해 '리좀형'을 먼저 보자. '리좀형'에서 '리좀'은 '뿌리줄기'이다. 뿌리줄기는 특정 식물의 뿌리가 줄기처럼 자라는 것이다. 대표적인 예가 대나무 뿌리이다. 대나무 뿌리는 대나무 줄기처럼 자라면서 사방으로 퍼져나간다. 그러면서 뿌리 마디마다 줄기를 올려 대나무밭을 만든다. 리좀형 여행은 대나무 뿌리(뿌리줄기)처럼 사방으로 이어지며 차이나 다름을 반복한다. 반면, '나무형'에서 '나무'는 소나무처럼 한 그루로 완결되는 것이다. 한 그루의 소나무는 줄기, 가지, 잎, 뿌리가 있지만, 다른 그루의 소나무를 생성할 수 없다. 그렇기에 나무형 여행은 한 그루 내에서 동일성을 반복한다. 그런데 어떤 여행도 나무형 여행이나 리좀형 여행인 경우는 없다. 이 두 여행은 혼합된다. 이들 간 구분이 절대적으로 객관적인 것이 아니다. 그렇기에 나무형 여행과 리좀형 여행은 혼합된다. 이들 혼합은 빙원, 초원, 사막에서도 홈을 파고 사는 정착민을 만들고, 도시에서도 매끈한 공간을 만들어 유목민으로 살 수 있게 한다.

이로 볼 때, 독자의 읽기에도 그 극점에 '홈패인 읽기'와 '매끈한 읽기'가 있다. 홈패인 읽기는 정착민의 특성을 반영한 정착민의 삶을 닮은 읽기이다. 독자들이 텍스트의 특정한 부분이나 내용에 머물면서 길을 내고 다리를 놓고 건물을 지어 놓는다. 특정한 형태의 의미를 만들고, 텍스트의 내용을 독자의 인식 틀에 맞춘다. 독자는 자기에 맞게 텍스트의 내용을 해석하고 의미를 구성한다. 독자는 텍스트를 자기의 필요에 맞추기 위해 내용이나 의미를 길들이는 것이다. 이 읽기에서 독자는 같은 읽기 방식을 반복하고, 동일성의 이해를 반복한다. 이러한 읽기가 홈패인 읽기이다. 이와 대비되는 매끈한 읽기는 유목민의 특성을 반영한 유목민의 삶이 내재한 읽기이다. 독자가 텍스트의 특정한 부분이나 내용에 머물지 않고 유랑하는 읽기를 한다. 텍스트 내용에 길을 내거나 다리를 놓거나 건물을 짓지 않는다. 텍스트의 내용과 의미를 독자의 인식 구조나 논리에 맞게 길들이지 않는다. 독자는 텍스트 내용과 의미를 자기의 인식 틀로 규정하기보다는 자기의 인식 틀을 텍스트 내용과 의미를 위해 바꾼다. 텍스트의 내용과 의미를 자기에 맞게 길들이는 것이 아니라 그 텍스트 내용과 의미를 통해 새로운 자기를 생성한다. 이러한 읽기에서 독자는 텍스트마다 읽을 때마다 자기 내적인 차이를 반복하고, 자기를 생성한다. 이러한 독자의 읽기가 '매끈한 읽기'이다.

이들 읽기도 뒤섞인다. 홈패인 읽기와 매끈한 읽기가 대립 항으로만 존재하는 것이 아니다. 이들 읽기도 복합, 교대, 중첩되면서 변이의 스펙트럼을 형성한다. 즉 무수한 변이 형태의 읽기를 하게 한다. 이들 읽기의 관계도 나무형 여행과 리좀형 여행에 비유할 수 있다. '나무형 읽기'는 나무의 특성을 반영한다. 나무형은 동일한 읽기 방법으로 동일한 의미를 반복한다. 규정된 읽기 방식과 정해진 반응을 통해 독자들은 상동적 이해를 하거나 동화적 이해를 한다. 그렇기에 나무형 읽기는 같거나 유사한 이해를 반복하는 읽기 여행을 하게 한다. 이와 대비되는 '리좀형 읽기'는 뿌리줄기의 특성을 반영한다. 소나무 뿌리처럼 한 자리에 고착되지 않고, 대나무 뿌리처럼 사방으로 계속 퍼져나간다. 리좀형 읽기는 규정된 읽기 방식이나 정해진 이해의 방식을 사용하지 않는다. 그렇기에 독자가 감응할 텍스트의 부분이나 내용에서 생성할 의미는 정해져 있지 않다. 독자는 텍스트마다 읽을 때마다 감응과 생성 의미가 달라진다. 이를 통해 독자는 텍스트를 새롭게 인식하는 자기를 생성하게 된다. 그런데 어떤 읽기도 나무형 읽기만 하거나 리좀형 읽기만으로 이루어지지 않는다. 이 두 읽기는 혼합된다. 나무형 읽기 안에 리좀형 읽기가 스며들고, 리좀형 읽기에 나무형 읽기가 뒤섞인다. 그렇기에 매끈한 읽기와 홈패인 읽기가 혼합된다. 이들 혼합이 읽기 다양체를 형성한다.

이 장에서는 독자의 텍스트 읽기 방식의 다양성을 논의한다. 이 논의의 토대는 들뢰즈와 과타리의『천 개의 고원』14장이다. 이 14장에서는 매끈한 것(공간)과 홈패인 것(공간)의 결합을 몇 가지 모델로 제시한다. 기술 모델, 음악 모델, 바다 모델, 수학 모델, 물리 모델, 예술 모델이다. 이 논의에서는 앞에 세 가지 모델을 중심으로 독자의 읽기 방식을 검토한다. 다른 세 가지 모델은 다음 논의에서 검토한다. 여기서는 독자의 텍스트 읽기를 홈패인 읽기(나무형 읽기)와 매끈한 읽기(리좀형 읽기)의 두 극이 복합, 교대, 중첩하는 것으로 본다. 이들 복합, 교대, 중첩과 관련하여 기술, 음악, 바다 모델을 토대로 확인할 수 있는 읽기 방식과 이해의 형태를 점검한다. 이를 통하여 읽기 현상에 대한 인식을 정교화하고, 읽기 교육에서 고려할 점들을 확인한다.

2. 공간 모델

독자는 텍스트를 다양한 방식으로 읽는다. 이 읽기 방식은 몇 가지로 한정되지 않는다. 이 독자의 텍스트 읽기는 특정한 접근 논리를 활용하면, 그

논리에 따라 드러나는 특성을 규정할 수 있다.

> 매끈한 공간과 홈이 패인 공간, 유목적 공간과 정주적 공간, 전쟁기계가 전개되는 공간과 국가장치에 의해 설정되는 공간－이 두 공간의 본성은 전혀 다르다. 그런데 우리는 이 두 종류의 공간을 단순하게 대립시킬 수도 있다. 하지만 이보다 훨씬 더 복잡한 차이, 즉 잇달아 나타나게 될 대립 항들이 완전히 일치하지 않게 만들어 버리는 차이를 확인하는 것이 중요하다. 게다가 이 두 공간은 사실상 서로 혼합된 채로만 존재한다는 것을 상기해야만 한다. 매끈한 공간은 끊임없이 홈이 파인 공간 속으로 번역되고 이 공간을 가로지르는 한편 홈이 패인 공간은 부단히 매끈한 공간으로 반전되고 되돌려 보내진다. 홈이 패인 공간에서는 사막조차 조직화되며 매끈한 공간에서는 사막이 퍼지고, 확장되어 나간다. 그리고 이 두 가지가 동시에 진행될 수도 있다.(김재인 역, 2003: 907)

들뢰즈와 과타리는 읽기를 규정할 수 있는 특정한 논리를 제공한다. 매끈한 공간과 홈패인 공간이 결합하여 섞이는 혼합의 방식을 활용한 논리이다. 이 논리를 몇 가지 모델로 확인할 수 있다. 매끈한 공간과 홈패인 공간의 혼합 방식의 논리를 여기서는 세 가지 모델만 살펴본다. 이를 토대로 독자의 텍스트 읽기에 내재한 읽기 방식과 텍스트 이해의 원리를 검토한다.

가. 기술 모델

Text는 Textile이나 texture와 관련되어 있다. 이들은 모두 직물(織物)과 관련된다. 직물은 실로 짜서 만든 옷감이나 천을 가리킨다. 이 직물은 날줄과 씨줄의 조합으로 만들어진다. 직물 생성에는 성질이나 역할이 다른 두 가닥 이상의 긴 줄(선)이 관여한다. 이들 줄을 얽으면 앞면과 뒷면이 있는 평면의 천(옷감, 피륙)이 생성된다. 이 직물의 생성은 면과 공간의 생성과 관련된다. 텍스트는 본질적으로 직물의 성질을 가지고 있다. 두 가지 이상의 요인이 줄(선)을 이루어 문장과 문단, 절과 장을 이루어 텍스트가 된다. 텍스트의 내용도 줄과 면과 공간의 속성을 포함하고 있다. 이는 텍스트를 읽고 이해하는 활동과도 깊이 관련되어 있다. 기술 모델은 홈패인 공간과 매끈한 공간이 혼합되는 가장 일반적인 예시를 보여준다.

> **기술 모델** – 직물은 원칙적으로 홈이 패인 공간으로 규정될 수 있는 몇 가지 성격을 갖고 있다. 우선 직물은 두 종류의 평행한 요소로 구성된다. 가장 단순한 경우 한쪽은 수직, 다른 한쪽은 수평으로 이루어져 이 두 요소가 교직되고 수직으로 교차한다. 두 번째로 이 두 종류의 요소는 서로 다른 기능을 가진다. 한쪽은 고정되고, 유동적인 다른 한쪽은 고정된 위아래를 통과한다.(김재인 역, 2003: 908)

위 인용문에서 보면, 직물은 홈패인 공간의 성질을 내포하고 있다. 직물은 날줄과 씨줄로 되어 있다. 직물의 날줄은 길이와 관련된 수직의 줄(선)이고, 씨줄은 폭과 관련된 수평의 줄(선)이다. 직물은 직조기(베틀)로 만든다. 직조기는 날줄과 씨줄이 교직(交織)되고 수직으로 교차할 수 있게 하는 장치이다. 직조기에서 날줄은 고정된 위치에서 위아래로만 교차되고, 씨줄은 교차되는 날줄의 위아래를 통과하는 유동적인 기능을 수행한다. 이로써 교직 직물이 만들어진다. 이러한 교직 직물은 홈패인 공간을 대표한다. 동일성을 반복하는 줄들의 작용으로 직물의 면이 만들어지는 것이다. 이로 동질적이고 동일성이 내재된 직물을 반복해서 만든다.

물론 펠트와 직물 사이의 수많은 교착 형태나 혼합 형태를 찾아볼 수 있다.

> 따라서 이 양자의 대립을 좀 더 어긋나게 하는 것은 없을까? 가령 뜨개질에서 바늘은 홈이 패인 공간을 떠나가며, 한쪽 바늘은 날실 역할을, 다른 한쪽 바늘은 씨실 역할을 담당하나 바늘 간에 이러한 역할은 상호 교차된다. 이에 반해 코바늘 뜨개질은 짜나가는 공간이 중심을 갖고 있기는 하지만 모든 방향으로 열린 공간을, 즉 모든 방향으로 늘어날 수 있는 열린 공간을 그린다. 그러나 이보다 한층 더 중요한 것은 중심 테마나 모티프를 갖고 있는 자수와 천 조각을 무한히 하나하나 연속적으로 이어가는 패치워크(patchwork) 간의 구별일 것이다. 분명히 자수는 변하는 것과 변하지 않는 것, 고정된 것과 유동적인 것을 갖고 놀라울 정도로 복잡한 것을 만들어 낼 수 있다. 패치워크 또한 나름대로 자수에 가까운 테마나 대칭성, 공명을 보여줄 수도 있을 것이다. 하지만 공간이 전혀 다른 방식으로 구성된다는 점에는 변함이 없다.(김재인 역, 2003: 909-910)

천이나 피륙이 직물만 있는 것이 아니다. 직물이 홈패인 공간의 특성을 대표한다면 매끈한 공간의 특성을 포함한 천이나 피륙도 있다. 그 대표적인 것이 펠트[1]이다. 펠트는 직조기로 만드는 것이 아니다. 펠트는 동물 털이나 솜과 같은 재료에 압력, 열, 진동 등을 가해서 피륙을 만든 것이다. 생활 주변에는 다양한 펠트가 있다. 이들 펠트는 직물과 대비되는 특성을 갖는다. 날줄과 씨줄을 엮는 방식이 아닌, 여러 가닥의 줄을 섞어 압착하는 방식, 뜨거나 묶는 방식, 얽거나 붙이는 방식 등이 있다. 이렇게 만들어진 펠트는 매끈한 공간의 특성을 갖는 피륙이다. 이들 홈패인 공간의 특성을 가진 직물과 매끈한 공간의 특성을 가진 펠트 사이에는 다양한 혼합 형태의 피륙이 존재한다. 인용문에 있는 뜨개질, 자수, 패치워크 등이 그것이다. 피륙은 식

1 (복식) 양털이나 그 밖의 짐승의 털에 습기·열·압력을 가하여 만든 천. 신발, 모자, 양탄자 따위를 만드는 데 쓴다.[표준국어대사전]

물, 동물, 광물, 화학 등에서 얻은 다양한 재료들에 의해 다양한 종류로 만들어진다. 홈패인 공간의 직물과 매끈한 공간의 펠트 사이에는 수많은 교착 형태와 혼합 형태가 존재한다.

> 이와 관련하여 특히 흥미로운 것은 <퀼트(Quilt)>의 역사이다. 퀼트란 작은 천 조각을 이어 붙인 두 개의 보를 하나로 꿰맨 것으로 때로는 사이에 심을 넣기도 한다. 그래서 앞면과 뒷면이 있을 수가 없다. [미국의] 짧은 이민의 역사(신세계를 찾아 유럽을 떠난 이주민) 속에서 퀼트의 역사를 살펴보면 자수가 지배적이던 양식(소위 '보통' 퀼트)으로부터 패치워크 양식('응용 퀼트'와 '헝겊을 덧댄 퀼트')으로 이행해 가는 것을 알 수 있다. 17세기의 초기의 이주민들은 보통 퀼트, 즉 화려하게 수를 놓은 홈이 패인 공간을 갖고 왔으나 17세기 말에 이르러서는 우성 섬유가 부족하고(짜투리 천, 헌 옷에서 발라낸 천 조각, '폐물 주머니'에 모아둔 나머지 천 등을 이용했다), 다음으로는 인디언들의 면제품들이 유행하면서 점차 패치워크 기술이 발달하게 되었다. 이것은 마치 홈이 패인 공간에서 매끈한 공간이 떨어져나와 새로이 출현하게 된 것 같았다.(김재인 역, 2003: 911)

퀼트의 변화를 들여다보면, 직물이나 피륙을 만드는 방법이 고착되면 홈패인 공간의 특성을 갖게 된다. '보통 퀼트'는 자수라는 고착된 방식으로 만들어졌다. 이 보통 퀼트를 만드는 방법은 동일성을 반복하는 홈패인 공간의 특성을 반영한다. 그러던 것이 17세기 미국의 이민자들에 의하여 패치워크가 중심이 된 퀼트가 만들어지기 시작했다. 이에서 보면, 홈패인 공간 특성을 가진 보통 퀼트가 매끈한 공간 특성을 가진 '패치워크 퀼트'로의 이행이 일어났다. 이러한 이행에서 홈패인 공간 특성과 매끈한 공간 특성은 절대적인 기준에 의하여 구분되는 것은 아니다. 어떤 특성이 지배적인 것이 되어 동일성을 반복하게 되면 홈패인 공간 특성이 되고, 이에서 벗어난 차이를 반복하거나 생성하게 되면 매끈한 공간 특성이 됨을 알 수 있다. 이는 홈패인 공간과 매끈한 공간이 혼합되면서 그 중간의 성격을 갖는 다양한 공간이 존재함을 함의한다.

나. 음악 모델

음악과 직물은 다르면서 닮았다. 직물은 물질적이지만 음악은 비물질적이다. 직물이 길이와 공간을 갖듯 음악도 길이와 공간을 갖는다. 음악이 시간적 길이를 갖는 것은 음의 선율(가락) 때문이고, 공간을 갖는 것은 화음(음정) 때문이다. 선율이 수평적으로 흐르는 어울림이라면, 화음은 수직적으로 조화를 이룬다. 음악도 수직적인 화음(줄)과 수평적인 선율(줄)의 조합으로 만들어진다. 음악에서 이들 수직적 화음과 수평적 선율이 동일한 반복이나 유사성의 구조를 가진다면 홈패인 공간의 특성을 반영한다. 수직적 화음과 수평적 선율이 차이를 반복하거나 차이 생성을 거듭한다면 매끈한 공간의 특성을 반영하게 된다. 물론 음악에서의 매끈한 공간과 홈패인 공간의 혼합 스펙트럼이 존재한다.

> 불레즈가 화음이란 '대위법의 영도'라는 표현을 사용할 경우 바로 음악 역시 매끈한 것과 홈이 패인 것의 중첩임을 전제한 것이다. 여기서 '영도'란 매끈한 것 내지 내재성의 평면으로서 어느 방향으로든 뻗어나갈 수 있는 무한한 잠재적 가능성의 상태를 말한다. 이는 곧 화음이라는 수직적 구조가 대위법의 수평적 선율을 미리 결정하지 않고 그 역도 성립하지 않은 상태이다. 이는 곧 음악적 순간이 음의 무한한 합성가능성을 지닌 수직적 결합이자 수평적으로도 무한한 방향으로 전개될 수 있는 잠재적 가능성의 상태인 것이다. 베베른의 음악에서

수직적 화음은 정지된 한 순간의 무한한 잠재적 가능성을 지닌 하나의 음으로 통합되는 역할을 할 뿐, 멜로디의 전개에 직접 관여하지 않는다. 따라서 수직적으로 통합된 한 순간은 동시에 어떤 방향성도 결정되지 않은 잠재적인 무한성의 평면으로 향한다. 다시 말해서 베베른의 칸타타에서 네 개의 수직적 관계를 이루는 음은 수평적으로 전개될 멜로디의 방향을 결정하지 않으며, 단지 중첩(super-imposition)을 통해서 하나의 음악적 순간, 소리 현상을 만들어 낼 뿐이다.(박영욱, 2016: 184)

위 인용문은 불레즈의 음악론에 관한 내용이다. 블레즈가 말하는 '화음이란 "대위법의 영도"이다'[2]는 매끈한 공간과 홈패인 공간이 중첩이 이루어짐을 의미한다. 음악은 선율을 이루는 주파수와 화음을 이루는 음정(화음)들의 조합으로 존재한다. 이들 주파수와 음정들이 정해진 방식대로 조합을 이룬 음악들이 있다. 특정한 음악 장르를 이루는 음악들은 선율과 음정이 몇 가지 고정된 형태로 조직된다. 정해진 방식을 따르는 음악은 홈패인 공간의 특성을 갖는다. 이와 대비적으로 선율과 음정이 정해진 방식이 아닌 유동적인 방식으로 조직되는 음악이 있다. 크세나키스(Iannis Xenakis, 1922~2001)의 곡

2 불레즈가 베베른의 작품 중에서도 가장 주목하고 있는 작품은 그의 마지막 작품인 《칸타타 2번, 작품번호 31》(Second Cantata, Op. 31.)이다. 그는 이 작품에 대해서 "우리 세대 모두가 이 작품을 실질적인 출발점으로 인정해야 하며, 이 작품이야말로 음악 자체의 새로운 통찰을 낳은 기원이다"라고 말할 정도로 획기적이고 혁명적인 음악으로 간주한다. 그런데 불레즈가 이 작품에서 강조하는 중요성은 아도르노의 생각처럼 곡이 하나의 완전한 수학적 체계를 이루고 있다는 점이 아니다. 불레즈는 여섯 악장으로 이루어진 이 곡의 각 악장에 대해서 그 특징을 간단하게 언급하고 있다. 불레즈는 그중에서도 다섯 번째 악장 속에서 베베른의 가장 중요한 음악적 혁신의 사례를 발견할 수 있다고 언급한다. 불레즈는 "네 부분의 화음으로 쓰여진 합창은 동시에 네 부분의 대위법을 발생시킨다. 그리하여 시간이 연속적이기를 멈추고 동시적인 것이 되는 순간, 화음은 대위법의 '영도'(degree zero of counterpoint)가 된다"고 언급한다.(박영옥, 2016: 180-181)

이나 불레즈(Pierre Boulez, 1925~2016)의 곡들이 그 대표적 예이다. 이들의 곡들은 선율과 음정들이 정해진 방식을 벗어난 매끈한 공간의 특성을 갖는다. 음악의 곡들도 홈패인 공간의 특성과 매끈한 공간의 특성이 혼합되는 스펙트럼 안에 존재한다.

> 음악 모델 – 매끈한 공간과 홈이 패인 공간 간의 간단한 대립과 복잡한 차이들이, 더욱이 비대칭적인 상관관계를 처음으로 전개해 나간 사람은 불레즈였다. 음악 분야에서 이러한 개념과 언어를 창조한 그는 수많은 층위에서 이들을 정의하고 [이들의] 추상적 구별과 구체적 혼합을 설명했다. 우선 가장 단순한 차원에서 불레즈의 이론을 요약하자면 이렇다. 즉 매끈한 시간-공간은 헤아리지 않고 차지할 수 있지만 홈이 패인 시간-공간을 차지하려면 헤아려야 한다는 것이다. 그래서 그는 또 비계량적 다양체와 계량적 다양체, 방향적 공간과 차원적 공간의 차이를 감각하고 지각할 수 있도록 해 주었다. 불레즈는 이러한 차이가 음(音)이고 음악적인 것이 되도록 해 주었다. 따라서 그의 개인적인 작품은 음악적으로 창조, 재창조된 이런 관계들로 만들어진다.(김재인 역, 2003: 912)

들뢰즈와 과타리는 음악에서 홈패인 공간과 매끈한 공간을 혼합하여 비대칭적인 상관관계를 처음 전개한 음악가로 불레즈를 꼽았다. 불레즈의 음악론은 그 첫 번째 차원에서, 곡의 시간-공간을 평균율[3]과 같은 음으로 수치화하여 계량화할 수 있으면 홈패인 공간의 특성을 가진 것으로, 시간-공간을 수치화로 계량화할 수 없는 음이면 매끈한 공간의 특성을 가진 것으로 구분한다.

---

3 (음악) 옥타브를 등분하여, 그 단위를 음정 구성의 기초로 삼는 음률 체계. 주로 12평균율을 가리키는데, 단위의 하나를 반음, 2개를 온음으로 한다. 건반 악기에서는 세계적으로 사용하고 있다. ≒평균율 음계, 평균조.[표준국어대사전]

이를 통해 곡을 계량적 다양체와 비계량적 다양체로 구분할 수 있게 하고, 수치화와 관련된 차원적 공간의 음악과 수치화와 관련이 없는 방향적 공간의 음악이 갖는 차이를 알 수 있게 했다. 이들 구분으로 특정한 소리가 음악적 음이 되게 함으로써 홈패인 공간 특성의 음악과 매끈한 공간 특성의 음악이 혼합될 수 있도록 했다.

> 두 번째 차원에서 보자면, 공간을 절단하는 방법에는 두 가지가 있다고 할 수 있다. 하나는 기준에 따라라 정해지는 반면 다른 하나는 불규칙하고 비규정적인 것으로 임의대로 절단할 수 있다. 하지만 이와 다른 차원에서 보자면, 주파수가 음정들에, 즉 절단들 사이에 분배되는 경우와 절단 없이 통계적으로 분배되는 경우 두 가지를 생각할 수 있다. 첫 번째 경우 절단들과 음정들의 배분률은 '모듈(module)'로 불리는데, 이것이 일정하고 변하지 않을 때(선적인 홈이 패인 공간)와 규칙 또는 불규칙적으로 변할 때가 있다(곡선적인 홈이 패인 공간. 모듈이 규칙적으로 변하면 이 공간은 초점을 갖지만 불규칙적으로 변하면 초점을 갖지 않는다). 그러나 모듈이 없어지면 주파수 배분은 절단을 갖지 않게 된다. 아무리 작은 공간에서라도 주파수 배분은 '통계적'으로 실행된다. 단 이러한 배분에도 최소한 배분이 균등한 경우(방향을 갖지 않는 매끈한 공간)와 얼마간 밀도가 있거나 아니면 희박해지는 경우(방향성을 가진 매끈한 공간)의 두 가지 종류가 있다.(김재인 역, 2003: 912-913)

불레즈 음악론의 두 번째 차원은, 음악에서 공간을 절단하는 방법과 관련된다. 공간의 절단도 두 가지로 구분한다. 하나는 기준에 따라 규칙적으로 공간을 절단하는 것이다. 다른 하나는 기준 없이 불규칙하고 비규정적인 것으로 절단하는 것이다. 또 다른 차원에서 보면, 피아노와 바이올린 등의 소리가 음악적으로 절단된 주파수의 소리를 내는 '절단들 사이에 배분되는 경우'의 곡이 있다. 이와 달리, 바레즈(Edgard Varèse, 1883~1965)의 <이온화(Ionisation)>와 같은 곡에는 소방차나 구급차에 쓰이는 사이렌 소리가 음으로 등장하는 데, 이는 '절단 없이 통계적으로 배분된 경우'의 곡이 된다. '절단들 사이에 배분된' 음들을 '모듈'이라 한다. 이 모듈이 고정된 경우는 '직선적인 홈패인 공간'의 특성을 갖고, 고정되지 않아서 규칙적 또는 불규칙적으로 변할 경우는 '곡선적인 홈패인 공간' 특성을 갖는다. <이온화>의 사이렌 소리와 같은 음은 곡 내의 작은 공간에서 절단되지 않은 주파수 배분을 갖고 통계적으로 실행된다. 이 경우에도 사이렌과 같이 방향성 갖는 매끈한 공간의 음과 일회적인 망치 소리의 음과 같은 방향성을 갖지 않은 매끈한 공간의 음이 있다.[4] 음악의 곡은 이들 홈패인 공간의 음들과 매끈한 공간의 음들이 혼합되어 이루어진다.

다. 바다 모델

바다와 하늘은 매끈한 공간이다. 길을 낼 수도, 다리를 놓을 수도, 도시를 만들 수도 없다. 사방으로 트여있어 방향만 있는 공간이다. 이런 매끈한 공간을 사람들은 홈패인 공간으로 만들기 위해 노력해 왔다. 하늘엔 비행기가 날 수 있는 하늘길을 내고, 바다에는 배가 다니는 바닷길을 냈다. 그래서 비행기와 배는 지구의 어느 곳에 있는 목적지이든 정확하게 도착할 수 있다. 하늘길과 바닷길은 하늘과 바다를 선(줄)로 나누었기에 가능하다. 경도와 위도는 하늘과 바다에 길을 만들고, 특정 위치를 좌표로 지정할 수 있게 만들었다. 하늘과 바다로 둘러싸인 지구는 보이지는 않지만 분명하게 존재하는 경도(날줄)와 위도(씨줄)의 선에 의해 깊은 홈이 패인 공간이 되었다. 이제

4 크세나키스의 <메타스타시스(metastasis)>의 종소리나 방울 소리를 예로 들 수 있다.

지구는 더 이상 매끈한 공간이 아니다.

> 이스라엘을 향해 발사한 이란의 탄도미사일 180발 다수가 이스라엘의 다층 미사일 방공체계에 막혀 큰 피해를 주지 못한 것으로 확인되면서, 위력을 보인 이스라엘의 방공체계에도 관심이 쏠린다. 이란 혁명수비대는 1일(현지시각) "점령지(이스라엘) 중심부에 있는 중요한 군사·안보 목표물을 표적으로 탄도미사일을 쐈다"며 약 180발의 미사일을 발사했다고 밝혔다. 혁명수비대는 이어 "목표물의 90%를 성공적으로 타격했다"고 주장했다. 그러나 이스라엘군은 이후 "방공체계가 작동한 덕분에 피해는 경미했다"는 입장을 냈다. 현재까지 전해진 사상자 규모는 서안지구에서 미사일 파편에 맞아 사망한 팔레스타인 출신 남성 1명과 부상자 4명이다. 제이크 설리번 미국 백악관 국가안보보좌관도 이날 브리핑에서 "이번 (이란) 공격은 실패한 것으로 보이며 효과적이지 않아 보인다"고 평가했다.[5](한겨레신문사(2024.10.2.) <이란 미사일 180발 막아낸 이스라엘 아이언돔·데이비드 슬링> 일부)

위의 인용문은 신문 기사이다. 내용을 보면 하늘로 날아드는 탄도미사일을 방공체계가 막아냈다는 것이다. 하늘 높이 날고 있는 탄도미사일을 요격미사일로 맞혀 파괴했다는 것이다. 이는 하늘의 공간이 홈패인 공간임을 알려준다. 하늘은 촘촘하게 나누어져 있다. 어떤 높이, 어떤 방향, 어떤 위치에 있더라도 경도와 위도에 의한 좌표를 갖는다. 탄도미사일을 요격미사일로 격추할 수 있는 것은 좌표 때문이다. 이로 보면 좌표가 지속하여 변화를 해도 문제가 되지 않는다. 하늘의 어떤 곳도 좌표로 위치를 지정할 수 있다. 하늘이 홈패인 공간이 된 것이다. 이는 바다도 마찬가지 방법으로 홈패인 공간이 되었음을

---

5 https://v.daum.net/v/20241002115516093

의미한다.

> 바다 모델 — 물론 매끈한 공간뿐만 아니라 홈이 패인 공간에도 점, 선, 면은 존재한다(입체도 존재하지만 이 문제에 대해서는 당분간 언급하지 않겠다). 그러나 홈이 패인 공간에서 선이나 궤적은 점에 종속되는 경향이 있다. 즉 한 점에서 또 다른 점으로 나가는 것이다. 하지만 매끈한 공간에서는 정반대로 된다. 즉 점이 궤적에 종속된다. 유목민에게서 의복-텐트-바깥 공간이라는 벡터가 이미 그러했다. 주거는 이동에 종속되고 안쪽 공간은 텐트, 이글루, 배 등 바깥 공간에 순응한다. 물론 매끈한 것이나 홈이 패인 것에서도 모두 정지와 궤적이 존재한다. 그러나 매끈한 공간에서는 궤적이 정지를 유도하며, 여기서도 여전히 간격이 모든 것을 포괄하며 간격이 실체이다.(김재인 역, 2003: 914)

홈패인 공간과 매끈한 공간은 모두 점, 선, 면을 갖는다. 그렇지만 이들 점, 선, 면의 성질은 홈패인 공간과 매끈한 공간에서 서로 다르다. 점과 선을 보면, 매끈한 공간에서의 점은 선에 종속된다. 유목민의 삶에서 점에 해당하는 정착은 선에 해당하는 이동의 한 부분일 뿐이다. 그렇기에 매끈한 공간에서 점은 선에 종속된다. 그러나 홈패인 공간에서의 선은 점에 종속된다. 도시를 연결하는 도로는 도시를 방문하게 하는 역할만 있지 계속되는 이동을 목표로 하지 않는다. 도로에 속하는 선은 점 사이에 갇혀서 점들 연결하는 특성만 지녔다. 유목민에게 면의 측면인 의복-텐트-바깥 공간은 서로 관계 속에 연결되어 있다. 거주가 이동에 종속되듯, 안쪽 공간은 텐트, 이글루, 배 등으로 매끈한 공간에 순응한다. 정착민에게는 거주가 정착에 종속되어 집과 건물의 안쪽 공간은 홈패인 공간에 순응한다. 이들 매끈한 공간이나 홈패인 공간 모두에는 성질이 다른 정지와 이동(궤적)이 내재한다.

매끈한 공간은 형식화되고 지각된 것보다는 사건이나 <이것임>에 의해 점유된다. 그것은 소유의 공간이 아니라 변용태의 공간이다. 그것은 과학적 지각이라기보다는 촉지적 지각이다. 홈이 패인 공간에서는 형식들이 하나의 질료를 조직하는 데 반해 매끈한 공간에서는 재료들이 힘들을 지시하든가 아니면 힘들의 징후 노릇을 한다. 이것은 외연의 공간이 아니라 강렬한 공간, 측량의 공간이 아니라 거리의 공간이다. 외연이 아니라 강력한 내포의 공간이다. 유기체의 조직이 아니라 기관 없는 몸체인 것이다. 여기서 지각은 측정이나 소유보다는 징후나 평가에 의해 행해진다. 사막, 스텝. 빙원에서처럼 매끈한 공간을 강렬함들, 바람과 소음, 힘이나 촉각적·음향적 질이 차지하고 있는 것은 바로 이 때문이다. 얼음이 깨지는 소리나 모래알들의 노래. 이와 반대로 홈이 패인 공간은 척도로서 하늘에 의해, 거기서 발생하는 측정 가능한 시각적 질에 의해 뒤덮인다.(김재인 역, 2003: 914-915)

공간과 관계된 바다 모델에서 매끈한 공간과 홈패인 공간은 이차원의 직물이나 추상적인 시간-공간의 음악과는 다른 특성을 갖는다. 홈패인 공간이 되기 이전 하늘과 바다의 매끈한 공간은 사건이나 특개성(이것임)에 의해 점유된다. 사건은 주체가 내재해 함께하기에 특개성으로 포착된다. 즉 하늘과 바다의 공간을 주체가 지각하고 인식하는 것은 소유의 문제가 아니라 감응(변용태)의 문제라는 것이다. 그렇기에 촉지적 지각을 해야 한다는 것이다. 이것은 홈패인 공간의 지각이 형식화, 수치화, 과학적인 것과 대비된다. 그렇기에 홈패인 공간에서는 형식들이 하나의 질료로 정해진 것을 조직하는 데 비하여, 매끈한 공간에서는 질료(재료)들은 정해진 것이 아닌 무언가로 될 수 있는 힘을 지시하거나 힘들의 징후를 보이는 역할을 한다. 홈패인 공간이 측량하고 잴 수 있는 외연적인 것이라면, 매끈한 공간은 감응의 강렬함과 거리[6]와 관련된다. 즉 홈패인 공간이 외연의 공간이라면 매끈한 공간은 강렬한 내포적 공간이라는 것이다. 홈패인 공간이 기능이 정해진 기관을 지닌 유기체라면 매끈한 공간은 기관 없는 몸체이다. 홈패인 공간이 계산적, 규정적, 결정적이라면 매끈한 공간은 촉각적, 유동적, 미결정적이다.

> 매끈한 공간이 최초로 순치된 것은 바다에서인데, 홈이 패인 것을 정비하고 강요하는 모델이 여기서 발견되었으며, 나중에 다른 경우에도 그대로 사용된다. 물론 이것은 비릴리오의 또 다른 가설과도 모순되지 않는다. 즉 바다는 결국 홈파기의 끝에서 일종의 매끈한 공간을 재부여한 것이다. 그리고 먼저 현존함대가, 다음으로는 전략 잠수함의 항상적 운동이 이 공간을 차지하는 데, 이것은 모든 바둑판 배열을 피해 나가며, 홈파기의 극한에서 전쟁기계를 재구성하는 국가보다도 한층 더 불길한 전쟁기계에 봉사하는 새로운 유목을 발명해 낸다. 이리하여 바다는 그리고 다음에는 하늘과 성층권이 다시 매끈한 공간이 되는데, 이것은 실로 기묘한 전도에 의해 홈이 패인 육지를 좀 더 잘 통제하기 위해서이다.(김재인 역, 2003: 916–917)

사람들이 매끈한 공간을 홈패인 공간으로 만든 대표적인 공간이 바다이다. 이 홈패인 공간인 바다를 다시 매끈한 공간으로 되돌리려고 한다. 경도와 위도에 의한 좌표는 바다를 홈패인 공간으로 만들었다. 사람들은 이 홈패인 공간인 바다를 다시 매끈한 공간으로 만들려고 한다. 홈패인 공간인 바다를 매끈한 공간으로 만드는 것이 '현존함대와 전략 잠수함'[7] 등이다. 현존함대나

6 예컨대 환자의 체온이 38˚C에서 1˚C 올라가는 것과, 39˚C에서 1˚C 올라가는 것은 결코 동일한 변화가 아닙니다. 그건 다만 온도에 따른 수은주(길이! '크기'!)의 변화가 동일함을 뜻할 뿐이지요. 이처럼 등간격으로 분할되어 있어도, 실제로는 각각의 간격이 결코 동질적이지 않다는 것입니다. 이를 러셀과 메이농은 '크기'와 구별해서 '거리'라고 했다는 겁니다. (이진경, 2003b: 631)

전략 잠수함은 모습을 보이거나 이동을 하지 않지만 지구의 모든 곳을 공격할 수 있다. 이는 '지구 전체를 새롭게 통제하는 수단'[8]이 되었다. 현존함대와 전략 잠수함은 하늘과 바다를 새로운 매끈한 공간으로 만든다. 이 바다 모델을 보면, 매끈한 공간은 경도와 위도에 의한 좌표 설정으로 홈패인 공간이 되었다가 현존함대와 전략 잠수함에 의하여 다시 매끈한 공간이 되었다. 이런 공간의 변화는 기존의 공간으로 되돌리는 것이 아니라 새로운 공간을 생성하는 것이다.[9] 또한 이 공간의 변화 과정에서 다양한 변이 공간이 존재한다.

---

7 현존함대와 이 함대의 역사적 변천에 대해서는 비빌리오가 훌륭하게 규정하고 있다. "현존함대란 때와 장소를 가리지 않고 언제 어디서든 적을 공격할 수 있는 함대가 전혀 어디에 있는지 보이지 않은 채 해상 위에 영구히 있다는 것을 의미한다. (중략) 현존함대는 시공 속에서의 목적지 없는 이동이라는 개념을 발명한 것이다. …… 전략 잠수함은 특정한 어디로 갈 필요가 없으며, 그저 바다를 보유하고 있으면서도 전혀 모습을 보이지 않고 가만히 있으면 되는 것이다. 따라서 출발지도 목적지도 갖지 않는 끊임없는 절대적인 원환 여행을 하게 된다."(김재인 역, 2003: 744-745)

8 매끄러운 공간의 특징 가운데 하나가 한 점 한 점 위치를 점하고 옮겨가는 게 아니라, 동시에 공간 전체를 점유하는 방식으로 나아가는 것임을 유목론에서 말했지요? 바람처럼 날랜 기마병 몇 명만으로 적들이 있는 공간 전체를 장악하여 적을 박살내는 몽골인들의 전술을 예로 들었지요. 아무 곳에서나 불쑥 끼어들고 솟아오르는 바둑 판의 경우도 그렇습니다.(이진경, 2003b: 627)

9 이리하여 이제 이미 바다, 사막, 스텝, 하늘뿐만 아니라 대지 자체가 매끈한 것과 홈이 패인 것이 도박하는 장소가 되며, 노모스-공간에서 경작이 이루어지느냐 아니면 도시-공간에서 농업이 이루어지냐가 중요해진다. 그렇다면 도시 자체에 대해서도 똑같이 말할 수 있지 않을까? 바다와 반대로 도시는 홈이 패인 공간이다. 그러나 마다가 근본적으로 홈파기에 열려 있는 매끈한 공간인 것과 마찬가지로, 도시는 홈을 파는 매끈한 공강의 도처에서, 즉 대지와 그 밖의 다른 요소들에서, 또 도시의 안팎에서 매끈한 공간을 다시 부여하고 이를 실현시킨다. 따라서 지금 매끈한 공간은 도시를 벗어나고 있다. 그것은 이미 세계적 조직화의 매끈한 공간일 뿐만 아니라 매끈한 것과 구멍 뚫린 것을 조합시켜 도시를 향해 반격을 해오는 매끈한 공간이기도 하다.(김재인 역, 2003: 919)

3. 공간 구성 방식과 읽기 규정

독자의 텍스트 읽기는 공간 구성 방식과 관련된다. 읽기가 이루어지는 공간을 어떻게 구성하는가에 따라 독자의 텍스트 이해는 달라진다. 공간은 홈패인 공간과 매끈한 공간 그리고 두 공간의 혼합 공간이 있다. 혼합 공간의 수는 한정하기 어렵다. 그렇기에 이들 공간의 규정은 몇 가지 모델을 통하여 그 특성을 규정할 수 있다. 앞에서 살핀 공간 모델에 기초해 독자의 텍스트 읽기와 이해의 특성을 살펴본다. 특히 혼합 공간 구성과 관련된 텍스트 읽기의 실제적 예들에 내재하는 실행 요인을 검토한다.

가. 교직 방식: 미시, 유연, 방사, 현실

교직은 '두 가지 이상의 실을 섞어서 짜는 일'[표준국어대사전]이다. 피륙의 기본 생성 방식은 직조이다. 직조는 날실과 씨실의 교차로 직물을 만드는 것이다. 독자의 텍스트 읽기도 본질적으로 두 가지 이상의 구성 요소를 섞어서 짜는 일이다. 여기에서는 두 가지 이상의 구성 요소에 논의 초점이 있기보다는 짜는 방식에 초점이 있다. 독자가 텍스트를 읽을 때, 무엇에 관심을 두는가에 따라 구성 요소는 달라진다. 텍스트 내의 요소만으로도 구성 요소가 되고, 독자가 끌어오는 독자의 요소나 다른 텍스트의 요소도 구성 요소이다. 이들 구성 요소를 어떤 방식으로 교직하는가에 따라 읽기의 방식과 이해의 결과가 달라진다.

독자는 세 가지 교직 방식으로 텍스트를 읽는다. 홈패인 공간, 매끈한 공간, 혼합 공간의 교직 방식이다. 이들 세 가지 교직 방식은 홈패인 공간과 매끈한 공간을 극점으로 그 중간에 혼합 공간이 위치한다. 혼합 공간은 홈패인 공간의 교직 방식과 매끈한 공간의 교직 방식 사이에 있는 수많은 공간이다.

독자는 이들 세 가지 공간의 특성을 지닌 교직 방식으로 텍스트 읽고 이해한다. 홈패인 공간의 특성을 지닌 읽기 방식을 '홈패인 읽기', 매끈한 공간의 특성을 지닌 읽기를 '매끈한 읽기', 홈패인 읽기와 매끈한 읽기가 복합, 교대, 중첩되는 특성을 반영한 읽기 방식을 '혼합적 읽기'라 할 수 있다. 이들 세 가지 읽기는 모델에 따라 다른 형태와 특성을 지닌다.

독자의 텍스트 읽기에 내재한 홈패인 공간 특성이 내재한 교직 방식은 규정된 단일 방식을 따른다. 독자가 개별적인 텍스트 읽기를 시도하지만, 그 읽기로 텍스트 이해를 실현하기는 쉽지 않다. 텍스트 읽기 자체가 사회적 행위이기 때문이다. 독자는 사회적 관계 속에서 텍스트를 읽고 이해한다. 그렇기에 독자는 사회적으로 합의된 텍스트 읽기를 모든 읽기에 선행하여 접한다. 이는 독자의 텍스트 읽기가 학습된 행위임을 의미한다. 실제로 텍스트 읽기는 사회적으로 학습한 결과로 이루어진다. 이 사회적 학습에서 독자는 정해진 읽기 방식을 습득한다. 이 텍스트 읽기 방식이 홈패인 읽기이다. 기술 모델에 의한 홈패인 읽기는 사회적으로 각 텍스트에는 정해진 날줄이 내재한다. 독자는 사회적 관계 속에서 텍스트에 덧붙여진 날줄을 인식한다. 예외인 텍스트는 존재하기 어렵다. 이 정해진 날줄을 토대로 이루어지는 읽기는 언제나 홈패인 읽기가 된다.

기술적 모델에서 매끈한 읽기는 펠트의 특성을 반영한다. 펠트는 직조의 방식으로 만들어지지 않는다. 펠트는 동물의 털을 재료로 털들이 서로 엉켜 연결되도록 습기나 열, 압력을 가해서 만든다. 털 가닥을 여러 방향으로 서로 얽히게 하여 옷감이 되게 한다. 이 펠트는 길이나 넓이, 두께가 직조물과 달리 제한이 적다. 이 펠트 제조 방식의 기술 모델과 관련하여 매끈한 읽기를 규정할 수 있다. 이 매끈한 읽기는 텍스트의 내용과 다른 내용들이 서로 엉기게 하는 것으로, 이해의 내용이나 특성에 제한을 두지 않는 방식이다. 독자가 텍스트를 창의적으로 읽고 다양한 내용들을 연결하여 새로운 방식으로 이해하는 읽기라고 할 수 있다. 이 형식의 매끈한 읽기 예가 많을 수 있지만 전형적인 모델을 제기하는 것은 어렵다. 이는 교직 방식의 홈패인 읽기는 정립되어 있는 반면에 매끈한 읽기는 혼합된 읽기에 내재해 있는 상황이기 때문이라 할 수 있다.

기술 모델을 따르는 교직 방식의 홈패인 읽기와 매끈한 읽기는 서로 혼합된다. 기술 모델에서의 혼합적 읽기는 홈패인 읽기에서 매끈한 읽기로의 변화 과정에 있다. 기술 모델에서의 혼합적 읽기는 홈패인 읽기에서의 교직 방식을 바꿈으로써 이루어진다. 이는 펠트를 만드는 방식을 비유적으로 인식함으로써 바꿀 수 있다. 펠트를 만든 방식은 뜨개질, 패치워크, 자수, 퀼트 등이 있다. 이들 방식은 실과 천의 조각을 여러 형태로 활용한다. 뜨개질은 실과 뜨개바늘을 이용하고, 자수는 천 조각과 여러 색깔의 실과 바늘을 이용한다. 패치워크는 여러 종류의 천 조각을 이용한다. 이로 볼 때, 혼합적 읽기는 홈패인 읽기에서 벗어나 다른 형태의 교직 방식으로 읽기를 실행하는 것이다. 이 읽기는 텍스트 내용을 분절하고, 분절된 단위 내용을 다른 분절의 단위 내용과 연결하여 조직하는 방식을 바꿈으로써 실행된다. 새로운 내용 조직 방식으로 새로운 이해를 얻을 수 있다.

> 和也者 天下達道也(和는 道가 전하에 모두 퍼져 있는 상태이다.)
>
> 여기에 和와 道 사이의 의미상의 관련이 있다. 和와 道는 동일한 대상을 지칭하는 상이한 명칭에 불과하다. 앞에서 말한 바와 같이 道는 교육내용, 또는 '교육과정의 계획과 운영에 들어 있는 교육내용'이다. 그러므로 '희노애락이 中에 맞게 표현된 상태'가 구체적으로 무엇을 뜻하는가 하는 것을 알려고 하면, 우리는 교육의 내용－교육에서 가르치려고 하는 것－을 들여다보지 않으면 안 된다. 그럴 수밖에 없다. 교육에서 가르치려고 하는 것은 인간이 알고 있는 '가장 좋은 것'이다. 어느 시대 어느 사회의 교육치고 나쁜 것을 가르치려고

> 하는 경우는 없을 것이다. 이 '가장 좋은 것'은 추상적으로 규정될 수 있는 것이 아니라 그 당시의 교육에서 가르치려고 하는 내용에 비추어 구체적으로 파악되어야 한다. 이 '가장 좋은 것'이 和이다. 그리고 和를 中과 연결함으로써 성리학은 이 '가장 좋은 것'의 의미를 규정하는 특이한 관점을 나타내고 있다. (이홍우, 2014: 52)

위 인용문의 내용은 『中庸』의 한 구절과 관련되어 있다. '和也者 天下達道也'를 교육학자가 읽고 그 의미를 밝히고 있다. 이 인용문의 내용을 분석해 보면, 두 가지 생각(관념)의 선(줄)이 존재하고 있다. 『中庸』에 내재한 유학의 학문에 관한 생각의 선과 현대 교육자가 바라보는 교육에 관한 생각의 선이다. 여기서 저자는 자기의 교육에 관한 생각을 날줄(경선)로 하고, 『中庸』에 관한 생각의 선을 씨줄(위선)로 하여 교육내용에 관한 생각을 조직하고 있다. 이를 통해 교육내용은 '인간이 알고 있는 가장 좋은 것'이라는 속성을 가짐을 밝히고 있다. 이 인용문의 내용을 보면, 읽기 활동은 생각의 선(줄)들을 엮어 하나의 관념을 조직하는 일이다.

> 키에르케고르가 제시한 참된 기독교인은 단독자를 의미한다. 단독자는 절대자와 마주한 개인의 내면 의식으로, 자아로 규정되고 실존으로 실현된다. 이 단독자는 주관적 진리를 자득한 주체적 의식이다. 단독자가 참된 기독교인의 속성이다. 이 단독자를 읽기 교육에서 참된 독자와 대비할 수 있다. 학생이 참된 독자가 되기 위해서는 텍스트의 진리를 주체적 의식의 내용으로 자득하는 것이 필요하다. 즉 간접전달 읽기의 실현으로 주체적 의식을 가진 자아를 이루어 내야 한다.(김도남, 2024b: 248)

이 인용문은 키에르케고르가 제시한 참된 기독교인과 참된 독자와 관련된 내용이다. 기독교인이 절대자와 마주하여 주관적 진리를 자득하면 단독자가 된다. 독자도 텍스트의 진리와 마주하여 주체적 의식(주관적 진리)을 자득하면 단독자와 같은 참된 독자가 될 수 있다는 논리이다. 이 인용문을 읽기 교육 전공자가 키에르케고르의 단독자와 관련된 텍스트를 읽고, '독자'에 대한 교육적 인식을 갖게 된 내용이다. 이 내용을 보면, 독자는 텍스트 내용의 특정 부분과 독자의 생각을 연결해 패치워크와 같이 붙여 놓고 있다. 주관적 진리를 자득한 참된 기독교인인 단독자와 주체적 의식을 확립한 참된 독자를 연결하여 독자로서의 생각을 조직하고 있다.

독자가 텍스트를 읽고 교직 방식으로 혼합적 읽기를 하는 형태는 다양하다. 혼합적 읽기 방식은 직물처럼 생각의 선들을 직조하는 방식이 있다. 뜨개질은 규모가 작은 직조 방식을 활용한다. 이 방식을 반영한 읽기는 독자의 생각을 날줄로 하고, 텍스트 내용을 씨줄로 할 수도 있고, 그 반대의 경우도 있다. 이 직조의 방식은 독자가 텍스트 이해를 위해 우선 고려해야 할 생각의 선이 날줄이 되고, 그렇지 않은 생각의 선이 씨줄이 된다. 이와 다른 패치워크의 읽기 형태는 매끄러운 공간의 특성을 더 많이 반영한 읽기로 텍스트에서 특정 내용(개념, 정보, 아이디어 등)을 절단하여 단위 내용을 만들고, 이들을 연결하여 텍스트를 새롭게 이해하는 것이다. 이와 닮은 읽기 방식은 단위 내용으로 펠트로 만들 듯, 섞어 연결하는 '엮기', 자수를 놓듯 단위 요소를 '꾸미기', 단위 요소를 패치워크처럼 이어 붙이는 '잇기' 등이 있다. 실제 독자의 텍스트 읽기는 단위 요소를 다양한 방식으로 복합, 교대, 중첩한다. 이들 기술 모델의 교직 방식에 의한 혼합적 읽기의 실행 요인을 몇 가지로 정리하면 다음과 같다.

첫째, 미시적이다. 미시는 거시의 반대 속성이다. 직조 방식에서 날줄은 특정한 폭과 길이로 정해져 있고, 직조기를 사용하여 통일된 방식으로 만든다. 반면 펠트를 만드는 방법은 그 규모가 다양하다. 직조의 방식이 거시의 특성을 갖는다면 펠트는 미시의 방식으로 이루어진다. 이는 텍스트 읽기나 이해가 텍스트 내용 전체를 전제로 하지 않음을 뜻한다. 뜨개질이나 자수는 큰 기계나 몸 전체를 활용하지 않는다. 그리고 만드는 직물의 크기도 작은 경우가 많다. 그렇지만 각 직물은 독특하고 개별적인 특성을 지닌다. 독자의 텍스트 읽기와 이해도 텍스트 전체 내용을 대상으로 하는 것이 아니라 특정한 해석이나 이해가 필요한 부분을 중심으로 개별적으로 이루어진다. 위의 두 인용문에서 보면, 읽은 텍스트에 대한 독자의 해석과 이해는 부분적으로 이루어지고 개별적 특성을 갖는다.

둘째, 유연적이다. 유연은 경직, 규칙, 완고 등과 대비되는 말이다. 직조기의 날줄은 언제나 경직되어 있다. 이에 비하여 펠트를 만드는 실(선, 털, 줄)은 유연하다. 날줄과 씨줄의 길이가 길지만 유연하다. 펠트를 이루는 털은 수는 많지만 길이는 짧다. 그렇기에 이들로 만드는 피륙은 크기와 넓이, 두께 등이 한정되지 않는다. 이 읽기에서의 유연성은 날줄에 해당하는, 읽기 원리, 해석 원칙, 이해 통념 등을 따르지 않을 때 생긴다. 독자가 유연성을 가지면 단위 내용들의 다양한 얽기와 엮기, 잇기 등이 가능해진다. 단위 내용들의 교직과 그 교직의 결과는 한정되지 않는다. 위 두 인용문에서 볼 때, 텍스트 내용과 교직될 내용을 제한하거나 이해의 결과를 한정하는 것은 예상하기 어렵다.

셋째, 방사적이다. 방사는 '중심에서 사방으로 내뻗침'[표준국어대사전]이다. 이는 사방으로 고르게 뻗어나간다는 의미도 가진다. 이는 두 점 사이에 있는 선분과 대비된다. 교직 방식에서의 방사는 특정한 한 방향으로도 내뻗칠 수 있다. 여기에서의 방사는 어떤 방향으로든 뻗어나갈 수 있음을 뜻한다. 다른 말로 텍스트를 읽고 이해하는 방향이 한정되지 않음을 뜻한다. 어떤 교직 방식을 선택하여 활용하느냐에 따라 독자의 읽기 방식과 이해의 형태는 달라진다. 방향성이나 지향성은 독자의 선택이나 결정에 달려있다. 펠트를 만드는 방식은 무엇으로 만들 것인가에 따라 달라지고, 펠트의 크기, 모양,

두께에 따라 달라진다. 독자의 텍스트 읽기도 마찬가지이다. 독자의 이해 목표가 무엇인가에 따라 단위 내용을 엮고, 잇고, 붙임이 달라지고, 그 이해의 결과도 달라진다.

넷째, 현실적이다. 현실은 '현재 실제로 존재하는 사실이나 상태'[표준국어대사전]이다. 이 현실은 독자의 현실이다. 이 현실적은 '이상적'이나 '보편적'과 대비된다. 독자가 텍스트를 읽고 이해해야 하는 현재로서의 현실이다. 이 독자의 현실은 텍스트를 위한 읽기나 소통을 위한 읽기, 의미를 위한 읽기가 아님을 뜻한다. 즉 현실적 읽기는 독자 자신을 위한 읽기임을 뜻한다. 이는 교직 방식의 혼합적 읽기가 독자의 현실에 토대를 둠을 함의한다. 뜨게나 자수, 펠트는 대부분 만드는 사람의 직접 필요에 기초한다. 교직 방식의 혼합적 읽기도 마찬가지로 독자의 현실에 토대를 둔다. 독자는 자기의 현실적 과제나 과업을 위해 텍스트를 읽을 때 혼합적 읽기의 매끈한 읽기를 실행한다. 위 인용문을 보면, 저자들은 자기의 현실적 필요로 텍스트를 읽고, 필요에 맞는 텍스트 이해를 이루고 있다.

나. 변이 방식: 영도, 비계량, 이질, 부가

변이(變異)는 '예상하지 못한 사태나 괴이한 변고'[표준국어대사전]의 의미[10]로 다른 것이 되거나 새로운 것으로 바꾸는 것을 뜻한다. 이는 이미 있던 것을 전제하고 있으면서 다른 것으로 '기존과는 다른 것'의 의미를 내포한다. '변이 방식'은 변화시켜 다른 형식이나 형태가 되도록 만드는 방식을 가리킨다. 이 변이 방식은 음악 모델에서 비롯된 것이다. 들뢰즈와 과타리의 혼합

10 (생명) 같은 종에서 성별, 나이와 관계없이 모양과 성질이 다른 개체가 존재하는 현상. 외부 요인의 작용에 의한 환경 변이, 유전자의 변화에 의한 돌연변이가 있다.[표준국어대사전]

모델 중 음악 모델의 특성을 반영한 독자의 텍스트 읽기와 이해의 방식이 변이 방식이다. 텍스트 읽기와 관련한 변이 방식은 독자의 텍스트 이해가 다른 것으로 달라질 수 있도록 하는 방법이다. 독자의 텍스트 읽기를 음악 모델의 관점에서 보았을 때 인식되는 방법의 특성이라 할 수 있다. 독자는 이 변이 방식으로 텍스트를 읽음으로써 음악의 혼합 모델을 실현하는 읽기를 할 수 있다.

음악 모델의 측면에서 홈패인 읽기는 매끈한 읽기로 이행하고 있다. 음악 모델이 홈패인 공간의 특성이 전제되어 있고, 이 전제에서 벗어나기 위해 매끈한 공간의 특성을 지향하는 음악이 만들어지기 때문이다. 기존의 음악론은 홈패인 공간의 특성이 반영된 곡을 만들기(작곡, 연주·공연, 감상) 위해 전개되었다. 일례로 12평균율이 대표적이다. 피아노는 한 옥타브의 건반이 12로 되어 있어 반음과 온음을 표현하는 악기이다. 피아노는 12음을 표현할 수 있기에 악기의 표준이 되었다. 이 12음이 바탕이 된 곡은 홈패인 공간의 특성을 반영한 곡이라 할 수 있다. 그렇다면 매끈한 공간의 특성을 가진 곡은 이 12음이 아닌 음으로 이루어진 곡, 또는 12음 외의 음(소리)이 들어있는 곡이라 할 수 있다. 이로 볼 때, 음악 모델에 기초한 홈패인 읽기와 매끈한 읽기의 특성을 점검할 수 있다. 그리고 이에서 음악 모델에서의 혼합적 읽기 방식은 홈패인 읽기에서 매끈한 읽기로 변화(변이)하는 과정에 있는 읽기임을 알 수 있다.

음악에서 사람들은 홈패인 공간을 만들어 왔다. 이 음악적 홈패인 공간의 특성이 반영된 홈패인 읽기가 있을 수 있다. 음악 모델이 전제된 홈패인 읽기는 이 읽기만의 특성이 있다. 음악 모델에서 유추해 볼 때, 이 홈패인 읽기에서는 규정된 읽기 방식 또는 텍스트 해석 방식을 강조한다. 12음을 정해 놓고 곡을 만들 듯, 읽기 방식과 해석의 방식을 정해 놓고 텍스트를 읽는 것이다. 정해진 방식은 단일한 의미 해석을 지시하는 것은 아니지만 읽기의 원리나 해석의 규칙을 정해 놓고 따를 것을 강조하는 읽기이다. 텍스트 이해의 다양성을 추구하지만, 원리나 해석을 전제한 제한된 다양성이다. 독자의 해석적 자유나 이해의 다양함이 제재를 받는 읽기이다.

이에 비해 매끈한 읽기는 독자의 해석적 자유와 이해의 다양함을 지향한다. 매끈한 공간의 특성을 가진 음악이 12평균율을 버리는 것은 아니다. 이 12평균율을 많이 활용할 수도 있고, 조금 활용할 수도 있지만 12평균율이 곡에 관여한다. 이 12평균율이 내재한 곡에 12평균율에 속하지 않는 음(소리)이나 다른 요소를 삽입하는 것이다. 12평균율의 음이 아닌 것이 많이 들어갈수록 매끈한 공간의 특성을 가진 곡이 될 수 있다. 음악이 이렇다면 매끈한 읽기는 독자가 텍스트를 읽으면서 원칙이나 규칙에서 벗어나는 것이며, 그 벗어남은 원칙이나 규칙이 정해져 있지 않은 다른 요소를 삽입하여 해석하는 것이다. 텍스트 읽기에서 원칙이나 규칙이 정해지지 않는 삽입 요소는 한정하기 어렵다. 삽입 요소는 독자가 선택하는 것이고, 삽입하는 위치도 독자가 정하는 것이다. 음악에서 다른 음의 삽입이 다른 형식의 음악을 만들 듯, 매끄러운 읽기도 텍스트에 대한 기존의 이해와는 다른 이해를 하게 한다.

음악 모델을 따르는 홈패인 읽기와 매끈한 읽기도 혼합된다. 음악 모델에서의 혼합적 읽기는 홈패인 읽기에서 매끈한 읽기로의 변화이다. 이는 모범적인 홈패인 읽기는 있지만 매끈한 읽기의 모범적 모델이 없음을 뜻한다. 음악 모델에서의 혼합적 읽기는 홈패인 읽기에 매끈한 읽기의 요소를 추가하는 것이다. 이 혼합적 읽기는 홈패인 읽기에 토대를 두고, 필요한 추가할 요소를 추가하는 읽기이다. 이에서 새로운 요소의 추가는 홈패인 읽기와 이해를 강화하는 것이 아니라 탈주하는 읽기를 이룸을 전제한다. 텍스트에 대한 새로운 이해로 다른 것을 얻기 위한 읽기라 할 수 있다.

그렇다면 교수라는 말을 대신하여 어떤 말을 써야 할까? 다시 『논어』의 <술

이>(述而)에 나오는 '학이불염 회인불권(學而不厭 誨人不倦, 학시습에 싫증을 내지 않고 사람을 가르침에 권태를 느끼지 않는다)이라는 유명한 문장을 살펴보자. 이 문장에서 학(學)은 습(習)이나 사(思)와 구분되는 학(學)이 아니라, 학이시습(學而時習) 또는 학이사(學而思)의 의미를 지니는 활동으로서의 학(學), 즉 학시습을 가리키는 말로 사용되고 있다. 이러한 학시습과 대구를 이루는 단어가 회인(誨人)인데, 이는 현존재의 심려가 요청하는 본래적인 교육의 면모를 안에 담고 있는 그야말로 의미심장한 말이다.(엄태동, 2016: 91-92)

지금에 말한 至善은 自性이 본래 선도 없고 악도 없는 진실한 자체로서 다만 하나의 광명뿐이요 안과 바깥도 없으며 옛과 지금도 없고 나와 남도 없으며 옳고 그름도 없는 것을 크게 깨달아 밝힘이니, 이른바 '독립하여 변동이 없는 것'이다. 여기에는 한 점의 무엇도 붙을 수 없고 말끔히 소탕되어서 미세한 티끌도 없다. 만약에 선으로 악을 쳐부수어 악이 제거되고 선이 남아 있으면 그것으로 오히려 한 層이 막혀 있나니 이 하나의 선자(善字)는 원래 客인 塵이고 이 본래의 주인이 아니다. 그러므로 그는 지극한 자리이거나 그칠만한 땅이 아니다.(원조각성 역, 2002: 52-53)

위의 첫 인용문은 『논어』의 '학이불염 회인불권(學而不厭 誨人不倦)을 해석하는 내용이다. 여기서 '학(學)'의 의미와 '회인(誨人)'의 의미를 해석하고 있다. 이들 낱말의 해석에서 보면, 기존에 '學而不厭 誨人不倦'의 학(學)과 회인(誨人)을 해석하던 원칙이나 규칙을 벗어나 있다. 학(學)의 해석에 학시습(學時習)의 토대가 되는 학이시습(學而時習) 또는 학이사(學而思)의 의미를 추가하고 있고, 회인(誨人)의 해석에 하이데거의 '현존재의 심려'의 의미를 추가하고 있다. 두 번째 인용문은 『대학』의 첫 구절 '대학지도 재명명덕 재친민 재지어지선(大學之道 在明明德 在親民 在止於至善)'의 끝 구절 '지선(至善)'을 해석하는 내용이다. 지선(至善)은 유학적(儒學的) 의미를 지닌 말인데 이를 해석하면서 불교적 개념인 '자성(自性, 스스로 그러한 성질)'을 추가하여 해석하였다. 그럼으로써 '선(善)'자와 '지선(至善)'의 의미는 물론 『대학』의 의미는 전혀 다른 것이 됨을 예상할 수 있다. 이러한 음악 모델의 혼합 공간 특성을 반영한 혼합적 읽기의 실행 요인을 정리하면 다음과 같다.

첫째, 영도이다. 여기서 '영도'는 불레즈의 용어로 "화음은 대위법의 '영도'(degree zero of counterpoint)"에서 온 말이다. 영도는 정해진 주파수나 규칙성과 대비된다. 화음을 위의 인용문을 예로 보면, 학(學)과 학시습(學時習)이 나란히 놓이는 것이나 '지선(至善)'과 '자성(自性)'이 나란히 놓임으로써 화음의 형식을 이루는 것이다. 화음은 '높이가 다른 둘 이상의 음이 함께 울릴 때 어울리는 소리. 어울림음, 안어울림음 따위이다.'[표준국어대사전] 이 화음에 두 가지 이상의 소리가 어울리는 것이듯, 읽기에서도 추가된 요소가 텍스트의 내용과 어울리는 것이 화음과 같다. 대위법은 '둘 이상의 독립된 선율이나 성부를 동시에 결합시켜 곡을 만드는 복음악(複音樂)의 작곡법. 크게 선적 대위법과 화성적 대위법으로 나뉜다.'[표준국어대사전] '영도'는 '음악 모델'에 대한 논의에서 인용한 불레즈의 음악론에서 '매끈한 것 내지 내재성의 평면으로서 어느 방향으로든 뻗어나갈 수 있는 무한한 잠재적 가능성의 상태'이다. 즉 음악 모델의 혼합적 읽기에서 '영도'는 텍스트의 내용 요소와 다른 외부 요소를 나란히 놓음으로써 어떤 것으로든 해석될 수 있는 잠재적 가능성을 가진 상태가 되게 하는 것이다.

둘째, 비계량적이다. '비계량'은 계량하지 않은 것이다. 정확하게 수치로 재지 않음을 의미한다. 다른 말로 하면, 음(소리)의 주파수가 수치로 정확하게 어울리도록 맞추지 않음을 지시한다. 읽기와 관련지어 보면, 텍스트의 특정 내용 요소의 해석을 위해 추가하는 요소가 어울리지 않는 것이다. 위의 인용문에서 '지선(至善)'의 의미를 해석할 때 유학(儒學)적 개념을 담은 말이 아닌 불교적 개념을 담은 자성(自性)을 추가하는 것이다. 개념이나 의미의 결이 다른 것을 추가함으로써 텍스트 내용이 지닌 의미가 달라지고, 독자의 텍스트 이해가 달리 일어나게 된다.

셋째, 부가적이다. 부가는 덧붙이거나 첨가하는 것이다. 여기에서의 부가는 동일한 것을 반복 사용하는 것이 아닌 다른 것을 첨가하는 것이다. 음악 모델에서, 매끈한 읽기로 나아가는 혼합적 읽기는 새로운 것을 첨가하거나 덧붙임으로써 이루어진다. 이 부가는 음악의 곡을 만들 때 모듈을 사용하지 않음으로써 가능하게 된다. 모듈을 수치화된 음들의 음정과 선율을 묶어서 곡을 만드는 방식이다. 이 모듈에 포함되지 않는 음을 사용하거나 모듈 자체를 사용하지 않으면 곡을 이루는 음들이 새로운 형태로 조직되게 된다. 이는 곡에 음이 부가적으로 작용하게 한다. 읽기와 관련하여 보면, 특정한 관점이나 논리를 텍스트의 내용을 해석하던 방식에 낯선 관점이나 논리 또는 해석 요소를 첨가하는 것이다. 이 새로운 요소의 부가는 텍스트 이해를 새롭게 하게 한다.

넷째, 이질적이다. 이질은 다름을 의미하다. 성질이나 특성이 다름이 이질이다. 여기에서의 이질은 중의적 의미가 있다. 부가 요소의 성질이나 특성이 이질적임을 지시한다. 요소의 이질은 읽기(해석) 활동이나 해석 내용이 이질적으로 되는 것에 토대가 되거나 전제가 된다. 여기에서의 이질은 음악에서 요소 부가로 인하여 이질적인 형식의 곡이 됨을 의미한다. 이질적인 음악은 곡의 작곡 방식[11]뿐만 아니라 연주나 감상의 방식을 달리하게 한다. 텍스트 읽기에서 이질적인 요소의 부가는 읽기 활동, 해석 방식, 해석 내용, 이해 결과 등이 이질적인 것이 되게 한다.

---

11 크세나키스의 메타스타시스 악보(인터넷 검색)

다. 특화 방식: 유동, 촉지, 내포, 장악

특화는 '한 나라의 산업 구조나 수출 구성에서 특정 산업이나 상품이 상대적으로 큰 비중을 차지함' 또는 '어떤 한 부분을 전문화하는 것'(민중국어사전)을 뜻한다. 일반적으로 '특별하게 만듦'의 의미를 포함한다. '특화 방식'은 특별하게 만드는 방법이나 형식을 의미한다. 이 특화 방식은 바다 모델에서 유추된 것이다. 들뢰즈와 과타리의 혼합 모델 중 바다 모델의 특성을 반영한 독자의 텍스트 읽기와 이해의 방식이 특화 방식이다. 텍스트 읽기와 관련한 특화 방식은 독자가 텍스트 이해를 특별하게 하는 방법이다. 독자의 텍스트 읽기를 바다 모델에 비추어 보았을 때 드러나는 방법의 특성이라 할 수 있다. 독자는 이 특화 방식으로 텍스트를 읽음으로써 바다(하늘)의 혼합 모델을 실현하는 이해를 할 수 있게 된다.

바다(하늘) 모델의 측면에서 홈패인 읽기와 매끈한 읽기를 먼저 검토할 필요가 있다. 바다 모델은 본질적으로 매끈한 읽기를 먼저 따져 보아야 한다. 바다는 홈패인 공간이기 전에 매끈한 공간이었기 때문이다. 매끈한 읽기는 좌표 없이 텍스트를 읽어내는 것이다. 독자는 좌표를 갖고 있지 못하기에 텍스트의 각 부분을 독자만의 방식으로 이해한다. 매끈한 공간인 바다에 배를 타고 나간 사람은 배가 위치한 바다를 자기만의 방식으로 지각한다.

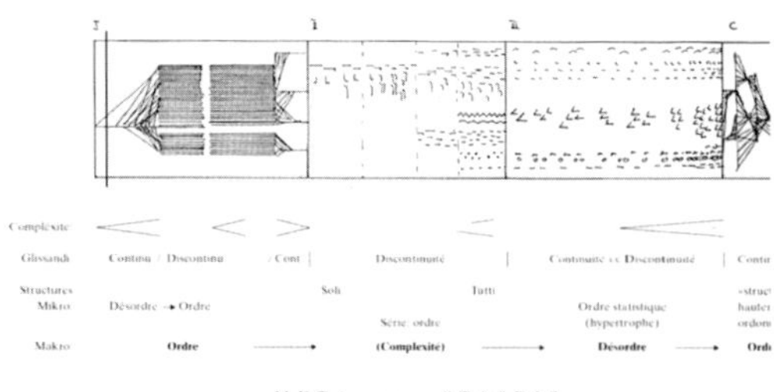

바다의 색깔, 깊이, 파도, 냄새, 온도, 연안 모양 등을 파악하여 특개성이 내재된 곳으로 파악하게 된다. 자기만의 경험으로 자기만의 특개성이 내재한 바다로 지각하는 것이다. 즉 매끈한 공간인 바다에 대한 인식은 감각(오감)적, 직관적, 경험적, 직접적으로 한다. 매끈한 읽기도 마찬가지이다. 독자는 텍스트의 내용에 대하여 자기만의 방식으로 감각(오감)적, 직관적, 경험적, 직접적으로 읽는다. 독자 개인의 특개성이 내재한 텍스트 이해를 하는 것이다.[12] 이 이해에는 통일성이나 합의성은 존재하지 않는다. 오직 개별 독자만의 독특한 이해만 존재한다.

바다는 사람들에 의해 홈패인 공간이 되었다. 홈패인 공간의 특성이 반영된 읽기가 홈패인 읽기이다. 바다 모델이 전제된 홈패인 읽기는 다른 홈패인 읽기보다 강력하다. 이 읽기에서는 텍스트 내용의 전체와 부분에 부여된 좌표값이 중요하게 관여한다. 이는 텍스트를 읽는 방식은 물론 텍스트의 각 부분의 의미와 전체의 의미가 모두 정해진 좌표값을 가지고 있음을 뜻한다. 독자의 텍스트 읽기는 텍스트 내용 위에 펼쳐져 있는 촘촘한 좌표값으로 지정되어 있는 의미의 그물망을 인식하거나 습득하는 행위이다. 이 텍스트의 의미 그물망을 얻은 독자는 누구나 텍스트를 이해할 수 있다. 이 독자들의 텍스트 읽기는 동일한 방식으로 동일한 이해에 이루게 한다. 홈패인 읽기는 독자의 텍스트 읽기와 이해가 동일성을 갖게 하고, 동일성을 반복하는 읽기 활동이 되게 한다.

이들 홈패인 읽기와 매끈한 읽기는 혼합된다. 바다 모델에서의 혼합적 읽기는 앞의 두 모델의 혼합적 읽기와는 다르다. 바다 모델에서의 혼합적 읽기는 홈패인 읽기를 매끈한 읽기로 되돌리는 것이다. 이 되돌리기 읽기는

12 독자가 특개성을 포착한 텍스트 이해에 대한 논의는 김도남(2024a)의 8장을 참조할 수 있다.

처음의 매끈한 읽기로 되돌아가는 것과는 다른 읽기이다. 처음 매끈한 읽기는 텍스트에 좌표값이 없을 때 독자가 개별적으로 이해하는 읽기였다. 반면 홈패인 읽기에서 매끈한 읽기로 되돌아가는 혼합적 읽기는 텍스트 내용 위에 펼쳐진 좌표값을 가진 의미의 그물망이 있는 상태에서 매끈한 읽기를 실행하는 일이다. 이에는 현존함대와 전략 잠수함의 방법이 필요하다. 독자는 텍스트의 내용을 이해하는 자기만의 필요와 목적이 있어야 하는 것이다.

> 니체는 쇼펜하우어를 학시습하기 이전부터 그리스 고전에 대한 학시습을 통해 그리스 정신을 자기 것으로 수용하고 있었다. 그의 지평의 한 가운데에 그리스 정신이 자리 잡고 있었다. 그리스 정신을 통해 당대의 유럽을 바라보고자 했다. 그리스 정신은 '죽음을 견디고 부활하는 디오니소스적인 것이고, 비극 속에서도 삶을 의욕하는 것이다. 이 점에서 니체의 디오니소스적 지평은 쇼펜하우어의 염세주의와는 색체가 다르다. 니체는 이러한 그리스 정신을 자신의 지평으로 지니면서 쇼펜하우어를 학시습했다. 그리스적인 것과 쇼펜하우적인 것은 두 개의 상이한 지평으로서 그대로는 니체의 내면에서 함께 동거할 수 없다. 두 지평 간의 융합이 생겨났으며, 그것은 쇼펜하우어적이면서도 소펜하우어와는 다른 것이다.
>
> 모든 이해(理解)는 이해(異解)이다. 니체는 자신의 지평을 갖고 쇼펜하우어를 학시습하면서 그를 닮아 가며 학숙한다. 그러나 동시에 그은 쇼펜하우어와는 다른 니체 자신으로 이숙된다. 자신의 고유한 길과 지평을 형성하여 이해하면서 니체는 '현상의 세계는 표상이고, 현상의 배후에 본질에 해당하는 세계가 따로 있는 것은 아니며, 우리가 살고 있는 이 세상이 있을 뿐'이라는 니체적인 사유를 전개한다. 그럼으로써 쇼펜하우어를 포함하여 서양의 형이상학 전체로부터 떨어져 나가는 새로운 길을 열게 된다.(엄태동, 2018: 51)

이 인용문은 니체와 그의 책에 관한 내용이다. 저자는 니체와 관련된 책을 읽고, 니체의 배움과 사유를 규정하고 있다. 니체를 이렇게 규정하는 것은 '배움'을 설명하기 위해서이다. 니체가 쇼펜하우어를 통하여 학시습을 하면서, 학숙과 이숙으로 배움 세계를 열었다는 것이다. 이 내용에는 니체에 대한 홈패인 읽기가 전제되어 있다. 그리고 매끈한 읽기로 되돌아가는 혼합적 읽기를 실행하고 있다. 매끈한 읽기를 가능하게 하는 혼합적 읽기에서는 저자가 교육적인 학시습과 학숙, 이숙을 끌어들인다. 위 인용문의 저자는 니체의 텍스트나 니체와 관련된 텍스트를 새로운 매끈한 방식으로 읽고 이해하고 있다. 이러한 바다 모델의 혼합 공간 특성을 반영한 혼합적 읽기의 실행 요인을 정리하면 다음과 같다.

첫째, 유동적이다. 유동은 정착민의 고정과 대비되는 것으로 이리저리 옮겨 다님이다. 유동은 유목민의 이동 특성을 반영한다. 유목민의 이동 특성은 점을 선에 종속시킴이다. 이는 정지하지 않고 이동하는 것이면서, 정해진 것 또는 규정된 것을 따르지 않음이다. 그렇기에 변하고 바뀌고 달라지는 것이다. 텍스트의 단위 내용은 독자에 의하여 이동한다. 이동하는 단위 내용은 정해진 의미나 규정된 개념만 갖는 것이 아니다. 이동한 곳, 흘러간 곳, 머무는 곳 등에 따라 새로운 의미나 개념을 갖게 된다. 유동은 이동과 함께 변화 또는 생성을 함의한다. 독자의 텍스트 읽기에는 유동이 내재한다.

둘째, 촉지적(haptique, haptic)이다. 'haptic'은 촉감, 촉각형의 특성을 지시한다. 이 촉지는 유기체 기관의 기능과 대비된다. 촉감은 오감(五感) 중 하나이다. 피부로 느끼는 감각을 지시한다. 이 논의에서 촉감은 피부로 느끼는 것뿐만 아니라 몸으로 느끼는 일체의 감각을 의미한다. 시각, 청각, 미각, 후각, 촉각뿐만 아니라 몸, 의식, 무의식으로 느끼는 모든 것이다.[13] 매끈한 공간에

13 하늘과 땅을 나누는 어떠한 선이나 중간에 개재하는 거리도, 원근법이나 윤곽선도 없다.

서의 대상 인식은 온몸의 모든 감각을 활용하여 이루어진다. 그리고 그 공간의 특정한 대상을 중심으로 이루어진다. 이 특정한 대상은 공간의 일부이고 부분적인 것이다. 이를 지시하는 말이 '국지적(local)'이다. 국지적이라는 말은 제한된 부분을 뜻한다.[14] 즉 텍스트 읽기에서 촉지적이라 함은 텍스트의 특정한 부분이나 요인에 대해 독자가 일체의 감각을 활용하여 인식함이다. 조금 확대하면, 텍스트 읽기에는 독자의 몸과 정신의 모든 부분이 관여한다.

셋째, 내포적(intensity)이다. 'intense'는 강렬한, 격앙된, 격렬한, 맹렬한, 열정적 등이 내재된 감정을 지시한다. 내포는 강렬하고 열정적인 감성적 작용, 즉 감응을 가리킨다.[15] 이 내포는 대상에 대해 매혹(fascination)을 느낄 때 일어난다. 즉 대상에 대한 특별한 감성 또는 감응으로 대상을 인식하는 것을 의미한다. 독자가 매끈한 읽기를 위해서는 텍스트의 특정한 내용에 대하여 내포적이어야 한다. 독자가 텍스트의 특정한 용어나 개념, 정보, 사건, 감정(정서), 논리, 아이디어 등에 대하여 내포적 반응을 할 때가 있다. 이에 대하여 독자가 의식을 집중하여 구체적으로 인식을 확대할 때 특개성이 내재된 이해를 하게 된다. 이 이해가 내재할 때 매끈한 읽기와 특별한 이해가 이루어지게 된다.

시계는 한정되어 있으나 그럼에도 불구하고 여러 지점이나 대상이 아니라 <이것임>들, 즉 온갖 관계의 다양한 집합(바람, 눈이나 모래의 파동, 모래의 노래, 어름을 깨치는 소리, 모래와 빙원의 촉각적 질)을 기반으로 해서 성립하는 극히 섬세한 위상학이 존재한다. 이것은 시각적이라기보다는 오히려 음향적인 공간으로 촉각적 또는 '촉지적(haptique)' 공간이다. 방향의 가변성, 다양성은 리좀 유형의 매끈한 공간의 본질적인 특징으로서 이 공간의 지도를 끊임없이 바꾸어 나간다. 유목민의 유목 공간은 국지화되지만 제한되지 않는다.(김재인 역, 2003: 733-734)

14 포괄성은(globalité)은 많은 부분들을 자기 안에 담는 것이고, 국지성(localité)은 어떤 제한된 부분에 머물러 있는 것을 뜻합니다. 포괄성은 부분들을 자기 안에 포함하는 만큼 국지적이라기보다는 전반적이고 전체적이며, 이런 의미에서 국지적인 것과 대립됩니다.(이진경, 2003b: 666)

15 읽기에서의 감응에 대한 논의는 김도남(2023b)의 6장을 참조할 수 있다.

넷째, 장악적(occupy)이다. 장악은 좌표의 그물과 대비된다. 장악(掌握)은 손에 쥐고 있어 마음대로 할 수 있음을 의미한다. 이 장악은 좌표의 그물망에 의한 홈패인 읽기에서 매끈한 읽기로의 돌아가는 혼합적 읽기와 관련된다. 현존함대나 전략 잠수함이 홈패인 지구의 전체 공간을 장악하듯, 바다 모델의 혼합적 읽기도 텍스트 내용 전체의 장악을 특성으로 한다. 홈패인 읽기가 이루어진 상태에서 매끈한 읽기를 실행하기에 장악이 가능하다. 위 인용문에서 보면, 저자는 니체의 책이나 관련된 책을 장악한 읽기로 자기의 배움에 관한 내용을 드러내고 있다. 텍스트 내용을 전체적으로 인식한 독자는 이 인식을 토대로 특개성이 내재한 텍스트 이해를 실행한다.

4. 읽기 규정하기

독자의 텍스트 읽기는 보는 방식에 따라 달리 규정된다. 독자가 텍스트를 읽고 이해하는 특성이 읽기마다 다른 것이다. 이는 읽기를 어떻게 보고, 규정하느냐에 따라 읽기가 다르게 드러남을 의미한다. 이는 독자의 읽기를 특정한 형태로 한정해서는 안 됨을 뜻한다. 그렇지만 우리는 읽기를 특정한 형태로 규정하고 싶어 한다. 읽기를 홈패인 공간의 특성으로 규정했을 때, 읽기의 편리함이 있다고 여기기 때문이다. 읽기의 편리함은 모든 독자가 같은 읽기 방식으로 수월한 읽기를 할 수 있게 돕는다. 그렇지만 수월한 읽기는 독자만의 이해가 필요한 매끈한 읽기를 제한한다. 홈패인 읽기가 독자가 자기를 잊고, 감추고, 벗어나게 한다면, 매끈한 읽기는 독자가 자기를 지키고, 찾고, 밝히고, 생성하게 한다.

텍스트 읽기에서 홈패인 읽기와 매끈한 읽기는 독자 내에서 길항한다. 독자의 의지는 매끈한 읽기를 지향하지만 현실은 홈패인 읽기를 반복한다.

이들 읽기가 길항하는 이유는 첫째, 독자가 사회화의 과정에서 홈패인 읽기를 먼저 만났기 때문이다. 둘째, 홈패인 읽기가 매끈한 읽기를 소독하기 때문이다. 셋째, 독자가 매끈한 읽기를 하는 방법을 모르기 때문이다. 그래서 독자는 익숙한 홈패인 읽기로 텍스트를 읽는 활동을 반복한다. 홈패인 읽기를 하는 독자는 자기를 지키고 생성하지 못하기 때문에 의식이 언제나 제자리에 머문다. 독자가 자기를 새롭게 하는 초월적 읽기를 하기 위해서는 매끈한 읽기를 이해하고 이를 실행해야 한다.

매끈한 읽기의 실행은 홈패인 읽기를 토대로 이루어진다. 독자가 매끈한 읽기를 위해서는 자기의 읽기가 홈패인 읽기임을 이해하는 것이 필요하다. 그리고 매끈한 읽기가 어떤 읽기인지 알고, 매끈한 읽기의 방법을 이해해야 한다. 이를 바탕으로 자기를 초월하는 매끈한 읽기를 실행할 수 있다. 독자가 실행할 매끈한 읽기의 방법이 한 가지만 있는 것이 아니다. 그렇기에 매끈한 읽기를 인식하기 위해서는 몇 가지의 인식 틀을 활용해야 한다. 몇 가지의 인식 틀의 이해는 다른 매끈한 읽기를 이해하고 실행할 수 있게 한다.

이 장에서는 홈패인 읽기에서 벗어나 매끈한 읽기로의 실행을 혼합적 읽기라고 보았다. 혼합적 읽기는 매끈한 읽기가 읽기의 지향점이지 완전한 읽기가 아님을 뜻한다. 또한 매끈한 읽기는 홈패인 읽기를 토대로 새로운 읽기를 지향하는 것임을 의미한다. 독자는 매끈한 읽기에 다양한 방식이 있음을 이해하고, 필요에 따라, 상황에 따라, 현실에 따라 매끈한 읽기를 실행할 필요가 있다. 이를 통하여 독자는 자기에게 필요한, 자기만을 위한, 읽기를 실행할 필요가 있다. 독자가 자기만의 읽기와 이해를 이루었을 때, 모든 독자는 자기를 가진 독자가 된다. 자기를 가진 독자는 다른 독자와 함께 서로를 가꾸는 공존하는 삶을 산다.

제11장 — 공간 모델과 읽기 규정(2)

1. 읽기 규정

독자의 읽기는 실행으로 규정된다. 읽기의 실행에는 읽기 원리가 내재한다. 독자의 읽기 실행에 내재한 읽기 원리는 밝혀진 것도 있지만 그렇지 않은 것도 있다. 우리는 읽기를 밝혀진 원리로만 규정하려 한다.[1] 밝혀지지 않은 읽기 원리는 도외시한다. 이는 독자가 읽기에 대하여 다 안다고 착각하게 만든다. 그러나 독자의 텍스트 읽기에는 밝혀지지 않은 원리가 있다. 밝혀진 원리보다 밝혀지지 않은 원리가 더 많을 수 있다. 우리는 독자의 텍스트 읽기에 대하여 일부만 아는 것이지 전체를 아는 것이 아니다. 읽기를 어떤 관점과 논리로 탐구해도 전체를 알기는 어렵다. 읽기 전체를 알고 실행하는 일은 일어나지 않는다. 독자는 자기가 실행하는 읽기로 읽기를 규정할 뿐이다. 이는 독자의 읽기에 관한 규정(이하 '읽기 규정')이 달라지면 읽기의 실행이 바뀔 수 있음을 뜻한다.

읽기에 대한 논의와 읽기 규정은 다양하다. 읽기 규정은 밝혀진 읽기 원리

---

1 읽기는 독자의 인지적 문제해결 활동으로 스키마(배경지식), 읽기 기능, 읽기 전략 등을 활용하여 이루어진다.

로 이루어진다.[2] 독자는 이들 읽기 규정에 따른 읽기를 실행하려 한다. 이 읽기 규정을 따르는 읽기가 텍스트 이해의 본질을 담보한다고 여기기 때문이다. 독자는 텍스트 이해의 본질에 충실하고 싶어 한다. 읽기 학습은 이 읽기 본질을 위한 것이다. 그렇기에 학생의 읽기와 읽기 학습을 돕는 읽기 교육은 읽기 규정에 민감하다. 학생이 읽기 규정을 알고 읽기 본질에 충실한 읽기를 하는 독자가 되도록 해야 하기 때문이다. 이것이 읽기 교육에서 특정한 읽기에 관한 규정을 강조하게 한다. 읽기에 관한 특정한 규정을 잘 따르는 읽기가 읽기의 본질에 충실한 읽기라고 여기는 것이다. 그러다 보니 읽기 교육은 다양한 읽기에 관한 규정보다는 단일 규정에 갇히는 특성이 있다. 물론 읽기 교육이 모든 학생을 대상으로 하기에 단일 규정으로 해야 하는 점도 있다. 그렇지만 다른 규정을 도외시함은 독자의 읽기 실행을 단일한 형태로 고착시킨다.

學而時習之 不亦說乎(학이시습지 불역열호): 배우고 때때로 익히면 또한 기쁘지 아니한가?

—『논어』 학이(學而)편-1

學而不思則罔 思而不學則殆(학이불사즉망 사이불학즉태): 배우기만 하고 생각하지 않으면 얻음이 없고, 생각하기만 하고 배우지 않으면 위태롭다.

—『논어』 위정(爲政)편-15

2 읽기는 독자가 자신의 배경지식이나 경험을 활용하여 언어를 비롯한 다양한 기호나 매체로 표현된 글의 의미를 능동적으로 구성하는 행위이다.(2022 국어과 교육과정의 읽기 영역의 '내용 체계표')

위 인용문은 『논어(論語)』에 나오는 공자의 말이다. 이 말을 토대로 읽기를 다른 방식으로 규정해 보고, 읽기 규정의 방식을 검토해 본다. 첫 구절은 배움[學]과 익힘[習]에 대한 것이고, 다음 구절은 배움[學]과 생각[思]에 대한 것이다. '배움'은 '익힘'으로 이어져야 하고, 또한 배움은 반드시 '생각'과 관계를 맺어야 한다는 말이다. 요건대, 배움은 익힘이나 생각과 함께해야 한다. 사람의 배움을 이루는 대표적인 방법이 '읽기'이다. 그렇다면 읽기에는 익힘이나 생각이 내재해야 한다. 배움은 '주는 것' 또는 '주어진 것'을 얻는 일이다. 다른 사람이 주거나 책에 주어진 것을 얻는 것이다. 주는 것 또는 주어진 것은 얻기 전에 미리 존재하고 있어야 한다. 존재함은 밝혀진 것이고, 정해져 있는 것이다. 읽기로 한정해 보면, 배움은 책에 주어져 있는 것을 독자가 얻는 것이다. 그렇다면 익힘이나 생각은 밝혀져 있거나 정해져 있는 것이 아니다. 익힘이나 생각은 주어진 것을 얻은 사람이 관련된 무언가를 직접 실행하고 이루어야 함을 함의한다. 이는 배움으로 얻은 것을 자기'만'의 것으로 만드는 것과 관련된다. 읽기는 배움의 일이면서, 익힘과 생각의 일이다.

『논어』의 구절로 볼 때, 독자의 '배움'은 텍스트에 들어 있는 것을 얻는 일이다. 배움은 텍스트에 들어 있는 것이 무엇이든, 그것을 독자가 충실하게 얻어 가지는 것이다.[3] 실제로 독자는 책에 들어 있는 것을 얻기 위하여 노력한다. 아이디어, 개념, 지식, 방법, 원리, 절차, 관점, 논리, 사상 등을 얻으려고 한다. 독자가 텍스트 읽기에서 얻는다는 것은 일차적으로 '알다'[4]를 뜻한다.

---

3 배운다는 말은 본받는다는 뜻이다. 사람의 본성(本城)은 모두 선(善)하니 이것을 앎에는 먼저 하고 뒤에 함이 있으니, 뒤에 깨닫는 자는 반드시 선각자(先覺者)의 하는 바를 본받아야 선(善)을 밝게 알아서 그 본초(本初)를 회복할 수 있을 것이다.(學之爲言은 效也라. 人性皆善이나 而覺有先後하니 後覺者必效先覺之所爲라야 乃可以明善而復其初也라.)(성백효 역, 2011: 28)

4 교육이나 경험, 사고 행위를 통하여 사물이나 상황에 대한 정보나 지식을 갖추다.[표준국어대사전]

독자의 얻음을 좀 더 적극적으로 말하면 '같아지다'를 뜻한다. 독자가 텍스트에서 주는 것 또는 주어진 것과 같게 되거나 닮는 것이다. 구체적으로, 텍스트의 아이디어, 개념, 지식 등과 독자의 의식 내용이 동일성을 이루는 것이다. 배움에 충실한 독자는 텍스트의 내용을 자기의 의식 내용으로 삼는다. 이 독자는 텍스트의 모든 내용을 얻을 수도 있고, 부분이나 일부의 내용만을 얻을 수도 있다. 텍스트 내용과 독자의 의식 내용이 동일성을 이루었을 때 배움이 일어났다고 할 수 있다.

'익힘'은 능숙해지도록 수련하는 것이다. 능숙은 뛰어나게 숙달한 것이다. 뛰어남은 남들과 차별되게 잘하는 자기를 가짐이다. 숙달은 능통하게 잘하는 자기를 만듦이다.[5] 독자의 익힘은 배운 것을 능숙하게 하는 것이다. 배움이 동일성을 이루는 것이라면, 익힘은 뛰어나게 숙달하는 것으로 차이성을 만드는 것이다. 독자의 배움이 수동적인 입장에서 수용하는 것이라면, 익힘은 능동적인 입장에서 새롭게 생성하는 것이다. 이는 독자의 의식 활동이 태세를 전환함으로써 가능하게 된다. 독자가 자기의식을 내세워 텍스트에서 배운 것으로 뛰어나게 잘하는 자기를 만드는 일이다. 배운 것으로 새로운 자기를 생성하는 것이다. 즉, 익힘은 새로운 자기를 갖는 차이성을 이루는 일이다. 이 차이성은 책과 다름이고, 남과 다름이다. 무엇보다 중요한 것은 기존의 자기와 다름이다. 책을 읽은 후, 익힘을 한 독자는 익힘 활동 전과 달라져야 한다. 이는 들뢰즈의 말로 '차이의 반복'이다.[6] 익힘은 자기 자신은 물론 자기 과제, 과업, 생활, 삶에서 차이의 반복을 실현하는 일이다. 독자가 텍스트를 읽고 배움을 이루는 것이 동일성의 반복이라면, 익힘을 이루는 것은 차이성

---

5 습(習)은 새가 자주 나는 것이니, 배우기를 그치지 않음을 마치 새 새끼가 자주 나는 것과 같이 하는 것이다.(習은 鳥數飛也니 學之不已를 如鳥數飛也라)(성백효 역, 2011: 28)

6 차이의 반복에 대해서는 김상환 역(2004)과 김채춘·배지현(2016) 논의를 참조할 수 있다.

을 반복하는 것이다.

‘생각’은 마음속으로 짐작하고 따져보고 분별하고 판단하는 의식 활동이다. 공자가 말하는 ‘생각’을 독자의 배움과 관련지어 보면, 독자는 배운 것을 생각①해야 하고, 생각②하는 것을 이루기 위해서 배워야 한다. 여기서 생각①과 생각②은 다른 의미를 내포한다. 생각①은 ‘망(罔, 그물)’과 관련되고, 생각②은 ‘태(殆, 위태롭다)’와 관련된다. 망(罔)은 ‘그물에 갇힘’이나 ‘그물 속에 든 것이 없음’을 함의한다. 태(殆)는 ‘위험에 처함’이나 ‘해를 입음’을 함의한다. 이를 적극적으로 해석하면, 망(罔)과 관계된 생각①은 기존의 의식에서 벗어나거나 의식의 내용을 새로운 것으로 채움을 강조한다. 그리고 태(殆)와 관계된 생각②은 자기를 잘 지키고 자기 삶을 충실하게 하는 것을 강조한다.[7] 이로 보면, 익힘이 의식 내용의 차이 생성을 뜻한다면, 생각은 기존의 의식에서 탈주하는 것과 자기를 지키고 자기다움을 갖추는 것을 뜻한다. 이로 보면, 읽기는 배움의 동일성을 통해 익힘이나 생각으로 차이성을 지닌 자기를 생성하는 일이다.

익힘과 생각에는 자기 생성이 내재한다. 배움과 대비하여 익힘과 생각을 ‘생성’이라 규정한다. 이 배움과 생성의 속성을 들뢰즈와 과타리가 『천 개의 고원』 14장에서 사용하는 용어를 빌려 표현할 수 있다. 배움은 정착민의 ‘홈패인 공간’의 특성을 반영한다. 생성은 유목민의 ‘매끈한 공간’의 특성을 반영한다. 정착민이 사는 도시는 홈패인 공간으로 반복성을 그 내적 특성으

7 子曰 學而不思則罔 思而不學則殆에 대한 주희(朱熹)의 주석(註釋)을 보면 다음과 같다.
◦不求諸心이라 故로 昏而無得하고 不習其事라 故로 危而不安이라. (마음에 구하지 않으므로 어두워서 얻음이 없고, 그 일을 익히지 않으므로 위태로워 편안하지 못한 것이다.)
◦程子曰 博學審問愼思明辯篤行 五者 廢其一이면 非學也니라.(程子(伊川)가 말씀하였다. 博學·審問·愼思·明辯·篤行 이 다섯 가지 중에 하나만 폐지하여도 학문이 아니다.)(성백효 역주, 2011: 66)

로 한다. 유목민이 사는 초원, 빙원, 사막은 매끈한 공간으로 차이성을 그 내적 특성으로 한다. 독자의 텍스트 읽기는 홈패인 공간에서 매끈한 공간으로의 이동을 지향한다. '學而不思則罔 思而不學則殆'를 떠올려 볼 때, 홈패인 공간과 매끈한 공간은 서로 의존한다. 다른 말로 홈패인 공간의 특성을 지닌 '배움 읽기'는 매끈한 공간의 특성을 지닌 '생성 읽기'와 섞여야 한다. 어느 한쪽으로만 읽는 읽기는 가치가 부족하거나 읽기로 존재할 수 없다. 이 배움 읽기와 생성 읽기는 상보적으로 매끈한 공간의 특성을 가진 읽기를 지향할 필요가 있다.

이들 사이에는 끊임없는 섞임의 과정이 내재한다. 독자가 필요에 의해서도 섞기도 하지만, 섞일 수밖에 없는 조건이 내재한다. 읽기의 본질이 배움만을 위한 것이기보다는 익힘이나 생각을 위한 것이기 때문이다. 독자는 생성 읽기를 하려고 한다. 그렇기에 읽기에서 홈패인 배움 읽기는 매끈한 생성 읽기와 혼합된다. 이들의 혼합을 단순하게 설명하기는 어렵다. 읽기 자체가 다양한 특성을 갖고 있기 때문이다. 이를 설명하기 위해서는 이들의 구분과 섞임을 설명할 수 있는 논리가 필요하다. 이들 논리를 활용하면 읽기의 다양한 특성 중 몇 가지를 규정할 수 있다.

이 장에서는 읽기에 대한 몇 가지 실행적 규정을 논의한다. 이 논의의 토대는 『천 개의 고원』 14장(1440년－매끈한 것과 홈이 패인 것)이다. 이 14장에서는 홈패인 공간과 매끈한 공간의 섞임을 6가지 모델로 설명한다. 이 논의에서 수학-모델, 물리-모델, 미학-모델을 다룬다. 독자의 텍스트 읽기를 홈패인 공간 특성이 내재된 배움 읽기와 매끈한 공간 특성이 내재된 생성 읽기로 구분할 때, 이 두 읽기는 다양한 방식으로 섞이게 된다. 이들 읽기 방식의 섞임을 세 가지 모델을 중심으로 검토한다. 이는 읽기 실행 형태가 다양하고, 이에 따른 읽기 규정도 다양하게 존재할 수 있음을 알 수 있게 한다. 그동안의 읽기 규정이 홈패인 배움 읽기를 중심으로 이루어졌기에 여기서는 매끈한 생성 읽기를 중심으로 논의하면서 혼합적 읽기를 가늠할 수 있게 한다.

2. 공간 모델

독자의 텍스트 읽기는 배움 읽기와 생성 읽기가 상보적 혼합으로 이루어지게 해야 한다. 홈패인 배움 읽기와 매끈한 생성 읽기가 서로 섞일 때, 독자의 읽기는 변화한다. 이들의 섞임을 혼합적 읽기라 할 수 있다. 혼합적 읽기는 단일한 형태이기보다는 혼합의 정도에 따라 다양하게 실현된다.

> 따라서 우리는 항상 매끈한 것에서 홈이 패인 것으로, 또 홈이 패인 것에서 매끈한 것으로 이동해야 할 비대칭적인 필요성에 직면하게 된다. 매끈한 공간의 순회적인 기하학과 유목적인 수가 홈이 패인 공간의 왕립 과학에 끊임없이 영감을 제공하는 것이 사실이라면 반대로 홈이 패인 공간의 계량(메트론[metron])은 매끈한 다양체의 수많은 기묘한 여건들을 번역하는 데 필수 불가결하게 될 것이다. 그러나 번역은 결코 단순한 행위가 아니다. 즉 주파한 공간으로 운동을 대체하는 것으로 충분하지 않다. 일련의 풍부하고 복잡한 조작이 필요한 것이다.(김재인 역, 2003: 927)

매끈한 공간(것)과 홈패인 공간(것)은 서로를 향해 이동하면서 섞인다. 그 섞임은 비대칭적으로 이루어지기에 스펙트럼을 형성한다. 섞임은 한 가지만 있는 것이 아니라 정도의 차이에 따라 다양한 형태로 이루어진다. 그러면서 매끈한 공간은 홈패인 공간의 변화에 영감을 제공하고, 홈패인 공간은 매끈한 공간의 수많은 기묘한 여건들을 인식할 수 있게 돕는다. 즉 두 공간의 섞임의 특성을 갖는 읽기가 존재할 수 있게 한다. 두 공간의 섞임을 수학 모델, 물리 모델, 예술 모델을 중심으로 살펴, 혼합적 읽기의 특성을 밝히는 토대를 마련한다.

가. 수학 모델

수학(mathematic)은 인간의 경험과 인식을 객관적이고 논리적으로 정리하고 드러낸다. 우리는 수로 규정된 것을 신뢰하고 그것에 의존한다. 수(수학)는 자연과 사회뿐만 아니라 감각(감정), 심리, 의식, 무의식까지 측정하거나 기록하는 보편적인 도구로 발전하였다. 그렇기에 홈패인 공간(것)을 대표한다. 인류는 수학을 객관적이고 보편적인 것으로 만들어왔다. 수학적으로 계산하여 일반화하려고 하고, 수학식으로 만들어 설명하려는 노력을 해왔다. 고대부터 현재까지 수학으로 계산되고 증명되면 누구나 타당한 것으로 받아들인다. 그리고 한번 정립된 수학의 공식은 언제 어디서나 보편적인 것이 되었다. 그렇게 수학은 표준적이고 규칙적이기에 누구에게나 동일성을 갖는 규범으로 인식되었다.

> 수학 모델 – 수학자인 리만이 다양한 것(le multiple)을 술어 상태에서 떼어내 '다양체'라는 실사로 만든 것은 정말 하나의 결정적 사건이었다. 이것은 변증법이 종언을 고하고 다양체의 유형학과 위상학이 시작될 수 있는 길을 열어주었다. 각각의 다양체는 n개의 결정인(détermination)에 의해 정의된다. 이들 결정인들은 어떤 때는 상황으로부터 자유롭기도 하지만 상황에 의존하는 경우도 있다. 가령 두 점 간의 수직선의 크기와 다른 두 점 간의 수평선의 크기를 비교해 보기로 하자. 이 경우 다양체는 홈이 파여지고, 이 다양체의 결정인들은 크기이므로 계량될 수 있다. 반대로 높이는 같지만 강도가 다른 두 음 차이와 강도는 같지만 높이가 다른 두 음 차이는 비교할 수 없다. 이 경우 두 결정인은 오직

> '한쪽이 다른 한쪽의 일부이며 어느 정도라고까지는 말할 수 없지만 어느 쪽이 다른 한쪽보다 작다는 판단으로 만족할 때만' 비교될 수 있다.(김재인 역, 2003: 921-922)

위 인용문을 보면, 수학자 리만이 '다양체(multiplicité)'라는 개념을 만들었다. 이 다양체는 n개의 결정인(決定因)들에 의하여 정의가 되는데, 이 결정인들은 상황 의존적이기도 하지만 독립적이기도 하다. 여기서 상황 독립적인 결정인에 관한 규정은 수학의 변화를 가져왔다. 이 변화 중 하나는 상황 의존적인 결정인들로 다양한 것을 정의하는 변증법의 종언이다. 예로, 상황 의존적으로 두 점 사이의 수직선이나 수평선이 계량됨으로써 크기를 비교할 수 있다. 그렇지만 피아노의 건반 하나를 다른 강도로 치거나 같은 강도로 다른 두 건반을 쳤을 때 나는 음의 차이는 비교할 수 없다. 음의 차이에는 상황 독립적인 결정인이 관여하기 때문이다. 이들 음의 차이는 계량된 크기로 비교되지 않는다. 이는 수학이 홈패인 공간(것)으로 머무는 것을 용인할 수 없게 만든다. 수학에 매끈한 공간(것)이 존재함을 알게 한다. 수학적으로 매끈한 공간의 특성을 가진 과제는 다양하게 존재하고 있다.

> 마이농과 러셀은 거리(distance)라는 개념을 채용해 이것을 크기(magnitude)라는 개념과 대립시켰다. 거리란 정확히 말해 분할이 불가능한 것은 아니다. 하나의 결정인이 또 다른 결정인의 일부가 되는 경우 거리는 분할된다. 그러나 크기와는 반대로 거리는 **분할될 때마다 반드시 본성이 바뀐다**. 가령 하나의 강도는 첨가되고 변형 가능한 크기들로 구성되지는 않는다. 어떤 온도는 그보다 낮은 두 온도의 합계가 아니며 어떤 속도는 그보다 느린 두 속도의 합이 아니다. 그러나 각각의 강도 자체가 하나의 차이이기 때문에 분할의 각 항이 다른 항과 본성상 구분되는 질서에 따라 분할된다. 따라서 거리란 순서가 정해진 차이들의

> 집합이다. 즉 어떤 차이가 다른 차이에 감싸이는 집합으로서 정확한 크기와는 무관하게 어느 쪽이 더 크고 작은지를 판단할 수 있는 것이다. 가령 운동은 구보, 잰걸음, 느린 걸음으로 나눌 수 있다.(김재인 역, 2003: 922-923)

수학의 매끈한 공간과 관련하여, 마이농과 러셀은 '거리' 개념을 만든다. 거리는 분할 가능함을 가리키는 '크기' 개념과 대비된다. 거리는 분할이 가능하지 않은 것이다. 거리는 분할이 안 되는 것은 아니고 분할되면 그 본성이 바뀌는 것이다. 예로 '온도'나 '속도'를 들 수 있다. 50°C를 두 번 더하면 100°C가 되는데, 이는 50m를 두 번 더해 100m가 되는 것과는 다른 본성을 갖는다. 50°C와 100°C는 그 본성으로 지닌 강도 자체가 다르다. 50°C로는 라면을 익힐 수 없지만 100°C로는 익힐 수 있다. 100◦C로는 50°C로 할 수 없는 일을 다양하게 할 수 있다. 강도가 다른 것이다. 온도(°C)의 분할은 크기(m)의 분할과는 다른 현상, 즉 그 본성상 다른 것이 된다. 거리는 순서가 정해진 '차이'들의 집합이다. 이들 차이는 정확한 크기와는 다른 방식으로 크고 작음을 판단할 수 있다. 우리가 운동할 때, 100m 달리기, 마라톤, 아침 구보, 평지 걷기, 등산하기 등이 '거리'의 예가 된다. 베르그송은 이를 '지속'이라는 개념[8]을 사용하여 표현하였다.

---

8 이러한 점에서 다양체 이론의 발달에서 베르그송은 (후설보다 훨씬 더, 심지어는 마이농이나 러셀보다 훨씬 더) 커다란 역할을 했다고 할 수 있다. 왜냐하면 『의식의 직접 자료에 관한 시론』 이래 그는 변함없이 지속을 다양체의 한 유형, 계량적 다양체 또는 크기의 다양체와 대립하는 것으로 제시해 왔기 때문이다. 즉 지속이란 결코 분할 가능한 것이 아니라 오히려 분할 할 때마다 분할되는 것은 반드시 본성이 바뀌는 것이다.(아킬레우스의 달리기는 걸음들로 나뉘어지지만 크기를 더해 가는 형태로 이들 걸음들을 합치더라도 이러한 달리기 자체를 얻어낼 수 없다) 이에 반해 등질적인 확장으로서의 다양체에서는 아무리 분할하더라도 대상은 일정하면 어떠한 변화도 겪지 않는다.(김재인 역, 2003: 923)

> 리만 공간 또는 오히려 공간의 리만적 단편들의 경우가 그러하다. "리만 공간은 전혀 등질성을 갖고 있지 않다. 각각의 리만 공간은 무한히 근방에 있는 두 점 간의 거리의 제곱이라는 표현의 형식으로 특징지을 수 있다. (……) 따라서 하나의 리만 공간에서 근접해 있는 두 명의 관찰자가 직접 근방에 있는 점들의 위치를 결정하는 것은 가능하더라도 이 공간에서 서로의 위치를 설정하려면 새로운 협약을 맺어야 한다. 즉, 각각의 근방은 유클리드 공간의 작은 조각과 비슷해 보이지만 **하나의 근방에서 다음 근방으로의 연결은 규정되지 않으며, 무한한 방식으로 행해질 수 있다. 이리하여 가장 일반적인 리만 공간은 서로 나란히 놓여 있기는 하지만 서로 관계 맺지 않은 조각들의 무정형 모임으로 나타나게 된다.**" 이러한 다양체는 어떤 계량적 체계에도 의존하지 않으며, 빈도 또는 오히려 근방의 집합에 적용되는 축적의 조건에 의해 규정된다. 이 조건들은 계량적 공간과 이 공간들의 절단을 규정하는 조건과는 전혀 다르다. (김재인 역, 2003: 926)

위의 인용문에서 보면, 하나의 공간이지만 등질성이 내재하지 않은 공간이 있다. 리만 공간이다. 이 리만 공간에서는 근방에 있는 두 점은 거리의 제곱으로 표현되는 형식을 지닌다. 즉 가까이 있는 두 점 사이의 거리가 보이는 대로의 거리가 아니라는 것이다. 넓은 천 조각에 두 점을 찍어 놓고, 천을 접으면 두 점이 가까이 있는 것처럼 할 수 있다. 이때 천 위의 점이 가까이 있다고 바로 옆에 있는 게 아니다. 이 천 위의 두 점 간 거리는 직선거리가 아닌 다른 방식을 활용해 측정해야 한다. 이런 경우를 '하나의 근방에서 다른 근방으로의 연결은 규정되지 않고 무한한 방식으로 행해질 수 있다'고 하고 있다. 두 점이 표면적으로는 나란히 놓여 있지만 그 내적 관계는 무정형이다. 이런 경우는 계량적으로는 두 점 간의 거리를 구할 수 없다. 두 점 사이에 내재하는 조건(주름, 축적 등)에 따라 다른 방식으로 규정해야 한다.

> 매끈한 공간에 대한 아주 일반적인 수학적 정의는 가능할까? 만델브로트의 '프랙탈'은 이에 아주 적합한 것처럼 보인다. 프랙탈은 차원 수가 분수 또는 비정수인 집합 또는 차원수가 정수이면서 방향이 연속적으로 변주되는 집합을 가리킨다. 가령 선분을 3등분해 중앙부에 그 길이를 한 변으로 하는 정삼각형의 두 변으로 바꾼다. 다음에는 이렇게 해서 생긴 4개의 성분에 대해 똑같은 조작을 반복한다. 이와 비슷한 관계를 유지하면서 이를 무한히 반복한다. 이렇게 해서 생긴 선분은 차원수가 1보다 크지만 평면의 차원수(=2)보다는 작은 무한한 선 또는 곡선이 된다.(김재인 역, 2003: 929-930)

매끈한 공간의 특성을 보여주는 대표적인 수학적 정의는 프랙탈이다. 만델브로트는 1차원의 선을 변형하여 1차원을 넘어서는 프랙탈을 만들었다. 프랙탈은 정수의 차원을 갖지 않는다. 본디 차원을 선은 1차원, 면은 2차원, 입체는 3차원의 정수로 구분할 수 있다. 그런데 프랙탈은 하나의 선을 3등분하여 정삼각형을 만들고, 정삼각형을 이루는 선을 다시 3등분하여 정삼각형을 만드는 방식으로 선도 아니고 면도 아닌 도형을 만든다. 이 도형은 1차원과 2차원 사이인 1.261859(정확하게는 log4/log3) 차원으로 존재한다. 또한 시에르펜스키(Sierpensky)의 스폰지[9]는 3차원의 입체에 구멍을 내는 방식으로 2.7268 차원을 만들기도 했다.(김재인 역, 2003: 929) 이들 만델브로트의 프랙탈이나 시에르펜스키의 스폰지는 정수 차원이 아닌 소수 차원을 가진다. 이들에서 보면, 수학에 홈패인 공간의 특성을 벗어난 매끈한 공간의 특성이

---

9 시에르펜스키의 스펀지(김재인 역, 2003: 929)

내재함을 알 수 있다.

나. 물리 모델

물리(physical)는 사물의 이치를 말한다. 사물의 이치는 사물이 개별적으로 존재하게 하는 이치와 사물들이 관계 속에 존재하는 이치를 포함한다. 이 물리를 다루는 물리학은 '물질의 물리적 성질과 그것이 나타내는 모든 현상, 그리고 그들 사이의 관계나 법칙을 연구하는 학문'[표준국어대사전]이다. 정리하면, 물리는 자연과 사회에 내재한 이치를 가리키고, 물리학은 이들 이치를 탐구하여 밝히는 학문이다. 인류는 물질의 성질과 그 성질에 의하여 나타나는 현상, 그 현상을 일으키는 내적 법칙 등 사물의 이치와 그 작용 방식을 탐구하였다. 그렇기에 우리는 '물리'라는 말을 들으면, 자연과학적 규칙이나 법칙을 떠올린다. 물리는 물리학을 통하여 밝혀진 불변의 규칙이나 법칙, 원칙, 원리 등으로 인식된다. 이는 물리가 홈패인 공간의 특성을 가진 것으로 정립됨을 의미한다. 그렇지만 물리학이 모든 물리를 밝힌 것도 아니고, 밝힌 물리도 절대적인 것은 아니다.

> 물리학 모델 – 지금까지 살펴본 다양한 모델을 종합해 보면 홈 파기에 대해 한 가지 사실을 확인할 수 있다. 즉 수직으로 교차하는 두 계열의 평행선 중 수직선 계열은 오히려 고정점 또는 상수의 역할을 맡는 반면 다른 방향의 수평선 계열은 변수의 역할을 담당하고 있다. 대략적으로 보자면 씨실과 날실, 화음과 선율, 경도와 위도의 경우가 그렇다. 이 둘의 교차가 규칙적일수록 홈 파기는 엄밀하게 이루어지며 공간은 점점 더 등질화되는 경향을 띤다. 등질성이 처음부터 매끈한 공간의 성격이 아니라 정반대로 홈 파기의 극단적 결과 또는 모든 부분과 모든 방향에서 홈이 패인 공간의 극한 형태처럼 보이는 것은 바로 이

때문이다. 그리고 매끈한 것이 등질적인 것과 상호 소통하는 것처럼 보이더라도 그것은 단지 홈이 패인 것이 완전한 이상적인 등질성에 도달하려면 반드시 매끈한 것을 부활시켜야 하며, 다시 그렇게 하려면 등질적인 것의 운동에 중첩되면서도 자체로서는 전혀 다른 운동을 따를 수밖에 없기 때문이다. 실제로 어떤 모델에서도 매끈한 것은 근본적인 다질성과 관련되는 것처럼 보인다.(김재인 역, 2003: 931)

앞에서 살핀 여러 모델은 수직과 수평의 선(줄)이 교차하는 방식이 중심이 된 특성을 갖는다. 이에서는 수직선의 계열은 날줄과 같이 고정성을 지닌 상수 역할을 하고, 수평선의 계열은 유동성을 지닌 변수의 역할을 한다. 이들의 교차가 고정되고 규칙적이면 홈패인 공간의 특성을, 유동적이고 불규칙적이며 매끈한 공간의 특성을 갖는다. 이때 홈패인 공간에는 등질성이 내재하고, 매끈한 공간에는 이질성이 내재한다. 이에서 홈패인 공간의 등질성에는 매끈한 공간의 성질이 포함되기를 기대하는 점도 있다.[10] 그렇기에 홈패인 공간이 완전한 등질성을 실현하기 위해서는 매끈한 공간과의 소통이 필요하다. 이들 소통은 단순한 중첩으로 이루어지지 않는다. 이들의 중첩에는 두 가지와는 전혀 다른 새로운 변이가 내재한다.

---

10 데카르트 공간에서는 모든 점이 어떤 이질성도 갖지 않습니다. 그게 산 위에 있든 도시 한가운데 있든, 혹은 바다 위에 있든 간에 말입니다. 또 모든 선은, 그게 길이든 건물이든 혹은 나무줄기든 동일한 선일 뿐입니다. 좌표로 표시되는 공간상의 위치만이, 그리고 그 위치를 직선으로 연결하는 '거리'(여기서는 크기를 의미하는 것으로, 길이라고 하는 게 더 나을 듯합니다)만이 살아남습니다. 반면 이전의 공간은 그렇지 않습니다. 가령 그리스인들은 장소(topos)로서 공간 개념을 갖고 있었어요. 각각의 사물들은 자기 자신의 자리가 있다는 거지요. 그래서 흙은 물에 가라앉고, 불은 공기 위로 올라간다고 믿었습니다. 그게 바로 자기 자리를 찾아가는 '운동'인 거지요. 조화와 질서, 우주를 뜻하는 '코스모스'란 자기 자리를 찾아가는 그런 운동으로 특징지어졌습니다. 이때 각각의 장소(topos)는 서로 환원 불가능한 이질성들을 갖는 것이었습니다.(이진경, 2003b: 643-644)

공간이 어떻게 홈을 파기 위한 극한을 피해나가는지를 아주 단순하게 살펴보기로 하자. 한편에는 편위(déclinaison)에 의해 즉 최소의 간격, 중력의 수직선과 이 수직선이 접선을 이루는 원호(圓弧) 사이에 있는 무한히 작은 간격에 의해 벗어난다. 다른 한편에는 **나선** 또는 **소용돌이**, 즉 공간의 모든 점을 빈도 또는 축적, 분배의 법칙에 따라 동시에 장악하는 형상을 통해 벗어난다. 이러한 법칙은 평행선들의 홈 파기에 대응하는 소위 '박편적' 배분과는 상반되는 것이다. 여기서 최소의 간격에서 소용돌이에까지 이르는 것이 가져오는 결과는 훌륭하고도 필연적인 것이다. 이 둘 사이에는 매끈한 공간이 펼쳐지는데, 이 공간의 요소는 편위이며, 이 공간에서는 나선이 서식한다. 매끈한 공간은 수직선에서 벗어난 최소 각과 홈 파기를 초과하는 소용돌이에 의해 구성된다.(김재인 역, 2003: 932-933)

물리에서 극한의 홈패인 공간을 벗어나는 것에 대한 논의는 일찍부터 있었다. 그 첫 번째가 '편위'[11]이다. 편위는 직선 운동에서 벗어나는 미세한 탈주의 운동을 가리킨다. 무게를 갖는 원자가 중력에 의해 수직의 하강 운동을 할 때, 이에서 접속하는 원호 사이에 미세하게 벗어나는 운동의 성분이 존재하게 된다. 이들 벗어난 운동의 성분은 변화와 생성을 만들어 낸다. 이 편위가 홈패인 공간의 특성을 벗어나게 한다. 두 번째가 '나선'과 '소용돌이'이다.

---

11 클리라멘은 보통 '편위'라고 번역되는 그리스어인데, 말 그대로 벗어나는 선을 그리는 성분을 뜻합니다. 이 개념은 데모크리토스의 원자론과 에피쿠로스의 원자론을 구별하는 가장 중요한 요소 중 하나인데, 데모크리토스는 원자들은 무게를 갖기 때문에 중력에 따라 하강하는 운동을 한다고 말합니다. 그러나 에피쿠로스는, 그렇게 되면 원자들의 충돌도, 충돌에 의한 변화와 생성도 불가능하다고 보지요. 그런 점에서 그는 중력이나 '관성'의 직선적인 운동에서 벗어나는 성분이 원자들의 움직임에 포함되어 있다고 말합니다. 하나의 방향을 갖는 그 직선 경로에서 벗어나는 최소각을 클리나멘이라고 합니다. 각각의 원자들이 갖고 있는 일종의 '탈주선'인 셈이지요.(이진경, 2003b: 345)

나선이나 소용돌이는 정해진 원리나 법칙에 따른 빈도, 축적, 분배로 규정되지 않는다. 나선이나 소용돌이는 층류(층흐름)나 '박편적'인 평행적 홈 파기의 특성과는 상반된다. 즉 일정한 법칙을 따르지 않는 나선이나 소용돌이는 매끈한 공간의 특성을 반영한다. 이들 편위나 소용돌이는 고정적, 규칙적인 홈패인 운동을 벗어나게 한다. 이 벗어남은 새로움을 생성하는 매끈한 운동을 하게 한다.

> 우리는 앞에서 이미 매끈한 공간에서의 '자유로운 행동'과 홈이 패인 공간에서의 '일'을 구별한 바 있다. 실제로 19세기에 이 개념들은 이중적으로 엄밀화되었다. <일> 개념의 물리적-과학적 정밀화(무게-높이, 힘-이동)와 노동-력 또는 추상적 노동이라는 사회-경제적 개념의 정밀화(배가나 분화를 통해 모든 노동에 적용될 수 있는 추상적이고 동질적인 양). 이 과정에서 물리학과 사회학 사이에 긴밀한 결합이 이루어졌다. 사회학은 노동의 경제학적인 측정을 제공하고 물리학은 일에 대한 '역학적 화폐(monnaie mécanique)'를 제공했다. 힘들의 역학은 임금 체계의 상관물이었다. 물리학이 이때만큼 사회적인 성격을 띠었던 적도 없었다. 이 두 경우 모두 표준적인 인간이 가능하면 최대한 일방적인 방식으로 행사할 수 있었던 인장력(引仗力)의 일정한 평균치를 정하는 것이 문제였기 때문이다. 모든 활동에 <일> 모델을 강요하는 것, 모든 활동을 가능한 또한 잠재적 노동으로 번역하는 것, 자유로운 행동을 규율하는 것, 또는 (결국은 같은 것이지만) 자유로운 행동을 노동과 관련해서만 존재하는 '여가'로서 간주하는 것. 이리하여 우리는 물리학과 사회학이라는 두 측면에서 <일> 모델이 근본적으로 국가장치의 일부인 이유를 충분히 이해할 수 있는 것이다.(김재인 역, 2003: 933-934)

물리는 '일'에도 내재한다. 이 홈패인 공간의 특성을 지닌 일은 매끈한 공간에서의 자유로운 행동과 대비된다.[12] 이 일의 개념은 19세기를 거치면서 물리학과 사회학이 결합되면서 정밀하게 규정되었다. 사회학에서는 노동의 '경제학적 측정'을 제공했고, 물리학은 일에 대한 '역학적 화폐'를 제공했다. 이로써 노동과 임금 사이에 표준화가 마련될 수 있었다. 물리학과 사회학의 결합은 **'표준적인 인간이 가능하면 최대한 일방적인 방식으로 행사할 수 있었던 인장력(引仗力)의 일정한 평균치를 정하는 것의 문제'**를 해결했다. 이에서 모든 활동에 '일' 모델이 강요되고, 사람의 모든 활동은 노동으로 설명되고, 자유로운 행동(자유행동)을 규율할 수 있게 되고, 자유로운 행동이 일과 관련된 '여가'로 간주하는 일이 정립되었다. 이로써 일 모델은 국가장치의 자리를 갖게 되었다.

> 표준적인 인간은 우선 공공 토목공사를 위한 인간이었다. 추상적인 노동, 이러한 노동의 효과의 증가, 작업의 분화와 같은 문제는 핀 공장과 관련해 최초로 나타난 것이 아니라 공공 사업 현장과 군대 조직(인간의 훈육뿐만 아니라 무기의 공업적 생산에서도) 등에서 나타났다. 이보다 더 정상적인 것도 없을 것이다. 물론 전쟁기계 자체가 이러한 정상화를 내포하는 것은 아니다. 18세기

---

12 이상적인 모터 모델에는 노동 모델과 자유로운 행동 모델이 있다. 노동이란 저항에 부딪히면서 외부에 작용해 결과를 창출하고 소비 또는 소진되는 동력원으로서 매 순간 끊임없이 갱신되어야 한다. 자유로운 행동 역시 동력원이기는 하지만 극복해야 하는 저항에 부딪치는 일도 없으며, 오직 동체 자체에만 작용하며, 따라서 결과를 창출하기 위해 소진되는 일이 없는 연속적 동력원인 것이다. 노동의 경우 속도의 크기나 정도와 관계없이 속도는 상대적인 반면 자유로운 행동에서는 절대적이다(영구 운동체[perpetuum mobile]라는 관념). 노동에서 중요한 것은 '하나'로 간주되는 물체 위에 작용하는 중력의 작용점(무게중심)이며, 이 작용점이 상대적 이동이다. 하지만 자유로운 행동에서 중요한 것은 물체의 성분들이 중력으로부터 탈출해 점을 갖지 않는 공간을 절대적으로 차지하는 방식이다.(김재인 역, 2003: 763) 두 가지 이에 대한 논의는 『천 개의 고원』(김재인 역, 2003: 758-775) 12장의 '명제 7. 유목민의 삶은 전쟁기계의 무기를 '변용태'로 갖고 있다'에서 이루어진다. 독자의 읽기와 관련해서는 『유목적 읽기 교육론』(김도남, 2023b) 6장을 참조할 수 있다.

와 19세기에 국가장치는 전쟁기계를 이런 식으로 전유할 수 있는 새로운 수단을 획득했던 것이다. 무엇보다 먼저 다른 곳에서 느리게 발전하고 있던 건설 현장과 공장의 노동-모델에 전쟁기계를 복속시킴으로써 그렇게 했다. 이 때문에 아마 전쟁기계가 처음으로, 홈이 파이고 효과 면에서는 한층 더 배가시키고 또 작업 속에서는 분화시켜 나갈 수 있는 추상적인 노동 시간을 만들어 냈던 것이다. 바로 여기서 매끈한 공간에서 이루어지는 자유로운 행동을 정복해야 했던 것이다. 물리적-사회적 <일> 모델은 두 가지 이유에서 국가장치의 발명품으로서 이 장치에 속한다고 할 수 있다. 한편으로 일은 잉여의 성립에 의해서만 나타나기 때문에 저장으로서의 일밖에 존재할 수 없다. 실제로 노동이란 (엄밀한 의미에서) 잉여 노동이라고 불리는 것과 더불어서만 시작된다. 다른 한편 노동은 시간-공간의 홈 파기라는 일반화된 조작, 자유로운 행동의 예속, 매끈한 공간들의 소멸 등을 수행하는데, 바로 국가의 핵심적인 기획 즉 전쟁기계를 정복하려는 기획은 노동의 기원과 수단도 되기 때문이다.(김재인 역, 2003: 934-935)

노동에서의 표준은 개인적인 일이 아니라 공적 일에서 비롯되었다. 표준적이고 추상적인 노동, 노동의 효과 증가, 작업의 분화 등은 공공사업과 군대 조직에서 더 필요했던 것이다. 공공적인 일(노동)이 있기 전에는 삶에 필요한 일(자유행동)을 개인이 직접 해야 했다. 그러던 것이 국가에 의한 공공사업들이 이루어지면서 자유행동에 속한 일은 '노동'이 되었다. 노동이 국가장치의 형식이 되면서 전쟁기계의 자유행동은 변화한다. 18~19세기를 거치면서 표준적 노동의 국가장치는 자유행동의 전쟁기계를 전유하게 되었다. 이는 첫째, 건설 현장과 공장을 노동-모델에 복속시키는 결과를 가져왔다. 이에서 전쟁기계는 홈이 파이고, 효과를 배가시키며, 작업을 분화시키는 추상적인 노동 시간을 만들어 냈다. 둘째, 이는 매끈한 공간에서 이루어지는 자유행동을 정복해야 했다. 이로써 물리적-사회적 '일' 모델은 국가장치의 발명품으로 국가장치에 귀속됐다. 이 노동은 잉여적인 것이다. 개인의 삶을 위해서 자유행동이 필요했던 것이라면, 국가장치에 의한 노동은 잉여의 것(잉여 노동)이다. 이 잉여 노동은 저장의 성격을 가지며, 두 가지 점에서 국가장치의 발명품이 된다. 첫째, 노동은 잉여 노동이라 불리는 것에서 시작된다는 점, 둘째, 전쟁기계의 정복 의도는 노동의 기원과 수단이 된다는 점이다.

> 역증명 — 국가장치와 잉여 노동이 없는 곳에는 노동-모델도 없다. 그러한 곳에서는 오히려 말에서 행동으로, 이러한 행동에서 저런 행동으로, 행동에서 노래로, 노래에서 말로, 말에서 계획으로, 이런 식으로 이상한 반음계에 따라 이동하는 자유로운 행동의 연속적인 변주가 있다. 거기에는 첨점 또는 노력의 계기들이 있는데, 이것들은 강렬하고 드물게 솟아나긴 하지만 외부의 관찰자는 노동이라는 관점에서 '번역'할 뿐이다. 실제로 흑인들을 두고는 언제나 "그들은 일하지 않으며, 일이 무엇인지 모른다"는 이야기가 있어왔다. 그래서인지 그들은 추상적인 양에 따르자면 다른 어느 누구보다도 더 많은 일을 하도록 강요받아 왔다. 또한 인디언들도 노동 조직에 대해, 심지어 노예제적인 노동 조직에 대해서는 아무것도 몰랐으며, 또 여기에 적응할 수 없었다는 것 또한 사실일 것 같다.(김재인 역, 2003: 935)

위 인용문을 보면, 국가장치가 전쟁기계인 자유행동을 노동-모델로 귀속시키는 방식을 알 수 있다. 국가장치가 없는 곳에는 전쟁기계의 자유행동만 존재한다. 자유행동은 말에서 행동으로, 이 행동에서 저 행동으로, 행동에서 노래로 …… 등 자유로운 연속적 변주가 일어난다. 이 자유행동에도 노력해야 하는 점이 있는데, 이를 외부에서는 노동이라 번역한다. 그러나 미국에서의 인디언과 흑인의 역할을 보면, 자유행동과 노동은 구분된다. 인디언들은 자유행동을 버리지 않았기에 노동을 할 수 없었다. 반면, 흑인은 자유행동을 버리고 노동을 받아들였기에 더 많은 노동을 강요받게 되었다. 흑인의 경우는, 국가장치가 전쟁기계를 정복하여 홈패인 노동을 하게 하였다. 현재의 국가장치는 변화하고 있고, 또 다른 방식으로 전쟁기계를 정복하고 있다.[13] 이는 인디언의 행동과 같은 전쟁기계에 속하는 자유행동이 있기 때문이기도 하다. 이들의 상호관계 작용은 고정적이거나 멈추지 않는다.

다. 미학 모델

미학(aesthetic)은 아름다움의 본질과 구조를 해명하려 한다. 아름다움(美, beauty)은 '보이는 대상이나 음향, 목소리 따위가 균형과 조화를 이루어 눈과 귀에 즐거움과 만족을 줄 만한 것'[표준국어대사전]이다. 이 아름다움을 미학과 관련지어 정의하면, 미술적 표현이 균형과 조화를 이루어 즐거움과 만족을 주는 것이다. 즉 미학은 미적 표현이 즐거움과 만족감을 줄 수 있도록 균형과 조화를 이루는 원리를 밝히는 학문이다. 사람들은 미적 표현의 본질

---

13 현대의 공공 공사는 [고대] 제국의 대토목공사와 같은 지위를 갖고 있지 않다. 재생산을 위해 필요한 시간과 '착취된' 시간이 시간 속에서 분리되지 않는데 도대체 어떻게 이 두 가지가 구별될 수 있겠는가? 그러나 이러한 지적은 결코 마르크스의 잉여 가치론에 위배되지 않는다. 왜냐하면 마르크스야말로 자본주의 체제에서는 이러한 잉여 가치의 위치를 더 이상 결정할 수 없다는 것을 분명하게 보여주었기 때문이다. 바로 이것이 마르크스의 결정적인 기여였다. 이 때문에 마르크스는 기계 자체가 잉여 가치를 생산하게 되고, 자본의 유통은 가변 자본과 불변 자본의 구분을 의문시하도록 만드는 것을 감지할 수 있었다. 물론 이처럼 새로운 조건에서도 모든 노동은 잉여 노동이라는 점은 전혀 변함이 없다. 그러나 잉여 노동은 이미 더 이상 노동조차 필요로 하지 않게 되었다. 이리하여 잉여 노동과 노동의 자본주의적인 조직화 전체는 점점 더 물리적-사회적 일 개념에 일치하는 시간-공간의 홈 파기와는 무관하게 된다. 오히려 잉여 노동 속에서 인간 소외 자체가 일반화된 '기계적 예속'으로 대체되어 가며, 이리하여 전혀 노동하지 않고도 잉여 가치를 제공할 수 있게 된 것처럼 보인다.(김재인 역, 2003: 937)

과 구조를 밝히고 규정하려 한다. 그 결과 미의 본질을 이루는 균형과 조화의 원리를 밝혀 왔다. 이들 원리를 적용한 미적 표현은 감상자에게 인식적 즐거움과 만족을 주고 있다. 또한 예술가들은 이들 원리를 적용하여 미적 표현을 하려고 한다. 이들 원리에 기초한 미적 표현은 반복적으로 활용되고 적용됨으로써 홈패인 공간의 특성을 갖는다. 그렇지만 미학이 모든 미의 본질을 밝혀 해명한 것도 아니고, 밝혀낸 원리도 절대적이지 않다.

> 미학 모델: 유목민 예술 – 유목민 예술과 이 예술의(야만적, 고딕적, 현대적) 계승자를 정의하기 위해 많은 실천적·이론적인 개념들이 고안되었다. 우선 원거리 파악과는 구별되는 근거리 파악이 있다. 두 번째로 광학적 공간과 구별되는 '촉각적 공간' 또는 오히려 '촉지적 공간'이라는 개념이 있다. 여기서 촉각적이라는 말보다 촉지적이라는 말이 더 적절한 이유는 이 촉지적이라는 말은 두 감각 기관을 대립시키지 않고 오히려 눈 자체가 이러한 광학적 기능 이외의 기능을 가질 수 있다고 여기기 때문이다. 리글은 정말 경이로운 몇몇 문장을 통해 근거리 파악-촉지적 공간이라는 쌍에 근본적인 미학적 지위를 부여해 주었다.(김재인 역, 2003: 938)

미학 모델에서 유목민의 예술은 밝혀지고 규정된 균형과 조화의 원리를 활용하지 않는다. 그렇기에 유목민의 미술(예술)은 매끈한 공간의 특성을 내포하고 있다. 이들 특성을 규정하는 표현이 '야만적', '고딕적', '현대적' 등이다. '야만적'은 우수한, 발달한, 보편적 등의 의미를 내포하는 '문화적'이라는 말과 대비된다. '고딕적'은 정밀하고 문명적인 것으로 여겨지는 로마네스크식과 대비되는 말로, 조악하고 부족함을 함의한다. '현대적'은 이성적, 합리적, 객관적 등의 의미를 내포하는 '근대적'이라는 말과 대비된다. 이들 매끈한 공간의 특성을 내포한 미술에 대해서도 실천적·이론적 개념들이 있다. '근거리 파악', '촉지적 공간'이라는 개념이다. 이들 개념과 대비되는 홈패인 공간의 특성을 드러내는 미술 관련 개념은 '원거리 파악'과 '광학적 공간'이다.

> 떨어져서 보더라도 그림은 가까이에서 그려야 한다. 이와 마찬가지로 작곡가도 듣지 않는다고 말할 수 있을 것이다. 그의 음악을 듣는 사람들은 멀리서 듣는 반면 작곡가는 가까이에서 듣는다고 할 수 있다. 또한 독자는 긴 기억을 갖는 반면 작가 자신은 짧은 기억을 갖고 쓴다. 촉지적이고 근거리 파악적인 매끈한 공간의 첫 번째 측면은 방향, 좌표, 접속의 연속적 변주에서 찾을 수 있다. 이것은 점점 더 가까이에서 작동한다. 예컨대 사막, 스텝, 빙원 또는 바다 등 순수한 연결접속의 국지적인 공간이 그렇다. 흔히 이야기되는 바와는 달리 이러한 공간에서는 먼 곳을 볼 수 없으며, 또 이 공간을 멀리서 볼 수도 없다. 어떤 '정면'에 있는 것도, 그렇다고 '안'에 있는 것도 아니다(단지 어떤 것 '위에' 있을 뿐이다). 방향들은 일정하지 않으며, 식생, 관심사 일시적인 조급함 등에 따라 변화한다. 좌표들은 이것들을 서로 교환할 수 있게 해주고 이것들을 외부의 부동의 관찰자에게 속할 수 있는 비활성의 부류와 통합시켜 줄 수도 있는 시각적 모델을 갖고 있지 않다. 이 좌표들은 이와 반대로 '단자(monades)'로 부를 수도 있지만 오히려 상호 촉각적인 관계를 가진 유목민(monades)이라고 할 수 있는 수많은 관찰자들과 연결된다. 접속들은 다양체를 흡수하고 거리에 불변성을 부여하는 주변 공간을 내포하지 않으며, 반대로 동일한 거리가 분할되면서 본질적으로 변화되는 질서 잡힌 차이에 따라 구성된다. 이러한 방향, 좌표, 접속과 같은 물음들은 가장 유명한 유목민 예술작품들에 그대로 나타난다.(김재인 역, 2003: 939-940)

매끈한 공간의 특성을 가진 유목민의 예술은 근거리 파악과 관련된다. 근거리 파악은 화가의 그림 그리기, 작곡가의 작곡하기, 작가의 글쓰기 활동을 닮았다. 그림을 보는 사람은 멀리서 보지만, 화가는 가까이에서 보고 그린다. 음악을 듣는 사람은 멀리서 듣지만, 작곡가는 가까이에서 듣는다. 글을 읽는 사람은 긴 기억으로 읽지만 작가는 짧은 기억을 가지고 글을 쓴다. 매끈한 공간은 사막, 스텝, 빙원 등으로 먼 곳을 볼 수도 없고, 먼 곳에서 볼 수도 없다. 이들 공간은 촉지적이고 근거리 파악으로 이루어지는데, 이에는 방향, 좌표, 접속의 연속적 변주가 내재한다. 매끈한 공간에서의 이동 방향은 상황에 따라 순간적으로 변화한다. 매끈한 공간에서 특정한 곳의 좌표도 하나의 값을 가지기보다는 유목민마다 다른 값을 갖는다. 접속도 동일성이나 불변성을 갖는 경우가 없고 언제나 차이성을 토대로 이루어진다. 이들 매끈한 공간의 근거리 파악은 유목민의 미술에 그대로 반영된다.

홈이 패인 것과 매끈한 것은 단순히 포괄적인 것(le global)과 국지적인 것(le local)으로만 대립하는 것이 아니다. 왜냐하면 홈이 패인 것에서 포괄적인 것은 아직 상대적인 것이 반면 매끈한 것에서 국지적인 것은 이미 절대적인 것이기 때문이다. 가까이서 파악하면 공간은 이미 시각적인 것이 아니다. 눈 자체가 광학적인 것이 아니라 촉지적인 기능을 갖고 있는 것이다. 대지와 하늘은 어떠한 선에 의해서도 나뉘어지지 않는데, 이 둘이 동일한 실체를 갖고 있기 때문이다. 수평선도, 배경도, 원근법도, 한계도, 윤곽이나 형태도, 중심도 없다. 중개적인 거리는 없으며, 오히려 모든 거리가 중개적이다. 에스키모의 공간처럼 말이다. 그런데 아랍 건축은 이와는 전혀 다른 방법, 전혀 다른 맥락 속에서 아주 가깝고 아주 낮은 곳에서 시작되는 공간을 그려나간다. 가벼운 것과 대기적인 것이 아래에 놓이고 반대로 단단한 것이거나 무거운 것이 위쪽에 놓인다. 이처럼 중력의 법칙이 전도되어 방향의 결여나 입체감의 부정은 구성적인 힘들이 된다. 이처럼 절대적 유목민은 한 부분에서 다른 부분으로 이동하는 국지적 통합으로 존재하며, 접속들과 방향 변화들을 무한대로 연속시키면서 매끈한 공간을 구성한다. 이 생성 자체 또는 과정과 하등 다를 바 없는 절대성이다. 바로 이것이 이행의 절대성으로서, 유목민 예술에서 이 절대성의 출현과 혼융된다.(김재인 역, 2003: 941)

[그림 1] 아랍 건축

유목민 예술의 두 번째 미학적 특성은 국지적인 것이다. 국지적인 것은 홈패인 공간의 포괄적인 것과 대비된다. 여기서 홈패인 공간은 포괄적인 것이고, 매끈한 공간은 국지적인 것이라고 절대적으로 구분하는 것은 타당하지 않다. 매끈한 공간이 국지적인 것은 절대적인 것이지만, 홈패인 공간이 포괄적이라는 것은 절대적이지 않다. 사막, 스텝, 빙원 등의 매끈한 공간의 대지와 하늘은 수평선도, 배경도, 원근법도, 한계도, 윤곽이나 형태도, 중심도 없는 포괄적인 것이기 때문이다. 매끈한 공간의 국지적인 것을 보면, 언제나 절대적이다. 예로, 사막의 아랍 건축을 들 수 있다. 아랍 건축은 아주 가깝고 낮은 곳에서 시작되는 공간을 그려나간다. 가벼운 것과 대기(大氣)적인 것은 아래쪽에 놓이고 단단한 것, 무거운 것은 위쪽에 놓인다. 이러한 건축은 홈패인 공간의 특성을 반영한 건축의 이론에서 보면, 타당하지 않다. 그렇기에 유목민 예술은 접속이나 방향이 연속적 변주를 이루는 매끈한 공간의 국지적 특성을 드러내 보여준다.

예술에서 구상적인 선을 그렇지 않은 선과 대립시킬 수는 없을 것이다. 구상적인 것 또는 모방, 재현은 하나의 결과, 즉 선이 특정한 형태를 취할 때 갖는 몇 가지 특징에서 유래하는 귀결이다. 따라서 무엇보다 먼저 이러한 특징들을 규정해야 한다. 횡단선은 사선에, 사선은 수평선과 수직선에, 다시 이 수평선과 수직선은 가령 잠재적인 것일지라도 점에 종속되어 있는 체계를 하나 생각해 보자. 이러한 직선적 또는 단선적 체계(선의 수가 얼마나 되는가는 상관이 없다)는 하나의 공간이 홈이 파이고 선이 윤곽을 구성하기 위한 형식적 조건들을 표현한다. 이러한 선은 설령 아무것도 재현하지 않더라도 그 자체가 형식적이고 재현적이다. 하지만 이와 반대로 아무것도 제한하지 않고 어떠한 윤곽도 그리지 않는 선, 점에서 점으로 이동하는 것이 아니라 점 사이를 지나가는 선, 항상 수평선과 수직선으로부터 비껴 나오며 부단히 방향을 바꾸며 사선에서 벗어나는 선, 즉 바깥도 안도 또 형태도 배경도 또 시작도 끝도 없이 이 변이하는 선, 다시 말해 연속적 변주처럼 생생하게 살아있는 이 선이야말로 진정 추상적인 선으로서 매끈한 공간을 그리는 것이다. 이 선은 비-표현적이지 않다. 그렇지만 이 선은 점들의 공명이나 선들의 접합접속에 기초한 안정된 대칭적 표현의 형식을 구성하지 않는다. 그러나 이 선은 이 선과 더불어 이동하며 효과를 조금씩 증가시켜 나가는 표현의 질료적 특질들을 갖고 있다.(김재인 역, 2003: 948)

유목민 예술의 세 번째 미학적 특징은 추상적인 선이다.[14] 추상적인 선은 홈패인 공간의 구상적인 선과 대비된다. 여기서도 홈패인 공간의 구상적인

14 여기서 세 번째 쌍이, 즉 ('촉지적-광학적'과 '가깝다-멀다'라는 쌍에 덧붙여) '추상적인 선(ligne abstraite)-구체적인 선(logne-concrète)'이 개입한다. 보링거는 추상적인 선이라는 관념에 근본적인 중요성을 부여하는데, 바로 이 선이 예술이 시작되는 점 자체 또는 예술의지의 최초의 표현이라는 것이다. 추상적인 기계로서의 예술. 하지만 물론 우리는 앞에서와 마찬가지로 여기서도 이렇게 반론을 제기할 수 있을 것이다. 즉 보링거에게서 추상적인 선은 무엇보다 기하학적 또는 결정적(結晶的) 형태로, 즉 가능한 한 직선적인 이집트 제국의 형태로 나타나는 것처럼 보인다고 말이다. 그런 다음에야 비로소 이 추상적인 선은 특별한 변신을 거쳐 아주 넓은 의미에서의 '고딕적 또는 북방적 선'을 구성하게 된다. 하지만 우리는 이와 반대로 추상적인 선은 우선 '고딕적' 또는 오히려 유목적인 것이지 직선적인 것이 아니라고 생각한다. (중략) 추상적인 선이란 매끈한 공간들의 변용태이지 홈파기에 호소하는 불안이 아니다.(김재인 역, 2003: 945-946)

선과 매끈한 공간의 추상적인 선을 절대적으로 구분하는 것은 타당하지 않다. 구상적인 선은 사선, 수평선, 수직선 등으로 점에 종속되어 있고, 직선적이어서 윤곽을 구성하기 위한 형식적 조건들을 표현한다. 추상적인 선은 어떠한 윤곽도 그리지 않고, 점 사이를 지나가며, 수직선과 수평선을 비껴나 방향을 바꾸고 사선을 벗어나고, 바깥과 안, 형태와 배경, 시작과 끝도 없이 연속적 변주를 이루는 살아있는 것이다. 이 매끈한 공간에서의 추상적인 선은 절대적인 것이지만, 홈패인 공간에서의 구상적인 선은 절대적이지 않다. 예로, 이집트의 피라미드 등에 나타난 구상적인 직선의 특성에 대하여 이견이 있기 때문이다.[15] 이집트의 직선은 기하학적이고 결정적이기에 추상적인 선이고, 직선이 유동성의 불안을 해소하고 항상성(영원성)을 표현하기 위한 것이기에 추상적이라는 보링거의 미학적 해석에 대해 들뢰즈와 과타리는 동의하지 않는다. 들뢰즈와 과타리는 고딕적인 선[16]이 추상적인 선이라고

15 보링거에게서 추상적인 선은 무엇보다 기하학적 또는 결정적(結晶的) 형태로, 즉 가능한 한 직선적인 이집트 제국의 형태로 나타나는 것처럼 보인다고 말한다. 그런 다음에야 비로소 이 추상적인 선은 특별한 변신을 거쳐 아주 넓은 의미에서의 '고딕적 또는 북방적 선'을 구성하게 된다. 하지만 우리는 이와 반대로 추상적인 선은 우선 '고딕적' 또는 오히려 유목적인 것이지 직선적인 것은 아니라고 생각한다. 따라서 우리는 추상적인 선이 갖는 미학적 동기나 추상적인 선이 예술의 시작이라는 주장에 대해서도 달리 생각한다. 이집트의 직선적(또는 '규칙적으로' 둥그스름한) 선이 지나가거나 유동하며 변화하는 것에 대한 불안이라는 부정적 동기에서 비롯되고 항상성과 <즉자(En-soi)>의 영원성을 수립하는 데 반해 유목민의 선은 이와 전혀 다른 의미에서 추상적이다. 이 선은 다양한 방향을 갖고, 점이나 형성이나 윤곽 사이를 지나가기 때문이다. 불안감을 몰아내고 매끈한 것을 종속시키기 위해 홈파기가 아니라 이 선이 그리는 매끈한 공간에 이 선의 긍정적인 동기가 있는 것이다. 추상적인 선이란 매끈한 공간들의 변용태지 홈파기에 호소하는 불안감이 아니다.(김재인 역, 2003: 946)

16 고딕적 선(우리에게는 추상 작용을 하는 유목적인 선이다)은 형식이 아니라 표현의 역량을 가지며, 형식으로서의 대칭성이 아니라 역량으로서의 반복성을 갖고 있다는 보링거의 말은 바로 이러한 의미로 이해할 수 있다. 실제로 직선적 체계는 대칭성을 통해서 반복을 제한하며, 그리하여 무한의 진전을 막고, 굴절된 또는 별 모양의 형상의 경우에서처럼 중심점과 방사선들에 의한 **유기적** 지배를 유지한다. 그러나 그 효과를 증식시켜 무한한 운동을 계속

말한다. 이들 선이 추상적인 이유는 '다양한 방향을 갖고, 점 사이를 지나가며, 바깥도 안도, 형태도 배경도, 시작도 끝도 없이 변이하기 때문'이며, 이들 선은 '매끈한 공간들의 감응(변용태)'이기 때문이다. 그러하기에 추상적인 선은 고정되거나 규정되지 않은 선으로 끊임없이 변화하는 선이다.

3. 공간 구성 방식과 읽기 규정

독자의 읽기 규정은 실행 방식에 따라 달라진다. 또한 독자의 읽기 실행은 읽기 규정에 따라 달라진다. 읽기 규정과 읽기 실행은 독립적이지 않다. 읽기 실행이 읽기를 규정하고, 읽기 규정이 읽기 실행이 일어나게 한다. 독자가 어떤 읽기 규정을 인식하고 있는가에 따라 읽기 실행이 달라진다. 독자의 읽기 규정을 앞에서 살핀, 수학-모델, 물리-모델, 미학-모델에 근거해 알아본다. 수학, 물리, 미학-모델의 틀에서 보면, 독자의 읽기 실행의 토대가 되는 읽기 규정을 한정하는 것은 불가능하다. 이는 이상적인 읽기 실행을 규정하는 것의 어려움을 뜻한다. 배움 읽기와 생성 읽기의 교차에 의한 혼합적 읽기의 존재를 통해 읽기 실행의 다양함을 살펴본다.

하는 **기계적** 힘인 반복 역량을 풀어놓은 것은 빗나감, 탈중심화 또는 적어도 주변적인 운동을 통해 실행되는 자유로운 행동의 고유함이다. 대칭적인 반(反)-명제(antithétisme)가 아니라 빗나간 다(多)명제(polythétisme). 따라서 매끈한 공간을 그리는 흐름-물질에 연결접속되는 표현의 특질들과, 공간을 변질시켜 물질을 바둑판 모양으로 배열하고 조직하는 표현의 형식으로 만들어버리는 홈들을 혼동해서는 안 된다.(김재인 역, 2003: 948-949)

가. 계량 방식: 거리, 이형, 소수

계량(measure)은 수효를 헤아리거나 분량을 재는 것이다. 헤아리거나 재는 것에는 가감승제(加減乘除)의 계산이 내재한다. 이 계산으로 우리는 물질적, 심리적, 시간적, 공간적, 추상적 등의 대상 세계를 헤아리고 잰다. 이 계량의 결과로 대상과 현상 및 세계를 규정하고, 설명하고, 이해한다. 이 계량의 활동은 정해지고 밝혀진 방식에 의한 것도 있고, 그렇지 않은 것도 있다. 또한 계량을 통하여 밝혀진 것도 있고, 밝혀지지 않은 것도 있다. 우리의 세계는 계량된 것, 계량할 것, 계량되지 않는 것, 계량할 수 있는 것, 계량할 수 없는 것 등이 있다. 이 계량에는 정해진 수식이 있는 것도 있고, 그렇지 않은 것도 있다. 정해진 수식으로 계량할 수 있는 것도 있지만 계량되지 않는 것도 있다. 계량에는 정해진 수식으로 계량하는 것을 반복하는 홈패인 것도 있고, 정해진 수식으로는 계량되지 않는 것, 계량할 수 없는 것을 계량하는 매끈한 것도 있다. 매끈한 방식의 계량은 정해진 수식을 사용하지 않는다. 수학 모델의 관점에서, 독자의 텍스트 읽기도 계량이다. 독자는 규정된 수식으로 특정 대상을 이해하듯 규정된 방식으로 텍스트를 이해한다. 또한 규정된 방식을 벗어나 텍스트의 의미를 찾아내거나, 독자만의 의미를 생성할 수 있다. 텍스트에는 독자가 계량할 것, 계량할 수 있는 것, 계량할 수 없는 것, 계량되지 않은 것 등이 내재한다. 독자는 읽기 상황과 필요에 따라 규정된 방식이나 규정된 방식을 벗어나 텍스트의 내용을 계량한다.

독자의 텍스트 읽기에서 계량은 앞의 논의와 같이 세 가지 형태로 구분할 수 있다. 홈패인, 매끈한, 혼합된 공간의 특성이 내재한 계량이다. 이는 규정된 방식에 충실한 홈패인 공간의 특성을 지닌 배움 읽기와 규정된 방식에서 벗어난 매끈한 공간의 특성을 지닌 생성 읽기를 양극점으로 하여, 혼합된 공간의 특성을 지닌 혼합적 읽기가 중간에 위치하는 스펙트럼을 이룬다.

홈패인 배움 읽기와 매끈한 생성 읽기가 섞이면서 다양한 혼합적 읽기의 실행이 존재하게 된다. 독자의 텍스트 읽기는 혼합적 읽기의 다양한 실행으로 드러난다.

독자의 홈패인 배움 읽기는 정해진 방식으로 텍스트 내용을 계량한다. 정해진 방식을 따르는 독자의 계량은 선재(先在)하는 의미를 찾는 것을 강조한다. 선재하는 의미는 일반성, 보편성, 전체성, 객관성 등의 특성을 갖는다. 이 계량은 텍스트 내용의 전체와 관련된다. 독자는 텍스트 내용 전체를 정해진 방식으로 헤아리고 재서 선재하는 의미를 찾아낸다. 그렇기에 전체를 규정하는 데 필요하지 않은 부분적이거나 지엽적인 내용은 계량에서 제외된다. 텍스트의 전체 내용을 규정된 원리나 방법으로 일관된 논리로 계량하는 것이 강조된다. 이를 위해 계량에 필요한 내용을 한정하여 선택하게 된다. 독자는 규정된 원리에 맞는 부분이나 내용을 선택하고, 정해진 방식에 따라 가감승제를 하게 된다. 관점, 사상, 논리, 시점, 이론, 규칙, 원리 등을 활용하여 기표, 기의, 의미, 개념, 주제, 주장 등을 계량한다. 필요한 경우, 작가, 시대, 맥락, 사회, 문화 등의 요인을 반영한다. 이 읽기에서 독자는 규정된 방식으로 계량해야 하고, 정해진 의미를 찾아내야 한다. 그렇기에 독자는 텍스트를 읽을 때 정해진 방식을 준수한다. 이 읽기를 하는 독자는 계량에 다른 방식이 있다는 것을 알지 못하는 경우가 많다. 독자가 텍스트를 읽는 방법을 주로 학교 학습에서 배우기 때문이다. 학교의 읽기 교육은 정해진 방식을 강조한다. 그렇기에 이 독자들은 다른 계량 방식을 선택조차 할 수 없다. 알고 있는 대로 또는 경험으로 익힌 대로 텍스트의 내용을 계량한다. 이야기를 읽을 때, 인물-사건-배경으로 계량하거나, 정보의 글은 문제-문제해결 방법-문제해결 결과 등으로만 계량한다. 그 결과 텍스트에 대한 인식이나 이해는 다른 독자와 동일성을 반복한다.

매끈한 생성 읽기는 정해진 방식을 따르지 않고 텍스트 내용을 계량한다.

이 읽기에는 독자가 찾아야 할 선재하거나 규정된 의미가 존재하지 않는다. 독자는 자기의 읽기 목적과 읽기 상황, 텍스트에 따라 필요한 의미를 생성하는 계량을 실행한다. 이 읽기는 텍스트 내용 전체를 대상으로 계량하기보다는 지엽적이고 부분적인 내용을 중심으로 계량을 실행하는 경우가 많다. 독자는 필요에 따라 계량해야 할 것, 계량이 필요한 곳, 기존 계량에서 빼놓은 곳, 기존 계량에서 빠진 것 등을 새로운 방식으로 계량한다. 새로운 계량 방식은 기존 방식을 응용한 것일 수도 있지만 상황에 맞게 생성한 것이다. 생성 읽기에서 독자가 텍스트의 어느 부분을 계량할지는 과제, 상황, 필요, 감응 등에 따라 달라진다. 텍스트의 특정 부분을 계량한다는 것은, 그 부분에 독자가 의미를 해석하거나 부여해야 할 성분이 존재하기 때문이다. 그렇기에 독자는 텍스트의 특정 부분에 의식을 집중하고 나름의 의미 찾기에 돌입한다. 독자가 찾은 의미는 독자만의 것이다. 다른 독자와는 우연히라도 겹칠 수가 없는 의미이다. 계량한 부분이 독자만의 것일 뿐만 아니라 계량한 부분에서 찾은 의미도 독자만의 것이기 때문이다. 매끈한 공간 특성을 가진 독자의 텍스트 이해는 독자만의 고유함과 독특성을 지닌다.

수학 모델을 토대로 한 배움 읽기와 생성 읽기도 혼합된다. 수학 모델에서의 혼합적 읽기는 배움 읽기와 생성 읽기의 혼합 비율의 문제이다. 여기서 비율은 규정된 방식에 따른 전체 계량과 정해지지 않은 방식에 따른 부분 계량의 혼합률이다. 이 혼합에서 배움 읽기에 생성 읽기를 결합하는 형식이 된다. 이때 혼합 비율의 차이에 따라 배움 읽기에 가까운 읽기도 있지만 생성 읽기에 가까운 읽기도 있다. 그 중간에 다양한 혼합적 읽기가 내재한다. 혼합적 읽기는 독자의 의도와 의지에 따라 무한히 변화한다. 수학 모델에서는 혼합적 읽기가 어떻게 실행되는가에 따라 독자의 텍스트 이해는 달라진다. 독자 간에 달라지는 것은 당연한 것이지만 독자 내에서도 텍스트 이해가 달라짐을 한정하기 어렵다.

> 우리는 종종 반복을 동일성과 관련지으면서 일반성 안에서 이해하려고 한다. 반면 들뢰즈는 반복을 차이와 관련지으면서 '변이성' 안에서 사유하고자 했다. 들뢰즈가 말하는 반복의 역설, 즉 '다시 시작할 수 없는 것(즉 반복될 수 없는 것)을 반복하는 것' 역시 반복을 차이와 관련지을 때 의미 있게 이해될 수 있다. 여기서, '다시 시작할 수 없는 것'이란 무엇인가? 바로 차이다. 차이는 이전과는 다른 특이한 것이며 그 어떤 것과도 같지 않은 유일무이한 것이기 때문에 동일한 것(또는 유사한 것)의 반복을 통해서는 '다시 시작할 수 없다'. 그렇다면 '다시 시작할 수 없는 것이 반복된다'는 말은 무엇을 말하는가? 차이는 똑같은 것으로는 결코 다시 시작될 수 없으면서, 동시에 새롭고 다르며 독특한 것으로서만 반복된다. 다시 말해, 차이는 동일하게는(유사하게는) 다시 시작될 수 없고 독특하게 새롭게만 다시 시작될 수 있다. 들뢰즈는 특이성, 곧 차이가 반복된다고 봄으로써 반복을 '같음의 반복'이 아니라 '차이의 반복'으로 새롭게 개념화한다.(김재춘·배지현, 2016: 31-32)

이 인용문에서 보면, 들뢰즈는 '반복'의 의미를 분할(감(減), 빼기)한다. 일상적으로 '반복'은 '같은 것을 다시 하는 것'이다. 반복에는 동일성이 전제되어 있다. 반복이 동일성을 갖지 않으면 반복이 아니다. 그런데 들뢰즈는 '다시 시작할 수 없는 것'을 다시 시작하는 것을 '반복'으로 정의한다. 이 '다시 시작할 수 없는 것'을 '차이'라고 정의한다. 차이는 '이전과 다른 것', '유일무이한 것', '반복될 수 없는 것'이다. 이전 것과는 전혀 다른 특이한 것, 즉 특이성을 갖는 것이 차이다. 이 차이가 반복된다는 것이다. 이런 차이를 반복함으로써 새롭고, 다르고, 독특한 것을 시작할 수 있게 된다. 이를 '차이의 반복'이라고 한다. 이를 통해 수학 모델의 계량 방식에 내재한 혼합적 읽기의 특성을 배움 읽기와 대립되는 생성 읽기의 특성을 중심으로 검토한다.

첫째는 거리적(distance)이다. 거리(distance)는 강도(intense, 내포적 강도)와 유사하지만 비교의 지점이 다르다. 이 거리는 단위나 크기와 대비된다. 거리(distance)는 '광대한, 넓은, 외연적인' 등을 의미하는 'extensive'와 대립적인 의미를 나타내며, '측량·수량(measure) 또는 특성·성질(properties)' 등을 규정하기 어려움을 나타내는 말이다. 100m+100m=200m의 성질과 100km/h+100km/h=200km/h의 성질을 비교할 때, 200m과 200km/h의 성질은 아주 다르다. 여기에서의 거리는 200km/h의 성질을 의미한다. 이것은 실행적인 강력함, 강렬함, 철저함이 내재한 강함(세기)을 의미한다. 생성 읽기의 거리는 인식이나 이해의 고유함이나 강렬함을 의미한다. 이는 어느 독자에게든 언제나 비슷하거나 유사함이 아니라 집중적 깊이감, 철저함, 완결성 등이 내재한 이질적 이해가 이루어짐을 함의한다.

둘째는 이형적이다. 이형(異形)은 형식이 다름 또는 정해진 틀이나 방식이 없는 무정형(無定型, amorphous)을 뜻한다. 여기서 계량의 형식이 다르거나 정해진 틀이나 방식이 없다는 것은, 규정되어 있어서 따라야 하는 형식을 전제한다. 이형은 이들 형식에 내재하는 틀이나 방식을 벗어남을 뜻한다. 이미 하던 것과 다르게, 새롭게, 고유하게, 독특하게 하는 것을 함의한다. 예로, 등질성이 내재하지 않은 리만 공간에서의 두 점 사이의 거리는 정해진 공식으로는 계량할 수 없다. 위 인용문의 '다시 시작할 수 없는 것을 반복하는 것'과 같다. 동형성을 전제한 반복은 정형적이지만, 차이성을 전제한 반복은 이형(무정형)적이다. 독자의 텍스트 읽기는 정형성을 반복하는 배움 읽기도 있지만 이형을 반복하는 생성 읽기도 있다. 혼합적 읽기에서는 이들 읽기가 교차되는 것이다.

셋째는 소수적이다. 소수(decimal, 小數)는 1보다 작은 실수이다. 여기서의 소수는 변형이나 변이적인 것과 관련된다. 만델브로트의 프랙탈이나 시에르펜스키의 스폰지는 정수가 아닌 소수의 차원을 만들어 낸다. 이는 기존의 것을 변형이나 변이시키는 것일 수도 있지만, 대상에 내재되어 있는 본질적인 것이나 실제적인 것을 새롭게 인식하는 것이다. 예로, 프랙탈은 해안선과 같은 복잡하고 불규칙한 구조를 이해하고 설명할 수 있게 한다. 이는 자연수의 차원에서 무시하거나 인식할 수 없던 것을 찾아내 인식하게 하는 특성이다. 위 인용문에서 들뢰즈의 문제의식이나 독자(저자들)의 생성 읽기는 정수가 아닌 소수의 특성을 드러내 보여준다. '차이'의 반복은 동일성의 반복에서는 무시하거나 인식하지 못했던 것이다. 반복에 그 차이가 내재해 있었지만 찾으려 하지 않았던 것이다. 소수는 내재되어 있지만 인식하지 못했던 것을 찾아내는 특성이다. 독자의 생성 읽기는 텍스트에서 소수와 같은 의미를 찾아내는 것이다.

나. 작용 방식: 다질, 이탈, 자유

작용(action)은 특정 현상이 일어나게 하는 것이다. 작용은 '어떠한 물리적 원인이나 대상이 다른 대상이나 원인에 기여하는 것 또는 그런 현상으로, 역학에서 물체 사이의 힘도 이 결과로 생긴다.'[표준국어대사전] 작용은 사물에 내재된 성질이나 특성을 드러내 활동하면서 특정 현상을 만든다. 이 현상에는 특정한 원인이 내재한 과정에 의해 결과가 있게 된다. 이 현상에 내재하는 원리나 과정이 불변적인 결과로 드러나게 되면 원칙이나 법칙이 된다. 물리학은 이 불변적인 법칙을 탐구하고 정립하기 위한 학문이다. 그런데 물리학은 완결되거나 완성될 수 없다. 모든 학문이 그렇지만 탐구할 대상이나 과제가 언제나 존재하기 때문이다. 다른 말로, 원리, 과정, 결과에 원칙이나 법칙화할 수 없는 현상이 존재하는 것이다. 독자가 텍스트를 읽을 때, 독자와 텍스트, 읽기 상황 등이 작용한다. 이들은 각기 다른 성질이나 특성을 드러내 활동하면서 읽기 현상을 만든다. 독자와 텍스트, 읽기 상황이 만드는 읽기 현상은 정해져 있지 않다. 독자의 경험이나 읽는 목적에 따라, 텍스트에 따라, 읽기 상황에 따라 읽기 현상은 달라진다.

물리 모델에 기초한 읽기도 홈패인 배움 읽기와 매끈한 생성 읽기가 혼합된다. 물리 모델에서의 혼합적 읽기는 배움 읽기와 생성 읽기가 복합적으로 교차된다. 물리 모델에서 정해진 규칙을 강조하는 홈패인 공간 특성을 지향하고 있지만 매끈한 공간 특성이 언제나 함께하기 때문이다. 특정 물리 현상에 대한 규칙을 발견해도 예외적인 작용이 존재한다. 물의 흐름에 층류와 소용돌이가 함께하는 것이 그 예다. 독자의 텍스트 읽기에서도 중심적인 해석의 경향이 있지만 주변적인 해석의 경향이 언제나 존재한다. 독자는 중심적인 해석의 경향인 홈패인 배움 읽기를 지향하지만, 늘 매끈한 생성 읽기가 의식의 한 편에 내재한다. 이 두 가지 읽기는 상호 영향을 주면서 섞여 다양한 혼합적 읽기를 만들어 내게 된다. 독자의 텍스트 읽기는 이들의 섞임 정도에 따라 다르게 실행된다.

홈패인 배움 읽기에서 독자의 읽기 실행은 읽기 원리나 읽기 규칙을 따른다. 독자가 배움 읽기에 활용하는 규칙은 전체적이고 강제적이라 할 수 있다. 관점이나 방법이 선택되면 그에 따른 규칙을 활용한 읽기가 이루어진다. 읽기의 관점이나 방법은 또한 특정 규칙을 전제한다. 그렇기에 텍스트를 읽고 해석하는 방법은 밝혀진 읽기 규칙과 해석 규칙을 충실히 따르는 것이다. 이러한 읽기 규칙이나 해석 규칙을 강조하는 읽기는 언제나 있어 왔다. 대표적인 예로 『논어집주(論語集註)』나 스키마 이론을 들 수 있다. 『논어집주』는 『논어』의 각 구절에 대한 대표적인 해석(주석)을 모아 놓은 것이다. 이 『논어집주』로 인하여 『논어』의 각 구절은 규정된 의미로 해석되었다. 읽기에서 스키마 이론도 마찬가지로, 텍스트의 의미 해석을 독자의 스키마를 활용할 것을 강조한다. 그렇기에 독자의 텍스트 의미 해석을 개별적인 것으로 여기게 된다.

매끈한 생성 읽기에서 독자의 읽기 실행은 원리나 규칙을 벗어난다. 독자는 읽기 실행에 필요한 읽기 원리나 규칙이 있음을 알지만, 이에서 벗어나려 한다. 독자는 읽기 원칙이나 읽기 규칙이 작용하지 않는 텍스트 읽기를 실행하려 한다. 이는 다른 방식의 읽기 작용이 필요하기 때문이다. 배움 읽기의 규칙이나 원칙으로는 해결되지 않는 문제가 있기 때문이다. 규정되지 않은 읽기 원칙이나 읽기 규칙으로 읽었을 때 새롭거나 독자가 필요로 하는 의미 해석을 할 수 있기 때문이다. 배움 읽기가 규정된 텍스트의 의미를 해석하게 하지만 독자는 그 해석 의미만으로는 만족할 수 없는 경우가 있다. 이 경우 독자는 텍스트의 새로운 의미 해석을 위하여 정해진 읽기 원칙을 벗어난 생성 읽기를 하게 된다. 실제 독자는 읽기 상황에 따라 다양한 의미를 해석한다.

물리 모델의 혼합적 읽기는 배움 읽기에서 생성 읽기가 벗어나면서 혼합된다. 물리 모델에서의 혼합적 읽기는 홈패인 읽기에서 어떤 매끈한 읽기가 벗어나는 작동을 하느냐의 문제이다. 여기서 벗어나는 것이 무엇인가와 어떤 방식으로 벗어나는 작동을 하는가에 따라 혼합적 읽기의 형태가 달라진다. 이는 홈패인 배움 읽기 내에서 매끈한 생성 읽기의 작용 비율에 의해 텍스트 이해가 달라짐을 뜻한다. 물리 모델에서의 혼합적 읽기는 배움 읽기를 토대로 변화된 또는 변화할 수 있는 생성 읽기의 비율 문제이다. 다른 모델과 같이 혼합의 방식이 아니라 홈패인 배움 읽기의 내부에서 매끈한 생성 읽기가 얼마만큼 일어났는가에 문제이다. 이때 특별한 경우에 매끈한 생성 읽기가 독립적으로 이루어질 수 있으나 예는 많지 않다.

> 스승께서 말씀하셨다. '군자는 화이부동하지만 소인은 동이불화한다'.(子曰 君子 和而不同 小人 同而不和. 『논어(論語)』 자로편(子路篇). 23.)

논어 주석가들은 화(和)와 동(同)을 대비시키면서 세세하게 양자를 구분한다. 주희는 화를 '서로 등을 지고 적대시하며 싸우려는 마음(괴려지심(乖戾之心))이

> 없는 것'이라 풀이하며, 동을 '아부하고 패거리를 지으려는 뜻이 있는 것'이라 설명한다. 그는 이전 시대의 주석가들의 풀이도 인용하면서 '화는 이치(理致)에 근거해 화합하는 것'이고, '동은 사적인 이익을 좇아 동조하는 것'이라고 부가적인 설명도 덧붙인다. 주희의 제자인 풍의(馮椅)는 화를 '서로 다른 맛을 지닌 재료들이 조화를 이루어 하나의 맛을 내는 것'으로, 동은 '그때그때 들리는 소리에 따라 무분별하게 동조하면서 부화뇌동하는 것'으로 풀이한다. 이들 주석에 따르면, 화는 각자 개성이나 특성을 지키면서도 다투거나 싸우지 않고 하나로 어우러져 새로운 무엇을 낳는다. 반면, 동은 그때그때 형편과 사정에 따라, 또는 각자의 이익에 따라 이합집산하지만, 진정한 하나가 되지 못한다.(엄태동, 2023: 307-308)

위의 첫 인용문은 공자(孔子)가 한 말이다. 공자는 군자(君子)와 소인(小人)의 차이를 화이부동(和而不同)과 동이불화(同而不和)로 이야기한다. 두 번째 인용문에서는 화(和)의 속성과 동(同)의 속성을 밝히는 데 집중한다. 화(和)와 동(同)은 대립적인 말로 서로 다른 속성을 내포한다는 것이다. 이를 주희는 '상대를 적대시하는 마음이 없는 것'과 '아부하며 패거리를 지으려는 마음이 있는 것'으로 보았다고 설명한다. 주희 이전 주석가들은 화는 '이치에 근거해 화합하는 것'이고, 동은 '이익을 좇아 동조하는 것'으로 보았다고 말한다. 그리고 주희의 제자 풍의는 화를 '여러 속성의 식재료들이 하나의 맛을 내는 것'으로, 동을 '지조 없이 남의 의견을 따라 행동함'을 규정했다는 것이다. 저자는 이들을 토대로 화는 '각자가 개성을 가지고 어우러져 새로운 것을 낳는 것'으로, 동을 '상황과 이익에 따라 이합집산하여 하나가 되지 못하는 것'으로 정의한다. 이를 바탕으로, 물리 모델의 작용 방식에 의한 혼합적 읽기 특성을, 생성 읽기의 속성을 토대로 보면 다음과 같다.

첫째, 다질적이다. 다질(多質)은 등질(等質)과 대립되는 말이다. 홈패임 작용은 규칙이나 법칙에 의해 등질적이 된다. 과정과 결과에 등질성이 내재한다. 이와 달리 매끈한 작용은 정해진 규칙이나 법칙을 따르지 않거나 벗어나기에 그 정도에 따라 질이 달라진다. 즉 다질적인 것으로 실현된다. 위 인용문에서 보면, 화(和)와 동(同)에 대한 이해는 정해진 규칙이나 법칙을 따르지 않는다. 기준이 되는 이해가 있을 수 있지만 독자들은 이 기준을 벗어난 이해를 지향하고 실행한다. 독자가 어떤 텍스트를 읽더라도 다질적인 이해가 존재한다. 특히 생성 읽기는 차이성이나 고유성을 지향함으로써 절대적 다질성을 실현한다.

둘째, 이탈적이다. 이탈(離脫)은 수직 운동이나 수평 운동의 선과 관련된다. 이들 선에 따른 운동은 홈패인 공간의 특성인 고정성과 동일성을 갖는다. 홈패인 수직이나 수평의 운동 중에 이들에서 벗어나는 운동이 존재함을 지시하는 말이 이탈이다. 이들 운동을 규정하는 말이 편위, 나선, 소용돌이 등이다. 이탈은 기존의 운동과 다른 운동이기에 다른 현상이나 결과를 만들어 낸다. 이 이탈 운동은 위치, 방향, 세기, 조건 등에 따라 달라진다. 독자의 텍스트 읽기도 생성 읽기의 경우는 읽는 상황에 따라 달라진다. 위 인용문을 보면, 화(和)와 동(同)의 의미는 독자의 해석 방향에 따라 달라진다. 독자가 어떤 읽기 상황에서 읽는가에 따라 텍스트 이해의 이탈이 이루어진다.

셋째, 자유적이다. 자유는 심리적 저항과 관련된 것으로 일(노동)과 대립적인 자유행동의 의미이다. 일은 심리적 저항이 존재한다. 저항은 형식적이고 자신의 과제(과업)와 직접 관련이 없는 일에서 느낀다. 자신과 직접 관계없는 노동은 심리적 저항을 일으킨다. 이들 노동은 정해진 규칙이나 도달 또는 성취해야 할 목표를 강조한다. 이에 반해, 자유행동은 심리적 저항이 없는 일이다. 자신과 관련이 있기에 몰입하고 일인 줄도 모르며 한다. 이에는 따라야 할 규칙이나 정해 놓은 도달해야 할 목표가 존재하지 않는다. 그렇기에 심리적 저항 없이 규칙에 따르지 않고 실행을 통하여 결과를 만들어 내는 것이다. 배움 읽기에는 정해진 방법과 목표가 있을 수 있지만 생성 읽기에는 없다. 이들은 필요에 따라 교차하면서 혼합적 읽기를 통한 무한의 다른 텍스트 이해를 실행하게 한다.

다. 파악 방식: 근접, 국지, 추상

파악(vision)[17]은 대상의 본질을 통찰하는 것이다. 통찰은 '예리한 관찰력으로 사물을 꿰뚫어 봄'이고, 파악은 '어떤 대상의 내용이나 본질을 확실하게 이해하여 앎'[표준국어대사전]을 가리킨다. 미학과 관련하여 파악은 통찰과 관련된다. 통찰은 예리한 감각과 감성으로 대상을 꿰뚫어 지각하는 활동이다. 파악은 대상의 본질을 인식하고 이해하는 것이다. 이 파악은 미학과 관련해 인식이나 이해를 시각적 작품으로 표현하는 것과도 관련된다. 파악 활동은 대상에 대해 가깝게, 좁게, 깊게, 부분적으로도 멀게, 넓게, 얕게, 전체적으로도 이루어질 수 있다. 미각이나 촉각은 직접 닿아야 파악할 수 있고, 후각이나 청각은 일정한 거리로 떨어져 있어도 파악할 수 있으며, 시각은 먼 거리에 있는 것도 파악할 수 있다. 미학적 파악은 독자의 텍스트 읽기와도 연결지을 수 있다. 독자의 텍스트 내용 파악도 가깝게나 멀게, 좁게나 넓게, 깊게 이루어지기도 하고, 얕게나 부분적, 전체적으로도 이루어진다.

독자의 텍스트 읽기에서 파악도 세 가지 형태로 구분할 수 있다. 홈패인, 매끈한, 혼합된 파악이다. 미학 모델에서 혼합된 파악은 홈패인 공간 특성이 내재된 파악과 매끈한 공간 특성이 내재된 파악을 양극점으로 하기에 어려운 점이 있다. 매끈한 공간 특성으로 가깝게, 좁게, 깊게, 부분적 등은 절대적이

17 vision은 두 가지 용어로 번역되었다. 김재인(2003: 938)은 '파악'으로, 이진경(2003b: 658)은 '상'으로 번역하였다.

지만, 홈패인 공간 특성으로 멀게, 넓게, 얕게, 전체적 등은 절대적이지 않다. 그렇기에 미학 모델에서의 혼합된 공간 특성으로의 파악이 이루는 스펙트럼은 다른 형태를 이룬다. 홈패인 공간 특성과 매끈한 공간 특성이 비율적 혼합의 형태로 이루어진다. 두 특성이 양극에서 마주하며 섞임의 스펙트럼을 형성하는 것이 아니라 두 극이 함께 섞여 만드는 스펙트럼을 형성한다.[18] 이는 배움 읽기와 생성 읽기가 독립적으로 존재하지 않고 비율적 섞임을 이루고 있다고 할 수 있다. 혼합적 읽기는 배움 읽기에 좀 더 가까운 읽기와 생성 읽기에 좀 더 가까운 읽기의 형태로 존재한다.

미학 모델의 홈패인 배움 읽기는 원거리에서 포괄적으로 텍스트 전체를 파악하는 방법을 따른다. 독자는 텍스트의 전체 내용을 파악하는 것을 목표로 한다. 그렇기에 읽기 방법도 텍스트 전체 내용을 파악하는 방법을 사용한다. 텍스트 내용의 전체적인 구성과 텍스트 전체 내용을 통하여 전달하려는 주제에 관심을 집중한다. 텍스트의 부분 내용은 전체 내용을 이루는 데 기여해야 하는 것으로 인식한다. 독자가 텍스트의 부분적인 내용에 의식을 집중하는 이유는 전체를 위한 것일 뿐이다. 텍스트의 내용을 원거리에서 파악하고 해석함으로써 객관적이고 보편적인 의미를 밝히려고 한다. 이는 독자와 텍스트가 일정한 거리를 유지해야 하기에 텍스트와 의미는 객체화된다. 다른 말로, 독자가 텍스트에서 밝힌 의미는 독자의 자기 생성에는 관여하지 못한다.

매끈한 생성 읽기는 근거리에서 국지적으로 텍스트 내용을 파악하는 방법을 따른다. 독자는 텍스트의 전체적인 내용보다는 부분적으로 깊이 있게

---

18 두 특성이 이루는 스펙트럼의 모양을 그림으로 나타내면 다음과 같다.

파악하는 것을 목적으로 한다. 부분적, 국지적으로 필요한 내용에 집중하여 의미를 찾아낸다. 물론 텍스트의 한 부분에 집중하는 의미가 아니라 필요한 각 부분에 집중하여 깊이 있는 이해를 실현한다. 이를 위해 독자는 이에 맞는 읽기 방법을 활용한다. 이때 독자는 텍스트 내용에도 관심을 두지만, 자기에게 더 많은 관심을 기울인다. 국지적으로 깊이 있게 이해를 이루어 내는 것은 텍스트를 향한 것이 아님을 의미한다. 국지적인 내용과 심리적 거리를 줄임으로써 개체적이고 고유한 자기만의 의미를 생성한다. 이는 독자가 텍스트의 내용을 통하여 자기 생성을 이룰 수 있도록 한다.

미학 모델을 토대로 한 배움 읽기와 생성 읽기는 특정한 방식으로 혼합된다. 미학 모델에서의 혼합적 읽기는 배움 읽기와 생성 읽기가 독자가 읽기를 실행할 때 함께 실행된다. 물론 독자의 읽기에 토대가 되는 것은 배움 읽기이다. 이 배움 읽기를 토대로 하면서 생성 읽기가 겹쳐 실행된다. 단, 생성 읽기가 실행되기 위해서는 독자가 생성 읽기에 대한 인식이 있어야 한다. 그렇지 않으면 배움 읽기와 생성 읽기는 구분되지 않은 상태에서 실행된다. 파악 방식에 따른 읽기는 배움 읽기로만 끝나는 경우가 많은 것은 이 때문이다. 그리고 생성 읽기는 그 자체만으로는 실행되기가 어렵다는 점도 관련된다. 즉 배움 읽기를 토대로 극단의 생성 읽기가 존재할 수 있음을 의미한다. 파악 방식에 의한 생성 읽기는 배움 읽기를 동반하여 이루어지면서 독자의 자기 생성을 이끈다.

> 도는 비어 있어서/ 아무리 써도 막히지 않고,/ 깊숙해서/ 만물의 근원인 것 같다./ 날카로움을 꺾고 엉킴을 풀며,/ 번쩍거림을 부드럽게 하고 더러움과 같이 하니,/ 맑고 그윽한 속에 뭐가 있는 듯하구나./ 나는 도가 누구의 아들인지 알리 못하니/ 상제의 조상이 될 것 같다.(道沖而用之或不盈, 淵兮似萬物之宗. 挫其銳, 解其紛, 和其光, 同其塵. 湛兮似或存. 吾不知誰之子, 象帝之先.)(老子의 『道德經』

4장)(임채우 역, 2008: 61)

예(銳)는 강하고 용맹스럽고 정미하고 날카롭다는 의미를 지녔다./ 사람들의 강하고 날카로운 기상과 정미하게 날카로운 지혜, 이 모두를 꺾을 만한 물건이란 없다. 단지 도가 있는 사람만이 그를 꺾을 수가 있다. 그 때문에 [그들의 날카로움을 꺾는다(挫其銳)]라고 말하였다./ 이러한 예를 역사 속에서 찾아보도록 하자./ 옛날 장자방(張子方)은 박랑(博浪) 땅에서 원한을 갚기 위해 진시황제를 시해하려고 하였는데 그때 그의 강하고 용맹했음을 알 만하며, 진시황은 천하에 수색령을 크게 내렸으나 끝내 잡질 못하였으니 그의 정미하고 날카로움을 알만 하다. 이때는 그를 꺾을 만한 사람이 없었고 유일하게 비상노인(圯上老人) 황석공(黃石公)에게 꺾였던 것이다. 그는 노자의 도를 익힌 신선이었다고 전해 온다./ 장자방이 하루는 길을 가다가 비상을 지나게 되었다. 그때 낯선 노인 한 사람이 다리 위에 걸터앉아 있다가 장자방이 오는 것을 보더니, 일부러 짚신을 벗어 다리 아래로 떨어뜨렸다. 이렇게 하기를 세 차례나 반복하고 나서야 장자방의 그릇됨을 인정하고 그에게 비전(祕傳)인 『소서(素書)』라는 책을 전수하였다./ 장자방은 이 책을 얻어 그 내용을 통달하였다. 그러고는 한(漢)나라의 유방(劉邦)에게 나가 그를 도왔으며, 끝내는 무사히 천하를 취할 수 있었다./ 나 개인적인 생각으로는 장자 이하로 공명을 드날렸던 인재들 가운데 노자사상은 정온(精蘊)을 얻었던 사람은 장자방 한 사람뿐이었다고 여겨진다. 이로써 비교를 해본다면 장자는 노자를 도체를, 장자방은 그의 작용을 훌륭히 체득하였으며, 그 뒤로 동방삭(東方朔)은 체득하긴 했으나 해괴한 익살로 흘렀으며, 이를 제외한 그 나머지야 어떻게 노자의 도를 알았다고 하겠는가.(송찬우 역, 2000: 43)

위 두 인용문은 『도덕경(道德經)』 4장과 그 4장의 '挫其銳(좌기예: 날카로움을 꺾다)'에 대한 설명이다. 설명에서 보면, 저자는 '좌기예'의 의미를 구체적으로 드러내고 있다. 날카로움(銳)의 의미는 물론 꺾음(挫)의 의미가 무엇인지를 분명하게 파악하고 있다. 부분적 또는 국지적이라고 할 수 있는 예(銳)와 좌(挫)의 의미를 깊이 있게 풀어내고 있다. 이는 『도덕경』 4장의 문제와 관련이 있는 것이지만, 부분적 또는 국지적인 좌기예(挫其銳)에 집중하여 그 의미를 깊이 있게 찾아내고 있다. 이것이 가능한 것은 좌기예(挫其銳)에 대한 통찰이 있기에 가능하다. 좌(挫)와 예(銳)의 자의(字義)를 인식하는 것이 아니라 관련된 구체적 사건을 떠올려 내재적이고 본질적인 의미를 생성하고 있다. 이를 통해 미학 모델의 혼합적 읽기의 특성을 생성 읽기의 특성을 토대로 정리하면 다음과 같다.

첫째, 근접적이다. 근접(근거리)은 '가까이 다가감' 또는 '다가가서 닿음'의 뜻으로 원격(원거리)과 대비된다. 미술에서 화가가 그림을 그리기 위해서는 대상이나 캔버스에 가까이 다가가야 한다. 화가가 그릴 대상을 파악하기 위해서는 세밀하게 관찰하여 확인하여 인식해야 한다. 그리고 캔버스에 인식한 대상의 본질을 표현해야 한다. 독자가 텍스트에 가까이 다가가야 한다. 독자가 텍스트에 가까이 다가감은 내용에 대한 세밀한 인식과 이해를 하기 위한 것이다. 독자는 텍스트에 가까이 다가갈수록 용어, 개념, 논리, 관점, 주장, 의미, 가치 등을 깊이 있는 통찰로 지각하고 파악할 수 있다. 텍스트와 거리가 멀어질수록 전체 내용의 윤곽만 인식하게 된다.

둘째, 국지적(local)이다. 'local(공간, 장소)'은 지방, 지역의 의미로 '전체'를 뜻하는 global(포괄, 총체)과 대비된다. 국지적은 '전체적' 또는 '포괄적'의 의미와 대립하는 '한 곳, 한 장소, 한 부분, 한 자리, 일부' 등의 의미이다. 텍스트와 관련해서 '국지적'은 한 장, 한 절, 한 항목, 한 문단, 한 문장 등의 '하나(단일)'나 낱말, 개념, 사건, 의미 등의 '단위(요소)'를 지시한다. 독자가 텍스트를 읽을 때, 전체 내용보다는 부분의 각 단위 중 단일한 것에 집중하는 것이다. 위 인용문에서 좌(挫)와 예(銳)의 의미를 찾는 것과 같은 것이다.

셋째, 추상적이다. 여기서의 추상은 추상적인 '선'과 관련되어 있다. 추상적인 선은 구체적인 선이나 구상적인 선[19]과 대비된다. 여기서 구체(具體)[20]나 구상[21]은 표현이나 인식이 일정한 형식이 정해져 있음을 뜻한다. 이에 반해 추상은 '다양한 방향을 지니고 점 사이를 지나며 끝없이 변이하는 것'으로 '매끈한 공간에서의 감응'과 관련된다. 추상적인 선은 고딕, 예측불가, 변형, 탈형식적인 선을 의미한다. 독자의 텍스트 읽기에서 추상적인 것은 일정한 형식에 기초한 의미 구성이나 의미 해석이 아닌 탈형식적 독자의 자기 생성을 이루는 이해를 의미한다.

4. 읽기 규정하기

독자의 읽기는 읽기 규정을 따른다. 독자는 의지적 또는 은연중에 읽기 규정을 따른다. 독자의 읽기 실행에는 읽기를 무엇이라고 여기는 읽기 규정이 전제된다. 독자는 자기의 읽기 규정에 근거해 읽기를 실행한다. 독자가 읽기 실행을 바꾸거나 변화시키기 위해서는 읽기 규정을 새롭게 해야 한다.

---

19 '원시 예술은 추상적인 것 또는 전-구상(前- 具象)적인 것에서 시작된다. (……) 예술은 처음부터 추상적이며 그 기원에서부터 추상적인 것 이외의 다른 것일 수 없었다.' 실제로 문자가 아직 존재하지 않는 경우, 즉 아직 존재하지 않거나 아니면 존재한다고 해도 외부나 변두리에나 존재하는 경우 선은 그만큼 더 추상적이다. 여러 제국에서 그랬듯이 문자가 추상 작용을 담당하게 되면 이미 지위를 강등당한 선은 필연적으로 구체적인, 심지어는 구상적인 것으로 되는 경향이 있다.(김재인 역, 2003: 946-947)

20 사물이 직접 경험하거나 지각할 수 있도록 일정한 형태와 성질을 갖춤.[표준국어대사전]

21 (미술) 실제로 있거나 상상할 수 있는 사물을 사실적으로 표현하는 미술. 주로 제2차 세계대전 후, 추상 미술이 세계를 풍미하였을 때 그에 대응하는 의미로 썼다. =구상 미술.[표준국어대사전]

사실 독자는 읽기 규정에 충실한 읽기를 추구하기도 하지만, 읽기 규정에서 벗어난 읽기를 끊임없이 지향하기도 한다. 그렇지만 현실적으로는 읽기 규정에 충실한 읽기를 실행해야 하는 한계를 가진다. 이는 특정한 읽기 규정에 포획되어 있기 때문이다. 독자가 여러 읽기 규정을 알면 읽기 상황을 다양하게 하여 다른 읽기 실행을 할 수 있다.

독자가 다른 읽기 실행을 위해 현재와 다른 읽기 규정을 알기 위해서는 학습이 필요하다. 독자가 읽기 규정을 학습할 수 있는 대표적인 곳이 학교이다. 학생들은 오랫동안 학교 학습을 통해 읽기 규정을 학습한다. 그래서 학교에서 학습한 읽기 규정은 독자에게 절대적인 것이 된다. 학교에서 특정한 읽기 규정을 학습한 독자는 다른 읽기 규정에는 관심을 갖지 않는다. 또는 다른 읽기 규정이 있다고 생각조차 하지 않게 된다. 학교에서 배운 읽기 규정에 절대적 신뢰를 보내는 것이다. 그렇기에 학교에서는 읽기 규정에 대한 열린 접근이 필요하다. 단일 읽기 규정만을 제시하고 익히게 하는 것은 올바른 것이 아니다.

이 논의에서는 읽기가 다양체임을 전제한다. 읽기가 다양체라는 것은 읽기 실행이 보는 관점이나 시각에 따라 읽기가 다르게 규정될 수 있음을 함의한다. 그래서 이 논의에서는 들뢰즈와 과타리의 『천 개의 고원』 14장(홈패인 것과 매끈한 것)에서 논의하는 수학-모델, 물리-모델, 미학-모델을 중심으로 읽기 실행의 다양성을 살폈다. 이 세 가지 모델을 토대로 계량 방식, 작용 방식, 파악 방식을 설정하여 읽기 실행의 특성을 논의했다. 이를 위한 독자의 읽기를 홈패인 배움 읽기와 매끈한 생성 읽기를 설정하였다. 이 두 읽기를 대립하면서 서로 섞이고 교차되어 혼합적 읽기를 이룬다. 이 혼합적 읽기를 직접 논하지 않는 것은 두 읽기의 미분적 섞임에 따라 그 규정이 달라지기 때문이다. 또한 양극에 있는 배움 읽기와 생성 읽기에 대한 특히, 생성 읽기의 특성을 알면 혼합적 읽기의 특성이 드러난다고 보기 때문이다. 혼합적 읽기는 모델에 따라, 두 읽기의 그 혼합 비율에 따라 실행 형태가 달라진다. 혼합적 읽기의 실행으로 이루어지는 읽기 규정은 읽기 실행마다 달리 이루어질 수 있다.

독자가 특정한 읽기 규정에만 의존해 단일한 읽기 실행을 하는 것은 옳지 않다. 독자의 텍스트 읽기는 무한의 변이를 포함하고 있고, 독자는 텍스트를 읽을 때마다 새로운 읽기를 실행해야 한다. 특정한 읽기 규정에 얽매인 읽기는 독자의 텍스트 이해를 제한하고 한정한다. 독자의 텍스트 이해는 생성적이어야 한다. 독자의 텍스트 이해가 제한적이지 않고 생성적일 수 있게 하는 조건이 다양한 읽기 규정이 있음을 아는 것이다. 독자의 읽기 규정에 대한 열린 인식이 생성 읽기를 지향하게 함으로써 다양한 혼합적 읽기를 실행할 수 있다. 독자 스스로 새로운 읽기 규정을 알기 위해서 노력해야 하지만, 읽기 교육에서 독자가 이를 할 수 있는 토대를 마련해 주는 것이 먼저이다.

제12장 — 읽기 소통의 양식

1. 소통의 양식

독자가 텍스트를 읽는 형상(形像)은 다양하다. 형상은 드러난 모양이나 상태이다. 읽기 형상은 읽기가 실행되는 모양이나 상태다. 이 읽기의 모양이나 상태는 이 읽기를 이루는 내적 본질을 이루는 요인이나 성질을 지닌다. 이들 본질의 요인이나 성질에 의해 읽기는 특정 형상으로 드러난다. 읽기의 형상을 규정하기 위해서는 이들 요인이나 성질을 밝혀야 한다. 이들 요인이 규명되면 그 읽기 형상을 규정할 수 있게 된다. 읽기 본질의 요인이나 성질은 독자와 텍스트의 소통 양식[1]에서 비롯된다. 이들의 소통 양식은 독자의 인식적 토대, 소통의 형식,[2] 사회적 관습 등과 관련된다. 읽기 형상은 독자가 어떤 소통 양식을 선택했느냐에 의해 결정된다. 읽기의 형상은 독자가 선택한 소통 양식에 의한 소통 방식으로 드러난다. 즉, 읽기는 독자의 일이고, 더 본질적으로는 독자가 선택한 소통 양식에 의해 결정된다.

읽기 교육은 독자와 텍스트의 소통 양식에 관심을 가진다. 읽기 교육에서

---

1 오랜 시간이 지나면서 자연히 정하여진 방식.[표준국어대사전]

2 일을 할 때의 일정한 절차나 양식.[표준국어대사전]

관심을 두는 소통 양식을 대별하면, 텍스트 중심 소통과 독자 중심 소통이다. 텍스트 중심 소통은 독자가 텍스트가 전하는 것을 받는 형식이다. 독자 중심 소통은 독자가 텍스트에서 필요한 것을 골라 취하는 형식이다. 읽기 교육은 독자가 텍스트가 전하는 것을 받거나, 필요한 것을 취하는 소통 방식을 강조한다. 이 읽기에서의 소통은 주는 것을 받거나 필요한 것을 취하는 단방향의 소통 양식이다. 단방향 읽기 소통에서 독자는 텍스트가 전달하는 것을 받아 내면화하거나 필요한 것을 골라 자기화한다. 텍스트 중심 소통에서 강조되는 말이 텍스트에서 전하는 것을 '찾는다'는 뜻의 '분석, 탐색(탐구), 해석'이나 '받아 가지다'는 뜻의 '수용'이다. 독자 중심 소통에서는 '인식하다'는 뜻의 '인지, 추론, 반응'이나 '만든다'는 뜻의 '구성'이다. 읽기는 독자가 텍스트에서 무엇인가(주제)를 찾아가지거나, 무엇인가(의미)를 만드는 일이 된다.

이들 단방향 읽기 소통에는 특정한 성질이 내재한다. 독자가 텍스트가 전하는 것을 받는 내면화는 '얻음'의 성질이 있고, 독자가 텍스트에서 필요한 것을 고르는 자기화에는 '만듦'의 성질이 있다. 읽기에서 얻음은 독자가 텍스트에 있는 것을 자기의 것으로 차지하는 것이다. 만듦은 재료인 내용들을 결합하여 무언가 생겨나게 하는 것이다. 이들 차지나 만듦의 대상이 지닌 내적 본질은 '외부의 것'이다. 외부의 것을 소유하는 것이고, 외부의 것을 생산하는 것이다. 얻음은 외부의 것을 내 것으로 차지하는 것이고, 만듦은 외부에 새로운 것을 만들어 놓는 것이다. 그렇기에 얻음의 대상이나 만듦의 대상은 외부의 것이다. 단방향 읽기 소통에서 독자가 얻거나 만든 것은 외부의 것이다. 이 외부의 것은 '나인 것'이 아닌 '나의 것'임을 뜻한다. '나인 것'은 나의 본성을 이루는 것이고, '나의 것'은 '나인 것' 밖에 있는 외부 대상으로, 이 둘은 전혀 다른 것이다. 이들은 소유주와 소유물의 관계이다.

읽기에는 단방향과 대비되는 양방향 소통 양식도 있다. 물론 양방향 읽기 소통에도 그 중심에는 독자가 있다. 양방향 읽기 소통은 독자가 텍스트와의 소통으로 '나인 것'을 '생성'하는 것이다. '나인 것의 생성'은 내재 또는 잠재되어 있던 '나'를 발현하는 것이 아니다. 없던 '나인 것'을 만드는 일이다. 양방향 읽기 소통은 텍스트가 독자를 일깨우는 것이 아니다. 독자가 새로운 '나인 것'를 창조하는 것이다. 이를 위해서는 독자와 텍스트가 서로의 다름을 전제로 소통해야 한다. 다름이 전제된 소통은 독자도 텍스트도 그 본성을 고수하지 않는다. 그래야 서로가 필요한 것을 주고받는 양방향의 소통 양식이 될 수 있다. 특히 이 소통 양식의 읽기에서는 독자가 자기 본성을 고수하면 안 된다. 자기 본성을 고수하지 않는 독자는 새로운 자기를 창조하여 '나인 것'을 생성하게 된다. 양방향 읽기 소통은 독자가 '나인 것'을 생성하게 하고, '나인 것'은 언제나 새로운 것이다. 독자가 '나인 것'을 생성하게 되면, 텍스트도 그에 따라 '다른 것'으로 생성되기에 양방향의 소통 양식이 된다.

> 신-진화론은 우리에게 다음과 같은 두 가지 이유에서 중요하게 보인다. 우선 동물은 (종, 속 등과 같은) 특징에 의해 규정되는 것이 아니라 이 환경 저 환경마다, 또는 동일한 환경 내에서 가변적인 개체군들에 의해 규정된다. 또한 운동은 오직 또는 주로 계통적 생산을 통해 일어나는 것이 아니라 서로 이질적인 개체군들이 사이를 가로지르는 소통을 통해 일어난다. 되기는 리좀이지 결코 분류형 수형도나 계통수가 아니다. 되기는 결코 모방하기도 동일화하기도 아니다. 그것은 또한 퇴행하기-진보하기도 아니다. 또한 그것은 대응하기도 아니고 대응 관계를 설립하기도 아니다. 또한 그것은 생상하기, 즉 계통을 생산하기, 계통을 통해 생산하기도 아니다. 되기는 자기 나름의 고름을 갖고 있는 하나의 동사이다. 그것은 '……처럼 보인다', '……이다', '……와 마찬가지이다', '생산하다' 등으로 귀착되지 않으며 우리를 그리고 귀착시키지도 않는다.(김재인 역, 2003: 454)

이 인용문은 들뢰즈와 과타리가 『천 개의 고원』(김재인 역, 2003)에서 '되기'를 설명하는 일부 내용이다. '되기(devenir)'는 개체 내에서의 생성이다. 한 개체가 자기 생성을 이루는 것이다. 이 생성은 진화와 대비된다. 개체의 자기 생성인 되기는 '신-진화론'이다. 진화는 세대를 거듭한 반복을 통한 개체 사이에서의 변화이다. 반면, 되기는 한 개체 내에서 이루어지는 진화로, 외부와의 소통을 통한 변화이다. 진화와 되기 사이에는 구분되는 두 가지 중요 특성이 있다. 첫째, 진화는 동일 종(種)이나 속(屬)에서 일어나지만, 되기는 환경에 따라 가변적인 개체들에 의해 일어난다. 둘째, 진화는 계통적 생산을 통해 일어나지만, 되기는 이질적인 개체군 사이의 소통을 통해 일어난다. 진화는 변화를 수형도(樹型圖)나 계통수(系統樹)로 나타낼 수 있지만, 되기는 그 변화를 이들 형태의 그림으로는 나타낼 수 없는 리좀(rhizome)이다. 진화는 모방과 동일화이고, 퇴행-진보이며, 일방(oneway)적이고 일방 관계 조성이다. 되기는 창조와 차이화이고, 순행-성장이며, 대응(correspondence)이고 대응 관계 조성이다. 되기는 나름의 일관성(고름)의 구도가 내재한 운동이다. 되기는 움직임이나 작용을 나타내는 동사의 속성을 가지고 있다.

독자의 양방향 읽기 소통을 통한 생성은 '되기'이다. 그리고 이 독자의 되기는 리좀이다. 읽기는 독자가 이질적인 내용의 텍스트와 소통하여 자기를 생성하는 되기이다. 독자의 되기도 두 가지 특성이 있다. 첫째, 텍스트에 따라 변화하는 독자에 의해 실행된다. 둘째, 이질적인 내용의 텍스트와의 소통으로 이루어진다. 이 독자의 되기는 수형도나 계통수로 규정할 수 없는 리좀이다. 독자의 되기는 창조와 차이화이고, 변화-개체적인 것이며, 생성이고 생성 관계 조성이다. 독자의 되기는 일관성의 구도에 의하여 새로운 성격을 지닌 자기 생성이다. 이 독자의 자기 생성은 하나로 수렴되지 않는 리좀이다. 독자의 자기 생성은 언제나 변화 속에 있기에 독자가 사이-존재가 되게 한다. 독자의 되기는 새로운 자기, 기존과 다른 자기를 생성하는 일이다.

읽기에 대한 독자의 규정은 다양하다. 텍스트를 쓴 저자의 생각을 아는 것(전기적 비평), 텍스트가 전달하는 주제를 찾아내는 것(신비평), 텍스트의 진리를 대면하여 주관적 진리를 깨치는 것(실존주의), 스키마의 빈자리(슬롯)를 텍스트 내용으로 채워 의미를 구성한 것(인지심리학), 텍스트와 대화로 자기 이해에 이르는 것(해석학), 텍스트 내용과 독자의 의식을 접속시켜 새로운 의식(자기)을 생성하는 것(생성철학) 등으로 규정한다. 읽기의 규정은 다양하지만, 독자와 텍스트의 소통 관점에서 볼 수도 있다. 이 읽기에도 여러 소통 양식이 존재할 수 있다. 이는 읽기가 접근 관점이 고정되거나 특정한 형태로 규정될 수 없음을 뜻한다.

독자와 텍스트의 소통 양식은 읽기 내부에서 곧바로 확인하는 되지 않는다. 읽기의 소통 양식은 읽기 외부에서 이루어지는 소통을 통해 인식할 수 있다. 사람은 누구나 서로 소통한다. 이 소통에서 읽기와 닮은 소통은 낯선 상대와의 소통이다. 독자가 읽기에서 만나는 텍스트는 낯선 내용을 담고 있다. 그렇기에 사람들이 낯선 상대와 실행하는 소통을 분석해 보면, 읽기에서의 소통 양식을 확인할 수 있다. 독자가 텍스트를 읽는 활동도 소통이기 때문이다. 읽기의 소통 양식을 읽기 내부에서 확인하기 어렵듯, 사람들의 일상적인 소통에서도 소통 양식을 인식하기는 쉽지 않다. 특정하게 형식화할 수 있는 소통 활동을 선택하여 분석하면 소통 양식을 포착할 수 있다. 이렇게 포착한 소통 양식은 읽기에서의 소통 양식을 인식하고 규정할 수 있게 한다.

이 장에서는 읽기의 소통 양식을 몇 가지 자료를 토대로 삼아 살펴본다. 첫째는 「이온」(박종현 역, 2018)에 나온 대화다. 소크라테스와 음유시인 이온 간의 시 음송 방법 관련 대화에 내재한 소통 양식을 살펴본다. 둘째는 <솔라리스(Solaris)>(Tarkovsky 감독, 1972) 영화다.[3] 과학자들과 심리학자 및 관련

3 영화 <솔라리스>에 대한 내용 분석은 이진경(2003b)을 참조했다. 그리고 유튜브에서 '솔라

인물들이 낯선 상대와 실행하는 소통 양식을 분석해 본다. 셋째는 『파라다이스』(Toni Morrison, 1997, 김선형 역, 2001) 소설이다.[4] 두 집단의 사람들이 외부 사람과 실행하는 소통 양식의 특성을 살펴본다. 「이온」에서 소크라테스와 이온의 대화에 드러난 시 음송을 위한 소통 양식, <솔라리스>의 등장인물들이 낯선 상대를 이해하기 위한 소통 양식, 『파라다이스』에서 공동체 구성원들이 낯선 상대를 수용하기 위한 소통 양식이 있다. 이들 소통 양식은 독자가 읽기에서 실행하는 텍스트와의 소통에 내재한 양식을 알 수 있게 한다. 「이온」, <솔라리스>, 『파라다이스』에 나오는 인물들이 낯선 상대와 소통할 때의 소통 양식으로 읽기에서 독자가 낯선 텍스트와 소통할 때의 소통 양식을 검토한다. 이를 바탕으로 읽기에서의 독자와 텍스트 간 소통의 본질 속성을 살펴본다.

2. 읽기 소통의 인식 토대

독자가 텍스트와 소통하는 읽기 형상은 다양하다. 독자가 어떤 형상의 읽기를 하든 그 읽기에는 소통이 내재한다. 읽기 형상은 내재하는 소통 양식에 따라 달라진다. 소통 양식이 소통 방식을 결정한다. 읽기 형상은 독자가 의식적 또는 무의식적으로 활용하는 소통 양식에 의해 결정된다. 읽기의 본질을 인식하기 위해서는 독자가 활용하는 소통 양식을 확인해야 한다. 읽기의 본질을 결정하는 소통 양식은 읽기 활동을 외적으로 관찰해서는 드러

리스'로 검색해 여러 영상을 참조했다.

4 소설 『파라다이스』에 대한 내용 분석은 이진경(2001), 손영희(2019), 권은녀(2018), 권혁미(2020)를 참조했다.

나지 않는다. 소통 양식을 인식할 수 있게 하는 사례가 필요하다. 독자의 소통 양식을 알 수 있게 하는 사례로 「이온」, <솔라리스>, 『파라다이스』를 선택한다. 이들 작품 속 인물들이 실행하는 소통에 내재한 소통 양식은 독자의 텍스트 읽기에 내재한 소통 양식을 추론할 수 있게 한다. 읽기의 본질을 결정하는 소통 양식을 이들 작품 속 인물들의 소통 활동을 통해 탐색한다.

가. 테크닉: 소통의 기술

「이온」은 플라톤이 기록한 대화편[5] 중 하나이다. 이 「이온」은 음유시인(吟遊詩人) 이온과 소크라테스의 대화를 기록한 내용이다. 이온이 아스클레피오스 제전에서 있었던 시 음송 경연대회에서 1등을 한다. 그리고 집으로 돌아오는 길에 소크라테스와 만난다. 소크라테스는 이온의 수상을 칭찬해 준다. 소크라테스에게 칭찬을 들은 이온은 소크라테스에게 호메로스 시 음송을 들려주겠다고 한다. 소크라테스는 이온의 시 음송을 나중에 듣겠다고 하면서 다른 시인들의 시도 잘 음송할 수 있는지 묻는다. 그러면서 다른 시인들의 시 음송에 관한 이야기를 이어간다.

> 소크라테스 그렇다면 호메로스 그리고 다른 시인들이, 이들 중에는 헤시오도스와 아르킬로코스도 포함되는데, 어쨌든 같은 것들에 대하여 말하긴 하지만, 같게 말하지는 않으며, 한쪽은 잘 말하지만, 다른 시인들은 더 잘못 말한다고 그대는 주장하고 있는 게 아니겠오?
>
> 이온 또한 저는 진실을 말하고 있습니다.

---

5 대화편(對話篇). 대화의 형식으로 쓴 책. 특히, 소크라테스를 주인공으로 하여 그가 제자들과 나눈 대화를 내용으로 한, 플라톤의 여러 저서를 이른다.[표준국어대사전]

소크라테스 그러니까, 정녕 그대가 잘 말하는 자를 알아본다면, 더 잘못 말하는 자들이 더 잘못 말하고 있다는 사실도 그대는 알아보겠소?

이온 어쨌든 그런 것 같습니다.

소크라테스 그렇다면, 친구여, 이온이 호메로스와 관련해서도 정통하지만 다른 시인들에 대해서도 마찬가지로 그렇다고 우리가 말하더라도 틀리지 않을 것이오. 그대는 같은 것들을 말하는 모든 이들에 대해서는 같은 사람이 충분한 비판자가 될 것이며, 시인들은 모두가 거의 같은 것들을 갖고 시를 짓고 있다는 데 어쨌든 스스로 동의하고 있어서요.

이온 그러면, 소크라테스 님, 도대체 제가 이러는 까닭은 무엇입니까? 가령 누군가가 다른 시인에 대해서 말을 할 경우에, 저는 주목하지도 않고 아무런 말할 가치 있는 것도 말해 주지 못하고, 속절없이 졸기나 하다가, 누군가가 호메로스와 관련해서 상기케라도 하면, 곧바로 깨어나 정신을 차리고서 할 말이 많아집니다.

소크라테스 친구여, 그거야 짐작하기가 어렵지 않고, 누구에게 명백한 것인데, 그건 그대가 전문적인 기술(tekhnē)이나 지식(epistēmē)를 갖고서 호메로스에 대해서 말할 수가 없다는 것이오. 왜냐하면 만약에 그대가 전문적인 기술을 갖고서 그럴 수 있었다면, 그대는 다른 시인들 모두에 대해서도 말할 수 있었을 것이기 때문이오. 전체로서의 시작술(詩作術: poiētikē)이란 게 어쩌면 있겠기 때문이오. 안 그렇소?

이온 네.

소크라테스 그러니까 누군가가 다른 어떤 전체로서의 기술을 얻게 될 때에도, 같은 탐구 방식이 모든 기술에 적용되지 않겠소?(박종현 역, 2018: 329-330)

위 인용문에서 보면, 이온은 호메로스의 시에 대해서는 잘 알고 음송도 잘한다. 하지만 다른 시인의 시에 대해서는 알지도 못하고 음송도 못한다. 이에 소크라테스는 호메로스의 시를 잘 알고 잘 음송할 수 있으면, 다른 시인의 시도 잘 알고 잘 음송하는 것이 마땅하다고 말한다. 그러자 이온이 다른 시인의 시에는 흥미가 없고, 호메로스의 시에만 흥미가 생겨 집중하게 된다고 말한다. 이에 소크라테스는 이온이 시에 대한 전문적인 기술(technique)이나 지식(episteme)이 없어서 그런 것이라고 말한다. 그러면서 이온이 시작술(詩作術)에 대한 전문적인 기술을 가지고 있다면, 다른 모든 시인의 시에 대해서도 잘 알고 잘 음송할 수 있을 것이라고 말한다. 요컨대, 이온이 모든 시인의 시에 대하여 잘 알고 잘 음송하기 위해서는 전체로서의 시작술에 관한 기술과 지식을 갖추고 있어야 한다는 것이다.

이온을 닮은 독자는 자기가 이해할 수 있는 텍스트에는 집중하고, 그렇지 않은 텍스트는 도외시한다. 이온과 같은 방식의 읽기(이온형 읽기)는 독자가 읽을 수 있는 텍스트, 잘 알고 있는 텍스트, 익숙한 텍스트만을 읽는다. 낯설거나 흥미가 떨어지는 텍스트에는 관심을 두지 않는 것이다. 이온형 읽기는 단방향 소통에 토대를 이룬다. 한편 소크라테스와 같은 방식의 읽기(소크라테스형 읽기)는 어떤 텍스트든 읽을 수 있는 기술, 어떤 텍스트에나 적용되는 공통적인 지식, 즉 보편적 읽기 능력으로 읽는 것이다. 텍스트를 읽는 능력은 개별 텍스트에 한정되기보다는 모든 텍스트를 읽을 수 있게 한다. 이를 소크라테스 말의 의도로 정의하면, 독자가 보편의 읽기 능력을 갖추어야 한다는 것이다. 읽기를 잘한다는 것은 한 권의 텍스트만을 잘 읽기보다는 모든 텍스트를 읽을 수 있는 것이다. 소크라테스형 읽기는 어떤 텍스트든 읽을 수 있는 내재적 잠재성이나 가능성을 가리킨다. 이온형 읽기가 단일 대상을 전제한 단방향의 소통 양식을 지닌다면, 소크라테스형 읽기는 모든 텍스트를 전제한 양방향의 소통 양식을 지닌다.

현재 독자의 읽기도 이온과 같은 경우가 있다. 특정 텍스트는 잘 알고 잘 읽을 수 있지만, 다른 텍스트는 잘 모르고 잘 읽지 못한다. 잘 읽지 못하는 텍스트에는 관심도 없고 흥미를 느끼지 못한다. 제한된 텍스트만 읽을 수 있는 것이다. 독자의 실제 읽기는 이온형 읽기와 닮았다고 할 수 있다. 이온형 읽기는 잘 알고, 잘 읽을 수 있는 텍스트만 골라 읽는 제한적 읽기이다. 문학의 경우에는 소설은 읽을 수 있지만 시나, 수필, 희곡은 잘 읽을 수 없다. 특정 분야의 텍스트에는 관심도 없고 흥미를 느끼지 못한다. 읽을 수 없기에 관심이 없고, 관심을 잃었기에 읽지 않는 것일 수 있다. 독자가 특정 텍스트만 읽을 수 있는 것은 반드시 독자의 탓은 아니다. 독자가 텍스트를 제한적으로 읽는 것은 여러 종류의 텍스트를 읽을 수 있는 기술과 지식을 배우지 않았기 때문이다.

독자가 여러 가지 텍스트를 읽지 못하는 것은 읽기 교육에도 책임이 있다. 읽기 교육은 독자에게 여러 가지의 텍스트를 읽을 수 있는 기술과 지식을 알려주지 않았다. 현재의 읽기 교육에서는 사실적 읽기, 추론적 읽기, 비판적 읽기(창의적 읽기, 평가적 읽기)를 하는 방법을 가르친다. 이들 읽기 교육은 실제로 독자가 어떤 책도 읽을 수 있게 해 주지 않는다고 할 수 있다. 읽기 교육과정에서 글의 유형을 통하여 여러 갈래의 텍스트를 고려하고 있지만, 실제적인 읽기 교육 내용은 사실적, 추론적, 비판적 읽기의 기능이다. 이 읽기 교육을 받은 독자가 현재의 우리 자신이다. 우리는 텍스트 읽기에서 이온과는 다르다고 할 수 있을까?

독자가 소크라테스가 말하는 기술과 지식을 가진다는 것의 의미는 무엇일까? 독자에게 주어지는 의미와 읽기 교육에 주어지는 의미는 무엇일까? 독자가 세상의 모든 텍스트를 잘 읽고 이해할 필요는 없다. 그럴 수도 없고, 그렇게 할 이유도 없다. 독자는 전지전능한 자가 되는 것을 목표로 하지 않기 때문이다. 소크라테스가 말하는 기술과 지식은 독자가 필요한 텍스트를 읽을 수 있는 능력과 관련된다. 소크라테스형 읽기의 관점에서 볼 때, 대부분의 독자는 텍스트를 읽을 수 있는 이들 기술과 지식을 갖고 있지 않다. 이온형 읽기를 실행하는 상태에 있다. 현재 읽기 교육은 소크라테스형 읽기를 하는 독자를 지향하지만, 이온형 읽기의 독자를 기른다. 읽기 교육을 통해 배운 읽기 방법은 실제 읽기에 큰 도움이 되지 않는다. 독자가 자기에게 필요한 텍스트를 읽으려면, 소크라테스가 말하는 읽기 기술과 읽기 지식을 새롭게 창안해야 한다. 읽기 교육은 독자가 필요한 텍스트를 읽으려면 이들 기술과 지식을 창안해야 한다는 것조차 가르쳐주지 않는다. 그렇기에 학교 교육에서 관심을 두지 않은 텍스트를 독자가 읽기는 어려운 일이다. 독자 스스로가 필요로 하는 텍스트를 읽기 위해서 그 텍스트를 읽는 데 필요한 기술과 지식을 창안해야 한다.

나. 손님들: 소통의 방식

<솔라리스(Solaris)>(1972)는 공상과학 영화로, 러시아의 타르코프스키(Andrei Arsenyevich Tarkovsky, 1932~1986) 감독 작품이다. 이 영화는 사람이 낯선 상대를 만났을 때, 그 상대와 어떻게 관계를 맺고 어떻게 행동하는지를 다각도로 보여준다. 영화에서 '솔라리스'는 지구 근처로 날아온 떠돌이 행성이다. 이 솔라리스는 신경계를 가진 것으로 추정되는 바다로 되어 있다. 지구의 과학자들은 이 솔라리스 행성을 탐구하려 한다. 솔라리스 위에 우주정거장을 건설하고, 85명의 과학자를 파견한다. 과학자들은 솔라리스를 열심히 탐구했지만 밝힌 것이 거의 없다. 그러자 과학자 대부분은 솔라리스 연구를 포기하고 지구로 돌아온다. 우주정거장에는 3명의 과학자(사토리우스, 스나우트, 기바리안)만 남게 된다. 지구에서는 솔라리스의 연구 상황을 점검하고, 연구의 지속 여부를 결정하기 위해 심리학자 크리스를 우주정거장으로 보내게 된다.

[그림 1] <솔라리스> 영화

크리스가 우주정거장에 도착했을 때는, 한 명의 과학자(기바리안)가 사망해 두 명만 남았다. 크리스가 도착한 우주정거장에는 이상한 일이 일어나고 있었다. 솔라리스의 바다가 과학자(인간)들을 탐구하기 위해 보낸, 일명 '손님'들이 있었다. 솔라리스에서 우주정거장으로 보내진 손님들은 과학자마다 달랐다. 손님은 각 과학자의 무의식 기억 속에 들어있는 특정 대상을 닮아있다. 솔라리스가 과학자들의 마음을 읽고, 과학자들이 집착하는 무의식 기억 속의 대상을 만들어 보낸 것이다. 손님을 맞이한 과학자들은 비슷한 반응을 보인다. 과학자답게 손님을 하나의 연구 대상으로 여기고 탐구한다. 과학자들은 손님들에 대해 알아낸 것은 중성미자로 이루어졌다는 것뿐이었다.

이 영화에는 여러 등장인물이 낯선 상대를 대하는 여러 소통 양식이 존재한다. 등장인물들은 마주한 낯선 상대를 자기만의 소통 양식으로 소통한다. 이들 중 사토리우스나 스나우트와 같은 ① 과학자의 양식, 떠돌이 행성 ② 솔라리스의 양식, 심리학자 ③ 크리스의 양식, 크리스의 손님인 ④ 하리의 양식, 크리스의 이모 ⑤ 안나의 양식을 중심으로 살펴본다. 이들은 각기 낯선 상대를 마주하고, 서로 교차하는 사건들 속에서 낯선 상대에 대응하는 각자의 소통 양식을 보여준다. 각 인물은 각기 다른 처지에 놓여 있고, 그에 따른 입장이 있다. 그렇기에 서로 대립도 하고 협력도 한다. 이들은 각자의 처지에서 낯선 상대를 대하고, 인식하고, 소통하고, 판단하고, 규정한다. 이들 소통에서 과학자는 단방향 소통 양식을 지니고, 나머지 인물의 소통은 양방향 소통 양식을 지닌다. 영화 속 인물들이 낯선 상대와 실행하는 소통의 양식은 독자가 낯선 텍스트 내용을 상대로 실행하는 소통의 양식과 상통한다. 읽기에서 텍스트는 독자에게 낯선 상대이고, 독자는 이들 낯선 상대와 소통한다.

영화 속의 각 인물은 독자가 읽기에서 낯선 텍스트를 상대로 실행하는 소통 양식을 보여준다.

먼저 과학자(들)는 자기만의 소통 양식에 집착한다. 과학자는 자기가 알고 있는 소통 방법으로 낯선 상대를 대한다. 과학자는 낯선 상대에게 호기심을 갖고 소통을 시작하지만, 자기가 가진 탐구 방법만 고집한다. 솔라리스나 손님(들)과 소통하는 방법은 단일하다. 오직 과학적 탐구 방법이라고 믿는 방법으로만 낯선 상대를 대상으로 소통(연구)을 실행한다. 그리고 소통이 이루어지지 않으면 소통(연구, 탐구)을 단념한다. 그래서 우주정거장의 82명의 과학자는 지구로 귀환한다. 물론 지구에 있는 과학자들도 마찬가지의 소통 양식을 갖고 있다. 그래서 과학자는 소통할 수 없는, 소통되지 않는 낯선 상대를 파괴해 없애려 한다. 소통되지 않는 낯선 상대의 존재는 필요 없는 것으로 여기는 것이다. 물론 예외적인 과학자도 있다. 우주정거장에 남은 사토리우스나 스나우트처럼 성과는 없지만 계속 탐구하려는 사람도 있다. 하지만 소통 양식을 바꾸지는 않는다. 지구로 귀환한 버톤도 자신은 연구를 계속 못 하지만 다른 사람은 계속하길 바란다. 과학자는 낯선 상대를 만나면 호기심을 가지고 탐구하지만, 규정된 소통 양식으로만 소통하려 한다. 규정된 소통 양식으로 소통이 이루어지지 않으면 그 상대를 외면한다. 소통되지 않는 상대는 없는 것(없애야 하는 것)으로 여긴다.

떠돌이 행성인 솔라리스도 낯선 존재인 사람들(과학자들과 크리스)을 이해하려고 한다. 솔라리스는 의식 작용을 하면서, 의식을 가지고 행동을 하는 사람과의 소통을 추구한다. 솔라리스가 사람과 소통하는 방식은 '손님'을 보내는 것이다. 손님은 사람의 무의식 속 깊이 들어 있는 기억의 내용을 물질적 존재로 생성한 것이다. 그렇기에 손님은 낯선 상대(과학자·크리스)의 일부이기도 하다. 솔라리스는 이 손님(매개자)을 통해 사람들을 이해하고자 했다. 우주정거장의 과학자들은 각자 다른 무의식 기억을 가지고 있다. 그래서 솔라리스가 보내온 손님들은 모두가 다른 모습을 하고 있다. 과학자들이 이들 손님과 소통하는 방식은 과학적으로 연구하는 것이다. 솔라리스는 손님을 통한 과학자들과의 소통에는 실패하지만, 계속하여 손님을 보낸다. 그러다 크리스에게 손님 '하리'를 보내면서 소통하게 되고, 사람에 대한 이해를 이룬다. 사람을 이해한 솔라리스는 더 이상 손님을 보내지 않고, 사람들의 기억과 현실의 기대 의식으로 만들어진 섬을 바다 위에 만들게 된다. 솔라리스는 낯선 상대를 만나면 상대와 소통할 수 있는 매개자를 제공한다. 그 매개자는 상대와 깊이 관련이 있는 것을 선택한다. 상대가 제공한 단서를 바르게 활용할 줄 모르지만 이를 반복하여 제공한다. 결국은 매개자를 통하여 상대(크리스)와 소통할 수 있게 되고, 상대를 깊이 이해하는 데 이르게 된다. 상대를 이해한 솔라리스는 상대가 무의식 기억 속에 집착하는 기억 속의 존재(크리스의 아버지)와 함께할 수 있게 해준다.

크리스는 심리학자이다. 우주정거장을 방문해 과학자들과 그들의 연구를 점검하여 솔라리스 연구의 지속 여부를 결정할 보고서 작성의 임무를 맡았다. 크리스가 우주정거장에 도착한 날 밤에 예외 없이 '손님'이 찾아왔다. 손님은 크리스가 10년 전에 사별한 아내 '하리'의 모습을 하고 있다. 크리스는 손님이 아내 하리의 모습을 하고 있지만 아내가 아니라는 것을 안다. 그래서 손님을 로켓에 태워 우주로 날려 버린다. 그런데 다음 날 밤, 그 손님이 다시 찾아온다. 그러자 크리스는 손님의 존재를 인정하고, '손님 하리'가 원하는 대로 함께하기 시작한다. 손님 하리의 마음과 행동을 이해하고 소통하려고 노력한다. 크리스는 과학자들처럼 단방향 소통 방식에 얽매인 소통을 하지 않는다. 대상을 인정하고, 심리적인 유대감을 가지고 소통하며 함께한다. 이는 솔라리스가 사람을 이해할 수 있게 하는 계기도 된다. 과학자 사토리우스는 크리스에게 손님 하리는 사람이 아니므로 어떤 존재인지를 밝히기 위해 해부를 해보자고 제안한다. 크리스는 손님 하리가 아내라고 말하며 사토리우스의 요구를 거절하기도 한다. 이런 크리스를 통해 솔라리스는 인간을 이해하게 된다. 영화 마지막 장면에서 크리스는 솔라리스의 바다 위의 섬에서 기억 속의 아버지를 만난다. 크리스는 낯선 상대를 만나면 외면하기도 하지만, 마음을 열고 상대를 존중하며 진정으로 소통을 시도한다. 이를 통해 아내를 사랑했던 자기 자신에 대해 알기도 하지만, 손님 하리가 자신이 누구인지도 알 수 있게 한다. 상대와 열린 양방향 소통을 함으로써 서로의 이해에 도달한다.

하리는 솔라리스가 크리스에게 보낸 손님이다. 손님 하리는 크리스의 사망한 아내의 모습을 하고 있다. 이 손님 하리는 낯선 존재인 크리스와 과학자들, 그리고 자기 자신이 누구인지 모른다. 그렇지만 낯선 사람들에게 경계심은 없다. 크리스와 첫 만남에서 손님 하리는 크리스에게 버림을 받았다. 크리스가 하라는 대로 로켓에 타게 되고, 우주정거장 밖으로 보내졌다. 두 번째 만남에서 손님 하리는 크리스에게 받아들여지면서 함께한다. 두 번째 크리스를 만난 손님 하리는 크리스와 떨어지는 것에 크게 불안을 느낀다. 하지만 크리스가 자기에게 마음을 열고 있다는 것을 느끼면서 평온을 찾는다. 손님 하리는 점차 크리스와 자기에 대하여 알아가게 되고, 차츰 함께 있는 과학자들의 생각과 행동도 알아가게 된다. 그러면서 과학자들의 행동에 대한 자신의 의견을 말할 수 있는 단계까지 발전한다. 이런 손님 하리는 자신이 누구인지에 대하여 분명하게 알게 되고, 자신이 어떻게 해야 하는지를 고민하게 된다. 결국, 자신이 무엇을 해야 하는지 알게 되고, 크리스를 떠나게 된다. 손님 하리가 크리스와의 심리적 유대감으로 사람에 대하여 알게 되는 과정은 솔리리스가 사람을 이해하는 과정이기도 했다. 그래서 솔라리스가 사람에 대한 이해가 이루어지면서 하리는 스스로 크리스의 곁을 떠날 수 있게 된다. 손님 하리는 자신이 누구인지도 모르는 상태에서 낯선 상대를 만나 소통하기 시작했다. 외면받기도 하지만, 상대와 함께하고, 상대를 알기 위해서 노력한다. 이를 통해 상대를 일깨우고(크리스의 아내에 대한 사랑) 자기에 대해서는 깊이 있는 통찰을 이루게 된다. 이 자기 통찰을 위해 자기가 무엇을, 어떻게, 왜 해야 하는지, 어떤 존재인지, 어떤 존재여야 하는지를 묻게 된다. 이로 자기 이해와 자기 생성에 이르게 되고, 자기가 할 일을 함으로써 자기를 완성한다.

안나는 크리스의 이모로 지구에 있다. 크리스가 우주정거장으로 가지 전까지 함께 생활했다. 안나는 크리스가 우주정거장으로 가야 할 임무를 맡게 되자, 이별을 걱정한다. 안나가 만나는 낯선 상대는 우주정거장에서 귀환한 과학자 버톤이다. 버톤은 크리스가 우주정거장으로 출발하기 전날, 솔라리스 연구에서 겪은 일들을 말해 주기 위해 안나의 집으로 찾아온다. 안나는 크리스와 함께 버톤의 이야기를 듣는다. 버톤은 솔라리스 연구에서 겪은, 과학적으로 해명할 수 없는 일들을 영상을 보여주며 설명한다. 이때 크리스는 버톤이 말한 황당한 내용에 대해 동의하지 않는다. 그런데 안나는 크리스와 달리 버톤의 마음을 알아준다. 안나는 영화에서 중요한 역할은 아니지만, 낯선 상대와의 소통에서 독특한 소통 양식을 보인다. 지구의 다른 과학자들도, 크리스도 인정하지 않는 버톤의 말에 대해 안나는 진위를 판단하려 하지 않는다. 버톤의 설명을 듣고 난 안나는 다음과 같이 말한다. “오래 알고 지냈지만 이런 일을 겪은 줄은 내가 미처 몰랐네요. …… 그런데 당신 참 잘생겼었네요.” 버톤의 증언을 아무도 인정하지 않았는데, 안나는 자기 기준으로 증언의 내용을 판단하기보다는 버톤에게 마음을 쓰며 존중한다. 버톤의 말은 이해하기 어려웠지만, 버톤의 마음을 살핀다. 안나는 낯선 상대를 만나면 관심을 가지고 응대한다. 자기의 수준과 인식 능력으로 상대를 이해할 수는 없지만 감성적으로 외면하지는 않는다. 상대의 설명 내용을 이해할 수 없지만, 상대를 존중하고 그의 경험 자체를 인정한다. 안나는 자기가 이해할 수 없는 것이 있음을 받아들이면서, 과학자들과 달리 상대를 외면하거나 없는 존재로 하려고 하지 않는다.

이 영화 속의 인물들은 낯선 상대를 대하는 여러 방식을 보여준다. 독자가 읽어야 하는 텍스트도 낯선 대상일 수 있다. 독자는 낯선 상대와 관계를 맺고, 이해를 이루어 내야 한다. 독자가 낯선 텍스트와 어떤 소통 양식으로 소통하는가는 따라 읽기 형상은 달라질 수 있다. 사실 독자는 텍스트와의 소통 양식은 <솔라리스> 인물들이 보이는 것보다 다양하다. 하지만 독자는 자기가 텍스트와 어떤 소통 양식으로 소통하는지 의식하지 못하는 경우가 많다. 독자가 텍스트 읽기에서 실행하는 소통 양식을 인식할 때, 읽기 형상을 달리할 수 있다. 즉 다른 방식의 읽기를 실행할 수 있다. <솔라리스>에 나오는 여러 인물은 독자와 텍스트와의 소통 양식을 보여준다고 할 수 있다. 독자가 낯선 내용을 담고 있는 텍스트를 만나면 어떤 소통 양식으로 소통하게 될까?

다. 공동체: 소통의 규칙

소설 『파라다이스』는 미국의 토니 모리슨(Toni Morrison, 1931~2019)의 1997년 작품이다. 모리슨은 노벨문학상을 받은 미국의 흑인 여성 작가이다. 『파라다이스』에서 이 논의가 관심을 가지는 것은, 공동체와 낯선 상대 간에 실행되는 소통의 양식이다. 『파라다이스』에는 대비되는 성격의 두 공동체가 있다. 이 두 공동체는 읽기에서 독자가 텍스트와 실행하는 소통 양식들을 보여준다. 읽기는 독자 개인의 문제이기도 하지만 읽기 공동체의 문제이기도 하다. 교육의 측면에서 보면, 읽기는 읽기 공동체와 관련이 깊다. 읽기 교육은 읽기 공동체를 중심으로 이루어지고, 개별 독자는 읽기 공동체의 일원으로 텍스트를 읽는다. 개별 독자가 교육에서 비롯된 읽기 공동체를 벗어나 읽기를 하는 일은 쉽지 않다.

『파라다이스』에는 낯선 상대와의 소통 양식을 보여주는 두 공동체가 있다. '루비'라는 이름을 가진 공동체와 수녀원에서 함께 생활하는 이름이 없는 공동체(이하 '수녀원 공동체')이다. 루비 공동체의 구성원이 되기 위해서는 특정한 조건이 요구된다. 조건을 갖추지 못한 구성원들은 배척된다. 반면, 수녀원 공동체는 특정한 조건을 요구하지 않는다. 누구나 구성원이 될 수 있게 열려 있고, 구성원이 되면 상처받은 삶에 대한 위안을 받을 수 있다. 두 공동체는 다양한 공동체 스펙트럼에서 그 극단을 보여주는 형태라고 할 수 있다. 텍스트 이해와 관련된 읽기 공동체에도 다양한 스펙트럼이 존재하며, 그 극단은 이 두 가지 형태라고 할 수 있다.

루비 공동체는 미국 흑인들의 해방에서 비롯된 공동체이다. 미국의 남북전쟁 종료 후, 흑인 노예들은 해방된다. 『파라다이스』에서는 해방된 노예 9가구가 처음 헤이븐에 자리를 잡는다. 백인들의 멸시를 피해 찾아든 곳이 헤이븐이었다. 헤이븐의 9가구는 모든 생활에서 서로 상부상조한다. 가진 것을 함께 나누고, 어려움이 생기면 서로 돕는다. 그런 생활 중에 공동체의 구성원이 늘면서 땅을 자식들에게 나누어 주고, 면화 생산물의 가격이 폭락하면서 공동체의 생활에 문제가 생긴다. 그러자 몇몇 사람이 헤이븐을 떠나게 된다. 헤이븐에서 떠난 사람들이 백인과 흑인의 멸시를 받고 떠돌다 한곳에 정착하여 형성한 공동체가 '루비'이다.

> 거부당하고, 견제를 받자 그들은 애초의 행로를 변경해 서쪽으로 향했고 캐나디안 강을 건너 아라파호 영토 깊숙한 곳, 로건 카운티 남쪽의 할당되지 않은 땅으로 갔다. 잇따른 불행을 겪으면서 점점 더 단단해지고, 더욱더 오만해졌다. 그리고 이 불행한 사건들은 하나도 빠짐없이 쌍둥이 기억 속에 낱낱이 각인되었다.(김선형 역, 2001: 33-34)

루비 공동체는 이런 과정에서 형성되었다. 루비 공동체는 이런 서로 간의 차별을 피하기 위해 자신들만의 공동체를 만들어 간다. 이 공동체가 안정될수록 구성원들은 구성원이 되는 조건을 강화하게 된다. 순수 흑인만을 공동체 구성원으로 받아들이고 다른 사람은 배척하게 되는 것이다. 이 소설은 첫 문장이 '그들은 제일 먼저 백인 소녀를 쏜다'로 시작된다. 순수 흑인이 아닌 사람은 루비 공동체의 구성원으로 절대 받아들일 수 없는 것이다. '이들에게 모든 이방인은 적이며, 모든 외부자는 경계와 배제의 대상'(이진경, 2001: 74)이 된다. 공동체가 자리를 잡아갈수록 내부성에 대한 순수가 요구되고, 외부성에 대한 적대감이 증가한다. 오직 피부색만이 구성원을 인정하는 기준이 된다.[6] 이 루비 공동체가 낯선 상대를 공동체의 구성원으로 받는 소통 양식은 제한된 조건에 의한 단방향 소통의 특성을 보인다.

수녀원 공동체는 수녀들이 떠난 수녀원의 여성들이 중심이 되어 형성된 공동체이다. 수녀원의 원장이던 콘솔레이타(코니)가 길거리의 여자 어린이들을 데려다 키우면서 형성된다. 수녀들이 없기에 코니 원장은 외부에서 수녀원을 찾아온 사람들을 내치지 않는다. 그렇게 수녀원에 큰 상처를 얻은 사람들이 함께 모여 살면서 공동체를 이룬다. 이 수녀원에서는 생각이 다르고, 각자 특성을 가진 여러 사람이 함께한다. 서로가 이해하면서 함께 공동체를 만들어 간다. 이 수녀원 공동체가 낯선 상대를 구성원으로 받는 소통 양식은 제한 조건이 없는 열린 양방향 소통의 특성을 갖는다.

> 그들 한 사람, 한 사람을 누구보다 사랑하는 것처럼 보이는 이 다정하고 푸근한 할머니는 결코 비판하지 않았고, 무엇이든 아낌없이 나누어주면서도

---

6 "피부색이었죠?", "뭐가?", "이 마을에서 사람들을 선택하고 계급을 정하는 기준 말이예요."(김선영 역, 2001: 348)

당신은 별로 돌봐줄 필요가 없었으며, 정서적인 투자도 요구하지 않았고, 이야기를 들어주었고, 절대 문을 걸어 잠그지 않고 누구나 있는 그대로 받아들여 주었다. 함께 있기만 하면 어떤 위험으로부터도 안전할 수 있었던, 이 이상적인 부모이자 친구이자 동반자(였다).(김선형 역, 2001: 418)

수녀원 공동체는 외부인 누구에게나 열려 있었다. 수녀원과 적대적인 루비의 사람들뿐만 아니라 미혼모나 장애가 있는 사람들, 가정 폭력의 피해자는 물론 남편을 공유했던 사람도 받아들여 함께한다. 이 공동체는 수녀가 아닌 사람들로부터 비롯되었다. 공동체를 이끄는 코니도 수녀들이 거리에서 주워다 길러준 사람이다. 그러다 보니 시작부터 다양한 삶을 산 사람들에서 비롯된 이질성과 혼혈성을 그 외부성으로 가진다. 공동체가 지속되는 과정에서는 다양한 사람들이 함께하는 공동성과 친절성을 내부성으로 가지게 되었다. 구성원들은 각자 삶의 배경이 달라 특이성을 가지고 있기에 구성원 간 충돌이 있고 드나듦이 있었지만, 공동체는 정체되기보다는 외부성과의 결합으로 인하여 변화한다. 서로의 차이를 인정하고, 차이 그 자체를 수용함으로써 새로운 공동체로 거듭난다.

이 소설 속의 인물들과 공동체는 외부와의 접촉을 통하여 두 가지 세계에 대한 인식을 생성한다. 루비 공동체는 구성원의 순수성을 강화하고, 이질성은 단호히 거부한다. 시간이 지닐수록 자신들의 기준을 절대적인 것으로 신념화하면서 순수에 집착한다. 반면 수녀원 공동체는 구성원의 다질성과 혼혈성을 수용하고, 이질성을 자연스럽게 인정한다. 시간이 지날수록 구성원의 개별성에 의한 변화가 일어나고, 문제의식으로 떠났던 구성원들도 다시 돌아온다. 텍스트 읽는 독자들도 이와 별다르지 않다. 특히 읽기의 관점이나 교육의 관점에서도 그렇다. 특정 읽기 관점을 가진 독자들 또는 교육자들은 루비 공동체와 닮은 경우가 있다. 자신의 읽기 방식이나 관점을 강조하면서 다른 방식을 배척한다. 반면 수녀원 공동체와 닮은 독자나 교육도 있다. 다양한 관점을 인정하고, 각 관점에 따른 읽기 방식을 활용하여 읽기를 하는 것이다. 독자와 읽기 교육자가 상정하는 공동체는 어떤 것인지 생각해 볼 필요가 있다.

3. 읽기 소통의 양식 분석

「이온」, <솔라리스>, 『파라다이스』는 각기 다른 시공간을 배경으로 한다. 그렇지만 그 내재 특성 중 하나는 인물들이 낯선 상대와 소통에서 여러 소통 양식을 보여준다. 「이온」에는 이온과 소크라테스의 말 속에 시와의 소통 양식이 내재한다. <솔라리스>에서는 등장인물들이 낯선 상대와의 만남에 소통 양식이 내재한다. 『파라다이스』에서는 대립적인 두 공동체가 외부인을 맞는 일에 소통 양식이 내재한다. 이들 작품에 등장하는 인물(공동체)은 읽기 상황에서는 독자들이다. 낯선 상대나 외부인은 읽기 상황에서 텍스트이다. 이들 인물이 낯선 상대에 응대하는 소통 양식을 토대로 독자의 읽기에 내재하는 소통 양식의 본질 속성을 짐작할 수 있다. 이들 본질 속성은 읽기 형상을 규정하게 하고, 읽기 소통의 본질을 인식하게 하게 한다. 「이온」, <솔라리스>, 『파라다이스』의 인물들의 소통 활동에 들어있는 소통 양식을 살펴, 독자의 읽기에 관여하는 소통 양식의 본질 속성을 알아본다.

가. 응수: 소통의 성격

읽기 활동에는 독자와 텍스트가 선행한다. 읽기에 앞서 독자와 텍스트는 서로 낯선 상대로 존재한다. 낯섦은 서로 다름을 전제한다. 다름에는 차이가 내재하기에 소통을 요구한다. 독자가 낯선 텍스트를 만나 소통하는 활동이 읽기이다. 이 읽기는 독자가 텍스트와 의지적 관계를 맺을 때 성립한다. 이 읽기에서 텍스트는 독자와 다른 인식적 토대로 갖고 있다. 독자가 텍스트를 읽는 근본적 이유가 그 인식적 토대의 다름 때문이다. 이 독자와 텍스트의 인식적 토대의 다름은 소통을 요구한다. 이 소통의 요구는 독자의 필요에서 비롯된다. 독자의 필요는 다름이 내재한 낯선 텍스트와 어떤 소통을 할지 결정한다. 이는 독자가 텍스트와 의지적으로 소통해야 함을 뜻한다. 의지적 소통은 독자가 소통 양식을 선택할 수 있음을 조건으로 한다. 독자가 선택한 소통 양식으로 텍스트와 의지적 관계 맺음을 '응수'라 할 수 있다. 응수는 장기나 바둑에 많이 사용되는 말이다. 이 응수는 상대와 상보적 관계 맺음이지만 일방적인 경우도 있다. 응수는 독자가 텍스트와 특정한 의도로 소통함을 의미한다. 독자의 텍스트에 대한 응수는 여러 형식으로 이루어진다.

응수는 상대방의 말이나 행동에 대응하는 '나'의 말과 행동이다. 응수는 상대가 펼지는 수에 따라 '나'가 대응해 펼치는 수이다. 독자의 텍스트 읽기에도 이 응수가 내재한다. 독자는 텍스트의 내용이 펼치는 수에 응수하는 인식 활동으로 소통해야 한다. 독자와 텍스트가 응수의 관계를 이룰 때 읽기가 실행된다. 「이온」, <솔라리스>, 『파라다이스』에서 보면, 각 인물이 실행하는 상대에 대한 응수가 있다. 「이온」에서는 이온과 소크라테스의 시 음송에 대한 응수가 있다. 즉 이온과 소크라테스는 시 음송에 대해 다른 응수의 방식을 갖고 있다. <솔라리스>에서는 과학자들, 솔라리스, 크리스, 하리, 안나 등이 낯선 상대와 펼치는 다양한 응수가 있다. 이들 인물이 낯설고 다름에 대한 응수는 독자와 텍스트 사이에서 반복된다고 할 수 있다. 『파라다이스』에서는 두 집단이 낯선 사람에 대한 상이한 응수가 있다. 두 집단이 낯선 사람에 대한 응수 방식은, 독자가 읽기에서 낯선 텍스트에 응수하는 방식과 상통한다. 이들의 응수, 즉 소통의 성격을 작품 속 인물들의 소통 활동을 통해 분석한다.

「이온」에서, 이온과 소크라테스가 보이는 시와의 소통의 성격은 대립적이다. 이온은 자신의 시 음송에 대한 자긍심을 갖고 있다. 이런 이온을 소크라테스는 인정하지 않는다. 시 음송을 잘하는 것, 시와 소통을 잘하는 것에 대한 인식이 다르기 때문이다. 이온은 호메로스 시만 잘 음송하는 것에 만족한다. 반면, 소크라테스는 다른 시인의 시도 모두 잘 음송할 수 있어야만 잘하는 것이라 여긴다. 이온의 시 음송에 대한 응수는 호메로스 시로 제한된 소통의 성격을 지닌다. 한편 소크라테스의 시 음송에 대한 응수는 전체 시를 대상으로 한 소통의 성격을 지닌다. 이들 부분적 소통의 응수와 전체적 소통의 응수는 텍스트 읽기와 직접 관련성이 있다.

이온의 소통 방식은 호메로스의 시에 한정된다. 이온이 실행하는 시와의 소통의 성격은 '자의적'이다. 이온은 호메로스의 시를 누구보다 잘 음송할 수 있다. 하지만 다른 시에는 그렇지 못하다. 이온은 특정한 시만 자의적으로 선택하여 음송하는 응수를 한다. 이온의 시 음송 방식을 따르는 '이온형 독자'는 특정한 텍스트에만 자의적으로 응수할 수 있다. 실제 특정한 종류의 텍스트만 잘 읽을 수 있는 이온형 독자가 많다. 이에 반해, 소크라테스는 기술의 학습을 이야기하면서 모든 시를 잘 음송할 것을 요구한다. 소크라테스는 이온이 모든 시를 잘 음송할 수 있는 기술을 익힐 것을 강조한다. 소크라테스가 가진 시와의 소통의 성격은 '원리적'이다. 소크라테스는 원리(기술과 지식)를 익히면 시 전체를 잘 음송할 수 있다고 확신한다. 소크라테스의 시 음송 방식을 따르는 '소크라테스형 독자'는 모든 텍스트의 음송에 원리로 응수한다. 원리로 응수하는 소크라테스형 독자가 존재할 가능성은 있지만 실현성은 낮을 수 있다. 읽기 활동에서는 이온형의 응수가 강조되고, 읽기 교육에서는 소크라테스형의 응수가 강조되는 면이 있다. 이는 독자의 현실과 읽기 교육의 지향 문제이기도 하다. 현실적으로 읽기는 이온형 독자에 의한 이온형 읽기가 이루어지지만, 소크라테스형 독자에 의한 소크라테스형 읽기를 실현하기를 기대한다.

<솔라리스>에는 여러 가지 응수들이 있다. 첫 번째는 과학자들이 솔라리스 또는 손님들에 대한 응수이다. 과학자들은 솔라리스를 연구하고, 솔라리스는 우주정거장의 과학자들을 탐색한다. 과학자들에게 솔라리스와 손님은 낯선 상대이다. 과학자들의 낯선 상대와의 소통의 성격은 '탐구적'이다. 과학자들은 솔라리스도, 솔라리스가 보내온 손님들도 과학자답게 연구의 대상으로 본다. 과학적 호기심을 해결하기 위한 응수(분석 및 해부)를 구사한다. 과학자들은 자기가 익힌 과학적 방법을 응수로 사용한다. 솔라리스의 바다도 솔라리스의 손님에게도 마찬가지 소통의 방식과 태도를 취한다. 마음을 열고 다른 방식으로서 상대의 수에 응수하는 방법은 모른다. 과학적 방법만이 상대와 소통하는 수이다. 과학자의 응수는 상대가 펼치는 수에 응대가 맞지 않아 소통이 이루어지지 않지만 그 수에 집착한다. 과학자는 자신이 사용하는 수를 절대적인 것으로 여긴다. 과학자들은 일방적인 수로 상대의 수에 응수함으로써 상대와 소통을 하지 못하게 된다. 그래서 소통(연구)을 포기하고 물러나게 된다. 과학자의 솔라리스의 수에 대한 응수는 평행선을 그리는 결과로 이어진다. 읽기와 관련하면, 과학자형 독자에 의한 과학자형 읽기의 실행이 존재한다.

두 번째는 솔라리스의 응수이다. 솔라리스는 낯선 과학자들과 크리스의 수에 대한 응수를 펼친다. 과학자들이 우주정거장을 건설하고 과학자들을 파견하여 과학적 방법을 동원하여 탐구하는 수에 대한 응수이다. 솔라리스가 낯선 과학자들과 크리스를 상대로 응수하는 소통의 성격은 '근본적'이다. 과학자들의 정신활동을 인식하고, 과학자들이 무의식적으로 집착하고 있는 기억을 특정 물질(중성미자)로 구체적인 모습을 한 '손님'으로 만든다. 손님은 솔라리스의 일부면서 과학자들의 일부로 의식 활동을 한다. 이 손님을 과학

자들과 크리스에게 보내는 것이다. 솔라리스는 낯선 상대가 무의식적으로 집착하는 근원적인 기억의 한 부분을 통하여 소통을 시도한다. 그런데 과학자들은 이들 손님과의 소통을 이루지 못한다. 과학자들이 손님을 소통의 대상이 아니라 연구의 대상으로만 여기기 때문이다. 자기의 일부를 외면하고 객관적인 연구에만 집중한다. 이 솔라리스의 응수는 크리스와 소통으로 성공하게 된다. 이 성공으로 솔라리스는 사람들과 함께 할 수 있게 된다. 읽기와 관련하면, 솔라리스형 독자에 의한 솔라리스형 읽기의 실행도 존재한다.

세 번째는 크리스와 낯선 상대와의 응수이다. 크리스에게 낯선 상대는 여럿이지만 소통 방식이 유사하다. 손님 하리는 10년 전에 죽은 아내를 닮았다. 손님과의 첫 만남에서 크리스는 아내가 아님을 알기에 손님 하리를 로켓에 태워 우주정거장 밖으로 보내버린다. 그 후 손님 하리가 다시 찾아오자, 마음을 열고 손님을 받아주고 함께하게 된다. 크리스는 손님 하리와 생활하면서 상대의 수에 맞는 응수로 소통을 실행하게 된다. 그러자 하리는 자기가 어떤 존재인지를 알아가게 되고, 크리스와의 관계도 이해할 수 있게 된다. 크리스가 낯선 상대의 수에 응수하는 소통의 성격은 '응대[7]적'이다. 상대의 수에 처음엔 응수를 잘하지 못하지만, 점차 상대의 수에 맞게 응수하게 된다. 이를 통해 크리스는 시간이 지날수록 하리(솔라리스)의 수에 응대하는 수로 응수한다. 이는 서로를 이해할 수 있게 하고, 서로의 소통 목적에 도달하게 한다. 크리스는 하리와 솔라리스를 조금씩 이해할 수 있게 되고, 하리와 솔라리스는 사람들을 조금씩 이해할 수 있게 된다. 결과적으로 손님 하리가 자기 존재를 이해하게 된다. 크리스는 지구로 귀환하는 것(솔라리스를 파괴하는 보고서를 쓰는 것)을 망설이게 된다. 읽기와 관련하면, 크리스형 독자에 의한 크리스형 읽기의 실행이 존재한다.

---

7 부름이나 물음 또는 요구 따위에 응하여 상대함.[표준국어대사전]

네 번째는 손님 하리의 응수이다. 하리는 솔라리스에서 만들어져 우주정거장의 크리스에게 보내진 손님이다. 크리스와 친근함을 느끼는 감정은 있지만 크리스와 과학자들은 낯선 상대이다. 하리는 자기가 무엇을 해야 하는지도 잘 모르는 존재이다. 이런 하리는 크리스의 관심을 끌어내어 함께해야 하고, 낯선 곳에서 살아야 한다. 하리가 낯선 크리스나 과학자들의 수에 응수하는 소통의 성격은 '인식적'이다. 갑자기 처하게 된 상황에서 낯선 상대와 소통은 인식적인 응수로 이루어진다. 그래서 크리스와 자기 자신은 물론 주위 사람들을 조금씩 알아가는 소통을 한다. 낯선 상대와의 소통이 처음엔 소극적이나 인식이 확대되면서 적극적인 소통을 한다. 하리는 이 방식으로 낯선 상대를 깊이 있게 이해하는 것은 물론 자기 자신에 대한 충실한 이해도 달성하게 된다. 크리스의 기억 속의 아내 하리를 이해하고, 자신이 크리스의 기억 속의 존재임을 인식한다. 그리고 자신의 존재가 크리스 아내가 아님을 깨닫고 스스로 크리스를 떠난다. 읽기와 관련하면, 하리형 독자에 의한 하리형 읽기의 실행도 있다.

다섯 번째는 크리스의 이모 안나의 응수이다. 안나는 지구에 있는 크리스의 이모이다. 아내를 잃은 크리스가 우주정거장으로 가기 전까지 함께 생활한다. 안나는 크리스가 우주정거장으로 가야 하는 일로 낯선 과학자 버톤을 만난다. 버톤은 우주정거장에서 지구로 귀환한 과학자이다. 안나는 크리스와 함께 버톤이 겪은 일에 대한 설명을 듣는다. 버톤의 말은 과학적으로 해명되어 이해할 수 있는 내용이 아니었다. 이런 말에 크리스는 냉담한 반응을 보인다. 이에 반해 안나는 버톤의 말은 이해할 수 없지만 그 경험은 인정하는 응수를 한다. 안나가 낯선 버톤에게 행하는 소통의 성격은 '배려적'이다. 안나는 낯선 버톤의 수에 맞대응하지 않는다. 그 대신 낯선 이의 심정을 이해하고 받아준다. 안나의 배려적 소통은 버톤이 한 말은 이해하지 못했지만 그의 경험은 실제적인 것이 되게 한다. 이는 버톤이 크리스에게 솔라리스를 파괴하지 말고 계속 연구할 수 있는 보고서 작성을 바라는 마음을 전달할 수 있게 한다. 읽기와 관련하면, 안나형 독자에 의한 안나형 읽기의 실행도 일어난다.

『파라다이스』에서의 응수는 공동체적 의식에 기초를 둔다. 루비 공동체의 구성원들이 공동체 외부 사람들과의 관계에 작용하는 응수가 있다. 그리고 수녀 공동체의 구성원들이 외부 사람들과의 관계에 작용하는 응수도 있다. 이들 공동체의 응수는 개별적이지만 언제나 소속 공동체의 의식을 따른다. 개별적인 응수가 있을 수 있지만 그런 응수는 제지받아 실효성을 갖지 못하게 된다.

루비 공동체 구성원이 낯선 상대와의 소통에서 사용하는 응수는 한정적이다. 소통이 시작되기 전에 상대의 수에 대한 응수가 정해져 있다. 루비 공동체 구성원이 낯선 상대를 만나 구성원으로 받아들이기 위한 소통의 응수는 '독단적'이다. 낯선 상대가 어떤 수를 두더라도 공동체 구성원의 응수는 견제가 전제된 일방적 선택으로 이루어진다. 공동체가 전제하는 조건에 맞지 않으면 응수하지 않는다. 소통은 언제나 독단적으로 이루어지고, 같은 결과에 이른다. 응수의 변화는 용인되지 않는다. 상대의 수를 고려하는 일은 없으며, 상대가 자신의 수를 강조하는 것은 외면의 대상이 된다. 독자의 읽기 소통에서의 응수도 루비 공동체의 소통 양식에 기초한다. 독자는 자신이 속한 읽기 공동체에서 실행하는 읽기 방식으로 읽기를 한다.

수녀원 공동체 구성원이 낯선 상대와 소통에 임하는 응수는 루비 공동체와 대비된다. 수녀원 공동체 구성원이 실행하는 낯선 상대와의 소통은 '개방적'이다. 제한된 조건이나 차별적 선택으로 응수하지 않는다. 수녀원 공동체 구성원이 사용하는 응수는 누구에게나 열려 있는 수이다. 낯선 상대가 어떤 소통의 방식을 취하더라도 그 상대에 유리하게 응수한다. 상대의 수에 따라 응수가 이루어지고, 상대의 어떤 수에도 응수한다. 상대의 수에 따라 그리고 상대방에게 유리한 응수를 하지만 공동체에 큰 문제가 되지는 않는다. 그렇기에 서로의 응수는 언제나 새롭게 각자의 차이를 드러나게 하면서 전체의 변화를 이끈다. 읽기의 소통에서도 수녀원 공동체와 같은 개방적 소통이 있다. 이로 볼 때, 읽기 공동체에도 루비 공동체와 수녀원 공동체와 같이 낯선 텍스트에 대한 응수가 대비되는 양극단의 소통 양식이 존재한다. 양극단의 두 공동체 사이에는 다양한 형태의 소통 양식을 가진 공동체가 존재한다.

나. 기제: 소통의 수단

독자는 텍스트 이해를 위한 다양한 방법을 활용한다. 인지적 관점에서는 읽기 기능을 기제로 한다. 사실적·추론적·평가적·비판적·창의적 이해를 위한 여러 기능[8]을 제시하고 있다. 이들 기능이 독자가 텍스트의 내용을 파악하

---

8 2022 교육과정의 내용 체계표에 제시된 읽기 기능

범주		내용 요소			
		초등학교			중학교
		1~2학년	3~4학년	5~6학년	1~3학년
과정·기능	읽기의 기초	· 글자, 단어 읽기 · 문장, 짧은 글 소리 내어 읽기 · 알맞게 띄어 읽기	· 유창하게 읽기		
	내용 확인과 추론	· 글의 중심 내용 확인하기 · 인물의 마음이나 생각 짐작하기	· 중심 생각 파악하기 · 내용 요약하기 · 단어의 의미나 내용 예측하기	· 글의 구조를 파악하기 · 글의 주장이나 주제 파악하기 · 글의 구조	· 설명 방법과 논증 방법 파악하기 · 글의 관점이나 주제 파악하기 · 읽기 목적과 글의 구조를 고려하며 내용 요약하기

고, 의미 구성을 돕는다고 본다. 그러면서 독자의 텍스트 이해는 읽기 기능을 사용한 텍스트 내용 파악과 독자의 스키마를 활용한 독자만의 내용 표상이 텍스트 이해를 가능하게 한다고 본다. 그렇지만 독자의 텍스트 이해에는 인지적 요인만으로 이루어지는 것이 아니라 다양한 심리적, 사회문화적, 시공간적 요인들이 관여하여 이루어진다. 「이온」, <솔라리스>, 『파라다이스』의 인물들이 낯선 상대와 응대하여 소통할 때 활용하는 심리 기제를 통해 독자가 읽기에서 활용하는 기제를 확인해 본다.

「이온」에서 보면, 이온과 소크라테스의 시 음송을 위한 심리 기제에 대한 인식은 다르다. 이온은 누구보다 뛰어나게 호메로스 시를 음송할 수 있다. 반면 다른 시인의 시는 잘 음송할 수 없다. 이온의 시 음송을 위한 소통의 기제는 '소질'이다. 소질은 '본디부터 가지고 있는 성질 또는 타고난 능력이나 기질'[표준국어대사전]이다. 이온이 호메로스 시 음송을 잘하는 것은 노력

				고려하며 내용 요약하기 · 생략된 내용과 함축된 의미 추론하기	· 드러나지 않은 의도나 관점 추론하기
	평가와 창의	· 인물과 자신의 마음이나 생각 비교하기	· 사실과 의견 구별하기 · 글이나 자료의 출처 신뢰성 평가하기 · 필자와 자신의 의견 비교하기	· 글이나 자료의 내용과 표현 평가하기 · 다양한 글이나 자료 읽기를 통해 문제 해결하기	· 복합양식의 글·자료의 내용과 표현 평가하기 · 설명 방법과 논증 방법의 타당성 평가하기 · 동일 화제에 대한 주제 통합적 읽기 · 진로나 관심 분야에 대한 자기 선택적 읽기
	점검과 조정		· 읽기 과정과 전략에 대해 점검·조정하기		

한 결과이지만 이 소질에 기초한 결과라 할 수 있다. 소크라테스는 기술의 부족에서 이온의 문제점을 찾지만, 이온이 시 음송의 기술을 익힌다고 다른 시도 호메로스 시와 같이 잘 음송할 수 있을지는 의문이다. 개인의 인식적 조건과 관심에 맞는 텍스트를 독자는 잘 이해할 수 있다. 이온은 호메로스 시와 의식 활동의 동질성(공명)을 이루어 잘할 수 있다고 할 수 있다. 이때의 심리적 기제가 소질이다.

소크라테스는 이온에게 다른 시도 잘 알고 음송하기 위해서는 기술과 지식이 필요하다고 이야기한다. 이온이 시를 음송하는 데 필요한 기술과 지식을 배워 익히면 다른 시인의 시도 잘 음송하고 시에 대한 흥미를 높일 가능성이 커진다. 기술과 지식을 배우고 익혀서 시 음송을 잘할 수 있게 하는 기제는 '재능'이다. 재능은 '어떤 일을 하는 데 필요한 재주와 능력으로 개인이 타고난 능력과 훈련으로 획득된 능력을 아울러 이른다.'[표준국어대사전] 재능이 있는 사람은 타고난 능력과 학습으로 획득한 능력을 모두 갖춘 사람이다. 시 음송의 재능을 갖추고 그 재능을 이용하면 원하는 시 음송을 잘할 수 있게 된다. 시 음송을 위한 재능을 갖춘 사람은 모든 시인의 시를 잘 음송할 수 있다.

<솔라리스>의 인물들은 각기 다른 방식의 소통 기제를 활용한다. 과학자들이 사용하는 기제는 '원칙'이다. 과학자는 정해진 절차와 규정된 방식을 따르는 원칙에 의한 연구(소통)를 한다. 솔라리스에 대해서도 솔라리스가 보낸 손님에 대해서도 마찬가지이다. 사토리우스를 보면, 손님인 난장이를 과학적 원칙을 적용한 연구에 집중한다. 이 연구를 위해 연구실 밖으로도 잘 나오지 않는다. 또한 크리스의 손님 하리도 좋은 연구 대상이므로 과학적 원칙에 따라 해부해 보자고 제안한다. 과학자들은 자신이 배워 익힌 원칙에 따라 대상과 소통을 시도한다. 이들 과학자의 원칙은 지구에 있는 대상을 연구(소통)하면서 정해진 것인데, 낯선 대상에게도 그대로 적용하려 한다.

과학자들의 기제는 솔라리스와 소통하는 데는 효과적이지 않았다. 과학자들은 소통의 기제가 비효과적임을 알면서도 다른 기제를 찾지 않는다.

솔라리스는 낯선 상대에게 독특한 소통 기제를 사용한다. 솔라리스는 자신과 우주정거장의 사람들을 연결해 줄 손님들을 만들어 소통의 기제로 사용한다. 손님은 솔라리스의 일부이면서 과학자의 일부이다. 과학자들에게 손님은 무의식 속에 있는 기억의 한 부분이다. 과학자들이 무의식적으로 집착을 보이는 기억을 구체적 형태의 대상으로 만든 것이다. 이 손님은 과학자들의 중요한 기억의 일부이다. 솔라리스는 이 손님을 낯선 과학자들과 소통하기 위한 기제로 활용한다. 손님들은 솔라리스가 과학자들과의 소통을 위해 만든 것이다. 손님은 과학자 자신의 일부이기에 적대적이거나 거부적이지 않다. 과학자들은 기억 속 자기 과거의 일부를 손님으로 맞는 것이다. 솔라리스가 과학자들에게 사용하는 소통의 기제는 '공유'이다. 공유는 하나의 물건을 두 사람 이상의 공동으로 소유하는 것이다. 물건뿐만 아니라 관념이나 의식, 감정과 정서 등도 공동으로 소유할 수 있다. 솔라리스는 우주정거장 사람들을 이해하기 위하여 손님을 만들어 공유한다. 이 손님을 기제로 사용한 과학자들과의 소통은 실패하지만, 나중에 심리학자인 크리스와의 소통은 성공하게 된다.

크리스의 소통 방식은 과학자들과는 다르다. 낯선 상대를 일단은 외면하지만 점차 원만한 소통을 실현한다. 버톤과도 손님 하리와도 같은 방식의 소통을 한다. 크리스가 낯선 상대와 소통에 성공적일 수 있었던 것은 소통의 기제가 특별했기 때문이다. 크리스가 활용하는 소통의 기제는 '호응'이라 할 수 있다. 호응은 상대의 부름에 대답하는 것으로 소통 요청에 응하는 것이다. 호응은 상대의 대화, 물음, 요청, 호소 등에 어울리는 응답을 하는 것이다. 크리스는 하리의 소통 요청에 호응하는 응답을 하게 된다. 크리스의 응답은 자신은 물론 하리가 자기를 알 수 있게 만든다. 그러면서 크리스도 하리를 이해하여 함께할 수 있게 된다.

하리는 크리스의 손님으로 크리스와 과학자들과 소통한다. 하리는 자기가 누구인지 무엇을 하는 존재인지를 모르는 상태로 우주정거장에 보내진다. 우주정거장에 도착한 하리는 죽은 크리스의 아내 모습을 하고 있다. 하지만 크리스에 대해서도 자기 자신에 대해서도 잘 모른다. 크리스가 로켓에 태워 우주정거장 밖으로 보내는데도 회피하거나 물어보지 않고 따른다. 그러던 하리가 다시 나타났을 때는 크리스와 떨어지면 불안해 한다. 크리스는 이러한 하리를 더 이상 멀리하지 않고 적극적으로 소통하기 시작한다. 이런 하리는 크리스나 과학자들과의 소통을 점차 늘려가게 된다. 나중에는 우주정거장 사람들에게 자신의 의견을 제시할 수도 있게 된다. 하리가 크리스나 과학자와의 소통에 활용하는 기제는 '적응'이다. 적응[9]은 주변 환경에 맞게 변화하는 것이다. 하리는 낯선 상대와 소통을 위해 그들과의 소통 환경에 맞추어 자기를 변화시킨다. 이를 통하여 낯선 상대와 원만한 소통을 이룰 수 있게 되고, 자기 존재를 이해할 수 있게 된다.

안나는 자기만의 방식으로 낯선 상대와 소통한다. 안나는 지구에서 평범하게 일상생활을 하는 노숙한 노년의 여인이다. 안나는 크리스를 우주정거장에 보내야 할 때, 낯선 상대인 버톤을 만난다. 안나는 버톤이 말하는 낯선 내용이나 크리스가 겪을 낯선 일들에 대해 잘 알지 못한다. 그런 일들이 안나의 생활 속으로 들어와 벌어지고 있다. 안나는 이들과도 소통을 이루어 낸다. 안나가 이들과의 소통에서 활용하는 기제는 '공감'이다. 공감은 '남의 감정, 의견, 주장 따위에 대하여 자기도 그렇다고 느낌 또는 그렇게 느끼는 기분'[표

---

9 ① 일정한 조건이나 환경 따위에 맞추어 응하거나 알맞게 됨.
② (생명) 생물이 주위 환경에 적합하도록 형태적·생리학적으로 변화함. 또는 그런 과정.
③ (심리) 주위 환경과 생활이 조화를 이룸. 또는 그런 상태. 환경을 변화시켜 적응하는 경우와 스스로를 변화시켜 적응하는 경우가 있다.[표준국어대사전]

준국어대사전]이다. 공감은 소통에서 상대방의 내용에 집중된 반응이 아니라 상대의 처지나 마음에 집중된 반응이다. 낯선 상대가 하는 말의 내용과 경험의 내용은 이해하지 못할 수도 있지만 의도와 심정을 받아주고 동의해 주는 것이다. 안나는 이 공감을 기제로 활용하여 버튼의 일과 크리스의 일을 받아들일 수 있게 된다. 이로써 이들이 하는 일을 응원하고 지지하는 자기를 갖게 된다.

『파라다이스』의 공동체들도 각기 다른 방식의 소통 기제를 활용한다. 루비 공동체가 활용하는 기제는 '관례'이다. 관례는 '전부터 해 내려오던 전례(前例)가 관습으로 굳어진 것'[표준국어대사전]이다. 루비 공동체 구성원은 공동체가 만들어지는 과정에서 정해진 관례에 따라 낯선 사람과 소통한다. 이 소통에서 관례를 벗어나는 일은 없다. 공동체에서 관례는 모든 구성원이 공통을 준수하는 기제이다. 관례는 공동체를 유지하고 지키는 기제이기도 하다. 그렇기에 공동체 구성원은 관례를 준수한다. 관례가 낯선 상대와 소통의 여부를 결정하고, 소통의 방식과 소통의 내용도 결정한다. 루비 공동체 구성원은 누구나 같은 소통 양식으로 소통한다.

이에 반해, 수녀원 공동체는 다른 유형의 기제를 사용해 낯선 상대와 소통한다. 수녀원 공동체가 소통에 활용하는 기제는 '환대'이다. 환대는 '반갑게 맞아 정성껏 후하게 대접함'[표준국어대사전]이다. 수녀원 공동체는 낯선 상대에 대하여 환대를 기제로 소통한다. 어떤 낯선 이라도 환대하기에 함께할 수 있다. 그렇기에 누구나 공동체의 구성원이 될 수 있고, 함께할 수 있다. 구성원들은 각기 다른 상황이나 처지에 있는 이들이다. 이들에 의해 수녀원 공동체는 변화하고 달라진다. 수녀원 공동체의 환대를 기제로 한 소통은 낯선 상대는 물론 구성원 각자와 공동체 자체가 변화하게 만든다.

다. 교섭: 소통의 형식

읽기에서의 소통은 독자가 의지적으로 텍스트와 관계를 맺는 활동이다. 이 소통 활동은 교섭으로 이루어진다. 교섭은 '어떤 일을 이루기 위하여 서로 의논하고 절충함'을 의미한다. 이 교섭은 독자가 텍스트와 소통하는 형식이다. 여기서 형식은 '일을 할 때의 일정한 절차나 양식(방법)'[표준국어대사전]을 의미한다. 읽기에서 교섭은 독자의 의식이 낯선 텍스트 내용과 의견을 주고받으면서 절충하는 활동 형식이다. 독자가 텍스트와 특정 주제나 내용에 대하여 의견을 교환하여 절충하는 활동이 읽기 소통인 것이다. 읽기에서의 소통은 교섭 방식에 따라 달라진다. 단방향 읽기 소통도, 양방향 읽기 소통도 여러 형식을 갖는다고 할 수 있다.

「이온」에서 이온과 소크라테스는 시와 교섭하는 소통의 형식이 다르다. 이온은 호메로스의 시와만 교섭 활동을 한다. 다른 시인들이 시에는 흥미 없고 관심이 생기지 않는다. 그래서 다른 시들과의 교섭 활동은 회피한다. 이온에게는 남들과 다른 자기만의 개인적인 관심과 흥미를 느끼는 시가 있다. 이온이 이 시와 교섭하는 활동의 형식은 '편향적'이다. 여기서 '편향'이라는 말은 '한쪽으로 치우침'를 의미한다. '-적'은 접미사로 '그 성격을 띠는(띰)', '그에 관계된(됨)', '그 상태로 된(됨)'의 뜻이다.[표준국어대사전] 이온의 시와의 교섭 활동의 양식은 편향적인 성격을 띤다. 이온은 다른 시에는 관심을 두지 않고, 호메로스 시에만 집중하고 교섭하는 형식을 취한다. 이는 이온이 실행하는 시 교섭을 제한하여, 여러 시를 폭넓게 이해하고 음송할 수 없게 한다.

소크라테스의 말에 들어 있는 교섭 활동의 형식은 이온의 형식과 다르다. 소크라테스가 제안하는 기술과 지식을 이용한 시와의 교섭은 제한이 없다. 어떤 시라도 이온의 호메로스 시 음송과 같은 형식으로 할 수 있다. 소크라테스가 시와 교섭하는 활동의 형식은 '합리적'이다. 합리적이라는 말은 '이론과 이치에 합당함'을 의미한다. 소크라테스가 말하는 기술과 지식을 활용한 시와 교섭은 이론으로도 합당하고 이치로도 합당하여 모든 시를 이온이 호메로스 시를 음송하는 것과 같이 할 수 있음을 뜻한다. 이온이 시와의 교섭을 합리적으로 하게 되면 시 전체를 잘 음송할 수 있음을 의미한다. 소크라테스의 말에서와 같이 각 소통에서 교섭에 필요한 이론과 이치를 토대로 할 때 편향적인 소통에서 벗어날 수 있다.

<솔라리스>의 등장인물들은 낯선 상대와 각기 다른 교섭 방식으로 소통한다. 먼저 과학자들은 솔라리스나 손님들과 소통하는 교섭 활동을 한다. 과학자들이 낯선 상대와 교섭을 하는 활동의 형식이 대부분 비슷하다. 상대를 과학적 분석의 대상으로 여기고, 과학적 방법에 충실한 교섭 활동을 한다. 다른 교섭 방식을 고려하거나 찾는 일은 없다. 그래서 낯선 상대와의 교섭 활동을 통한 소통은 실패한다. 과학자들이 낯선 상대와 교섭하는 소통의 형식은 '정형적'이다. 과학자들의 교섭 활동은 일정한 정해진 형식을 따른다. 모든 과학자가 어떤 상대에게도 정형적 교섭 활동을 하려고 한다. 대표적인 예로 사토리우스를 들 수 있다. 자신을 찾아온 난쟁이 손님을 대상으로 연구를 실행하고, 크리스에게 손님 하리를 가리키며 좋은 실험 대상이니 해부를 해 보자고 제안한다.

솔라리스도 낯선 상대와 소통하는 교섭 방식을 갖고 있다. 솔라리스가 낯선 과학자들을 상대로 소통하는 교섭은 손님을 통해 이루어진다. 손님은 과학자들 기억의 일부를 물질화한 것으로 의식 활동을 하는 존재이다. 솔라리스는 이 손님들을 통해 과학자들과 소통하기 위한 교섭을 실행한다. 솔라리스가 보낸 손님은 솔라리스의 일부이면서 과학자들의 일부이다. 서로의 일부인 손님을 이용해 소통을 위한 교섭 활동을 실행한다. 이 솔라리스가 낯선 상대와 교섭하는 소통의 형식은 '매개적'이다. 매개는 '둘 사이에서

양편의 관계를 맺어 줌'[표준국어대사전]이다. 솔라리스는 손님을 매개로 과학자들 및 크리스와 관계를 맺는다. 매개를 통한 교섭에서는 상대가 매개를 쓰임새(용도)에 맞게 활용할 때 효과적이다. 솔라리스의 손님을 매개로 활용한 교섭 활동은 과학자들과는 실패하고, 크리스를 통하여 성공하게 된다.

크리스의 낯선 상대와의 소통은 전반적으로 성공적이다. 과학자들과도 솔라리스와도 하리와도 성공적이다. 소통에 문제가 없었던 것은 아니지만 결과론적으로 보면 서로를 이해하고 함께할 수 있었다. 초기 소통의 문제점을 벗어나 다른 방법으로 소통함으로써 성공할 수 있었다. 대표적인 예로 하리와의 소통을 들 수 있다. 처음에는 하리를 로켓에 실어 보냈지만, 다시 찾아온 하리에겐 마음을 열고 소통한다. 크리스가 하리와 교섭하는 소통의 형식은 '대화적'이다. 대화는 마음을 열고 상대방과 이야기를 주고받는 것이다. 대화는 참여자 모두 서로를 이해하도록 만든다. 크리스는 낯선 상대와의 교섭을 대화 형식으로 함으로써 소통을 성공적으로 이끈다. 크리스의 대화를 이용한 교섭은 자기 이해는 물론 솔라리스나 손님 하리도 자기 이해를 이루게 한다. 그 결과로 크리스는 솔라리스에서 아버지와 함께 생활할 수 있게 된다.

손님 하리가 낯선 상대와 소통에서 실행하는 교섭 방식은 독특하다. 하리는 의식 활동과 감정 작용에 아무런 문제가 없지만 자기와 상대에 대한 정보가 없이 우주정거장의 크리스에게 보내진다. 하리는 백지상태에서 낯선 상대와의 소통을 위한 교섭을 해야 했다. 처음엔 크리스에게 내쳐짐을 당하는 일이 있었지만, 두 번째 만남에서는 크리스의 배려로 함께할 수 있게 된다. 이후 크리스와의 대화를 통하여 크리스와 자기 자신은 물론 주변 인물들에 대한 정보를 인식하기 시작한다. 하리가 낯선 상대와 교섭하는 소통의 형식은 '자각적'이다. 하리는 낯선 상대를 통하여 상대와 자기를 분별하여 알게 된다. 물론 하리의 낯선 상대에 대한 인식은 솔라리스와 연결되어 있지만,

하리 스스로가 자기 이해를 이룰 수 있게 한다. 크리스와의 교섭을 통한 인식적 소통으로 자기가 어떤 존재인지를 알게 되고, 스스로를 파괴하려는 시도도 하게 된다. 나중엔 크리스에게 편지를 남기고 우주정거장에서 사라진다.

안나의 낯선 상대와의 교섭 활동도 특별하다. 안나는 낯선 상대와의 소통에서 정해진 인식 토대나 소통 내용에 대한 판단 기준을 적용하지 않는다. 안나의 교섭을 보면, 버톤이 말하는 특별한 경험 이야기를 관심 있게 듣는다. 그 이야기 내용에 대한 크리스의 거부 반응도 알고 있다. 하지만 안나가 버톤과 실행하는 소통은 크리스와 다르다. 버톤의 이야기 내용에 대해서 크리스와 같은 생각을 했을 수 있다. 그렇지만 안나는 버톤의 말 내용을 인정하기보다는 그런 말을 해야 하는 버톤의 마음을 헤아린다. 안나가 낯선 상대와 소통을 위한 교섭의 형식은 '허용적'이다. 안나는 낯선 상대가 한 말의 내용에 대한 진위 판단보다는 말 자체를 받아들인다. 허용은 '허락하여 너그럽게 받아들임'[표준국어대사전]이다. 안나가 실행하는 허용의 교섭은 버톤의 말을 이해는 할 수 없지만 그 자체로 존재할 수 있게 한다. 이는 안나가 버톤의 말 내용에 의문(관심)을 가지는 것이면서, 버톤과 다른 소통을 할 수 있는 여지를 공유한다.

『파라다이스』에서 루비 공동체와 수녀원 공동체의 낯선 상대와의 교섭 방식은 대립적이다. 루비 공동체는 외부의 낯선 사람을 거의 공동체의 일원으로 받아들이지 않는다. 낯선 사람이 어떤 상황에 있건, 어떤 처지이건 공동체의 규정에 맞지 않으면 소통을 위한 교섭 활동은 성립하지 않는다. 루비 공동체의 소통을 위한 교섭 활동의 형식은 '제한적'이다. 교섭 활동은 규정에 따를 뿐 다른 방식은 존재하지 않는다. 이런 소통은 공동체 내부적 결속은 이룰 수 있지만 달라질 수는 없다. 자기 것에만 의존하기에 폐쇄되고 고립된다. 실제 사회 공동체 중에는 여러 가지 이유로 외부와의 단절로 변화를 이루지 못하는 공동체들이 존재하기도 한다.

수녀원 공동체는 누구이든 어떤 방식이든 소통을 위한 교섭 활동이 가능하다. 낯선 상대를 고르거나 구분하여 소통하지 않는다. 어떤 상황이건, 어떤 처지에 있건 교섭 활동을 진행할 수 있고, 외면하지 않는다. 낯선 상대가 원하면 공동체의 구성원이 될 수 있다. 이 수녀원 공동체의 교섭 활동의 형식은 '포용적'이다. 포용은 '남을 너그럽게 감싸 주거나 받아들임'[표준국어대사전]이다. 포용에는 포용 받는 상대의 기준에 의하여 소통이 이루어진다. 교섭 활동은 상대를 인정하고 존중하는 태도를 위에서 이루어진다. 수녀원 공동체의 포용적 교섭은 낯선 상대를 새로운 구성원으로 받아들임으로써 달라지고 변화하게 된다.

라. 지향: 소통의 기대

읽기는 무엇을 위한 것인가? 텍스트 이해는 무엇이어야 하는가? 읽기는 지향을 가지는 지속적인 활동이다. 읽기는 한 편의 텍스트를 읽는 활동이 아니다. 한 편의 텍스트만 이해하는 활동이 아니다. 읽기는 텍스트의 수의 문제가 아니다. 읽기는 끝나지 않는 활동이다. 읽기가 끝나지 않는 것은 그 근원적 목표 때문이다. 한 편의 텍스트를 읽을 때도 목표가 있지만, 읽기의 실행에는 근원적인 목표가 내재한다. 독자는 이 목표를 이루려고 한다. 읽기에 내재한 근원적 목표를 이루려는 심리가 '지향'이다. 이 지향은 독자가 텍스트와 소통을 통하여 얻거나 이루기를 기대하는 것이다. 독자는 이 지향의 작용으로 읽기를 실행한다. 독자는 이 지향의 작용으로 텍스트와 소통하여 근원적 목표를 이루려고 한다. 읽기에서 독자가 가진 소통 지향의 다양성을 각 작품의 인물들을 통해 살펴본다.

「이온」에서 이온과 소크라테스는 시와의 소통에서 지향하는 바가 다르다. 이온은 호메로스의 시에 대해서만 특별한 심리가 있다. 호메로스의 시만 잘 음송하려고 하고, 그것에 만족한다. 다는 시인의 시에는 별다른 심리 작용이 일어나지 않는다. 호메로스의 시는 이온에게 다른 보통의 시와는 다른 것으로 인식된다. 그렇기에 호메로스의 시 음송을 특별히 잘하고, 잘하려고 한다. 이를 지향과 관련하면 '각별'이라 할 수 있다. 각별은 '어떤 일에 대한 마음가짐이나 자세 따위가 유달리 특별함'[표준국어대사전]이다. 이온의 호메로스 시 음송의 지향은 각별함이다. 호메로스 시만 각별하게 여기고 유달리 잘하려고 한다. 그렇기에 이온의 시 음송은 독특하여 다른 사람과는 다르다. 다른 사람은 이온처럼 호메로스의 시를 음송할 수 없음을 뜻한다.

소크라테스의 말에는 이온이 모든 시인의 시를 음송할 것을 기대하는 심리가 내재한다. 시를 잘 음송한다는 것은 특정한 시에 국한되는 것이 아니다. 모든 시를 잘 음송하는 것이고, 이를 위해서는 기술과 지식이 필요하다고 말한다. 이는 음송가와 시와의 소통이 지향해야 할 것이 '보편'이어야 함을 뜻한다. 보편은 '모든 것에 두루 미치거나 통함'[표준국어대사전]이다. 소크라테스는 이온이 시 음송 대회에서 1등을 한 것을 알고 있지만, 이에서 더하여 더 갖추어야 할 것이 있다는 것이다. 소크라테스는 이온이 각별한 시 음송에 머물 것이 아니라 보편적 시 음송을 해야 한다는 것이다. 이는 이온이 현재의 음송 수준에 머물기보다는 더 발전하기를 바라는 기대에서 비롯된 것이다. 보편은 각별함을 넘어 전체적인 것으로의 확대를 함의한다.

<솔라리스>의 여러 인물이 낯선 상대와의 소통에서 지향하는 바는 서로 다르다. 과학자는 솔라리스와 손님들과 소통한다. 이 소통에서 각 과학자는 공통의 연구(소통) 대상(상대)도 있지만 각자의 개별 대상(손님)에 대한 소통(연구)도 실행한다. 과학자가 낯선 상대를 대상으로 하는 소통에도 지향이 내재한다. 이들의 지향은 '일치'이다. 일치는 '비교되는 대상들이 서로 어긋나지 아니하고 같거나 들어맞음'[표준국어대사전]이다. 과학자들은 솔라리스와 손님의 본질을 탐구한다. 과학자들은 탐구의 결과가 기존에 다른 것을

탐구한 결과나 가설과의 일치를 지향한다. 과학자들은 검증된 탐구 방법을 사용하였고, 기존의 탐구 대상들에서는 원활한 소통(탐구 결과)이 이루어졌다. 같은 소통 방법을 사용한 소통을 했을 때, 같은 소통 결과를 기대하는 것은 당연할 수 있다. 그렇지만 소통 상대가 달라지면 그 상대에 맞는 소통을 하고, 그에 따른 소통의 결과를 지향할 필요도 있다. 그렇지만 과학자들은 객관적 방법 또는 자기중심적 소통 방법에 의존함으로써 기존과의 동일성을 이루는 일치를 지향한다.

솔라리스의 소통 방법은 과학자들과 닮은 점도 있지만 소통의 지향은 다르다. 솔라리스는 과학자들에게 손님을 반복해 보내는 소통의 방법을 사용한다. 과학자들은 이 손님들과 효과적으로 소통하지 못하기에 솔라리스의 소통 방법도 실패한 점이 있다. 솔라리스의 소통은 크리스와 하리를 통해 성공하게 된다. 이들의 소통을 통해 보면 솔라리스가 소통을 통해 이루려는 지향을 확인할 수 있다. 솔라리스가 과학자들에게 손님을 보내 실행하는 소통의 지향은 '이해'이다. 이해는 '사리를 분별하여 해석함' 또는 '남의 사정을 잘 헤아려 너그러이 받아들임'[표준국어대사전]이다. 손님들이 과학자들의 기억의 일부인 것에서도 소통의 본질적인 목적을 짐작할 수 있다. 소통의 지향이 상대를 알고 이해하여 관계를 새롭게 정립하려는 것이다. 이는 크리스의 손님인 하리가 자기 존재를 이해하고 크리스를 위해 떠나는 것에서도 확인할 수 있다.

크리스의 주요 소통 상대는 손님 하리이다. 물론 하리 뒤에는 솔라리스가 있다. 주변에는 과학자들도 있다. 손님 하리는 죽은 아내의 모습을 한 낯선 존재이다. 이 손님 하리는 자신이 누구인지도 알고 싶어하고, 크리스에 대해서도 알고 싶어하며, 죽은 크리스의 아내에 대해서도 알고 싶어한다. 크리스는 자신이 누구이고, 죽은 아내는 어떤 사람이고, 왜 죽었는지를 알려주는 소통을 한다. 이 과정에서 손님 하리도 자기가 누구인지를 알 수 있게 한다.

크리스가 실행하는 하리와의 소통은 '공존'을 지향한다. 공존은 '서로 도와서 함께 존재함'[표준국어대사전]이다. 크리스의 손님 하리와의 소통에는 낯선 상대를 인정하고 존중함이 들어있다. 이로써 서로 도우면서 함께 생활한다. 크리스의 이 소통의 지향은 서로가 이해에 이르게 하고, 스스로 자기를 이해하고 생성하게 한다.

하리는 특별한 존재이다. 솔라리스에게 크리스와 과학자들을 이해시키는 매개적 존재이다. 솔라리스의 분신이기도 하지만 크리스의 분신이다. 조금 넓게 보면 과학자들의 분신이다. 이 하리는 크리스와 과학자(사토리우스와 스나우트)들과 소통을 실행한다. 중심적인 소통의 상대는 크리스지만 인간을 이해하기 위해 과학자들과도 소통한다. 이런 하리가 이들과 소통을 통해 기대하는 지향은 '통찰'[10]이라 할 수 있다. 낯선 상황 속에서 직면하여 예리하게 일의 본질을 꿰뚫어 이해하는 것이다. 하리는 이들과 소통하면서 이 통찰을 충실히 실행한다. 크리스를 통해서도 과학자들과의 대화와 논쟁을 통해서도, 우주정거장에 있는 사물(특히 그림)을 통찰한다. 자기에 대한 분명한 규정도 이루어지지 않았고, 자신이 처한 상황과 주변 인물에 대한 인식과 이해가 없는 상태에서 소통으로 통찰을 이루어 낸다. 하리의 통찰은 하리 자신은 물론 솔라리스도, 과학자도, 크리스도 자기를 이해하게 한다.

안나는 소통 지향의 면에서 다른 점이 있다. 안나는 낯선 상대와 소통을 하면서 그 상대에게 관심을 집중한다. 소통의 상대가 전달하는 정보에 관심을 두지 않는 것은 아니다. 다만 그 정보를 이해하거나 받아들이기 어려운

---

10 ① 예리한 관찰력으로 사물을 꿰뚫어 봄. ② (심리) 새로운 사태에 직면하여 장면의 의미를 재조직화함으로써 갑작스럽게 문제를 해결함. 또는 그런 과정. 쾰러는 학습이 시행착오에 의하여 일어나는 것이 아니라 이러한 과정에 의하여 일어난다고 보았다. ③ (심리) 심리 치료에서, 환자가 이전에는 인식하지 못하였던 자신의 심적 상태를 알게 되는 일.[표준국어대사전]

경우, 그 정보로 상대를 평가하지 않는다. 안나와 같이 소통에서 소통 상대에 긍정적인 마음을 가지는 소통 양식은 '옹호'이다. 옹호는 '두둔하고 편들어 지킴'[표준국어대사전]이다. 안나는 버톤이 전달하는 내용에 대한 이해와 관계 없이 마음으로 두둔해 준다. 이는 낯선 상대와의 관계를 이어갈 수 있게 한다.

『파라다이스』에서 루비 공동체와 수녀원 공동체는 낯선 상대와의 소통 지향의 차이가 크다. 루비 공동체는 특정 상대만을 선택할 의도로 소통한다. 선택은 배제나 제외가 전제된다. 루비 공동체는 낯선 모든 사람을 거부하는 것은 아니지만 대부분 사람을 거부한다. 이 루비 공동체의 소통 지향은 '차별'이다. 차별은 '둘 이상의 대상을 각각 등급이나 수준 따위의 차이를 두어서 구별함'이다. 차별은 차등을 둘 때, 합의한 기준이나 규정을 엄격하게 적용한다. 규정의 적용에 유연함이나 융통성이 없다. 그렇기에 변화할 수 없고, 바뀌는 것이 없다.

수녀원 공동체는 거부하거나 내치는 사람이 없다. 구성원 중에서 서로 적대 관계에 있는 사람들도 있다. 공동체 구성원으로 참여를 원하는 사람은 어떤 사람이라도 받아들인다. 열린 소통을 실행하여 어떤 낯선 사람도 함께 한다. 이 수녀원 공동체의 소통 지향은 '동화(同和)'이다. 동화는 같이 화합하는 것으로 서로 화목하게 어울리는 것이다. 수녀원 공동체 구성원 개별적으로는 소통하기 불편하고 어려운 상대가 있을 수 있다. 그렇지만 구성원 전체가 가진 소통의 지향은 동화이다. 이 공동체는 낯선 사람을 구성원으로 받아들임으로써 변화하고 달라진다. 새로운 구성원을 받아들일 때마다 변화한다.

마. 잉여: 소통의 생기(생명)

낯선 상대와의 소통은 인지 활동으로 완결되지 않는다. 소통에는 여러 다른 요인들이 관여하고, 이들에 일관성의 구도가 작용하여 일명 '시너지 효과'라는 '이득'이 함께한다. 이 이득은 읽기 활동 내부에 내재하기보다는 활동 외부에서 생겨난다. 이는 이득이 '여분'이라는 의미에서 '잉여'라 할 수 있다. 잉여는 외부의 것으로 한도를 채우고 남은 것을 의미한다. 읽기에서 이 잉여는 '여분의 것'이라고 중요하지 않고, 쓸모없는 것이 아니다. 이 잉여인 이득은 읽기의 본질이 될 수도 있다. 독자가 텍스트를 읽는 본질이 이 잉여의 이득을 위한 것일 수 있기 때문이다. 읽기에서 잉여는 독자가 텍스트와 충분한 소통이 이루어진 상태에서 주어지는 것이다. 독자는 이 잉여를 위해 텍스트를 읽는다. 읽기에서 잉여의 존재는 독자의 읽기 활동에 생명을 불어넣고 활기를 불러일으킨다. 독자의 텍스트 읽기는 잉여 요인의 영향으로 생명이 내재된 생기를 얻게 된다. 이는 텍스트 이해의 효율성과 함께 내용의 타당성을 높이는 데도 기여한다. 독자의 읽기에 작용하는 잉여의 주요 요인을 살펴본다.

먼저 「이온」에서 이온의 호메로스 시 음송에 관여하는 소통의 잉여 요소가 존재한다. 이온이 호메로스 시만을 잘 음송할 수 있는 자별함을 가졌다. 이온은 시 음송 대회에서 1등을 하였고, 소크라테스에게도 음송에 대한 자신감을 보인다. 이온의 호메로스 시 음송의 특별함은 모든 사람이 인정한다. 그렇지만 다른 시인의 시는 알지도 못하고 흥미도 없다. 오직 호메로스 시만 알고 음송할 수 있다. 이온은 호메로스의 시에 대한 음송은 유별남을 지녔다. 소통에서의 잉여는 '정체(停滯)'이다. 정체는 '사물이 발전하거나 나아가지 못하고 한자리에 머물러 그침'[표준국어대사전]이다. 이온의 호메로스 시 음송에는 특별함이 있지만 다른 시로는 발전하지 못하는 한계가 있다. 이온이 호메로스 시를 자신감 있게 음송할 수 있지만 다른 시에 대해서는 그렇지 못하다. 이온의 호메로스 시에 대해서만 자별함은 잉여로 정체가 생기게 한다.

소크라테스는 시 음송과 관련하여 다른 잉여의 요소가 내재한다. 소크라테스의 시 음송에 의식은 모든 시의 음송을 잘할 수 있게 하는 본질 능력을 추구한다. 이는 시 음송의 보편화된 원리로 여러 시인의 시를 이해하고 음송하는 능력이 늘어나는 '향상'이 잉여가 된다. 향상은 '실력, 수준, 기술 따위가 나아짐 또는 나아지게 함'[표준국어대사전]을 의미한다. 소크라테스는 이온이 호메로스의 시뿐만 아니라 다른 시인들의 시도 잘 음송할 것을 요구한다. 이온은 물론 다른 시 음송가들도 시에 대한 지식과 기술을 습득해 음송 능력의 향상을 기대한다. 능력의 향상은 어떤 시도 음송할 수 있고, 어떤 음송가도 시 음송을 잘할 수 있게 하는 변화이다. 향상은 누구에게 가능성으로 주어진다. 이온도 소크라테스의 말에 동의한다. 현재 우리도 동의하고 존중한다. 이온이 다른 시도 잘 음송할 수 있는 것도, 우리가 시 음송을 잘할 수 있는 것도 가능성으로 존재한다. 향상은 실현될 수도 있지만 가능성으로만 존재하는 잉여이다.

<솔라리스>에서 각 인물의 낯선 상대와 소통에도 잉여의 요소가 내재한다. 과학자는 솔라리스와의 소통에도 손님들과의 소통에도 일관성을 유지했다. 과학적 태도를 유지하는 소통을 한다. 과학자의 상대와의 소통의 잉여는 '불변'이다. 불변은 '사물의 모양이나 성질이 변하지 아니함 또는 변하게 하지 아니함'[표준국어대사전]이다. 과학자는 소통으로 스스로 변화하지 않고, 소통의 상대도 변하지 않는다. 과학자가 실행하는 소통의 외현은 변화이고 호응적이다. 그런데 소통의 내적 본질은 일정함이고 독단적이다. 그렇기에 과학자가 행하는 소통의 잉여는 불변이다. 자기도 상대도 변화하게 하지 못했다.

솔라리스의 소통도 과학자들과 다르지 않은 점이 있다. 소통의 형식에서 보면, 손님을 만들어 과학자들에게 보내는 단일 방식은 과학자들과 다르지 않다. 손님들이 능동적으로 과학자들과 소통할 수 있는 것도 아니었기에 소통의 한계가 있었다. 그러다 크리스가 나타남으로써 솔라리스의 소통 방식

은 효과를 발휘하게 된다. 이 솔라리스가 낯선 상대와 소통에서 잉여로 얻게 되는 것은 '조화(調和)'이다. 조화는 '서로 잘 어울림'이다. 손님 하리를 이용한 크리스와의 소통의 결과를 보면, 솔라리스는 사람들과 함께 어울림을 실행한다. 과학자들에게 손님을 보내는 것도 함께 어울리기 위한 것임을 알 수 있다. 크리스와 같이 자기의 내면을 드러내게 되면 솔라리스의 일부인 손님도 마음을 드러낸다. 그러면서 서로 도우며 함께한다. 솔라리스가 바다 위에 크리스의 과거 기억의 장소를 만들어 아버지를 만날 수 있게 하는 것에서도 확인할 수 있다.

크리스의 소통도 잉여를 갖는다. 크리스의 주요 소통의 상대는 손님 하리이다. 크리스는 손님 하리와 성공적인 소통을 이루어 낸다. 크리스는 손님과의 소통을 통하여 손님에 대한 이해는 물론 자기에 대한 이해도 이루어 낸다. 물론 손님 하리도 자기에 대한 이해를 이루고, 솔라리스가 사람을 이해할 수 있게 한다. 크리스의 손님 하리와의 소통의 잉여는 '동행'이다. 동행은 '같이 길을 감'이다. 동행의 같이 감은 변화와 발전을 포함한다. 지적인 성숙은 물론 인식의 변화를 함께 이루어 감을 의미한다. 크리스의 손님 하리와의 소통은 자기의 한계를 넘어섬은 물론 상대의 한계도 넘어서게 한다. 크리스는 손님 하리와의 동행은 물론 솔라리스와도 동행을 이루어 낸다. 그래서 솔라리스도 변화하면서 새롭게 함께할 수 있게 된다.

손님 하리의 소통도 잉여를 갖는다. 하리의 소통 상대는 크리스나 과학자들이다. 처음에 소통이 원만하게 이루어지지 않았지만 시간이 지날수록 소통을 원활하게 할 수 있게 되었다. 이 소통의 과정에서 하리는 과학자는 물론 크리스를 이해할 수 있게 된다. 더 나아가서는 자기가 어떤 존재인지를 이해하게 된다. 그래서 스스로 크리스를 떠나 솔라리스로 돌아간다. 이 손님 하리가 실행한 소통의 잉여는 '초월'이다. 초월은 '어떠한 한계나 표준을 뛰어넘음'[표준국어대사전]이다. 하리는 크리스와의 소통으로 자기에게 전에는 없던 새로운 자기를 생성한다. 하리가 크리스를 이해하고, 크리스의 아내를 이해하고, 과학자들을 이해하는 일은 끊임없이 자기를 초월하는 일이다. 하리는 소통을 통하여 현재의 자기를 뛰어넘는 인식의 변화를 이루어 간다. 이 하리의 자기 초월은 소통에서 의도한 것이 아니라 소통의 결과 생겨난 잉여이다.

안나의 소통 양식도 잉여가 있다. 안나는 소통하는 상대를 먼저 인정하고 존중한다. 소통하는 내용에 대한 진위나 가치의 집중하는 것이 아니라 상대를 인정하고 존중한다. 버톤은 물론 다른 사람에게 마찬가지의 소통 태도를 취한다. 안나가 소통의 실행으로 생성하는 잉여는 '위안'이다. 위안은 '위로하여 마음을 편하게 함'[표준국어대사전]이다. 안나의 소통은 주로 공감에서 비롯되는 것이기에, 내용을 이해하는 것보다 낯선 상대의 마음을 이해하는 것에 소통의 초점이 놓인다. 안나는 버톤의 말에 진위를 따지지 않는다. 버톤의 말을 듣고 그 내용보다는 버톤의 마음을 살핀다.

『파라다이스』의 두 공동체의 소통에도 잉여가 존재한다. 루비 공동체는 순수 흑인만을 받는다. 그것도 선택적으로 선별하여 받는다. 루비 공동체에 들어가기 위해서는 그 기준에 맞추어야 한다. 이는 소통 상대가 가진 속성을 버리게 한다. 그리고 공동체의 규정에 맞추게 한다. 개인이 자기의 속성을 버리고 공동체에 종속되게 만든다. 이런 종속은 잉여로 공동체가 '고립'되게 한다. 고립은 '외따로 홀로 떨어짐'을 뜻한다. 다른 사람들이나 공동체와 어울리지 못하고 홀로 떨어지게 되는 것이다.

이와 대립적인 수녀원 공동체도 낯선 상대와의 소통으로 잉여를 생성한다. 수녀원 공동체는 모든 사람을 구성원으로 받는다. 구성원들은 늘 낯선 사람을 구성원으로 받아들일 준비가 되어 있다. 그렇기에 수녀원 공동체가 실행하는 소통의 잉여는 '화합'이다. 화합은 '화목하게 어울림'이다. 수녀원 공동체의 구성원들은 화합한다. 소통의 잉여로 존재하기 때문이다. 내부적으로 또는 부분적으로 화합이 안 될 수도 있지만, 소통의 잉여로 화합이 존재한다.

서로 다른 존재들이 함께하기 위해서는 반드시 화합이 필요하다.

4. 읽기 소통의 실행

독자의 텍스트 읽기는 소통의 한 형태이다. 생각이나 속내를 주고받는 의사소통이다. 독자는 텍스트와 소통한다. 이를 읽기 소통이라 할 수 있다. 읽기 소통은 외현적으로 보면 독자가 일방적으로 실행하는 소통이다. 그 내재적인 소통의 특성은 일방적일 수 없다. 독자가 텍스트에 말을 걸고, 텍스트가 독자에게 말을 건다. 독자가 요구하기도 하고, 텍스트가 요구하기도 한다. 텍스트는 독자에게 끊임없이 무엇인가를 요구하고, 독자는 그 요구를 들어주어야 한다. 텍스트는 독자가 생각하게 하고, 생각을 바꾸게 하고, 생성하게 한다. 읽기를 소통의 관점에서 보면, 독자와 텍스트가 양방향 소통을 실행하는 활동이다.

독자가 텍스트와 하는 소통의 본질은 새로운 자기를 생성하는 것(되기)이다. 텍스트의 주제를 파악하든, 텍스트로 의미를 구성하든, 존재 이해를 실행하고, 자기 이해를 이루는 읽기 소통의 본질은 독자의 자기 생성이다. 독자가 텍스트를 읽고 자기를 생성하기 위해서는 이를 위한 소통을 실행해야 한다. 읽기에서 독자와 텍스트의 소통 실행이 그 본질을 위한 것일 때, 독자의 읽기는 성공적일 수 있다. 독자가 읽기 소통의 본질을 실행하기 위해서는, 소크라테스의 말로 규정하면, 전문적인 기술(tekhnē)과 지식(epistēmē)을 익히는 것이 필요하다. 이는 읽기 소통에 대한 이해가 있어야 그 본질이 내재한 읽기를 할 수 있음을 뜻한다.

독자가 읽기 소통의 본질을 실현하는 읽기를 할 수 있게 하려면, 이에 필요한 지식과 기술을 알려주어야 한다. 이를 위해, 이 논의에서는 읽기 소통에 관한 기술과 지식을 알려줄 수 있는 예시 자료를 분석했다. 이 분석이 읽기 소통과 관련된 기술과 지식을 모두 드러낸 것은 아니다. 읽기 소통에 관여하는 기술과 지식의 예를 보여주기 위한 것이다. 읽기 소통에 필요한 기술과 지식을 한정적으로 규정할 수 없다. 읽기 형상은 독자, 텍스트, 읽는 상황에 따라 끊임없이 달라지기 때문이다. 여기서는 읽기 소통의 양식을 인식할 수 있는 플라톤의 대화편 「이온」, 타르코프스키 감독의 영화 <솔라리스>, 토니 모리슨의 소설 『파라다이스』를 분석했다.[11] 이들 작품 속에 등장하는 인물들이 낯선 상대와 소통하는 양식을, 독자가 낯선 내용의 텍스트와 소통하는 양식의 측면에서 살폈다. 여기서 분석한 소통 양식이 절대적임을 표방하는 것은 아니다. 읽기에서 관여하는 소통 양식이 다양함을 보이기 위한 것이다.

독자가 읽기 소통의 본질을 실행하기 위해서는 텍스트와의 소통 양식에 대한 이해가 필요하다. 소통 양식에 대한 이해가 있을 때 본질적 읽기를 실행할 수 있다. 독자는 어떤 소통 양식으로 텍스트와 소통할지를 선택하고 결정할 수 있다. 독자의 필요에 맞는 소통 양식으로 텍스트와 소통을 했을 때, 독자는 본질적 읽기를 실행할 수 있다. 본질적 읽기를 위해서는 양방향의

---

11 읽기에서 독자와 텍스트의 소통 속성을 알려주는 소통 양식의 예

자료		응수(성격)	기제(도구)	교섭(형식)	지향(기대)	잉여(생명)
이온	이온	자의적	소질	편향적	각별	정체
	소크라테스	원리적	재능	합리적	보편	향상
솔라리스	과학자	탐구적	원칙	정형적	일치	불변
	솔라리스	근본적	공유	매개적	이해	조화
	크리스	응대적	호응	대화적	공존	동행
	하리	인식적	적응	자각적	통찰	초월
	안나	배려적	공감	허용적	옹호	위안
파라다이스	루비 공동체	독단적	관례	제한적	차별	고립
	수녀원 공동체	개방적	환대	포용적	동화	화합

소통을 전제로 텍스트의 내용에 따라 필요한 소통 방식의 선택이 필요하다. 독자는 텍스트에 맞는 소통 양식으로 소통을 실행할 수 있어야 한다. 그래야 자기에게 맞는, 자기를 생성하는 읽기 소통의 본질을 실행하는 읽기를 할 수 있다.

제13장 — 공존적 읽기 교육

1. 공존의 개념

콜 이제 이야기할 때가 된 것 같아요.
엄마 이야기?
콜 제 비밀에 대해서요.
엄마 뭔대?
콜 저 앞에 차 사고 난 것 아시죠?
엄마 그래.
콜 사람이 다쳤어요.
엄마 그래?
콜 한 여자가 죽었어요.
엄마 세상에, 거기선 보이니?
콜 네.
엄마 여자가 어디 있는데?
콜 제 쪽 차창에 서 있어요.
엄마 엄마 겁주지 마.
콜 가끔 저도 그들 때문에 겁먹어요.
엄마 그들?
콜 유령이요.
엄마 유령이 보인단 말이야?
엄마 잠시 생각을 좀 해보자.
콜 할머니가 안부 전하래요. 땅벌 목걸이를 자꾸 가져가서 미안하시대요. 너무 좋아해서 그러신대요.
엄마 뭐?
콜 할머니도 가끔 저를 찾아오세요.
엄마 그런 말 하는 게 아니야. 할머니는 돌아가셨잖아.
콜 알아요. 할머니가 말씀하시길……
엄마 그만해!
콜 엄마가 춤추는 거 보셨대요. 엄마 어릴 적 두 분이 싸웠대요. 춤 발표회 직전에. 엄마는 할머니가 발표회에 안 간 줄 아시지만, 가셨대요. 가셨었대요. 엄마가 못 보는 뒤에서 보셨대요. 춤추는 게 꼭 천사 같았대요. 그리고 엄마가 할머니 무덤에 가셔서 했던 질문에 대한 대답은 바

콜 늘 제게 이것저것을 부탁해요.
엄마 네게 말까지 해? 그것도 부탁까지?
콜 전에 다친 건 다 유령 때문이에요. 무슨 생각을 하세요, 엄마? 제가 괴물 같아요?
엄마 엄마는 절대로 널 괴물로 생각 안 해! 알았니?
콜 네.

로 '언제나'래요. 뭐라고 물으신 거예요?
엄마 내가……, 내가 엄마한테 자랑스러운 딸이었냐고…….
콜 엄마! (서로 안아준다)

—영화 <The sixth sence(식스 센스)>(1999)의 한 장면

위 장면은 두 사람이 공존 관계로 진입하는 순간을 담고 있다. 엄마가 아들의 다름을 알고, 그 다름을 인정하고 존중하게 되는 순간이다. 앞으로 엄마와 아들은 진정으로 함께할 것이다. 영화 <식스 센스>(Night Shyamalan 감독, 1999)에서 엄마와 아들 콜(Cole Cear, 9세)은 사랑하는 가족이다. 다른 가족이 없기에 엄마는 아들에게 헌신한다. 엄마와 콜은 깊이 사랑하지만 공존하지 못했다. 일상생활에서 엄마는 아들 콜의 말과 행동에 거짓이 있다고 생각한다. 콜은 자기에게 일어나는 일을 엄마에게 솔직하게 말할 수 없다. 엄마는 콜의 말을 인정하고 받아줄 수는 없기에 외면한다. 엄마와 콜은 서로 불신하고 불편한 마음을 갖고 있지만 문제를 해결할 수 없었다. 엄마는 집에서 물건이 없어지는 일들을 콜이 한 짓이라 생각하지만, 콜은 자기가 한 일이 아니라고 한다. 엄마와 콜을 서로에게 없어서는 안 될 절대적 존재이지만, 속마음은 함께하지 못한다. 엄마와 콜은 공존하지 못하고 있었다.

공존은 서로의 다름을 인정하고, 존중하는 마음으로 함께하는 것이다. <식스 센스>에서 엄마와 콜은 절대적 사랑을 하는 가족이지만, 서로의 다름을 존중하는 마음으로 함께하지 못한다. 엄마는 콜의 말을 믿을 수 없고, 콜은 엄마에게 사실을 말할 수 없다. 다름을 존중하는 마음으로 서로를 받아주지

않기 때문이다. 콜은 엄마가 믿어주지 않을 것을 알기에 사실을 말하지 않는다. 엄마는 아들의 말을 받아줄 마음의 준비가 되어 있지 않기에 콜의 말을 들을 수 없다. 영화에서 보면, 사랑하는 사이라고, 친하게 지낸다고, 사이좋은 관계라고, 늘 함께 생활한다고, 절대 떨어질 수 없는 관계라고 공존하는 것은 아니다. 서로가 다름을 정확하게 알아야 하고, 그 다름을 인정하고, 그 다름을 존중하고, 그 다름을 진정으로 받아들여 함께할 때, 공존할 수 있다. 실제 우리는 다양한 양식으로 공존한다. 그렇지만 공존을 의식하고 공존하는지는 분명하지 않다.

위 <식스 센스>의 장면에서 보면, 앞으로 엄마와 콜은 공존할 것임을 알 수 있다. 엄마는 콜의 유령 만남의 비밀을 알고 인정하기에, 아들을 진정으로 이해하고 존중하게 되었다. 콜도 엄마에게 여러 일이 있었고, 어떤 일들은 영원히 비밀인 것을 안다. 엄마와 아들은 서로의 다름을 이해하고 진정으로 받아들이게 되었다. 그렇다고 엄마가 콜처럼 유령을 만날 수 있다거나, 콜이 엄마의 일을 모두 경험할 수 있는 것은 아니다. 서로가 가진 다름을 알고, 그 다름을 인정하고 존중하여 진정으로 서로를 받아들일 뿐이다. 앞으로 엄마는 콜의 유령 만남의 비밀을 존중함으로써 함께할 것이다. 공존하는 것이다.

공존은 함께함이다. 공존은 '나'와 남이 다름을 알고, 그 다름을 인정하고 존중하여 서로가 진정으로 함께함이다. 물론 서로의 다름을 안다는 것의 전제는 서로에게 다름이 있음이다. 위 영화에서 콜은 남들과 분명하게 구분되는 다름이 있다. 유령을 볼 수 있고, 유령과 이야기하고, 유령의 부탁을 들어준다. 유령과 함께하는 일은 콜만이 할 수 있다. 영화에서 콜의 친구들, 교사, 이웃들이 있지만 아무도 유령을 만나는 이는 없다. 그렇기에 콜의 유령 만남을 이해하고 존중하는 사람은 없다. 어머니도, 친구들도, 선생님도, 유령인 말콤 박사도 콜을 이해하고 존중하지 않는다. 콜은 남들과는 분명하게 다름을 가지고 있다. 다름은 콜의 유령 만남과 같이 남들이 가지고 있지 않는 것을 가짐이다. 콜과 공존하려면 이 다름을 알고 인정하고 존중해야 한다. 공존은 서로의 다름을 알고 존중함으로써 진실한 마음으로 함께함이다.

읽기에서 독자의 공존도 이와 닮았다. 읽기에서 독자의 공존은 일차적으로 독자가 텍스트와 공존하는 것이다. 독자가 텍스트의 다름을 알고 인정하고 존중하는 것이다. 독자의 텍스트 이해는 텍스트의 다름을 알고 인정하고 존중하는 일이다. 독자가 읽고 이해해야 하는 모든 텍스트에는 다름이 내재한다. 예를 들어, 독자가 노자(老子)의 『도덕경(道德經)』을 이해했다는 것은 자기의 의식과 다름을 알고, 그 다름을 존중하게 되었음을 뜻한다. 들뢰즈와 과타리의 『천 개의 고원』을 이해했다는 것도 그 다름을 알고, 존중하게 되었음을 의미한다. 독자의 생각이 텍스트와 같아질 수 없다. 위 영화의 장면에서 어머니가 콜을 이해했다는 것은 콜이 자신과 다름이 있음을 알고, 그 다름을 존중하게 되었음을 의미한다. 읽기에서도 이해는 마찬가지이다. 읽기에서 공존의 일차적 조건은 텍스트의 다름을 독자가 알고 존중하는 것이다.

읽기에서 독자가 공존을 위해 해야 할 일은 텍스트의 다름에서 독자 자신의 다름을 생성하는 일이다. 독자가 텍스트의 다름을 알게 되면, 그 다름에서 자기의 다름을 생성할 수 있다. 텍스트의 다름을 아는 일이 독자가 다름을 생성하게 한다. 『도덕경』을 이해한 독자는 이에서 비롯된 자기 생성을 실행한다. 『도덕경』을 이해하여 자기 생성을 이룬 독자를 다 확인하기는 어렵다. 『도덕경』과 관련된 책과 논문뿐만 아니라 다양한 텍스트들이 그 결과물이다. 『천 개의 고원』도 마찬가지이다. 이들 책의 독자가 책 내용에 내재한 다름을 이해하게 되면, 자기 생성을 이루게 된다. 영화에서 콜의 다름을 이해한 엄마나 말콤(유령 박사)은 각기 다른 자기 생성을 이룬다. 이 자기 생성은 콜과의 새로운 관계뿐만 아니라 새로운 자기 삶의 세계를 열게 한다.

읽기에서의 공존은 다른 독자들과도 실행한다. 다른 독자도 텍스트의 다름을 알고, 자기만의 다름을 생성한다. 같은 텍스트를 읽었어도 독자마다 생성한 다름이 있다. 다른 텍스트를 읽는 독자는 당연히 다른 다름을 생성한다. 이들 독자는 각자의 다름을 알고 존중할 수 있다. 『도덕경』의 독자들은 철학책으로, 경전으로, 생활 지침서로 각자 다르게 인식한다. 『천 개의 고원』의 독자들도 철학으로, 정치학으로, 예술론으로 각자 다르게 이해한다. 이들의 읽기에는 다름이 내재한다. 이들 독자의 다름을 알고 인정함에 공존이 존재한다. 물론 독자 사이에서의 공존도 텍스트의 공존과 같이 독자는 다름을 생성한다. 그렇다고 이들 다름의 인식과 인정과 존중이 수시로 아무 때나 일어나지는 않는다. 서로의 다름을 납득할 수 있는 계기가 있어야 한다. 콜과 엄마는 늘 함께하지만 서로 다름을 인식하는 일은 그동안 일어나지 않았다. 다름을 인식하지 않아도 콜의 친구들, 이웃들, 어머니, 선생님 등은 일상생활은 가능했다. 물론 공존하지 않기에 그 일상생활에는 여러 가지 문제가 내재한다.

이 장에서는 공존적 읽기의 교육을 논의한다. 공존적 읽기의 교육은 공존적 읽기를 위한 교육이다. 공존적 읽기는 독자의 공존을 위한 읽기이다. 이 공존적 읽기는 독자가 다름의 생성으로 새로운 자기를 찾는 일이다. 공존적 읽기는 독자가 텍스트와 공존을 이루는 일차적 공존에서 다른 독자와 이루는 이차적 공존을 위한 것이다. 이 공존적 읽기는 독자와 텍스트의 공존함에서 시작해 독자 사이의 공존을 포함한다. 이 논의는 들뢰즈와 과타리의 『천 개의 고원』 어느 한 장에 토대를 두기보다는 전체적인 내용을 토대로 한다. 굳이 관련된 장을 정한다면 15장이라 할 수 있다. 15장은 『천 개의 고원』 전체의 내용을 요약하고 있기 때문이다. 공존의 개념을 토대로 공존적 읽기와 공존적 읽기 교육의 논리를 탐구한다.

2. 공존의 조건

공존은 둘 이상의 사물이나 현상이 함께함이다. 서로 다름이 있기에 함께함이 있다. 그 다름 때문에 함께함이 공존이다. 읽기에서의 공존에는 독자가 텍스트의 다름을 존중함이 내재한다. 텍스트의 다름은 물론이고, 더 나아가 다른 독자의 다름도 존중해야 한다. 존중은 높이고 귀중하게 대하는 것이다. 다름을 높이고 귀중하게 여겨 함께하는 것이다. 다름의 존중에는 다름이 귀하고 가치가 있음이 전제된다. 귀하고 가치가 있음은 모두에게 공통의 것이 아님을 뜻한다. 고유하고 특별한 것이 다름이다. 귀중하고 고유하고 특별한 다름을 존중하여 함께함이 공존이다. 공존은 의존함이다. 읽기에서 텍스트의 다름은 독자에게 의존해 존재한다. 텍스트의 다름을 독자가 드러내 준다. 텍스트의 다름은 독자가 있어야 존재한다. 독자의 다름도 다른 독자에게 의존하여 존재한다. 또한 공존은 협력함이다. 다름을 알고 함께하기 위해서는 상호적이어야 한다. 읽기에서의 다름은 텍스트는 물론 독자 누구에게나 있다. 그 다름으로 서로 존중하고, 의존하고, 협력해야 공존한다. 공존을 위한 조건을 보면 다음과 같다.

가. 지각 불가능하게-되기

다름의 본질은 '되기(devenir)'이다. 우리가 처음 세상을 만났을 때는 누구나 다름이 없다. 의식도, 의지도, 생각도, 힘도 없다. 이때부터 우리는 되기를 시작한다. 다름을 갖기 시작한다. 되기의 실행으로 우리는 무엇으로든 될 수 있고, 무엇이든 할 수 있다. 물론 이들 되기에는 의지가 없어도 실행되는 것이 있다. 사회의 지배적 의식을 가진 대상은 되기를 의지적으로 실행하지 않아도 가지게 된다. 그 대표적인 것이 '어른'과 '남성'이다.[1] 어른과 남성은 우리가 의지적으로 되기를 실행하지 않아도 성장 과정에서 실행되어 우리 안에 내재한다. 그 외의 대상들은 의지적인 되기의 실행을 통하여 가지게 된다. 교사가 되는 일도, 의사가 되는 일도, 시인이 되는 일도 의지적인 되기의 실행 결과이다. 되기의 실행으로 우리는 다름을 가진 사람이 된다. 우리가 서로 다름을 가지게 된 것은 되기의 실행 결과이다.

우리의 모든 의지적 활동에 되기(becoming)가 내재한다. 운동, 공부, 특기, 전문성, 자격(증) 등은 모두 되기의 결과로 할 수 있거나 얻게 된다. 학생, 친구, 이웃, 연인, 아내, 남편 등도 되기의 실현이다. 되기의 실행으로 우리는 무엇이 되고, 무언가를 할 수 있다. 우리가 무엇이 되거나 무언가를 하기 위해서는 그에 맞는 되기를 실행해야 한다. 여성-되기, 아이-되기, 동물-되기뿐만 아니라 분자-되기, 원자-되기, 강렬하게-되기 등을 실행해야 한다. 우리는 되기를 실행함으로써 원하고, 기대하고, 해야 할 것을 할 수 있게 된다. 되기는 '나'다움을 갖추게 하고, 하고자 하는 것을 할 수 있게 하여, 지향하는 삶을 살 수 있게 한다. 우리는 되기를 통하여 '나'를 가질 수 있게 된다. 되기는 '나'를 이루고, '나'다움을 갖추어, '나'의 일을 할 수 있게 하는 내적 본질이다.

> 어느 마법사의 회상 3 – 동물-되기만을 배타적으로 중요시하지 말아야 한다. 오히려 동물-되기는 중앙지역을 점유하고 있는 절편이다. [중앙 지역의] 이쪽에서는 여성-되기, 아이-되기를 만날 수 있다(아마도 여성-되기는 다른 모든 생성들에 대해 특히 서론격인 힘을 소유하고 있으리라. 마법사가 여성이기 때문이 아니라 여성-되기를 통과하는 것이 바로 마법이기 때문이다). 또한 [중앙 지역

1 사회의 지배적 의식을 가진 자를, 들뢰즈와 과타리는 '이성애자-유럽인-표준어 사용자-도시 거주자-성인-남성-백인'으로 가정하기도 한다.(김재인 역, 2003: 203)

의] 저쪽에서는 원소-되기, 세포-되기, 분자-되기가 있고, 심지어는 지각 불가능하게 되기가 존재한다. 마녀의 빗자루는 이 생성들을 어떠한 무(無)로 이끌어 가는 것일까? 또한 모비 딕은 에이허브를 조용하게 어디로 이끌고 가는 것일까? 러브크래프트의 주인공들은 이상한 동물들을 가로지르고, 결국 이름 없는 파동들과 보이지 않는 입자들이 거주하는 <연속체>의 궁극적 지역으로 뚫고 들어간다. SF가 진화함에 따라 그것은 동물 되기, 식물 되기, 광물 되기에서 박테리아 되기, 바이러스 되기, 분자 되기, 지각 불가능하게 되기로 이행해 간다.(김재인 역, 2003: 472)

되기는 마법과 같다. 합리적, 과학적, 객관적으로 설명이 안 되는 예도 있다. 몸의 각 부위를 자유자재로 접고 펴는 요가(yoga)인, 특정 동물과 능숙하게 교감하는 아이, 특정 식물의 특성에 민감한 약초꾼 등 다양하다. 이 되기 실행은 넓은 스펙트럼을 형성한다. 우리는 필요에 따라, 의지에 따라, 상황에 따라 되기를 실행한다. 이 되기 실행의 스펙트럼을 보면, 중앙 지역에 동물-되기가 있다. 중앙 지역에 있다는 것은 되기로 가장 많이 선택됨을 의미한다. 우리는 운동선수, 예술가, 곡예사, 전문 작업자 등에서 동물-되기를 인식할 수 있다. 이 동물-되기를 중심으로 '이쪽'에는 여성-되기와 아이-되기가 존재한다. 한용운의 시에서 여성-되기를, 권정생의 동화에서 아이-되기를 이해할 수 있다. 동물-되기의 '저쪽'에는 원소-되기, 세포-되기, 지각 불가능하게-되기 등이 있다. 이들의 예로는 소리, 맛, 향기, 빛, 색 등에 민감하게 감별하거나 특정한 감각으로 남들은 할 수 없는 무언가를 감지하고 인식하여 변별하는 능력자들이 있다. 이들 중에 지각 불가능하게-되기가 자리한다.

모든 되기에는 지각 불가능하게-되기(devenir-imperceptible)가 내재한다. 이는 모든 되기가 지향하는 것이라 할 수 있다. 모든 되기는 '지각 불가능하게-되기를 향해 가며, 지각 불가능한 것은 생성의 내재적 끝이며 생성의 우주적 정식'(김재인 역, 2003: 529)이라 할 수 있다. 여성-되기, 아이-되기, 동물-되기, 원자-되기, 세포-되기 등의 극한에 지각 불가능하게 되기가 자리한다. 이 지각 불가능하게-되기의 출처는 『천 개의 고원』(김재인 역, 2003)의 10장(제목: 1730년: 강렬하게-되기, 동물-되기, 지각 불가능하게-되기)이다. 지각 불가능하게-되기는 설명하기 어려운 마법사의 활동과 관련된다. 소설 『모디 딕』의 에이허브 선장의 고래-되기, 러브크래프트 소설 주인공들의 미립자 되기는 파동들과 보이지 않는 입자-되기의 실행을 보여준다. 이들 되기는 그 한계가 없다. 이는 그 한계를 넘는 되기가 존재함을 뜻한다. 이 한계를 넘는 되기의 실행을 통틀어 '지각 불가능하게-되기'라고 한다.

> 오직 도에 능통한 사람이라야 만물과 하나됨을 알아 자기가 옳다고 고집하지 않고 일반 사람에게 맡겨둔다. 일반인에게 맡긴다함은 그들의 좋아함과 싫어함에 따른다는 뜻이다. 이렇게 세상 사람들의 입장을 따르면 일반인의 뜻에 통하게 되고 통하게 되면 얻는 바가 있게 되어 도(道)에 가까워지리라. 그는 그대로 맡길 뿐으로 이미 그러면서도 왜 그러는지 모르는 것을 도라고 일컫는다./ 정신을 수고롭게 하여 하나가 되려 해도 끝내 하나됨을 이루지 못한다. 이를 조삼(朝三)이라 일컫는다. 조삼(朝三)이란 무엇인가? 다음과 같은 것이다. 원숭이 사육사가 상수리를 원숭이에게 주면서 말했다. "아침에 3개, 저녁에 4개 주겠다." 그러자 원숭이들이 모두 벌컥 화를 냈으므로 사육사가 다음과 같이 말했다. "아침에 4개, 저녁에 3개 주겠다." 이에 원숭이들이 한결같이 기뻐했다. 명실(名實)은 달라지지 않았으나 기쁨과 노여움이 교차했다. 또한 그대로 맡겨야 할 따름인 것이다. 따라서 성인은 시비를 조화시켜 '자연의 평등'에서 쉬게 하는데 이를 양행(兩行)이라 일컫는다.[2](오진탁 역, 1990: 71-73)

---

2 唯達者 知通爲一 爲是不用 而寓諸庸 庸也者, 用也 用也者 通也通也者 得也 因是已 已而不知其

위 인용문은 『莊子(장자)』의 <제물론(齊物論)>의 일부이다. 우리가 잘 아는 조삼모사(朝三暮四)의 출처이기도 하다. 내용은 도(道)는 '정신을 수고롭게 해서 깨치는 것 아니라 세상 사람의 뜻을 따르는 것'이라는 말이다. 원숭이 사육사의 조삼모사 예가 이를 알려준다는 것이다. 3개와 4개라는 명(名)과 상수리(도토리)라는 실(實)은 변함이 없지만 원숭이의 기쁨과 노여움은 달랐다는 것이다. 일반 사람의 입장을 따르면 본래 균등함으로써 시비나 다툼이 없어지고(休乎天鈞(휴호천조)), 옳다고 해도 맞고 그르다 해도 맞기에 도(道)로써 조율하면 시비마저도 마땅하다(양행(兩行))는 것이다. 이런 사유의 형식은 누구나 도달할 수 있지 않다. 장자만이 도달할 수 있는 사유의 세계를 이룬 것이다.

장자(莊子)의 사유 방식은 독특하다. 사람들과 다른 방식으로 생각한다. 다른 사람이 생각하지 못하는 방식으로 생각한다. 우리는 장자의 생각을 이해할 수는 있지만 장자처럼 생각할 수 없다. 조삼모사의 이야기로 세상의 순리를 따르는 것이 도에 가깝다는 논리를 만들 수 없다. 대상을 인식하여 사유하는 방식이 남다르다. 진고응(陳鼓應)은 『노장신론』(최석진 역, 1997)에서 장자의 생각을 다음과 같이 평가한다. '나(吾)란 바로 개방적인 본연의 자아를 의미한다. 편견과 독단을 버린 다음에 드러나게 되는 본연의 나야말로 협소한 제한된 국면에서 승화되어 나올 수 있다'(최진석 역, 1997: 230) 장자는 제물론 시작 부분에서 '내가 나를 잊는(吾喪我)' 것을 언급한다.[3] 오상아(吾喪

然 謂之道./ 勞神明爲一 而不知其同也 謂之朝三 何謂朝三 狙公賦芧 曰:「朝三而暮四」衆狙皆怒 曰:「然則朝四而暮三」衆狙皆悅 名實未虧 而喜怒爲用 亦因是也 是以聖人 和之以是非 而休乎天鈞 是之謂兩行.(『莊子(장자)』, <齊物論(제물론)> 일부)

3 남곽자기가 책상에 기대어 앉아 있다가 하늘을 우러러보며 빙그레 미소지었다. 육신이 해체되어 흡사 몸이라는 짝을 버린 듯했다. 안성자유가 앞에서 모시고 있다고 물었다. "무슨 까닭입니까? 육신을 마른 장작 같게 하고 마음을 참으로 불꺼진 재와 같게 할 수 있습니까? 지금 책상에 기대어 계신 모습은 예전의 그 모습과는 아주 다릅니다." 남곽자기가 대답했

我)는 편견과 독단에 사로잡힌 나를 버린다는 의미이다. 장자는 이를 통해 독특한 사유의 방식을 가질 수 있게 되었다. 이런 장자의 사유는 중국 철학에서 독특함을 자랑한다. 지각 불가능하게-되기를 보여준다.

들뢰즈와 과타리의 '지각 불가능하게-되기'의 극단은 장자의 사유와 같은 것을 말한다. 우리가 '알 수는 있지만 그렇게 할 수는 없는 것'이다. 철학사에서 보면, 이런 사유를 하는 사람은 수없이 많다. 공자, 용수(나가르주나), 소크라테스, 칸트, 하이데거 등이 대표적이다. 과학사에도 마찬가지이고, 예술사에도 마찬가지이다. 관심을 가지고 살펴보면, 알 수는 있지만 내가 직접 그렇게 할 수 없는 사유나 능력을 지닌 이들은 많다. 요즘 텔레비전이나 유튜브에 등장하는 사람들을 봐도 마찬가지이다. 이들 영상 속 특정 사람들은, 그가 하는 일을 알 수는 있지만 내가 할 수 없는 일이 대부분이다. 그렇다면 주변 사람들이 하는 일도 마찬가지이다. 그가 하는 일을 알 수는 있지만 내가 할 수 없는 것이 많다. 정치도, 운영도, 운동도, 공부도, 예술도, 취미도, 일도 마찬가지이다. 알 수는 있지만 할 수는 없는 일은 나의 주변에 가득하다. 그렇다면 나는 어떠한가?

지각 불가능하게-되기는 자기 생성의 문제이다. 장자가 처음부터 이런 사유를 할 수 있었던 것은 아니다. 전국시대라는 시대적 상황과 노자(老子)와 같은 정신적 스승의 존재가 있어서(오진탁, 1990: 옮긴이의 말) 되기를 실행한 결과이다. 되기는 타고난 것이 아니라 외부와의 관계 맺음으로 자기를 생성하는 것과 관련된다. 장자가 이런 사유를 할 수 있는 것은 되기를 실행의 결과이다. 이러한 되기의 실행은 장자와 같은 특별한 이의 것이 아니라 우리

다. "언(偃)아, 어리석구나, 그런 질문을 하다니! 지금 나는 나를 잊었는데 자네가 이를 알겠는가!(南郭子綦 隱机而坐 仰天而噓 荅焉似喪其耦 顏成子游 立侍乎前曰:「何居乎 形固可使如槁木, 而心固可使如死灰乎 今之隱机者, 非昔之隱机者也. 子綦曰:「偃,不亦善乎 而問之也 今者吾喪我 汝知之乎」(오진탁 역, 1990: 44-45)

모두의 것이다. 우리는 되기를 실행함으로써 무엇이든 이룰 수 있다. 그리고 이룸의 결과로 지각 불가능하게-되기를 이룰 수 있다.

공존의 조건은 지각 불가능하게-되기이다. 모두가 다름을 가지고 있어야 공존의 필요가 있다. 모두가 같다면 공존은 존재의의를 갖지 않는다. 지각 불가능하게-되기를 실현한 이들은 각기 서로 넘을 수 없는 다름을 가지고 있다. 넘을 수 없는 다름을 배척하는 것이 아니라 인정하고 존중할 때 공존은 실현될 수 있다. 지각 불가능하게-되기로 얻은 다름을 가진 이들이 함께하는 것이 공존이다. 공존은 다름을 전제하기에 끊임없는 변화를 전제한다. 동일성을 반복하는 정체가 아니라 다름을 반복하는 변화와 발전이다.

나. 사이-존재

사이는 시작 지점 또는 출발 지점과 끝 지점 또는 도착 지점의 중간 어느 한 곳이다. 시작이나 끝, 출발이나 도착이 아닌 그 중간의 어느 한 지점이 사이이다. 이 사이는 끝 또는 도착 지점을 향해 가고 있는 중의 한 곳이다. 끝나거나 도착하지 않았기에 계속 가거나 진행하고 있다. 사이-존재는 가거나 진행이 이루어지고 있는 한 지점에서의 존재이다. 이 존재는 우리 자신이고, 독자이다. 현재 삶을 살아가고 있는 우리 자신이고, 읽기를 실행하여 자기 생성을 하는 독자이다. 더 본질적으로 자기 생성을 이루고 있는 중의 한 지점에 있는 우리 자신 또는 독자이다. 이 존재가 중간 어느 한 곳을 지나고 있을 때를 가리키는 말이 '사이-존재'이다.

지각 불가능하게-되기는 사이-존재와 관련되어 있다. 사이-존재는 중간에 있는 존재를 의미한다. 지각 불가능하게-되기는 자기 생성을 이루는 것이다. 이 지각 불가능하게-되기는 사이의 한 곳에서 자기의 생성을 이루는 일이다. 몰적 의식의 세계 또는 기존의 의식 세계에 머물던 자기에서 벗어나 분자적 의식의 세계 또는 새로운 의식의 세계로 들어가는 한 지점의 자기가 사이-존재이다. 이 말은 지각 불가능하게-되기의 실행이 한 번으로 마무리되지 않음을 뜻한다. 우리는 삶에서 새로운 삶의 과제에 직면하거나 새로운 텍스트를 만나게 되면 기존과는 다른 나를 생성해야 한다. 다른 지각 불가능하게-되기를 실현하는 것이다. 새로운 삶의 과제와 텍스트는 한정되어 있지 않다. 다름은 한 번의 생성으로 끝나지 않는다. 다름의 생성은 다름에서 다시 다름으로 이어진다. 이는 공존의 관계가 한두 대상이나 한두 가지 일과의 관계가 아님을 의미한다. 이 다름의 생성은 내적 원인에서 비롯되지 않는다. 다름의 생성은 외부 대상과의 연결접속으로 이루어진다. 다름은 외부 대상과의 관계 맺음에서 비롯되는 것이다.

> 소녀는 운동과 정지의 관계, 빠름과 느림의 관계에 따라 또 원자들의 조합과 입자들의 방출에 의해, 즉 <이것임>에 의해 규정된다. 소녀는 기관 없는 몸체 위에서 끊임없이 질주한다. 소녀는 추상적인 선 또는 도주선이다. 또 소녀들은 특이한 연령, 성, 질서, 권역에 속하지 않는다. 오히려 소녀들은 질서들, 행위들, 연령들, 성들 사이에서 미끄러진다. 또 소녀들은 막 관통해서 가로질러 온 이원적 기계들과 관련해서 도주선 위에 n개의 분자적인 성을 생성한다. 이원론을 빠져나가는 유일한 방법은 사이에 존재하기(être-entre), 사이를 지나가기, 간주곡이다. 버지니아 울프가 끊임없이 생성하면서 온 힘을 다해 자신의 전 작품에서 체험한 것이 바로 그것이다. 소녀는 남성, 여성, 아이, 어른 등 대립하는 각 항과 동시에 존재하는 생성의 블록과도 같다. 여성이 되는 것이 소녀가 아니라 보편적인 소녀를 만들어 내는 것이 바로 여성-되기이다. 어른이 되는 것이 아이가 아니라 보편적인 청춘을 만들어 내는 것이 바로 아이-되기이다.(김재인 역, 2003: 524-525)

이 인용문의 내용은 소녀의 여성-되기 또는 아이-되기를 이야기하고 있다. 소녀는 시시때때로 특개성(<이것임>)을 포착하게 한다. 지각 불가능하게-되기로 다름을 실현하는 것이다. 특개성은 소녀가 가진 분자적 또는 원자적 요소들의 작용에서 비롯된다. 분자적 요소들의 운동과 정지, 빠름과 느림 관계에 따라 특개성을 드러낸다. 소녀는 말하고, 웃고, 미소 짓고, 울고, 눈을 흘기며, 이런저런 행동을 하고 뛰어논다. 이에는 귀엽고, 예쁘고, 깜찍하고, 기특하고, 대단하고, 특별함이 내재한다. 이는 소녀가 뿜어내는 원자와 입자들의 조합으로 이루어진다. 소녀는 기관 없는 몸체 위에서 끊임없이 달라진다. 그렇기에 소녀는 매번 다름을 뽑아내는 추상적인 선이며, 기존의 모습에서 탈주(도주)하는 선이다. 그렇기에 소녀는 특정 연령, 성, 질서, 권역에 속하지 않는다. 소녀들은 사회적 질서들, 규정된 행위들, 시간에 따른 연령들, 성역할에 따른 성들의 사이를 미끄러진다. 그러면서 남성과 여성의 이원적 기계적 성의 구분에서 탈주하여 n개의 성을 생성한다. 소녀는 변화하는 중간에 있으면서 특개성을 드러내어 지각 불가능하게-되기를 그때그때 실행한다.

소녀는 남성과 여성으로 구분되는 사회적 이원적 성을 탈주한다. 이를 탈주하여 빠져나가는 방법이 '사이에 존재하기'이다. 사이에 존재하기는 사이를 지나가기이다. 사이를 지나감은 중간의 한 지점에서 특개성을 포착하는 것이다. 노래하는 가수는 한 노래만 평생 부르지 않는다. 새 노래를 발표할 때마다 누구도 따라 할 수 없는 새로운 느낌의 노래를 하는 자기를 생성한다. 특개성을 지닌 지각 불가능하게-되기를 실현한다. 글을 쓰는 저자도 마찬가지이다. 한편의 글은 가수의 노래 한 곡과 같다. 특개성을 지니고 있기에 저자가 지각 불가능하게-되기를 실현하게 한다. 독자도 마찬가지이다. 한 편의 텍스트를 이해하는 것은 독자로서의 여정의 한 지점에서 특개성을 포착하여 지각 불가능하게-되기를 이루는 한 지점이다. 이 지점은 음악에서 새로운 변주로 음악을 시작하기 위해 연주되는 간주곡과 같다. 끝이 아니라 새로운 변화를 이루어 내고 있는 한 지점이다.

버지니아 울프는 여성을 대표하는 소설가이다. 울프가 새 소설을 쓸 때마다 체험한 것이 사이에 존재하기이다. 소설가가 새로운 소설을 쓰는 것은 새로운 자기를 생성하는 것이다. 새로운 자기는 특개성을 지닌 지각 불가능하게-되기를 지닌 자기이다. 만약 소설가가 한 편의 소설을 쓰고 더 이상 새로운 자기 생성을 하지 않는다면 다른 소설을 쓰는 것은 불가능하다. 소녀가 남성, 여성, 아이, 어른 등 대립하는 대상과 블록을 이루어 새로운 속성을 생성하는 것과 같다. 소설가는 세상의 새로운 대상들과 생성의 블록으로 새로운 자기 생성을 이루어야 새로운 소설을 쓸 수 있다. 소설가-되기, 여성-되기, 아이-되기 등은 소설의 분자·원자적 성분, 여성의 분자·원자적 성분, 아이의 분자·원자적 성분과 생성의 블록을 이루는 일이다. 소녀가 여성이 되는 것이 여성-되기가 아니다. 여성이 소녀의 분자·원자적 성분과 생성의 블록을 이루어 보편적 소녀의 속성을 창조해 내는 것이 여성-되기이다. 어른이 아기가 되는 것이 아니라 청춘의 분자·원자적 성분과 생성의 블록을 이루어 보편적 청춘을 만들어 내는 것이 아이-되기이다. 사이에 존재하기는 특개성을 지닌 지각 불가능하게-되기를 매번 다시 실현하는 자기를 생성하는 일이다. 이것이 사이-존재이다.

다. 세상 사람 되기

세상 사람 되기는 세상에 '드러나' 존재하는 사람이 되는 것이다. '드러나다'라는 말은 여러 의미를 갖는다.[4] 이 말과 대비되는 말이 '사라지다' 또는

---

4 ① 가려 있거나 보이지 않던 것이 보이게 되다. ② 알려지지 않은 사실이 널리 밝혀지다. ③ 겉에 나타나 있거나 눈에 띄다. ④ 다른 것보다 두드러져 보이다.[표준국어대사전]

'없어지다' 이다. '사라지다'의 뜻은 '현상이나 물체의 자취 따위가 없어지다' 또는 '생각이나 감정 따위가 없어지다'이다. '없어지다'의 뜻은 '어떤 일이나 현상이나 증상 따위가 나타나지 않게 되다' 또는 '사람이나 사물 또는 어떤 사실이나 현상 따위가 어떤 곳에 자리나 공간을 차지하고 존재하지 않게 되다'이다.[표준국어대사전] '사라지다'나 '없어지다'는 존재하지만 나타나지 않거나, 자리나 공간을 차지하지 않음'을 뜻한다. 그렇다면 이 말과 대립되는 '드러나다'는 '존재하면서 겉으로 나타나 자리나 공간을 차지하고 있어 두드러져 보이다'의 뜻이다. 세상 사람 되기는 '세상에 드러나 눈에 띄는 사람이 되는 것'을 의미한다. 공존의 시작은 세상에 드러나 눈에 띄는 존재가 되는 것이다.

> 소수파라는 개념은 매우 복합적이다. 소수파는 음악, 문학, 언어학을 참조할 뿐만 아니라 법률, 정치도 참조한다. 소수파와 다수파는 단지 양적으로만 대립되는 것은 아니다. 다수파는 스스로를 평가하는 기준이 도량형 원기(原器), 즉 표현이나 내용이 상수를 내포하고 있다. (중략) 다수파는 도량형 원기를 전제한다. 결코 그 역이 아니다. 심지어는 마르크스주의조차 '거의 항상 서른다섯 살 이상의 자격을 갖춘 남성 국민 노동자의 관점에서 헤게모니를 표출했다.' 따라서 상수가 아닌 어떤 다른 규정이 본성상, 수와 무관하게 소수적인 것으로, 다시 말해 하위-체계로 고려될 수 있다. 당신의 선택이 상수의 한계를 넘지 않는다는 조건으로 당신에게 선택지를 주는 선거 활동이나 다른 모든 활동에서 이 점이 잘 드러난다. ('당신은 사회의 변화를 선택할 필요가 없다……') 그러나 이 지점에서 모든 것이 역전된다. 왜냐하면 다수파는 추상적 표준 속에 분석적으로 포함되는 한은 결코 그 누구도 아니며 항상 <아무도 아닌 자>, 즉 율리시스이지만, 소수파는 그가 모델로부터 일탈하는 한에서 모든 사람 되기이며 모든 사람의 잠재적 역량을 갖게 되기(devenir potentiel)이기 때문이다.[5] 다수파는

'사실' 존재하지만, 그것은 <아무도 아닌 자>로부터 나온 분자적 사실이며 모든 사람의 소수파-되기에 대립된다.(김재인 역, 2003: 203-204)

세상 사람 되기는 들뢰즈와 과타리의 소수파의 '모든 사람 되기'와 다수파의 <아무도 아닌자(nobody)>와 관련이 있다. 소수파와 다수파라는 말은 개념이 복잡한 말이지만 여기서는 논의의 대상이 아니다.[6] 이들 소수파와 다수파의 구분 기준은 도량형 원기(原器)[7]와 관련이 있다. 도량형 원기는 기준이나 표준에 속하는 상수(常數)와 같다. 다수파는 이 도량형 원기에 충실함을 지향한다. 반면, 소수파는 도량형 원기에서 벗어남을 지향하고, 변수(變數)와 같다. 다수파는 서른다섯 살 이상의 남성 노동자로서의 헤게모니를 표출하는 자이다. 이들 다수파는 사회의 변화를 선택할 필요가 없다. 이들은 추상적 표준 속에 분석적으로 포함되어 있어서 평균적이고 보편적인 존재가 된다. 이 다수파는 특별함이 없기에 <아무도 아닌 자>이다. 이에 비해 소수파는 추상적 표준에서 이탈한 자로 특개성을 가지고 지각 불가능하게-되기를 이룬 존재이다. 이 소수파는 평균성이나 보편성이 아닌 특이성이나 개체성을 지닌 자이다. 이 소수파는 '모든 사람 되기(becoming-everyone)'를 실행한 자로 모

---

5 [오디세우스(=율리시스)가 퀴클롭스의 섬에서 괴물에게 아무도 아닌 자(outis, personne)라고 이름을 댔던 일화에서 따온 말이다. 괴물이 고통에 울부짖자 동료 괴물들은 누가 너를 괴롭히느냐고 묻지만 괴물은 '아무도 아닌 자가 나를 괴롭힌다(=아무도 나를 괴롭히지 않는다)'고 답하게 되고 오디세우스는 섬에서 무사히 도망친다. 한편 불어 personne의 어원이 되는 persona는 본래 연극을 할 때 쓰는 가면을 의미했다. 여기서 의미가 파생되어 불어에서는 1) 사람, 인격, 2) 아무도 아님이라는 의미를 모두 가지게 되었다.](김재인 역, 2003: 204)

6 이에 대한 논의는 김도남(2025a)을 참조할 수 있다.

7 ① (물리) 측정의 기준으로서 도량형의 표준이 되는 기구. 미터 원기와 kg 원기가 있는데, 프랑스의 만국 미터법 동맹 도량형국에 보관되어 있고 부원기가 각 나라마다 있다. ② 같은 종류의 물건의 표준으로 만든 그릇.[표준국어대사전]

든 사람의 잠재적 역량을 갖게 된 사람이다. 세상 사람 되기는 표준성, 보편성을 표출하는 자기에서 벗어나 고유성과 개체성을 표출하는 자로 자기 생성을 이루는 일이다.

> 세상 모든 사람'처럼' 있는 것이 그토록 곤란한 까닭은 이것이 생성의 문제이기 때문이다. 세상 모든 사람처럼 되고, 세상 모든 사람으로부터 생성을 만드는 것은 결코 세상 모든 사람이 아니다. 많은 금욕, 절제, 창조적 역행이 필요하기 때문이다. 가령 영국식 우아함, 영국식 직물, 벽과 잘 어울리기, 너무나 잘 지각되는 것과 누구나 간파할 수 있는 것을 없애버리기. '소진되고 죽고 남아도는 모든 것을 없애버리기.' 불평과 불만, 충족되지 않은 욕망, 방어나 변호, 각자(세상 모든 사람)를 자기 자신 속에, 자신의 그램분자성 속에 뿌리박게 하는 모든 것을 없애버리기. 왜냐하면 세상 모든 사람이 그램분자적 집합인 반면 **세상 모든 사람 되기**는 이와 전혀 다른 문제, 즉 분자적 성분들을 가지고 우주 놀이를 하는 것이기 때문이다. 세상 모든 사람 되기는 세계 만들기이며(faire monde), 하나의 세계 만들기(faire un monde)이다. 없애버림의 과정에서 우리는 하나의 추상적인 선, 그 자체를 추상적인 퍼즐의 한 조각에 지나지 않게 된다. 그리고 다른 선들, 다른 조각들과 접합접속하고 연결하면서 하나의 세계가 만들어져, 투명한 속에서 먼저 번 세계를 완전히 뒤덮을 수 있게 된다.(김재인 역, 2003: 530)

세상 모든 사람 되기(becoming-everyone/everything, denevir-tout-le-monde)는 '모든 사람 되기'를 이룬 사람이 실행한다. 모든 사람 되기는 구체적으로 자기만의 고유성을 생성해 지각 불가능하게-되기를 실현한 사람이다. 모든 사람 되기는 <아무도 아닌 자>에서 탈주해 개체성을 생성한 사람이다. 세상 모든 사람 되기는 모든 사람 되기를 이룬 사람이 자기 내에 있는 몰성을 모두 없애버림으로써 실현한다. 세상 모든 사람 되기를 이룬 사람이 '세상 모든 사람(everybody else)'이다. 이 세상 모든 사람으로 '있기'는 것은 쉬운 일이 아니다. <아무도 아닌 자>에서 탈주하고, 몰적 속성을 모두 없애버려야 하는데, 우리는 몰적인 표준성과 보편성을 더 추구하기 때문이다. 그렇기에 세상 모든 사람 되기를 이루는 것은 다수파의 <아무도 아니 자>가 아니다. 소수파의 사람이 세상 모든 사람 되기를 이루기 위해서는 금욕, 절제, 창조적 자기 생성(되기=역행)이 필요하다. <아무도 아닌 자>가 표출하는 영국식 우아함, 너무나 잘 지각되는 것, 누구나 간파할 수 있는 표준적인 것 또는 보편적인 것 등을 없애버려야 한다. 자기 자신 속에 다수파의 몰적인 속성을 표출하는 것은 모두 없애버려야 세상 모든 사람 되기를 이룰 수 있다. 세상 모든 사람 되기를 실행한 사람은 분자적인 것으로 고유하고 개체적인 자기 생성을 이룬 사람이다.

이 생성은 누구도 갖고 있지 않고, 누구에게도 없는 우주 속에 '유일한 것'이다. 그렇기에 세상 모든 사람 되기는 세계 만들기이고, 하나의 세계를 만드는 일이다. 하나의 세계를 만들기를 조금 구체적으로 살펴볼 필요가 있다. 우리는 몰적인 것을 없애버리고, 새로운 생성을 이룸으로써 세상 모든 사람 되기를 실현한다. 새로운 생성은 다수파의 몰적인 것에서 새로운 방향으로 나아가기 위한 것을 추상(절취)하여 하나의 추상적인 선을 만든다. 이 추상적인 선은 몰성에서 탈주하는 탈주의 선이다. 이 추상적인 선, 탈주의 선은 그 자체가 새로운 세계를 만들 수 없다. 탈주의 선이 새로운 세계를 만들기 위해서는 다른 추상적인 선들과의 접합접속이 필요하다. 이 다른 추상적인 선들은 외부에서 주어지는 것들이다. 세상 모든 사람 되기의 세계 만들기에는 '모든 사람 되기'를 이룬 다른 사람이 함께해야 한다. 세상 모든 사람 되기를 위하여 모든 사람 되기를 이룬 사람들과 함께하는 일이 '세상 사람 되기'이다. 세상 사람 되기는 하나의 세계를 만들기 위하여 지각 불가능하게-되기를 실행한 사람과 함께하는 일이다.

> 그 물고기는 중국의 문인화가와도 같다. 모방적이지 않고 구조적이지도 않으며, 우주적이라는 점에서. 프랑수아 첑이 밝힌 바에 따르면, 문인화가는 유사성을 추구하지 않으며 '기하학적 비례'를 계산하지도 않는다. 문인화가는 자연의 본질을 이루는 선과 운동만을 지니고 있다가 뽑아낸다. 이어지거나 겹쳐진 '선(traits)'만을 가지고 진행하는 것이다. 바로 이런 의미에서 세상 모든 사람 되기는, 세계를 생성으로 만들기란 곧 세계 만들기, 하나의 세계 또는 여러 세계 만들기이며, 다시 말해 자신의 근방역과 식별 불가능성의 지대를 찾기이다. 추상적인 기계인 <우주>, 그리고 이를 실행하는 구체적인 배치물인 각각의 세계. 다른 선들과 연속되고 결합되는 하나나 여러 개 추상적인 선으로 환원되고, 그리하여 마침내 무매개적으로 직접 하나의 세계를 생산하기. 이 세계에서는 세계 그 자체가 생성되고 우리는 세상 모든 사람이 된다.(김재인 역, 2003: 530-531)

위 인용문의 내용은, 세상 사람 되기를 이룬 예이다. 이 예에서는 중국의 문인화가를 예로 들고 있다. 세상 사람 되기를 이룬 중국 문인화가가 그린 물고기 그림에는 하나의 세계 만들기가 내재한다. 문인화가의 그림은 전문화가의 그림과는 다른 그림의 세계가 내재한다. 그렇기에 중국의 미술에서는 문인화를 따로 분류한다. 문인화는 일반적인 그림의 표현 방법과는 다른 방법, 자연의 본질을 이루는 선과 운동만 뽑아낸 선들만으로 표현한다. 이 미술 표현의 세계는 하나의 세계 만들기이고, 문인화가마다 세계 만들기를 실현한다. 이 세계 만들기는 다른 화가가 함께할 수 있는 근방역을 이루고 있으나 아무나 이를 수 없는 식별 불가능의 지대를 형성한다. 문인화가들은 각자가 근방역 내에서 하나의 세계를 생성하면서 세상 모든 사람이 된다. 즉 세상 사람이 된다.

3. 공존적 읽기

공존은 다름을 알고 존중하여 함께함이다. 읽기의 공존은 독자에 의하여 실현된다. 독자는 텍스트의 다름을 알고 존중해야 한다. 또한 독자는 텍스트를 통하여 다름을 생성해야 한다. 더 나아가 다른 독자가 생성한 다름을 알고 함께해야 한다. 다른 독자의 다름을 통해서도 독자는 다름을 생성해야 한다. 이로써 독자는 지각 불가능하게-되기와 사이-존재를 실현하고, 공존할 수 있다. 독자의 공존은 사이-존재인 세상 사람 되기의 실현이다. 텍스트와 다른 독자는 독자의 공존의 협력자이다. 독자의 이들과의 공존은 새로운 세계 만들기를 반복하게 된다. 이를 통하여 독자는 공존적 읽기를 실행할 수 있다.

가. 텍스트의 다름 포착하기

독자의 공존을 위한 토대는 텍스트에 있다. 각 텍스트는 그 내용의 다름을 가지고 있다. 텍스트에는 특개성이 내재해 있다. 한 편의 시에도, 소설에도, 수필에도, 논문에도, 책에도 특개성이 내재한다. 한 폭의 그림에도, 한 곡의 노래에도, 한 편의 영화에도 특개성은 내재한다. 사실 독자는 텍스트를 읽을 수는 있지만 텍스트를 만들지 못한다. 텍스트의 내용을 이해할 수 있지만 텍스트와 같은 내용을 만들지 못한다. 독자가 내용을 만들 수 있는 텍스트에는 다름이 없다. 다름이 내재하지 않은 텍스트를 독자는 읽지 않는다. 독자가 읽는 텍스트에는 다름이 내재한다. 독자가 이 다름을 포착했을 때 공존은 시작된다.

인칭, 주체, 사물 또는 실체의 양태와는 전혀 상이한 개체화의 양태가 있다.

우리는 그것에 <이것임>이라는 이름을 마련해 놓았다. 어느 계절, 어느 겨울, 어느 여름, 어느 시각, 어느 날짜 등은 사물이나 주체가 갖는 개체성과는 다르지만 나름대로 완전한, 무엇 하나 결핍된 것이 없는 개체성을 갖고 있다. 이것들이 <이것임>들이다. 여기에서 모든 것은 분자들이나 입자들 간의 운동과 정지의 관계이며, 모든 것은 변용시키고 변용되는 권력이라는 의미에서 말이다. 귀신 연구는 국지적 운동과 변용태의 운송 등 악마의 기예를 자세히 설명할 때는 언제나, 동시에 비, 우박, 바람, 그리고 이런 운송에 유리하게 작용하는 대기, 즉 유독한 입자들이 가진 악취를 풍기거나 오염된 대기의 중요성을 지적한다. 콩트들은 단순한 장소 설정뿐만 아니라 그 자체로 타당하며 사물들과 주체들의 변신을 실행하는 구체적인 개체화인 <이것임>을 포함하고 있어야 한다.(김재인 역, 2003: 494)

위 인용은 특개성(이것임)에 대한 들뢰즈와 과타리의 설명이다. 특개성은 인칭, 주체, 사물 또는 실체의 양태(樣態, 사물이 존재하는 모양이나 형편)와는 전혀 상이한 개체화의 양태이다. 특개성은 인식자, 인식주체, 인식 대상, 대상 실체와는 전혀 다른 개체[8]화를 이룬 모양이나 형편이다. 특개성은 어느 한 시점의 사물이나 주체가 갖는 개체성과는 다른 것이다. 여름 아침에 활짝 핀 무궁화꽃(사물)이나, 국어 수업에 열중하고 있는 교사의 의식(주체)은 개별적인 특성이 있지만 특개성은 아니다. "기죽지 말고 살아봐/ 꽃 피워봐/ 참 좋아"(나태주, <풀꽃3> 전문)을 보면, 풀꽃의 개체화의 양태를 표현하고 있다. 이 시는 '나름대로 완전한, 무엇하나 결핍된 것이 없는 개체성을 갖고' 있다.

8 ① 전체나 집단에 상대하여 하나하나의 낱개를 이르는 말. ② (생명) 하나의 독립된 생물체. 살아가는 데에 필요한 독립적인 기능을 갖고 있다. ③ (철학) 단일하고 독립적인 통일적 존재. 철학 사상의 발전 과정에서 이 통일성은 물질적·양적 측면, 또는 정신적·질적 측면 따위의 여러 관점에서 고찰되었다. ≒개물.[표준국어대사전]

시인은 풀꽃을 보고, 우리네 삶의 본질을 풀꽃 속에서 포착하고 있다. 특개성이다. 이 시에서 꽃을 이루는 분자들이나 입자들 간의 운동과 정지의 관계들은 우리네 삶을 이루는 분자들이나 입자들 간의 운동과 정지의 관계들로 변용되고 있다. 이 변용은 자연적인 것이기보다는 시인에 의하여 인위적이고 강제적인 방식으로 변용을 이루고 있다. 변용의 작용이 그렇게 일어나게 된 것에는 시인의 권력이 관여하고 있다. 특개성에는 변용 작용과 그 변용 작용이 일어날 수 있게 하는 강제력 즉, 권력이 작용한다.

특개성이 존재할 수 있게 하는 양태를 귀신 연구를 예로 구체화해 볼 수 있다. 우리가 귀신을 포착하기 위해서는 귀신이 나타날 수 있는 특별한 장소(국지적 운동)의 조건이 마련되어야 하고, 귀신이 특정한 모습을 하고 출현함을 감지할 수 있는 감응(변용태)의 조건이 갖추어져야 한다. 또한 귀신이 재주나 재간(기예)을 부릴 수 있는 시공간의 조건과 상황의 조건이 마련되어야 한다. 으슥한 장소이고 불길한 한밤중이고, 비와 우박이 내리고 바람이 불며, 고약한 악취가 풍기며 으스스하고 서늘한 기운이 감돌아야 한다. 이런 조건 속에서 특별한 존재인 귀신(특개성)을 포착할 수 있다. 이러한 조건을 갖추어 특개성을 잘 포착할 수 있는 텍스트가 콩트이다. 한 편의 콩트는 귀신 연구가 귀신을 포착할 수 있게 조건을 구체화한 것처럼 특개성(<이것임>)을 포착할 수 있게 하는 형식을 갖추고 있다. 사실 모든 텍스트는 특개성을 포함하고 있다.[9]

---

9 여러 유형의 문명 중에서, 동양은 주체성이나 실체성에 근거한 개체화보다는 <이것임>에 의한 개체화를 더 많이 가지고 있다. 예컨대 하이쿠(俳句)는 복합적인 개체를 구성하는 유동적인 선들만큼이나 많은 표지들을 포함하고 있어야만 한다. 샬럿 브론테(Charlotte Brontë)의 작품에서는 사물도, 인간도, 얼굴도, 사랑도, 말도, 모두 바람의 용어로 되어 있다. 로르카(Lorca)의 '오후 다섯 시'는 바로 사랑이 패하고 파시즘이 머리를 드는 때였다. 오후 다섯 시, 얼마나 무시무시한 시간인가! 사람들은 <굉장한 이야기로군!>, <웬 무더위람!>, <사는 게 원!>이라고 말할 때 아주 특별한 개체화를 가르키는 것이다. 로렌스나 포그

> 모든 생성은 이미 분자적이다. 생성은 무엇인가를 또는 누군가를 모방하거나 그것들과 동일해지는 것이 아니다. 생성은 형식적 관계들의 비율을 맞추는 것도 아니다. 주체의 모방이나 형식의 비밀 관계라는 유비의 두 가지 형태 모두 생성에는 어울리지 않는다. 생성은 누군가가 가진 형식들, 누군가에게 속해 있는 주체, 누군가가 소유하고 있는 기관들, 또 누군가가 수행하고 있는 기능들에서 시작해서 입자들을 추출하는 일이다. 그리고 우리는 이 입자들 사이에 운동과 정지, 빠름과 느림의 관계들을, 누군가가 지금 되려고 하는 것에 가장 **가까우며** 그것들을 통해 누군가가 생성하는 그런 관계들을 새로이 만들어 낸다. 바로 이런 의미에서, 생성은 욕망의 과정이다. 이 근접성(proximité) 또는 근사성(approximation)의 원리는 아주 특별한 것으로, 이것은 그 어떤 유비도 다시 끌어들이지 않는다. 이 원리는 가능한 한 가장 엄밀하게 어떤 입자의 근방역(近傍域) 또는 공동-현존의 지대를 가리키며, 어떤 입자든지 이 지대에 들어올 때 취하게 되는 운동을 가리킨다.(김재인 역, 2003: 517)

독자가 텍스트의 특개성을 포착하는 일은 아무 때나 일어나는 것은 아니다. 독자가 텍스트를 읽고 다름인 특개성을 포착하기 위해서는, 특개성을 포착할 수 있는 자기 생성이 필요하다. 읽기에서 독자의 자기 생성은 분자적이다. 독자 전체(몰)가 새롭게 생성되는 것이 아니라 특정한 요소(분자)를

너가 그리는 하루의 어느 시간대, 열의 정도, 흰색의 강도는 완벽한 개체성이다. 열의 정도가 다른 정도와 합성되어 위도를 이루어 새로운 개체를 형성하는 경우도 있다. 어떤 물체가 경도에 따라 이곳은 차갑고 저곳은 뜨거운 것처럼 말이다. 노르웨이 오믈렛. 열의 정도가 흰 색의 강조와 합성될 수도 있다. 뜨거운 여름의 흰 대기처럼. 순간의 개체성이 항상성과 지속성을 가진 개체성과 대립하는 것은 결코 아니다. 물론 여기서 문제가 되는 것이 동일한 시간은 아니지만 어떤 동물은 기껏해야 하루나 한 시간 이상은 살지 못한다. 이와 반대로 몇 년의 세월이 가장 오래 지속할 수 있는 주체나 객체보다 길 수도 있다. <이것임>들 사이에서, 또 주체들이나 사물들 사이에서 균등한 추상적인 시간을 착상해 볼 수도 있을 것이다.(김재인 역, 2003: 494-495)

생성하는 일이다. 독자가 텍스트에 내재한 다름인 특개성을 포착하기 위해 생성해야 할 요소는 단일하지 않다. 감각일 수도 있고, 감정일 수도 있으며, 인식 방식일 수도 있다. 사유 방식이나 논리이거나 판단력일 수도 있다. 텍스트에 따라 달라진다. 이 생성은 형식적 관계이거나 모방, 유비(유추)가 아니다. 생성은 누군가 가진 형식, 주체, 기관, 기능들이 가진 입자들을 내 안에서 생성해 내는 것이다. 텍스트의 특개성을 포착하는 데 필요한 입자들을 독자 안에서 추출해 지니는 것이 생성이다. 독자가 생성한 입자들이 텍스트의 특개성의 분자들이나 입자들이 하는 운동과 정지, 빠름과 느림에 가까울 때 특개성을 포착할 수 있다. 그렇기에 독자의 생성은 욕망의 과정이고, 생성한 입자들이 특개성의 입자들과 근접성이나 근사성을 이루는 원리를 갖추어야 한다. 이 원리들이 근방역 또는 공동-현존지대를 이룬다. 독자가 생성한 입자가 텍스트의 특개성을 구성하는 입자들과 근방역 또는 공동-현존지대를 이룰 때, 특개성을 포착할 수 있다. 또한 공동 현존지대에 머물며 공존할 수 있다.

나. 독자의 다름 생성하기

독자의 공존은 자기 생성을 필요로 한다. 독자가 텍스트의 특개성 포착만으로는 공존은 이루어지지 않는다. 독자가 텍스트와 다름을 알고 존중한다고 공존할 수 없다. 독자가 텍스트와 공존하기 위해서는 텍스트의 특개성과 대비되는 독자의 고유한 특개성이 있어야 한다. 독자에게 독자만의 지각 불가능하게-되기를 이루게 하는 다름이 없다면 독자는 텍스트에 종속된다. 이는 공존일 수 없다. 독자는 자기의 특개성으로 다름을 만들어야 한다. 독자는 텍스트의 근방역이나 공동-현존지대를 공유한다고 공존할 수 없다. 근방역이나 공동-현존지대에는 독자의 특개성이 없다. 독자가 텍스트와 공존할 수 있는 조건은 만들지만, 공존하게 하지는 못한다. 독자가 텍스트와 공존하기 위해서는 독자가 텍스트를 읽고 실행하는 지각-불가능하게-되기가 필요하다.

> 그러므로 한편에는 사물과 사람 유형을 한 형상화된 주체가 있고, 다른 한편에는 <이것임> 유형을 한 시공간적 좌표가 있는 것처럼 생각하는 매우 단순한 타협은 피해야만 할 것이다. 왜냐하면 당신이 <이것임>의 존재를 인정하게 되면, 당신 자신이 <이것임>이고 그 이외 어떤 것도 아니라는 것을 알아채게 될 것이기 때문이다. 얼굴이 <이것임>이 될 때, "이것은 기묘한 혼합물이었으며, 현재 순간, 그때의 날씨, 거기 있는 사람들과 타협하기 위한 수단을 발견한 누군가의 얼굴이었다."[10] 당신들은 경도와 위도이며, 형식을 부여받지 않은 입자들 간의 빠름과 느림의 집합이며, 주체화되지 않는 변용태들의 집합이다. 당신들은 어느 날, 어느 계절, 어느 해, **어느 삶**(une vie) 등의 개체화를 가지고 있으며(이것은 지속과 무관하다) 또한 어느 기후, 어느 바람, 어느 안개, 떼, 무리 등의 개체화를 가지고 있다(이것은 규칙성과 무관하다). 아니면 적어도 당신들은 그러한 개체화를 가질 수 있으며, 그러한 개체화에 도달할 수 있다.(김재인 역, 2003: 496-497)

특개성(<이것임>)은 텍스트나 독자 외부에만 존재하는 것이 아니다. 독자 내부, 즉 독자 자신도 특개성을 이룰 수 있다. 사물의 본성이나 사람의 형상화된 주체가 있고, 이들과는 다른 어떤 것으로 특개성이 존재하다고 생각하는 것은 옳지 않다. 독자 자신에게 있는 개체적인 특별함을 특개성으로 인정하

10 Ray Bredbury(1964), The Machineries of Joy(기쁨의 기계)(단편소설집), 53쪽(김재인 역, 2003: 497)

게 되면, 독자 스스로가 특개성이 될 수도 있다. 독자가 텍스트를 읽다가 텍스트 내용과의 관계 속에서 특별한 자기만의 의식을 생성해 가질 수 있다. 독자로서뿐 아니라 일상생활의 여러 상황 속에서 특개성을 가질 수 있다. 시인의 시작(詩作) 활동, 문인화가의 필세(筆勢), 무용수의 동작, 연기자의 표정, 곡예사의 몸 등에서 특개성의 조성을 확인할 수 있다. 레이 브래드버리(Ray Bredbury(1964))는 특개성을 지닌 얼굴에 대하여 "이것은 기묘한 혼합물이었으며, 현재 순간, 그때의 날씨, 거기 있는 사람들과 타협하기 위한 수단을 발견한 누군가의 얼굴이었다"로 표현한다. 사실 우리는 생활의 다양한 순간들에서 특개성을 조성한다. 교사는 수업에서, 연구자는 실험실이나 강의실에서, 각자의 일터에서 특정 상황(경도와 위도)에서 형식을 부여받지 않은 특별한 입자들이 운동과 정지, 빠름과 느림으로 특별한 감응들의 집합을 이루는 경우가 있다. 각자의 과업 수행 상황에서, 독자는 읽기 상황에서 개체화를 이루어 특개성을 조성한다.

솔이 솔이라 하니 무슨 솔만 여기는다
천심절벽(千尋絶壁)에 낙락장송(落落長松) 내 그로다
길 아래 초동의 접낫이냐 걸어 볼 줄 이시랴.

—송이(松伊), 시조 전문

오를 수 없는 산 하나쯤은 있어 줘야 살맛이지
그 산을 품고 사는 가슴이어야 사랑이지
사랑도 그 산에다가 강(江)울음 바쳐야 절창(絶唱)이지.

—유안진, <편견> 전문

위의 첫 시조는 송이(松伊)의 작품이다. 송이는 조선 중기 기녀이다. 위

시조는 기녀인 송이가 특정한 상황 속에서 자기 존재를 규정한 표현이다.[11] 송이는 자신이 아무나 함부로 넘볼 수 없는 사람임을 강조하고 있다. 시의 내용보다는 특정 상황에서 이런 시적 표현을 할 수 있는 송이의 의식과 행동이 특개성이라 할 수 있다. 재치 있게 자기를 드러내며 자신의 시적 표현 능력을 활용하여 지나침이 없는 자기 과시를 한다. 시를 지을 당시 함께한 사람들이나 지금 시를 읽는 독자는 송이의 특별함에 공감한다. 시를 짓던 상황을 벗어난 지금도 시 속에서 그의 특별함과 자존감과 풍류감 있는 의식 작용의 개체성을 포착할 수 있다. 두 번째 <편견>은 유안진(1941~)의 현대 시조이다. 이 시조의 제목이 '편견'이다. 제목으로 보면, 시의 내용이 균형을 이루지 못하고 한쪽으로 치우친 생각이라는 것이다. 시의 내용은, '이루기 어려운 큰 꿈 하나를 품고 사는 삶, 그 삶을 사는 것이 사랑이고, 그 큰 꿈에 걸맞은 일을 해내는 것이, 그 삶에 대한 사랑의 실현이다'라는 것이다. 시인의 큰 산이 시 창작일 수 있고, 그 시작(詩作)에 대한 시인의 인식은 특개성을 조성한다. 시를 쓰면서 좋은 시를 쓰고 싶은 시에 대한 뜨거운 열정이 특개성으로 다가온다.

우리는 여성-되기와 불가분의 관계에 있는 이러한 양상들을 먼저 다른 것과 관련해서 이해되어야 한다는 점을 말하고 싶을 뿐이다. 즉, 여성의 모습을 모방

11 해주 선비 박준한(朴俊漢)이 과거시험을 보러 한양에 가다가 강화에 머무른 적이 있었다고 한다. 객사에 머무는 동안 주모로부터 송이라는 뛰어난 기생이 있다는 말을 듣고 호기심에서 그를 불러 술자리를 함께했고, 얼큰하게 취한 박준한 앞에서 송이는 재능을 한껏 발휘했을 것이다. 자기는 '절벽 위에 우뚝 선 푸르고 곧은 소나무'와 같아 웬만한 자들이 감히 넘볼 수 없다는 태도에서 오만할 정도의 자부심을 읽을 수 있다. 물론 기생이라고 해서 아무에게나 정조를 바칠 수 없다는 신분적 저항감이나 사회적 불만의 노정도 배제할 수는 없을 것이다. 그러나 자신의 직업이나 처지로부터 나오는 상대적인 인식에서 나아가 인간 본연의 정신적 성취감에서 우러나오는 절대적 자아의식의 발로로 봐야 할 것이다.(이화영, 2011: 171)

하거나 띠는 것이 아니라 운동과 정지의 관계로 또는 미시-여성성의 근방역으로 들어가는 입자들을 방출하는 것, 말하자면 우리 자신 안에서 분자적인 여성성을 생산하고 분자적인 여성을 창조하는 것이 문제인 것이다. (중략) 여성의 고유한 글쓰기에 관한 질문을 받은 버지니아 울프는 '여성으로서' 쓴다는 생각만으로도 소름이 끼친다고 대답했다. 오히려 글쓰기는 여성-되기를, 즉 사회적 장 전체를 관통하고 침투하며, 남성들에게 전염시키고, 남성들도 여성-되기에 휘말려 들도록 만들 수 있는 여성성의 원자들을 생산해야만 한다. 매우 부드럽지만 또한 견고하고 끈질기고 환원 불가능하고 길들일 수 없는 입자들을. 영어 소설의 글쓰기에서 여성들이 등장함으로써 어떠한 남성도 가만히 있을 수 없게 되었다. 가령 로렌스 밀러 등 가장 남성적이고 가장 남성 우월적이라고 통하는 작가들도 여성들과의 근방역 또는 식별 불가능성의 지대에 들어가는 입자들을 끊임없이 포획하고 방출하고 있다.(김재인 역, 522-524)

독자의 자기 생성은 다양한 형태로 설명이 가능하다. 여성-되기도 그 한 예가 된다. 위 인용문에서는 보면, 우리의 여러 되기는 여성-되기와 관련되어 있고, 다른 것과 관련해서 여성-되기를 이해할 필요가 있다고 보고 있다. 여성-되기는 여성의 모습을 모방하거나 여성의 모습을 띠는 것이 아니다. 여성-되기는 되기 실행자가 자기 안에서 여성을 이루는 분자들이나 입자들의 운동과 정지 관계를 생성하는 것이다. 또는 여성성의 근방역을 이루고 있는 입자들을 생성하여 방출하는 것이다. 이는 여성-되기를 실행하는 사람이 자기 안에 여성성을 이루는 분자(또는 입자)들을 생성하여 분자적인 여성을 창조하는 것이다. 독자의 자기 생성은 텍스트와의 관계에서 되기를 실행하는 문제이다. 이때 독자는 텍스트에서 되기를 실행한 대상을 정해야 한다. 그리고 그 대상의 본질을 이루는 분자들이나 입자들의 운동과 정지 관계를 같이 하는 분자들이나 입자들을 자기 안에서 생성해야 한다.

버지니아 울프는 여성-되기의 대표적인 작가이다. 울프의 말에 따르면, 여성의 고유한 글쓰기는 여성으로써 쓰는 것이 아니라는 것이다. 글쓰기는 여성-되기를 실현하여 생성한 여성성으로 글을 쓴다는 것이다. 울프가 생성한 여성성은 일반적이고 보편적인 여성성이 아니라 고유하고 개체적인 여성성이다. 사회적 장 전체를 관통하여 침투하는 강력한 여성성이고, 남성들에게 전염시키고, 남성들도 여성-되기에 휘말리도록 만들 수 있는 여성성의 분자나 입자들을 만드는 것이다. 이들 여성성의 분자나 입자들은 견고하고 끈질기고 환원 불가능하고 길들일 수 없는 것들이다. 울프의 여성성의 글쓰기는 남성 작가들도 여성성의 근방역 또는 식별 불가능성의 지대에 들어가 여성성의 분자와 입자를 포획하여 방출하도록 하고 있다. 우리 한국 문학사에서도 황진이, 매창, 허난설헌 등이 생성한 여성성의 글쓰기는 김소월, 김영랑, 한용운 등으로 이어졌다. 여성-되기의 여성성의 생성은 보편적인 여성성이나 평균적인 여성성이 아니다. 고유하고 견고하고 모두에게 통용되는 개체적인 여성성의 생성이다.

> 모든 되기는 여성-되기를 통해 시작하며 여성-되기를 지나간다고 말해야 할 것이다. 여성-되기는 다른 모든 되기의 열쇠이다. 전사가 여성으로 변장하는 것, 전사가 소녀로 변장한 채 도주하는 것, 전사가 소녀의 모습을 빌어 몸을 숨기는 것 등은 그의 경력에서 순간적으로 치욕적인 우발적 사건이 아니다. 몸을 숨기고 위장하는 것은 전사의 기능인 것이다. 도주선은 적을 유인하고, 무언가를 가로지르며, 적이 가로지른 것을 도주시킨다. 전사가 등장하는 것은 도주선의 무한에서이다.(김재인 역, 2003: 526)

모든 되기는 삶의 과업과 관련된다. 모든 되기가 여성-되기를 통해 시작되지만 그 되기의 열쇠는 삶의 문제와 직결되어 있다. 전사가 여성-되기를 실행하는 것은 절대적인 필요에 의해서 실행하는 것이다. 전장에서 여성으로 변장하는 것, 소녀로 변장해 도주하는 것, 소녀의 모습으로 몸을 숨기는 여성-되기는 삶의 절실함에서 이루어지는 것이다. 그렇기에 되기는 모방하거나 흉내 내는 일이 될 수 없다. 전사가 여성-되기를 실행하는 것은 치욕스러운 우발적인 것이 아니라 절대적인 필요에 의해 당당하게 이루어지는 일이다. 전사가 여성-되기로 몸을 숨기고 위장하는 일은 전사가 반드시 해야 할 기능이다. 전사는 여성-되기를 실현함으로써 전쟁을 수행하기 위한 군인이 되어 적군을 물리치게 된다. 전사는 전투의 필요에 따라 다양한 되기를 실현해야 한다. 이로 볼 때, 독자의 자기 생성도 전사와 마찬가지이다. 자기 삶의 과업에서 필요에 의해 되기를 실행하는 것이다. 독자가 연결접속한 텍스트의 내용에 맞게 되기를 실현해야 한다. 독자가 실현해야 할 되기의 종류나 형식은 독자의 과제나 과업에 달려있다. 텍스트의 특개성을 포착하여, 자기의 것일 수밖에 없는 특개성을 조성한다. 독자의 삶의 과업과 관련된 근방역으로 들어가는 분자나 입자를 생성하는 되기를 실현한다.

다. 다른 독자의 다름 존중하기

독자의 공존은 다른 독자와 함께할 때 완성된다. 독자의 텍스트와의 공존은 다른 독자와의 공존이 전제된다. 독자가 실행하는 공존의 본질은 다른 독자와 함께하는 것이다. 텍스트와의 공존을 통한 새로운 자기 생성은 다른 독자와의 공존으로 그 방향성을 갖게 된다. 독자는 텍스트를 통하여 이상적인 자기 생성을 이룰 수 있다. 이 이상적 자기 생성은 다른 독자와 함께하면서, 다른 독자와 함께하기 위해서 현실적인 것이 된다. 독자의 텍스트와의 공존은 무한히 열린 세계 만들기를 할 수 있다. 이 세계 만들기는 다른 독자와의 공존을 통하여 제한되거나 확장되고, 정교화되고 구체화된다. 다른 독자와의 공존은 다른 독자의 다름을 알고, 존중하고, 함께함으로써 이루어진다. 다른 독자의 다름을 아는 방법은 텍스트의 다름을 아는 방법과 크게 다르지는 않다. 다만 다른 독자의 다름은 현실적이고 실제적인 속성을 가진다.

> 우리는 모두 저녁 다섯 시 또는 다른 시간, 또는 차라리 동시에 이 두 시각, 최상과 최악, 정오와 자정이다. 물론 이것들은 다양한 방식으로 분배된다. 고른 판은 서로 교차하는 선들에 따라 조성되는 <이것임>들만 담고 있다. 형식과 주체는 이 세계와는 무관하다. 버지니아 울프는 군중 속을, 택시들 사이를 산책한다. 하지만 이 산책이 바로 하나의 <이것임>이다. 댈러웨이 부인은 다시는 "나는 이렇고 저래, 그는 이렇고 저래"라고 말하지 않을 것이다. 그리고 "그녀는 자신이 매우 젊다고 느꼈다. 동시에 말할 수 없이 나이를 먹었다고", 빠르며 동시에 느리고, 이미 와 있고 동시에 아직 와 있지 않다고 느꼈다. "그녀는 칼같이 만사를 꿰뚫어 보고 있었다. 동시에 그녀는 바깥을 관찰하고 있었다. (……) 단 하루일지언정, 산다는 거 아주 위험한 일이야. 그녀는 항상 그렇게 느꼈던 것이다. <이것임>, 안개, 그리고 강한 빛. <이것임>은 시작도 끝도 기원도 목적도 없다. 그것은 언제나 중간에 있다. 그것은 점들이 아니라 선들로 이루어져 있다. 그것은 리좀인 것이다.(김재인 역, 2003: 498-499)

우리에게는 각자의 삶이 있다. 이 삶 속에서 특개성을 갖는다. 그 특개성은 어떤 때에는 저녁 다섯 시에, 또 다른 시간에, 다른 사람과 동시에 또는 시차를 두고, 최상으로 또는 최악으로, 정오일 때 또는 자정일 때도 있다. 특개성은 다양한 방식으로 분배된다. 특정 시간과 상황에서 일관성의 구도가 작동하면 관련된 여러 선이 작용하여 특개성을 조성한다. 특개성의 조성은 특정 형식이나 행동 주체가 단독으로 실행하는 것이 아니다. 버지니아 울프가 쓴 소설 「댈러웨이 부인」은 댈러웨이 부인의 하루 동안의 나들이 이야기를 다룬다. 댈러웨이 부인의 의식 속에서 생겨나는 의식들의 흐름과 그 의식 속 타인들은 모두 각자의 삶을 산다. 각자의 생활과 삶들은 특개성을 가진다. 각자의 생활 속에서 특개성은 시작도 끝도 기원도 목적도 없다. 언제나 중간을 지나는 선들이고, 리좀이다.

<강보(襁褓)에 싸인 두 병정(兵丁), 모순과 담에게>

너희도 만일 피가 있고 뼈가 있다면 반드시 조선을 위해 용감한 투사가 되어라. 태극의 깃발을 높이 드날리고 나의 빈 무덤 앞에 찾아와 한 잔의 술을 부어놓아라. 그리고 너희들은 아비 없음을 슬퍼하지 말아라. 사랑하는 어머니가 있으니. 어머니의 교양으로 성공자를 동서양 역사상 보건대 동양으로 문학가 맹자가 있고, 서양으로 불란서 혁명가 나폴레옹이 있고, 미국에 발명가 에디슨이 있다. 바라건대 너희 어머니는 그의 어머니가 되고, 너희들은 그 사람이 되어라.

—윤봉길 의사(義士)의 <유언(遺言)>

이 인용문은 윤봉길 의사의 유언이다. 유언은 사람이 죽기 직전에 남기는 말이다. 윤봉길 의사의 유언은 두 아들에게 남기는 편지 형식으로 되어 있다. 이 내용은 두 어린 아들에게 조국을 위한 투사가 되라고 명한다. 자식된 도리로 아버지를 기억하라고 한다. 그리고 어머니의 가르침으로 훌륭한 인물이 된 맹자, 나폴레옹, 에디슨과 같은 세상을 이롭게 하는 성공자가 되라는 당부한다. 이 유언을 써야 하는 상황에서 보면, 나라를 위한 독립투사의 선, 사형 집행을 앞둔 의사(義士) 결기의 선, 개인적인 욕망의 선, 조국에 대한 애국심의 선, 아내와 어린 자녀들에게 기대와 당부의 선 등의 여러 선이 교차하고 있다. 이들 선이 유서를 쓰는 윤봉길 의사의 특개성을 조성한다. 이 특개성은 윤봉길 자신이 편지를 쓰는 순간, 자신에게 드리우는 비장감에서 조성된다. 그렇기에 어린 자녀에게 엄중한 당부의 내용을 담담하면서 설득력 있게 썼다. 윤봉길 의사가 자식들에게 비장한 유언을 쓸 때의 특개성은 이 유언을 읽는 이도 인식할 수 있다.

> 로장스틸과 프티토는 이 중심화된 체계에 중심 없는 체계, 유한한 자동장치들의 그물망을 대립시킨다. (중략) 전쟁기계나 <화기 부대>의 문제는 다음과 같다. n명의 개인들이 일제히 발포하도록 하기 위해서 꼭 장군이 필요한가? 유한한 수의 상태들과 그에 상응하는 속도의 신호들을 포함하는 중심 없는 다양체에서는 전쟁 리좀이나 게릴라 논리의 관점에서 <장군>을 갖지 않는 해결책을 찾을 수 있다. 중앙의 명령(=질서)의 사본이나 복사물은 없는 것이다. 저자들은 심지어 기계적 배치물이나 기계 사회인 그러한 다양체는 중심화하고 통일화하는 모든 자동장치를 '반사회적인 침입자'로 거부한다는 것까지도 증명한다. 따라서 n은 언제나 n-1이다. 중심과 중심 없음의 대립은 중심이 있는 사물과 중심 없는 사물의 대립이 아니라 각각의 사물에 적용되는 계산 양식 간의 대립이라고 로장스틸과 프티토는 강조한다.(김재인 역, 2003: 39-40)

특개성은 개체성과 관련된다. 중심화된 체계의 전체성이나 통일성을 강조하는 조건에서는 특개성은 조성될 수 없다. 전체성, 보편성, 통일성, 몰성이 강조되면 개체성이 내재한 특개성은 은폐되고, 배제된다. n명이 각자가 특개성의 조성할 수 있게 하기 위해서는 일자(一者)는 필요치 않다. 특개성은 중심이 없는 체계 또는 다양체의 실현으로 이루어진다. 그렇기에 다양체의 실현이 전체성이나 보편성이 아닌 개체성을 갖게 하기 위해서는 일자를 갖지 않아야 한다. 특개성에는 전체성을 위한 중앙의 명령을 내리는 일자가 내재하지 않는다. 즉 누구나 특개성을 조성하고 드러낼 수 있다. 로장스틸과 프티토는, 내용인 기계적 배치물은 물론 접속 대상에 따라 다르게 실현되는 다양체도, 중심성 또는 통일성을 '반사회적인 침입자'로 거부해야 한다고 강조한다. 특개성을 이루는 개인은 언제나 중심성, 전체성이 없는 n-1이다. 이 특개성은 누구에게 조성될 수 있다.

독자는 다른 독자의 특개성과 함께해야 한다. 모든 독자는 특개성을 조성할 수 있다. 같은 텍스트를 읽더라도 각자의 특개성을 조성할 수 있다. 각 독자는 각자의 생활이나 삶 속에서 특개성을 조성한다. 각 독자는 다름을 가지고 있는 것이다. 독자는 다른 독자의 특개성, 즉 다름을 알고, 인정하고 존중해야 한다. 이는 독자에게 새로운 특개성을 조성할 수 있게 한다. 독자는 다른 독자의 특개성을 존중하고 함께할 때, 자기의 다름을 만들어 갈 수 있다. 이는 독자가 사이-존재가 될 수 있게 하는 또 하나의 양식이다. 독자는 다른 독자와 공존함으로써 계속 사이-존재로 남아 있을 수 있게 된다.

4. 공존적 읽기 교육

공존적 읽기 교육은 독자가 공존적 읽기를 실행할 수 있도록 한다. 공존은 독자가 어느 한 시간이나 공간에 머물러 있는 것이 아니다. 사이-존재로서 끊임없이 새로운 자기 생성으로 지각 불가능하게-되기를 실행하는 일이다. 그러기 위하여 텍스트의 특개성을 포착하여 텍스트와 공존하고, 다른 독자의 특개성을 포착하여 공존하는 일이다. 이 독자의 공존은 자연적으로 일어나는 일이 아니다. 공존을 이해하고 의지적으로 실천할 때 이루어진다. 이를 위해서는 읽기에 대한 유목적 접근, 생성적 접근, 리좀적 접근을 토대로 공존적 접근을 실행할 수 있게 해야 한다. 독자의 공존은 읽기 교육에서 공존적 읽기를 위한 토대로 그 방법과 지향을 독자에게 알려줄 때 실행된다. 독자의 공존적 읽기를 위한 교육적 접근을 살펴보면 다음과 같다.

가. 유목적 접근

유목은 가축과 함께하는 삶이다. 유목민은 초원, 빙원, 사막 등에서 가축이 먹을 물과 풀을 찾아 떠돌며 산다. 고정된 거처가 없고, 찾아갈 장소도 정해져 있지 않다. 가축이 먹을 물과 풀이 있는 곳은 어디든 옮겨간다. 가축이 먹을 풀이 없어지면 바로 이동해야 한다. 이동은 수시로 이루어지기에 정착은 없다. 유목민은 가축과 함께 유랑하면 사는 사람들이다. 옮겨간 곳에 맞추어 살아야 한다. 마주한 환경은 바꾸거나 변경할 수 없다. 그 환경에 맞게 자신을 바꾸어야 산다. 유목민은 장소를 옮길 때마다 그 장소에 맞게 자기를 새롭게 생성해야 살아갈 수 있다. 지형을 익히고, 식생을 파악해야 한다. 물을 찾고, 쉴 곳을 마련해야 한다. 새롭게 생각하고 예전과는 다른 형태의 생활을 해야 한다. 유목민은 끊임없이 달라져야 의식주를 해결하고 삶을 유지할 수 있다.

들뢰즈와 과타리는『천개의 고원』(김재인 역, 2003) 12장에서 유목민의 생활에 토대를 둔 유목적 인식론[12]을 정립한다. 우리의 인식과 사유 방식은 물론 생활과 삶의 양식에서 유목민의 삶의 속성을 규정해 낸다. 우리의 사유와 생활에 유목민의 속성이 내재해 있다는 것이다. 마주한 현실에 맞게 끊임없이 새로운 자기 생성을 해야 한다는 것이다. 이에서 보면, 우리는 정착민이지만 사유와 삶에는 끊임없이 자기 생성을 해야 하는 유목민의 속성이 내재한다. 정착민인 우리도 사회환경의 변화에 맞게 자기 생성을 실천한다. 누구나 사회환경에 맞게 새로운 자기를 생성하며 산다. 물론 자기의 생성은 외부 대상이나 요인과의 관계 맺음 또는 연결접속을 통해 이루어진다. 우리가

---

12 (철학) 인식의 기원과 본질, 인식 과정의 형식과 방법 따위에 관하여 연구하는 철학의 한 부문. 예로부터 인식의 기원에 관하여는 경험론과 이성론(理性論), 그 대상에 관하여는 실재론과 관념론의 대립이 있었다. ≒지식론[표준국어대사전]

자신의 고유한 삶에 필요한 자기 생성을 하기 위해 연결접속하는 대상은 한정하기 어렵다. 변화하는 환경 속에서 대상을 선택하고 그 대상에 따라 자기 생성을 실현해야 한다. 변화하는 현실에 맞게 자기를 생성하는 일은 독자가 텍스트에 따라 자기를 생성하는 일과 닮아있다. 유목민이 환경에 맞게 자기를 생성하듯, 독자가 텍스트에 따라 자기 생성을 하는 읽기를 '유목적 읽기'라 할 수 있다.

유목적 읽기는 우리가 유목민의 속성을 가진 독자가 되어 텍스트와의 연결접속할 때 이루어진다. 독자가 유목적 읽기를 하기 위해서는 이에 대한 학습이 필요하다. 즉 유목적 읽기는 배워야 실행할 수 있다. 읽기 교육에서는 독자에게 공존을 위한 읽기의 토대가 되는 유목적 읽기를 알려주어야 한다. 유목민의 삶(유목적 삶)의 특성에 토대를 둔 읽기의 방법과 지향을 이해할 수 있게 해야 한다. 여기서는 유목적 읽기[13]의 방법보다는 유목적 삶의 속성을 토대로 유목적 읽기의 교육 방향을 살핀다. 이는 공존적 읽기의 토대가 되는 유목적 읽기를 교육하는 원리를 규정하는 일이다. 독자가 유목적 읽기를 실행하도록 하는 읽기 교육의 주요 원리를 유목적 삶의 특성을 토대로 검토한다.

> 유목민은 탈영토화의 벡터이다. 유목민은 끊임없이 행로나 방향을 바꾸는 일련의 국지적 조작을 통해 사막에 사막을, 스텝에 스텝을 첨가시켜 나간다. 사막은 소위 고정점으로서의 오아시스만이 아니라 국지적인 우량에 따라 이동하는 일시적인 리좀적 식물군도 포함하고 있는데, 바로 이것이 유목민들의 행로 변경을 규정한다. 모래 사막을 묘사하기 위한 이러한 용어들은 얼음 사막에도

13 유목적 읽기와 유목적 읽기 교육에 대한 구체적인 내용에 대한 논의는 김도남(2023b)을 참조할 수 있다.

똑같이 적용할 수 있다. 하늘과 땅을 나누는 어떠한 선이나 중간에 개재하는 거리도, 원근법이나 윤곽도 없다. 시계는 한정되어 있으나 그럼에도 불구하고 여러 지점이나 대상이 아니라 <이것임>들, 즉 온갖 관계의 다양한 집합(바람, 눈이나 모래의 파동, 모래의 노래, 얼음이 깨지는 소리, 모래와 빙원의 촉각적 질)을 기반으로 해서 성립하는 극히 섬세한 위상학이 존재한다. 이것은 시각적이라기보다는 오히려 음향적인 공간으로 촉각적으로 또는 오히려 '촉지적(haptique)' 공간이다. 방향의 가변성, 다성성은 리좀 유형의 매끈한 공간의 본질적인 특징으로서 이 공간의 지도를 끊임없이 바꾸어 나간다. 유목민과 유목 공간은 국지화되지만 제한되지는 않는다.(김재인 역, 2003: 733-734)

위 인용문은 유목민의 속성에 대한 들뢰즈와 과타리의 설명이다. 이 설명을 통해 유목적 읽기를 위한 교육의 주요 원리를 정리하면 다음과 같다. 첫째, 독자가 텍스트를 다름으로 마주하게 해야 한다. 유목민의 삶은 끊임없는 이동으로 이루어진다. 이동은 탈영토화가 일어나게 한다. 그렇기에 유목민은 탈영토화의 벡터[14]이다. 유목민은 끊임없이 행로나 방향을 바꾸어 이동한다. 이동 속에서 새로운 사막과 새로운 스텝을 마주한다. 이동의 과정에서 오아시스나 국지적으로 내리는 비가 행로의 변경을 결정하게 된다. 하늘과 땅을 나누는 어떠한 선이나 거리도 윤곽도 없다. 이런 곳에서는 어떤 것, 어떤 장소를 만나도 낯설다. 다름이다. 유목민은 이동은 늘 새로운 다름을 지닌 환경을 맞이한다. 독자도 마찬가지이다. 독자는 늘 새로운 다름이 내재한 텍스트를 맞이한다. 어떤 텍스트를 만나도 낯설고 다름이 있다. 텍스트의

14 ① (물리) 크기와 방향으로 정하여지는 양. 힘, 속도, 가속도 따위를 이것으로 나타내며 화살표로 표시한다. ② (심리) 방향적 행동을 일으키는 추진력. 개체 내부의 긴장에 의하여 생긴다.[표준국어대사전]

세계는 사막이나 초원 또는 빙원의 한 곳과 같다. 도서관의 서가를 떠올려 보면, 텍스트의 세계도 어떠한 선이나 거리나 윤곽을 정하기 어렵다. 독자가 읽기 위해 선택하는 텍스트는 언제나 낯설고 다름이 있어 새롭다. 독자가 선택한 텍스트는 유목민이 이동하여 맞이한 새로운 환경과 같다. 독자는 유목민이 새로운 환경에 대처하는 방식으로 텍스트에 대처해야 한다. 독자는 텍스트가 낯섦, 다름, 차이를 가지고 있음에 주목해야 한다. 읽기 교육에서는 독자와 텍스트의 이런 관계 맺음에 관심을 가져야 한다.

둘째, 독자가 텍스트에서 함께할 수 있는 특별함을 찾게 해야 한다. 유목민이 살아가는 환경을 거리도 윤곽도 없지만 유목민이 머무는 곳은 특별함이 존재한다. 유목민이 이동하면서 일시적으로 머무는 곳은 일상적인 사막이나 초원, 빙원의 한 곳이 아니다. 일시적이지만 머무는 곳에는 특별함이 있다. 이 특별함이 특개성(<이것임>)이다. 유목민이 머무는 곳에는 다양한 조건들이 어우러진 극히 섬세한 위상학이 존재한다. 바람, 습도, 분위기, 기온, 파동, 소리, 색깔, 수분, 모래의 성질, 식생(植生), 눈이나 얼음의 질 등이 머물 수 있는 조건을 만든다. 유목민은 이를 촉각적 질로 포착하여 머물 곳을 결정한다. 유목민이 머물 수 있는 곳은 머물기에 적합한 특개성이 조성되어 있는 곳이다. 유목민은 이곳의 특별함을 포착하여 일시적으로 머문다. 유목민은 머물 곳의 질적 조건을 결정한다. 머물 곳을 정한 유목민은 그곳의 맞게 삶을 펼친다. 집을 짓고, 물과 생활에 필요한 것을 구하고, 동물의 생활을 살핀다. 머물 곳의 환경적 특성을 파악하여 그 특성에 맞게 생활 방식을 조성한다. 머물 곳의 환경이 유목민 무엇을 어떻게 할지를 요구한다. 유목민은 그 요구에 맞는 생존 방식을 스스로 찾아낸다. 머물 곳의 환경 속에서 살 수 있는 자기를 생성한다. 머물 곳의 환경 속에서 생활할 수 있는 적합한 자기를 만드는 것이다. 유목민은 언제나 머물 곳의 환경에 자기를 맞춘다. 유목적 독자도 마찬가지이다. 유목적 독자는 텍스트에서 촉각적 질로 특개성을 포착해야 한다. 물론 텍스트를 읽을 수 있는 자기 생성이 선행해야 한다. 또한 텍스트와 함께 할 수 있는 자기 생성을 해야 한다. 독자는 자기 생성으로 텍스트와 함께할 수 있다. 유목민이 사막, 초원, 빙원에서 살아가듯 독자는 텍스트와 함께할 수 있어야 한다.

셋째, 독자가 텍스트를 촉지적으로 끊임없이 다르게 읽게 해야 한다. 유목민이 머물 곳의 특개성을 포착하는 것은 시각적인 능력이 아니다. 사막, 초원, 빙원은 다양한 요인들이 뒤섞인 음향적인 공간이기에 몸 전체로 느끼는 촉각적 감각을 활용해야 한다. 유목민이 머물 장소로 정한 곳은 동일하지 않다. 장소마다 다른 특성을 가지고 있다. 그렇기에 머물 곳의 특개성을 포착해 내는 것은 일반적 촉각이 아니다. 그 장소의 독특함을 지각할 수 있는 감각이 필요하다. 이를 '촉지적 감각(haptique)'이라고 한다. 유목민이 이동 중에 머물 곳은 촉지적 감각으로 특개성을 포착한 '촉지적 공간'이다. 이 공간은 정착민이 사는 도시와는 전혀 다른 특성을 갖는다. 기온, 바람, 비, 기온, 밤낮 등에 따라 끊임없이 변화하는 리좀 유형의 매끈한 공간이다. 그렇기에 유목민과 유목의 공간은 그 장소만의 특성을 가지는 국지화의 공간으로 특정 기준으로 제한하거나 규정할 수 없는 공간이다. 독자에겐 텍스트가 촉지적 공간을 제공한다. 독자의 의식이 특개성을 포착할 촉지적 공간이다. 독자는 그 공간에서 촉지적 감각을 이용하여 그 특별함을 포착해 내야 한다. 텍스트의 촉지적 공간도 방향의 가변성과 다성성이 내재해 있어 리좀 유형의 매끈한 공간이다. 이 텍스트 공간은 국지화는 되지만 제한되지 않는다. 독자는 텍스트의 각 부분에서 국지적 공간에서 촉지적 특개성을 포착해야 한다. 이 특개성으로 자기 생성도 이루어 내야 한다. 읽기 교육은 독자가 텍스트를 읽으며 이를 실현할 수 있게 도와야 한다.

나. 생성적 접근

생성은 되기(devenir)의 본질 속성이다. 생성은 우리를 새로운 존재가 되게 한다. 우리는 되기로 새로운 '나'를 가지며, 새로운 무언가를 할 수 있게 된다. '나'는 '자기-되기'를 함으로써 나를 생성해 가질 수 있다. '나'는 아이-되기, 여성-되기, 놀이자-되기, 학습자-되기, 분자-되기, 동물-되기, 지각 불가능하게-되기, 강렬하게-되기 등의 다양한 되기를 통하여 '나'로 존재한다. '나'가 어떤 '나'일 수 있는 것은 되기의 결과이다. 되기를 실현하지 않고 '나'를 이루고 있는 것은 어떤 것도 없다. 이 되기는 의식하지 않아도 이루어지는 것도 있다. 성인(어른)-되기, 남성-되기 등이다. 되기의 본질은 의지적이다. 달리기, 던지기, 높이뛰기를 잘하기 위해서는 이에 맞는 되기를 실행해야 한다. 노래하기, 그림그리기, 수학 문제 풀기, 식물 분류하기 등도 잘하기 위해서는 자기 생성을 실행해야 한다. 생성, 즉 되기를 통하여 공존의 토대를 만들어야 공존할 수 있게 된다. 되기를 이룰 수 없다면 공존은 실현할 수 없다.

자기를 생성하는 되기는 내부에서 저절로 일어나지 않는다. 되기의 실행에는 외부가 있어야 한다. 되기의 실행은 외부와의 관계 맺기로 이루어진다. 여기서 외부는 내부와의 다름, 이질, 차이 등이 있음을 함의한다. 되기는 내부와 다름을 지닌 외부의 대상과의 연결접속으로 실행된다. 외부의 대상은 사물, 사건, 상황, 개념, 관념, 지식, 관점, 사상 등 나와 다름을 지닌 모든 것이다. 들뢰즈와 과타리는 『천개의 고원』(김재인 역, 2003) 10장에서 되기의 실행 예시를 '○○의 회상'의 형식으로 다양하게 제시한다. 관객, 베르그송주의자, 마법사, 신학자, 스피노자주의자, 특개성(<이것임>), 판을 짜는 자, 분자, 비밀 등의 회상을 논의한다. 회상은 기억의 내용을 떠올리는 일이다. 이들 회상은 우리의 기억을 이루는 과거, 현재, 미래, 시간, 공간, 사물, 식물, 동물,

제도, 심리, 사유, 마법, 과학, 문학, 예술 등 모든 것과 관련되어 있다. 우리가 이 기억을 떠올려 보면, 그 속에 되기의 실체가 내재한다는 것이다. 즉 우리의 생성은 제한이나 한계가 없다. 무엇과 관계를 맺는가에 따라 새로운 자기 생성을 이루고, 되기를 실행한다.

독자가 자기 생성으로 되기를 실현하는 읽기가 '생성적 읽기'이다. 생성적 읽기[15]는 독자가 텍스트의 다름과의 관계 맺기로 이루어진다. 독자가 생성적 읽기를 하기 위해서도 학습이 있어야 한다. 생성적 읽기를 실행하기 위해서는 생성적 읽기를 배워야 한다. 읽기 교육에서는 독자가 공존을 위해 읽기를 실행하며, 자기만의 다름을 생성할 수 있도록 생성적 읽기를 안내해야 한다. 독자가 텍스트의 다름과 관계 맺음으로 자기 생성을 실현하는 읽기의 방법을 익혀 사용할 수 있게 해야 한다. 여기서는 생성적 읽기의 교육을 위한 방법의 내적 본질을 되기의 개념에 토대를 두고 살핀다. 이는 공존적 읽기의 실제가 되는 생성적 읽기를 교육하는 원리를 규명하는 일이다. 독자가 생성적 읽기를 실행하도록 하는 읽기 교육의 주요 원리를 되기의 개념을 토대로 검토한다.

> 되기는 진화, 적어도 혈통이나 계통에 의한 진화는 아니다. 되기는 계통을 통해 아무것도 생산하지 않는데, 모든 계통은 상상적인 것이기 때문이다. 되기는 항상 계통과는 다른 질서 속에 속했다. 되기는 결연(alliance)과 관계된다. 만일 진화가 참된 생성을 포함한다면, 그것은 어떠한 가능한 계통도 없이, 전혀 다른 생물계와 등급이 있는 존재자들을 이용하는 공생이라는 광활한 영역에서이다. 말벌과 서양란을 취하는 생성의 블록이 있다고 해보자. 하지만 여기서 어떠한 말벌-서양란도 자손을 낳을 수 없다. 고양이와 비비가 취하는 생성의 블록이 있을 경우, 여기서는 C형 바이러스가 결연을 이루어 낸다. 미숙한 뿌리

15 생성적 읽기와 생성적 읽기 교육의 세부 내용에 대해서는 김도남(2024a)을 참조할 수 있다.

와 특정한 미생물 사이에서 생성의 블록이 있을 경우, 여기서는 앞에서 합성된 유기질의 결연을 만들어 낸다. 리좀권. 신-진화론이 독창성을 주장해 올 수 있던 것은 부분적으로는 진화가 덜 분화한 것에서 더 분화한 것으로 나아가지 않으며, 오히려 소통되고 전염되기 위해 유전적인 계통적 진화이기를 그치는 이런 현상들과 관련해서이다. 따라서 우리로서는 이처럼 이질적인 것들 간에 나타나는 진화 형태를 '역행(involution)'이라고 부르고 싶은데, 단 이 역행을 퇴행과 혼동해서는 안 된다. 되기는 역행적이며, 이 역행은 창조적이다. 퇴행한다는 것은 덜 분화된 것으로 향해 가는 것이다. 그러나 역행한다는 것은 자신의 고유한 선을 따라, 주어진 여러 항들 '사이에서', 할당 가능한 관계를 맺으면서 전개되는 하나의 블록을 형성하는 일을 가리킨다.(김재인 역, 2003: 453-454)

위 인용문은 되기의 내적 본질에 대한 들뢰즈와 과타리의 논의이다. 이 내용을 토대로 생성적 읽기를 위한 교육의 원리를 정리하면 다음과 같다. 첫째, 독자가 텍스트와 결연 관계를 이루게 해야 한다. 되기는 혈통이나 계통에 의한 진화가 아니다. 진화는 동종(同種)의 세계 간 반복에 의한 발달이나 퇴행이다. 진화는 한 개체 내에서나 이종(異種) 간에는 일어나지 않는다. 되기는 진화와 달리 한 개체 내에서 일어나는 일이며 이질적인(이종) 대상들의 연결접속에서 이루어진다. 그렇기에 되기는 혈통이나 계통과는 다른 질서 속에서 이루어진다. 서로 다른 이질적인 대상들이 연결접속하여 되기를 실행한다. 이질적인 대상들의 연결접속을 '결연(結緣, alliance)'이라 한다. 결연은 이질, 다름, 관계없음, 낯섦, 이종(異種) 등 근본적인 차이가 있는 대상들이 연결접속을 이루는 것을 지시하는 말이다. 자연에서도 공생 관계에 있는 되기 예들이 있다. 서양란과 말벌들의 관계이다. 서양란의 수정을 위해 말벌을 끌어들이고, 말벌은 짝짓기를 위해 서양란을 찾아든다. 이들은 개체 내적인 생성을 했지만 자손을 낳은 것은 아니다. C형 바이러스와 생성에 고양이와 비비 원숭이가 결연으로 숙주 역할을 하지만 자손을 낳는 것은 아니다. 이들은 공생의 관계 속에서의 결연에 의한 생성의 예이다. 독자의 자기 생성을 위한 되기는 결연이 필요하다. 같음의 반복을 위한 읽기를 하는 것이 아니라 다름과의 결연으로 새로운 생성을 위한 읽기를 해야 한다. 텍스트를 선택부터 읽기 과정에서 이질적인 다름과의 결연을 이루어야 한다. 결연은 같음의 반복, 동일성을 반복의 막아 새로운 것을 창조하게 한다. 읽기 교육은 독자의 텍스트와의 결연에 관심을 기울일 필요가 있다.

둘째, 독자가 텍스트 내용과 블록을 형성하게 해야 한다. 블록은 서로 다른 것이 결합해 새로운 것으로 생성되는 것을 일컫는다. 우리가 매일 길에서 밟고 다니는 보도블록도 서로 다른 것들이 결합해 이루어진 블록이다. 모래와 시멘트와 물이 결합된 블록에 페인트가 칠해진 것이 보도블록이다. 또한 식물의 미숙한 뿌리와 미생물이 결합한 블록으로 식물이 존재할 수 있게 된다. 여기서는 유기질들의 블록이 내재한다. 이질적인 것들이 결합하여 새로운 것을 생성하는 것은 리좀이다. 리좀인 뿌리줄기는 다름을 가진 유기질과의 결연으로 끊임없는 생성을 이루어 낸다. 들뢰즈와 과타리는 이를 신-진화론이라고 규정한다. 신-진화론은 혈연이나 계통을 따라 변화나 변이가 아니다. 이질적인 것 간의 결연으로 블록이 이루어지면 창조적 변화를 이루어 내는 권역이 존재한다. 리좀권이다. 개체가 이질적인 것과의 결연과 블록 형성으로 창조적 생성을 실행하는 진화의 형태가 '역행(involution)'이다. 창조적 생성을 이루는 블록은 역행에 의해 이루어진다. 독자의 텍스트 읽기도 창조적 생성을 위한 블록을 이루는 역행이다. 독자는 텍스트를 읽고 창조적 자기 생성을 실행한다. 이 창조적 자기의 생성은 블록을 형성하는 일이고 역행을 실행하는 일이다.

셋째, 독자가 창조적 자기 생성을 할 수 있게 해야 한다. 창조는 없던 것을 있게 하거나 만드는 것이다. 텍스트의 내용을 그대로 기억하여 점유하게 하는 읽기에는 창조가 없다. 독자가 스키마로 텍스트의 내용을 재단하게 하는 읽기에도 창조는 없다. 독자의 텍스트 읽기는 창조적이어야 한다. 독자의 창조는 없던 자기를 생성하는 일이어야 한다. 독자의 창조는 역행으로 이루어진다. 읽기에서의 역행은 점유나 재단에서 벗어나는 일이다. 독자는 기존의 관습적, 규정적 인식 방식을 버리고, 자기만의 고유성이 있으면서 국지적이고 실제적 인식 방식을 찾아야 한다. 텍스트에서 익숙한 내용에 관심을 가질 것이 아니라, 낯설고 다름이 있는 내용에 주목해야 한다. 결연과 블록으로 역행을 실행하는 생성적 읽기는 독자가 다름들의 결합으로 창조적으로 자기 생성을 이루는 읽기이다. 즉 창조적 읽기이다. '역행한다는 것은 자신의 고유한 선을 따라, 주어진 여러 항 '사이에서', 할당 가능한 관계를 맺으면서 전개되는 하나의 블록을 형성하는 일이다.' 자기 생성을 위한 창조적 읽기는 독자가 자기의 고유한 선을 따라 특개성을 조성할 수 있는 한 지점에서 다름의 항들과 관계 맺기로 블록을 형성함으로써 실행된다. 이 창조적 읽기로 독자는 고유하고 개체성이 내재한 새로운 자기 생성을 실현한다. 관습적인 대상 인식 방법에서 벗어난 방식으로 내용을 구성하고 있는 텍스트에서 창조적 읽기를 확인할 수 있다.[16] 읽기 교육에서 독자가 개체성이 내재한 자기 생성을 실행하는 창조적 읽기를 안내하는 것이 필요하다.

다. 리좀적 접근

리좀(rhizome)은 땅속줄기 또는 뿌리줄기를 지시하는 말이다. 여기서 리좀이라는 말은 이들 뿌리가 가진 특정한 속성을 지시하는 개념어이다. 땅속줄

16 엄태동(2016)의 『하이데거와 교육』, 김재춘·배치현(2016)의 『들뢰즈와 교육』, 김도남(2024b)의 『읽기 교육의 파레르곤』 등이 그 구체적인 예가 될 수 있다.

기나 뿌리줄기는 줄기와 같이 자라는 속성을 가지고 있다. 땅속줄기 식물의 대표적인 예는 감자를 들 수 있다. 뿌리줄기 식물의 예로는 대나무를 들 수 있다. 감자 한 포기에는 여러 개의 감자가 달려 자란다. 대나무는 여러 줄기가 하나의 뿌리에서 자란다. 감자나 대나무는 하나의 줄기나 뿌리에 여러 개가 연결되어 있다는 것이다. 감자는 한 포기에 여러 개의 감자 덩이가, 대나무는 하나의 뿌리에 여러 대나무 줄기가 자란다. 감자와 대나무는 서로 구분되는 덩이나 줄기가 계속 생겨난다는 것이다. 뿌리로만 보면, 땅속에서 뿌리가 계속 자라난다. 리좀은 뿌리가 자라면서 감자 덩이나 대나무 줄기가 계속 생성되는 것을 가리킨다. 그러면서 각각의 감자나 대나무는 독립적 개체를 이룬다. 하나로 결합되거나 수렴되지 않는다. 이런 감자나 대나무의 속성을 리좀이라 한다.

리좀은 감자 덩이와 대나무 줄기와 같이 개체적 대상이 끊임없이 생성되는 것을 지시한다. 리좀은 감자나 대나무의 속성을 공유한 모든 대상을 가리킨다. 쥐 떼나 쥐의 굴도 리좀이다. 하나의 텍스트 속에 감자와 같이 구별되는 여러 단위 내용을 포함하고 있으면 리좀이다. 독자가 텍스트를 읽고 대나무 줄기와 같은 개체적 이해를 이룬 것도 리좀이다. 『천 개의 고원』을 읽은 독자들이 각자의 입장에서 자기 생성적 이해를 이룬 것도 리좀이다. 들뢰즈와 과타리는 『천 개의 고원』(김재인 역, 2003) 1장에서 리좀에 대해 논의한다. 1장에서 리좀에 대하여 논의하는 것은 리좀이 『천 개의 고원』 전체 내용의 토대를 이루기 때문이다. 리좀은 끊임없는 생성을 함의한다. 그렇기에 들뢰즈와 과타리는 『천 개의 고원』의 논의의 토대가 끊임없는 생성임을 강조한다.

독자가 끊임없이 자기 생성을 이루는 읽기가 '리좀적 읽기'이다. 리좀적 읽기는 독자가 텍스트와 결연으로 끊임없는 자기 생성을 이루는 읽기이다. 독자가 리좀적 읽기를 하기 위해서도 리좀적으로 읽는 방법의 배움이 있어야 한다. 리좀적 읽기를 실행하기 위해서는 리좀적 읽기를 배워야 한다. 읽기 교육에서는 독자가 공존을 위한 읽기의 토대가 되는 자기의 끝없는 생성인 다름을 생성하는 리좀적 읽기를 알려주어야 한다. 독자가 텍스트의 다름과 관계 맺음으로 자기 생성을 실현하는 읽기의 방법을 익혀 사용할 수 있게 해야 한다. 여기서는 생성적 읽기를 위한 교육의 방법을 리좀의 내적 본질에 토대를 두고 살핀다. 이는 공존적 읽기의 실제가 되는 생성적 읽기를 교육하는 원리를 살피는 일이다. 독자가 생성적 읽기를 실행하도록 하는 읽기 교육의 주요 원리를 되기의 개념을 토대로 검토한다.

> 나무나 나무뿌리와는 달리 리좀은 자신을 어떤 지점에서든 다른 지점과 연결접속한다. 하지만 리좀의 특질들 각각이 반드시 자신과 동일한 본성들을 가진 특질들과 연결접속되는 것은 아니다. 리좀은 아주 상이한 기호 체계들 심지어는 비-기호들의 상태들을 작동시킨다. 리좀은 <하나>로도 <여럿>으로도 환원될 수 없다. 리좀은 둘이 되는 <하나>도 아니며 심지어는 곧바로 셋, 넷, 다섯 등이 되는 <하나>도 아니다. 리좀은 <하나>로부터 파생되어 나오는 것도 아니고, <하나>가 더해지는 여럿(n+1)도 아니다. 리좀은 단위들로 이루어져 있지 않고, 차원들 또는 차라리 움직이는 방향들로 이루어져 있다. 리좀은 시작도 끝도 갖지 않고 언제나 중간을 가지며, 중간을 통해 자라나고 넘쳐난다. 리좀은 n차원에서, 주체도 대상도 없이 고른판 위에서 펼쳐질 수 있는 선형적 다양체들을 구성하는데, 그 다양체들로부터는 언제나 <하나>가 빼내진다(n-1). 그러한 다양체는 자신의 차원을 바꿀 때마다 본성이 변화하고 변신한다. 리좀은 선들로 이루어져 있다.(김재인 역, 2003: 47)

리좀은 공존의 토대이다. 생성이 공존을 이루게 하기 때문이다. 위 인용문은 리좀에 대한 들뢰즈와 과타리의 규정이다. 이 규정에 내재한 리좀적 읽기를 위한 교육의 주요 원리를 정리하면 다음과 같다. 첫째, 독자가 텍스트와 연결접속하는 지점을 달리하게 한다. 뿌리줄기는 자랄 방향이나 위치가 정해져 있지 않다. 리좀 식물의 예로 잔디가 있다. 잔디의 뿌리줄기는 어느 방향으로든 어느 위치에서든 자란다. 잔디의 뿌리줄기가 날 위치나 방향은 미리 정해 놓을 수 없다. 잔디의 어디에서나 사방팔방으로 뿌리줄기를 뻗고, 어디서나 뿌리를 내리고 이파리를 올린다. 그렇기에 잔디는 사방으로 퍼져나가며 촘촘하게 땅의 표면을 점령한다. 이 리좀을 나무뿌리와 비교하면 세 가지 연결접속의 특징이 있다. 첫째는 자신의 어떤 지점에서든 다른 지점들과 연결접속을 한다는 것이다. 뿌리줄기가 생겨나는 곳이 정해져 있지 않다. 잔디의 어디에서나 뿌리줄기가 생겨나서 뻗어나갈 수 있다. 둘째는 자신과 다른 본성이나 특질을 가진 대상과 연결접속을 이룬다는 것이다. 땅속, 땅위, 모래밭, 자갈밭, 바위 위, 위로, 아래로, 옆으로도 자랄 수 있다. 리좀은 땅속에서 아래로만 자라는 나무뿌리와는 다르다. 셋째는 상이한 기호체계와 비기호체계들도 작동시킨다는 것이다. 허공, 풀숲, 물속, 물 위, 메마른 곳, 다습한 곳, 양지, 음지를 가리지 않고 뿌리줄기를 뻗는다. 연결접속에서 정해진 속성이 본성이 있지 않다. 이를 기호와 관련지어 보면, 상이한 기호체계는 물론 비기호 체계와의 연결접속이 된다. 리좀을 독자의 텍스트 읽기와 연결지어 보면, 독자의 요소, 텍스트의 요소, 읽기 상황의 요소를 제한하지 않는 읽기가 리좀적 읽기이다.

둘째, 독자가 다른 차원이나 방향의 자기 생성을 실행하게 해야 한다. 리좀적 읽기는 독자, 텍스트, 읽기 상황의 배치에 따라 달라진다. 독자의 어떤 요인이 작용하는가에 따라서 읽기가 달라지고, 텍스트의 무엇과 연결접속하는가에 따라 읽기가 달라진다. 또한 어떤 요인이 강조되는 읽기 상황인가에 따라 읽기는 다르게 실행된다. 독자는 사실적, 추론적, 비판적으로 텍스트를 읽지 않는다. 물론 이들에 기초한 읽기 활동이 일부 있을 수 있다. 이러한 읽기는 <하나>나 <여럿>으로 규정할 수 없다. 리좀적 읽기는 배경지식과 읽기 기능으로 이루어지는 읽기도 아니고, 독자 중심, 텍스트 중심, 맥락 중심, 상호작용 중심 등으로 이루어지는 것도 아니다. 리좀적 읽기는 주제를 찾거나 교훈을 얻기 위한 읽기도 아니고, 절대적 진리를 위한 읽기나 무한의 가능성을 지닌 읽기 능력을 추구하는 읽기도 아니다. 리좀적 읽기는 특정 단위들로 이루어지는 읽기가 아니다. 리좀적 읽기는 차원들이 방향들로 이루어진 읽기이다. 차원은 선적 1차원, 면적 2차원, 공간 3차원, 시공간 4차원 등을 지시하는 것이 아니다. 인문·과학·예술, 심리·물리·지리, 식물·동물·인간, 고대·근대·현대 등이 결합되어 만드는 종(種)적 차원이다. 방향도 동·서·남·북, 중앙·위·아래 등의 규정된 기준으로 구분하는 방향이 아니다. 특정 공간에 있는 미세한 차이가 전혀 다른 결과로 이어지는 것과 관련된 방향이다. 독자의 리좀적 읽기는 넘쳐나는 차원과 방향들이 내재한 읽기이다.

셋째, 독자가 <하나>로 환원되지 않는 자기 생성을 하게 해야 한다. 리좀은 시작과 끝을 갖지 않는다. 리좀은 언제나 중간을 지난다. 뿌리줄기는 시작이 있을 수도 있지만 없어도 된다. 잔디 씨를 가져다 싹을 틔워 잔디밭을 만들 수도 있지만, 잘 자란 잔디를 잘라서 옮겨 심어도 잔디밭을 만들 수 있다. 새로운 잔디밭은 대개 잘 자란 잔디를 잘라다 만든다. 대나무도 그렇다. 그렇기에 시작이 없다. 잔디가 뿌리줄기를 뻗어 자라나는 것에서 정해진 지점이 없다. 끝이 없이 계속 사방팔방으로 자라난다. 그렇기에 리좀은 중간을 통해 자라나고 넘쳐난다. 이 리좀은 무엇과 연결접속을 이루는가에 따라 다른 차원으로 생성된다. 이를 n차원이라 한다. 이 리좀은 정해진 일과 관계된 대상도, 그 일을 주도적으로 하는 주체도 갖지 않는다. 리좀은 무엇인가를 이루었을 때, 그것이 특정한 완결성을 가진 것이 되도록 하는 일관성의 구도 위에서, 무엇으로도 될 수 있는 선형적 다양체이다. 그 다양체는 특정한 일자(一者)로 수렴되는 다양체는 아니다. 개체성과 고유성을 가지고 있으면서 다른 것과 함께하지만 다름이 내재한 다양체이다. 이 다양체는 일자로 수렴되지 않기에 자신의 차원이 바뀔 때마다 본성이 변하고 변신하는 다양체이다. 리좀적 읽기로 독자의 생성한 자기는 다양체이다. 일자에 종속된 자기가 아니라 자기만의 고유함과 개체성을 지닌 자기이다. 읽기 교육은 리좀적 읽기를 통해 독자의 자기 생성이 일자로 수렴될 수 없는 다양체가 될 수 있도록 해야 한다.

라. 공존적 접근

공존(coexistence)은 세상 사람 되기의 본질적 지향이다. 세상 사람 되기는 <아무도 아닌 자>에서 탈주해 모든 사람 되기(becoming-everybody)를 실행하고, 세상 모든 사람 되기(becoming-everyone/everything)를 실현하는 일이다. <아무도 아닌 자(nobody)>는 자기의 개체성을 버리고 전체성 또는 보편성에 충실한 사람이다. <아무도 아닌 자>는 중심 또는 표준을 준수하는 다수자이고, 동일성 또는 등질성을 지향하는 다수파이다. 자기보다는 공동체에 충실하고 관습이나 규칙에 얽매인다. 창조적 생성을 실행하기보다는 전통이나 관례를 따른다. 국가장치에 종속된 의식의 흐름을 따르고 몰성을 지닌다. 이 <아무도 아닌 자>는 공존할 수 없다. 자기의 고유함을 생성하지 못했기 때문이다. 특개성을 조성하기 위한 상황을 피하고, 지각 불가능하게-되기를 스스로 소독한다. 이 <아무도 아닌 자>에서 탈주하기 위해서는 고유함이 내재된 자기 생성을 하여 개체성을 이루어야 한다.

공존은 세상 사람 되기를 실현한 이들이 함께하기이다. 세상 사람 되기는 자기의 개체성을 생성해 지닌 모든 사람 되기가 필요하다. 모든 사람 되기는 자기 생성을 이룸으로써 다른 사람도 자기 생성을 이루었을 때 실행된다. 모든 사람 되기의 본질은 자기 생성으로 개체성을 지니는 것이다. 우리는 누구나 자기 삶의 과제를 갖고 있다. 우리는 외부 대상과의 만남에서 비롯된 각자의 삶의 과제를 갖고 있다. 우리는 자신에게 말을 걸어오는 수많은 외부 대상을 만난다. 개별적인 관심 대상부터 교육이나 사회 속에서 공공적으로 주어지는 낯선 대상들이 말을 걸어온다. 대표적인 외부 대상이 책이다. 우리는 말을 걸어오는 외부 대상들과 선택적으로 소통을 하면서 자기를 생성한다. 외부 대상과의 연결접속으로 자기를 의식하고 고유한 자기를 생성하는 일이 '모든 사람 되기'이다. 모든 사람 되기는 우리 각자가 자기 생성을 이루어 개체성을 지니는 일이다. 다수자에서 벗어나 소수자가 되는 일이다. 보편적 읽기에서 벗어나 개체적 읽기를 실행하는 것이다.

공존은 세상 모든 사람 되기의 실행으로 실현된다. 세상 모든 사람 되기는 모든 사람 되기를 이룬 사람들이 서로의 다름을 알고 인정하고 존중함으로써 실행된다. 세상 모든 사람 되기는 개체성을 가진 사람들이 소통하면서 모든 사람 되기를 실행하는 사이-존재가 되는 일이기도 하다. 나와 다름을 가진 대상이나 사람들에 의해 조성된 특개성을 포착함으로 지각 불가능하게-되기를 실행하는 일이다. 함께하는 사람들이 모두가 이를 실현할 때 우리는 세상 모든 사람 되기를 실행하게 된다. 세상 모든 사람 되기를 실행하여 공존하는 우리 속의 나는 '세상 사람 되기'를 이룬다. 세상 사람 되기를 이룬 사람들이 함께하는 일이 공존이다. <식스 센스>에서 아들 콜의 비밀을 알게 된 어머니가 하는 일이다. 자기의 다름을 드러내고 어머니와 함께하는 콜이 하는 일이다.

독자가 공존을 실현하는 읽기가 '공존적 읽기'이다. 공존적 읽기는 독자가 세상 사람 되기를 실행함으로써 이루어진다. 독자가 공존적 읽기를 하기 위해서는 그 개념을 이해하고 읽기의 방법을 알아야 할 수 있다. 또한 공존적 읽기를 학습 과정을 통한 성공 경험이 있어야 실행할 수 있다. 공존적 읽기의 실행자는 사이-존재이다. 공존적 읽기는 끝나지 않는 읽기이다. 읽기 교육에서는 독자에게 공존적 읽기를 이해시키고, 이를 경험할 수 있는 기회를 제공해야 한다. 독자가 텍스트의 특개성을 포착하는 일은 물론, 이를 통해 자기 생성으로 스스로 특개성을 조성하는 경험을 이루어야 한다. 또한 다른 독자의 특개성을 포착하고, 이로부터 자기 생성을 이루어 내는 경험을 실행해야 한다. 더 나아가 텍스트는 물론 다른 독자와의 공존을 체험하는 활동을 실행하는 것이 필요하다. 여기서는 공존적 읽기의 구체적 방법을 위한 것이 아니기에, 그 내적 본질을 되기의 개념에 토대를 두고 살핀다. 독자가 공존적 읽기를 실행하도록 하는 읽기 교육의 주요 원리를 되기의 개념을 토대로 검토한다.

> 울프는 이렇게 말한다. '각각의 원자를 흠뻑 적셔야만'하며 그것을 없애버리려면 모든 유사성과 유비를 없애버려야 하지만 동시에 '모든 것을 놔둬야만' 한다. 즉 순간을 뛰어넘는 모든 것을 없애버리되 그 순간이 포함하고 있는 것을 모두 놔둘 것 − 그리고 순간은 일순간이 아니라 <이것임>이다. 사람들은 이 안으로 미끄러져 들어가며, 이것은 투명함을 통해 다른 <이것임>들 안으로 미끄러져 들어간다. 세계의 정각에 있기. 지각할 수 없는 것, 식별할 수 없는 것, 비인칭적인 것−이 세 가지 덕은 이렇게 연결되어 있다. 다른 선들과 함께 자신의 식별 불가능성의 지대를 찾기 위해 하나의 추상적인 선, 일필(一筆)로 환원되기, 그리고 이렇게 해서 창조자의 비인칭 속으로 들어가듯이 <이것임> 속으로 들어가기. 그때 우리는 풀과 같다. 즉 우리는 세계를, 세상 모든 사람을 하나의 생성으로 만드는 것이다. 왜냐하면 우리는 필연적으로 소통하는 세계를 만들었기 때문이며, 우리가 사물들 사이로 미끄러져 들어가 사물들 한가운데서 자라나지 못하도록 방해하는 모든 것을 우리 자신으로부터 하나도 남김없이 제거했기 때문이다. 우리는 부정관사, 생성-부정법, 나아가 우리가 환원되는 고유명사 등 '전체'를 조합한 것이다. 흠뻑 적시기, 없애버리기, 모든 것을 놔두기.(김재인 역, 2003: 531-532)

독자의 진정한 텍스트 이해는 공존이다. 독자가 공존을 이루는 읽기를 할 때, 진정한 읽기가 된다. 위 인용문은 독자의 공존을 유추할 수 있게 하는 들뢰즈와 과타리의 설명이다. 이 내용을 분석해 공존적 읽기를 위한 교육의 주요 원리를 정리한다. 첫째, 독자가 텍스트의 특개성을 포착하고 인정하게 해야 한다. 텍스트의 특개성은 절대적으로 존재하는 것이 아니다. 독자로 인해 존재한다. 독자가 텍스트를 읽을 때, 독자의 조건과 특정 읽기 상황에서 독자가 포착하는 것이 텍스트의 특개성이다. 사실 텍스트의 특개성은 독자에 의해, 텍스트 읽기를 통해 존재한다. 독자가 텍스트 읽기에서 포착한 특개성은 다른 독자와 같을 수도 있지만, 독자마다 다르다고 할 수 있다. 이 텍스트의 특개성을 독자가 포착하기 위한 조건을 위 인용문에 제시하고 있다. 텍스트 내용을 구성하는 '각각의 원자를 흠뻑 적셔야만' 하며, 그것이 안 되면 유사성과 유비(類比)[17]를 없애버리는 동시에 고유한 '모든 것은 놔둬야만' 한다. 독자가 텍스트에서 특개성을 포착하는 일은 특정 내용을 이루고 있는 분자나 원자들에 대한 독자만의 감응이 있어야 한다. 텍스트의 내용이 기호가 지시하는 대상으로만 인식한다면 특개성은 뒤로 숨어버린다. 다른 방법은 텍스트의 특정 내용을 일상적, 보편적, 전체적으로 인식하는 유사성과 유비를 모두 없애버리는 것이다. 그러면서 고유해서 독특하고 특별함으로 그대로 남겨 두는 것이다. 이는 관습적, 일반적, 동일하게 인식되는 것은 모두 없애버리는 것이고, 순간적으로 특별하게 존재하면서 감응을 주는 내용에 의식을 집중하여 포착하는 것이다. 그때 독자에게 인식되고 포착되는 특별한 의식 내용이 특개성인 것이다. 특개성은 일시적 기분이나 느낌이 아니라 인식적

17 ① 맞대어 비교함. ② (철학) 두 개의 사물이 여러 면에서 비슷하다는 것을 근거로 다른 속성도 유사할 것이라고 추론하는 일. 서로 비슷한 점을 비교하여 하나의 사물에서 다른 사물로 추리한다. =유추. ③ (철학) 사물 상호 간에 대응하여 존재하는 동등성 또는 동일성. [표준국어대사전]

깨침으로 얻게 되는 완결성 있는 의식 내용이다. 독자는 텍스트의 특개성을 포착할 때 텍스트와 공존할 수 있게 된다. 읽기 교육에서는 독자가 텍스트의 특개성을 포착할 수 있도록 읽기 활동을 이끌어야 한다.

둘째, 독자가 텍스트를 읽고 자기의 특개성을 조성하게 해야 한다. 독자가 텍스트와 공존하기 위해서는 독자의 특개성이 있었다. 텍스트의 특개성을 포착한 독자는 자기 생성을 이루는 특개성을 조성해야 한다. 노자의 『도덕경』을 읽고 특개성을 포착한 독자는 각자의 현재적 삶에서 『도덕경』에서 비롯된 자기의 특개성을 조성한다. 이와 관련된 많은 책과 논문이 존재한다.[18] 엄태동(2016)은 하이데거의 『존재와 시간』에서 특개성을 포착하고, 이와 함께하는 교육학자의 입장에서 특개성을 조성하고, 이를 『하이데거와 교육』으로 드러내고 있다. 한 편의 시나 동화를 읽고 특개성을 포착한 독자는 각자의 상황에서 특개성을 조성한다. 사실 대부분의 텍스트는 저자(독자)가 각자의 삶의 과제에서 조성한 특개성을 포함하고 있다. 들뢰즈와 과타리는 이를 "사람들은 이(특개성) 안으로 미끄러져 들어가며, 이것은 투명함을 통해 다른 특개성(<이것임>)들 안으로 미끄러져 들어간다. 세계의 정각에 있기"라고 표현하고 있다. 그러면서 특개성을 다른 사람은 "지각할 수 없는 것, 식별할 수 없는 것, 비인칭적인 것" 등 세 가지 덕으로 규정한다. 텍스트의 특개성을 포착한 독자가 자기의 특개성을 조성하는 일은 식별 불가능성의 지대를 찾을 수 있는 하나의 추상적인 선을 갖는 것이다. 이는 문인화가가 그림을 그리기 위한 자기만의 필세를 생성하는 것과 같다. 독자가 자기만의 고유성과 개체성이 내재한 지각 불가능하게-되기를 실행함으로써 특개성을 조성해 가지게 된다. 읽기 교육은 텍스트의 특개성을 포착한 독자의 특개성 조성을 지원해

---

18 김도남(2011b)은 『도덕경』을 읽고, 이에서 조성한 특개성을 읽기 교육의 논문으로 작성했다.

야 한다.

셋째, 독자가 다른 독자의 특개성을 존중하며 함께하게 해야 한다. 독자는 자기와 같이 다른 독자가 조성한 특개성을 존중해야 공존할 수 있다. 다른 독자도 독자와 같이 텍스트의 특개성을 포착하면 자기의 특개성을 조성한다. 이 다른 독자의 특개성을 포착하여 다시 자기의 특개성을 조성함으로써 독자는 참된 공존을 이루게 된다. 독자가 다른 독자의 특개성을 포착하고, 자기의 특개성을 조성할 때 세상 사람 되기가 실현된다. 독자와 텍스트와 다른 독자가 각각의 고유한 개체성을 가진 존재로 함께할 수 있게 되기 때문이다. 들뢰즈와 과타리의 위 인용문의 표현을 빌리면, "그때 우리는 풀과 같다. 즉 우리는 세계를, 세상 모든 사람을 하나의 생성으로 만드는 것이다." 독자들이 서로의 특개성을 포착하여 알고, 인정하고, 존중하며 함께하게 되면 풀밭의 풀들이 서로 다른 종이지만 각자의 자리에서 조화롭게 함께하는 것과 같게 된다. 그렇게 함으로 하나의 세계를, 세상 모든 사람을 하나의 생성으로 만든다. 함께하는 모든 독자가 세상 사람 되기를 실현하는 것이다. 들뢰즈와 과타리의 말을 이어서 보면, "왜냐하면 우리는 필연적으로 소통하는 세계를 만들었기 때문이며, 우리가 사물들 사이로 미끄러져 들어가 사물들 한가운데서 자라나지 못하도록 방해하는 모든 것을 우리 자신으로부터 하나도 남김없이 제거했기 때문이다." 공존은 소통하는 세계를 만드는 것이고, 우리의 공존에 방해되는 것을 우리 자신이 제거함으로써 이루어진다. 공존하는 모든 독자는 규정된 정관사가 아닌 부정관사이고, 무엇으로 생성될지 정해져 있지 않은 생성-부정법이며, 특개성을 조성한 순간에 환원되는 고유명사로 규정되는 존재이다. 독자가 흠뻑 적시기, 없애버리기, 모든 것을 놔두기를 실행할 때, 특개성을 포착하고, 특개성을 조성하여 지각 불가능하게-되기를 실현할 때 공존한다. 세상 모든 사람 되기를 이루어 세상 사람으로 존재한다. 읽기 교육에는 독자가 공존적 읽기를 익혀 실행할 수 있도록 지원해야 한다.

5. 공존적 읽기 교육의 실행

> 달이 떴다고 전화를 주시다니요/ 이 밤 너무 신나고 근사해요/ 내 마음에도 생전 처음 보는/ 환한 달이 떠오르고/ 산 아래 작은 마을이 그려집니다/ 간절한 이 그리움들을/ 사무쳐 오는 이 연정들을/달빛에 실어/ 당신께 보냅니다// 세상에/ 강변에 달빛이 곱다고/ 전화를 다 주시다니요/ 흐르는 물 어디쯤 눈부시게 부서지는 소리/ 문득 들려옵니다.
>
> ―김용택, <달이 떴다고 전화를 주시다니요> 전문

공존은 서로가 마음을 열고 다름을 반기며 함께하는 일이다. 친구도, 연인도, 가족도, 이웃도, 동료도 서로에게 절대적 존재이지만 공존하지 못하는 경우가 많다. <식스 센스>의 앞부분에서 콜과 엄마처럼 서로가 삶에 절대적 존재이지만 공존하지 못하는 일이 있다. 실제 우리의 일상생활도 콜의 가족과 크게 다르지 않을 수 있다. 독자의 텍스트 읽기도 마찬가지일 수 있다. 텍스트의 내용이 콜의 말이라면 독자가 엄마와 같이 자기 방식대로 판단하는 경우가 있다. 텍스트가 전달하려는 본질적인 내용을 독자가 받아주지 않는 것이다. 텍스트는 콜처럼 늘 엄마에게 하고 싶은 말이 있지만, 독자가 엄마처럼 자기의 판단으로 들어주지 않는 일이 있다.

위의 시의 내용을 보면, 시 속의 화자와 청자는 공존하고 있다. 공존은 서로가 한마음을 이루는 것이다. 위 시 속은 화자는 전화를 건 청자와 온전히 한마음을 이루고 있다. 청자가 강변에서 조성한 그리움이 빚어낸 특개성을 전화기에서 들리는 목소리를 통해 포착한다. 전화기에서 들려오는 여러 소리 속에, 전화기 너머에 있는 청자가 조성한 특개성이 내재한다. 이 청자의 특개성을 포착한 화자는 그 상황을 토대로 청자의 모든 것을 반기며, 기쁘고, 감사하고, 함께하는 추상적인 선들로 자신의 특개성을 조성한다. 이 시는 시적 화자(시인)가 조성한 특개성의 표현이다. 즉 시 속의 청자와 화자는 서로의 말, 감각, 감성, 마음, 상상, 행동을 통해 특개성을 조성하여 지각 불가능하게-되기를 실현하고 있다.

이 시를 읽는 독자는 시 속의 청자와 화자가 벌이는 일 또는 표현된 시의 내용을 통해 특개성을 포착할 수 있다. 달빛과 함께했던 특정한 일이나, 연인이나 그리운 이와 함께한 일 또는 함께할 일들과 관련된 특개성을 조성할 수 있다. 이 특개성의 조성은 독자가 새로운 자기 생성을 하게 한다. 시의 내용을 사실적으로 파악하거나 주제를 파악해 기억하는 읽기를 통해서는 자기 생성을 이룰 수 없다. 독자가 시의 특개성을 포착하여 자기의 특개성을 조성하면 생활에 크고 작은 변화가 있게 된다. 누군가의 마음을 헤아리기도 하고, 연인에게 낭만적인 프러포즈를 계획하거나, 누군가에게 전해야 할 감사의 마음을 구체화할 수도 있다. 더 나아가서는 시에서 비롯된 독자의 마음을 다른 독자에게 전달하면서 소통할 수도 있다. 공존을 실현하는 것이다.

필자는 『천 개의 고원』을 읽고, 내용의 여러 곳에서 특개성을 포착할 수 있었다. 한 장 안에서도 여러 가지의 특개성이 있었다. 이들 특개성을 포착할 때마다 읽기 교육 전공자의 입장에서 특개성을 조성할 수 있었다. 철학적 논리를 구체화하는 논의들을 활용해 읽기 교육 전공자로서의 독자의 읽기를 규정할 수 있는 특개성을 조성했다. 필자가 조성한 특개성은 읽기 현상과 읽기 교육 현상을 해명하고, 방향을 제시하고, 방법을 구체화하는 논의로 이어졌다. 이 논의도 앞의 논의들과 마찬가지 형식으로 이루어지고 있다. 공존적 읽기와 공존적 읽기 교육에 대한 특개성을 조성한 결과로 이 논의를 진행했다. 앞의 여러 논의를 진행하면서 『천 개의 고원』을 읽은 몇 명의 독자들과도 소통을 이루었다. 학술대회장에서, 강의실에서, 개별적 대화의 자리에서 공존을 위한 소통 활동을 실행했다.

공존적 읽기를 위한 읽기 교육은 공존의 개념에 충실한 읽기를 할 수 있도록 독자를 지도해야 한다. <아무도 아닌 자>에서 탈주하여 모든 사람 되기를 이루어야 한다. 그러고 난 후 몰성을 모두 제거하여 세상 모든 사람 되기를 실현하게 해야 한다. 세상 모든 사람 되기는 텍스트의 특개성을 포착하고, 자기의 특개성을 조성하여 특개성을 지닌 다른 독자들과 함께하는 독자-되기를 실행하는 것이다. 세상 모든 사람 되기를 실현한 독자는 다른 독자들과 공존할 수 있게 된다. 특개성으로 지각 불가능하게-되기를 실현한 독자들이 공존을 이루어 함께할 때 세상 모든 사람이 된다. 독자는 세상 모든 사람이 되는 것을 지향해야 하고, 읽기 교육은 이들의 지향을 이룰 수 있도록 도와야 한다.

참고문헌

권은녀(2018), 토니 모리슨의 『파라다이스』에 나타난 기호와 욕망, 새한영어영문학 60(3), 1-18.

권혁미(2020), 토니 모리슨의 『파라다이스』와 『홈』 소설 속 두 기독교 공동체의 지도자 비교, 문학과 종교 25(4), 19-40.

김도남(2008), 읽기 주체 형성의 교육 방법 연구, 국어교육학연구 33, 297-331.

김도남(2011a), 읽기 학습 부진 학생을 위한 코칭 방향, 청람어문교육 43, 187-224.

김도남(2011b), 독자의 온삶을 위한 읽기 교육 방향 탐색: 노자 『도덕경』의 인식 논리 구조를 중심으로, 국어교육학연구 42, 281-311.

김도남(2019), 차이생성 읽기 방법 고찰, 청람어문학 72, 161-195.

김도남(2020), 읽기 사건의 선분성, 한국초등국어교육 68, 7-34.

김도남(2021a), 기표체제와 독자의 텍스트 이해: 의미 구성 읽기관 비판, 한국초등교육 32(2), 207-222.

김도남(2021b), 독자의 탈기표체제 생성과 텍스트 이해: 의미생성 읽기관 탐구, 한국초등교육 32(특별호2), 207-222.

김도남(2021c), 독자 현존재의 텍스트 이해 특성 고찰, 새국어교육 126, 145-180.

김도남(2023a), 독자의 한패-되기 고찰: 들뢰즈와 과타리의 『천 개의 고원』 10장 중 '어느 마법사의 회상 1'을 토대로, 한국초등국어교육 77, 237-276.

김도남(2023b), 유목적 읽기 교육론, 역락.

김도남(2024a), 생성적 읽기 교육론, 역락.

김도남(2024b), 읽기 교육의 파레르곤, 경진출판.

김도남(2024c), 특개성(heccéité)과 독자의 텍스트 이해: 들뢰즈와 과타리의 『천 개의 고원』 10장의 '어느 <이것임>의 회상'을 토대로, 한국초등국어교육 78, 101-129.

김도남(2025a), 리좀적 읽기 교육론, 역락.

김도남(2025b), 읽기에서의 내용과 표현: 들뢰즈와 과타리의 『천 개의 고원』 3장 '도덕의 지질학'을 토대로, 한국초등교육 36(1), 153-174.

김미옥(2009), 화성법과 대위법의 결합 이론에 대한 역사적 고찰, 음악이론연구 14, 9-23.

김상환 역(2004), 차이와 반복, 민음사.
김선형 역(2001), 파라다이스, 들녘.
김성철 역(2005), 중론, 경서원.
김영철(2007), 들뢰즈와 가타리의 천개의 고원에 나타난 교육 이미지, 교육인류학연구, 10(1), 1-35.
김영철(2013), 사건으로서의 교육: 육하원칙에 따른 『천 개의 고원』의 교육학적 해석, 교육철학연구 35(2), 25-48.
김재인 역(2003), 천 개의 고원, 새물결.
김재인 역(2014), 안티 오이디푸스, 민음사.
김재춘·배지현(2016), 들뢰즈와 교육, 학이시습.
김형효(2014), 구조주의 사유체계와 사상, 인간사랑.
노명완(1994), 國語教育論, 한샘.
마해송(1986), 아름다운 새벽, 성바오로출판사.
박민수(2012), 들뢰즈의 사건 철학과 문학, 독일어문학 56, 147-173.
박영욱(2016), 피에르 불레즈의 음렬주의에 나타난 음악적 사유의 특성, 음악논단 30, 167-213.
박종현 역(2018), 플라톤의 고르기아스/메넥세노스/이온, 서광사.
서용석(2018), 교육의 과업으로서의 이해의 의미: 가다머의 진리와 방법을 중심으로, 교육철학연구 40(4), 45-64.
성백효 역주(2011), 논어집주, 전통문화연구회.
손영희(2019), 타자 지향적 파라다이스: 토니 모리슨의 파라다이스를 중심으로, 현대영미소설 26(3), 85-104.
송찬우 역(2000), 노자: 그 불교적 이해, 세계사.
신상희 역(2000), 통일성과 차이, 민음사.
신상희 역(2012), 언어로의 도상에서, 나남.
엄태동(2016), 하이데거와 교육, 교육과학사.
엄태동(2018), 거장들의 만남과 헤어짐, 한국문화사.
여수현(2019), 들뢰즈와 가타리의 '되기' 개념에 기반한 '독자 되기' 고찰, 한국초등교육 30(3), 157-168.
여수현·김도남(2022), 사유의 형식과 독자의 텍스트 이해 특성 고찰: 들뢰즈와 가타리의 사유 형식에 대한 논의를 토대로, 한국초등국어교육 73, 127-156.

오진탁 역(1990) 감산의 莊子 풀이, 서광사.
우한용 외(2006), 고등학교 문학(하), (주)두산.
원조각성(2002), 대학강목결의, 현음사.
이국진 편집(2004), 한영해설성경, 아가페.
이기상 역(2006), 존재와 시간: 인간은 죽음을 향한 존재, 살림.
이정우(1998), 들뢰즈와 사건의 존재론, 시대와 철학 9(1), 139-167.
이정우(2008), 천하나의 고원, 돌베개.
이주행 외 역(2001), 주자어류, 소나무.
이진경 역(2001), 카프카: 소수적인 문학을 위하여, 동문선.
이진경(2001), 문학-기계와 횡단적 문학: 기하학적으로 증명된 문학-기계의 이론, 문학과 경계 1(2), 94-119.
이진경(2001), 공동체주의와 코뮨주의: 코뮨주의의 공간성에 대하여, 문학과 경계 1(3), 56-894.
이진경(2003a), 노마디즘 1, 휴머니스트.
이진경(2003b), 노마디즘 2, 휴머니스트.
이한우 역(2014), 해석학이란 무엇인가, 문예출판사.
이현준·박영민(2019), 텍스트 의미망 분석을 통한 학습 부진 학생의 읽기 교육 방안, 청람어문교육 70, 129-168.
이홍우(2014), 성리학의 교육이론, 교육과학사.
이화영(2011), 時調를 통한 松伊와 黃眞伊의 同異性 비교 고찰, 한국시조학회, 시조학논총 35, 167-193.
임채우 역(2008), 왕필의 노자주, 한길사.
장안영(2019), 김삿갓 시의 체험 인식과 표현 양상 연구, 선문대학교 박사학위 논문.
조남국 역(2000), 성학십도, 교육과학사.
최승언 역(1997), 일반언어학 강의, 민음사.
최진석(2002), 노자의 목소리로 듣는 도덕경, 소나무.
한의정(2014), 소수 예술: 들뢰즈의 미학과 아르 브뤼, 미학예술학연구 41, 213-238.
홍준기(2002), 자끄 라캉, 프로이트로의 복귀, 김상환·홍준기 엮음(2002), 라캉의 재탄생, 창작과비평사.

宇野邦一 외 역(2024), 千のプラト一; 資本主義と分裂症, 河出書房新社.

Deleuze, G. & Guattari, F.(1980/2007), Mille Plateaux: Capitalisme et Schizopherénie 2, Les Éditions de Munuit.

Massumi, B. trans(1987), Thousand plateaus : capitalism and schizophrenia, University of Minnesota Press..

교육부(2022), 2022 국어과 교육과정, https://ncic.re.kr(국가교육과정 정보센터)

한국교육과정평가원(2023), 2024 대학수학능력시험, 국어 영역 문제, https://www.suneung.re.kr(www.kice.re.kr)에서 2024년 9월 20일 인출

다음백과(2020.2.5.), 1몰, https://100.daum.net/encyclopedia/view/61XX80300024

다음백과(2020.2.28.), 수직선 위에서 선분의 내분점과 외분점, https://100.daum.net/encyclopedia/view/24XXXXX50542

솜비(2019.11.11.), 이육사 '청포도' 해석/해설, https://poof31.tistory.com/139(2020.1.8. 검색)

https://www.youtube.com/watch?v=Z8ZhQPaw4rE&t=8564s(영화, 솔라리스)

https://www.youtube.com/watch?v=pswK62Dy-Gk&t=89s(영화, 솔라리스 축약·설명본)

https://www.youtube.com/watch?v=tqYC-FUq2G0&t=699s(영화, 솔라리스 축약·설명본)

찾아보기

ㄴ

ㄷ

ㅇ

ㅈ

ㅊ

ㅋ

ㅌ

ㅍ

ㅎ

김도남
춘천교육대학교 졸업
한국교원대학교 대학원 졸업
서울교육대학교 교수

저서
상호텍스트성과 텍스트 이해 교육(2014), 읽기 교육의 프리즘(공저, 2022),
읽기 교육의 프라임(2023), 유목적 읽기 교육론(2023), 생성적 읽기 교육론(2024),
읽기 교육의 파레르곤(2024), 리좀적 읽기 교육론(2025) 외 다수

논문
독자 현존재의 존재물음과 존재이해(2025) 외 다수

읽기 교육의 고원들 ❹

공존적 읽기 교육론

초판 1쇄 인쇄 2025년 12월 26일
초판 1쇄 발행 2026년 1월 6일

지은이 김도남
펴낸이 이대현

편집 이태곤 권분옥 임애정 강윤경
디자인 안혜진 최선주 김다윤
마케팅 박태훈
펴낸곳 도서출판 역락 | **등록** 1999년 4월 19일 제303-2002-000014호
주소 서울시 서초구 동광로46길 6-6 문창빌딩 2층(우06589)
전화 02-3409-2060(편집부), 2058(영업부) | **팩스** 02-3409-2059
전자우편 youkrack@hanmail.net | **홈페이지** www.youkrackbooks.com

ISBN 979-11-7396-590-6 93370

책값은 뒤표지에 있습니다.
파본은 구입처에서 교환해 드립니다.